AF534377

Unternehmungen großen Stils

Torsten Kahlert

»Unternehmungen großen Stils«

Wissenschaftsorganisation, Objektivität und Historismus im 19. Jahrhundert

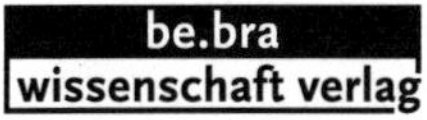

Gedruckt mit freundlicher Unterstützung der Geschwister Boehringer Ingelheim Stiftung für Geisteswissenschaften in Ingelheim am Rhein

Bibliografische Information der Deutschen Nationalbibliothek
Die Deutsche Nationalbibliothek verzeichnet diese Publikation in der Deutschen Nationalbibliografie; detaillierte bibliografische Daten sind im Internet über http://dnb.d-nb.de abrufbar.

KulturBrauerei Haus 2
Schönhauser Allee 37, 10435 Berlin
post@bebraverlag.de
Lektorat: Astrid Volpert, Berlin
Umschlag: typegerecht, Berlin
Satz: ZeroSoft
Schrift: Minion Pro 10/13pt
Gedruckt in Deutschland
ISBN 978-3-95410-089-7

www.bebra-wissenschaft.de

Inhalt

Einleitung

Der Bergmann und der »Riesenbau«

»Du, weißt,« schrieb der Altertumswissenschaftler Theodor Mommsen im Sommer 1858 an seinen ehemaligen Lehrer und Freund Otto Jahn: »ich habe das Bedürfnis von Zeit zu Zeit einmal einen neuen Stollen in den viel zerwühlten Boden zu treiben und ich denke diesmal nicht mit leeren Händen wieder heraufgekommen zu sein – nur pflegt das Publikum dergleichen nicht direkt, sondern erst durch den Kanal der künftigen Marquardte [...] zu sich zu nehmen.«[1] Mommsen war gerade von Breslau nach Berlin berufen worden, hatte die ersten drei Bände seiner berühmten Römischen Geschichte vollendet und sein erstes und umfangreichstes Sammlungsprojekt, das der vollständigen Zusammenstellung aller antiken lateinischen Inschriften, das »Corpus Inscriptionum Latinarum« (CIL), an der Preußischen Akademie der Wissenschaften verankert. Was Mommsen Jahn zu verstehen geben wollte, kann als metaphorische Umschreibung dessen gelesen werden, was wir heute als Grundlagenforschung bezeichnen. Zugleich verweist er auf den Prozess der Weiterverarbeitung des grundlegenden Materials in historiographischen Werken, also darauf, das nicht das von ihm besorgte Material, sondern dessen verarbeitete und in narrative Form gebrachte Versionen rezipiert werden. Im metaphorischen Bild bleibend, präsentiert sich Mommsen als heroischer Bergmann, der Schätze aus der Tiefe holt, gleichsam *data mining in the 19th century*. Wenige Wochen zuvor hatte Mommsen eine ähnliche, aber weniger bildliche Formulierung anlässlich seiner Wahl zum Ordentlichen Mitglied der Preußischen Akademie der Wissenschaften in seiner Antrittsrede gebraucht, die in der Literatur häufig zitiert worden ist und die als der harte Kern des Programms gelten kann, welches Mommsen für sich und die Akademie vorsah: »Es ist die Grundlegung der historischen Wissenschaft, daß die Archive der Vergangenheit geord-

[1] Lothar Wickert (Hrsg.), Theodor Mommsen – Otto Jahn. Briefwechsel 1842–1868, Frankfurt a. M., 1962, S. 221 (Brief vom 17.7.1858). »Marquardte« deutet auf Joachim Marquardt (1812–1882). Der von Lothar Wickert nicht identifizierte zweite Name in der Auslassung könnte Wilhelm Rein (1809–1865) sein. Beide Verfasser diverser antiquarischer Abhandlungen. Diesen Hinweis verdanke ich Wilfried Nippel. Vom Bergmann sprach Mommsen auch in seiner Rektoratsrede 1874 gleich zu Beginn. Vgl. Ders., Rede beim Antritt des Rektorates 15. Oktober 1874. Über das Geschichtsstudium, in: Reden und Aufsätze, hrsg. von Otto Hirschfeld, 2. unveränd. Aufl., Berlin, 1905, S. 3.

net werden.«[2] Was Mommsen allerdings an dieser Stelle nicht ausführte, war die Frage, wie er zu seinen neuen Stollen kam, wie er diese in den Boden trieb und was er anschließend mit dem Gefundenen zu machen gedachte. Die Inschriften und der Bau, dessen Grundsteinlegung Mommsen mit dem Beginn des Drucks des ersten Bandes eineinhalb Jahre später ankündigt, war als wissenschaftliche Unternehmung bzw. großangelegtes wissenschaftliches Sammlungs- und Forschungsprojekt schon seit mehreren Jahrzehnten im Gespräch und seit circa zehn Jahren in konkreter Planung. 1854 wurde es nach langer Auseinandersetzung mit erheblichen finanziellen Mitteln aus dem Dispositionsfond des preußischen Königs Friedrich Wilhelm IV. ausgestattet. Entgegen Mommsens Erwartung sollte ihn dieses Projekt gemeinsam mit einer steigenden Anzahl von Mitarbeitern sein Leben lang beschäftigen. Etwa 35 Jahre nach der Drucklegung des ersten Bandes des Inschriftenprojekts stellte er 1895 in der Festrede am jährlich stattfindenden Leibniztag in der Akademie fest: »Die Wissenschaft allerdings schreitet unaufhaltsam und gewaltig vorwärts; aber dem emporsteigenden Riesenbau gegenüber erscheint der einzelne Arbeiter immer kleiner und geringer.«[3] Aus dem Bedürfnis, gelegentlich neue Gebiete bergmännisch zu erobern, war ein systematisch und scheinbar selbständig arbeitender Riesenbau, eine Maschinerie oder eben ein »Großbetrieb der Wissenschaft«[4] geworden. Dessen permanentes Anwachsen und unaufhaltsames Arbeiten hatte die ursprüngliche Neugierde in ein ernüchtertes Erstaunen verwandelt, wobei resignative und desillusionierte Anklänge nicht zu überhören sind.

Fragen

Die Frage nach der Anatomie des »Riesenbaus«, des »Großbetriebs der Wissenschaft« oder wie es anderer Stelle heißt, der »Großwissenschaft«[5] ist Ausgangspunkt der Arbeit. Im Zentrum der Untersuchung stehen wissenschaftliche Unternehmungen, die mit großem finanziellen und personellen Aufwand massenhaft und auf Vollständigkeit eines gewählten Bereiches abzielend, geplant und umgesetzt wurden. Vorstellungen und Planungen stehen ebenso im Mittelpunkt, wie deren Grenzen und Scheitern. Während der »Riesenbau« eine Ganzheit der verschiedenen Forschungen und wissenschaftlichen Arbeiten mit all seinen Institutionen, Akteuren, Werken und Praktiken imaginiert, bil-

2 Theodor Mommsen, Antrittsrede als Mitglied der Akademie, in: Monatsberichte der Königlichen Preußischen Akademie der Wissenschaften zu Berlin, (1858), S. 395.

3 Ders., Ansprache am Leibniz'schen Gedächtnistage am 4. Juli 1895, in: Sitzungsberichte der Königlich Preußischen Akademie der Wissenschaften, (1895), S. 733.

4 In dieser Formulierung erstmals bei: Adolf Harnack, Vom Großbetrieb der Wissenschaft, in: Preußische Jahrbücher, 119 (1905) 2, S. 193–201.

5 Theodor Mommsen, Antwort an Harnack, 3. Juli 1890, in: Sitzungsberichte der Königlich Preußischen Akademie der Wissenschaften, (1890), S. 792.

det das Fundament den Bereich, den wir heute am ehesten als Grundlagenforschung bezeichnen würden.[6] Im Sinne Mommsens war sie empirische Arbeit, das bergmännische Heraufholen, das kärrnerische Sammeln und Ordnen der »Tatsachen«, von Quellen, Spuren, Dokumenten jeglicher Art. Konkret bedeutete dies im Falle Mommsens, dass alles Material aus Bibliotheken, Archiven und Privatsammlungen zu sichten und zu kontrollieren sei, dass aufgrund des Autopsieprinzips Reisen durch alle Teile des ehemaligen Römischen Reiches unternommen werden mussten – ein imperialer, ein totaler Anspruch. Mommsen verband seine Sammeltätigkeit mit der Erwartung: Wenn einmal alles zusammen und geordnet publiziert sei, könnten und würden Ergebnisse und Synthesen folgen und könne schließlich Geschichte erzählt werden. Das war das Versprechen der Projektemacher, die Wette auf die Zukunft.

Wie wurden die »data mining«-Projekte[7] legitimiert und argumentativ unterfüttert? Wie wurden diese Massendaten verarbeitenden Großprojekte instutitionell verankert?

---

6 Grundlagenforschung ist kein Quellenbegriff des 19. Jahrhunderts. Der Begriff kommt ab etwa 1905 in Umlauf. Verwendung fand er bspw. im Zusammenhang mit der Gründung der Kaiser-Wilhelm-Gesellschaft, aber auch als Gegenbegriff oder andere Seite der Unterscheidung zur angewandten Forschung. In gewisser Hinsicht nimmt Grundlagenforschung semantische Teile des Begriffs der »reinen Forschung« auf, der innerhalb der Akademien, insbesondere der preußischen, eine herausgehobene Bedeutung hatte. Grundlagenforschung wird heute definiert als »original investigations for the advancement of scientific knowledge having no specific commercial objectives«, im Gegensatz zu angewandter Forschung, die als »investigations directed to the discovery of new scientific knowledge having specific commercial objectives« beschrieben wird. Gegen die Sinnhaftigkeit der Unterscheidung zumindest für die Sozialwissenschaften ist ebenfalls argumentiert worden. Die Argumentation beinhaltet, die Unterscheidung zu negieren und sie durch ein besseres Untersuchungsdesign zu ersetzen und zwar ein solches, dass beide Probleme zugleich löse. Vgl. hierzu näher: Justin J.W. Powell, Staatliche Forschungsförderung der Sozialwissenschaften: Die Deutsche Forschungsgemeinschaft (DFG) und die amerikanische National Science Foundation (NSF) im Vergleich, Berlin, 2000. Grundlegend zum Thema: Joseph Ben-David, Fundamental research and the universities. Some comments on international differences, Paris, 1968.

7 Ein Blick in Droysens Historik zeigt, dass Mommsen hier in einer Tradition steht: »Die Heuristik schafft den Stoff zur historischen Arbeit herbei, sie ist die Bergmannskunst, zu finden und ans Licht zu holen, ›die Arbeit unter der Erde‹ (Niebuhr).« Johann Gustav Droysen, Grundriss der Historik, Leipzig, 1868, S. 13. Vgl. auch die Version im Deutschen Text Archiv unter: <urn:nbn:de:kobv:b4-200905191022> (Stand: 05.05.2015). Ich komme auf den Punkt des »data mining« am Ende der Arbeit zurück, da die Begrifflichkeit wie auch das Problem bis in die Gegenwart reichen. Derzeit entstehen bspw. Zeitschriften wie Journal of Data Mining & Digital Humanities (<jdmdh.episciences.org> Stand: 05.05.2015) und es finden zahlreiche Konferenzen und Debatten zum Thema statt. Insgesamt ist aber bisher noch offen, welche Ergebnisse sich wirklich herstellen lassen. Einen guten Einstieg bietet nach wie vor: Lev Manovich, Trending: the promises and the challenges of big social data, in: Debates in the Digital Humanities, hrsg. von Matthew K. Gold, Minneapolis, 2012.

Auf welchen Konstruktionsprinzipien beruhten sie? Welche forschungsstrategischen und wissenschaftsorganisatorischen Konsequenzen brachten die mit den Großprojekten verbundenen Programme mit sich? Welche Praktiken wurden zur Verarbeitung von Massendaten entwickelt?

These

Massendaten verarbeitende, staatlich finanzierte, wissenschaftliche Großprojekte sind ein Ergebnis aus Historismus und einem fortschrittsorientierten, streng empirischem Positivismus. Sie verfolgten einen Vollständigkeitsanspruch und sahen sich zugleich dem Objektivitätsideal verpflichtet. Der Einsatz großer personeller und finanzieller Ressourcen und die transnationale Orientierung zeigen eine wissenschaftsorganisatorische Modernisierung an, die von den Altertumswissenschaften ausging und sich anschließend in vielen Disziplinen manifestierte. Akademien und andere Gelehrtengesellschaften boten zunächst geeignete institutionelle Strukturen. Zugleich kamen diese Gesellschaften den Reputationsinteressen der diese Forschung finanziell unterstützenden Monarchie eher entgegen als die mit prinzipieller Forschungsfreiheit bedachten Universitäten.

Seit Beginn des 19. Jahrhunderts gehörte es zu den Dogmen, dass Großprojekte Vorhaben seien, die von einem Einzelnen nicht geleistet werden können. Dabei wurde es seinerzeit als weit weniger problematisch angesehen, dass die Großprojekte in der Regel über viele Jahre und zuweilen auch mehrere Generationen zahlreiche Akteure an eine Aufgabe banden. Gerade weil die Großprojekte Massendaten sammelten und verarbeiteten, je nach Disziplin Inschriften, Akten oder Erhebungen, spielten die Auseinandersetzungen um die Methoden und Grundlagen objektiver Wissenschaft eine große Rolle. Bisher noch wenig geklärt ist hingegen die Frage, welche Wechselwirkung es zwischen der Entstehung der Massendaten verarbeitenden Großprojekte und der sich allmählich herausbildenden Zwei-Kulturen-Debatte um Geistes- und Naturwissenschaften gegeben haben könnte.[8]

---

8 Als Prolog zu empfehlen: Sören Kjörup, Humanities – Geisteswissenschaften – Sciences humaines. Ein Einführung, Stuttgart, Weimar, 2001, S. 69–84. Einen kenntnis- und materialreichen Einblick über die Debatten um Geistes- und Naturwissenschaften in der zweiten Hälfte des 19. Jhs. gibt: Bernd Weiler, Die Ordnung des Fortschritts: zum Aufstieg und Fall der Fortschrittsidee in der »jungen« Anthropologie, Bielefeld, 2006. Aus der Vielzahl möglicher Literatur zu diesem Feld sei hier auf den Sammelband verwiesen: Otto Gerhard Oexle (Hrsg.), Naturwissenschaft, Geisteswissenschaft, Kulturwissenschaft: Einheit – Gegensatz – Komplementarität?, Göttingen, 1998. Schon etwas älter ist Alexander Demandt, Natur- und Geschichtswissenschaft im 19. Jahrhundert, in: Historische Zeitschrift, (1983), S. 37–66.

Dass die Frage aber durchaus zeitgenössisch diskutiert wurde, zeigt Hermann von Helmholtz' Prorektoratsrede in Heidelberg von 1862. Darin konstatiert er einerseits die zunehmende Spezialisierung der Wissenschaften und andererseits, dass sich mit der Abkehr von der spekulativen Philosophie Hegels und der Hinwendung zur empirischen Erforschung der Tatsachen der Abstand von Natur- und Geisteswissenschaften verringert habe.[9] Als Beispiel verweist er unter anderem darauf, dass »denn wieder eine andere Zahl von Gelehrten mit der Ausführung des riesigen Unternehmens beschäftigt [ist], alle Reste des klassischen Althertums, welcher Art sie sein mögen, zu sammeln und zu katalogisieren, damit sie zum Gebrauch bereit seien.«[10]

Im Rahmen der historisch-kritischen Evidenzproduktion und der schon im 18. Jahrhundert entwickelten Vorstellung, es gebe eine einzige Geschichte, die es gegenüber anderen fälschlichen Geschichten herauszuschälen gilt[11], spielten Sammlungen von Kunstwerken, Wissensobjekten und Zusammenstellungen von Daten eine zunehmend wichtige Rolle zur Absicherung gewonnener Erkenntnisse und zur Bestätigung von Forschungsprogrammen, unabhängig von disziplinären Grenzen oder Wissenschaftskulturen.

Wenig überraschend finden sich Anknüpfungspunkte und Abgrenzungsmöglichkeiten in beide Richtungen, sowohl zur Frühen Neuzeit als auch ins 20. Jahrhundert. Inwiefern unterscheiden sich beispielsweise die altertumswissenschaftlichen Großprojekte des 19. Jahrhunderts von Sammlern und Sammlungsunternehmungen des 17. und 18. Jahrhunderts, beispielsweise der der Botaniker, aber auch der von Antiquaren, hinsichtlich ihrer epistemologischen Tugenden und wissenschaftsorganisatorischen Praktiken?[12]

Aus der Perspektive ubiquitärer projektförmiger Forschungsorganisation des 21. Jahrhundert ist die Frage aufgeworfen worden, ob sich Mommsens »Riesenbau«[13] in

---

9 Hermann von Helmholtz, Rede zum Geburtstagsfeste des Höchstseligen Grossherzogs Karl Friedrich von Baden und zur akademischen Preisvertheilung am 22. November 1862, Heidelberg, 1862, S. 11.

10 Ebd., S. 4.

11 Zur Verwissenschaftlichung der Geschichte und zum Wandel der Vorstellung von Geschichte als Geschichten, zu Geschichte als ein umfassender Geschehenszusammenhang zwischen Aufklärung und Historismus, vgl. Wolfgang Hardtwig, Geschichtskultur und Wissenschaft, München, 1990, S. 58–91.

12 Nach wie vor zur Einführung empfehlenswert ist der 1950 erstmals publizierte Aufsatz: Arnaldo Momigliano, Alte Geschichte und antiquarische Forschung, in: Ausgewählte Schriften zur Geschichte und Geschichtsschreibung. Bd. 2: Spätantike bis Spätaufklärung, hrsg. von Anthony Grafton, Stuttgart, 1999.

13 Auf die Bedeutung von Metaphern nicht nur als dekoratives Element, sondern als relevantes Erkenntnisinstrument hat Bonnie M. Smith im Anschluss an die philosophischen Analysen von Mary Hesse und Donald Davidson hingewiesen. Vgl. Ders., Gender and the Practices

eine Linie mit den Projektwelten des 20. und 21. Jahrhunderts bringen ließe.[14] In eine solche Richtung zielte beispielsweise Stefan Rebenichs These, dass Mommsen der »Erfinder der Großforschung« sei und damit das organisatorische Modell auch für die Naturwissenschaften bereitgestellt habe.[15]

Für Petra Hoffmann, die sich den akademischen Unternehmungen in der Zeit von 1890 bis 1945 widmete und dabei den Anteil weiblicher Arbeit untersuchte, bleibt es eine Frage der Betrachtungsweise, ob man angesichts der heutzutage stärkeren Verbreitung der projektförmigen Forschung in den Natur- und Sozialwissenschaften die Akademieunternehmungen »als Vorreiter heutiger Forschung sehen will oder als gegenläufig zum Trend in den Geisteswissenschaften.«[16] Sicher ist die Zurückhaltung in der Bewertung durchaus verständlich, führen doch derartige Diskussionen nicht selten in die unübersichtlichen Gefilde einer wenig ertragreichen Diskussion um die jeweilige Vorrangrangstellung und den Nutzen von Geistes- oder Naturwissenschaften. Gleichzeitig verdecken die zuweilen tiefen Gräben zwischen den *sciences* und den *humanities* oder anders gesagt, den zwei Kulturen die möglicherweise gemeinsamen Ursprünge projektförmiger Forschung.[17] Fruchtbringender erscheint deshalb ein genauerer Blick

---

of Scientific History: The Seminar and Archival Research in the Nineteenth Century, in: The American Historical Review, 100 (1995) 4, S. 1150–1176. Mary B. Hesse, Revolutions and Reconstructions in the Philosophy of Science, Brighton, 1980. Donald Davidson, What metaphors mean, in: Critical Inquiry, (1978), S. 31–47. Wieder in: Donald Davidson, Inquiries into Truth and Interpretation, 2. Aufl., Oxford, 2001.

14 Vgl. zum Begriff der Projektwelten: Ulrich Bröckling, Projektwelten. Anatomie einer Vergesellschaftungsform, in: Leviathan, 33 (2005) 3, S. 364–383.

15 Vgl. Stefan Rebenich, Die Erfindung der »Großforschung«. Theodor Mommsen als Wissenschaftsorganisator, in: Geldgeschichte versus Numismatik. Theodor Mommsen und die antike Münze, hrsg. von Hans-Markus von Kaenel / Maria R.-Alföldi / Ulrike Peter / Holger Komnick, Berlin, 2004. Vgl. aber auch schon das entsprechende Kapitel in: Stefan Rebenich, Theodor Mommsen. Eine Biographie, München, 2002. In eine ähnliche Richtung zielte der Aufsatz Rüdiger vom Bruch, Mommsen und Harnack: Die Geburt von Big Science aus den Geisteswissenschaften, in: Theodor Mommsen. Wissenschaft und Politik im 19. Jahrhundert, hrsg. von Alexander Demandt / Andreas Goltz / Heinrich Schlange-Schöningen, Berlin, Boston, 2005. Vom Bruch reagierte damit auch auf Forschungen innerhalb der Geschichte der Technik- und Naturwissenschaften und deren Suche nach Ursprüngen und Vorläufern von Big Science. Er machte aber auch deutlich, dass für das 19. Jh. andere Merkmale gelten müssten, als für das 20. Jh..

16 Petra Hoffmann, Weibliche Arbeitswelten in der Wissenschaft. Frauen an der Preußischen Akademie der Wissenschaften zu Berlin 1890–1945, Bielefeld, 2011, S. 61.

17 Der Begriff der »Zwei Kulturen« geht auf einen Vortrag von C.P. Snow an der Universität von Cambridge 1959 zurück und hat in der Folge eine große Wirkung entfaltet und zugleich viel Widerspruch hervorgerufen. Auch Snow kam mehrfach darauf zurück. Einige der Überlegungen, einschließlich der Vortrag, finden sich in: Charles Percy Snow, The Two Cultures, London, New York, 1993. Letztlich ist die Debatte um die »Zwei Kulturen« viel

auf die wissenschaftsorganisatorische und wissenschaftspolitische Entwicklung konkreter Beispiele. Hans-Harald Müller betonte die Bedeutung einer klaren Differenzierung von »organisatorischer Modernisierung« und »wissenschaftlicher Innovation«.[18] Die heutigen wissenschaftlichen Projektwelten dienen dabei nur als aktuelle Folie.

Es gibt seit der Frühen Neuzeit eine Auseinandersetzung um den Begriff und das Konzept »Projekt«. Als Form der Organisation in Wirtschaft, Kunst und Wissenschaft ist es nie unumstritten gewesen, ebenso wie die Figur des »Projektemachers«, der mal mehr mal weniger negativ konnotierte wurde. Die Perspektive auf die long durée sollte jedoch nicht dazu verleiten, sich eine kontinuierliche oder gar teleologische Entwicklung der Form des Projekts von der Frühen Neuzeit hin zu unserer heutigen Projektwelt des 21. Jahrhunderts vorzustellen. Dafür sind die jeweiligen politisch-institutionellen, wissenspraktischen und medialen Kontexte zu verschieden und die »Unternehmungen großen Stils« trotz mancher Analogien nur mit Blick auf das 19. Jahrhunderts erklärbar.

Untersuchungsgegenstand

Als erstes steht die maßgeblich durch Theodor Mommsen ab den 1840er-Jahren organisierte Sammlung der lateinischen Inschriften als prototypisches Großunternehmen im Mittelpunkt. Die dabei herausgearbeiteten Merkmale werden an zwei weiteren Projekten überprüft. Zum einen ist dies die sogenannte »Schulkinderuntersuchung« unter der Leitung von Rudolf Virchow, die in den 1870er-Jahren mittels einer statistischen Massenerhebung an mehr als sechs Millionen Schulkindern, damals intensiv diskutierte Herkunfts- und Verteilungsfragen von »Rassen« zu klären suchte. Als drittes Projekt wird die sogenannte »Acta Borussica« unter der Leitung von Gustav Schmoller untersucht. Ab Ende der 1880er-Jahre begann Schmoller mit einer Reihe von Mitarbeitern damit, eine großangelegte Sammlung von Dokumenten der Staats- und Verwaltungsgeschichte Preußens des 17. und 18. Jahrhunderts zu publizieren. Das Projekt entstand aus den Bemühungen um eine kulturgeschichtlich untermauerte Theorie der Nationalökonomie, die auf der Annahme beruhte, dass Wirtschaftshandeln als Kulturhandeln anzusehen und damit historisch zu untersuchen sei. Mit der Quellenedition der Acta Borussica sollte ein möglichst breites, d.h. auf mehrere Jahrhunderte und möglichst

---

älter und reicht auch weit über die Argumente Snows hinaus. Ein Echo finden sie in den sogenannten science wars der 1990er-Jahre. Vgl. hierzu u.a. Jay A. Labinger und Harry M. Collins (Hgg.), The one culture? A conversation about science, Chicago u.a., 2001.

18 Hans-Harald Müller betont die Bedeutung einer klaren Differenzierung von »organisatorischer Modernisierung« und »wissenschaftlicher Innovation«. Vgl. Ders., Groß- und/oder Forschung? Symphilologie, geselliges Arbeiten und Großforschung in den Geisteswissenschaften des 19. Jahrhunderts, in: Symphilologie. Formen der Kooperation in den Geisteswissenschaften, hrsg. von Stefanie Stockhorst / Marcel Lepper, Göttingen, [im Druck].

alle Wirtschaftsbereiche ausgebautes Fundament entstehen, auf dem die danach zu bildende Theorie aufgebaut werden sollte.

Unternehmungen wie diese drei kommen mit einem großen Anspruch daher. Sie zielen, mehr oder weniger offen ausgesprochen, auf vollständige Erfassung eines gesamten Datenbereichs. Die ausnahmslose Datenaufbereitung wird argumentativ und nicht zuletzt aus legitimatorischen Erwägungen verknüpft mit der Schaffung von Möglichkeiten für neue Forschungen, neue Fragestellungen und Ergebnisse. Das können wie im Fall von Schmoller Theorien sein, konkrete Fragestellungen wie bei Virchow oder auch vollständige Zusammenstellungen weit verstreut liegender Daten.

Die Planung und Initiierung von riesigen, massenhaft »Daten« sammelnden Projekten –»Unternehmungen großen Stils« – war keinesfalls eine Ausnahmeerscheinung innerhalb der Altertumswissenschaften, auch wenn diese sicher eine Vorreiterrolle spielten. Disziplinübergreifend lässt sich ab etwa der Jahrhundertmitte eine vermehrte Anregung und Umsetzung projektförmig organisierter wissenschaftlicher Unternehmungen beobachten, die darauf setzten, riesige Mengen an Daten mit großem personellem, finanziellem und zeitlichem Aufwand zu sammeln und zu verarbeiten und zur Verfügung zu stellen. Massendaten und Anspruch auf Vollständigkeit bieten sich demnach zunächst als kleinstes gemeinsames Merkmal an, wenn Großprojekte aus verschiedenen Disziplinen untersucht werden sollen.

Die Analyse ist auf drei Fallbeispiele konzentriert. Um zeigen zu können, dass es sich bei den »Unternehmungen großen Stils« um einen wissenschaftsorganisatorischen Typus handelt, musste die Auswahl verschiedene Disziplinen abdecken. Neben den Altertumswissenschaften sind mit der Nationalökonomie und der Anthropologie zwei in der zweiten Hälfte des 19. Jahrhunderts aufsteigende und zentrale Disziplinen vertreten. Alle drei Unternehmungen erfüllen das Kriterium eines Superlativs, d.h. sie sind die jeweils größten zeitgenössischen Unternehmungen ihres Fachs. Last but not least bewegen sich die Hauptakteure und Initiatoren auf einem vergleichbaren Reputationsniveau und verfügen jeweils über entsprechendes wissenschaftliches und kulturelles Kapital.

Dennoch ist bei aller Gleichwertigkeit auch klar, dass die drei Projekte sich durch zahlreiche Eigenheiten auszeichnen, die ihnen jeweils Identität und Einzigartigkeit verleihen. Sie betreiben aber, und das ist Gegenstand der Untersuchung, alle Projektforschung, sie gehören also einem bestimmten Organisationstyp von Forschung an. Die Vergleichsproblematik ist in der Literatur oft diskutiert worden. Als heuristische Hilfe dient mir für meine Untersuchung die Modellbildung, wie sie unter anderem von Kärin Nickelsen in ihrem Vortrag »Alle Gestalten sind ähnlich, keine gleichet der anderen« erörterte wurde.[19] Sie geht darin der Frage nach, warum Zeichner und Botaniker des 18.

---

19 Vgl. Kärin Nickelsen, Alle Gestalten sind ähnlich, und keine gleichet der andern. Bilder von Pflanzenarten im 18. Jahrhundert, in: Sammeln – Ordnen – Wissen. Beiträge zu einem Fest-

Jahrhunderts Modelle von Arten, aber keine umfassenderen Bildinhalte abbildeten. Sie erläutert die Lösung des Problems anhand der Fotografien der vier Wittgenstein-Geschwister, die sie in einer Fotomontage übereinander lagert: »Das Gemeinsame aus einer Klasse ähnlicher, aber nicht identischer Gegenstände lässt sich weder dadurch fassen, dass man empirische Befunde auflistet, noch dadurch, dass man beginnt, die Summe dieser Befunde auf allgemeine Begriffe und Idealtypen zurückzuführen. Sondern wenn man sich darum bemüht, die Menge aller gemeinsamen Eigenschaften einer Klasse ähnlicher, aber doch nicht gleicher Gegenstände aufzulisten, ist diese Menge – leer.«[20] Auch Wittgenstein hatte dieses Problem zu lösen versucht und dabei die Einsicht gewonnen, dass es nicht das einigende Merkmal aller Gegenstände einer Klasse gibt. Einige gleichen sich in dem einen, Andere in einem anderen Merkmal. Dies ist das Problem, dass alle Gestalten einer Art, einer Familie oder auch einer Organisationsform der Wissenschaft einander ähneln, aber doch keine der anderen genau gleicht oder mit ihr identisch ist. Modelle zu bilden, so die Pointe, seien die beste Art der Lösung des Problems.[21]

Von »Projektmacherei« zu projektförmiger Forschung

»Gegen eine Fehlschlagung eines Plans
gibt's keinen bessern Trost,
als auf der Stelle einen neuen
zu machen oder bereitzuhalten.«[22]

Was bedeutet die Einführung von Projekten in der Wissenschaft? Welche Voraussetzungen, welche Bedingungen müssen gegeben sein, dass Wissenschaft »projektierbar« werden kann und dass bestimmte wissenschaftliche Aufgaben in der Form von Projekten bearbeitet werden können? Welche Folgen bringt die projektförmig organisierte Wissenschaft mit sich? Obwohl Projekte schon im 17. und 18. Jahrhundert vorzufinden sind, sind es Umstellungen im Wissensbegriff um 1800, die projektmäßig organisierte Forschung aufkommen lassen und begünstigen.[23] So beschränkten sich die Diszipli-

---

kolloquium aus Anlaß des 80. Geburtstages von Ilse Jahn, hrsg. von Staffan Müller-Wille, Berlin, (Preprint des Max-Planck-Instituts für Wissenschaftsgeschichte, Bd. 215), 2002.

20 Ebd., S. 28f.

21 Vgl. Ebd., S. 29.

22 Jean Paul, Bemerkungen über uns närrische Menschen: Aphorismen, Hanau/Main, 1984, Kap. 16.

23 Vgl. hierzu vor allem die Arbeiten von: Rudolf Stichweh, Zur Entstehung des modernen Systems wissenschaftlicher Disziplinen. Physik in Deutschland 1740–1890, Frankfurt a. M., 1984. Ders., Wissenschaft, Universität, Profession, Frankfurt a. M., 1994.

nen im 18. Jahrhundert, nach Stichweh, vornehmlich auf Ablagerung des gesicherten Wissens. Das ändere sich erst nach 1800, wenn sich die Konzentration auf die »aktualen Anstrengungen einer durch gemeinsame Problemstellungen zusammengehaltenen disziplinären Gemeinschaft« verschiebe.[24] »Solange Wissen und Wissenschaft noch in relativ ungeordneter, unstrukturierter Form vorliegen«, so Stichweh als Antwort auf die Frage, warum die Tradition der Wissenschaftsklassifikation in dem Moment ende, in dem sich die Disziplinen herausbildeten, »ist es eine lohnende und zwingende Aufgabe, einen Modus der Ordnung zu entdecken. Nach der Entstehung des Systems wissenschaftlicher Disziplinen wäre eine Klassifikation der Wissenschaften eine schlichte Reduplikation einer in der Wirklichkeit ja sowieso leicht beobachtbaren Struktur.«[25] In dieser Perspektive sei die Ausdifferenzierung in Disziplinen weniger ein Zeichen für den »Beginn von Fragmentation und Ordnungslosigkeit. Vielmehr ist sie ein Mechanismus der Selbstorganisation des Systems, der externe, ordnende Zugriffe ersetzt.«[26]

Projektförmig organisierte Wissenschaft, Forschungsprogramme und Wissenschaftspolitik stehen in einem engen Entstehungskontext.[27] Diese These gilt in der Forschung vor allem für das letzte Drittel des 19. Jahrhunderts, in welchem Projekte im Zuge des Ausbaus staatlicher Wissenschaftsförderung zunehmend Teil von Forschungsprogrammen und ihre Förderungswürdigkeit vermehrt abhängig von wissenschaftspolitischen Zielstellungen wurde.[28] Derartige Programme und Zielstellungen

---

24 Stichweh, Zur Entstehung, ebd., S. 12.

25 Ebd.

26 Ebd., S. 13.

27 Ausgehend von einem Aufsatz Lutz Raphaels wurden in den letzten Jahren die Sozialwissenschaften in Bezug auf die Verwissenschaftlichung des Sozialen intensiv untersucht. Vgl. Ders., Die Verwissenschaftlichung des Sozialen als methodische und konzeptionelle Herausforderung für eine Sozialgeschichte des 20. Jahrhunderts, in: Geschichte und Gesellschaft, 22 (1996) 2, S. 165–193. Zudem Kerstin Brückweh, Dirk Schumann, Richard F. Wetzell und Benjamin Ziemann (Hgg.), Engineering Society: The Role of the Human and Social Sciences in Modern Societies, 1880–1980, Basingstoke u.a., 2012. Christiane Reinecke und Thomas Mergel (Hgg.), Das Soziale ordnen: Sozialwissenschaften und gesellschaftliche Ungleichheit im 20. Jahrhundert, Frankfurt a. M., 2012.

28 Vgl. Rudolf Stichweh, Differenzierung des Wissenschaftssystems, in: Differenzierung und Verselbständigung. Zur Entwicklung gesellschaftlicher Teilsysteme, hrsg. von Rudolf Stichweh / Renate Mayntz / Bernd Rosewitz / Uwe Schimank, Frankfurt a. Main, New York, 1988, S. 55. Philipp W. Balsiger erörtert in seiner Dissertation zu »Transziplinarität« das in den 1960er und 1970er-Jahren geprägte Konzept eines Forschungsprogramms, das der Wissenschaftshistoriker Imre Lakatos (1922–1974) in Auseinandersetzung mit Thomas S. Kuhns »The structure of scientific revolutions« und Poppers Falsifikationstheorie entwickelte. Nach Balsiger gehört es zu den Hauptmerkmalen von Lakatos' Bestimmung eines Forschungsprogramms, dass »Postulate mit der Konjunktion ›daß‹ eingeleitet [werden] und die Sätze […] einen imperativen Gestus« besitzen. Dieser harte Kern sei für Wissenschaft-

wurden aber auch früher artikuliert. Wenn Mommsen in seiner Antrittsrede formuliert, es sei »die Grundlegung der historischen Wissenschaft, daß die Archive der Vergangenheit geordnet werden«[29], so kreiert er damit nicht nur die von ihm gesehene Aufgabe der Akademie, sondern ein Forschungsprogramm oder wie er es nennt: einen »Gesamtplan«.[30]

Cristina Besio, die sich in Anknüpfung an Arbeiten von Rudolf Stichweh und Niklas Luhmann in ihrer Dissertation aus wissenssoziologischer Perspektive dem »Forschungsprojekt« als Untersuchungsgegenstand nähert, identifiziert vier Elemente, die einen semantischen Wandel der Wissenschaft um 1800 charakterisierten: 1.) Im Gegensatz zur frühmodernen Wissenschaft würde es möglich, sich immer begrenzteren Einzelproblemen zuzuwenden.[31] Die Forderung an Gelehrte bestünde nicht mehr in der Erfassung und dem Verstehen des Ganzen, sondern im fortschreitenden Hinzufügen vieler kleiner Teile zu einem als Leerstelle verkommenen Ganzen, das nun selbst einer Unternehmung zu gleichen scheint.[32] 2.) Dadurch bedingt sei eine Orientierung auf das Neue, auf Teile, die das bestehende Wissen erweitern, gleichzeitig aber auch bestehendes Wissen überholen, es altern oder nicht mehr zeitgemäß erscheinen lassen. 3.) Erweitert werden könne dieses Wissen aber nur mit Bezug auf Empirie. Nicht mehr die Tradition, die alten gelehrten Schriften seien Quellen der Erkenntnis, sondern beobachtete Natur, erhobene Daten, Archivakten oder andere »Quellen«. 4.) Als viertes und insbesondere für experimentelle Forschung von Bedeutung sei eine Bezugnahme auf Theorien. Experimentelle empirische Forschung wird nicht mehr einfach »ins Blaue« hinein oder zufällig betrieben, sondern durch vorher aufgestellte Erwartungen

---

ler, die am Forschungsprogramm beteiligt sind »unwiderlegbar«. Vgl. Philipp W. Balsiger, Transdisziplinarität: systematisch-vergleichende Untersuchung disziplinenübergreifender Wissenschaftspraxis, München, 2005.

29 Mommsen, Antrittsrede, wie Anm. 2, S. 395.

30 Ebd.; »Etymologisch gesehen«, so Dirk van Laak in seinen Docupedia-Artikel zu »Planung« sei »die Bedeutung von ›Planung‹ als einer rationalen Gestaltung des Zukünftigen relativ jung. Ursprünglich bezeichnete der ›Plan‹ das Glatte, Ebene und Verständliche, später auch die Fläche oder den Raum der Erde, eines Ortes oder eines Gebäudes. Mit der Perspektive auf einen kontrollierten zeitlichen Wandel anstelle der ›planmäßigen‹ Einrichtung einer möglichst dauerhaften Ordnung trat ›planen‹ im Laufe des 19. Jhs. schrittweise an die Stelle von ›projektieren‹.« Mit Verweis auf Friedrich Kluges Etymologisches Wörterbuch der deutschen Sprache von 1957, S. 553: Dirk van Laak, Planung. Planbarkeit und Planungseuphorie, Version: 1.0, in: docupedia, (2010) <http://docupedia.de/zg/Planung?oldid=92814> (Stand: 15.05.2017).

31 Besio folgt in diesen Punkten größtenteils den Arbeiten von Stichweh 1984 und 1994, in denen diese Umstellung noch ausführlicher dargestellt ist. Cristina Besio, Forschungsprojekte. Zum Organisationswandel in der Wissenschaft, Bielefeld, 2009, S. 92ff. Vgl. Stichweh, wie Anm. 23; sowie Stichweh, Wissenschaft, wie Anm. 23, 1994.

32 Vgl. Besio, ebd., S. 94.

und Hypothesen geleitet. Damit wird Wissenschaft zu einem »Wechselspiel zwischen Hypothesen und empirischer Überprüfung«.[33] Auch wenn die Theorieorientierung in den Geisteswissenschaften geringer ist als in den Naturwissenschaften, so gilt hypothesengeleitete Forschung auch hier als Norm.[34] Wissenschaft wird in dieser Perspektive zu einem zielorientierten Prozess, der »Episodenbildung« ermöglicht, d.h. der sich einerseits in einzelne Abschnitte, Teile und begrenzbare Aufgaben zergliedern, differenzieren und spezialisieren lässt und andererseits von vielen Forschern gleichzeitig betrieben werden kann. Entscheidend für den Aufbau von Systemkomplexität, so Niklas Luhmann, ist ein Wissen darüber, wie man Unternehmungen beenden kann. »Sobald Kriterien der Terminierung zur Verfügung stehen, kann man etwas anfangen, ohne damit Kräfte auf Dauer zu binden. Man kann viel mehr unternehmen, wenn man weiß, daß und wie man es beenden kann.«[35] Man kann dies demnach als eine Komplexitätsreduktion verstehen, die es ermöglicht, einzelne Ausschnitte oder Teile mit größerer Genauigkeit, Tiefenschärfe und damit letztlich höherer Komplexität zu untersuchen.[36] Zugleich lassen sich dadurch Aufgaben parallel bearbeiten, was die Forschung flexibler gestaltet. Bestimmendes und in diesem Sinne auch komplexitätsreduzierendes Modell für das Hinzufügen immer neuer »Bauteile« zu dem »Riesenbau« im 19. Jahrhundert und damit treibendes Moment wird »Fortschritt« und zwar als funktionales Äquivalent der Erhaltung und Reproduktion überlieferten Wissens. Projekte, als begrenzte Organisationsformen sind für die Umstellung auf die Schaffung neuer aber auch stets wieder revidierbarer Ergebnisse eine Lösungsoption, die entstandene Offenheit zu strukturieren.[37] Die Offenheit des Forschungsprozesses führt unter anderem dazu, dass nicht vorhergesagt werden kann, welche Aufgaben und Ziele als nächstes angegangen werden sollten. Da Forschung abseits universitärer Einzelforschung zusätzlicher oder temporärer finanzieller Ausstattung bedarf, entsteht eine Konkurrenz um begrenzte Ressourcen gegenüber unbegrenzten Forschungsmöglichkeiten. Projekte sind hierbei eine Möglichkeit, zwischen verschiedenen Möglichkeiten zu wählen.[38]

---

33 Ebd., S. 99.

34 Vgl. hierzu auch ausführlicher Otto Gerhard Oexle, Naturwissenschaft und Geschichtswissenschaft. Momente einer Problemgeschichte, in: Naturwissenschaft, Geisteswissenschaft, Kulturwissenschaft. Einheit – Gegensatz – Komplementarität?, hrsg. von Otto Gerhard Oexle, Göttingen, 1998, der einen konzisen Überblick über die Entwicklung des Verhältnisses von Geistes- und Naturwissenschaften seit dem 19. Jahrhundert gibt und auch die erstere letztlich als hypothesengeleitete Wissenschaften bestimmt.

35 Niklas Luhmann, Die Wissenschaft der Gesellschaft, Frankfurt a. M., 1992, S. 581f.

36 Zum Verhältnis von Komplexitätsreduktion – und Komplexitätssteigerung vgl. Ders., Gesellschaft der Gesellschaft, Frankfurt a. M., 1997, S. 134ff.

37 Besio, Forschungsprojekte (wie Anm. 31), S. 103ff.

38 Ebd. Um Missverständnissen vorzubeugen sei erwähnt, dass nicht jede Form wissenschaftlicher Forschung in Projekten funktioniert oder funktionieren muss. Es gibt vielmehr einen

Forschungsfelder

Die untersuchten Unternehmungen stehen im Schnittpunkt mehrerer Narrative und Forschungsfelder. Als Projekte sind sie sowohl Teil einer institutionellen Struktur, generieren aber gleichzeitig eine eigenständige Form mit eigenen Erwartungshorizonten. Sie sind sowohl abhängig als auch autonom vom institutionellen Überbau. Dieser Überbau kann wie in zwei der drei hier untersuchten Fälle eine Akademie sein, aber wie bei der sogenannten »Schulkinderuntersuchung« auch ein disziplinär orientierter und selbstverwalteter Verein, und zwar die »Gesellschaft für Ethnologie, Anthropologie und Urgeschichte« sein. Eng damit verbunden ist die weitausgebaute Institutionengeschichte mit ihren Verästelungen in Universitätsgeschichte, der Geschichte der Wissenschaftsförderung und Wissenschaftspolitik sowie der Disziplingeschichte.[39] Da

---

großen Teil, der außerhalb projektförmiger Forschungsorganisation betrieben wird. Ein Beispiel, auf das immer wieder gern verwiesen wird, ist die erste experimentell durchgeführte Kernspaltung durch Otto Hahn und seinen Assistenten Fritz Straßmann auf einem Tisch in der Größe eines Schreibtischs, wobei die eigentliche Entdeckung in einsamer und freier Arbeit fernab des Experiments durch Lise Meitner im Exil ausschließlich anhand der gemessenen Daten geschah. Auch die Konstruktion von Theorien lässt sich schwer in Projektform gießen. Vgl. zum Hintergrund: Marc Torka, Die Projektförmigkeit der Forschung, Baden-Baden, 2009, S. 24ff.

39 Es wäre vermessen, in einer Fußnote den Forschungsstand eines ganzen Feldes wiedergeben zu wollen. Dazu wandelt es sich zu schnell. Mittlerweile stehen auch Rechercheinstrumente zur Verfügung, die den gleichen Dienst besser und aktueller erfüllen. Die folgenden Verweise sind deshalb als Anregungen zu verstehen, nicht als vollständige oder repräsentative Zusammenstellung. Rüdiger vom Bruch, Wissenschaft im Gehäuse: Vom Nutzen und Nachteil institutionengeschichtlicher Perspektiven, in: Berichte zur Wissenschaftsgeschichte, (2000), S. 37–49. Christoph König und Eberhard Lämmert (Hgg.), Konkurrenten in der Fakultät: Kultur, Wissen und Universität um 1900, Frankfurt a. M., 1999. Zur Wissenschaftsförderung vgl. Rüdiger vom Bruch und Rainer A. Müller (Hgg.), Formen außerstaatlicher Wissenschaftsförderung im 19. und 20. Jahrhundert. Deutschland im europäischen Vergleich, Stuttgart, (Vierteljahrschrift für Sozial- und Wirtschaftsgeschichte. Beihefte, Bd. 88), 1990. Christoph Frhr. von Maltzahn, Außeruniversitäre Organisationsformen in der deutschen Geschichtswissenschaft im 19. und 20. Jahrhundert, in: ebd. Zur Wissenschaftspolitik nach wie vor nützlich: Frank R. Pfetsch, Zur Entwicklung der Wissenschaftspolitik in Deutschland, 1750–1914, Berlin, 1974. Wolfgang van Daele (Hrsg.), Geplante Forschung. Vergleichende Studien über den Einfluss politischer Programme auf die Wissenschaftsentwicklung, Frankfurt a. Main, 1979. Wolfgang Treue und Karlfried Gründer (Hgg.), Berlinische Lebensbilder. Bd 3: Wissenschaftspolitik in Berlin. Minister, Beamte, Ratgeber, Berlin, 1987. Bernhard vom Brocke (Hrsg.), Wissenschaftsgeschichte und Wissenschaftspolitik im Industriezeitalter. Das »System Althoff« in historischer Perspektive, Hildesheim, 1991. Rüdiger vom Bruch und Brigitte Kaderas (Hgg.), Wissenschaften und Wissenschaftspolitik. Bestandsaufnahmen zu Formationen, Brüchen und Kontinuitäten im Deutschland des 20. Jahrhunderts, Stuttgart, 2002. Karin Orth, Autonomie und Planung der Forschung: förderpolitische Strategien der Deutschen Forschungsgemeinschaft 1949–1968, Stuttgart, 2011. Zur Disziplingeschichte vgl.

die hier im Mittelpunkt stehenden Projekte eng mit Berlin als Wissenschaftsstandort[40] verknüpft sind, ist die Untersuchung auch ein Beitrag zur Geschichte dieses urbanen Wissenschaftsraumes und zudem ein Teil der Geschichte Preußens und des deutschen Kaiserreichs.[41]

Als Projekte sind sie Teil einer über mehrere Jahrhunderte reichenden Geschichte der projektförmigen Forschung, deren Untersuchung jedoch erst am

---

Wolf Lepenies, Wissenschaftsgeschichte und Disziplingeschichte, in: Geschichte und Gesellschaft, 4 (1978) 4, S. 437–451. Wolf-Hagen Krauth, Disziplingeschichte als Form wissenschaftlicher Selbstreflexion – am Beispiel der deutschen Nationalökonomie, in: Geschichte und Gesellschaft, 4 (1978) 4, S. 498–519. Iris Schröder, Das Wissen von der ganzen Welt: Globale Geographien und räumliche Ordnungen Afrikas und Europas 1790–1870, Paderborn, 2011. Stichweh, Zur Entstehung, wie Anm. 23. Lutz Danneberg, Wolfgang Höppner und Ralf Klausnitzer (Hgg.), Stil, Schule, Disziplin. Analyse und Erprobung von Konzepten wissenschaftsgeschichtlicher Rekonstruktion (I), Frankfurt a. M. u.a., 2005.

40 Die Wissenschaftsmetropole Berlin verfügt über eine reichhaltige Forschungsliteratur. Insbesondere Jubiläen und damit zusammenhängende Ausstellungen haben eine Reihe an Publikationen hervorgebracht. Bspw. regte die 750-Jahrfeier Berlins 1987 eine rege Forschungstätigkeit zur Geschichte der Stadt in Ost- und Westberlin gleichermaßen an. Regine Zott (Hrsg.), Berlingeschichte im Spiegel wissenschaftshistorischer Forschung. 300 Jahre Wissenschaft in Berlin. Materialien der wissenschaftlichen Konferenz vom 9.–11. April 1987 anläßlich der 750-Jahr-Feier der Stadt Berlin, Als Ms. gedr. Aufl., Berlin, (Kolloquien / Institut für Theorie, Geschichte und Organisation der Wissenschaft. Akademie der Wissen, Bd. 64), 1987. Tilmann Buddensieg (Hrsg.), Wissenschaften in Berlin. Begleitband zur Ausstellung »Der Kongreß denkt« vom 14. Juni bis 1. November 1987 in der wiedereröffneten Kongreßhalle Berlin, Berlin, 1987. Gleiches gilt für die 200-Jahrfeier der Gründung der heutigen Humboldt-Universität, aus der eine sechsbändige Universitätsgeschichte hervorgegangen ist: Rüdiger vom Bruch und Heinz-Elmar Tenorth (Hgg.), Geschichte der Universität Unter den Linden 1810–2010, Berlin, 2010ff. Spezieller mit Netzwerken und dem Verhältnis von Öffentlichkeit und Wissenschaft haben sich auseinandergesetzt: Rüdiger vom Bruch, Gelehrtes und geselliges Berlin. Urban-elitäre Zirkel als kommunikative Schnittpunkte für Akademiemitglieder und Universitätsprofessoren, in: Die Königlich Preußische Akademie der Wissenschaften zu Berlin im Kaiserreich, hrsg. von Jürgen Kocka / Rainer Hohlfeld / Peter Th. Walther, Berlin, 1999. Constantin Goschler (Hrsg.), Wissenschaft und Öffentlichkeit in Berlin, 1870–1930, Stuttgart, 2000. Anne Baillot, Netzwerke des Wissens das intellektuelle Berlin um 1800, Berlin, 2011. Einen allgemeine Überblick bietet: Roland Berbig (Hrsg.), Berlins 19. Jahrhundert. Ein Metropolen-Kompendium, Berlin, 2011.

41 Die Literatur zum Kaiserreich ist nicht mehr zu überschauen, schon gar nicht in einer Fußnote. Ich verweise deshalb nicht auf die bekannten großen Synthesen von knapp 100 Jahren Forschung, sondern auf drei Werke, die den Forschungsstand und die Kontroversen um das Kaiserreich beobachtet haben und aufzeigen, dass das Kaiserreich, das lange Zeit unter der These eines »deutschen Sonderwegs« betrachtet wurde, keineswegs als ausgeforscht gelten kann: Ewald Frie, Das Deutsche Kaiserreich, Darmstadt, 2004. Matthew Jefferies, Contesting the German Empire, 1871–1918, Malden, Mass., Oxford, 2008. Sven Müller und Cornelius Torp (Hgg.), Das deutsche Kaiserreich in der Kontroverse, Göttingen, 2009.

Anfang steht.[42] Ein weiteres Feld sind Forschungen zur Gemeinschafts- und Gruppenforschung bzw. allgemein zu kollaborativem wissenschaftlichen Arbeiten.[43] Hinzu kommen Studien zur Geschichte wissenschaftlicher Praktiken, zum Beispiel zur Geschichte des Sammelns[44], zur Geschichte von einzelnen Sammlungen, der Geschichte wissenschaftlicher Rationalitäten und der historischen Epistemologie.[45] Dass auch scheinbar einfache wissenschaftliche Praktiken wie das Sammeln von Objekten, Texten, Daten oder anderen Wissensobjekten eine wechselvolle und beschreibbare Geschichte haben, zeigt eine seit etwa zwei Jahrzehnten angewachsene Literatur zu diesem Thema. Sei es, dass Sammlungsobjekte, wie Schränke[46], Zettel- oder Karteikäs-

---

42 Diese Frage wird im kommenden Abschnitt näher verfolgt. Den Mangel bestätigt: Hans-Harald Müller, Keine Forschung zur geisteswissenschaftlichen Großforschung? Anmerkungen zum Beitrag von Carlos Spoerhase, in: Geschichte der Germanistik. Mitteilungen, (2010), S. 27–31.

43 Jochen Gläser, Wissenschaftliche Produktionsgemeinschaften. Die soziale Ordnung der Forschung, Frankfurt a. M. u.a., 2006. Katrin Böhme-Kaßler, Gemeinschaftsunternehmen Naturforschung. Modifikation und Tradition in der Gesellschaft Naturforschender Freunde zu Berlin 1773–1906, Stuttgart, 2005. Ulrich Marsch, Industrielle Gemeinschaftsforschung in Deutschland und Großbritannien – Kaiser-Wilhelm-Institute und Research Associations 1916–1936, in: Das Harnack-Prinzip. Die Kaiser-Wilhelm-/Max-Planck-Gesellschaft und ihre Institute. Studien zu ihrer Geschichte, hrsg. von Bernhard vom Brocke / Hubert Laitko, Berlin u.a., 1996. Schon etwas älter und aus der bayerischen Perspektive reflektieren: Theodor Schieder, Organisation und Organisationen der Geschichtswissenschaft: 125 Jahre Historische Kommission bei der Bayerischen Akademie der Wissenschaften, in: Historische Kommission bei der Bayerischen Akademie der Wissenschaften 1858–1983, hrsg. von Bayerische Akademie der Wissenschaften, München, 1984. Sowie Paul Lehmann, Geisteswissenschaftliche Gemeinschafts- und Kollektivunternehmungen in der geschichtlichen Entwicklung, München, (Sitzungsberichte der Bayerischen Akademie der Wissenschaften, Philosophisch-Historische Klasse, Bd. 5), 1956. Wie die beiden vorherigen Aufsätze ist auch dieser im Umfeld eines Jubiläums entstanden: Hermann Heimpel, Über Organisationsformen historischer Forschung in Deutschland, in: Historische Zeitschrift, 189 (1959) 189, S. 139–222. Stärker auf Naturwissenschaften konzentriert ist: Paul Thagard, Collaborative Knowledge, in: Noûs, 31 (2002) 2, S. 242–261. Thagards Pointe besteht in seiner Forderung, dass auch die Philosophie kollaborativer werden sollte.

44 Anke te Heesen und Emma C. Spary (Hgg.), Sammeln als Wissen. Das Sammeln und seine wissenschaftsgeschichtliche Bedeutung, Göttingen, 2001; Sybille Krämer und Horst Bredekamp (Hgg.), Bild, Schrift, Zahl, München, 2003.

45 Stellvertretend für viele Studien sei hier nur auf Lorraine Daston und Peter Galison, Objektivität, Frankfurt a. M., 2007 verwiesen. Einen guten Einstieg bietet: Hans-Jörg Rheinberger, Historische Epistemologie zur Einführung, Hamburg, 2007. Rheinberger verfolgt die Geschichte der Historischen Epistemologie als einer Doppelbewegung einer Historisierung der Epistemologie und der Epistemologisierung der Historiografie anhand ausgewählter Wissenschaftshistoriker respektive Wissenschaftstheoretiker und Philosophen im 20. Jh..

46 Anke te Heesen und Anette Michels (Hgg.), Auf / Zu. Der Schrank in den Wissenschaften, Berlin, 2007. Staffan Müller-Wille, Carl von Linnés Herbarschrank. Zur epistemischen Funktion eines Sammlungsmöbels, in: Sammeln als Wissen, wie Anm. 44.

ten[47] analysiert wurden, Sammlungen bestimmter Gelehrter[48] und Institutionen[49], die Praktiken des Sammelns[50] und ihrer Verfahren[51] oder als Anthropologie[52] untersucht worden sind.

---

47 Vgl. zu den Entstehungsbedingungen von Zettelkästen aus medienkulturgeschichtlicher Perspektive: Markus Krajewski, Zettelwirtschaft. Die Geburt der Kartei aus dem Geiste der Bibliothek, Berlin, 2002. Helmut Zedelmaier, Buch, Exzerpt, Zettelschrank, Zettelkasten, in: Archivprozesse. Die Kommunikation der Aufbewahrung, hrsg. von Hedwig Pompe / Leander Scholz, Köln, 2002. Niklas Luhmann, Kommunikation mit Zettelkästen. Ein Erfahrungsbericht, in: Universität als Milieu. Kleine Schriften, hrsg. von André Kieserling, Bielefeld, 1992.

48 Staffan Müller-Wille (Hrsg.), Sammeln – Ordnen – Wissen. Beiträge zu einem Festkolloquium aus Anlaß des 80. Geburtstages von Ilse Jahn, Berlin, (Preprint des Max-Planck-Instituts für Wissenschaftsgeschichte, Bd. 215), 2002. Christoph Meinel, Enzyklopädie der Welt und Verzettelung des Wissens: Aporien der Empirie bei Joachim Jungius, in: Enzyklopädien der frühen Neuzeit. Beiträge zu ihrer Erforschung, hrsg. von Franz M. Eybl / Wolfgang Harms / Hans-Henrik Krummbacher / Werner Welzig, Tübingen, 1995. Mit ca. 5 Millionen Euro ist 2014 ein Projekt zur Erforschung des Zettelkastens von Niklas Luhmann ausgestattet worden. Vgl. Pressemitteilung, Nordrhein-Westfälische Akademie der Wissenschaften und der Künste: Neues Langzeitforschungsprojekt »Niklas Luhmann – Theorie als Passion. Wissenschaftliche Erschließung und Edition des Nachlasses«, <http://www.awk.nrw.de/pressemedien/detailansicht-presse/2014-10-30-neues-langzeitforschungsprojekt-niklas-luhmann-theorie-als-passion-wissenschaftliche-erschliessung-und-edition-des-nachlasses.html?tx_ttnews%5BbackPid%5D=51&cHash=e53f30c90f7753cd78a0c69f92248fd5>, (Stand: 15.06.2017).

49 Neben Museen als Institutionen des Sammelns sind hierbei auch die seit Anfang der 1990er Jahre wiederentdeckten Sammlungen der Universitäten und ihrer Geschichte gemeint. Insbesondere die Ausstellung »Theatrum naturae et artis« trug zur Bekanntmachung der Universitätssammlungen bei. Vgl. hierzu den zweibändigen Katalog: Horst Bredekamp, Jochen Brüning und Cornelia Weber, Theater der Natur und Kunst / Theatrum naturae et artis, 2 Bde., Katalog, Berlin, 2000. Vgl. auch die Übersicht über die in Deutschland befindlichen Universitätssammlungen unter: <http://www.universitaetssammlungen.de/> (Stand: 17.04.2017). Einen Einstieg und Überblick über Konzepte von Museen und Ausstellungen bietet: Anke te Heesen, Theorien des Museums zur Einführung, Hamburg, 2012. Grundlegend auch: Krzysztof Pomian, Des saintes reliques à l'art moderne: Venise-Chicago, XIIIe–XXe siècle, Paris, Bibliothèque des histoires, 2003.

50 Robert E. Kohler, Finders, Keepers: Collecting Sciences and Collecting Practice, in: History of Science, 45 (2007) 4, S. 428–454. Heesen, Spary, wie Anm. 44. Susan A. Crane, Collecting and historical consciousness in early nineteenth-century Germany, Ithaca u.a., 2000. Ebenfalls lesenswert, aber eher aus dem Bereich der Sachbücher: Philipp Blom, Sammelwunder, Sammelwahn. Szenen aus der Geschichte einer Leidenschaft, Frankfurt a. M., 2004.

51 Vgl. insbesondere: Christoph Hoffmann, Festhalten, Bereitstellen. Verfahren der Aufzeichnung, in: Daten sichern. Schreiben und Zeichnen als Verfahren der Aufzeichnung, hrsg. von Ders., Zürich u.a., (Wissen im Entwurf, Bd. 1), 2008.

52 Vgl. u.a. den Aufsatz von Justin Stagl mit dem Titel: »Homo collector: Zur Anthropologie und Soziologie des Sammelns« in: Aleida Assmann, Monika Gomille und Gabriele Rippl (Hgg.), Sammler, Bibliophile, Exzentriker, Tübingen, 1998, S. 37ff.

Die Untersuchungen zeigen, dass wissenschaftliche Praktiken teilweise ganz anderen Konjunkturen, Traditionen und Entwicklungen folgen können als eine politische, soziale oder mediale Geschichte. Und obwohl auch Praktiken des Sammelns, Ordnens, Interpretierens in einem engen Wechselverhältnis zu den sozialen Gegebenheiten, dem politischen Umfeld und den medialen Möglichkeiten stehen, gehen sie doch nicht in diesen auf. Was für die Universitäten gilt, die Anthony Grafton einmal als »eigenwillige Palimpseste des Alten und Neuen«[53] beschrieben hat, trifft auch für die wissenschaftlichen Praktiken zu.

Grundlegend ist die Annahme, dass wissenschaftliche Praktiken wie das Sammeln von Wissensobjekten, das Zusammenstellen von Daten und die Organisierung von Projekten und Unternehmungen historisierbar sind und damit bestimmten, sich wandelnden Regeln und Verfahren folgen. Diese können sich, unter der Oberfläche methodischer Kontroversen, *turns* oder auch gesellschaftlicher Veränderungen, teilweise über sehr lange Zeit stabil halten. Nicht immer müssen Regeln und Verfahren des Sammelns auch explizit formuliert vorliegen. Ebenso gut und nicht einmal selten, wird gesammelt, aufgezeichnet oder geordnet ohne Reflexion auf die angewandten Methoden. Die Regeln und Verfahren manifestieren sich dann im Umgang mit den Objekten und Sammlungen. Um den Entstehungsbedingungen auf die Spur zu kommen, werden nicht nur die Resultate, sondern auch die einzelnen Schritte, die dahin führten, sei es im Labor, auf Expedition, im Museum oder auf dem Schreibtisch analysiert.

Im 19. Jahrhundert wird das Sammeln wissenschaftlicher Daten und Objekte einschließlich der Präsentation oder Publikation zunehmend überindividuell organisiert, spezialisiert und institutionalisiert. Zweifelsohne lassen sich auch vor 1800 eine Reihe von Beispielen für arbeitsteilige, gemeinschaftliche Forschung finden, die innerhalb eines institutionellen Rahmens, über größere Zeiträume hinweg, unter Verfolgung eines methodischen Paradigmas arbeitend, wissenschaftliche Werke produzierten. Neben klösterlichen Langzeitunternehmen wie der Mauriner[54] oder der nach wie vor existenten Bollandisten zählen hierzu auch die Enzyklopädien der Aufklärungszeit, aber auch astronomische, meteorologische oder botanische Netzwerke der Frühen Neuzeit. Letztere haben die in den vergangenen Jahren unter dem Paradigma des »collective empiricism« und der weiterreichenden Untersuchung der Beobachtung als wissenschaftlicher

---

53 Anthony Grafton, Charisma und Askese. Universitätsgeschichte zwischen Traditionspflege und Modernisierung, in: Lettre International, (2006), S. 75.

54 David Knowles sah in den Maurinern gar das erste Gemeinschaftsunternehmen der modernen Welt überhaupt: »They take pride of place for two good reasons. Theirs was the first great enterprise of co-operative scholarship in the modern world; and theirs is the only enterprise of the seventeenth century which still continues in active function.« David Knowles, Great historical enterprises. Problems in monastic history, London, 1963, S. 4.

Praktik eine Reihe von Untersuchungen nach sich gezogen.[55] Mauriner und Aufklärer verfolgten jeweils verschiedene Programme und Ziele. Mauriner, wie auch Bollandisten, setzten auf lange Dauer und kontinuierliche Veröffentlichung, ohne ein zu Beginn festgelegtes Ende. Sie arbeiten demnach nicht projektförmig.[56] Hingegen ist die französische Enzyklopädie neben ihrer kaum zu unterschätzenden Bedeutung für die Aufklärung nicht zuletzt auch ein verlegerisches Projekt gewesen, das seinen Abschluss finden sollte, um damit die Ausgaben wieder einspielen zu können.

Grundlage der klösterlichen Gemeinschaftsunternehmen bildete eine als ewig gedachte Institution, die des Ordens, sowie ein der universitären Ausbildung vergleichbares Heranführen an methodisch einheitliches Arbeiten. Erst nach jahrelangem Studium der Philosophie, Theologie und Kirchengeschichte bekamen ausgewählte Mönche eine historische Aufgabe zugewiesen und wurden bei Talent nach Saint-Germain des Prés geschickt. Dort befand sich seit 1631 das Zentrum der Mauriner-Kongregation mit einer der besten Bibliotheken der Zeit. Obwohl die Zerstörung des Ordens im Zuge der Französischen Revolution zunächst das Ende des Gemeinschaftsunternehmens der Mauriner bedeutete, lassen sich auch darüber hinaus Traditionslinien ziehen.[57] Von den Maurinern hat sich beispielsweise Martin Gerbert in St. Blasien inspirieren lassen. An Gerberts »Germania sacra« wiederum knüpfte Paul Kehr um 1900 mit seiner Edition der Papsturkunden an.[58]

Die Wissenschaftsforschung hat sich lange Zeit auf naturwissenschaftliche Forschungspraxis konzentriert und den Praktiken der Geisteswissenschaften weniger Be-

---

55 Vgl. Lorraine Daston und Elizabeth Lunbeck (Hgg.), Histories of Scientific Observation, Chicago, 2011. Zudem Lorraine Daston, On Scientific Observation, in: Isis, 99 (2008) 1, S. 97–110.

56 Darin machen es ihnen die Akteure der Monumentale Germania Historica (MGH) und später auch die der Reichstagsakten nach (sie gehen aber von der nationalen Idee als Motivation aus), zwei Unternehmungen, die ebenfalls Anknüpfungspunkte für Vergleiche bieten. Zur Geschichte der MGH vgl. Harry Bresslau, Geschichte der Monumenta Germaniae historica, Hannover, 1921. Horst Fuhrmann, »Sind eben alles Menschen gewesen«. Gelehrtenleben im 19. und 20. Jahrhundert. Dargestellt am Beispiel der Monumenta Germaniae Historica und ihrer Mitarbeiter, München, 1996. Des Weiteren Erwin Töllner, Carl Friedrich Eichhorns Anteil an der Gründung der Monumenta Germaniae Historica, in: Deutsches Archiv für Erforschung des Mittelalters, namens der Monumenta Germaniae Historica, 50 (1994) 1, S. 33–72. Zum Unternehmen der Reichstagsakten vgl. Eike Wolgast, Deutsche Reichstagsakten, in: ...für die deutsche Geschichts- und Quellenforschung. 150 Jahre Historische Kommission bei der Bayerischen Akademie der Wissenschaften, hrsg. von Lothar Gall, München, 2008.

57 Vgl. David Knowles, Great historical enterprises. Problems in monastic history, London, 1963, S. 22.

58 Vgl. Paul Lehmann, Gemeinschafts- und Kollektivunternehmungen, München, (Sitzungsberichte der Bayerischen Akademie der Wissenschaften, Philosophisch-Historische Klasse, Bd. 5), 1956, S. 43.

achtung geschenkt.[59] Gründe hierfür könnten nach Lorraine Daston darin zu suchen sein, dass »die Praxis für die Praktiker gleichsam eine zweite Natur darstellt« und deshalb »nur selten zum Gegenstand expliziter Analyse und Diskussion« gemacht worden ist.[60] Dabei seien »die historischen Methoden der Archivforschung, des Vergleichens von Quellen, des Erstellens von Fußnoten und Bibliographien« ebenso wie »die Techniken von Laborexperiment und Feldforschung zu verschiedenen Zeiten in mehreren Etappen entwickelt«[61] worden. Methodologische Streits, theoretischen Debatten oder Kontroversen um Echtheit von Quellen ließen sich führen oder Reichweiten von statistischen Ergebnissen kritisieren, ohne den inneren Zusammenhalt zu stören. »Auf der Ebene der Praxis jedoch – wie eine chemische Verbindung zu analysieren ist, wie man ein Pendel zum Schwingen bringt, wie man einen Planeten verfolgt, wie man eine botanische Art konserviert – blieb die Gemeinschaft stets erhalten.«[62] Nicht zuletzt

---

59 Möglicherweise mit gutem Grund, weil der Anschein von unhistorisierbaren Ergebnissen und Tatsachen in den Naturwissenschaften viel stärker ausgeprägt ist als in den Geisteswissenschaften und der Reiz, diese Objektivität zu knacken, dementsprechend größer. Andererseits kamen viele Wissenschaftsforscher ursprünglich auch aus den Naturwissenschaften, bspw. George Canguilhem, Thomas Kuhn oder Hans-Jörg Rheinberger. Den stark theorieorientierten Debatten der 1960er und 1970er-Jahre folgten eine Reihe stärker an der Erforschung der Praxis orientierte Studien, die alle der Frage nachgingen, wie wissenschaftliches Wissen produziert wurde. Vgl. bspw. die ethnografischen Laborstudien Steve Woolgars und Bruno Latours: Bruno Latour und Steve Woolgar, Laboratory life. The social construction of scientific facts, Beverley Hills, 1979. Bruno Latour, Science in action: how to follow scientists and engineers through society, Cambridge, Mass., 1987. Karin Knorr-Cetina untersuchte in ihrer Studie die Erzeugung von Wissen in der Hochenergiephysik und in der Molekularbiologie: Karin Knorr-Cetina, Die Fabrikation von Erkenntnis. Zur Anthropologie der Wissenschaft, Frankfurt a. M., 1984. Primär anhand biologischer Wissenschaften untersuchte Hans-Jörg Rheinberger die Praxis der Erzeugung von Wissen und des Umgangs mit Nichtwissen. Vgl. Hans-Jörg Rheinberger (Hrsg.), Die Experimentalisierung des Lebens. Experimentalsysteme in den biologischen Wissenschaften 1850/1950, Berlin, 1993. Ders., Strukturen des Experimentierens: Zum Umgang mit dem Nichtwissen, in: Wissenschaft als kulturelle Praxis. 1750–1900, hrsg. von Hans Erich; Peter Hanns Reill Bödeker / Jürgen Schlumbohm, Göttingen, 1999. Einige dieser Ansätze sind unter dem Label des practical turn zusammengefasst. Vgl. Doris Bachmann-Medick, Cultural turns: Neuorientierungen in den Kulturwissenschaften, 4. Aufl., Reinbek bei Hamburg, 2010.

60 Lorraine Daston, Die unerschütterliche Praxis, in: Auf der Suche nach der verlorenen Wahrheit. Zum Grundlagenstreit in der Geschichtswissenschaft, hrsg. von Rainer Maria Kiesow / Dieter Simon, Frankfurt a. M. u.a., 2000, S. 21.

61 Ebd., S. 20.

62 Ebd., S. 21. Darin plädiert Daston für eine Erforschung der Praktiken der Historiker nach dem Vorbild der Untersuchung naturwissenschaftlicher Praktiken. Ähnlich hatte schon John W. Servos formuliert: »Historians generally have limited patience for studies of their own vocabulary.« Es ist aber andererseits ein Allgemeinplatz, dass der Blick auf das Eigene schwerer fällt, als der Blick auf das Andere. John W. Servos, Research Schools and Their Histories, in: Osiris, (1993), S. 3.

durch Lorraine Dastons zahlreiche Arbeiten zur Geschichte der Rationalitäten und deren Rezeption ist der Blick auch auf Bereiche geisteswissenschaftlicher Produktion von Erkenntnis gelenkt worden.[63] In der Folge entstehen seit einiger Zeit vermehrt Studien zu geisteswissenschaftlichen Praktiken, insbesondere zur Archivrecherche.[64]

Der »Großbetrieb der Wissenschaft« und seine Entstehungsbedingungen ist bisher vor allem im Rahmen von Studien zu entsprechenden Einrichtungen untersucht worden. So z.B. im Kontext von Studien außeruniversitärer Forschungseinrichtungen wie Kaiser-Wilhelm/Max-Planck-Gesellschaft[65] und ihre Institute, zur Entstehung der bundesrepublikanischen Großforschungseinrichtungen[66] und zur Geschichte der

---

63 Lorraine Daston gehört zu den wenigen Wissenschaftshistoriker/innen, die sich mit beiden Kulturen gleichermaßen auseinandergesetzt hat. Deshalb waren ihre Untersuchungen für die vorliegende Studie besonders anregend. Das Objektivitätsbuch, das viele früher schon formulierte Überlegungen synthetisierte, habe ich schon mehrfach erwähnt. Konkret mit dem Verhältnis von Geistes- und Naturwissenschaften setzte sie sich auch in weiteren Publikationen auseinander, u.a. Dies., Die Akademien und die Einheit der Wissenschaften. Die Disziplinierung der Disziplinen, in: Kocka, Hohlfeld, Walther, wie Anm. 40. Dies., Die unerschütterliche Praxis, in: Auf der Suche nach der verlorenen Wahrheit. Zum Grundlagenstreit in der Geschichtswissenschaft, hrsg. von Rainer Maria Kiesow / Dieter Simon, Frankfurt a. M. u.a., 2000.

64 Dennoch sind das immer noch vergleichsweise kleine Pflänzchen und gemessen am jährlichen Output an Publikationen eher Randerscheinungen. Das lässt sich nicht zuletzt daran ablesen, dass Anthony Graftons Buch zur Geschichte der Fußnote bis heute oft als einzige rühmliche Ausnahme benannt wird: Anthony Grafton, The Footnote. A Curious History, Cambridge, Mass., 1995.Vgl. bspw. Philipp Müller, Ranke in the lobby of the archive : metaphors and conditions of historical research, in: Unsettling history: archiving and narrating in historiography, hrsg. von Sebastian Jobs / hrsg. von Alf Lüdtke, Frankfurt a. M., 2010, S. 109–125; Philipp Müller, Archives and history: Towards a history of ›the use of state archives‹ in the 19th century, in: History of the Human Sciences, 26 (2013) 4, S. 27–49; Philipp Müller, Die neue Geschichte aus dem alten Archiv. Geschichtsforschung und Arkanpolitik in Mitteleuropa, ca. 1800 – ca. 1850, in: Historische Zeitschrift, 299 (2014) 1.

65 Bernhard vom Brocke und Hubert Laitko (Hgg.), Das Harnack-Prinzip. Die Kaiser-Wilhelm-/Max-Planck-Gesellschaft und ihre Institute. Studien zu ihrer Geschichte, Berlin u.a., 1996; Rudolf Vierhaus und Bernhard vom Brocke (Hgg.), Forschung im Spannungsfeld von Politik und Gesellschaft. Geschichte und Struktur der Kaiser-Wilhelm/Max-Planck-Gesellschaft, Stuttgart, 1990.

66 Vgl. einführend in die Publikationsreihe, die selbst Ergebnis eines Großprojekts war: Margit Szöllösi-Janze und Helmuth Trischler (Hgg.), Großforschung in Deutschland, Frankfurt a. M., New York, 1990. Vgl. auch Bd. 1 der Reihe: Margit Szöllösi-Janze, Geschichte der Arbeitsgemeinschaft der Großforschungseinrichtungen. 1958–1980, Frankfurt a. M.u.a, 1990. Vgl. außerdem den zur gleichen Zeit entstandenen, auf eine Konferenz zurück gehenden Band: Maltzahn, wie Anm. 39. Zudem den stärker definitorisch angelegten Aufsatz, mit Blick auf die Naturwissenschaften arbeitet Burghard Weiss heraus: »Großforschung«. Genese und Funktion eines neuen Forschungstyps, in: Die geschichtliche Perspektive in den

Preußischen Akademie der Wissenschaften[67] im 19. und auch 20. Jahrhundert im geteilten Deutschland sowie ihrer Mitglieder[68]. Wissenschaftliche Unternehmungen, die zwar häufiger im Rahmen von Institutionengeschichten erwähnt oder oft noch von Beteiligten in ihrer Entstehungsgeschichte beschrieben worden sind, sind als Projekte eher selten zum Gegenstand von Untersuchungen gemacht worden.[69] Sie standen mög-

---

Disziplinen der Wissenschaftsforschung. Kolloquium an der TU Berlin, Oktober 1988, hrsg. von Hans Poser / Clemens Burrichter, Berlin, 1988.

67 Insbesondere die im Rahmen eines Akademieprojekts entstandenen Bände: Kocka, Hohlfeld, Walther, wie Anm. 40; Wolfram Fischer (Hrsg.), Die Preußische Akademie der Wissenschaften zu Berlin 1914–1945, Berlin, Interdisziplinäre Arbeitsgruppen. Forschungsberichte, hrsg. von der Berlin-Brandenburgischen Akademie der Wissenschaften, 2000; Jürgen Kocka und Peter Nötzoldt (Hgg.), Die Berliner Akademien der Wissenschaften im geteilten Deutschland 1945–1990, Berlin, 2002; sowie die als Ressourcen für die Akademiegeschichte nützlichen Bände: Werner Hartkopf, Die Berliner Akademie der Wissenschaften. Ihre Mitglieder und Preisträger 1700–1990, Berlin, 1992; Werner Hartkopf und Gert Wangermann (Hgg.), Dokumente zur Geschichte der Berliner Akademie der Wissenschaften von 1700 bis 1990, Heidelberg u.a., 1991.

68 Vgl. zu bestimmten Akteursgruppen: Jonathan Harwood, Das Selbstverständnis des Naturwissenschaftlers im Wandel. Die Lage innerhalb und außerhalb der Akademie zu Beginn des 20. Jahrhunderts, in: Kocka, Hohlfeld, Walther, wie Anm. 40; Hoffmann, Weibliche Arbeitswelten, wie Anm. 16.

69 Vgl. für Gegenbeispiele und Anknüpfungspunkte u.a.: Hoffmann, ebd.; Stefan Rebenich, Theodor Mommsen und Adolf Harnack. Wissenschaft und Politik im Berlin des ausgehenden 19. Jahrhunderts. Mit einem Anhang und Kommentierung des Briefwechsels, Berlin, New York, 1997; sowie mehrere Aufsätze aus den 1999 und 2000 entstandenen Bänden zur Akademiegeschichte: Ders., Die Altertumswissenschaften und die Kirchenväterkommission an der Akademie. Theodor Mommsen und Adolf Harnack, in: Kocka, Hohlfeld, Walther, wie Anm. 40; Wolfgang Neugebauer, Zum schwierigen Verhältnis von Geschichts-, Staats- und Wirtschaftswissenschaften am Beispiel der Acta Borussica, in: ebd.; Ders., Die »Schmoller Connection«. Acta Borussica, wissenschaftlicher Großbetrieb im Kaiserreich und das Beziehungsgeflecht Gustav Schmollers, in: Archivarbeit in Preußen. Symposium der Preußischen Historischen Kommission und des Geheimen Staatsarchivs Preußischer Kulturbesitz aus Anlass der 400. Wiederkehr der Begründung seiner archivischen Tradition, hrsg. von Jürgen Kloosterhuis, Berlin, 2000; Laetitia Boehm, Langzeitvorhaben als Akademieaufgabe. Geschichtswissenschaft in Berlin und München, in: Die Preußische Akademie der Wissenschaften zu Berlin 1914–1945, hrsg. von Wolfram Fischer / Rainer Hohlfeld / Peter Nötzold, Berlin, 2000; Holger Dainat, Die paradigmatische Rolle der Germanistik im Bereich der Philologien. Die Deutsche Kommission im interdisziplinären Kontext, in: Die Preußische Akademie der Wissenschaften zu Berlin 1914–1945, hrsg. von Wolfram Fischer, Berlin, 2000; Jonathan Harwood, Das Selbstverständnis des Naturwissenschaftlers im Wandel. Die Lage innerhalb und außerhalb der Akademie zu Beginn des 20. Jahrhunderts, in: Fischer, Hohlfeld, Nözoldt, ebd.; sowie Arbeiten, die von Akteuren akademischer Unternehmungen verfasst wurden, wie bspw. Dietfried Krömer (Hrsg.), Wie die Blätter am Baum, so wechseln die Wörter. 100 Jahre Thesaurus linguae Latinae. Vorträge der Veranstaltungen am

licherweise bisher weniger im Fokus, weil sie, wie Petra Hoffmann vermutet, als kommissiongeleitete Akademievorhaben als wenig innovativ galten.[70] Eine vergleichende Analyse großangelegter Projekte und deren Einordnung in die wissenschaftsorganisatorische Entwicklung ist auch deshalb bisher ein Desiderat.

Die Einrichtung von naturwissenschaftlichen Großforschungseinrichtungen im Bereich der Atomforschung hatte in den 1960er-Jahren zu Studien über den Beginn von Big Science geführt.[71] Auch der mit der Digitalisierung verbundene Wandel von Forschungsinstrumenten, Kommunikations- und Publikationsweisen hat Studien und Reflektionen an den Arbeits- und Forschungspraktiken in Geistes- und Naturwissenschaften angeregt.[72]

---

29. und 30. Juni 1994 in München, Stuttgart u.a., 1995; Horst Fuhrmann, »Sind eben alles Menschen gewesen«. Gelehrtenleben im 19. und 20. Jahrhundert. Dargestellt am Beispiel der Monumenta Germaniae Historica und ihrer Mitarbeiter, München, 1996; Adolf Erman und Hermann Grapow, Das Wörterbuch der Ägyptischen Sprache. Zur Geschichte eines großen wissenschaftlichen Unternehmens der Akademie, Berlin, 1953.

70 Vgl. Hoffmann, wie Anm. 16, S. 19f. Ich komme darauf im Abschnitt zum CIL noch einmal zurück.

71 Vgl. mit weiteren Nachweisen zur Debatte: Torsten Kahlert, ›Große Projekte‹: Mommsens Traum und der Diskurs um Big Science und Großforschung, in: Wissenskulturen. Bedingungen wissenschaftlicher Innovation, hrsg. von Harald Müller / Florian Eßer, Kassel, (Studien des Aachener Kompetenzzentrums für Wissenschaftsgeschichte, Bd. 12), 2012 als open access einsehbar unter: <http://www.upress.uni-kassel.de/katalog/abstract.php?978-3-86219-236-6> (30.06.2017); Carlos Spoerhase, Big humanities: »Größe« und »Großforschung« als Kategorien geisteswissenschaftlicher Selbstbeobachtung, in: Geschichte der Germanistik. Mitteilungen, (2010), S. 9–27; Rüdiger vom Bruch, Big Science – Small Questions? Zur Historiographie der Großforschung, in: Antworten auf die amerikanische Herausforderung. Forschung in der Bundesrepublik und der DDR in den »langen« siebziger Jahren, hrsg. von Gerhard A. Ritter / Margit Szöllösi-Janze / Helmuth Trischler, Frankfurt a. M., New York, (Studien zur Geschichte der deutschen Großforschungseinrichtungen, Bd. 12), 1999. Mary Jo Nye, Before big science. The pursuit of modern chemistry and physics, 1800–1940, New York, 1999; Vgl. auch als relativ knappe Überblicksdarstellung: Gerhard A. Ritter, Großforschung und Staat in Deutschland. Ein historischer Überblick, München, 1992. Des Weiteren: Peter Galison und Bruce Hevly (Hgg.), Big science. The growth of large-scale research, Stanford, California, 1992; Lawrence Badash, The Origins of Big Science: Rutherford at McGill, in: Rutherford and physics at the turn of the century, hrsg. von Mario; Shea William R. Bunge, New York, 1979; Derek J. de Solla Price, Little science, big science. Von der Studierstube zur Großforschung, Frankfurt a. M.,1974; Alvin M. Weinberg, Reflections on big science, Cambridge, Mass. u.a., 1967; Ders., Impact of Large-Scale Science on the United States, in: Science, 134 (1961) 3473, S. 161–164.

72 Stellvertretend für andere: Peter Haber, Digital Past: Geschichtswissenschaft im digitalen Zeitalter, München, 2011. Ich komme auf das Thema der Digital Humanities am Ende im Ausblick zurück. An dieser Stelle nur so viel: Zum Thema der Virtuellen Forschungsumgebungen existiert bisher wenig Forschungsliteratur. Hingegen gibt es eine große Anzahl

Begriffsklärungen »Projekt« und »Unternehmung«

Der Begriff des »*Projekts*« schlägt einen weiten Bogen von der Frühen Neuzeit bis hin zu aktuellen Formen projektförmiger Forschung. Heute ist sie die Normalform organisierter wissenschaftlicher Forschungsarbeit.[73] Eine sehr kurze, abstrakte und damit die longue durée im Blick behaltende Definition der »Projektstruktur wissenschaftlicher Forschung« bietet Rudolf Stichweh:

> *»[...] eine zeitlich und sachlich abgrenzbare Einheit, die planbar, durchführbar und danach evaluierbar ist, und als eine solche abgrenzbare Einheit Gegenstand von Förderungsanstrengungen sein kann.«*[74]

Stichweh nennt es auch die »Elementarisierung von Forschung in der Form von Projekten«.[75] Etwas ausführlicher, aber dennoch sehr prägnant formulierte es Georg Stanitzek:

> *»Das Projekt limitiert sich, indem es nicht nur abstrakt sein Ziel bestimmt, sondern zugleich die Bedingungen, unter denen es erreicht wird: in sachlicher Hinsicht die zu veranschlagenden Ressourcen, kompetentes Personal, den Einsatz von Geld- und Machtmitteln; in zeitlicher die Angabe eines ›Fahrplans‹ und vor allem den vorgesehenen Abschluß; in sozialer die Beziehungen zwischen Financier, Abnehmer und natürlich dem Projektmacher selbst.«*[76]

Zum Projekt kann heutzutage mehr oder weniger alles werden. Die Bandbreite reicht vom Bau- oder Schulprojekt über das Kunst- oder Kulturprojekt bis hin zum Alternativprojekt. Im 19. Jahrhundert findet man Projekte zur Gründung von Banken, Eisenbahnprojekte, militärische, industrielle, buchhändlerische, bergmännische, li-

---

an Papieren und Berichten von Fördereinrichtungen, des Bundesministeriums für Bildung und Forschung sowie Einträge in Blogs, die sich online nachrecherchieren lassen. Eine gute Einführung in das Thema bietet: Thomas Meyer, Virtuelle Forschungsumgebungen in der Geschichtswissenschaft – Lösungsansätze und Perspektiven, in: LIBREAS. Library Ideas, 18 (2011) 18, S. 38–54. Mittlerweile scheint der Hype um die Virtuellen Forschungsumgebungen etwas abzuflachen.

73 Vgl. Torka, wie Anm. 38, S. 14ff.

74 Stichweh, Differenzierung des Wissenschaftssystems, wie Anm. 28, S. 75f. In einer Fußnote verweist er darauf, dass französische Academie des Sciences bis 1904 Preisfragen viel höher vergütete als direkte Forschungsförderung, was als Besonderheit des zentralisierten französischen Wissenschaftssystems anzusehen ist.

75 Ebd., S. 76.

76 Georg Stanitzek, Der Projektmacher. Projektionen auf eine »unmögliche« moderne Kategorie, in: Ästhetik und Kommunikation, 17 (1987) 65/66, S. 138.

terarische, theatralische, genossenschaftliche oder Kanalbauprojekte. Angesichts der Flexibilität des Begriffs erübrigt es sich fast, eine allgemeine Definition zu suchen und übergreifende Merkmale auszumachen. »Projekt« ist eine extrem anpassungsfähige, elastische und offene Form, die sich in ganz verschiedenen gesellschaftlichen Bereichen, Systemen und Diskursen verwenden lässt, um Aufgaben und Probleme zu lösen (oder zu schaffen). Erstaunlich ist, dass der Begriff trotz ubiquitärer Verwendung wissenschaftsgeschichtlich bisher nur selten reflektiert worden ist.[77] So stellt Marc Torka in der Einleitung seiner wissenssoziologischen Analyse heutiger projektförmiger Forschung fest, dass bis »auf wenige Ausnahmen [...] das Kernphänomen der Projektform bei den professionellen Beobachtungsinstanzen des Wissenschaftssystems (Wissenschaftsphilosophie, -geschichte, -soziologie und -forschung) ein vergleichsweise randständiges Dasein« friste und »kaum explizit thematisiert«[78] werde. Niklas Luhmann hingegen hatte schon 1990 in »Die Wissenschaft der Gesellschaft« darauf hingeweisen, dass die »Zeitform des Projekts [...] alle Forschungsbereiche, alle Disziplinen des Wissenschaftssystems durchdringt«. Dadurch werde »wissenschaftliche Forschung in nie zuvor gekanntem Maße von Organisation abhängig.«[79] Wenn Forschung ausschließlich in Projekten organisiert werde, werde es für Forschungsförderorganisationen schwer, andere Formen überhaupt noch wahrzunehmen und ggf. zu finanzieren.[80]

Im hier betrachteten Untersuchungszeitraum wird seltener von Projekt, dafür mehr von Unternehmung gesprochen. Die Bedeutung beider Begriffe geht ineinander über. Beide überlagern sich in ihren Sinnzusammenhängen und werden zuweilen auch innerhalb eines Kontextes synonym gebraucht. Es sind auch genau jene Stellen, an denen in den Akten oder in der Korrespondenz von Projekt und Unternehmung gesprochen wird, die die feinen Unterschiede erkennen lassen. So ist in der Regel in der Frühpha-

---

77 Vgl. hierzu die fast zeitgleich veröffentlichten wissenssoziologischen Studien, die dies aus ihrer Perspektive konstatieren: Besio, Forschungsprojekte, wie Anm. 31, S. 37ff. Torka, wie Anm. 38, S. 88ff. Beide weisen darauf hin, dass die Form des Projekts bisher hauptsächlich in der Organisationstheorie und der Managementliteratur behandelt worden ist. Vgl. z.B. Rolf A. Lundin und Anders Söderholm, A theory of the temporary organization, in: Scandinavian Journal of Management, 11 (1995) 4, S. 437–455; Rolf A. Lundin und Christophe Midler (Hgg.), Projects as arenas for renewal and learning processes, Boston u.a., 1998. Vgl. aber auch die bereits Ende der 1970er-Jahre entstandenen soziologischen Studien: Bernd Buchhofer, Projekt und Interview. Eine empirische Untersuchung über den sozialwissenschaftlichen Forschungsprozeß und seine sozio-ökonomischen Bedingungen, Weinheim & Basel, 1979. Wolfgang van Daele (Hrsg.), Geplante Forschung. Vergleichende Studien über den Einfluss politischer Programme auf die Wissenschaftsentwicklung, Frankfurt a. M., 1979.

78 Torka, wie Anm. 38, S. 15.

79 Niklas Luhmann, Die Wissenschaft der Gesellschaft, Frankfurt a. M., 1992, S. 338.

80 Ebd.

se der Projektinitiierung die Rede von Projekt, hingegen wird seltener davon gesprochen, wenn es einmal mit Mitteln ausgestattet ist. Häufiger taucht der Begriff wieder auf, wenn eine Unternehmung gescheitert ist und damit ex post wieder zum Projekt gemacht wird. Der Begriff des Großprojekts erscheint allerdings erst im 20. Jahrhundert auf, hat aber in Formulierungen, wie die im Titel der Arbeit verwendete Form als »Unternehmungen großen Stils« ein zeitgenössisches semantisches Äquivalent.[81] Der Begriff ist so in keiner Quelle genannt worden und dennoch ein Quellenbegriff. Er kondensiert verschiedene ähnliche Formulierungen, die das umschreiben, was »Unternehmungen großen Stils« meint und vorgibt zu meinen, denn »in großem Stil« ist selbstredend relativ. Beispielsweise sprach Otto Hirschfeld, Nachfolger von Mommsen als Leiter des CIL, in seinem Nachruf auf Mommsen vor der Akademie von einer »Urkundenedition in großem Stil«.[82] Wilhelm Larfeld, Verfasser einer weitverbreiteten Einführung in die lateinische Epigraphik sprach von »der ersten Inschriftensammlung grossen Stils«, bezog sich dabei allerdings auf eine Sammlung aus dem 16. Jahrhundert.[83] Und Gustav Schmoller sprach in seinem Antrag zur Acta Borussica davon, »daß jetzt mit Erfolg an eine Publikation großen Stils gegangen werden kann«.[84]

Klar ist, dass die Formulierung von Vorhaben großen Stils ohne Referenz eher Assoziationen von so etwas wie Kanalbauprojekten, Staudämmen oder extrem langen Tunneln für Eisenbahnen o.ä. hervorrufen würde. Mit dieser Assoziation von großem Stil spielen diejenigen, die von Großwissenschaft oder »Unternehmungen großen Stils« sprechen, ohne dass sie dabei im Bereich der Geisteswissenschaften, was finanzielle, personelle oder materielle Mittel betrifft, mit Bauprojekten großen Stils gleichziehen würden. Sie nutzen den Begriff in dieser Form gleichsam als rhetorische Figur.[85]

---

81 Der Begriff ist eine Zusammensetzung aus Teilen, die an verschiedenen Stellen geäußert wurden. So wurde von großen Unternehmen gesprochen, Projekten großen Stils, letzteres bspw. von: Fritz Milkau, Die Internationale Bibliographie der Naturwissenschaften. Nach dem Plane der Royal Society, Berlin, 1899, S. 6.

82 Zitiert nach Otto Hirschfeld, Kleine Schriften, Berlin, S. 949, zuerst in: Otto Hirschfeld, Gedächtnisrede auf Theodor Mommsen, in: Abhandlungen der Königlich Preußischen Akademie der Wissenschaften, (1904), S. 1044.

83 Vgl. Wilhelm Larfeld, Handbuch der griechischen Epigraphik. Erster Band. Einleitungs- und Hilfsdisziplinen. Die nicht-attischen Inschriften, Leipzig, 1907, S. 38.

84 HHStAW, Nl Gustav von Schmoller, Abt. 1088, Nr. 1, Vorschlag zu einer Publikation über die »Innere preußische Staatsverwaltung im 18. Jahrhundert.«

85 Eine eigenartige Konstruktion ist der Begriff der »Langzeitvorhaben«, wie er von Laetitia Boehm verwendet wird. Er dehnt den Begriff des Vorhabens in der zeitlichen Dimension, obwohl Vorhaben ebenso wie Projekt auf Abschluss und Fertigwerden drängen, um dann wieder neuen Vorhaben Platz zu machen. Der Begriff der Langzeitvorhaben scheint aus der Sprache der neueren Wissenschaftsverwaltung zu stammen, zumindest ist er mir in den Quellen nicht aufgefallen. Er hat seinen Hintergrund in den teilweise schon über 150 bzw. sogar 200 Jahre alten Großprojekten. Boehm, Langzeitvorhaben, wie Anm. 69.

Die »Unternehmung« oder das »Unternehmen« wird heutzutage primär dem Wirtschaftsbereich zugerechnet.[86] In der »Oeconomischen Encyclopädie« (1773–1858) von Johann Georg Krünitz sind Unternehmungen verbunden mit wirtschaftlich motivierten Expeditionen, Entdeckungsreisen, Handelsunternehmungen vor allem zur See und Unternehmungen von Kaufleuten, die dauerhafte Handelsunternehmungen aufbauten, wie die Englisch-Ostindische Gesellschaft. Die Unternehmung zeige »daher immer etwas Gewagtes an, dessen glückliche Ausführung und dessen glückliches Gelingen stets in Aussicht gestellt wird, also geschehen kann, oder auch nicht.«[87] Auffällig sind die Betonung der Kontingenz einer Unternehmung und die Erzeugung einer Erwartungshaltung, ob des Gelingens oder Scheiterns.[88] In Zedlers Lexikon (Ausgabe von 1732–1754) hingegen wird die Unternehmung als Tugendanweisung für Unternehmer beschrieben. Wohlbedacht und genau überlegt solle ein Unterfangen sein. Der erhoffte Nutzen soll mit dem Schaden, den man vermeiden wolle, abgewogen werden. Das Glück, das man haben könne, solle beurteilt werden und danach, ob man warten oder eilen solle. Und die eigenen Fähigkeiten, wie Mut oder Furchtsamkeit, Geduld, Hartnäckigkeit und Geduldsamkeit sollen vorher eingeschätzt werden. Schließlich solle der weise Unternehmer, wenn er bei der Ausführung seines »Dessins« auf Unerwartetes stoße, zur rechten Zeit einlenken.[89] Werner Sombart schließlich findet in Goethes Faust Teil II die treffendste Beschreibung des Unternehmergeistes:

---

86 So legt es bspw. der derzeitige Eintrag bei der Wikipedia nahe. Dort wird es rein betriebswirtschaftlich definiert als »ein spezieller Betriebstyp in marktwirtschaftlichen Systemen.« Vgl. Unternehmen, unter: Wikipedia, <http://de.wikipedia.org/w/index.php?title=Unternehmen& oldid=140868018>, (Stand: 17.4.2017).

87 Zit. nach der über die Universität Trier frei zugänglichen Online-Ausgabe: Johann Georg Krünitz, Oekonomische Encyklopädie oder Allgemeines System der Staats-, Stadt-, Haus- und Landwirthschaft: in alphabetischer Ordnung, Trier, 2005, <http://www.kruenitz1.uni-trier.de/> (Stand: 15.05.2017).

88 Die Erzeugung einer Erwartungshaltung hat etwas Ähnliches zum Kredit.

89 Johann Heinrich Zedler und Johann Peter von Ludewig, Grosses vollständiges Universal Lexicon aller Wissenschafften und Künste: Welche bißhero durch menschlichen Verstand und Witz erfunden und verbessert worden; Darinnen so wohl die Geographisch-Politische Beschreibung des Erd-Creyses, nach allen Monarchien, Käyserthümern, ... samt der natürlichen Abhandlung von dem Reich der Natur, ... Als auch eine ausführliche Historisch-Genealogische Nachricht von den ... berühmtesten Geschlechtern in der Welt, ... Ingleichen von allen Staats- Kriegs- Rechts- Policey und Haußhaltungs-Geschäfften des Adelichen und bürgerlichen Standes, ... Wie nicht weniger die völlige Vorstellung aller in den Kirchen-Geschichten berühmten Alt-Väter, Propheten, Apostel, Päbste, Cardinäle, ... Endlich auch ein vollkommener Inbegriff der allergelehrtesten Männer, berühmter Universitäten ... enthalten ist, [Online-Version der Ausg.] Leipzig u.a., Zedler, 1732–1754, München, 2003.

Faust *(erblindet).*

Die Nacht scheint tiefer tief hereinzudringen,
Allein im Innern leuchtet helles Licht;

Was ich gedacht ich eil' es zu vollbringen;
Des Herren Wort es gibt allein Gewicht.
Vom Lager auf, ihr Knechte! Mann für Mann!
Laßt glücklich schauen was ich kühn ersann.
Ergreift das Werkzeug, Schaufel rührt und Spaten!

Das Abgesteckte muß sogleich gerathen.
Auf strenges Ordnen, raschen Fleiß,
Erfolgt der allerschönste Preis;
Daß sich das größte Werk vollende
Genügt ein Geist für tausend Hände.[90]

Für Sombart, der sich mehr für den Unternehmer und den Unternehmergeist als die Unternehmung interessiert, ist die »Unternehmung (im weitesten Sinne) jede Verwirklichung eines weitsichtigen Planes, zu dessen Durchführung es des andauernden Zusammenwirkens mehrerer Personen unter einem einheitlichen Willen bedarf«. Der Begriff sei »keineswegs auf das Wirtschaftliche beschränkt. Die wirtschaftliche Unternehmung ist vielmehr eine Unterart der Unternehmung überhaupt, die kapitalistische Unternehmung eine Unterart der wirtschaftlichen Unternehmung.«[91] Der Unternehmer bedürfe vor allem dreier Tugenden: Er müsse Eroberer, Organisator und Händler sein. Der Eroberer muss in der Lage sein, Pläne zu entwerfen, den Willen, diese auch umzusetzen und dafür »geistige Tatkraft«, »Zähigkeit und Beharrlichkeit«[92] in der Verfolgung seines Zieles besitzen. Organisieren ist für Sombart vor allem das Rekrutieren von passenden Menschen und das leistungsgerechte Einsetzen und Führen »zu gemeinsamer Wirksamkeit«.[93] Der Unternehmer müsse aber auch verhandeln können,

---

90 Vgl. Werner Sombart, Der Bourgeois: Zur Geistesgeschichte des modernen Wirtschaftsmenschen, München u.a., 1913, S. 75f. Sombart zitiert jedoch an einer Stelle falsch und zwar im zweiten Vers »wohnet« statt »leuchtet«. Es tut aber wenig zur Sache. Vgl. bspw. die Münchner Ausgabe der Werke Goethes Gisela Henckmann und Karl Richter (Hgg.), Sämtliche Werke nach Epochen seines Schaffens: Münchner Ausgabe, München, 1997, S. 331.

91 Sombart, ebd., S. 69f.

92 Ebd., S. 70f.

93 Ebd., S. 72.

diplomatisch und werbend seine Unternehmung verfolgen.[94] Diese Beispiele deuten darauf hin, dass Unternehmung im 19. Jahrhundert viel näher an der Bedeutung des Projekts, oder wie es Sombarts Definition nahelegt, des Großprojekts, liegt als es heutzutage der Fall ist.

Beide, Unternehmung im 19. Jahrhundert und Projekt im 20. und 21. Jahrhundert, sind von finanziellen Mitteln abhängig bzw. auf sie aus, um durchgeführt werden zu können, und sie sind zeitlich begrenzt. Dennoch ist der Anspruch, Zeit als Limitierung zu setzen, in der heutigen Projektform weitaus wirkungsmächtiger als in der Unternehmung großen Stils des 19. Jahrhunderts. Im Vergleich zur heutigen ubiquitären Verbreitung der Projektform war die wissenschaftliche Unternehmung großen Stils im 19. Jahrhundert nur *eine* besondere Form wissenschaftlicher Forschung.

Auf der Suche nach den Ursprüngen der Projektform stößt man schnell auf Daniel Defoes »An Essay upon projects«[95] aus dem Jahre 1697 als diskursivem Ausgangspunkt. Defoe, der noch heute aufgrund seiner »The Life and Strange Surprizing Adventures of Robinson Crusoe« (1719) und »Moll Flanders« (1722) einer breiten Öffentlichkeit bekannt ist, prägte in seinem Essay die Figur des Projektemachers. Infolge von Defoes Begriffsprägung stand Projektemacherei im 18. Jahrhundert vor allem für abenteuerliche, utopische bis megalomane, aber in der Regel undurchführbare Vorhaben von Leuten, die mit »dieser oder jener fixen Idee auf die Suche nach Finanziers« gingen.[96] Defoe ging dabei in erster Linie von ökonomischen Projekten aus. Von Beginn an finden sich unter der illustren Schar von strategisch überzeugten Versuchskünstlern aber auch ernstzunehmende Unternehmer-Gelehrte, die mit oftmals ebenso utopischen wie intensiver reflektierten Projektplänen hervorgetreten sind, wie bspw. der Akademiegründer Gottfried Wilhelm Leibniz[97] oder der vielleicht als politischer Ökonom klassifizierbare Johann Heinrich Gottlob von Justi.[98] Diese trotz allem weitgehend negativ konnotierte, oftmals auch belächelte und verspottete Figur des Projektemachers verschwindet im 19. und 20. Jahrhundert keineswegs und ist auch heute noch anzutref-

---

94 Ebd., S. 70–76.

95 Daniel Defoe, Essay upon Projects, London, 1697.

96 Georg Stanitzek, Der Projektmacher, in: Ästhetik und Kommunikation, 17 (1987) 65/66, S. 140. Wieder in: Markus Krajewski (Hrsg.), Projektemacher. Zur Produktion von Wissen in der Vorform des Scheiterns, Berlin, 2004.

97 Vgl. aus den unzähligen Publikationen zu Leibniz: Jan Lazardzig, Theatermaschine und Festungsbau. Paradoxien der Wissensproduktion im 17. Jahrhundert, Berlin, 2007, S. 217ff.; Horst Bredekamp, Die Fenster der Monade, Berlin, 2004.

98 Johann Heinrich Gottlob von Justi, Gedanken von Projecten und Projectmachern, in: Johann Heinrich Gottlobs von Justi gesammelte politische und Finanzschriften über wichtige Gegenstände der Staatskunst, der Kriegswissenschaften und des Cameral- und Finanzwesens, hrsg. von Ders., Kopenhagen und Leipzig, 1761.

fen.[99] Allerdings wandelte sich nicht zuletzt durch die Auseinandersetzungen mit der Figur und mit den schon von Autoren des 18. Jahrhunderts bemerkten Potentialen des oft zum Scheitern verurteilten Projektmachers allmählich seine diskursive Hauptbedeutung.[100] Die windigen Projektemacher des 17. und auch noch des 18. Jahrhunderts finden, wenn man so will, in den akademischen Unternehmern des 19. Jahrhunderts (die nicht allein auf die Akademien beschränkt bleiben) ihr seriöses Pendant. Mommsen, Virchow und Schmoller sind keine Projektemacher in der Bedeutung des 17. Jahrhunderts. Sie leiten Unternehmungen, sie werden als Wissenschaftsorganisatoren oder auch -manager bezeichnet und entsprechen dem bürgerlichen Unternehmergeist mit den Tugenden, wie ihn Sombart 1913 beschrieben hat. Die Doppelbedeutung von Großartigkeit und Scheitern ist dem Projektemacher wie auch dem Unternehmer von Beginn an eingeschrieben.

In Grimms Wörterbuch, das ja selbst als zeitgenössisches Großprojekt gelten kann, finden sich zahlreiche Hinweise zur sprachlichen Verwendung des Begriffs. Projekt ist dort zunächst definiert als »ein vorhaben und der plan dazu, der anschlag, entwurf«, »aus dem lat. participium projectus (hingeworfen, entworfen)« entlehnt. Im Englischen gebe es das gleichbedeutende »project«, ebenso im Französischen das »projet«. Die von den Grimms gesammelten Beispiele reichen von »Ein project von etwas machen oder formiren« über »man rennet von gedanken zu gedanken, von projekt zu projekte« oder »das kleine projekt passte zu gut in diesen seinen hauptplan« bis hin zu Projekten im Plural: »einer der mit mancherlei projecten schwanger geht.«[101]

Wenn prinzipiell alles zum Projekt gemacht werden kann, wird es schwierig, Projekte gegenüber anderen Formen der Forschung abzugrenzen.[102] Selbst die in den meisten geisteswissenschaftlichen Disziplinen noch traditionell als Einzelarbeiten angefertigten, wenn auch mittlerweile in Verbünden, SFBs und (Exzellenz-)Clustern organisierten Dissertationsarbeiten werden mittlerweile in der Regel als Forschungsprojekte bezeichnet, obwohl sie gleichzeitig, ähnlich der Abschlussarbeit des Studiums, nach wie vor als

---

99 Georg Stanitzek schlägt bspw. einen Bogen zur alternativen Szene der 1970er-Jahre. Vgl. Ders., Der Projektmacher, in: Ästhetik und Kommunikation, 17 (1987) 65/66, S. 135–146. Vgl. außerdem Krajewski, wie Anm. 47.

100 Vgl. Jan Lazardzig, Masque der Possibilität«. Experiment und Spektakel barocker Projektemacherei, in: Spektakuläre Experimente. Praktiken der Evidenzproduktion im 17. Jahrhundert, hgg. von Helmar Schramm / Ludger Schwarte / Jan Lazardzig, Berlin u.a., (Theatrum Scientiarum, Bd. 3), 2006, 206ff.

101 Jacob Grimm und Wilhelm Grimm (Hgg.), Project, in: Deutsches Wörterbuch, hrsg. von Jacob Grimm / Wilhelm Grimm, Leipzig, 1889, Bd. 16/13. Vgl. auch die digitalisierte Version unter: Jacob Grimm und Wilhelm Grimm, Deutsches Wörterbuch von Jacob Grimm und Wilhelm Grimm, <http://www.woerterbuchnetz.de/DWB?lemma=project>, (Stand: 30.06.2017).

102 Vgl. hierzu Torka, wie Anm. 73, S. 24–49.

Qualifizierungsarbeiten gelten. Sie folgen einer Projektstruktur indem sie ein bestimmtes Ziel, ein zu erwartendes Ergebnis vorher angeben müssen, um Mittel für einen bestimmten Zeitraum zu erhalten. Forschung wird dadurch zu einer Erwartungsstruktur zweier eigentlich verschiedener Modi, der ergebnisoffenen Forschung und der bestimmte Erwartungen erzeugenden Projekte. Die hierdurch erzeugte Spannung macht die immer wieder geäußerte Kritik verständlich, die neben projektförmiger Forschung auch anders organisierte und finanzierte Forschungsmöglichkeiten fordert.[103] Auch die sogenannte *Blue-Sky-Forschung*[104] oder Forschung in einer »*freely-roaming-Modalität*«[105], deren Merkmal gerade darin besteht, keine Zielvorgaben oder Wege dahin vorzudefinieren, wird vom Projektbegriff eingeholt, was durch die eigentlich kontradiktorische Bezeichnung von Blue-Sky-Projekten deutlich wird.[106] Diese »hohe Anschlussfähigkeit« für alle möglichen Kontexte ist das Spezifische der Projektform.[107]

Andererseits sollte nicht vergessen werden, dass die Verwendung der Projektform eine Entscheidung ist, die keinesfalls alternativlos ist. Nehmen wir als Beispiel Alexander von Humboldt, der aufgrund seiner zahlreichen Expeditionen Erfahrungen mit Unternehmungen gemacht hatte. In einem Brief an seinen Freund Karl August Varnhagen von Ense schrieb er:

> »*Ich habe den tollen Einfall, die ganze materielle Welt, alles was wir heute von den Erscheinungen der Himmelsräume und des Erdenlebens, von den Nebelsternen bis zur Geographie der Moose auf den Granitfelsen, wissen, alles in Einem Werke darzustellen, und in einem Werke, das zugleich in lebendiger Sprache anregt und das Gemüth ergötzt. Jede große und wichtige Idee, die irgendwo aufgeglimmt, muß neben den Thatsachen hier verzeichnet sein. Es muß eine Epoche der geistigen Entwickelung der Menschheit (in ihrem Wissen von der Natur) darstellen.*«[108]

---

103 Vgl. Joachim Matthes, Projekte – nein, danke?, in: Zeitschrift für Soziologie, 17 (1988) 6, S. 465–473.

104 Der Begriff wird zuweilen auch synonym mit basic research oder Grundlagenforschung bezeichnet und kontrastierend zur angewandten Forschung hauptsächlich in den Naturwissenschaften verwendet. In Deutschland gelten besonders die Max-Planck-Institute als Orte der Grundlagenforschung. Vgl. für eine affirmative Sicht: D. W Braben, Pioneering research: a risk worth taking, Hoboken, NJ, 2004.

105 Helmut Krauch, Die organisierte Forschung, Neuwied u.a., 1970, S. 104. Vgl. auch: Cristina Besio, Forschungsprojekte, Bielefeld, 2009, S. 29.

106 Da sie keine Zielvorgaben machen und damit auch keine Wege festlegen, wie Ziele erreicht werden sollen, haben es solche Projekte mitunter schwerer an finanzielle Mittel zu gelangen. Vgl. Besio, wie Anm. 31, S. 29.

107 Vgl. Torka, wie Anm. 73, S. 26.

108 Alexander von Humboldt, Briefe an Karl August Varnhagen von Ense (1827–1858). Nebst Auszügen aus Varnhagens Tagebüchern und Briefen von Varnhagen und anderen an Hum-

Als Minimaldefinition für die hier behandelten wissenschaftlichen Projekte ist vorerst festzuhalten, dass sie als geplante, zeitlich, räumlich und inhaltlich begrenzte, empirisch arbeitende und (für das 19. Jahrhundert) in der Regel große Vorhaben bezeichnet werden sollen, die gleichzeitig – so eine typische zeitgenössische Formulierung – ›die Arbeitskraft eines Einzelnen übersteigen‹ und die deshalb einer kollektiven, gemeinschaftlichen, netzwerkartigen oder ähnlichen Organisation der Arbeit bedürfen bzw. zu ihr führen.[109] »Projekt«, so noch einmal Ulrich Bröckling, »ist eine spezifische Form, die Wirklichkeit zu organisieren – ein Rationalitätsschema, ein Bündel von Technologien, schließlich ein Modus des Verhältnisses zu sich selbst.«[110] Die betrachteten Projekte können zwar von Einzelnen geplant, aber nicht allein initiiert und schon gar nicht ohne Arbeitsteilung durchgeführt werden. Häufig sind schon in der Planungsphase eine ganze Reihe von Akteuren beteiligt, ist somit schon die Planung des Projekts oftmals ein Gemeinschaftswerk.[111]

---

boldt (Nachdr. der Originalausgabe Leipzig 1860), Bremen, 2011, S. 20; Vgl. auch: Andreas Daum, Wissenschaftspopularisierung im 19. Jahrhundert. Bürgerliche Kultur, naturwissenschaftliche Bildung und die deutsche Öffentlichkeit 1848-1914, München, 2002, S. 273.

109 Loraine Daston hat zur Beschreibung für Kooperationsformen des gemeinsamen Beobachtens für die Frühe Neuzeit Begriffe wie »collective empiricism« oder »coordinated observation« geprägt, an die hier implizit angeschlossen wird. Vgl. Lorraine Daston, The Empire of Observation, 1600–1800, in: Histories of scientific observation, hrsg. von Lorraine Daston / Elizabeth Lunbeck, Chicago; London, 2011. Vgl. für den von Mommsen und auch in dieser Studie häufig verwendeten Begriff der »Arbeit« und seine Einführung in die Wissenschaft im 19. Jh.: Wolfgang Hardtwig, Geschichtsreligion – Wissenschaft als Arbeit – Objektivität. Der Historismus in neuer Sicht, in: Historische Zeitschrift, (1991), S. 1–32. Wieder gedruckt in: Wolfgang Hardtwig, Hochkultur des bürgerlichen Zeitalters, Göttingen, 2005, S. 51–76.

110 Ulrich Bröckling, Projektwelten. Anatomie einer Vergesellschaftungsform, in: Leviathan, 33 (2005) 3, S. 366. Der Text erweitert erneut in: Ulrich Bröckling, Das unternehmerische Selbst. Soziologie einer Subjektivierungsform, Frankfurt a. Main, 2007, S. 251.

111 Letzteres wird zuweilen erst beim näheren Hinsehen und Hinterfragen immer wiederholter Narrative deutlich. Als Beispiel dient hier die Monumenta Germaniae Historica (MGH). Die Entstehungsgeschichte der wohl bekanntesten Sammlung deutscher Quellen des Mittelalters wird in der Regel als ein Werk des Freiherrn Karl vom und zum Stein erzählt. Folgt man Erwin Töllners Untersuchungen, so wird deutlich, dass es sich hierbei um einen Gründungsmythos handelt, der ältere Ideen und Bemühungen ausblendet. Vom Stein sei zwar bis heute der wichtigste Säulenheilige, aber die Idee für die MGH lässt sich über das offizielle Gründungsdatum 1819 hinaus zurückverfolgen. Im Mai 1816 hatten sich mehrere Berliner Staatsmänner und Gelehrte auf den sogenannten »Berliner Plan« geeinigt. Vgl. Erwin Töllner, Carl Friedrich Eichhorns Anteil an der Gründung der Monumenta Germaniae Historica, in: Deutsches Archiv für Erforschung des Mittelalters, namens der Monumenta Germaniae Historica, 50 (1994) 1, S. 44ff. Zu den Unterzeichnern gehörten Altenstein, Ancillon, Eichhorn, Niebuhr, Rühs, Savigny, Stagemann und Süvern. Der Plan wurde nicht umgesetzt, weil sich der Verbund vor allem durch Weggang der Mitglieder auflöste. Vgl. Georg Heinrich Pertz, Das Leben des Ministers Freiherrn vom Stein. 1829 bis 1831 (Band 6,2),

Vollständigkeit: eine epistemische Tugend

Große wissenschaftliche Revolutionen sind Revolutionen im Umgang mit Daten. Solche Umwälzungen gehen in der Regel mit Veränderungen der technischen Medien der Aufzeichnung, Speicherung, Verarbeitung und Verbreitung einher und führen fast immer zu Veränderungen des Zugangs und der Kommunikationsweisen. Seit es Wissenschaft gibt, wird die Vision oder besser das Phantasma der Vereinigung des gesamten Wissens und aller Inhalte an einem Ort weitergetragen und die Vision eines Zugangs zu allen Daten in jeweils neuen Kontexten erneuert. Für die Antike steht hierfür die Bibliothek von Alexandria[112], für die Zeit der Aufklärung ist es die französische Enzyklopädie und vor kurzem noch war es vielleicht *google* oder *wikipedia*.

Vollständigkeitsdenken ist kein Privileg des 19. Jahrhunderts, auch wenn es in diesem Zeitraum in vielen Disziplinen sehr dominant ist. Der Universalgelehrte, als personifizierte Vereinigung alles Wissens, ist eine im 19. Jahrhundert verschwindende Figur. »Gelehrsamkeit« schreibt Jürgen Osterhammel in seiner monumentalen Weltgeschichte des 19. Jahrhunderts »wurde von persönlicher Gedächtnisleistung entkoppelt, der Wissen akkumulierende Polyhistor wurde vom Leitbild zur bedauerten Kuriosität«.[113] Während Alexander von Humboldt als Idealbild des Gelehrten seiner Zeit noch, wie in obigem Zitat, in den 1830er-Jahren davon träumen konnte, alles Wissen der

Berlin, 1855, S. 101ff. Auch wenn der direkte Entstehungszusammenhang fehlt, wird hierdurch die These erhärtet, nach der Großprojekte in der Regel einer Gruppierung oder eines Netzwerkes bedürfen, um sie zu initiieren. Die Konzentration auf die Initiative und die Verfasser von Planungsschriften begünstigt hingegen Entstehungsmythen, die die Gründung einer Person zuschreiben. Vgl. Brief Nr. 175 vom 19.8. 1818 in: Manfred Botzenhart, Erich Botzenhart und Walther Hubatsch (Hgg.), Karl Frhr. vom und zum Stein. Der Wiener Kongress. Rücktritt ins Privatleben. Stein und die ständischen Bestrebungen des westfälischen Adels: (Juni 1814–Dezember 1818). Bearb. u. hrsg. im Auftr. d. Freiherr-Vom-Stein-Gesellschaft, [Neuausg.]., Stuttgart, (Briefe und amtliche Schriften, Bd. 5), 1964, S. 811. Vgl. hierzu auch: Wolfgang Ernst, Im Namen von Geschichte. Sammeln – Speichern – Er/zählen. Infrastrukturelle Konfigurationen des deutschen Gedächtnisses, München, 2003, S. 107.

112 Nach Manfred Clauss' Recherchen ist über den Umfang der Bibliothek relativ wenig bekannt. Moderne Schätzungen gehen von einer halben Million Schriftrollen aus, wobei eine Schriftrolle prinzipiell mehrere Werke enthalten konnte. Es gab verschiedene Strategien, den Bestand der Bibliothek zu vergrößern. Neben dem Ankauf von Schriftrollen soll es auch den Befehl gegeben haben, dass alle einlaufenden Schiffe nach Schriftrollen durchsucht werden mussten, gefundene konfisziert und abgeschrieben und die Kopien an die Schiffe zurückgegeben wurden. Inwiefern diese Strategie erfolgreicher war als andere, ist nicht überliefert. Es deutet aber möglicherweise auch für die Antike einen Zusammenhang von Handelstätigkeit und Wissensgesellschaft an. Vgl. Manfred Clauss, Alexandria, Schicksale einer antiken Weltstadt, Stuttgart, 2003, S. 74.

113 Jürgen Osterhammel, Die Verwandlung der Welt. Eine Geschichte des 19. Jahrhunderts, München, 2009, S. 33.

Natur in einem Werk zu vereinigen, sind es um 1900 nur noch randständige Gelehrte wie Karl Wilhelm Bührer und Franz Maria Feldhaus, die Versuche starten, das gesamte Wissen der Welt, jegliche irgendwie nützliche Gedanken vollständig oder restlos zusammenzuführen.[114] Es sind Projektemacher, ganz im Sinne von Daniel Defoes Beschreibung vom Ende des 17. Jahrhunderts. Erst mit neuen technischen Medien wie dem Computer geraten Vollständigkeitsvorstellungen wieder positiv ins Zentrum des wissenschaftlichen Diskurses. 1937 veröffentlichte der englische Schriftsteller und Pionier von Science-Fiction-Literatur H. G. Wells im amerikanischen *Harper's Monthly Magazine* die Idee zu einer »World Encyclopedia«. In utopischer Vorwegnahme imaginierte Wells ein Konzept ähnlich der heute größten und meist genutzten Enzyklopädie, die Wikipedia, eine in verständlicher Sprache geschriebene und stets aktuell gehaltene Enzyklopädie aller Wissensbereiche.[115] Wells verband mit dem Titel der »World Encyclopedia« nicht zuletzt auch sprachlich das alte Konzept der französischen Enzyklopädie mit den um 1900 virulent gewordenen Konzepten von »Welt«.

Mich interessiert jedoch in dieser Studie eine andere Seite der »Vollständigkeit«, die sich weniger auf das Zusammenführen und die systematische Darstellung bestehenden Wissens konzentrierte, sondern auf das Sammeln von Daten. Das europäische 19. Jahrhundert ist das Zeitalter der Vollständigkeit – vor allem in diesem Sinne. Bis heute bekannte Beispiele wie das Grimm'sche Wörterbuch sollten »von Luther bis auf Goethe den unendlichen Reichthum unserer vaterländischen Sprache, den noch niemand übersehen und ermessen hat, in sich begreifen. Alle edeln Schriftsteller sollen vollständig eingetragen, die übrigen ausgezogen werden.«[116]

Vollständigkeit und Vollständigkeitsdenken bündelt die Hoffnungen und Ideale des 19. Jahrhunderts, das positivistische Fortschrittsdenken ebenso wie deren problema-

---

[114] Vgl. das Credo von Franz Maria Feldhaus: »Kein Gedanke, der Nutzen verspricht, darf unbeachtet bleiben.« Zitiert nach: Markus Krajewski, Werkzeuge und Strategien der Technikgeschichtsschreibung. Oder: Wie kann man einfach »alles« aufzeichnen?, in: zeitenblicke, 10 (2011) 1. Feldhaus hatte ab etwa 1900 damit begonnen, alles Mögliche bzw. wenn möglich Alles zur Technikgeschichte zu sammeln. Er ist ganz bei Mommsen oder Schmoller und der Bevorzugung der Kärrnerarbeit: »Meine ganz am kleinen Gegenstand hängenden und vom Kleinen zum Großen nur vorsichtig fortschreitenden Forschungen sind nicht nur von Spezialisten als Kritikern, sondern auch von anderen manchmal falsch beurteilt worden. Ich betone aber trotzdem immer wieder, daß ich die Kleinarbeit heute für die Grundbedingung aller Geschichte der Technik halte.« zit. nach ebd. Online unter: <http://www.zeitenblicke.de/2011/1/Krajewski/index_html> (Stand: 15.05.2017). Vgl. auch ausführlicher in: Markus Krajewski, Restlosigkeit. Weltprojekte um 1900, Frankfurt a. M., 2006.

[115] H.G. Wells, The Idea of a World Encyclopedia, in: Harper's Monthly Magazine, 174 (1937) 174, S. 472–482.

[116] Zit. nach: Alan Kirkness (Hrsg.), Geschichte des deutschen Wörterbuchs. 1838–1863. Dokumente zu den Lexikographen Grimm, Stuttgart, 1980, S. 69.

tische Kehrseiten. Beide Seiten sollen anhand einiger Beispiele kurz näher betrachtet werden, wobei es nicht auf eine Chronologie ankommt, sondern auf die jeweiligen Argumente und Begründungen für oder gegen Vollständigkeit.

Während Vollständigkeit oder »Completeness« heutzutage nur noch in der Wissenschaftstheorie, der Philosophie oder der Mathematik eine Rolle spielt und dabei in der Regel mit der Frage nach den Grenzen von Wissenschaft diskutiert wird,[117] bildete die Vorstellung der vollständigen Zusammentragung von Fakten und Tatsachen im 19. Jahrhundert in fast allen Disziplinen eine weitgehend unhinterfragte epistemische Tugend und wissenschaftliche Praxis.

Das vollständige Sammeln von Daten sollte – wie eingangs beschrieben – der Grundlegung der Wissenschaften dienen, d.h. der Schaffung einer kritischen Evidenzbasis, die benutzt werden kann, ohne sie jeweils nochmals neu überprüfen zu müssen. Sie war also immer auch auf die Zukunft gerichtet. Eine solche Hoffnung sprach Mommsen noch zu Beginn seiner Arbeit 1858 an dem Inschriftenprojekt metaphorisch aus:

> *»Wenn das weite Feld der lateinischen Inschriften einmal zu übersehen sein wird, so wird das taube Gestein unschädlich liegen bleiben, der wirklich fruchtbare Boden aber schon von denen, die es angeht, zu Acker- und Saatland umgebrochen werden.«*[118]

Dass sich bei Vorliegen eines vollständigen Materials der Forschungsprozess fast von allein leiten würde, nahmen jedoch auch andere Forscher, in diesem Fall der Ethnologe und Gründer des Museums für Völkerkunde in Berlin, Adolf Bastian, 1881 an:

> *»Jetzt in Folge des sich theilweis bereits erschöpfenden Materials haben leitende Gesetze sich von selbst zusammengeschlossen, und dürfen so, als nicht mit subjectiver Absicht, sondern rein objectiv (oft wider, oder doch ohne, eigenen Willen) gewonnen, auf naturgemässe Begründung Anspruch machen.«*[119]

---

[117] Nicht mehr so aktuell, aber ein gutes Beispiel ist: Richard Schlegel, Completeness in science, New York, 1967.

[118] Mommsen, Antrittsrede, wie Anm. 2, S. 395. Mommsen konnte diese Perspektive auch ironisieren und sich als Steineklopfer und Leichenmarschall bezeichnen, wobei sich letzteres vor allem darauf bezog, dass die meisten Inschriften Grabinschriften sind. Lothar Wickert, Theodor Mommsen. Eine Biographie. Bd. 3. Wanderjahre. Leipzig, Zürich, Breslau, Berlin, Frankfurt a. M., 1969, S. 135 mit Verweis auf Vorwort der IRN, S. XIII dort in Latein: »lapidarius homo et feralis dissignator«. Zur IRN vergleiche den entsprechenden Abschnitt im Teil zum CIL.

[119] Adolf Bastian, Der Völkergedanke im Aufbau einer Wissenschaft vom Menschen: und seine Begründung auf ethnologische Sammlungen, Berlin, 1881, S. 59.

Das Vertrauen in die Kräfte und Potentiale von vollständigen Sammlungen ist ein diskursives Element, das sich in abgewandelten Formen in vielen Publikationen und Reden wiederfindet. Vollständigkeit wird hier auch begrifflich mit Objektivität verbunden, ist im Ansatz aber auch bei Mommsen zu erkennen.

Das Totalitätsideal oder der Vollständigkeitssinn gepaart mit einem Fortschrittsdenken und einem Einheitsideal bezüglich der Wissenschaften hat wohl wissenschaftlich zu keiner Zeit eine so herausragende Bedeutung erlangt.[120] Sicherlich gibt es in verschiedene Richtungen auch historische Tiefendimensionen und längere Traditionen von ganz ähnlich gelagerten Idealen und Tugenden, wie die der Mauriner und Bollandisten. Dennoch verblieben sie lange Zeit weitgehend in den Klöstern und waren außerhalb wenig wirkmächtig. Zudem ist die Geschichtsschreibung über die Mauriner und Bollandisten zuweilen sehr stark von der Zeit geprägt, in der sie geschrieben sind. Wenn der Theologe und Kirchenhistoriker Georg Pfeilschifter 1921 beispielsweise schreibt, dass Maurinergeist »ungeheuren selbstlosen Fleiß um Gotteslohn in der vollständigen Sammlung der Quellen; [...] überaus ehrliche, nur die Wahrheit suchende Behandlung des historischen Stoffes [und] nach allen diesen Seiten hin großartig organisierte, unabhängige Geistesarbeit« bedeute, so spiegelt Pfeilschifter noch mehr die Ideale, Ansprüche und Tugenden seiner Zeit als die der Mauriner und Bollandisten wider.[121]

Nicht zuletzt deshalb leitete der Germanist Richard M. Meyer seine methodologische Skizze zur »Vollständigkeit« 1907 sehr zurückhaltend ein:

> *»Ich weiß wohl, welchen Gefahren ich mich damit aussetze, wenn ich auch nur unter diesen Kautelen das vielverhätschelte Lieblingskind der neueren Methodologie, die ›absolute Vollständigkeit‹, angreife. Dennoch scheint es mir durchaus wünschenswert, daß man sich einmal darüber klar werde erstens, was Vollständigkeit bei unserem wissenschaftlichen Betriebe bedeuten kann, und zweitens, in welchem Grade sie anstrebenswertes Ideal sei.«*[122]

---

120 John Theodore Merz schrieb noch als Zeitgenosse vom 19. Jh. als einem: »age of encyclopaedic treatment of knowledge, [which] lasted one century«. Es war der Versuch »to arrange methodically and to make inventory of knowledge parallel to critical movement«. John Theodore Merz, A history of European thought in the nineteenth century, Edinburgh, 1907, S. 113.

121 Georg Pfeilschifter, Die S[ank]t Blasianische Germania sacra. Ein Beitrag zur Historiographie des 18. Jahrhunderts, Kempten, 1921, S. 45. Zit. nach: Paul Lehmann, Gemeinschafts- und Kollektivunternehmungen, München. Sitzungsberichte der Bayerischen Akademie der Wissenschaften, Philosophisch-Historische Klasse, Bd. 5, 1956, S. 35.

122 Richard M. Meyer, Vollständigkeit. Ein methodologische Skizze, in: Euphorion. Zeitschrift für Literaturgeschichte, (1907), S. 1.

Meyer beobachtet die vielfältige Verwendung des Begriffs als rhetorische Figur und gibt zu bedenken, »ob die Art, wie dieser Begriff gewöhnlich gehandhabt wird, tatsächlich dem wissenschaftlichen Sinne entspricht und ob nicht vielmehr der Terminus zu ebenso viel Selbsttäuschungen wie auch praktischen Schädigungen im wissenschaftlichen Betrieb führt.«[123] Vollständigkeit, so Meyer, sei nur scheinbar aus den Naturwissenschaften entstanden. Sie habe in der Philologie längst bestanden, »ehe sie von Physik und Chemie, Zoologie und Botanik aufgenommen wurde.«[124] Meyer geht sogar noch weiter, indem er behauptet, »die sogenannte naturwissenschaftliche Methode« sei »viel früher als von irgend welchen Naturforschern von den Grammatikern ausgeübt worden, die die Kunst der Sammlung, Sichtung und Bearbeitung eines erschöpfenden Tatsachenmaterials viel eher und viel sicherer gelernt hatten als die Naturforscher.«[125] Statt einer Kritik an der Vollständigkeitstugend wird spätestens mit seinem Verweis auf die unrechtmäßige Verwendung des Begriffs der Vollständigkeit deutlich, dass Meyer nicht positivistische Forschung per se kritisiert:

> *»Was zunächst die Möglichkeit der Beschaffung vollständigen Materials betrifft, so müßte hier schon ein sehr beliebtes, aber nicht sehr logisches, lobendes Wort über viele neuere Untersuchungen stutzig machen. Wie oft liest man in Rezensionen, z.B. über Arbeiten aus dem Bereiche der historischen Nationalökonomie den Satz: ›Das Material ist »sehr vollständig' gesammelt!« Es ist klar, daß etwas so wenig ›sehr vollständig‹ sein kann, wie ein Glas ›sehr voll‹ oder ein Saal ›sehr leer‹ sein kann: in allen diesen Fällen wenden wir eben das Adjektiv nicht in seiner ganzen Strenge, sondern nur ungefähr an. Das Glas, das ›sehr voll‹ ist, ist wahrscheinlich nicht ganz voll; der Saal, der ›sehr leer‹ ist, ist jedenfalls nicht ganz leer; das Material, das ›sehr vollständig‹ herbeigeschafft ist, ist ohne Zweifel nicht wirklich vollständig.«*[126]

Er beobachtet vielmehr eine inhaltsarme Verwendung der Begrifflichkeit, eine Mechanisierung der Vollständigkeit. Diese Bürokratisierung des Ideals der Vollständigkeit schädige der Wissenschaft mehr als sie ihr diene, denn sie lasse den Sinn für das Wesentliche vermissen. Typus dieser unterschiedslosen Sammelwut sei für ihn der Bibliograph. Von diesen gebe es auch die »Guten«, aber diese »drohen bedenklich von der neuen Art der fanatischen Vollständigkeitsjäger in den Hintergrund gedrängt zu werden.« Sie erinnerten ihn »an den leersten Gelehrtenbündel des 17. Jahrhunderts«,

---

123 Ebd.

124 Ebd.

125 Ebd., S. 2.

126 Ebd., S. 4. Das war auch nicht im Sinn von Nietzsche, der in der Rezeption oft zu einseitig als Kritiker dargestellt worden ist. Vgl. zu einem ausgewogeneren Blick: Christian Benne, Nietzsche und die historisch-kritische Philologie, 2005.

bei denen »bloße Sammelwut [...] an die Stelle des wissenschaftlichen Arbeitens« trat und sich eine »rein animalische Gier nach Vollständigkeit« formiert habe.[127]

Schmal ist der Grat, den Meyer hier anvisiert; Herbeischaffen des Baustoffs für wissenschaftliche Forschung vs. sinnloses und selbstzweckhaftes An- und Aufhäufen von Material. Er zeigt aber, welche Gefahren Mommsens Tugendanweisung verbergen: »Ob jedes Stück, das er aufhebt und aufheben muß, auch wirklich des Aufhebens wert sei, danach fragt der Archivar zunächst nicht.«[128]

Schmoller und seine Schüler werden von Meyer sogar eigens als Beispiel genannt und zwar in Bezug auf die unpräzise Verwendung der Formulierung das Material sei »sehr vollständig gesammelt«, was für ihn letztlich darauf hindeute, dass in diesem Bereich Vollständigkeit nur annähernd zu erreichen sei. Auf den Begriff, so würde ich ergänzen, wird in Schmollers Kreisen aber ungern verzichtet und so entstehen eigenartige Formulierungen. Dass Schmoller sein Vollständigkeitsdenken ernst nahm, verdeutlich eine Bemerkung seinem Kollegen Lujo Brentano gegenüber. Diesem hatte in Bezug auf den Unterschied von ihm und Georg Friedrich Knapp mit Hamlet geantwortet: »Knapp geht doch leicht von einer abstrakten theoretischen Prämisse aus und vergißt den Satz: ›Nehmt alles nur in allem‹, den meine friedliebende Natur gerne voranstellt.«[129]

Vollständigkeit, positivistische Wissenschaft, ungebrochenes Fortschrittsdenken findet sich auch besonders deutlich in der Diskussion um die Grundlagen der Ethnologie und der Anthropologie. Die Anthropologie, die ja um die Mitte des 19. Jahrhunderts keineswegs eine neue Wissenschaft ist, konstruiert sich in den 1850er und 1860er Jahren als »junge« Wissenschaft, bevor sie sich in Ende der 1860er, Anfang der 1870er Jahre zunehmend in Organisationen und etwas später auch an den Universitäten institutionalisiert. Die anthropologische Forschung dieser Zeit beginnt mit einer fast schon panischen Emsigkeit, Daten zu sammeln, da die Vertreter glauben, ihrer Vollständigkeit durch Zerstörung und Aussterben beraubt zu werden. »[S]olcher Verlust«,

---

127 Meyer, wie Anm. 122, S. 13.

128 Mommsen, Antrittsrede, wie Anm. 2, S. 395.

129 Zit. nach: Manfred Schön, Gustav Schmoller und Max Weber, in: Max Weber und seine Zeitgenossen, hrsg. von Wolfgang J. Mommsen; Wolfgang Schwentker, Göttingen, Zürich, 1988, S. 89, Fn. 19, Brief von Schmoller an Lujo Brentano vom 12. Dezember 1871. Mit Knapp ist Georg Friedrich Knapp (1842–1926) gemeint. Die Übersetzung des Hamlet-Zitats stammt von aus der Version von Friedrich Schlegel. Das von Schön aus dem Nachlass Brentanos herausgehobene Zitat geht noch weiter: »[Knapp] ließ fallen, ein solch mildes Urteil sei eben Folge von Verwaschenheit, Unklarheit, sei Roscherei etc., was ich nicht zugeben konnte. Die scheinbar größte Klarheit und principielle Folgerichtigkeit, behauptete ich, sei eben die doktrinäre Einseitigkeit (man sieht das an der Manchesterschule). Das reale Leben zeige immer verschiedene Seiten, man dürfe jede Erscheinung ... nur in vollem Zusammenhang aller auf sie wirkenden Elemente beurteilen.«

so Adolf Bastian, einer der Gründerfiguren »jungen« Anthropologie, bedrohe »unsere künftigen Inductionsrechnungen mit allerlei Fälschungen und könnte die Möglichkeit selbst einer Menschenwissenschaft in Frage sein.«[130] Ähnlich alarmierte Virchow bereits zehn Jahre zuvor:

> *»Wenn es möglich sein sollte, die physischen Eigenthümlichkeiten der vorhandenen wilden Völkerschaften noch festzustellen, noch Schädel, Haut und Haare derselben zu sammeln, so müssen wir in der That sagen, was nicht im Laufe der nächsten zehn Jahre geleistet werden wird, das könnte unwiederbringlich verloren sein.«*[131]

Nicht nur sprichwörtlich waren die Ethnologen und Anthropologen darauf aus, »das Feld im Schrank«[132] zu haben. Sie wurden dabei nicht müde, die Zeitnot zu betonen, da die ansonsten entstehenden Lücken, die gesamte Wissenschaft vom Menschen gefährdeten.

> *»Sie hat die unsichtbare Welt, die den jedesmalig ethnischen Horizont umzieht, zu reconstruiren, und da bei den Naturstämmen nicht auf das Rückbleiben dauernder Monumente, wie bei den günstiger ausgestatteten Culturvölkern gerechnet werden kann, da es sich in der Mehrzahl der Fälle nur um Eintagsfliegen handelt, die gehascht werden müssen, wie sie vorüberhuschen, ist keine Zeit zu verlieren. Sind sie dahin gegangen, in Vernichtung für immer, so klafft eine unausfüllbare Lücke und in ihr eine bedenkliche Klippe für künftig erhoffbare Erfolge, denn als unerlässliche Vorbedingung ergiebt sich diejenige Vollständigkeit, wie sie für Richtigstellung der Rechnungen in statistischer Umschau von jeder Induction verlangt werden muss.«*[133]

Das Nachdenken über Synthesen hingegen wurde erst einmal verschoben mit Hinweis auf gebotene Eile. Jedoch stellte sich bald heraus, dass Daten nicht gleich Daten sind, bzw. dass die Zusammenführung von unterschiedlich erhobenen Daten nicht ohne weiteres geschehen konnte, d.h. dass ohne Standardisierung viele Daten wertlos waren.

Während Zeitgenossen Vollständigkeit weitestgehend in höchsten Tönen lobten, hatte die Vollständigkeits(sehn)sucht, wie Ulrich Wyss in der Analyse von Jacob Grimms Wörterbucharbeit herausstellte, eine Kehrseite:

---

130 Zit. nach: Bernd Weiler, Die Ordnung des Fortschritts, Bielefeld, 2006, S. 88. Original in: Archiv für Anthropologie 5 (1871), Correspondenz-Blatt der deutschen Gesellschaft für Anthropologie, Ethnologie und Urgeschichte, Jun–Okt 1871, S. 41–47, hier S. 45.

131 Zit. nach: Ebd.

132 Rembert Hüser, Stoff geben, in: Verstärker, 1 (1996) 1.

133 Adolf Bastian, Der Völkergedanke im Aufbau einer Wissenschaft vom Menschen, Berlin, 1881, S. 60.

»Das Pathos der Vollständigkeit ist jene philologische Kardinaltugend, die am nächsten an den Wahnsinn grenzt; es markiert die Situation, in der der Erkennende von seinem Gegenstand nicht nur überwältigt wird, sondern überwältigt werden will.«[134]

Für den Sammler Walter Benjamin war die Vollständigkeit fremd geworden. In seinem Passagen-Werk fragt er sich, was die Vollständigkeit soll und hebt stattdessen das Einzelstück hervor:

»Es ist beim Sammeln das Entscheidende, daß der Gegenstand aus allen ursprünglichen Funktionen gelöst wird um in die denkbar engste Beziehung zu seinesgleichen zu treten. Diese ist der diametrale Gegensatz zum Nutzen und steht unter der merkwürdigen Kategorie der Vollständigkeit. Was soll diese ›Vollständigkeit‹(?) Sie ist ein großartiger Versuch, das völlig Irrationale seines bloßen Vorhandenseins durch Einordnung in ein neues eigens geschaffenes historisches System, die Sammlung, zu überwinden. Und für den wahren Sammler wird in diesem Systeme jedwedes einzelne Ding zu einer Enzyklopädie aller Wissenschaft von dem Zeitalter, der Landschaft, der Industrie, dem Besitzer von dem es herstammt.«[135]

Viel schärfer als Meyer und Benjamin hatte Friedrich Nietzsche bereits 1874 in seiner 2. Unzeitgemäßen Betrachtung (»Vom Nutzen und Nachteil der Historie für das Leben«) die Problematik als erster analysiert und (nicht nur) die negativen Folgen von ungebremster Sammelwut scharf kritisiert. In spöttischem Ton moniert er die »antiquarische Historie«, die mit ihrer »blinden Sammelwut« und ihrem »rastlosen Zusammenscharrens alles einmal Dagewesenen« als etwas erscheine, das entgegen der Absichten gerade nicht dem Leben diene, sondern allein Wüsten und Halden hinterlasse.

»Der Mensch hüllt sich in Moderduft; es gelingt ihm, selbst eine bedeutendere Anlage, ein edleres Bedürfnis durch die antiquarische Manier zu unersättlicher Neubegier, richtiger Alt- und Allbegier herabzustimmen; oftmals sinkt er so tief, daß er zuletzt mit jeder Kost zufrieden ist und mit Lust selbst den Staub bibliographischer Quisquilien frißt.«[136]

---

134 Ulrich Wyss, Die wilde Philologie. Jacob Grimm und der Historismus, München, 1979, S. 176.

135 Walter Benjamin, Gesammelte Schriften Bd. 5. Das Passagen-Werk, Frankfurt a. M., 1991, S. 271, τοπος ὑπερουρανιος ist ein Ort jenseits des Wahrnehmbaren, ein überhimmlischer Ort.

136 Friedrich Wilhelm Nietzsche, Vom Nutzen und Nachteil der Historie für das Leben, in: Werke: Kritische Gesamtausgabe. Band 3.1., hrsg. von Mazzino Montinari / Giorgio Colli, Berlin, 1972, S. 264.

Für Nietzsche war dieser »wissenschaftliche Trieb« Ausdruck von Langeweile: »... dass sie mit einem Überschuss von Muße nichts anzufangen wissen als lesen, sammeln, ordnen, beobachten, weitererzählen«.[137]

Anfang des 20. Jahrhunderts war die Vorstellung der Vollständigkeit gebrochen. Vermehrt setzten Reflektionen über Sinn und Nutzen des Prinzips ein, die wenig später mit der erstmals von Ernst Troeltsch diagnostizierten und später intensiv debattieren »Krise des Historismus« einhergingen, die wiederum im Kontext einer viel weiter reichenden »Krise der Wirklichkeit« stand.[138]

Das Problem der Vollständigkeitssammler, dass Vollständigkeit kein absolutes Maß ist, zumindest dann nicht, wenn es um kulturelle Artefakte geht, wurde von den Zeitgenossen nur wenig reflektiert. Weder lässt sich vorher genau bestimmen – höchstens hochrechnen – in welchem Rahmen sich eine auf Vollständigkeit abzielende Sammlung bewegen würde. Dennoch blieben diese Schätzungen in der Regel immer unterhalb des später ex post einsehbaren Arbeitsaufwands. Die Gründe hierfür waren vielfältig. Fehleinschätzungen wogen dabei noch geringer als die steten Neufunde, mit denen um 1850 sicher auch gerechnet werden konnte, aber möglicherweise nicht in dem Ausmaß, wie es durch Industrialisierung, Eisenbahnbau und Städtebau hervorgerufen wurde. Noch stärker als der Ausbau der Infrastruktur die Möglichkeiten verbesserte, an Orte zu gelangen, die zuvor nur schwer zugänglich waren, stieg die durch den Ausbau der Infrastruktur neu gefundenen Überreste und Quellen an. Auch die immer schneller werdenden Geschwindigkeiten mit Eisenbahn und Dampfschifffahrt, die Entfernungen verkürzten, änderten daran nichts. Zeitschriften, wie der »Archäologischer Anzeiger«, legen davon ein beredtes Zeugnis ab.[139] Dieses Paradoxon erinnert an ein anderes, ähnliches Paradoxon, das als konstitutiv für die heutige Wissensgesellschaft angesehen wird: der Zusammenhang von Wissen und Nichtwissen. Mit der Zunahme von Wissen steigt zugleich das Nichtwissen. Jedes Wissen, wirft neue Fragen auf und vermehrt gleichsam so das Nichtwissen immer mit. Insofern ist das Erreichen von Vollständigkeit, was das Wissen betrifft, per se unmöglich.

Das Erreichen von Vollständigkeit wurde zu einer epistemischen Tugend und spann sich in die Epistemologien ein. Gleichzeitig wurde die Angabe, vollständig sammeln zu wollen, zu einem rhetorischen Argument in der Konkurrenz um Forschungsförderung.

---

137 Aphorismus Nr. 123 in: Friedrich Nietzsche, Die fröhliche Wissenschaft, Chemnitz, 1882.

138 Ernst Troeltsch, Der Historismus und seine Probleme, Tübingen, 1922. Überblicke über die Debatte bieten: Otto Gerhard Oexle (Hrsg.), Krise des Historismus – Krise der Wirklichkeit. Wissenschaft, Kunst und Literatur 1880–1932, Göttingen, 2007; Annette Wittkau, Historismus. Zur Geschichte des Begriffs und des Problems, Göttingen, 1992.

139 Die Ausgaben der Jahrgänge von 1849–1900 sind über das Portal DigiZeitschriften verfügbar unter: <http://www.digizeitschriften.de/dms/toc/?PPN=PPN776863886> (Stand: 17.04.2017).

Diese Kombination erschwerte die Bedingungen, um die Probleme des Vollständigkeitsdenkens zu reflektieren.

Ausläufer und Wiederholungen dieser Vorstellungswelt finden sich bis heute, sei es in Form nach wie bestehender Großprojekte, der Renaissance von quellenerschließenden Projekte auf neuer medialer – nun digitaler – Grundlage mit Begriffen wie »Big Data« oder »Crowdsourcing«. Sie findet sich auch in einer, wenn auch nicht mehr ganz unkritisch gesehenen Semantik des Lückenschließens, mithilfe derer selbst heutzutage noch fast jede Studie legitimierbar ist. Und schließlich ist sie aktuell in der Debatte um die neuere Kulturgeschichte und die Frage, ob es Fakten eigentlich gibt.[140] Für die vorliegende Studie ist jedoch die Frage der Aktualität der Vollständigkeitstugend nur als Ausblick relevant. Entscheidender ist, dass uns Vollständigkeit als Kreuzungspunkt von historischer Epistemologie, Wissenschaftsorganisation und Forschungspraxis dient und letztlich auch als Grundlage dafür, die untersuchten Großprojekte verschiedener Disziplinen miteinander in Beziehung setzen zu können.

Aufbau und Vorgehensweise der Studie

Der methodische Zugang ist Ergebnis einer Suche nach einem geeigneten Ansatz, der der Komplexität des Untersuchungsgegenstands gerecht wird. Er folgt mehreren methodischen Ansätzen, die sich auf zwei Perspektiven verengen. Die eine bezeichne ich als institutionell-organisatorisch, die andere als epistemologisch-praxeologisch. Die erste Perspektive vereint wissenssoziologische Ansätze, Institutionengeschichte sowie Geschichte von Wissenschaftspolitik und Forschungsförderung. Die zweite Perspektive fragt hingegen nach epistemischen Praktiken und Verfahren der Produktion von Wissen, die zur Entstehung der Unternehmungen führten und die entweder von den Praktiken und Verfahren (practical turn) oder von den Dingen und Objekten (material turn) selbst ausgehen.[141] Und sie schließt – last but not least – an Ansätze der historischen Epistemologie an, die Erkenntnisprozesse in einer historischen Perspektive untersucht.

Die Untersuchung ist in drei Teile gegliedert, die einem wiederkehrenden Schema folgen. Der Rekonstruktion der Entstehungsgeschichten, die Legitimierungen, Planungen, Anträge, Zielstellung, Finanzierung und Verhandlungen behandelt, folgt ein Abschnitt, der den Daten und Verfahren gewidmet ist. Dabei steht die Frage im Mit-

---

140 Ein guten Einstieg in die Debatte bietet der Band: Rainer Maria Kiesow und Dieter Simon (Hgg.), Auf der Suche nach der verlorenen Wahrheit. Zum Grundlagenstreit in der Geschichtswissenschaft, Frankfurt a. M. u.a., 2000.

141 Zum Begriff des Verfahrens in der Forschungspraxis vgl. Christoph Hoffmann, Festhalten, Bereitstellen. Verfahren der Aufzeichnung, in: Daten sichern. Schreiben und Zeichnen als Verfahren der Aufzeichnung, hrsg. von Ders., Zürich u.a., (Wissen im Entwurf, Bd. 1), 2008.

telpunkt, mit welchen Verfahren Massendaten in das jeweilige Forschungsprogramm transformiert und integriert wurden, wie also letztlich epistemologische Fragen der Verarbeitung von Daten in eine wissenschaftsorganisatorische Struktur überführt worden sind. Daran schließen sich jeweils Analysen der Arbeitsorganisation an, die je nach Strukturform beispielsweise die Rekrutierung, Ausbildung und die Frage des Verbleibs von Mitarbeitern oder das institutionelle Arrangement, das für die Unternehmung aufgebaut wurde, umfassen. Ein kurzer systematischer Vergleichsabschnitt fasst die Ergebnisse der Fallbeispiele schließlich zusammen.

Die Grundstruktur der Arbeit folgt einem zeitlichen Verlauf, was nicht zuletzt durch die verschiedenen Entstehungszeiträume der Projekte zwischen den 1840er und 1880er-Jahren bedingt ist. Der Untersuchungsrahmen beschränkt sich nicht auf die Zeit des Kaiserreichs, wiewohl dieser Zeitraum als Kernzeit der Ausbildung eines »Großbetriebs der Wissenschaft«[142] angesehen wird. Andererseits ist die erste Hälfte des 19. Jahrhunderts in Hinsicht auf die Schaffung der Voraussetzungen der Entwicklung eines Großbetriebs bisher wenig befragt worden. Klar ist, dass alle untersuchten Unternehmungen vor 1900 entstanden sind. Offen ist allerdings die Frage, inwiefern der Entstehungszeitpunkt von Großprojekten mit einem bestimmten Zeitpunkt disziplinärer Entwicklung korreliert. Der »Reifegrad« einer Disziplin ist nicht einfach zu bestimmen. Indizien für Etablierung sind Lehrstühle an Universitäten, die Gründung von eigenen Fachgesellschaften und entsprechenden Publikationsorganen und eben wahrscheinlich auch die Initiierung von Großprojekten. Letztlich hängt jedoch sehr viel an den lokalen Gegebenheiten und Akteuren.

Dass die Projekte dabei alle in Berlin angesiedelt oder zumindest einen engen Bezug zur preußischen bzw. deutschen Hauptstadt haben, sollte nicht überbewertet werden. Christopher Clark schreibt in seinem gelobten Preußenbuch, dass preußisch im allgemeinen Sprachgebrauch auch heute noch »für eine ganz bestimmte Art von autoritärer Planmäßigkeit« stehe »und daher [...] die Versuchung groß [sei], sich preußische Geschichte als detailliert ausgearbeiteten Plan vorzustellen.«[143] Die preußische Geschichte ist jedoch keineswegs so geplant, wie das Bild vorgibt, was im Übrigen auch

142 Gedruckt in dieser Formulierung erstmals bei: Adolf Harnack, Vom Großbetrieb der Wissenschaft, in: Preußische Jahrbücher, 119 (1905) 2, S. 193–201. Nach Dieter Langewiesche, Die »Humboldtsche Universität« als nationaler Mythos. Zum Selbstbild der deutschen Universitäten in ihren Rektoratsreden im Kaiserreich und in der Weimarer Republik, in: Historische Zeitschrift, 290 (2010) 1, S. 78, Anm. 78, war die Formulierung durch Mommsen bereits im Umlauf. Er verweist dabei auf die Jahrhundertfeier der Königlichen Friedrich-Wilhelms-Universität zu Berlin vom 10.–12. Oktober 1910. Vgl. auch den Bericht im Auftrag des Akademischen Senats von dem Prorektor Erich Schmidt, Berlin 1911, S. 40, der vom »Lieblingswort des meisterhaften Organisators Mommsen« spricht.

143 Christopher Clark, Preußen. Aufstieg und Niedergang. 1600–1947, München, 2007, S. 14.

das Ziel von Clarks Studie ist, d.h. der Unordnung neben der Ordnung wieder ihren gebührenden Platz zu verleihen. So ist die Bedeutung Berlins als politisches, kulturelles und wissenschaftliches Zentrums Preußens nicht zu unterschätzen, spielt aber für die Protagonisten und diese Arbeit nicht die eingrenzende Rolle, die man zunächst vermuten könnte. Zum einen denken und handeln die Protagnisten viel zu sehr in europäischen, internationalen oder wissenschaftlichen Dimensionen der *Republic of Letters* und zum anderen wird an vielen Beispielen die transnationale Dimension sowohl was Entstehung als auch was die Wirkung der Unternehmungen betrifft, aufgezeigt werden.

Die großangelegten Unternehmungen waren Teil eines »infrastrukturellen Dispositivs«[144], dessen Aufbau und Funktionsweise den Analyserahmen dieser Arbeit bilden. Für wissenschaftliche Unternehmungen sind die wissenschaftsorganisatorischen und wissenschaftspolitischen Prozesse von Interesse, die zur Entstehung von bestimmten Projekt-Architekturen führen bzw. mit ihnen entstehen und diese auch immer wieder verändern. In dieser Perspektive steht weniger die Produktion von Wissen in Form der Konstruktion von Narrationen oder Entstehung von Diskursen im Fokus, als vielmehr die Praktiken, Verfahren, Organisations- und Arbeitsweisen der Erstellung von projektförmig organisierten Unternehmungen. Mit anderen Worten rücken Fragen nach Planung, Legitimation und Durchführung von Forschungsprojekten ins Blickfeld. Diese Sichtweise beruht auf der Überlegung, dass für eine Beschreibung von Wissenschaft als System und der Funktionsweise von Wissenschaft und Forschung ein Blick auf »software« (Theorien, Narrative) nicht ausreicht. Wir wollen uns aber ebenfalls, um im Bild zu bleiben, nicht nur das Gehäuse der »hardware« (Institutionen) anschauen, sondern die Strukturen dieser »hardware« (Organisation, Verfahren) sichtbar machen und mithin die Verknüpfungen der Ebenen aufzeigen und ihre Funktionsweise beschreiben.

Die Anlage der Arbeit mit drei zu verschiedenen Zeiten entstandenen Unternehmungen mit jeweils unterschiedlich langem Vorlauf und Verlauf lässt sowohl diachro-

---

144 Mit Wolfgang Ernst gesprochen, liegt in der Programmatik der Initiierung großangelegter, arbeitsteiliger Massendatenprojekte die Kehrseite der Fabrikation der Vergangenheit und des historischen Diskurses verborgen. Ausgehend von Michel Foucaults Wissensarchäologie und in Anlehnung an Friedrich Kittlers Medientheorie verfolgt Ernst das Ziel, das »Datenskelett« bzw. das infrastrukturelle Dispositiv des historischen Diskurses im 19. und 20. Jahrhunderts freizulegen. »Dieses Skelett«, so Gregor Kanitz und Ulfert Tschirner in einer Rezension des Buches, »wurde sowohl von Historikern als auch von Archiven, Bibliothekaren und Editoren als quasi anthropomorphe Grundlage historischen Erzählens vorgestellt, müsse aber tatsächlich als technisches Gestell der Datenorganisation beschrieben werden, dessen Konfiguration das infrastrukturelle Dispositiv der Historiografie stellte. Dieses Andere der Geschichte nennt Ernst Gedächtnis.« Vgl. Wolfgang Ernst, Im Namen von Geschichte, München, 2003. Zudem Gregor Kanitz und Ulfert Tschirner, Archiv/Brüche. Ein Review Essay, in: Österreichische Zeitschrift für Geschichtswissenschaften, 18 (2007) 2, S. 145–158.

ne Vergleiche, also zum Beispiel, in welchen Konstellationen Projekte jeweils entwickelt wurden, aber auch Fragen nach der Entwicklung über den gesamten Zeitraum zu. Aus verschiedenen Gründen, u.a. hinsichtlich des erwartenden Ergebnisses, habe ich mich für eine Bevorzugung von diachronen Vergleichsmöglichkeiten entschieden und auch deshalb die Projekte nacheinander in einer weitestgehend gleichen Struktur behandelt.

Vom Meisterstück zur »Großwissenschaft«

Die Entstehung des CIL 1829–1854

Planungen und der Entstehungszusammenhang des CIL[1]

Projekte beginnen mit einem Plan, aber Pläne sind selten der Beginn eines Projekts. In dieser paradoxen Form lässt sich zusammenfassen, dass Pläne einerseits selbst in der Regel eine längere Vorgeschichte haben und dass andererseits ein Plan noch keine Garantie für den Beginn eines Projektes darstellt, sondern es oft noch mehr oder weniger langwieriger Verhandlungen bedarf, bis ein Projekt in seine Umsetzung gehen kann (oder eben nicht).

Der Plan, auf dessen Grundlage das lateinische Inschriftenprojekt durchgeführt wurde, stammte aus dem Jahr 1847. Mommsen hatte während einer Forschungsreise in Italien eine Denkschrift mit dem Titel: »Ueber den Plan und die Ausführung eines Corpus Inscriptionum Latinarum«[2] verfasst. Zu dieser Zeit war er noch eine Art Post-Doc, bezog ein Stipendium, war unverheiratet, weder Professor noch Akademiemitglied, mit anderen Worten, in der rechten Lebensphase, um große Pläne zu schmieden. In der Denkschrift setzte Mommsen detailliert auseinander, wie ein lateinisches Inschriftenwerk gemacht werden könne und welche Mittel notwendig seien. Als Kern des Projekts bestimmte er:

> *»Zweck des C.I.L. ist, die sämmtlichen lateinischen Inschriften in eine Sammlung zu vereinigen, sie in bequemer Ordnung zusammenzustellen, dieselben nach Ausscheidung der falschen Steine in einem möglichst aus den letzten zugänglichen Quellen genommenen Text mit Angabe erheblicher varietas lectionis kritisch genau wiederzu-*

---

1 In den Quellen wird oft C.I.L. abgekürzt. Die heute gängige Abbreviatur lautet CIL und wird deshalb, mit Ausnahme von Zitaten, verwendet. Vgl. <http://cil.bbaw.de> (Stand: 18.04.2017). Gleiches gilt für das griechische Pendant.

2 Abgedruckt und hier zit. in der Fassung von: Adolf Harnack, Urkunden und Actenstücke zur Geschichte der Königlich Preußischen Akademie der Wissenschaften, Berlin, (Geschichte der Königlich Preußischen Akademie der Wissenschaften, Bd. 2), 1900, S. 522–540.

geben und durch genaue Indices den Gebrauch derselben zu erleichtern. Ein Kommentar ist wünschenswert, nicht aber nothwendig.«[3]

Bestimmt war die Schrift für die Mitglieder der Preußischen Akademie in Berlin. Schon der Umfang mit über 20 Seiten und der Aufwand, den Plan in gedruckter Form einzureichen, deutet auf einen längeren Prozess hin, der der Entstehung der Schrift vorausging. Bestätigt wird dies durch den ersten Satz, mit dem Mommsen selbstbewusst behauptet:

»Die Nothwendigkeit einer Sammlung aller lateinischen Inschriften braucht nicht erst bewiesen zu werden.«[4]

Zumindest implizit verwies er auf die schon jahrelang kursierende Idee, einen *Thesaurus Inscriptionum* auch für die lateinischen Inschriften neu zu schaffen. Gleichzeitig kontrastiert er diese Behauptung durch eine ganze Reihe von Begründungen, die eine neue Sammlung rechtfertigten. Die Inschriftensammlungen von Gruter, Scaliger und Muratori seien veraltet, unzählige neugefundene Inschriften hinzugekommen, die außerhalb dieser Sammlungen in zumeist schwer erhältlichen Lokalpublikationen publiziert worden sind.[5] Zudem seien das von Olaus Kellermann begonnene Unternehmen und das Pariser Projekt »deutliche Zeichen eines tief gefühlten Bedürfnisses«[6] nach einer neuen Sammlung. Ausführlich erläutert Mommsen, welche Vorarbeiten notwendig seien, auf welchen Ordnungsprinzipien das Werk basieren sollte, wie es aufgebaut sein, wohin und wie gereist und wie kopiert und abgeschrieben werden müsse, welchen Fortschritt eine solche Sammlung bringen würde und dass schließlich nichts ohne Arbeitsteilung funktionieren könne.

Mommsens Überlegungen für ein CIL beruhten, wie oben angedeutet, ihrerseits auf älteren Planungen. Schon lange, bevor Mommsen seine Denkschrift entwarf, kursierte die Idee eines lateinischen Sammlungsprojekts und auch nach der Einreichung der Planungsschrift sollten noch mehrere Jahre vergehen, bis es 1854 unter die Leitung von Mommsen und zwei seiner Kollegen in Rom gestellt wurde. Dazwischen lagen viele Hoffnungen und Frustrationen, aber auch die 1848/49er Revolution, die viele Energien auf tagespolitische Ereignisse konzentrierte. Das Projekt stand mehrfach vor dem Aus, nicht nur, weil Mommsen in Folge seiner politischen Aktivitäten während der Revolutionszeit seine Professur in Leipzig verloren hatte, sondern auch, weil er bereit

---

3 Ebd., S. 523f. Da diese Version am einfachsten und zudem online verfügbar ist, wird sie zitiert. Vgl. <http://bibliothek.bbaw.de/bibliothek/digital/index.html> (Stand: 27.06.2017).

4 Ebd., S. 522.

5 Die Frage der alten Inschriftensammlungen wir im Abschnitt: »Eine Inschrift kommt selten allein. Zur Geschichte der Inschriftensammlungen« ausführlicher behandelt.

6 Harnack, wie Anm. 2, S. 522.

war, das Projekt aufzugeben, sollten die Verhandlungspartner sich seinen Vorstellungen nicht fügen. Noch im Jahr der Verfassung seiner Denkschrift zog er sich aus dem Projekt offiziell zurück. Unter bestimmten Bedingungen hätte es von hier aus organisatorisch und methodisch einen ganz anderen Verlauf nehmen können.

Die Geschichte bis zu diesem Punkt und darüber hinaus soll im Folgenden ausgeleuchtet werden. Dabei soll rekonstruiert werden, wie sich das Inschriftenprojekt in einem komplexen Kommunikations- und Aushandlungsprozess als Gemeinschaftswerk entwickelte, der rückblickend betrachtet für eine bestimmte Gruppierung erfolgreich, für die beteiligten Akteure aber keineswegs vorhersehbar war. Entgegen der bisher dominanten Historiographie wird aufgezeigt, dass Mommsen erst im Laufe der Projektentwicklung zur zentralen Figur, zum unumstößlichen Leiter und Manager der Unternehmung avancierte.[7] Damit soll weder die Leistung noch das Verdienst Mommsens minimiert, sondern vielmehr eine strukturelle Bedingung der Möglichkeit der Entstehung von Großprojekten herausgearbeitet werden. Anhand der verschiedenen Planungsschriften sollen zudem die evolutionäre Entwicklung aufgezeigt und die den Entwürfen zu Grunde liegenden Argumentationen und Legitimierungen analysiert werden. Schließlich sollen die verschiedenen Phasen eines drohenden Scheiterns bzw. Abbruchs der Verhandlungen nicht einfach als Widerstand einer rückschrittlichen Akademie dargestellt sein, die die Zeichen der Zeit noch nicht erkannt habe, sondern als integraler Bestandteil einer Projektentwicklung verstanden werden, wobei dem Scheitern selbst eine wichtige Funktion zukam. Zudem liegt der Akzent der folgenden Entstehungsgeschichte weniger auf einer chronologischen Nacherzählung, denn mehr auf den strukturellen Merkmalen, die zur Projektentstehung beitrugen. Dabei soll im Anschluss auch gewichtet werden, welche Merkmale in welcher Weise wirkten.

Mitte der 1830er-Jahre erhielt die Idee neuen Auftrieb, die lateinischen Inschriften in einer neuen Sammlung zusammenzustellen, nachdem sie von Böckh in seinem Antrag für ein Thesaurus Inscriptionum zumindest mitgedacht worden war, als der junge dänische Epigraphiker Olaus Kellermann, ausgestattet mit einem Stipendium der dänischen Regierung nach Italien reiste, um Inschriften zu sammeln.[8] Er traf die dortigen

---

7 Das Argument der Konzipierung eines Planes als Gemeinschaftsleistung auch bei: Johannes Irmscher, Die Idee des umfassenden Inschriftencorpus. Wissenschaftsgeschichtliche Betrachtungen, in: Akten des IV. Internationalen Kongresses für griechische und lateinische Epigraphik. Wien, 17. bis 22. September 1962, Wien, 1964, S. 161. Irmscher nimmt als Beispiel allerdings Böckhs griechisches Inschriftenkorpus.

8 Zu Olaus (je nach Schreibweise auch Olav) Kellermann (1805–1837) gibt es nur wenig Material. Eine kurze biografische Übersicht findet sich in: C. Jørgensen, Olaus Kellermann, in: Dansk biografisk leksikon, hrsg. von Carl Frederik Bricka, Kopenhagen, 1887, Bd.7. Kellermann studierte klassische Philologie in Kiel bei Gregor Wilhelm Nitzsch und in München bei Friedrich Wilhelm Tiersch. Dort promovierte er 1830 und ging später als erster Epigra-

Koryphäen der Inschriftenkunde Bartolomeo Borghesi[9] und Emiliano Sarti, besuchte das 1829 gegründete *Istituto di corrispondenza archeologica* (das heutige Deutsche Archäologische Institut) in Rom und den dortigen preußischen Gesandten Christian Karl Josias von Bunsen (1791–1860), eine der wichtigen Figuren für die Gründung des Korrespondenzinstituts. Bunsen war durch Georg Barthold Niebuhr, einer der Begründer der modernen Althistorie,[10] 1816 nach Rom gezogen worden, nachdem Niebuhr den dortigen Posten als preußischer Gesandter übernommen hatte.

Um seine Forschungen vorantreiben zu können, wandte sich Kellermann 1836 an die Preußische Akademie in Berlin mit der Bitte um finanzielle Unterstützung und sandte dazu eine Denkschrift für ein CIL ein. In dieser siebenseitigen Denkschrift, die er gemeinsam mit dem italienischen Gelehrten Emiliano Sarti verfasst hatte, legte er dar, warum es eines vollständigen lateinischen Inschriftencorpus' bedürfe und wie es zu machen sei.[11] Als Hauptgrund für die seit den Anfängen sich in einem »jämmerlichen Zustande« befindende lateinische Epigraphik benannte er die Verstreutheit, in der die Inschriften vorlägen.[12] Zusätzlich seien von den geschätzten 50.000 bis 60.000 Inschriften mehr als bisher angenommen gefälscht, wobei der Großteil auf Pirro Ligorio zurückgehe, von dem viele Nachfolger abgeschrieben hätten.[13] Des Weiteren fänden

---

phiker ans Istituto di corrispondenza archeologica (heute: Deutsches Archäologisches Institut) nach Rom. Vgl. Hans-Georg Kolbe, Emil Braun und die lateinische Epigraphik, in: Mitteilungen des Deutschen Archäologischen Instituts. Römische Abteilung, (1979), S. 530. Dort nahm er an archäologischen Forschungen teil und entdeckte zahlreiche Inschriften. Vgl. auch das Vorwort des aus dem Nachlass herausgegebenen Inschriftenbandes von: Otto Jahn (Hrsg.), Specimen epigraphicum in memoriam Olai Kellermanni, Kiliae, 1841. Sein Nachlass wird im Deutschen Archäologischen Institut aufbewahrt. Von Mai 1832 bis 1834/35 war Kellermann Bibliothekar, Unterarchivar und Prosekretär, d.h. Stellvertreter des Sekretärs des Instituts für archäologische Korrespondenz.

9 Zu Borghesi einführend: Giancarlo Susini (Hrsg.), Bartolomeo Borghesi, scienza e libertà, Bologna, 1982; Lothar Wickert, Mommsen und Borghesi, in: Concordia Decennalis. Deutsche Italienforschungen. Festschrift der Universität Köln zum 10-jährigen Bestehen des Deutsch-Italienischen Kulturinstituts Petrarcahaus, hrsg. von Wolf Bauermeister, Köln, 1941; Michael H. Crawford, From Borghesi to Mommsen. The Creation of an Exact Science, in: Medals and coins from Budé to Mommsen, hrsg. von Michael H. Crawford / C.R. Ligota/ L.B. Trapp, London, 1990.

10 Vgl. Wilfried Nippel, Barthold Georg Niebuhr und die Begründung der modernen Althistorie, in: Die modernen Väter der Antike. Die Entwicklung der Altertumswissenschaften an Akademie und Universität im Berlin des 19. Jahrhunderts, hrsg. von Annette M. Baertschi / Colin G. King, Berlin, 2009.

11 Laut Harnack ist die Denkschrift Kellermanns in Zusammenarbeit mit Bunsen entstanden. Vgl. Harnack, wie Anm. 2, S. 772f.

12 Irmscher, wie Anm. 7, S. 167.

13 Pirro Ligorio (1513–1583) war eine der schillerndsten Figuren des 16. Jhs. Neben Malerei, Architektur und Landschaftsarchitektur gehörte auch das Studium antiker Inschriften

sich in den Werken oft Doppelungen, oder zusammengehörende Bruchstücke seien verteilt. Selten gäbe es Indices, so dass die Benutzung zeitraubend sei. Zwei Jahre zuvor, also 1834, hatte Kellermann mit Vorarbeiten für das Werk begonnen. Er gab dabei seiner Erwartung Ausdruck, dass mit nur geringer »Vermehrung der Arbeit allen bisher besprochenen Uebeln der Epigraphik abzuhelfen« sei, wodurch dieser »eine feste unerschütterliche Grundlage zu verschaffen« wäre »und dadurch im vollen Umfange die Resultate herbeizuführen, welche die Epigraphik nach beständig mehren Zweigen den philologischen Wissenschaften schuldig ist, kurz ein vollständiges Corpus inscriptionum latinarum auszuarbeiten.«[14]

Sarti und er sollten das Unternehmen leiten. Nach gemeinsamen Vorarbeiten sollten die Inschriften klassifiziert und untereinander aufgeteilt werden. Die griechischen Inschriften sollten mit Blick auf das bereits bestehende Corpus Inscriptionum Graecarum (CIG) ausgeschlossen bleiben, die christlichen Inschriften jedoch bis zum 8. Jahrhunderts mit aufgenommen werden. Als Bearbeitungszeitraum wurden sechs bis sieben Jahre anvisiert, wobei jährlich eine Gesamtsumme von 1.800 Scudi veranschlagt wurde. Damit sollte sowohl die Existenz von Kellermann und Sarti, eines weiteren jüngeren Philologen in Rom und wo nötig Assistenten und Hilfsarbeiters (Zeichner, Kupferstecher, Kopisten), sowie der Ankauf von Büchern bezahlt werden.[15] Noten

---

und Münzen zu seinen Arbeitsgebieten. Ligorios antiquarische Arbeiten wurden im 19. Jh. durch Mommsen und seine Kollegen und Schüler sehr kritisch bewertet. Man stilisierte ihn zum größten Fälscher lateinischer Inschriften. Heute ist Ligorios Werk weitaus positiver bewertet und seine Ergänzungen sind teilweise auch geschätzt. Vor allem aus der Kunstgeschichte mehren sich Stimmen, die eine Rehabilitierung Ligorios für sinnvoll erachten. Vgl. Hermann Dessau, Römische Reliefs beschrieben von Pirro Ligorio, in: Sitzungsberichte der Königlich Preußischen Akademie der Wissenschaften, (1883), S. 1077–1105; Christian Hülsen, Die Hermeninschriften berühmter Griechen und die ikonographischen Sammlungen des XVI. Jahrhunderts, in: Mitteilungen des Deutschen Archäologischen Instituts. Römische Abteilung, 16 (1901) 16, S. 123–154. Vgl. zudem den Abschnitt »Eine Inschrift kommt selten allein. Zur Geschichte der Inschriftensammlungen« innerhalb dessen näher auf Ligorio eingegangen wird.

14 Kellermann in: Irmscher, wie Anm. 7, S. 169f.

15 Umrechnungen in heutige Währungen sind schwierig, ebenso sind zeitgenössische Umrechnungen nicht leicht zu finden. Nach verschiedenen Quellen wird für die erste Hälfte des 19. Jahrhunderts Scudi in Taler in einem Verhältnis von 1 zu 1,45 umgerechnet. Insofern sprechen wir hier von einer ungefähren Summe von 2.600 Talern. Nach Christian Maus' Berechnungen gilt für eine Umrechnung in heutige Euro in etwa das 30ig-Fache, so dass man bei 2.600 Talern von einer Summe von etwa 78.000 Euro ausgehen kann. Welche Kaufkraft sich in dieser Summe verbirgt, ist eine Frage, der man sich ebenfalls nur annähern kann, zum Beispiel über die Preise für Mieten, Papier, Reisen und Arbeitsstunden von wissenschaftlich Ausgebildeten und oder auch Hilfskräften. Wenn von dieser Summe zwei Mitarbeiter sowie Assistenten und Materialkosten bezahlt werden sollten, war das Projekt sicher nicht übermäßig ausgestattet. Zum Vergleich: das Einstiegsgehalt für einen wissen-

und Kommentare zu den Inschriften brauche es nach Kellermann generell keine, es sei denn, sie seien zum Verständnis der Inschrift unbedingt notwendig. Dann aber müssten sie kurz gehalten bleiben. Wo Zeichnungen sinnvoll seien, sollen sie geliefert werden, insbesondere bei Inschriften mit Bildern sei dies zu wünschen, wobei dies von den finanziellen Mitteln des Unternehmens, aber auch vom Wert des Kunstwerks abhängig sei. Geordnet werden sollte schließlich nach der gruter-scaligeranischen Ordnung, d.h. einer grundlegend systematischen Ordnung. Als »unerläßliche Pflicht« sah es Kellermann an, möglichst viele Inschriften im Original zu sehen »und mit eigener Hand zu kopieren«.[16] Nur so könne das Werk über die Mängel früherer Sammlungen hinausgehen. Für Rom sei die Sammlungsarbeit bereits geleistet.[17]

Auf die Weise, so das Projektziel, sollten nun ganz Italien und alle Länder, in denen sich lateinische Inschriften befänden, durchsucht werden. Auch Abschreiber könnten dorthin entsandt werden, wohin die beiden Herausgeber nicht hinreisen könnten. Die Option, aus Kostengründen Kopien, bestenfalls in Form von Abklatschen oder genauen Zeichnungen anfertigen zu lassen, zog Kellermann in Betracht, wobei die Verbindungen des Archäologischen Instituts in Rom benutzt werden sollten.[18]

»Groß« würde das Werk werden, nicht zu groß, aber »natürlicherweise die Kräfte eines Menschen«[19] übersteigend. Deshalb sei es auch unmöglich, dass Privatleute das Unternehmen realisieren könnten, zumal ebenfalls geplant war, das Werk vor dem Druck in Gänze nochmals zu sichten, um die angesprochenen Mängel früherer Sammlungen, wie Doppelungen oder Zerteilung zusammengehöriger Inschriften, auszuschließen.

Die wohl entscheidende Neuerung, die Kellermann einbrachte, bestand weniger in dem Hinweis, dass es sinnvoll sei, Inschriften möglichst mit eigenen Augen zu sehen,

---

schaftlichen Mitarbeiter nach TVL E-13 liegt heutzutage etwa bei 40.000 Euro. Es muss davon ausgegangen werden, dass bestimmte Ausgaben (bspw. die Unterkunftskosten) um 1850 niedriger waren. Vgl. für Angaben zu Gehältern von Professoren: Christian Maus, Der ordentliche Professor und sein Gehalt, Göttingen, 2012.

16 Irmscher, wie Anm. 7, S. 172.

17 Ebd.

18 Abklatsche waren noch eine recht neuartige Kopiermethode, wobei nasses Papier in die Vertiefungen der Steine eingedrückt wurde, was nach dem Trocknen eine Art Negativ der Inschriften ergab. Damit ließ sich nach und nach ein zentrales Archiv von Inschriftenkopien erstellen, auf das jederzeit zugegriffen werden konnte, ohne jeweils zu den originalen Inschriftensteinen reisen zu müssen. Abklatsche sind im Sinne von Bruno Latour »immutable mobiles«, also unveränderbare, aber gleichzeitig ortsveränderbare Abdrücke von Objekten. Vgl. Bruno Latour, Drawing things together, in: Representation in scientific practice, hrsg. von Michael Lynch / Steve Woolgar, Cambridge, Mass., 1990. Näheres hierzu in Abschnitt »Close Reading, Copy & Paste«.

19 Irmscher, wie Anm. 7, S. 170.

denn das Prinzip der Autopsie und die damit verbundenen Vorteile waren bekannt.[20] Auch Böckh und die Initiatoren des CIG waren sich der Bedeutung des in Augenschein nehmens bewusst. Dennoch wurde von ihnen dessen Bedeutung für die Sammlung geringer eingeschätzt, die eigentliche Autopsie und die damit verbundenen Reisen zunächst verschoben.[21] Das für das CIG bereitgestellte Geld diente zur Anschaffung von Doubletten, um diese zum Zerschneiden verwenden zu können, aber auch für Reisen in die Bibliotheken von Paris und London.[22] Böckh, der unter seinen Zeitgenossen als einer der besten Kenner des griechischen Altertums galt, ist Zeit seines Lebens nie in Griechenland gewesen.[23] In der ersten Hälfte des 19. Jahrhunderts waren jedoch die Reisemöglichkeiten viel eingeschränkter als durch die im Laufe der zweiten Hälfte des 19. Jahrhunderts europaweit ausgebauten Eisenbahnnetze.

Radikal neu für die Epigraphik war, dass Kellermann dieses in Augenschein nehmen und »mit eigener Hand zu kopieren« in den Stand einer unerlässlichen Pflicht und gewissermaßen einer Tugend für die Herausgeber erhob. Daraus ergab sich die Konsequenz, dass die Orte, an denen sich Originale von Inschriften befanden, bereist werden müssten. Hauptargument für eine Autopsie war die Unterscheidung von Fälschungen gegenüber echten Steinen bzw. Abschriften oder Kopien. Kellermann schätzte, dass nicht weniger als die Hälfte der geschätzten 50.000–60.000 Inschriften Fälschungen seien. Diese Fäl-

---

20 Es gibt relativ wenige Untersuchungen zu Praxis der Autopsie und ihrer Durchsetzung als epistemischer Praxis. Vgl. aber den kurzen Aufsatz: Sándor Radnóti, The Origins of a New Reception of Antiquity, in: The nineteenth-century process of »Musealization« in Hungary and Europe, hrsg. von Ernő Marosi / Gábor Klaniczay, Budapest, 2006.

21 Höher eingeschätzt wurden hingegen die großen Nationalbibliotheken und Museen, allen voran in Paris, die deshalb auch zuerst bereist wurden. Vgl. hierzu bspw. den Briefwechsel: Litteraturarchiv-Gesellschaft (Hrsg.), Briefwechsel Friedrich Schleiermachers mit August Boeckh und Immanuel Bekker. 1806–1820, Berlin, 1916.

22 Wie aus den Akten des Kultusministeriums zum CIG hervorgeht, wurde die ursprünglich für vier Jahre beantragte Summe von 6.000 Talern von Böckh letztlich für einen viel längeren Zeitraum verwendet. Böckh verbrauchte ca. 400–600 Taler pro Jahr, womit er etwa 10–15 Jahre weit gekommen sein muss. Jede neue auch noch so kleine Summe musste einzeln beantragt und begründet werden. Dadurch geben die Akten detailliert Aufschluss, wieviel und wofür für das Unternehmen in jedem Jahr ausgegeben worden ist. Danach wird Böckhs Redaktion des CIG aus Titel VI des Akademieetats finanziert, womit das CIG quasi ein akademieeigenes und selbstfinanziertes Projekt geworden ist. Vgl. GStA-PK, Rep. 76 Vc, Sekt. 2, Tit. XXIII, Littr. F, Nr. 21, Bd. 1. Vgl. auch Wilfried Nippel, Boeckhs Beitrag zur Alten Geschichte, in: August Boeckh: Philologie, Hermeneutik und Wissenschaftspolitik, hrsg. von Christiane Hackel / Sabine Seifert, Berlin, 2013.

23 Reisen nach Griechenland waren bis 1830 aufgrund der politischen Situation kaum möglich. Anschließend stieg die Zahl der Reisenden stark an. Einer der ersten war Ludwig Ross. Vgl. zu Ross: Ina E Minner, Ewig ein Fremder im fremden Lande. Ludwig Ross (1806–1859) und Griechenland. Biographie, Mannheim, 2006.

schungen ließen sich jedoch mit Hilfe der gedruckten Werke, die jeweils aufeinander beruhten, nicht oder nur sehr selten ausfindig machen. Zugleich hätten mit der Sichtung des Originals auch mögliche Fehler früherer Abschriften beseitigt werden können. In der Ordnung folgte Kellermann anders als Böckh mit seinem griechischen Inschriftenunternehmen keiner geographischen, sondern der älteren systematischen Ordnung.

Schließlich gab Kellermann an, dass sein Kollege und Mitunterzeichner Sarti gleichzeitig in Rom beim Vatikan einen Antrag auf Förderung eingereicht, jedoch von dort bisher nur Hoffnung machende Willensbekundungen zurückerhalten habe. Von der Königlich Dänischen Gesellschaft habe Kellermann bereits eine Finanzierung von insgesamt jeweils 600 Scudi für drei Jahre bewilligt bekommen. Da diese Unterstützung aber begrenzt sei, wurden nun die »größern Akademien« Deutschlands angefragt.[24] Kellermann sicherte zu, jährlich oder – wenn gewünscht – öfter Rechenschaft abzulegen, gab jedoch merkwürdigerweise an, dies bei der preußischen Gesandtschaft in Rom zu tun, nicht direkt bei der Preußischen Akademie in Berlin. Es ist anzunehmen, dass Kellermann davon ausging, dass er zunächst hauptsächlich in Italien arbeiten werde. Dennoch wäre es auch denkbar gewesen, dass er an dieser Stelle der Akademie eine direkte Berichterstattung in Aussicht hätte stellen können.

Um seine eigene Befähigung unter Beweis zu stellen, verwies er auf seine vierjährigen »mit allem Eifer und aller Liebe«[25] durchgeführten epigraphischen Studien, die jedoch als Ausweis für die Leitung eines solchen Unternehmens keineswegs ausreichend sein konnten. Deshalb fügte er ebenfalls ein Gutachten in Form eines Briefes von Borghesi an die Akademie hinzu. Borghesi, den er als das »Orakel in diesen Studien«[26] bezeichnete und der jeden gelehrten Streit durch sein Wort beende, sollte durch sein Empfehlungsschreiben als neutrale Instanz Vertrauen schaffen. Ganz neutral war aber auch Borghesi nicht, denn er hatte großes Interesse, dass seine Materialien innerhalb eines solchen Werkes aufgehen sollten. Er sei bereit, alle seine innerhalb von 50 Jahren erarbeiteten und bisher kaum publizierten Papiere dem Unternehmen zur Verfügung zu stellen und es insgesamt auch soweit als möglich durch seinen Rat zu fördern.[27]

---

24 Neben der Preußischen Akademie der Wissenschaften wurden auch die Münchner und die Kopenhagener Akademien um Unterstützung gebeten. Sarti fragte beim Vatikan an: Irmscher, wie Anm. 7, S. 173.

25 Ebd.

26 Ebd., S. 171.

27 Mommsens Verweis in seiner Antragsschrift sollte hierfür genügen: »Bekanntlich hat Borghesi sich bereit erklärt, dies Werk, die Frucht fünfzigjähriger Arbeit und einer in der Epigraphik sonst nicht wieder vorkommenden Vereinigung von Scharfsinn, Gelehrsamkeit und Geduld, jedem C.I.L. hinzugeben, dessen Zustandekommen verbürgt ist.« Ders.,Ueber den Plan und die Ausführung eines Corpus Inscriptionum Latinarum, Berlin, 1847; Zit. nach: Harnack, wie Anm. 2, S. 536.

Auch wies Kellermann darauf hin, dass Borghesi in der Oktober-/Novemberausgabe des Bulletino des Archäologischen Instituts, wo dieser regelmäßig veröffentliche, auf Kellermann im Rahmen einer Rezension als wünschenswerten Unternehmer eines lateinischen Inschriftencorpus hingewiesen habe.[28] Als Anhang fügte er noch die von Borghesi rezensierte 1835 gedruckte epigraphische Abhandlung dem Antrag bei, die die Fähigkeiten Kellermanns unterstreichen sollte.[29] All diese Bezeugungen dienten selbstverständlich dazu, das Risiko und die Unsicherheit, ob ein solches Projekt überhaupt Erfolg haben könne und ob der Antragsteller befähigt sei, dieses erfolgreich durchzuführen, zu minimieren und umgekehrt den Geldgebern die Vertrauenswürdigkeit des »Projektemachers« und Bewerbers zu verdeutlichen.

Die Frage bestand nun darin, ob die Akademie bereit wäre, einen außerhalb ihrer Organisation stehenden Gelehrten über einen längeren Zeitraum finanziell auszustatten, ohne dass sie sicher sein konnte, dafür auch eine Gegenleistung zu erhalten. Die Mittelvergabe für Projekte, d.h. in diesem Fall schlicht noch zu schaffende Werke, bildete bisher keine übliche Form der akademischen Forschungsförderung.[30] Das CIG könnte hier zwar als Gegenbeispiel dienen, da auch hier Mittel vergeben wurden, bevor das Werk überhaupt begonnen worden ist, jedoch liegt dieser Fall insofern anders, als dass Böckh zum Zeitpunkt der Antragstellung bereits ordentliches Mitglied der Akademie war. Zudem war er mit der Gründung der Berliner Universität Professor geworden, verfügte also zumindest über eine finanzielle Grundausstattung, auch wenn das die Anstellung von Mitarbeitern nicht unbedingt mit

---

28 Vgl. Bartolomeo Borghesi, Vigilum romanorum latercula duo coelimontana, magnam partem militiae romanae explicantia edidit atque illustravit, appendicem inscriptionum quae ad vigiles pertinent, laterculorum militarium hucusque cognitorum omnium, et inscriptionum variarum militarium adjecit Olaus Kellermann, Danus, in: Bullettino dell'Instituto di Corrispondenza Archeologica, 10/11 (1835) 10/11, S. 170–176 Digitalisiert findet sich der Band unter: <http://arachne.uni-koeln.de/item/buch/3089> (Stand: 03.05.2017).

29 Die Abhandlung ist mittlerweile digitalisiert und über verschiedene Kataloge findbar. Olaus Christian Kellermann, Vigilum Romanorum latercula duo Coelimontana, magnam partem militiae Romanae explicantia: Appendicem inscriptionum »laterculorum militarium« adjecit, Romae, 1835.

30 Die bisherige Förderung für Forscher und Werke außerhalb der Akademie bezog sich ausschließlich auf bereits geschaffene Werke. Üblich war bspw. die Finanzierung von Druckkostenzuschüssen, Preisvergaben oder die nachträgliche Finanzierung von Werken. Auch das weiter unten erwähnte Sternkartenprojekt von Friedrich Wilhelm Bessel wurde erst finanziert, als die Karten jeweils vorlagen. Nur fertige Karten wurden bezahlt. Vgl. für Übersichten über die Ausgaben der Akademie: Adolf Harnack, Geschichte der Preußischen Akademie der Wissenschaften, Berlin, 1900. Vgl. zum Sternkartenprojekt Bessels Jürgen Hamel, Bessels Projekt der Berliner Akademischen Sternkarten, in: Die Sterne. Zeitschrift für alle Gebiete der Himmelskunde, (1989), S. 11–19.

einschloss.[31] Kellermanns Forderung zielte letztlich auf eine temporäre Forschungsstelle, die es ihm ermöglichen würde, sein Unternehmen durchzuführen, ohne anderweitige Gegenfinanzierung seines Lebensunterhalts über Lehre oder eine ähnliche Anstellung. Zusammen mit den anvisierten Geldern der päpstlichen Regierung für Sarti, den Geldern für Zeichner, Kopisten und Kupferstecher und den Geldern der dänischen Akademie ist in Ansätzen so etwas wie die Anlage eines begrenzten und transnational finanzierten Forschungsprojekts zu erkennen.

In der Akademie einigte man sich auf eine teilweise Beteiligung an der Co-Finanzierung mit einer einmaligen Zahlung von 200 Talern, was nicht unbedingt als Misstrauen gegenüber den Erfolgschancen des Projekts gewertet werden muss, sondern eher als Absage gegenüber der Forderung, die Aufgabe der Akademie sei die Förderung von Forschungsprojekten.[32] Der Geldverwendungsausschuss begründete die Summe damit, »dass es nicht Sache der Akademie sein könne, sich auf Unterstützung einzulassen, von denen das Ende gar nicht abzusehen sei.«[33] Zur Absicherung wurde sogar noch hinzugefügt, dass mit den gegebenen Mitteln keinerlei Verpflichtungen für weitere Unterstützungen eingegangen würden.[34] In der philosophisch-historischen Klasse konnte die einmalige Summe noch um zwei weitere Jahre erhöht werden, so dass Kellermann für drei Jahre 200 Taler zur Verfügung gestanden hätten.[35] Unglücklicherweise erkrankte er wenig später an der Cholera und verstarb am 4. September 1837 in Rom. Dennoch hatte die Idee für ein CIL durch die Bemühungen Kellermanns konkrete Züge bekommen.

Fast zwei Jahrzehnte nach Kellermanns erstem Plan wurde das CIL, beruhend auf einer Denkschrift von Theodor Mommsen, für die inhaltliche und organisatorische Umsetzung und auf Antrag von Richard Lepsius zuerst von der philosophisch-historischen Klasse und dann auch von der Gesamtakademie sowie dem Kultusministerium mit einer Summe von 12.000 Talern für zunächst sechs Jahre genehmigt, wobei 400 Taler als Gehalt der beiden Redakteure Mommsen und Henzen gedacht waren und der

---

31 Vgl. für die juristischen Professoren im Zeitraum von 1810 und 1945 die Studie von Maus, wie Anm. 15, 2012.

32 Bei damaligen Begriffen wie »Thaler« wurde, ausgenommen Zitate, die neuere Schreibweise Taler verwendet.

33 Harnack, wie Anm. 2, S. 773.

34 Ebd.

35 Die Akten des Vorgangs von Kellermanns Antrag und die Protokollauszüge der entsprechenden Sitzung der philosophisch-historischen Klasse sowie der Antrag der Akademie an das Kultusministerium in: ABBAW, PAW II-VIII-96, Bl. 8-14. Darin befindet sich auch das Bestätigungsschreiben an Kellermann nach Rom sowie dessen Dankschreiben an die Akademie. Wenig später erkrankte Kellermann.

Rest für Reise-, Kopier- und anderweitige Kosten.[36] Das Projekt beruhte auf einem ganz ähnlichen Zuschnitt wie das von Kellermann, was die Frage aufkommen lässt, warum die Akademie nun bereit war, das Projekt zu finanzieren?

Zunächst war Mommsen bei den Akademien keineswegs erfolgreicher als Kellermann. Wie oben angedeutet, steht Mommsens Plan für ein lateinisches Inschriftencorpus von 1847 in einer ganzen Reihe von Entwürfen und Anträgen, die über Pläne von Eduard Gerhard, Friedrich Carl von Savigny, Otto Jahn und neben Kellermanns Plan bis zu August Böckhs Plan von 1815, also der oben erwähnten Fassung eines die griechischen und lateinischen Inschriften umfassenden Thesaurus, zurückreichen. Mommsens Plan kommt jedoch insofern eine besondere Bedeutung zu, weil ihm keine weitere Planungsschrift folgte. Die Planung hatte offenbar eine Reife erreicht, dass weitere Überlegungen, die Planungen zu verändern, als wenig aussichtsreich erschienen.

Nach dem Tod Kellermanns legte der Archäologe und einstige Förderer Kellermanns am Archäologischen Institut in Rom, Eduard Gerhard, 1839 der Akademie einen Antrag vor, der Jahn als Nachfolger vorschlug.[37] In der Begründung führte Gerhard aus, dass sich Jahn gerade in Italien aufhalte und die für Kellermann bestimmten Mittel noch nicht aufgebraucht wären. Wegen der zu erwartenden Widerstände in der Akademie legte er zunächst den bescheidenen Rahmen vor, nur die bereits bewilligten Mittel an Jahn weiterzugeben. Die Akademie stimmte dem Antrag zu. Jahn hatte unterdessen den Nachlass Kellermanns aus eigenen Mitteln erworben.[38] Aus diesem Nach-

---

36 Vgl. für letzten Verhandlungen vor der Einsetzung Mommsens als Leiter: Lothar Wickert, Mommsen, Bd. 3, Fkf. a. M., 1969, S. 267ff. Christian Maus schätzt die Umrechnung von Taler in Euro etwa mit dem 30-fachen ein. Danach entsprächen die 12.000 von Mommsen etwa 360.000 Euro. Wie schon an anderer Stelle erwähnt, müssen diese Berechnungen jedoch noch mit damaligen Kosten für verschiedenste Dinge verglichen werden, um ein realistisches Bild der Summe zu erhalten. Ein einfacher Vergleich mit heutigen Mitarbeitergehältern reicht nicht aus. Vgl. Maus, wie Anm. 15, 2012.

37 Eduard Gerhard war klassischer Archäologe, Schüler Böckhs und gehörte zu den Mitbegründern des Archäologischen Instituts in Rom (1829). Er unternahm mehrere Reisen nach Italien und förderte den Plan einer Sammlung aller antiken Denkmäler. Aus diesem Grund schätzte Gerhard die Forschungen Kellermanns und war sehr an einer Fortführung interessiert. Vgl. die seinerzeit verfasste Biografie Otto Jahn, Eduard Gerhard. Ein Lebensabriß, Berlin, 1868 sowie Henning Wrede, Dem Archäologen Eduard Gerhard 1795–1867 zu seinem 200. Geburtstag, Berlin, 1997. Gerhards Schreiben, mit dem er erstmals Jahn als Nachfolger ins Spiel brachte, ist unter ABBAW, PAW II-VIII-96, Bl. 15f. archiviert.

38 Harnack, wie Anm. 2, S. 772ff. Die Summe soll beträchtlich gewesen sein, der genaue Betrag ist aber nicht bekannt. Vgl. auch Eugen Petersen (Hrsg.), Otto Jahn in seinen Briefen. Mit einem Bilde seines Lebens von Adolf Michaelis nach dessen Tode herausgegeben von Eugen Petersen, Leipzig u.a., 1913, S. 15, wonach Kellermanns Nachlass, d.h. seine Bibliothek, begonnene Abhandlungen sowie Kopien von Inschriften von seinen Gläubigern mit Beschlag belegt wurde. Gegen eine Schuld von 650 Scudi (1913 ca. 3.000 Mark) konnte

lass legte er der Akademie 1841 eine Publikation mit der Bitte um Weiterförderung vor.[39] Das Werk war keine eigenständige Abhandlung Jahns, sondern eine Zusammenstellung von Inschriften und Abhandlungen aus Kellermanns Nachlass und machte deshalb auch tendenziell den Eindrucks eines Sammelsuriums. Die beiden Gutachter Immanuel Bekker und Karl Gottlob Zumpt gaben unterschiedliche Bewertungen ab. Während Bekker die Unternehmung bei Jahn in guten Händen sah und die Probearbeit als Bestätigung dafür wertete, kritisiert Zumpt die Arbeit scharf. Zumpt missbilligte, dass Jahn die Publikation von unedierten Inschriften, die sich mit dem Nachlass Kellermanns bereits in seinem Besitz befänden, nur ankündige. Dies könne »der Gelehrsamkeit keinen Vortheil bringen«.[40] Zumpt sah darin ein Zögern Jahns und deutete es als fehlendes Vertrauen in dessen eigenen Plan (womit er nicht ganz Unrecht hatte, wie der Briefwechsel mit Mommsen zeigt). Mit geringem Aufwand in kleinem Format gedruckt, war der Bitte um Weiterförderung kein Erfolg beschieden. Diese Niederlage Jahns war mittelbar auch eine Niederlage Eduard Gerhards. Zumpt war zusammen mit Gerhard 1835 in die Akademie gewählt worden, zählte aber anders als Gerhard zu den traditionellen Philologen, die vor allem den Sinn und die Zweckmäßigkeit des sogenannten Autopsieprinzips in Frage stellten. Dennoch galt Zumpt als Autorität auf dem Gebiet der lateinischen Epigraphik und hatte mit seiner Lateinischen Grammatik ein

sie erworben werden. Jahn war durch Emil Braun auf Kellermann und dessen Bibliothek hingewiesen worden. Er fragte bei der dänischen Regierung und der Berliner Akademie um Unterstützung für den Erwerb an, die jedoch nur durch die Berliner Akademie zum Teil gereicht wurde. Lachmann und Gerhard konnten eine 400 Taler-Beihilfe durch die Akademie erwirken. Den Rest steuerte der Vater Otto Jahns bei. Braun habe Jahn nahegelegt, das wissenschaftliche Erbe Kellermanns anzutreten. Vgl. hierzu auch den Briefwechsel Otto Jahns mit Karl-Beendikt Hase. In einem Brief vom 2. Februar 1839 berichtet Jahn an Hase vom der Erwerbungsgeschichte des Kellermannschen Nachlasses und bittet ihn zugleich um Unterstützung für seine Antragspläne: Evelyne Gran-Aymerich und Jürgen von Ungern-Sternberg (Hgg.), L'antiquité partagée: correspondances franco-allemandes 1823–1861. Karl Benedikt Hase, Désiré Raoul-Rochette, Karl Otfried Müller, Otto Jahn, Theodor Mommsen, Paris, 2012, S. 292–295.

39 Otto Jahn (Hrsg.), Specimen epigraphicum in memoriam Olai Kellermanni, Kiliae, 1841. Das Werk enthält neben einer Einleitung, die der Akademie für die Unterstützung dankte und einem biografischen Abriss des Lebens von Kellermann im Anhang als Kernstück eine Abhandlung und einen Appendix Inscriptionum Latinarum. Der kommentarlosen Liste von Inschriften folgte eine »Annotatio«, die die Inschriften kommentierte. Darauf erschien noch eine Abhandlung über lateinischen Inschriften mit einem Index ein-, zwei und dreisilbiger Wörter sowie eine Addenda, ein alphabetischer Namensindex und auch ein Sach- und Wortindex. Vgl. auch Kolbe, Emil Braun und die lateinische Epigraphik, wie Anm. 8, S. 535, der einen Brief Brauns an Gerhard zitiert, in dem die Unzulänglichkeit des Werkes benannt wird. »Borghesi hat sein Specimen gänzlich ignoriert, die übrigen Italiener den epigraphischen Messias stark verhöhnt. Zum Epigraphen wird man so schnell nicht.«

40 Die beiden Gutachten finden sich in: ABBAW, PAW II-VIII-96, Bl. 26-27.

weit verbreitetes und mehrfach aufgelegtes Standardwerk geschaffen.[41] In dem Gutachten gab Zumpt zu verstehen, dass Jahn weitere Förderung zuteil werden könne, »wenn er ein bedeutendes Werk über lateinische Inschriften zu publizieren werde angefangen haben«[42], was einerseits als Beleg für die Haltung der Akademie vor projektförmiger Forschungsförderung angesehen werden kann, andererseits möglicherweise auch gut informierte Vorsicht gegenüber Jahn war, dessen persönliche und familiäre Probleme zu diesem Zeitpunkt eine Übertragung der Verantwortung für die Unternehmung nicht rechtfertigten. Der ablehnenden Position folgte auch die Klasse, die Gesamtakademie (in ihrer Sitzung vom 14. April 1842) und der Geldverwendungsausschuss der Akademie, der einst Kellermanns relativ geringe Förderung mit dem Argument legitimierte, es könne nicht Aufgabe der Akademie sein, Unternehmungen zu fördern, deren Ende nicht abzusehen seien.[43] Ohne einen substantiellen Anfang, eine Vorleistung war keine Förderung zu erhalten. Mit der Ablehnung war das Vorhaben vorerst unterbrochen, verlagerte sich aber bald auf neue intensivere Planungen.

Konkurrenz oder Kooperation? Die Pariser Inschriftenprojekte der 1830er und 1840er-Jahre

Ab Anfang Juli 1843 wurde in Paris über ein dem CIL sehr ähnliches, universal angelegtes lateinisches Inschriftenprojekt verhandelt.[44] Das Scheitern mehrerer Versuche,

---

41 Karl Gottlob Zumpt (1792-1849) war zunächst Gymnasiallehrer, bevor er 1827 außerordentlicher und 1836 ordentlicher Professor für römische Literatur an der Berliner Universität wurde. Er hatte sich durch die Erstellung einer lateinischen Grammatik für den Schulunterricht große Verdienste erworben. Das mehrfach aufgelegte Werk fand große Verbreitung und löste ältere Lehrbücher ab. Vgl. Karl Gottlob Zumpt, Lateinische Grammatik, Berlin, 1818. Das Buch erfuhr auch seinem Tod weitere Auflagen. 1874 erschien die 13.

42 Zit. nach: Lothar Wickert, Theodor Mommsen. Eine Biographie. Bd. 2. Wanderjahre. Frankreich und Italien, Frankfurt a. M., 1964, S. 5.

43 Vgl. Harnack, wie Anm. 2, S. 773.

44 Konkret zum französischen CIL siehe: Sylvie Sangarné, Les tentatives françaises d'édition d'un recueil des inscriptions latines (C.I.L.). La guerre des comités (1835-1839), in: Cahiers d'histoire, 44 (1999) 1, S. 105–126; John Scheid, Le projet francais dùn recueil général des inscriptions latines, in: Bartolomeo Borghesi, scienza e libertà, hrsg. von Giancarlo Susini, Bologna, 1982; Wickert, Mommsen, Bd. 2, wie Anm. 3, S. 415ff. Der Aufsatz von M. Tramunto verarbeitet die Korrespondenz zwischen Borghesi und Camillo Ramelli, den Borghesi während der Planungen zur Mitarbeit einlud, baut aber ansonsten auf John Scheids Erörterung auf. Leider schreibt Tramunto eine ganze Reihe von Namen falsch, Niebhur statt Niebuhr, Latronne statt Letronne, Hölsen statt Hülsen. Maria Federica Petraccia und M. Tramunto (Hgg.), Il carteggio Ramelli-Borghesi e Ramelli-Des Vergers. Il progetto francese di un Corpus inscriptionum latinarum, in: Camillo Ramelli e la cultura antiquaria dell'Ottocento, hrsg. von Maria Federica Petraccia / M. Tramunto, Rom, 2006. Teilweise wird auch auf die französischen Projektplanungen eingegangen von Jean Pierre Waltzing, Le recueil général des inscriptions latines et l'épigraphie latine depuis 50 ans, Louvain, 1892. Für die Geschichte der lateinischen Epigraphik vor und nach den gescheiterten Versuchen für ein

ein solches Projekt umzusetzen, wird in der französischen Historiographie auch heute noch, vor allem mit Blick auf die Umsetzung des Projekts in Berlin, als Misserfolg angesehen.[45] Die Bewertung als Niederlage erscheint jedoch heutzutage als ein nicht mehr zeitgemäßes Beharren auf nationalen Deutungsmustern und birgt die Gefahr, die wechselseitigen Wirkungen aus dem Blick zu verlieren. Beide Planungen, so das Argument, sind nicht voneinander zu trennen. Vielmehr sind sie nicht nur durch eine gemeinsame Grundidee, sondern auch durch personelle Verflechtungen und gegenseitige Rezeptionen gekennzeichnet. Auch wenn zwischen beiden Unternehmungen ein Konkurrenzverhältnis dominierte, sind doch auch schon früh Überlegungen hinsichtlich Kooperationen mit einbezogen und konkrete Erwägungen angestellt worden, wie die Arbeit zwischen Franzosen, Deutschen und Italienern aufgeteilt werden könnte, ohne jedoch diesen Weg zunächst weiterzuverfolgen.

Den Verhandlungen in Paris Anfang der 1840er-Jahre gingen Pläne voraus, die bis ins Jahr 1829 zurückreichen. Damals hatte Philippe Le Bas in seiner »Dissertation sur l'utilité qu'on peut retirer de l'épigraphie pour l'intelligence des auteurs anciens« das Vorhaben eines lateinischen Inschriftencorpus vorgeschlagen.[46] Nach Sylvie Sangarné bildet Le Bas' Vorschlag die erstmalige Erscheinung der Idee für ein lateinisches Inschriftencorpus.[47] Insofern läge hier die Geburt der Idee eines CIL, auch wenn es

---

französisches C.I.L. vgl. Marcel Le Glay, L'épigraphie latine, in: Comptes-rendus des séances de l'Académie des Inscriptions et Belles-Lettres, 132 (1988) 3, S. 623–628. Die transnationalen Beziehungen betrachten Gran-Aymerich und Ungern-Sternberg, wie Anm. 39. Der Band enthält eine Reihe von Briefwechseln. Als Quelle von Interesse sind: Adolphe-Noël Desvergers, Lettre sur l'usage et l'utilité des incriptions latines, in: Nouvelle revue encyclopédique, (1847), S. 462–476. Des Weiteren Adolphe-Noël Desvergers, Lettre adressée à M. Letronnee, membre de l'Institut, etc., etc., sur les divers projets d'un recueil général des inscriptions latines de l'antiquité, in: Nouvelle revue encyclopédique, (1847), S. 99–136.

45 Vgl. Sylvie Sangarné, Les tentatives françaises, in: Cahiers d'histoire, 44 (1999) 1, S. 106; John Scheid, Le projet francais dùn recueil général des inscriptions latines, in: Bartolomeo Borghesi, scienza e libertà, hrsg. von Giancarlo Susini, Bologna, 1982 der S. 338 auf eine Kommission unter der Leitung von Cl. Nicolet verweist, die sich Anfang der 1980er-Jahre das Ziel setzte, die wichtigsten Dokumente dieser Versuche zu publizieren. Jürgen von Ungern-Sternberg bezeichnete es in ähnlicher Weise als eine verpasste Chance, dass trotz der Verzögerungen in Berlin, das Projekt in Paris nicht entstanden sei. »Man hätte«, so Ungern-Sternberg, »den aufstrebenden Gelehrten sich verpflichten oder zumindest gleichberechtigt mit Berlin an dem geplanten wissenschaftlichen Großunternehmen teilnehmen können«. Ders.,Theodor Mommsen und Frankreich, in: Francia, 31 (2004) 3, S. 2f.

46 Philippe Le Bas, Dissertation sur l'utilité qu'on peut retirer de l'épigraphie pour l'intelligence des auteurs anciens, Paris, 1829 Le Bas' Dissertation ist unter <http://gallica.bnf.fr/ark:/12148/bpt6k5838836m> (Stand: 04.02.2017) digitalisiert vorhanden.

47 Sangarnés Aufsatz zu den französischen Projektplänen der 1830er-Jahre beruhte auf ihrer Magisterarbeit von 1991, in der sie die französischen Projektpläne von 1835 bis 1848 untersuchte. Vgl. Sangarné, wie Anm. 45, S. 105 und 109.

später in Berlin ausgeführt worden sei.[48] Diesem Argument ließe sich zweierlei entgegensetzen. Zum einen ist mit Blick auf den von August Böckh anvisierten Plan eines die lateinischen und griechischen Inschriften umfassenden Thesaurus Inscriptionum das CIL bereits mitgedacht. Das wurde letztlich auch von Le Bas in dessen 24 Seiten langer Dissertation bestätigt, wenn er explizit auf das von Böckh an der Preußischen Akademie der Wissenschaften geleitete griechische Inschriftencorpus Bezug nimmt und auch den 1826 erschienen ersten Band des CIG erwähnt, den er allerdings in Bezug auf Gelehrsamkeit und die deutsche Typographie als mangelhaft bewertete.[49] Zum anderen wird durch die Fokussierung auf einen Entstehungsort die transnationale Verflechtung der Entstehungsgeschichte eingeebnet.[50] Im Zeitraum der 1830er-Jahre reiften sowohl in Paris, Berlin und Italien als auch in Kopenhagen Ideen für ein lateinisches Inschriftencorpus, die wiederum auf älteren immer wieder erneuerten Ideen und Plänen beruhten, die lateinischen Inschriften vollständig und jeweils geordnet aufzubereiten.[51] In dieser Hinsicht erscheint es wenig sinnvoll, von der Geburt einer Idee zu sprechen. Interessanter sind vielmehr die jeweils vorgeschlagenen und durchgeführten Umsetzungen der Projektpläne oder eben auch die Gründe für das Scheitern, worauf Sangarné, das sei hier ebenfalls erwähnt, auch in erster Linie abhebt.

Le Bas' projektierte Unternehmung, die er sechs Jahre nach seiner Dissertation

---

48 Anders Ève Gran-Aymerich und Jürgen von Ungern-Sternberg in ihrer Einleitung zu einer Edition französisch-deutscher Briefwechsel. Sie sahen mit dem Erscheinen des ersten Bandes des CIG auch eine Sammlung der lateinischen Inschriften auf der Tagesordnung, was mit Blick auf Böckhs ursprünglichen Antrag schon ein Jahrzehnt früher zu verorten wäre. Inwiefern man in Paris von Böckhs Plänen erst mit der Publikation des ersten Bandes des CIG erfuhr, ist eine noch offene Frage. Die veröffentlichen Briefwechsel, u.a. zwischen Jahn und Karl Benedikt Hase sowie zwischen Mommsen und Hase, geben jedoch Einblick in den engen wissenschaftlichen Austausch. Gran-Aymerich und Ungern-Sternberg, wie Anm. 38, S. 27.

49 Philippe Le Bas, Dissertation sur l'utilité qu'on peut retirer de l'épigraphie pour l'intelligence des auteurs anciens, Paris, 1829, S. 19: »Déjà le premier volume a paru, et l'on peut dire que l'erudition et la typographie allemandes n'ont jamais produit un travail tout à la fois plus utile et plus parfait.«

50 Diese Verflechtungen lassen sich neuerdings in der Edition einiger Briefwechsel deutscher und französischer Altertumswissenschaftler nachvollziehen: Gran-Aymerich und Ungern-Sternberg (Hgg.), wie Anm. 38. Vgl. für die Beziehungen Mommsens zu Frankreich auch während der späteren Jahre Evelyne Gran-Aymerich, Theodor Mommsen (1817–1903) et ses correspondants français : la »fabrique« internationale de la science, in: Journal des Savants, (2008), S. 177–229. Sangarnés Arbeit scheint von Ève Gran-Aymerich übersehen worden zu sein, da sie sie nicht erwähnt. Vgl. insbesondere S. 338, Anmerkung 24.

51 Eine wichtige, in dieser Arbeit aber nicht betrachtete Rolle spielten auch die französischen Expeditionen, die nach dem Vorbild der napoleonischen Expedtion nach Ägypten Anfang des 19. Jhs. mehrfach durchgeführt wurden. Vgl. mit weiteren Literaturhinweisen Gran-Aymerich und Ungern-Sternberg, wie Anm. 38, S. 27ff.

unter dem Titel »Corpus des inscriptions historiques de tous les âges qui ont été ou qui peuvent être recueilles en France« der *Academie des inscriptions et belles lettres* vorschlug, konkurrierte mit Planungen Prosper Mérimées, der 1835 ebenfalls einen Antrag auf ein lateinisches Inschriftencorpus eingebracht hatte. Im Gesamtziel einig waren sich beide nur darin, dass das Projekt alle auf gallischem Gebiet der römischen Zeit bzw. französischem Gebiet des 19. Jahrhunderts befindlichen Inschriften, d.h. einschließlich der des Königreichs Neapel und Griechenlands, umfassen sollte.[52] Diese geographische Eingrenzung deutet auf eine Verzahnung von wissenschaftlichen und zeitgenössischen politischen Ansprüchen hin, die allen Inschriftenprojekten, auch dem in Preußen in den 1840er und 1850er-Jahren, eigen war, jedoch in unterschiedlichem Maße in den Projektkonzeptionen ihren Niederschlag fand.

Le Bas und Mérimée lieferten sich, wie Sangarné ausführt, einen Kampf mittels ihrer Ausschüsse, der in der ersten Hälfte von 1839 und vor allem brieflich ausgetragen wurde; Le Bas als Mitglied des »comité des chartes, chroniques et inscriptions« und Mérimée als Mitglied des »comité des arts et monuments«. Ein erster Streitpunkt lag darin, welcher Ausschuss eigentlich zuständig sei, wobei Le Bas geltend machte, es sei sicher nicht ohne Grund, dass sein Ausschuss die Inschriften im Namen trug und die andere Seite darauf pochte, dass es sich um oftmals künstlerisch gestaltete Monumente handelte.[53] Außer in der für die Juli-Monarchie typischen Begrenzung auf die nationalen Grenzen gab es, nach Sangarné, keine Gemeinsamkeiten der beiden Projekte, weshalb ihnen letztlich eine Übereinkunft unmöglich gewesen sei.[54] Während die eine Konzeption eine systematische Ordnung vorsah, bevorzugte die andere eine geographische Gliederung. Da beide Vorschläge derselben Institution entstammten, hätten unmöglich beide zugleich Umsetzung finden können.[55] Obwohl Le Bas auf Böckhs CIG Bezug nahm und vor allem seine geographische Grundordnung mit Verweis auf das Vorbild des CIG rechtfertigte, verblieb er mit seiner Begrenzung auf den gallisch-französischen Raum in der für das zeitgenössische Frankreich typischen Begrenzung auf nationale Monumente. Beide stellten ihre Projekte in das Programm einer sich in den 1830er-Jahren neu bildenden französischen nationalen Geschichtsforschung, die in der Veröffentlichung von Quellen, die die französische Geschichte betreffen, eine wichtige Aufgabe sahen und ließen damit Böckhs universalen Anspruch außen vor.[56] Sie unterschieden sich jedoch noch in einem weiteren wichtigen Punkt, den Sangarné als Kampf um die Entstehung einer neuen Konzep-

---

52 Sangarné, wie Anm. 45, S. 108.

53 Ebd., S. 116f.

54 Ebd., S. 111. Als nationale Grenzen diente das Gallien der römischen Epoche.

55 Vgl. Ebd., S. 111f.

56 Ebd., S. 112–114.

tion von Geschichte beschreibt bzw. den Kampf zwischen einer antiquarischen und einer historischen Behandlung der Inschriften.[57] An der geplanten Anordnung der Inschriften in der Sammlung ließen sich diese unterschiedlichen Perspektiven auch an den beiden Protagonisten Le Bas und Mérimée festmachen. Während Mérimée innerhalb einer geographischen Grundordnung, eine logische Systematik präferierte, verfolgte Le Bas den Plan, der geographischen Grundordnung eine chronologische Binnenordnung einzufügen. Schließlich sei es der unbestreitbare Vorteil der geographisch-chronologischen Ordnung, dass diese Art der Präsentation es ermögliche, aufzuzeigen, wo die besten Quellen zu finden seien, im Blick auf mögliche Erklärungen durch die die Sammlung später benutzenden Historiker.[58] Den Hintergrund dieses Streits bildete demnach die Frage, wem die Epigraphik und die ihr zu gehörenden monumentalen Quellen, die Inschriften, »gehören«, den Archäologen, den Historikern oder den Kunsthistorikern? Ist eine Inschrift zuerst ein Kunstwerk, ein Artefakt oder eine historische Quelle? Wer hat das Ernstanrecht auf die Bearbeitung?[59] In dieser Hinsicht ist der Kampf um die Bearbeitung und Anordnung der Inschriften zugleich ein Kampf um ihre Deutungshoheit oder, mit einem modernen Begriff ausgedrückt, eine Art der Quellenpolitik.

Le Bas argumentierte, dass der Druck der Publikation bei einer topografischen Grundordnung alsbald beginnen könne, wohingegen bei einer systematischen Ordnung zunächst alles zu Ende gesammelt werden müsse, bevor damit begonnen werden könne.[60] Gerade dieses Argument ist ein spezifisch projektmäßiges, denn es argumentiert pragmatisch und vor dem Hintergrund einer Ausführbarkeit, die stückweise vorangeht, aber schon bald erste Ergebnisse sichtbar werden lassen kann. Über die räumliche Grundordnung und Stückelung wird die Unternehmung zeitlich sequenzierbar und in Einheiten aufteilbar, die parallel bearbeitet werden können. Als weiteren Streitpunkt zwischen Le Bas und Mérimée respektive ihrer Ausschüsse macht Sangarné die Frage um die Authentizität der Quellen aus.[61] Welchen Quellen kann man vertrauen? Wie lässt sich ihre Echtheit verifizieren? In Mérimées Konzeption oblag diese Aufgabe den Korrespondenten, denen jeweils lokal die Aufgabe zukam, das Material zusammenzustellen und es an die Pariser Editionszentrale zu senden. Eine Kontrolle der Authentizität der Kopien war nicht angedacht, so dass die Echtheit und Genauigkeit der Kopien allein auf dem Vertrauen in die Kompetenz der Korrespondenten beruhte.[62]

---

57 Vgl. Ebd., S. 114f.
58 Vgl. Ebd., S. 115f.
59 Ebd., S. 117.
60 Nach Ebd., S. 119, Anm. 34.
61 Vgl. Ebd., S. 117.
62 Ebd., S. 119f.

Der Vorteil dieser Konzeption des Aufbaus eines Korrespondentennetzwerks lag in der Vermeidung kostspieliger und langwieriger Reisen. Le Bas' Idee des Rückgangs auf die Originale mit der Notwendigkeit der Bereisung aller entsprechenden Gegenden war kostspielig. Deshalb griff Mérimée ihn auch in diesem Punkt an. Le Bas' Vorstellung, Zeit und Geld seien zweitrangig, sei utopisch und seine Planung angesichts der Dimensionen abzulehnen. Damit stilisierte Mérimée Le Bas zu einem Projektemacher, der gerade nicht modern projektmäßig Zeit und Geld realistisch und umsetzbar zu kalkulieren im Stande sei.[63] Auch in der Frage der Auswahl der Inschriften gab es Uneinigkeit. Hier meldeten jedoch auch Mitglieder des Ausschusses von Mérimée Zweifel an, ob es möglich sei, die Korrespondenten dazu zu bringen, von allen Inschriften Kopien machen zu lassen.[64]

Zu diesem Zeitpunkt in der ersten Hälfte des 19. Jahrhunderts, das zeige das Beispiel der Auseinandersetzung sehr deutlich, sei nach Sangarné der antiquarische Geist mit seiner Präferenz für originale Monumente noch unvereinbar mit dem der Historiker gewesen.[65] Die beiden übergeordneten Instanzen, das Kultusministerium, in Person von Narcisse-Achille de Salvandy und seinem Nachfolger Abel-François Villemain, waren nicht gewillt, zu vermitteln oder Partei zu ergreifen. Erst das Eingreifen der *Academie des inscriptions et belles-lettres* habe Bewegung in die Angelegenheit gebracht.[66] Sie beanspruchte nun ihrerseits die Herausgabe einer Sammlung der gallischen und französischen lateinischen Inschriften.

An dieser Stelle sei noch einmal erwähnt, dass die Ausschüsse (comité) direkt dem Kultusministerium unterstanden und nicht Kommissionen der Akademie waren. Die Ausschüsse, von denen es insgesamt fünf gegeben hat, waren 1834 auf Initiative von François Guizot gegründet worden. Ihnen war die Aufgabe zugedacht worden, unedierte Dokumente der französischen Geschichte zu publizieren.[67]

Das Engagement kam überraschend. Le Bas hatte ihr schon vier Jahre zuvor ein ebensolches Projekt vorgeschlagen. Ob die entstandene Streitsituation Anlass für das Eingreifen war, bezweifelt Sangarné und nennt als Grund Le Bas' veränderte Position innerhalb der Akademie.[68] Offensichtlich glaubte er nicht mehr daran, sein Projekt innerhalb des Ausschusses realisieren zu können, und hoffte nun auf die Akademie. Ein neuer Vorschlag wurde eingebracht, der aber nun nicht mehr national gedacht,

---

63 Ebd., S. 120.

64 Ebd., S. 121.

65 Ebd.

66 Vgl. Ebd., S. 123.

67 Vgl. zur Geschichte der Ausschüsse, mit stark nationalem Anstrich, aber mit mehreren Quellenbänden zur Geschichte der Ausschüsse: Xavier Charmes, Le Comité des travaux historiques et scientifiques, Paris, 1886.

68 Vgl. Sangarné, wie Anm. 45, S. 119.

sondern, analog zum CIG in Berlin, als universelles Corpus angelegt war. Obwohl die Aussichten zunächst günstig schienen, nahmen die Ereignisse einen anderen Weg. Um den finanziellen Rahmen abschätzen zu können, wurde von der Akademie ein Gutachten in Auftrag gegeben. Die Gutachter, die *commission des travaux littéraires*, zeigte sich jedoch zurückhaltend und wollte erst einen Bericht erstellen, wenn es eine entsprechend gesicherte Finanzierung gäbe, was im Effekt bedeutete, das Projekt auf Eis zu legen. War die Mehrheit der Akademie nicht von der Dringlichkeit eines CIL überzeugt oder fürchtete sie sich vor dem Ausmaß des Projekts?[69] Der Bericht bzw. das Gutachten wurde nie geschrieben. Als Erklärung führt Sangarné an, dass ein universell angelegtes Corpus keine Mehrheit finden konnte, weil es mit der Konzeption einer nationalen Geschichtsschreibung kollidierte, weil die Mittelalterstudien innerhalb der Akademie Vorrang genossen und weil die Juli-Monarchie beides unterstützte und kein Interesse an einem Plan zeigte, der über die französischen Grenzen hinausging.[70] Auch Mérimée gab sein Projekt schließlich auf. Dennoch zeigte die Idee eines universellen Corpus nachhaltigere Wirkung, als es zunächst erschien.

Vier Jahre nach dem Scheitern der Projektvorschläge von Le Bas und Mérimée wurde der Plan eines allgemeinen lateinischen Inschriftencorpus wieder aufgenommen. Diesmal ging die Initiative jedoch nicht von der Seite der Gelehrten, sondern direkt vom damaligen Kultusminister aus.[71] Wenn es ein CIL geben sollte, dann müsse es französisch sein und von Beginn an mit umfangreichen Geldmitteln ausgestattet werden. Das war die Lektion der gescheiterten Projekte der 1830er-Jahre. Le Bas spielte in den Planungen ab 1843 keine Rolle mehr.[72] Er wurde nicht einmal mehr als Korres-

---

69 Vgl. Ebd., S. 120.

70 Vgl. Ebd., S. 125f.

71 Irmschers Behauptung, Jean Antoine Letronne sei die treibende Kraft gewesen und habe die Akademie und Villemain für das Projekt zu gewinnen versucht, konnte ich nicht belegen. Es ist aber auch nicht unwahrscheinlich, dass Letronne als Herausgeber der ägyptischen, griechischen und lateinischen Inschriften großes Interesse an einer solchen Sammlung gehabt hat. Er steht an erster Stelle in der Liste der Kommissionsmitglieder, die zur Vorbereitung eines Corpus Inscriptionum Latinarum 1843 eingesetzt worden war. Jedoch war er bereits in vorgerücktem Alter und ähnlich wie Borghesi nicht mehr in der Lage und Willens, ein Projekt über längere Zeit zu leiten. Irmscher, Die Idee, wie Anm. 7, S. 161f. Vgl. auch: Wilhelm Henzen, Die Lateinische Epigraphik und ihre gegenwärtigen Zustände, in: Allgemeine Monatsschrift für Wissenschaft und Literatur, (1853), S. 173.

72 John Scheid hat in »Recueil général des inscriptions latines« die Projektvorbereitungen in vier Phasen eingeteilt. 1. Phase: Juli 1843 – August 1844, 2. Phase: August 1844 – April 1845, 3. Phase: März 1846 – Beginn 1848 und 4. Phase schließlich bis 1856. Bei ihm spielt die Geschichte vor 1843 keine Rolle. Vgl. John Scheid, Le projet francais dùn recueil général des inscriptions latines, in: Bartolomeo Borghesi, scienza e libertà, hrsg. von Giancarlo Susini, Bologna, 1982.

pondent hinzugezogen. Am 6. Juli 1843 war durch Abel-François Villemain[73], seit Mai 1839 Minister des öffentlichen Unterrichts und seit Februar 1841 auch Mitglied der Academie des inscriptions et belles-lettres, der Plan, ein lateinisches Inschriftencorpus herauszugeben, bekannt gemacht worden. Einen Tag darauf wurde eine Kommission ernannt, die die Vorbereitungen überwachen und die Umsetzungsmodalitäten ausarbeiten sollte. Die Mitglieder der Kommission wiederum legten ein Komitee fest, das einen Plan, eine Anordnung der Sammlung und die Form der Umsetzung ausarbeiten sollte. Daraus entstand die 1844 verbreitete und von Firmin Didot herausgegebene Broschüre mit dem Titel »*Projets et Rapports relatifs à la publication d'un Recueil général d'epigraphie latine*«.[74] In dieser 33 Seiten umfassenden Schrift sind mehrere Texte zusammengefasst.

Nach einer Einleitung Didots folgt ein Wiederabdruck von Scipione Maffeis »Prospectus« für ein universelles Inschriftencorpus von 1732.[75] Diesem folgt der Projektplan von Olaus Kellermann, den dieser der Akademie in Kopenhagen 1836 vorgelegt hatte. Offenbar kannte man ihn in Paris zuvor noch nicht.[76] Kellermann hatte damals zwar nicht nur in Kopenhagen, sondern auch – wie oben beschrieben – in Berlin, München und über Sarti bei der päpstlichen Regierung in Rom nachgefragt, aber nicht an der Pariser Akademie. Der Plan muss deshalb in Paris für viele neu gewesen sein. Laut der Anmerkung von Émile Egger ist er über Noël des Vergers nach Paris gekommen. Dieser wiederum hatte ihn über Sarti, den Mitantragsteller Kellermanns, erhalten.[77] Inwiefern Mommsen Kellermanns Plan über andere Wege schon vorher kannte oder ihn ebenfalls zuerst über die französische Publikation rezipiert hat, lässt

73 Über Villemain (1791–1870) gibt es eine mittlerweile nicht mehr neue Biografie von Gabriel Vauthier, Villemain 1790–1870. Essai sur sa vie, son rôle et ses ouvrages, Paris, 1913. Darin findet sich jedoch keine Ausführung zum gescheiterten Corpus-Projekt. Aktueller, aber schwer zugängig ist ein Aufsatz von: Jean Malavie, Abel-François Villemain (1790–1870), acteur et témoin privilégié de la vie intellectuelle de son temps, in: Lettres romanes, 60 (2006) 3–4, S. 193–263; sowie Jean Malavié, Dans l'intimité d'un personnage officiel: Villemain d'après des correspondances inédites, in: Revue des Sciences Humaines, (1971), S. 111–126.

74 Firmin Didot, Projets et Rapports relatifs à la publication d'un Recueil général d'epigraphie latine, s.l., 1843.

75 Näheres zum Prospectus in: Gian Paolo Romagnani (Hrsg.), Scipione Maffei nell'Europa del Settecento, Verona, 1998, darin insbesondere: Buonopane, Alfredo: Il Prospectus universalis collectionis di Scipione Maffei e la nascita della scienza epigrafica, S. 659–677.

76 Der ins Französische übersetzte Kellermannsche Plan ist mit zahlreichen Bemerkungen sowohl von Vergers als auch von Egger versehen, wobei letztere durch die Initialen Eggers unterscheidbar sind. Die Anmerkungen enthalten wichtige Hinweise auf Ergänzungen, Fehleinschätzungen oder Hintergrundinformationen. Vgl. Didot, wie Anm. 74.

77 Henzen, wie Anm. 71, S. 172: »Sein Entwurf ist seitdem in Paris von der zu ähnlichen Zwecken gebildeten Commission, der ihn Sarti mitgetheilt, bekannt gemacht worden.«

sich nur vermuten.[78] Kellermanns Abdruck seines CIL-Plans folgt ein Bericht Émile Eggers über die französischen Vorarbeiten für das Corpus und schließlich Programm und Instruktionen für die Inschriftensammlung und die Abklatsche von Inschriften.

In seiner Einleitung gibt Didot als Herausgeber zunächst den Kontext der Planungen sowie einen Auszug aus einer Sitzung der Kommission vom 10. Juli 1843 wieder, in der Villemain die Notwendigkeit des Projekts begründete.[79] Wichtig sei es zuerst gewesen, einen Ort für die Redaktion der Sammlung zu finden, um alle epigraphischen Werke, Dokumente und Abschriften zu vereinen. Als Weiteres müsse ein Korrespondentennetzwerk aufgebaut werden, über welches Kopien der Inschriften eingeworben werden sollten. Dabei verwies Didot auf bereits eingetroffene Inschriften verschiedener, vor allem französischer Korrespondenten sowie auf die Bereitschaft von Borghesi, seine Materialien dem Projekt zur Verfügung zu stellen. Des Weiteren müsse die von Séguier begonnene Bibliographie epigraphischer Werke, die nur bis 1775 reiche, und dessen alphabetischer Index vervollständigt werden. In seinem Appell, ein lateinisches Inschriftencorpus zu veranstalten, verweist Villemain, allerdings sehr indirekt und ohne Böckh, Preußen oder die Preußische Akademie beim Namen zu nennen, auf das griechische Inschriftenunternehmen als Vorbild und zwar mit der Zielstellung, diesem nun ein französisches CIL nachfolgen zu lassen. Insofern dient der Verweis auf das von der akademischen Schwester in Berlin veranstaltete CIG als strategisches Legitimierungsargument zur Durchsetzung eigener Ambitionen.

> »*M. le Ministre, après avoir indiqué sommairement le but de la reunion, a rappelé le beau travail d'epigraphie grecque, entrepris, il y a quelques anneés, chez une nation voisine. Il s'agirait de faire, dans des proportions plus éntendues encore, le meme travail pour l'épigraphie latine, en rassemblant tout ce que renferment les grandes collections de Gruter, de Reinesius, de Muratori, et tant d'autres collections partielles, auxquelles se joindraient les résultats disperses dans une foule de recueils récents, et tout ce que donnerait une investigation actuelle, suivie sur divers points à la fois.*«[80]

Auch Frankreichs kolonialer Besitz in Nordafrika und die bereits durch das Kriegsministerium dort gesammelten Inschriften böten beste Voraussetzungen, aber noch wichtiger war die Anrufung der Nation:

---

[78] Über die Pariser Projektpläne wusste Mommsen schon seit November 1843, wie aus einem Brief an Jahn vom 10. November 1843 hervorgeht. Vgl. Lothar Wickert (Hrsg.), Theodor Mommsen – Otto Jahn. Briefwechsel 1842–1868, Frankfurt a. Main, 1962, S. 3.

[79] Didot, wie Anm. 74, S. 1-4.

[80] Ebd., S. 3f.

»Il semble que la France, qui a conserve dans sa langue, dans ses mœurs, dans ses lois, dans ses arts, tant de vestiges de la civilization romaine, est particulièrement appellee à ce travail.«[81]

Die Ausarbeitung des Plans und die vorbereitenden Arbeiten oblagen dem noch relativ jungen Émile Egger (1813–1885), der Anfang August 1843 zunächst einen Bericht über die Konzeption und den Plan für das Projekt und kurz darauf dem Ministerium eine Aufstellung der benötigten Mittel vorlegte.[82] Der an den Minister adressierte Bericht beginnt mit den Eingrenzungen des Projekts. Zuerst wurde der Bearbeitungszeitraum festgelegt und bestimmt, dass die mittelalterlichen Inschriften von der Sammlung ausgeschlossen bleiben sollen. Da es historiographisch gesehen keine genau legitimierbare Grenze gebe, müsse für das Sammlungsprojekt eine Grenze festgesetzt werden. Während Kellermann noch das 8. Jahrhundert mit einbezog, setzte Egger das Ende des 6. Jahrhunderts als Grenze fest, eine Grenze, die Mommsen in seine Planungen später übernehmen sollte. Als weitere Limitation sollten die Dialekte, die Münzen und die geschnittenen Steine ausgeschlossen bzw. als Teil der numismatischen bzw. archäologischen Forschungen außen vor bleiben. Als eine der Hauptfragen sah Egger die Anordnung des Inschriftenwerkes an. Die Inschriften sollten anders als in vorherigen Sammlungen nicht systematisch geordnet werden, sondern einer geographischen Grundordnung und damit dem Vorbild des CIG von Böckh folgen. Eine systematische Ordnung würde bei geschätzten 60.000–80.000 Inschriften zu unzähligen Kategorien führen und das Problem, der Mehrfachzuordnung ein und derselben Inschrift in mehrere Kategorien aufwerfen, ein Problem, das ältere Sammlungen vielfach hatten, dass aber nun überwunden werden sollte. Die geographische Grundordnung habe hingegen den Vorteil, dass jeder Inschrift aufgrund ihrer Herkunft ein eindeutiger Platz zugewiesen werden könne.

»Au contraire, sauf de rares exceptions, chaque monument n'a qu'une place, un place nécessaire et bien déterminée, dans l'ordre géographique.«[83]

Zudem könne man bereits vorhandene lokale Sammlungen leicht integrieren und würde die umtriebigen lokalen Antiquare zu eifrigen Unterstützern gewinnen können. Von der geographischen Ordnung ausgenommen blieben die archaischen Inschriften.

---

81 Ebd., S. 4.

82 Scheid, wie Anm. 72, S. 339; der am 3. August 1843 in der epigraphischen Kommission für lateinische Inschriften vorgestellt Plan Eggers ist in der von der Didot herausgegebenen Broschüre abgedruckt. Vgl. Didot, wie Anm. 74, S. 19–26.

83 Egger in: Didot, wie Anm. 74, S. 21.

Innerhalb der einzelnen Abteilungen sollte wiederum nach einer bestimmten Systematik geordnet werden, wobei innerhalb dieser systematischen Unterordnung wiederum möglichst chronologisch vorgegangen werden sollte. Wichtige Inschriften, die von allgemeinem Interesse seien, würden an den Anfang gestellt, die christlichen Inschriften das jeweilige Abschlusskapitel bilden. Letztlich aber waren die anzuhängenden »bonnes tables alphabétiques«[84], die Indices, die beste Abhilfe für das Problem des Auffindens von Inschriften bestimmten Inhalts. Insgesamt sieben verschiedene Indices schlug Egger vor. Sie reichten von Abkürzungen über Namen und Orte bis hin zum wohl umfangreichsten, für die historische Forschung aber wohl interessantesten Index »sujet divers«.

Um zu verhindern, dass die Früchte der Arbeit erst nach Fertigstellung des Gesamtwerkes sichtbar würden, und um die Größe des Unternehmens nicht zu seinem eigenen Nachteil werden zu lassen, schlug Egger eine Dreiteilung in Serien vor. Den Anfang sollten die Inschriften zu Gallien machen, die zweite Serie die zu Italien beinhalten und als letztes die zu den Provinzen des römischen Kaiserreichs folgen. Jede Serie würde in sich auch komplett funktionieren, weshalb es wiederum als strategischer Zug angesehen werden kann, die gallischen Inschriften an den Anfang zu setzen. Nach Abschluss der drei Serien sollten übergreifende Indices auch die einheitliche Suche über alle Serien ermöglichen, das heißt, alle Indices noch einmal zusammengefasst publiziert werden. Jeden Band würden zudem Einführungen bzw. erklärende Vorworte vorangestellt, die in Latein verfasst werden sollten. Entgegen Böckhs und auch Muratoris Vorbild sollten Kommentare weggelassen werden. Egger begründete dies einerseits mit der großen Anzahl an Inschriften, andererseits aber auch damit:

> *»et rend aussi le commentaire moins utile, parce que beaucoup d'inscriptions s'éclairent l'une autre par le simple effet du rapprochement«*[85]

Dieser Punkt ist insofern epistemologisch interessant, weil Egger hier zugleich einen Hinweis darauf gibt, welchen Gewinn die Zusammenstellung der Inschriften in einem Werk für die Forschung liefern könnte.[86] Über die Repräsentation des Werks in seiner

---

84 Ebd., S. 22.

85 Ebd., S. 23.

86 In entfernten Sinn erinnert die Idee an Aby Warburgs methodischen Ansatz über das assoziative Nebeneinanderstellen von Bildern Erkenntnisse zu gewinnen, wobei Warburgs Grundlage eine schwarze Wand bildete, an die Bilder aufgehängt und in Zusammenhang gesetzt wurden, hingegen die Inschriften nach einem Plan zusammengestellt und eine feste Ordnung gebracht wurden. Die Bände hätten nun wieder zerschnitten werden müssten, um eine neue Anordnung zu gestalten. Vgl. zu Warburgs Methode der Bilderreihung neben anderen: Aby Warburg, Der Bilderatlas Mnemosyne, Berlin, Gesammelte Schriften, Abt. 2, Bd. 1, 2003.

typographischen Ausführung wurde an dieser frühen Stelle schon debattiert. Diese müsse dessen Größe sowie der nationalen und gelehrten Autorität entsprechen, die das Unternehmen repräsentiert. Während die einen Sammlungen betreffs des Aufwands der Reproduktion jede Inschrift neben ihrem Text auch mit einer Zeichnung oder einem Stich wiedergeben, andere hingegen mit Minimalaufwand nur den Text ohne die ursprüngliche Zeilenordnung drucken, schlägt er einen Mittelweg vor. Von den wichtigsten Typen an Inschriften und Monumenten sollten Faksimiles angefertigt werden, so dass eine Art Repertoire der verschiedenen Typen entstünde. Als Vorbild könnten hierfür Sammlungen der *Céramographie*, d.h. antiker Vasen, dienen. Egger begründete diese Beschränkung einerseits mit ökonomischen Notwendigkeiten, wies aber auch auf die Philologie als die Disziplin hin, der die Sammlung als erstes dienen sollte.[87]

Typisch für einen Projektplan mahnte Egger zur Eile. Angesichts der Größe des Projekts könnte man gewillt sein, zurückzuschrecken. Der Verweis auf Jean-François Sèguier und Scipione Maffei, die nicht nur erstmals die Idee eines alle Inschriften vereinenden Thesaurus Inscriptionum vorgeschlagen, sondern auch eine bis 1769 reichende Bibliographie aller Publikationen mit Inschriften sowie einen alphabetischen Index erstellt hatten, diente Egger nicht nur als Verweis auf anknüpfbare Vorarbeiten, sondern auch dafür, aus dem Projekt ein französisches Großprojekt zu machen.

> »*Conçu et préparé par un Français, ce grand projet devait s'accomplir en France ; et sans renoncer au concours des philologues étrangers, à l'avantage de cette précieuse fraternité qui unit maintenant toute l'Europe savante, vous vous souviendrez, Messieurs, qu'il vous appartenait, avant tous, de publier le Recueil général des inscriptions latines.*«[88]

Dass Maffei Italiener war, wird dabei zweitrangig. In der auf den Bericht folgenden Aufstellung der benötigten Mittel, die Egger kurz nach seiner Planungsschrift dem Minister einreichte, benannte er diese. Er forderte unter anderem 2.000 Francs zum Ankauf der wichtigsten epigraphischen Publikationen und benannte Abschreiber für den von Seguir erarbeiteten *Index Absolutissimus*. Kurz darauf wurde Egger zum Herausgeber der Sammlung ernannt und die Arbeit an der Kopie des Seguirschen Index begonnen. Diese war etwa ein Jahr später, im Oktober 1844, fertig, just zu der Zeit als Mommsen Paris besuchte und auch Egger dort in den für die Vorarbeiten in der Königlichen Bibliothek zur Verfügung gestellten Räumen weilte.[89]

---

87 Egger in: Didot, wie Anm. 74, S. 24.

88 Ebd., S. 25.

89 Scheid, wie Anm. 72, S. 339.

Für die Sammlungsarbeit galt es, Sammler zu rekrutieren. Da die Planung – anders als die spätere Praxis von Mommsen und seinen Mitarbeitern – den Plan verfolgte, aus ganz Europa Zeichnungen, Abklatsche oder andere Arten von Kopien einzuwerben und sich zusenden zu lassen, wurde ein dichtes Korrespondentennetzwerk benötigt. Egger schlug eine Reihe von potenziellen Personen vor und unter anderem auch, mit dem Archäologischen Institut in Rom Kontakt aufzunehmen. Neben Böckh und dessen Mitarbeiter Johannes Franz benannte er zudem Friedrich Gottlieb Welcker, Friedrich Ritschl, Otto Jahn und Bartolomeo Borghesi. Durch des Vergers wurden auch die in Rom ansässigen Emil Braun, Wilhelm Henzen und Emiliano Sarti vorgeschlagen und schließlich am 5. Juli 1844 Mommsen als Korrespondent aufgenommen.[90]

Aus Gründen, die nach Scheid nicht aus den Akten hervorgingen, wurde im Juli bzw. August 1844 A. Firmin Didot beauftragt, die Leitung der Vorbereitungen zu übernehmen.[91] Konkret führte dies zur Verlagerung des Redaktions- und Sammlungsortes von der Königlichen Bibliothek in Didots Privathaus, was den bereits beginnenden Ausschluss von Egger aus den Arbeiten bedeutete, obwohl er noch eine Zeit lang in der Kommission aktiv war.[92] Aber auch die finanzielle Konstruktion änderte sich. Didot übernahm alle anstehenden Kosten (außer des Gehalts von Egger), erhielt dafür im Gegenzug vom Minister die Zusage für den Ankauf von bzw. die Subskription auf 250 Exemplare, was einem Wert von 480.000 Francs entsprach. Zugleich wurde festgelegt, dass diese Summe über einen Zeitraum von 27 Jahren ausgezahlt werden sollte, so dass jährlich 18.000 Francs an Didot gingen.[93] Diese Vereinbarung ist insofern aufschlussreich, weil damit deutlich wird, mit welcher zeitlichen Limitation bei den Akteuren gerechnet wurde. Als Erweiterung der Projektarchitektur, aber womöglich auch not-

---

90 Brief vom 20. Juni 1844 von Mommsen an Jahn in Greifswald. Vgl. Wickert, Mommsen und Jahn, wie Anm. 78, S. 8.

91 Scheid nennt Uneinigkeiten in finanziellen Dingen, wie die Erstattung von Kosten für Papier und das Gehalt von zwei Abschreibern, als benennbare, aber sicher nicht eigentliche Gründe für die Abkehr Villemains von Egger. Vgl. Scheid, wie Anm. 72, S. 339.

92 Ebd., S. 339f. Dies ist für Scheid der Beginn der 2. Phase, die von August 1844 bis April 1845 reiche.

93 Für Vergleichszwecke, die betreffs der Genauigkeit mit Zurückhaltung angesehen werden sollten, sind Umrechnungen sicher interessant. Bekannte Quelle für die napoleonische Zeit sind die Reparationszahlungen, die Frankreich von Preußen nach dem Tilsiter Frieden forderte. Damals wurden 120 Millionen Francs zu 32 Millionen Preußischen Thalern umgerechnet, also in einem Verhältnis von 3,7:1. Nimmt man es zur Grundlage für Didots Forderungen, dann wäre die Gesamtsumme von 480.000 Francs in etwa 130.000 Thaler wert. Die von Didot angedachten 18.000 Francs pro Jahr entspächen ca. 4.900 Thaler. Letzteres entspricht in der Größenordnung den Summen, die auch in Berlin für ein CIL veranschlagt wurden. Vgl. für die Zahlen zum Frieden von Tilsit: Adelheid Simsch, Die Wirtschaftspolitik des preußischen Staates in der Provinz Südpreußen, 1793–1806/07, Berlin, 1983, S. 45ff.

wendig gewordener Kommunikationswege aufgrund der Verlagerung der Redaktion in Didots Haus, wurde Ende 1844 eine weitere Kommission eingerichtet, die den Auftrag bekam, zwischen Didot und der Administration Bericht zu erstatten und eine Art Vermittlungsinstanz bilden sollte.[94]

Kurz darauf zog sich jedoch Villemain unerwartet aus allen Ämtern zurück.[95] Während der ursprüngliche Herausgeber Egger durch Didot verdrängt wurde und Villemain sich Ende 1844 zurückgezogen hatte und damit als »Protektor« des Unternehmens nicht mehr zur Verfügung stand, wurde auch die ursprüngliche Summe von 480.000 Francs vom Finanzministerium in Frage gestellt und Villemains Zusage am 11. Juni 1845 aufgehoben.[96] Die neue Subskription belief sich nur noch auf einen Bruchteil der ursprünglichen Summe. Gekürzt wurde um 405.000 Francs, so dass nur noch 75.000 Francs übrig blieben. Diese galten nun aber nicht mehr für ein vollständiges CIL, sondern ausschließlich für den Druck des Index von Séguir und einer Bibliographie epigraphischer Werke. Die Sichtweise auf den Verlust des »Protecteur« Villemain, der ja zusätzlich auch als geistiger Vater des Projekts angesehen wurde, verdeutlich die Abhängigkeit solcher finanzintensiver Projekte von bestimmten besonders einflussreichen Personen. Da die finanzielle Vereinbarung erst kurz vor Villemains Rücktritt beschlossen worden war, konnte sie in den Verhandlungen um den neuen Finanzhaushalt leicht in Frage gestellt werden. Didot akzeptierte zunächst die Vereinbarung für den Index und die Bibliografie, stellte aber im Jahr darauf dem neuen Minister einen weiteren Projektantrag, der sich nun wiederum auf das CIL bezog und eine Erhöhung der Subskription forderte. Im Gegenzug erklärte sich Didot dazu bereit, einen Großteil der Bearbeitungskosten zu übernehmen. Nach dieser Konzeption sollte das Werk der Anordnung der Sammlung von Orelli folgen und die Sammlungsregionen unter französischen, italienischen und deutschen Gelehrten aufgeteilt werden. Um das Projekt noch irgendwie zu retten, setzte Didot auf eine internationale Kooperation, die die Kosten aufteilen würde, aber letztlich so nicht zustande kam. Für Frankreich sollten Letronne und Hase das Projekt leiten, alle früheren Kommissionsmitglieder, also auch Egger, jedoch ausgeschlossen bleiben. In Deutschland sollte die Leitung an Mommsen, Henzen und Zumpt gehen und in Italien an Borghesi und Rocchi. Die Sammlungsregionen wurden ebenfalls aufgeteilt. Gallien, Algerien, Ägypten und die östlich von Ägypten gelegene römische Provinz Cyrénaïque blieben den Franzosen vorbehalten.

---

94 Scheid verweist darauf, dass Didots Interesse an dem Projekt schon länger bestanden hatte. Sein Schwiegersohn Noël des Vergers, hatte bereits 14 Tage nach Villemains Auftrag einen Plan für ein CIL auszuarbeiten, also noch im Juli 1843, dem Minister mitgeteilt, dass er sich auf eine Reise nach Italien zu begeben gedenke, um dort lateinische Inschriften zu sammeln. Vgl. Scheid, wie Anm. 72, S. 340.

95 Angeblich aufgrund von psychischen Problemen. Vgl. Ebd.

96 Vgl. Ebd., S. 340f.

Italien und Rom sollten von Mommsen und Henzen in Zusammenarbeit mit Rocchi und des Vergers bearbeitet werden und Borghesi sollte eine Art Oberaufsicht erhalten. Die anderen Provinzen wollte man der Akademie in Berlin überlassen, was zu diesem Zeitpunkt bedeutete, dass sie von Zumpt bearbeitet werden würden.[97] Diese Aufteilung war anspruchsvoll und deutet bereits Kooperationsbemühungen an, die gegen Ende des 19. Jahrhunderts mehr oder weniger erfolgreich praktisch umgesetzt werden sollten. Vorerst war diesem Plan jedoch kein Erfolg beschieden. Mommsen und Henzen intervenierten mit Hilfe von Alexander von Humboldt gegen den Plan. Zudem starb Letronne 1848, wodurch ein weiterer wichtiger Förderer des Projekts verloren ging.

Letztlich sind die Pariser Projektentwürfe an sich selbst und vor allem an den Intrigen innerhalb der verschiedenen Kommissionen und den unterschiedlichen Ambitionen der wechselnden Kultusminister gescheitert.[98] Es zeigte sich deutlich, dass Projekte nicht ohne bestimmte Akteurskonstellationen durchgesetzt werden können. Ändern sich diese, stehen auch Projektentwürfe wieder zur Disposition. So lange das Gebilde nicht eine gewisse Stabilität, Dauerhaftigkeit und ggf. erste sichtbare Ergebnisse verfügt, kann es jederzeit leicht scheitern.

Aus der deutschen Perspektive wurden die Pariser Pläne aufmerksam beobachtet. Mommsen schrieb im November 1843 ernüchtert an Jahn:

> »*Sie werden ja wohl von dem Plan der Pariser Akademie zu einem Corpus inscriptionum latinarum gehört haben, wenn sie nicht schon aufgefordert sind, Ihre Materialien mit dazu herzugeben. Mir tut es eigentlich leid, daß hiernach die Berliner Akademie wohl von dem Unternehmen ganz abstehen wird; ich hatte immer gehofft, nach einigen Jahren vielleicht selbst bei dieser Arbeit beteiligt zu werden.*«[99]

Jahn antwortete ihm, dass er durch das Pariser Projekt seine eigenen Vorhaben durchkreuzt sah und »alle größeren Pläne […] aufgegeben« habe, war aber offenbar auch froh, »gottlob zu nichts weiterem [als der Bearbeitung des Nachlasses von Kellermann, TK] verpflichtet« zu sein.[100] Von der Berliner Akademie war er enttäuscht und gab

---

97 Vgl. Ebd., S. 342.

98 Vgl. zu den Gründen des Scheiterns auch Ebd., S. 345–351.

99 Wickert, Mommsen und Jahn, wie Anm. 78, S. 3. Mommsen hatte zu dieser Zeit gerade seine Dissertation beendet und legte dem Brief einige Exemplare zum Verteilen bei. Jahn antwortete ihm, dass er diese Lachmann und Rudorff in Berlin und an Schömann und Barkow in Greifswald gegeben hatte, wobei letzterer Mommsen am liebsten gleich nach Greifswald berufen hätte.

100 Ebd., S. 6. Die Enttäuschung Mommsens und Jahns weist auf das bis zu dieser Zeit noch ungebrochene Renommee, das von der Pariser Wissenschaft in der äußeren Wahrnehmung ausging.

Mommsen zu verstehen, dass er von ihr »nie etwas Ordentliches«[101] erhofft hatte. Er wünschte ihm, der gerade sein Reisestipendium erhalten hatte, dass ihm mehr Glück zuteil kommen würde. In der brieflichen Kommunikation zwischen Mommsen und Jahn trat Mommsen hiermit schon an die Stelle Jahns als möglicher Leiter eines CIL. Nach außen hielt Jahn seine Bereitschaft, die Leitung eines CIL zu übernehmen, noch mehrere Jahre aufrecht und unterstützte Mommsen durch seine Kontakte zur Akademie.[102]

Nicht zuletzt aufgrund des pessimistischen Urteils von Jahn über die Berliner Akademie wandte sich Mommsen auch an die Pariser Akademie. Vorsichtig teilte er dies Jahn mit, den er explizit nicht gefragt hatte. Zunächst galt für Mommsen, egal, wo ein lateinisches Inschriftencorpus entstehen sollte, er wollte unbedingt beteiligt werden, schließlich stand er kurz vor der Abreise nach Frankreich und Italien, wo er das Material zu sammeln gedachte. Auch die finanziellen Einnahmemöglichkeiten schienen ihn zu reizen. Die Anfrage in Paris sollte ihm später noch schweres Kopfzerbrechen bereiten. Als die Hoffnungen auf das CIL an der Berliner Akademie wieder aufflammten, fühlte er sich zwischen zwei konkurrierenden Projekten hin- und hergerissen. Er musste nun als Korrespondent des Pariser comité gleichsam auf den Untergang dieses Projekts hoffen und wäre dann – so seine Befürchtung – immer noch angreifbar gewesen.[103]

Die französischen Ideen und Vorhaben blieben keineswegs ohne Wirkung auf die preußischen Ambitionen, wurden von allen an Inschriften interessierten Gelehrten in ganz Europa aufmerksam beobachtet und hatten eine, wenn auch im Einzelnen schwer messbare, Wirkung auf die Umsetzung des Projekts an der Berliner Akademie. Didots oben erörterte Broschüre verbreitete er sich verschiedene Kanäle in ganz Europa. Wie der Blick auf diese gezeigt hat, bildete umgekehrt auch das CIG Vorbild für Nachahmungsversuche in Paris und zudem wurden durch die Übersetzung von Kellermanns Plan ins Französische auch von anderer (nämlich dänischer) Seite Ideen und Pläne ausgetauscht. Die Transferrichtung war demnach keinesfalls einseitig.

Was um 1900 als unumgängliche Grundlage der Bearbeitung von Massendaten sammelnden Großprojekten angesehen wurde, die internationale Kooperation, war in den 1830er und 40er-Jahren noch eine Frage der Ausschließlichkeit.[104] Da jedoch beide Sei-

101 Ebd.

102 Ebd.

103 Ebd., S. 41. Mommsens vorwurfsvoller Ton gegen Jahn ist insofern ungerecht, da er gerade diesen Schritt ohne das Wissen von auf eigene Verantwortung unternommen und sich erst so in diese Lage gebracht hatte.

104 Grundlegend hierzu auch die Studie von Martin Gierl. Beispiele für international konzipierte Projekte ähnlichen Zuschnitts sind der Thesaurus Latinae Linguae oder die Internationale Bibliographie der Naturwissenschaften. Vgl. Ders., Geschichte und Organisation.

ten jeweils auf die Publikation eines vollständigen Corpus aller lateinischen Inschriften abzielten, würden zwei Projekte desselben Zuschnitts keinen Sinn machen. Die dadurch entstehende Konkurrenzsituation schien bis circa Mitte der 1840er-Jahre eindeutig für Paris zu sprechen. Aus der Sicht der deutschen Gelehrten bedeutete das Projekt an der Pariser Akademie zunächst ein Scheitern der eigenen Bemühungen. Obwohl der Hinweis auf vergleichbare Projekte im Ausland auch später und im Grunde bis heute als Argument bei Projektanträgen dient, kann bezweifelt werden, dass die direkte Konkurrenz um ein und denselben Quellenbestand die Erfolgsaussichten neuer Initiativen an der Preußischen Akademie erhöht hätte. Im Plan für ein CIL schrieb Savigny:

> »*Einer großartigen deutschen Unternehmung schien seit mehreren Jahren der Umstand im Wege zu stehen, daß die französische Regierung eine allgemeine Sammlung der Römischen Inschriften zu veranstalten beschlossen hatte und mit ganz außerordentlichen Geldmitteln unterstützen wollte. So wenig der Plan dieser Arbeit und das zur Ausführung ausersehene Personal Aussicht auf befriedigende Lösung der wissenschaftlichen Aufgabe darbot, so würde doch aus manchen äußeren Gründen von unserer Seite eine Concurrenz wenig Aussicht auf Erfolg gehabt haben. Seit Villemain's Austritt aus der Verwaltung ist nach zuverlässigen Nachrichten jener Plan aufgegeben, damit also diese Schwierigkeit für ein von Deutschland ausgehendes ähnliches Unternehmen beseitigt.*«[105]

In Paris stand, anders in Berlin, die Aussicht auf eine große Summe zur Finanzierung des Unternehmens schon sehr früh bereit, im Grunde noch bevor die konkreten Planungen ausgereift waren. Zudem hing sehr viel an einer Person, so dass mit dem Rücktritt Villemains die Konstruktion auseinanderfiel.[106] Im Gegensatz dazu waren die Aufgaben in Berlin funktional verteilt und die Finanzierung wurde zuletzt erlangt.

Auffällig ist die jeweilige Semantik. Mommsen verwendet den Begriff »Projekt« relativ selten. Wenn er ihn doch einmal benutzt, dann mit einer Tendenz an Stellen und in Kontexten, bei denen ihm sein Vorhaben unleidlich geworden ist, er das Projekt aufgeben oder fallen lassen möchte. Bestes Beispiel ist eine Stelle aus einem Brief an Jahn:

> »*Gegen Gerhard können Sie gern alles wiederholen, was ich Ihnen schreibe; er ist ein so feiner Politiker daß er nie glaubt was man ihm geradezu sagt oder schreibt,*

Institutionalisierung als Kommunikationsprozess am Beispiel der Wissenschaftsakademien um 1900, Göttingen, 2004.

105 Harnack, wie Anm. 2, S. 517.

106 Sylvie Sangarné bewertet den Rücktritt Villamains als Entscheidung, die das Projekt runierte: »Commencé en 1843, il était dû à la volonté personnelle d'un ministre dont la démission brutale ruina l'entreprise.« Vgl. Dies., wie Anm. 45, S. 108.

wenn er's aber durch die dritte Hand erfährt, leuchtet es ihm vielleicht eher ein daß meine steigende Gleichgültigkeit gegen d i e s Projekt nicht affektiert ist, um meine Zwecke sichrer zu erreichen. – … Ich habe mit einer charakterlosen, gleichgültigen und vielköpfigen Versammlung zu tun, und denke eigentlich nur darauf mich von ihr loszumachen. Lassen Sie das Zumptchen nur laufen, mitsamt seinen Augustalen; seine Einfalt wird schon von selbst einmal explodieren.«[107]

In zwei aufeinanderfolgenden Briefen an Jahn taucht der Begriff ebenfalls auf, und zwar in einem Zeitraum, als sein Vorhaben wegen der französischen Plänen zu scheitern drohte.[108] Umgekehrt schreibt er seltener von Projekt, wenn es um die Großartigkeit seiner Unternehmung geht und die Verhandlungen erfolgreich verlaufen. In den französischen Plänen wird unumwunden und häufig von »projet« gesprochen, während in deutschen Entwürfen der Begriff der »Unternehmung« oder des »Unternehmens« vorrangig verwendet wird. Übersetzt wird denn »Unternehmung« in »entreprise« und nicht in »projet«. Dieser semantische Unterschied wird besonders durch Mommsens Verwendung der Begrifflichkeiten in jeweils unterschiedlichen Sprachen bestätigt. Schreibt Mommsen auf Französisch, zum Beispiel an Borghesi, so verwendet er in der Regel »projet«, respektive auf Italienisch »progetto«.[109] Dies könnte ein Indiz dafür sein, dass es in Frankreich, anders als in England und den deutschen Ländern, keinen vergleichbaren Bruch mit Projektemachern und keine derartig negative Konnotation des Projektbegriffs gab, zumindest nicht in einem solchen Maße, dass er hätte vermieden werden müssen.[110] Andererseits zeigen seine vergleichsweise wenigen Verwendungen, dass der Begriff nicht ausschließlich in pejorativer Absicht gebraucht wurde und dass eine Tendenz, ihn wegen der negativen Konnotationen gänzlich zu vermeiden,

---

107 Das Zitat stammt aus einem Brief Mommsens an Henzen vom 22. Juni 1847. Zit. nach: Wickert, Mommsen, Bd. 2, wie Anm. 42, S. 396.

108 Siehe Schreiben von Mommsen aus Neapel an Jahn in Greifswald vom 5. September 1845, S. 42 sowie den folgenden Brief von Mommsen an Jahn vom 3. Oktober 1845, S. 44. Vgl. Wickert, Mommsen und Jahn, wie Anm. 78. Es bedürfte einer weitreichenderen Analyse über mehrere Briefwechsel, um dies zu untermauern oder zu widerlegen.

109 Vgl. hierzu die auszugsweise veröffentlichten Briefe Mommsens an Borghesi in: Emilio Costa, Teodoro Mommsen. Discorso Inaugurale per l'anno di studi 1904–05 nell' Università di Bologna, Bologna, 1904.

110 Vgl. zur negativen Konnotation der Figur des Projektemachers: Georg Stanitzek, Der Projektmacher, in: Ästhetik und Kommunikation, 17 (1987) 65/66, S. 135–146. Als Wiederabdruck in: Markus Krajewski (Hrsg.), Projektemacher. Zur Produktion von Wissen in der Vorform des Scheiterns, Berlin, 2004, S. 29–48. Es wäre lohnend, zu schauen, inwiefern es in Frankreich korrespondierend auch keine entsprechende, die Projektemacher verspottende Literatur gab oder ob dies widerlegt werden könnte. Auch ließe sich ggf. an der Rezeption von Übersetzungen deutscher Werke daraus etwas ablesen.

nicht beobachtet werden kann. Der feine Unterschied zwischen Projektemachern und Projektmanagern wird auch heute noch gemacht.

Projektemacher

Von dem Vorhaben einer lateinischen Inschriftensammlung hatte Mommsen zuerst während seiner Studienzeit in Kiel über seinen Lehrer in der Epigraphik und späteren lebenslangen Freund Otto Jahn erfahren.[111] Im Anschluss an das Studium entstand zwischen Mommsen und Jahn eine Gelehrtenfreundschaft, die bis zum Tod Jahns 1869 anhielt und ihre intensivste Phase während der gemeinsamen Leipziger Zeit hatte.[112] Jahn war derjenige, der Mommsen vor dessen Reise die notwendigen Kontakte ins Wissenschaftssystem, vor allem zur Akademie, verschaffte.[113] Er korrespondierte und diskutierte mit Mommsen intensiv über die Anlage des Projekts und gab Ratschläge, an wen sein Freund sich halten sollte. Zunächst stand aber gar nicht Mommsen, sondern Jahn als Nachfolger des von Olaus Kellermann begonnenen Sammlungsprojekts lateinischer Inschriften zur Debatte.[114] Mommsens Karriere war nach seinem Studium völlig offen. Er ging mit seinem Bruder zurück nach Altona, woraufhin ihn Jahn erstaunt fragte, was er denn mache, »denn Sie werden doch gewiß die akademische

---

111 Der nur vier Jahre ältere Otto Jahn war damals Privatdozent an der Universität in Kiel. Mommsen studierte dort von 1838 bis 1843. Vgl. Lothar Wickert, Theodor Mommsen. Eine Biographie. Band 1. Lehrjahre. 1817–1844, Frankfurt a. M., 1959.

112 Vgl. zu beider Verhältnis den von Wickert edierten Briefwechsel: Lothar Wickert, Mommsen und Jahn, wie Anm. 78, 1962.

113 Alfred Heuß weist darauf hin, dass Jahn und Mommsen verschiedener nicht sein konnten. Jahn stammte aus angesehener Familie, Mommsen aus einfachem Elternhaus (sein Vater war Pfarrer in Oldesloe), Jahn war musikalisch und stand der Archäologie nahe, Mommsen war unmusikalisch und stand der Jurisprudenz näher. Doch Jahn habe Mommsen durch sein Elternhaus in Kiel nicht nur die Gesellschaft geöffnet, sondern ihm auch die »Prinzipien philologischer Kritik und Exegese« nahegebracht. Insofern ist Jahn Mommsens eigentlicher Lehrer des philologisch-kritischen Handwerks gewesen. Die epigraphischen Quellen, so Heuß, bildeten das ideale Bindeglied zwischen Mommsens juristisch-verfassungsgeschichtlichen Interessen und den philologischen Prinzipien. Vgl. Alfred Heuß, Theodor Mommsen und das 19. Jahrhundert, Kiel, 1956, S. 18ff.

114 »Dies war insofern ungewöhnlich, als dass Jahn, eine ganz und gar künstlerische Natur, hochmusikalisch in einem Grad, daß er einst schwankte, ob er nicht Musiker werden sollte, und von dieser Begabung her später zum berühmten Biographen Mozarts wurde.« Ebd., S. 18. Jahn war sich dessen schon früh bewusst: »Lieber Freund«, schrieb er 1845 an Mommsen, »Sie wissen, daß ich mich nicht für den Mann halte, der vorzugsweise berufen oder geeignet ist, das C.I. zu redigieren, die Umstände haben es so seltsam gefügt, daß mir die Unternehmung angetragen wird, lehne ich sie ab, wird sie wahrscheinlich beiseite gelegt, darin habe ich die Aufforderung gefunden darauf einzugehen.« Wickert, Mommsen und Jahn, wie Anm. 78, S. 38f.

Karriere einschlagen.«[115] Der Weggang Osenbrüggens aus Kiel müsse doch, so Jahn weiter, eine Aufforderung für Mommsen sein, sich in Kiel zu habilitieren. Mommsen finanzierte sich mit Privatunterricht an einem Mädchengymnasium und hatte sich im Sommer 1843 um ein Reisestipendium beworben, rechnete aber eher mit einer Absage.[116] Gleichzeitig arbeitete er an antiquarischen Arbeiten und schrieb einige Rezensionen und veröffentlichte mit seinem Bruder Tycho und Theodor Storm das »Liederbuch dreier Freunde«.[117] 1844 bekam er das Reisestipendium in Höhe von 600 Reichstalern vom dänischen König zugesprochen. Das war für Mommsen und dessen Eltern ein Großereignis. Insbesondere seine Mutter hatte bis zuletzt nicht an eine Zusage geglaubt, möglicherweise weil ihr Mann vom König bisher wenig Unterstützung erhalten hatte und ihm Beförderung verwehrt worden war.[118] Nach der Bewilligung für den Sohn kehrte sich ihre Sichtweise ins Gegenteil.[119] Vor Antritt seiner Reise fragte Mommsen Jahn um Rat, welche Unterstützung er von der Berliner Akademie für seine geplante Italienreise erbitten könnte.[120] Jahn riet Mommsen, sich in der Akademie an Savigny zu wenden, von dem Jahn im Gegensatz zu Böckh erwartete, dass er sich »gewiß lebhaft dafür interessieren«[121] würde. Mommsen schrieb allerdings zunächst an Friedrich Rudorff, den Redakteur von Savignys *Zeitschrift für geschichtliche Rechtswissenschaft*. Als Vorwand und Geschenk legte er einen eigenen Aufsatz für die Zeitschrift bei und erklärte ihm seine Pläne mit der Bitte, ihn doch bei Savigny zu empfehlen. Rudorff zu kontaktieren, war eine geschickte Wahl. Als Schüler und Mitarbeiter Savignys handelte es sich bei ihm um einen von dessen engsten Vertrauten. Zudem war Mommsen für Rudorff insofern kein Unbekannter mehr, da Jahn ihn schon durch die Weitergabe der Dissertation Mommsens empfohlen hatte. Aber auch Mommsens Umgang mit Autoritäten wird in diesem Schritt deutlich:

---

115 Ebd., S. 2.

116 Ebd., S. 3.

117 Theodor Mommsen, Theodor Storm und Tycho Mommsen, Liederbuch dreier Freunde, Kiel, 1843.

118 Mommsens, Briefe aus dem Elternhause Theodor Mommsens. Mit dem Verzeichnis der von ihm in Kiel gehörten Vorlesungen, Altenburg, 1917, S. 125f., Brief der Mutter an Theodor, Oldesloe 17. November 1843.

119 Ebd., S. 134. Brief der Mutter an Theodor, Oldesloe, 16. April 1844.

120 Wickert, wie Anm. 78, S. 5.

121 Ebd., S. 7. Von Savigny war im Gegensatz zu Böckh ein Eigeninteresse an den Inschriften als Rechtsquellen für seine Studien zu erwarten. Vgl. Ines Stahlmann, Friedrich Carl von Savigny und Theodor Mommsen. Ihr Briefwechsel zwischen 1844 und 1856, in: Alte Geschichte und Wissenschaftsgeschichte. Festschrift für Karl Christ zum 65. Geburtstag, hrsg. von Peter Kneissl / Volker Losemann, Darmstadt, 1988, S. 470.

»Ich halte dies für wirksamer, als eine direkte Applikation; überdies habe ich keine Lust, mich vor Sr. Exz. dem Staatsminister persönlich zu verneigen, so unendlich ich den Rechtsgelehrten verehre.«[122]

Obwohl ihm Jahn nahelegte, sich persönlich in Berlin vorzustellen, blieb Mommsen in Kiel und hoffte auf die Wirkung seiner Schriften bei Savigny und die Empfehlungen Jahns. Nach einer ermutigenden Antwort von Rudorff wandte sich Mommsen schließlich persönlich an Savigny und auch an Böckh, die ihm beide ebenfalls Unterstützung zusagten, wenn er »später suchen werde.«[123] Savigny war von Mommsens Plänen, wie Jahn vermutete, in der Tat sehr angetan und mehr als interessiert. An Rudorff schrieb er:

»Könnte doch M.[ommsen] durch seine Reise für dieses vernachlässigte Fach fanatisiert werden! Die Konkurrenz mit der breiten, prunkvollen, wahrscheinlich hohlen, Unternehmung der Franzosen darf ihn nicht abschrecken.«[124]

Jahns Empfehlungen trugen somit schnell Früchte. Savigny unterstrich sein persönliches Interesse an dem Vorhaben, indem er zu den veranschlagten 150 Reichstalern der Akademie noch 200 Reichstaler aus seinem persönlichen Jahresgehalt hinzufügte.[125]

Im Frühjahr des Jahres 1845 wurde auch in Berlin, wie oben angedeutet, bekannt, dass das Pariser Projekt ins Stocken geraten war. Savigny nahm das zum Anlass, um Jahn mit der Ausarbeitung eines detaillierten Plans für ein Corpus zu beauftragen.[126] Die zukünftige Leitung sollte er gemeinsam mit Mommsen erhalten.[127] Jahn schrieb dies Mommsen, der bereits in Italien recherchierte, und fügte einige Überlegungen hinzu, wie er sich das Corpus vorstellte. Mommsens Antwort zeigte auf, wie viel intensiver er sich bereits mit Planungen bezüglich der Organisation des Corpus auseinandergesetzt hatte. Im Angesicht der Möglichkeit, dass das Inschriftenprojekt zustande kommen könnte, wurde er euphorisch und traurig zugleich. In sein Tagebuch schrieb er:

---

122 Wickert, wie Anm. 78, S. 8. Mommsens Haltung, sich nicht persönlich verneigen zu wollen, hat in der politischen Distanz zwischen beiden ihren Hintergrund. Besonders deutlich wurde diese Distanz in den Revolutionswirren von 1848/49, wo sie in gegnerischen Lagern standen. Dennoch verhinderte dies nicht die gegenseitige Anerkennung und selbst nach der Revolution blieb der Kontakt bestehen. Stahlmann, ebd., S. 473ff. Vgl. auch Wickert, Mommsen, Bd. 2, wie Anm. 42, S. 231.

123 Wickert, wie Anm. 78, S. 11.

124 Zit. nach Stahlmann, wie Anm. 122, S. 465. Siehe auch: Wickert, Mommsen, Bd. 2, wie Anm. 43, S. 7.

125 Vgl. Stahlmann, wie Anm.121 , S. 470.

126 Der Antrag ist in Harnacks Dokumentenband abgedruckt: Harnack, Urkunden und Actenstücke, Berlin, wie Anm. 2, S. 505ff.

127 Wickert, Mommsen und Jahn, wie Anm. 78, S. 19.

»Mein Schicksal ist entschieden – heute Briefe von Jahn, mit dem Antrag, ein C.I.L. zu machen und mit der Aussicht auf eine Professur in Preussen! Es konnte mir nicht ganz unerwartet kommen, aber so schnell, so nachdrücklich – meine goldene Freiheit! Ich habe angenommen – wie konnte ich anders? Aber es reisst an meinem Herzen, dass ich Vaterland, wissenschaftliche Bestrebungen, gewohnte und liebe Verhältnisse tauschen soll – um einer Carrière willen!«[128]

Diese Mischung aus Euphorie und einem Gefühl von Verzicht bestätigte Mommsen in seiner Antwort an Jahn:

»Es ist doch wunderbar, wenn man so auf einmal aus einem Holsteiner zum Preußen werden soll. Deutschland ist es denn doch noch immer. […] Ich bin gerade aus der Reise in diese Überraschung hineingeraten, und das was die Leute Glück nennen ist darin mit dem bitteren Gefühl von dem worauf ich verzichte so gemischt, daß es mir den Kopf ganz wüst macht.«[129]

Die erste Euphorie verflog sehr schnell. Angesichts der Jahn'schen Pläne war Mommsen skeptisch geworden. Er zweifelte, »ob Jahn recht genau weiß, was er unternimmt«[130] und spekulierte, ob es nicht die familiären Probleme seien, die Jahn aus Deutschland wegtreiben würden.[131] Die zweite Hälfte des Jahres 1845 prägte die Frage, wie mit der Konkurrenz des französischen Projekts umgegangen werden könne. Die Diskussion wurde intensiv, hitzig und von Seiten Mommsens teilweise panisch geführt. Denn, obwohl es ganz danach aussah, dass das französische Projekt nicht zustande kommen

---

128 Theodor Mommsen, Tagebuch der französisch-italienischen Reise 1844/45, Bern, Frankfurt a. M, 1976, S. 167. Wickert, Mommsen und Jahn, ebd., S. 25: Ähnlich schrieb er an Jahn: »Ich weiß es wohl, daß ich damit in vieler Hinsicht ein Opfer bringe; so mancher wissenschaftliche Lieblingsplan, so manche fast fertige Arbeit, die ich zurückgekehrt aus Italien mit frischen Kräften anzufassen dachte, ist nun für lange Jahre hinausgeschoben für eine am Ende doch zum guten Teil mechanische Arbeit. Aber sie ist einmal notwendig und da wir alle doch nur Diener der Wissenschaft sind, so will ich nicht nein sagen, wenn der Ruf an mich ergeht.«

129 Ebd., S. 29. In demselben Brief vom 16. Mai 1845 legt er Jahn dar, wie das Unternehmen seiner Meinung nach durchzuführen ist. Er nimmt damit schon die meisten Punkte seiner 1847 an die Akademie eingereichten Denkschrift vorweg, weshalb der Brief als eine Vorform der Denkschrift angesehen werden kann.

130 Wickert, Mommsen, Bd. 2, wie Anm. 42, 1964, S. 283.

131 Jahns Frau erkrankte sehr jung und befand sich ab Herbst 1845 in einem »Irrenhaus«, wie Jahn Mommsen am 20. Januar 1846 schrieb. Wenig später verstarb sie. Jahn war sehr mitgenommen und seine Motivation, ein weitaussehendes Unternehmen zu starten, gering. Vgl. Wickert, Mommsen und Jahn, wie Anm. 78, S. 48.

würde, war es offiziell noch nicht aufgegeben. Für Mommsen wog schwer, dass der italienische Epigraphiker Bartolomeo Borghesi, dessen Arbeiten für ein CIL aus seiner Sicht unschätzbar waren, den Franzosen seine Zusage zur Mitarbeit gemacht hatte und diese nun zugunsten des Berliner Projekts nicht einfach wieder zurückziehen konnte. Mommsen und Jahn waren sich uneinig, welche Gefahr die Situation mit sich brachte. Mommsen glaubte, dass ein Corpus ohne die Unterstützung und die Vorarbeiten von Borghesi nicht gemacht werden könnte, »und ich gestehe Ihnen, daß ich sofort jeden Gedanken an das Corpus aufgeben würde, wenn Borghesi nicht zu den Berlinern übertritt.«[132] An Borghesi selbst sollte es auch nicht scheitern. Er war gern bereit, jedem Projekt seine Unterstützung anzubieten, egal ob es nun in Paris oder Berlin entstehen würde. Um sein Ansehen nicht zu beschädigen, konnte er aber nur durch einen offiziellen Rücktritt seitens der Franzosen zum Berliner Projekt übertreten. Mommsen vertrat dabei gegenüber Jahn die Ansicht, dass gerade die Situation der offenen Konkurrenz das französische Projekt am Leben halten würde und mahnte Jahn immer wieder zur Geheimhaltung gegenüber den Franzosen.

> »*Ich bitte Sie um alles in der Welt, dies nicht aus den Augen zu verlieren; die einfache Konkurrenz der Pariser hätte nichts getan, denn es wäre nicht schwer gewesen sie zu ecrasieren, aber alles können wir eher entbehren, selbst den Vatikan, als Borghesis Teilnahme. Können Sie es in Paris auswirken lassen, daß man ihm sein Wort zurückgibt, so in Gottes Namen; sonst aber bitte ich Sie dringend keinen öffentlichen Schritt zu tun und unsre Namen nicht zu kompromittieren, da ich die feste Überzeugung hege, daß auch Sie wenn Sie hier die Sachen in der Nähe sehen meine Meinung in Hinsicht auf Borghesis Teilnahme teilen werden. Lieber alles aufgeben.*«[133]

Drei Monate später glaubte Mommsen sogar, »daß die Konkurrenz aber beiden Parteien das Spiel verderben muss.«[134] Er befürchtete, dass die Franzosen, »wenn ihnen durch unser Gegenprojekt das Messer an die Kehle gesetzt wird, Borghesi sein Manuskript abfordern und es frischweg abdrucken«[135] könnten. Jahn dagegen sah bei einer Veröffentlichung von Borghesis Arbeit eher das französische Projekt ruiniert. Er stellte auch Überlegungen an, ob man sich die Arbeit mit den Franzosen nicht teilen könnte, sah aber darin gleichzeitig eine ausweglose Situation.

---

132 Ebd., S. 32.

133 Ebd.

134 Ebd., S. 40.

135 Ebd., S. 40f.

»Denn einerseits werden die Franzosen [bei möglichen Verhandlungen, TK] nicht sehr geneigt zu Konzessionen sein, wenn nicht die Sache von seiten Preußens fest steht, andererseits aber kann, wenn der König das Unternehmen zu dem seinigen gemacht und das Geld bewilligt hat, die Ausführung nicht abhängig gemacht werden von dem Ausfall der Pariser Unterhandlungen, sondern muß jedenfalls erfolgen. Ferner würden die Franzosen, da sie die Priorität haben, in Beziehung auf Leitung und Ehre mehr in Anspruch nehmen, als die Regierung gestatten kann, die sich natürlich nicht von den Franzosen ins Schlepptau nehmen lassen kann. Für Gelehrte ist das ziemlich gleichgültig, aber nicht wenn der König die Sache unternimmt, wie hier geschehen muß, wenn etwas nach der Sache kommen soll.«[136]

Da Jahn die Position vertrat, nichts von sich aus zu fordern, sondern sich nur beauftragen zu lassen, überließ er die Auflösung dieser Problemlage Savigny. Die von Savigny bei Jahn in Auftrag gegebene Planungsschrift, sowie ein weiterer von Savigny selbst verfasster Antrag wurden von der Akademie jedoch abgelehnt.[137] Der Akademie erschienen die Forderungen zu hoch und die Fähigkeiten von Jahn und Mommsen zu unsicher.[138] Statt Jahn oder Mommsen wurde 1847 der Oberlehrer August Wilhelm Zumpt, der ebenfalls eine Planungsschrift vorgelegt hatte, von der Akademie mit Vorarbeiten für ein CIL beauftragt.[139] Zudem wurde ihm in Aussicht gestellt, später Mitherausgeber eines CIL werden zu können.[140] Anders als Jahn und Mommsen wollte Zumpt jun. jedoch nur auf bereits gedruckt vorliegendes Material zurückgreifen und wie beim griechischen Inschriftencorpus auf Reisen und Autopsie verzichten. Gegen diese Vorstellung hatte Mommsen in seiner Denkschrift polemisiert:

»[D]*iese wesentlich mechanische Arbeit, der jeder Gymnasiast vollkommen gewachsen ist, dem Herausgeber persönlich aufzubürden, wäre eine übel verstandene Sparsamkeit.«*[141]

---

136 Ebd., S. 45.

137 Der von Savigny eingereichte Plan ist ebenfalls in Harnacks Quellenanhang zu seiner Akademiegeschichte veröffentlicht. Vgl. Harnack, wie Anm. 2, S. 505ff.

138 Ebd.

139 Die Verhandlungen um Zumpts Entwurf verliefen eigenartig kurz. Er hatte 400 Taler für fünf Jahre gefordert. Zumpts Planungsschrift ist jedoch leider nicht in die Unterlagen gelangt. Vgl. ABBAW, PAW II-VIII-96, Bl. 106-107.

140 Harnack, wie Anm. 2, S. 539.

141 Theodor Mommsen, Ueber den Plan und die Ausführung eines Corpus Inscriptionum Latinarum, Berlin, 1847. Zit. nach: Harnack, ebd., S. 539.

August Wilhelm Zumpt (1815–1877), Neffe des schon erwähnten Akademiemitglieds Karl Gottlob Zumpt, stand unter der Protektion seines Onkels.[142] Jahn hatte sich zu dieser Zeit schon so weit von dem Projekt entfernt, dass er gleichsam aus dieser innerlichen Distanz die Situation klarer zu beurteilen in der Lage war als Mommsen, der durch diese Entwicklung seine gesamte Karriere aufs Spiel gesetzt sah.[143] Einen Ausweg fand Mommsen in der Überlegung, seine in Italien gesammelten Inschriften in einem Band zu veröffentlichen, der notfalls allein stehen, aber gleichzeitig auch als Probeband eines CIL dienen könnte. Gegen diesen Schachzug Mommsens hatte sich Jahn entschieden ausgesprochen.[144] Savigny hingegen war mit der Idee einverstanden. Zusammen mit Gerhard konnte zudem durchgesetzt werden, dass Mommsen mit der Ausarbeitung eines Plans für das CIL beauftragt wurde. Mommsen verfasste die oben schon erwähnte Denkschrift »Über Plan und Ausführung eines Corpus Inscriptionum Latinarum« im Herbst 1846 und ließ die Schrift im Januar 1847 drucken, wenige Monate vor seiner Rückkehr aus Italien. Interessant ist in diesem Zusammenhang, dass Gerhard eigens Geld für den Druck von Mommsens Plan beantragte und die Denkschrift in einer Auflage von 50 Stück gedruckt

---

142 Zumpt jun. erhielt in der ADB einen Artikel, in dem ganz am Ende des Textes auf die Auseinandersetzung mit Mommsen eingegangen wird. »Die epigraphischen Arbeiten verwickelten Z., in dessen Händen mehrere Jahre hindurch die Vorarbeiten zu der von der Kgl. Akademie der Wissenschaften in Berlin in Aussicht genommenen Zusammenstellung der lateinischen Inschriften waren, mit dem auf diesem Gebiete ganz einzigen Kenner Th. Mommsen in lebhafte Kämpfe. Daß Z. diese für die Alterthumswissenschaft so wichtige Arbeit entzogen und dem sachkundigern Th. Mommsen anvertraut wurde, gab weitere Veranlassung zu der Verstimmung Zumpt's.« Diese nicht chronologische Erwähnung macht einen eigenartigen Eindruck, wie man auch aus der Person Zumpt anhand der vorhandenen Quellen kaum schlau wird. Selbst die biografische Schrift seines Schwiegersohns Guido Padaletti hilft wenig weiter, da sie mehr familiärer Verpfllichtung als wissenschaftlichem Interesse entsprang. Vgl. Guido Padalletti, August Wilhelm Zumpt. Zur Erinnerung an sein Leben und seine Schriften, Leipzig, 1878. Zumpt studierte u.a. bei Böckh, Lachmann und seinem Onkel Karl Gottlob Zumpt, dessen Tochter er heiratete. Er wurde Lehrer an renommierten Berliner Gymnasien und sah in den Verhandlungen um das C.I.L. offenbar eine Gelegenheit seine wissenschaftliche Reputation enorm zu steigern. Eine alleinige Stubengelehrsamkeit kann man ihm angesichts mehrerer Reisen nach Westeuropa, aber auch Italien, Griechenland, Aegypten, Palästina und Kleinasien nicht nachsagen. Dennoch bleibt er eher eine Fußnote.

143 Jahns persönliche Situation hatte sich zudem stark verschlechtert, vor allem durch die Krankheit seiner Frau. Vgl. Wickert, Mommsen und Jahn, wie Anm. 78, S. 48.

144 An Mommsen schrieb er: »Ich sehe nicht ein, warum wir mit einer solchen vorläufigen Arbeit Zeit und Kosten verschwenden sollten, denn das wäre es ja, da sie doch in die größere Sammlung wieder aufgenommen werden müßte, und die Ausarbeitung unverhältnismäßig viel Zeit und Kraft in Anspruch nehmen würde.« Ebd., S. 49.

wurde.[145] Ohne Zweifel verstärkte dies nicht nur die Verbreitung, sondern auch das Gewicht der Ausführungen, was aber zunächst ohne Wirkung blieb. Sie wurde der Akademie von Savigny vorgelegt, brachte aber, wie die vorherigen Denkschriften, keinen Durchbruch. Die Verhandlungssituation in der Akademie war in eine Sackgasse geraten.

Auf dem »Felsennest«[146] – Bartolomeo Borghesi als wissenschaftlicher Protektor

Aus Mommsens brieflicher Diskussion mit Jahn ist die Bedeutung von Borghesi für das Unternehmen bereits deutlich geworden. Dennoch ist bisher ungeklärt, welche Rolle Borghesi für die Projektentstehung spielte. Dafür ist es sinnvoll, einen Blick auf den Typus von Gelehrten, den Borghesi verkörperte, zu werfen.

Borghesi galt seinen Zeitgenossen und den in der Regel aus der epigraphischen Forschung stammenden Wissenschaftshistorikern als Ausnahmegestalt, als ein für sich stehender Gelehrter, dessen Arbeitsweise und wissenschaftliche Tugenden das 18. mit dem 19. Jahrhundert verband. Ob nun als »Meister der römischen Epigraphik«[147] oder als »der große Meister und unbestrittene Autorität«[148] oder »der große Meister, der an Würde und Wissen alle alten und jungen Gelehrten in Italien überragte«[149] oder auch Henzens pathetisches Formulierung von Borghesis Einzigartigkeit in seinem Aufsatz über die Lateinische Epigraphik und ihre gegenwärtigen Zustände von 1853 deuten auf eine Mythisierung von Borghesi schon zu Lebzeiten hin.[150] Nach Ernst Meyers Einführung in die lateinische Epigraphik von 1973 ist die Epigraphik erst durch Marini und Borghesi zu einer exakten Wissenschaft geworden.[151] Von Wickert wird er als »Begründer der modernen kritischen Geschichtsforschung«[152] in eine Reihe mit Niebuhr und Böckh gestellt.

---

145 ABBAW, PAW II-VIII-96, Bl. 123-126. Blatt 126 ist die Rechnung von A.W.Schade für den Druck von Mommsens Plan. Mommsens handschriftliche Fassung liegt ebenfalls in den Akten dieses Bestands. ABBAW, PAW II-VIII-96, Bl. 89-104.

146 Dieser Begriff stammt aus Brief Mommsens an Jahn (15. März 1845), vgl. Wickert, Mommsen und Jahn, wie Anm. 78, S. 17. Vgl. auch: Ders., Mommsen, Bd. 2, wie Anm. 43, S. 124.

147 Otto Hirschfeld, Gedächtnisrede auf Theodor Mommsen, in: Abhandlungen der Königlich Preußischen Akademie der Wissenschaften, (1904), S. 937.

148 Kolbe, Emil Braun und die lateinische Epigraphik, wie Anm. 8, S. 532f.

149 Wickert, Mommsen, Bd. 2, wie Anm. 42, S. 120.

150 Henzen, wie Anm. 71, S. 164.

151 Vgl. Ernst Meyer, Einführung in die lateinische Epigraphik, Darmstadt, 1973. Zu Teilen hat Borghesi die Sammlungen seines Lehrers Marini übernommen und weitergeführt. Ähnlich argumentiert: Michael H. Crawford, From Borghesi to Mommsen. The Creation of an Exact Science, in: Medals and coins from Budé to Mommsen, hrsg. von Michael H. Crawford / C.R. Ligota / L.B. Trapp, London, 1990.

152 Wickert, Mommsen, Bd. 2, wie Anm. 42, S. 121.

Abbildung 1.
Stich von Hée, nach einer Büste von M. Wolf (aus Oeuvres complètés, Bd. 1), in: Alfred Gudeman (Hg.): Imagines philologorum. Berlin, Leipzig: Teubner 1911, S. 20.

Der 1781 geborene Bartolomeo Borghesi[153] lebte ab 1821, nachdem ihm durch seine Sympathien mit der liberalen Bewegung Italiens Verfolgung seitens der Regierung drohte, relativ isoliert im selbstgewählten Exil in der unabhängigen Republik San Mari-

153 Über Bartolomeo Borghesi gibt es in jüngster Zeit relativ wenig Forschungsliteratur. Eine ausführliche Würdigung erhielt er zuletzt durch eine zu seinem 200. Geburtstag abgehaltene Konferenz in Bologna. Giancarlo Susini (Hrsg.), Bartolomeo Borghesi, scienza e libertà, Bologna, 1982. Borghesis Schriften sind nach seinem Tod auf Initiative von Napoléon III. in gesammelten Werken vereint worden: Bartolomeo Borghesi, Œuvres complètes de Bartolomeo Borghesi, Paris, 1862. Darin befinden sich in Band 7 und 8 Briefe von Borghesi an Mommsen. Die Gegenkorrespondenz wurde in Auszügen in: Emilio Costa, Teodoro Mommsen. Discorso Inaugurale per l'anno di studi 1904–05 nell' Università di Bologna, Bologna, 1904 veröffentlicht. Von Wickert existiert ein Aufsatz, der aus seinen Forschungen zur Mommsen-Biografie entstand. Auch in Bd. 2 und 3 der Mommsen-Biografie finden sich zahlreiche Hinweise auf Borghesi: Lothar Wickert, Mommsen und Borghesi, in: Concordia Decennalis. Deutsche Italienforschungen. Festschrift der Universität Köln zum 10jährigen Bestehen des Deutsch-Italienischen Kulturinstituts Petrarcahaus, hrsg. von Wolf Bauermeister, Köln, 1941. Über eine Konferenz zur Antikenrezeption in Italien und Deutschland während des 18. Jhs entstand der Bd.: Karl Christ und Arnaldo Momigliano (Hgg.), L'antichità nell'Ottocento in Italia e Germania. [Atti della settimana di studio, 1–5 settembre 1986] = Die Antike im 19. Jahrhundert in Italien und Deutschland, Bologna u.a., 1988. Noch zu Lebzeiten erschien eine kurze Erwähnung in einer Biografiesammlung: D. Diamillo Müller, Biografie autografe ed inedite di illustri Italiani di questo secolo, Torino, 1853.

no.[154] Durch sein politisches Engagement war für ihn eine institutionelle Karriere ausgeschlossen. Finanziell abgesichert benötigt er keine Projekte. Wie später Mommsen hatte auch Borghesi Rechtswissenschaft studiert und war darüber zu den Inschriften, zur Epigraphik und vor allem zur Münzkunde gelangt. Borghesi lernte seine Arbeitsweise durch Reisen mit seinem Vater, Pietro Borghesi, auf denen er sich »the habit of autopsy« aneignete.[155] Seine eigentliche Ausbildung muss er jedoch bei Marini erhalten haben, denn sein Vater starb, als er zwölf Jahre alt war. Marini wiederum galt zu seiner Zeit als *die* Autorität auf dem Gebiet, Borghesi wurde sein Schüler.

Allein recherchierend, passt auf ihn einerseits das Bild des einsam und frei forschenden Gelehrten und mithin das Bild des »Elfenbeinturms«[156], andererseits stand er zugleich mit vielen Kollegen der europäischen Gelehrtenrepublik in informellem brieflichem Austausch, war korrespondierendes Mitglied mehrerer Akademien und des 1829 gegründeten Archäologischen Instituts in Rom, in dessen Zeitschrift er regelmäßig Abhandlungen veröffentlichte. Ein eigentliches Hauptwerk hat er jedoch nicht verfasst. Die größte Leistung war die kritische Zusammenstellung der Konsullisten. Für diese Liste wertete er vor allem Inschriften aus.

Trotz der institutionellen Distanz und ohne den Ausweis einer Professur verkörperte Borghesi auf seinem Spezialgebiet, der lateinischen Epigraphik und Münzkunde, die zeitgenössisch bedeutendste Autorität. Borghesi war, was seine methodische Ausrichtung betraf, auf der Linie seiner Nachfolger. Er sammelte und ordnete, er schuf ein Konvolut an Fakten, versuchte methodisch kontrolliert Fälschungen aufzudecken und Fehler vorheriger Sammlungen mit Hilfe der Autopsie, d.h. der Sichtung der Originale, zu bereinigen. Jedoch arbeitete er allein und steht insofern am Übergang von Einzelarbeit zur Gemeinschaftsarbeit oder mit anderen Worten am Übergang zur Institutionalisierung der Sammlungstätigkeit. Er blieb eine Art professioneller Amateur; Amateur, weil er ohne institutionelle Anerkennungsmechanismen auskam, professionell, weil er methodisch innovativ und genau arbeitete und mit seinem Korrespondenznetz einen wichtigen Netzwerkknoten bildete. Zudem lud er gern junge Gelehrte zu sich ein. Bor-

---

154 Die Republik San Marino war während der Restauration eine der Zufluchtsstätten für politisch Verfolgte. Zugleich erwartete man von Borghesi öffentliches Engagement. Eine Zeit lang war er Podestà der Republik und wurde 1838 als Repräsentant der von San Marino zur Krönungsfeier des österreichischen Kaisers geschickt. Vgl. Costantino Luppi, Vite di illustri Numismatici Italiani – Bartolomeo Borghesi, in: Rivista italiana di numismatica, (1891), S. 269–275 sowie Diamillo Müller, wie ebd..

155 Crawford, wie Anm. 151, S. 125: »The critical methodological advance was the result of the collaboration between Bartolomeo Borghesi and Theodor Mommsen.« (Obwohl beide nur zufällig Numismatiker waren.)

156 Zum Diskurs über die Figur und den Ort des Elfenbeinturms vgl. Steven Shapin, The Ivory Tower: The History of a Figure of Speech and Its Cultural Uses, in: The British Journal for the History of Science, 45 (2012) 1, S. 1–27.

ghesis Landsitz war im Laufe der 1830er und 1840er-Jahre zu einem Mekka für junge aufstrebende Gelehrte geworden.[157] Wer sich bei ihm in die Lehre begeben und für Projekte um Rat oder beispielweise ein Empfehlungsschreiben erbeten durfte, der konnte hoffen, innerhalb der elitären Kreise der Akademien und gelehrten Gesellschaften wahrgenommen zu werden. Ohne das Gutachten Borghesis für Kellermann hätte Letzterer wahrscheinlich nicht auf finanzielle Unterstützung von der Berliner Akademie hoffen können. Nach ihm hatten auch Emil Braun, Wilhelm Henzen, Noël des Vergers und Theodor Mommsen ihn besucht. Letzterer war so angetan, dass er seinetwegen alle anderen Lehrer vergaß:

> *»Mir ist das Glück nicht geworden als ich Student war mit Männern zu verkehren, die mir imponiert hätten; hier hole ich nach und reichlich, ich muß mich mit Gewalt daran erinnern daß er aufhört und ich anfange um nicht an meinen epigraphischen Studien ganz zu verzagen.«*[158]

Borghesi war durch seine umfangreiche Korrespondenz europaweit bekannt. Seine Autorität bezog er, wie Mommsens Zitat ausweist, zu einem Großteil aus seiner Person.[159] Ohne die Weihen von Borghesi ging nichts in der Epigraphik. Seine Empfehlungsschreiben und Gutachten öffneten Tore und Wege. Er galt als der lebende Übervater der Inschriften- und Münzkunde. Seine abgeschiedene Position, die es notwendig

---

157 Vgl. bspw. die Formulierung über Emil Brauns Besuch bei Borghesi: »Borghesi hatte ihn dazu eingeladen, und so pilgerte denn Braun im November 1837 zu ›dem Alten vom Berge‹, wie vor ihm Kellermann und nach ihm Henzen und Mommsen. Borghesi war der große Meister und unbestrittene Autorität, wenn es um römische Münzen oder Inschriften ging. Aus der Fülle seines Wissens spendete er allen, die ihn befragten, freigiebig und uneigennützig. Sein Wohnsitz aus dem Felsen von S. Marino war gleichsam eine Orakelstätte, die Reise dorthin eine Wallfahrt.« Die Formulierung vom »Alten vom Berge« stammt aus einem Brief von Mommsen an Henzen vom 14. Juli 1845 in: Kolbe, wie Anm. 8, S. 532f.; Wickert, Mommsen, Bd. 2, wie Anm. 42, S. 125.

158 Aus einem Brief von Mommsen an Henzen vom 14. Juli 1845, nach Wickert, Mommsen, Bd. 2, wie Anm. 42, S. 125. Ähnlich in Mommsens Tagebucheintrag vom 14. Juli 1845: »Da bin ich denn nun auf Fels! Früh morgens weggefahren, um 11 in der repubblica. Zu Borghesi – ein alter prächtiger Mann, er lud mich zu sich ein und ich wohne bei ihm. Der hat mir imponirt als Gelehrter wie noch Niemand; soll ich ganz sagen, wie ich's meine, so ist's mir bald als müsste ich die Epigraphik an den Nagel hängen, bald als müsste ich zu werden suchen was er ist.« Theodor Mommsen, Tagebuch der französisch-italienischen Reise 1844/45, Bern, Frankfurt a. M., 1976, S. 185.

159 Dass diese selbst Mommsen geschönt wissen wollte, wird aus der Bemerkung über die Hereinnahme der Briefe Borghesis an Kellermann in die Gesamtausgabe der Werke Borghesis deutlich. Mommsen zufolge hätten sie weggelassen werden können, weil sie zu schulmeisterlich wirkten. Wickert, Mommsen, Bd. 2, wie Anm. 42, S. 299. Anm. 159.

machte, zu ihm in sein »Felsennest«[160] zu pilgern, machte ihn zu einem charismatischen Vorbild. Mommsens Bemerkung, er habe eigentlich keinen anderen Lehrer als ihn gehabt, ist der Versuch, diese aus Wohlwollen gespendete Gabe Borgesis zu übernehmen, ein Versuch der in vielerlei Hinsicht als erfolgreich angesehen werden muss. Insofern ist es auch folgerichtig, dass im Sinne Max Webers soziologischer Fassung des Charisma-Begriffs[161] als eine Herrschaftsform Borghesi keine Schüler, sondern Jünger heranzog, die ihm huldigten.[162]

Borghesi hatte zu Lebzeiten nie ein größeres Werk veröffentlicht und seine zahlreichen kleineren Abhandlungen waren selbst in Italien schwer zu bekommen. Die Probleme der Zugänglichkeit zu Borghesis Schriften nahm Mommsen während seiner Italienreise zum Anlass, ad hoc einen weiteren Plan, den er gegenüber Jahn auch als Teil des »Hauptplans« bezeichnete, in Angriff zu nehmen. Er hatte sich vorgenommen, die Aufsätze Borghesis zu übersetzen. Neben dem Problem, dafür einen Verleger zu finden, trat das Problem der Sprache auf. Mommsen, der eine deutsche Übersetzung befürwortete, konnte dafür zwar die Zustimmung Borghesis erlangen, nicht jedoch die der deutschen Verleger oder auch Jahns, die Latein forderten, was wiederum von Borghesi abgelehnt wurde. Trotz eines weiteren Versuchs bei einem Schweizer Verlag während seiner Züricher Zeit kam das Projekt einer übersetzten Gesamtausgabe der Werke Borghesis nicht zu Stande.[163] Diese wurde erst nach Borghesis Tod auf Initiative Napoleons III. in Frankreich in Angriff genommen.

Die Bevorzugung von kleineren Abhandlungen gegenüber großen, synthetisierenden Werken spricht für eine bestimmte Arbeitsweise eines auf die Zukunft ausgerichteten Sammelns, das zwar ein Ziel verfolgt, aber nicht an sein Ende zu kommen scheint. Es spricht auch einiges dafür, dies als Ausdruck eines Mangels an direkten Kontakten zu Verlegern zu deuten, da größere Werke ohne persönliche Anwesenheit und direkten Kontakt mit Verlegern und den Druckereien im 19. Jahrhundert schwer zu bewältigen waren. Borghesi verkörperte einen älteren Typus, der im späteren institutionalisierten Betrieb der Wissenschaft keine Aufgabe mehr fand und auch heute nur selten anzutreffen ist. Die Funktion der Ausbildung übernehmen Universitäten und Seminare, in denen zwar die nach wie vor charismatische Übertragung eine Rolle spielen

---

160 Formulierung von Mommsen, vgl. Ebd., S. 125.

161 Vgl. Max Weber, Wirtschaft und Gesellschaft. Grundriss der verstehenden Soziologie, 5., rev. Aufl., Studienausg., [Nachdr.] Aufl., Tübingen, 2002. Dort: Kapitel III. Die Typen der Herrschaft. §10: Charismatische Herrschaft.

162 Vgl. Kolbe, wie Anm. 8, S. 529–543 hat die Korrespondenz zwischen Emil Braun und Borghesi ausgewertet. Darin wird unter anderem deutlich, dass Borghesi die Übersendung eines noch zu erwartenden jungen Gelehrten, der für die Inschriftenarbeit geeignet schien, in sein Haus erwartete.

163 Wickert, Mommsen, Bd. 2, wie Anm. 42, S. 122–124.

kann, aber sie geht immer mehr zurück hinter rationalisierte, bürokratisierte Verfahren. Borghesi wissenschaftliche persona ist damit vergleichbar mit der von Forschern des 18. Jahrhunderts, wie dem schwedischen Naturforscher Carl von Lenné oder dem österreichischem Numismatiker Joseph Eckhel. Er, Borgesi, bildet aber zugleich ein Bindeglied zwischen den systematischen Sammlern und Abschreibern, Herausgebern von Inschriften, die es seit der Renaissance gegeben hatte, und den institutionalisierten Großprojekten des 19. Jahrhunderts. Eine sehr ähnliche Funktion erfüllt auch Mommsen, der ebenfalls in beiden Welten zu Hause ist und sowohl den Gelehrten des 18. Jahrhunderts als auch den wissenschaftlichen Arbeiter des 19. Jahrhunderts verkörpert.

Netzwerke

Mommsen kehrte im Sommer 1847 aus Italien zurück. Er reiste über Berlin und teilte Jahn mit, er sei »noch immer […] mit dem odiosen Gewerbe [sich] zu präsentieren und zu rekommandieren« beschäftigt.[164] Zu seiner großen Enttäuschung stellte er fest, dass man »von akademischer Seite mit der Sache nichts zu tun haben«[165] will und konnte nun sehen, dass Gerhard und Savigny mit Unterstützung von Karl Lachmann als Förderer eines CIL in der Akademie allein standen. Von Böckhs anfänglicher Freundlichkeit ihm gegenüber sei nichts mehr zu spüren gewesen. Vielmehr gab dieser Mommsen zu verstehen, dass »über die bisher angewiesenen Fonds […] zu Gunsten Zumpts disponiert«[166] worden sei. Insofern betrieb die Akademie zwar Vorbereitungen für ein CIL, aber nicht nach den Plänen Mommsens, Gerhards, Savignys oder Lachmanns.

Damit stand Mommsen, ohne Aussicht auf ein CIL, mit leeren Taschen und ohne eine wissenschaftliche Karriere da.[167] Nach erfolglosen Versuchen, unter anderem in persönlichen Gesprächen mit Böckh und Zumpt jun. eine Einigung in der Frage der Aufteilung der Arbeit zu erreichen, erklärte er der Akademie in einem Brief, er würde von dem Unternehmen zurücktreten.[168] Er bedankte sich bei seinen Unterstützern

---

164 Vgl. den Brief Mommsens an Jahn vom 15. Juni 1847 in: Wickert, Mommsen und Jahn, wie Anm. 78, S. 56.

165 Ebd.

166 Ebd.

167 Dass Mommsen seine wissenschaftliche Karriere mit dem Projekt verband, hat er an verschiedenen kundgetan, u.a. in einem Brief an Henzen: »Ich will aber entweder die Sache so anfangen, wie sie mir für meine wissenschaftliche Karriere wie für die Sache selbst allein passend scheint oder auch gar nichts damit zu tun haben.« Wickert, Mommsen, Bd. 2, wie Anm. 43, S. 283. Zum Verhältnis von Projekt und Karriere vgl. Maren Lehmann, Karriere als Projekt, in: Projektemacher. Zur Produktion von Wissen in der Vorform des Scheiterns, hrsg. von Markus Krajewski, Berlin, 2004.

168 Der Brief vom 17. Dezember 1847 war an Böckh gerichtet. Die Korrespondenz von Mommsen mit verschiedenen Kollegen und Mitstreitern, wie auch die anderer Akteure wird von Wickert in den Anmerkungen in allen Details wiedergegeben. Vgl. Wickert, Mommsen,

für ihre Mühe und wandte sich wieder seiner Heimat zu.[169] Zwar erfolgte noch eine Anfrage seitens der Akademie, ob Mommsen nicht doch eine Teilung der Leitung mit Zumpt annehmen würde, aber er lehnte das entschieden ab. Zurück in Altona, wurde er wieder Lehrer im Mädchenpensionat, um seinen Lebensunterhalt zu verdienen. An Jahn schrieb er, dass er »erst jetzt fühle, wie tief [ihn] die Gleichgültigkeit der Berliner getroffen«[170] habe. Das war natürlich zu einem großen Teil auch gekränkte Eitelkeit, denn gleichgültig oder untätig waren nicht alle Akademiemitglieder, jedoch gingen sie bisher einen Weg, der Mommsen nicht zusagte. Savigny hatte die 4.000 Thaler für fünf Jahre erwirkt, die Hälfte ging an Zumpt. Die andere wäre für Mommsen gedacht gewesen. Aber Mommsen wollte nicht nur Angestellter eines akademischen Unternehmens sein. Er wollte der Herausgeber werden.[171]

Einzig Gerhard blieb unermüdlich in seinen Versuchen, Mommsen zum Halten zu bewegen.[172] Nochmals wurde über eine mögliche Teilung der Leitung korrespondiert. Mommsen machte ein Angebot, wie die Leitung zwischen Zumpt und ihm aufgeteilt werden könnte. Dabei sollte Zumpt die Provinzen erhalten, Rom an Henzen und de Rossi gehen und der Rest Italiens Mommsen vorbehalten bleiben.[173] Aber Böckh ging nur teilweise darauf ein. Sein Gegenvorschlag wollte Zumpt einen größeren Teil des CIL überantwortet sehen. Man kann sich gut vorstellen, dass Böckh sich von einem jungen Gelehrten, der in seinen Augen nicht mehr vorzuweisen hatte als sein Talent, keine Vorschriften machen lassen wollte. Nun aber blieb Mommsen hart und gab zu verstehen, dass mit ihm ein CIL nur zu machen wäre, »wenn die Resultate meiner Ar-

---

Bd. 2, wie Anm. 42, S. 407, Anm. 245.

169 Vgl. Ebd., S. 410, Anm. 245.

170 Wickert, Mommsen und Jahn, wie Anm. 78, S. 57.

171 Vgl. zum Beispiel den Brief Mommsens an Jahn vom 5. September 1845: »Und sagen Sie nicht, daß nicht wir das Corpus machen, sondern die Akademie; wir sind nicht Employés, sondern Herausgeber und schlägt die Sache fehl, so haben wir die Schande und den Tadel; gerade wie jetzt niemand daran denkt das Boeckhsche Werk in Lob und Tadel andern zuzuteilen, als eben Boeckh, und daran tut man recht.« Ebd., S. 41.

172 Vgl. Stefan Rebenich, Mommsen, München, 2002, S. 81. Die Rolle Gerhards ist bereits in Harnacks Akademiegeschichte hervorgehoben worden. Harnack hatte Mommsen für den Part des CIL eigens angefragt: »Daß das Corpus der lateinischen Inschriften als ein akademisches Unternehmen ins Leben getreten sei, dafür gebühre in erster Linie Gerhard der Dank. Auch andere neben ihm, vor allem Savigny, Lachmann, Lepsius, hätten sich darum verdient gemacht; aber Gerhard sei der Unermüdlichste gewesen und habe einen siebenjährigen Krieg gegen alle Vorurteile geführt (1846-1853), bis er das Ziel erreichte.« Harnack, wie Anm. 2. Für Mommsens Schilderung der Entstehungsgeschichte des CIL auf Anfrage von Harnack siehe den Briefwechsel in: Stefan Rebenich, Mommsen und Harnack, Berlin, New York, 1997.

173 Vgl. die ausführliche Wiedegabe der Briefe zwischen Mommsen, Gerhard, Böckh und Jahn in: Wickert, Mommsen, Bd. 2, wie Anm. 42, S. S. 394ff., Anm. 245.

beit mir oder Henzen und Borghesi zu Gute kommen, sonst nicht.«[174] Er hatte die Hoffnung auf eine Einigung verloren und wollte der quälenden Plage nur noch ein Ende bereiten. Die Aussicht auf ein CIL unter seiner Leitung war mit seinem Brief vom 1. März 1848 vorerst begraben, auch wenn es keinen offiziellen Abbruch der Verhandlungen gegeben hatte. Böckh versuchte diese noch hinauszuzögern, um Mommsen dadurch möglicherweise doch zu einer Zusammenarbeit mit Zumpt bewegen zu können. Im November 1848 schrieb Mommsen Henzen:

> *»Die Berliner Verhandlungen habe ich nicht gerade abgebrochen, aber als es bei uns los ging, hörten sie von selber auf.«*[175]

Damit versuchte Mommsen ein wenig zu verharmlosen, dass er die Korrespondenz einseitig abgebrochen hatte. Währenddessen hatten die Spannungen um Schleswig und Holstein ihren Höhepunkt erreicht. Problem war die Frage der Zugehörigkeit (Dänemark oder Deutscher Bund) und die Frage der Erbfolge des dänischen Königshauses.[176] Für einige Monate schrieb Mommsen als Redakteur der neu gegründeten »Schleswig-Holsteinischen Zeitung« – die die provisorische Regierung repräsentierte – Artikel, bevor er im September 1848 einem Ruf nach Leipzig folgte.[177] Jahn hatte sich

174 Otto Hirschfeld, Gedächtnisrede auf Theodor Mommsen, in: Abhandlungen der Königlich Preußischen Akademie der Wissenschaften, (1904), S. 1025–1060 zit. nach: Ders., Kleine Schriften Berlin 1913, S. 940. Der Brief ging an Gerhard, der dies der Akademie vermitteln sollte.

175 Zit. nach: Wickert, Mommsen, Bd. 3, wie Anm. 36, S. 469.

176 Kurz und knapp erklärt die »verrückte Geschichte« der »Erhebung« in Schleswig und Holstein: Wilfried Nippel, Johann Gustav Droysen. Ein Leben zwischen Wissenschaft und Politik, München, 2008, S. 55ff.

177 Zu Mommsens Tätigkeit als Redakteur Schleswig-Holsteinischen Zeitung, die als Blatt der Provisorischen Regierung, für ein deutsches Schleswig stritt, vgl. Ludo Moritz Hartmann, Theodor Mommsen. Eine biographische Skizze, Gotha, 1908, S. 33–42. Hartmann erwähnt, dass nur eine Verletzung, die aus einer Teilnahme an einem »Tumulte in Hamburg« resultierte, ihn daran gehindert habe, wie seine Brüder Tycho und August sich den Freischaren gegen Dänemark anzuschließen. Er habe Schwert gegen die Feder getauscht. Noch 40 Jahre später, so Hartmann Mommsen leider ohne Nachweis zitierend: »Ich denke noch immer gern an meine Beschreibung der Schleswiger Schlacht, die ich als journalistischer Schlachtenbummler mitgemacht habe und dann, nachdem ich die Nacht die sechs Meilen von Schleswig nach Rendsburg gelaufen war, den anderen Tag beschrieb.« (34f). Der Artikel über die Schlacht bei Schleswig ist wiederabgedruckt in: Theodor Mommsen, Reden und Aufsätze, 2. unveränd. Aufl., Berlin, 1905, S. 363ff; Zu Mommsen als Journalist vgl. auch: Stefan Rebenich, Mommsen, München, 2002, S. 52ff.; Carl Gehrcke, Theodor Mommsen als Schleswig-Holsteinischer Publizist, Breslau, 1927; sowie sehr knapp und pointiert: Alfred Heuß, Theodor Mommsen und das 19. Jahrhundert, Kiel, 1956, S. 27f und 137ff, der auf den wichtigen Punkt hinweist, dass die Redakteursstelle von Theodor Olshausen an Momm-

bei Ludwig von der Pfordten[178], dem sächsischen Kultusminister, für ihn eingesetzt, wodurch er eine außerordentliche Professur für römisches Recht erhielt. Durch sein politisches Engagement in Leipzig – u.a. bei den Maiunruhen von 1849 – verlor er diese aber bald wieder. Er wurde gerichtlich verurteilt, das Urteil jedoch in zweiter Instanz wieder aufgehoben. Dennoch enthob man Mommsen, gemeinsam mit Jahn und Moritz Haupt, einem weiteren Freund und Kollegen, der Professur. Mit finanzieller Unterstützung seiner Freunde konnte er noch bis 1852 in Leipzig bleiben, bevor er einen Ruf an die Züricher Universität annahm.[179]

Projektemacherei? Oder: Mommsen als Unternehmer

Die vergleichsweise kurze Leipziger Zeit hatte für Mommsen nachhaltige Wirkung. Sie brachten ihm Kontakte zu Verlegern für die Ausarbeitung der neapolitanischen Inschriften (IRN), die er auf seiner Reise gesammelt hatte und die ursprünglich in das CIL aufgehen sollten. Des Weiteren erhielt er von den Verlegern Reimer und Hirzel den Auftrag, eine Römische Geschichte zu schreiben, die ihn später weltberühmt machen sollte und ihm kurz vor Ende seines Lebens den Nobelpreis einbrachte.[180] Schließ-

---

sen herangetragen wurde, der Mitglied der Provisorischen Regierung war und Mommsens Bekannter aus Kieler Studentenzeiten. Obwohl Mommsen diese Stelle mit einer Unterbrechung nur fünf Monate ausübte, prägte er das Profil der Zeitung nachhaltig. Die Berufung auf eine Professur in Leipzig war für ihn letztlich die attraktivere Option. Vgl. auch: Wickert, Mommsen, Bd. 3, wie Anm. 36, S. 4–25. Für eine zeitgenössische Zusammenstellung von Materialien zur Schlacht vgl. Friedrich Rudolf von Rothenburg, Die Schlacht bei Schleswig am 23sten April 1848, 4. Aufl., Berlin, 1850.

178 Von der Pfordten hatte Mommsen auf der Germanistenversammlung in Lübeck kennen und schätzen gelernt. Mommsen hielt ihn, wie er am 22. Oktober 1847 an Henzen schrieb, für den besten Romanisten, vgl. Wickert, Mommsen, Bd. 2, Wie Anm. 42, S. 220 und auch den Brief Jahns an Mommsen vom 7. August 1848 in: Wickert (Hrsg.), Mommsen und Jahn, wie Anm. 78, S. 73. Dass Mommsen einen anderen Gelehrten so lobte, ist für ihn eher ungewöhnlich.

179 Er wäre gern in Leipzig geblieben, aber die finanziellen Schwierigkeiten zwangen ihn zu diesem Schritt. Seine Finanzprobleme spielten auch eine wichtige Rolle für die Annahme der »Römischen Geschichte«, die ebenfalls in die Leipziger Zeit fällt. Der Vorschlag kam von den Verlegern der Weidmannschen Buchhandlung Karl Reimer und Salomon Hirzel. Wickert, Mommsen, Bd. 3, wie Anm. 36, S. 399ff. Vgl. zu Mommsen Züricher Zeit: Ernst Meyer, Theodor Mommsen in Zürich, in: Schweizer Beiträge zur Allgemeinen Geschichte, (1954), S. 99–138.

180 Mommsen schlug Zola, Hauptmann, Ibsen und Tolstoi (letzterer schon ein Jahr zuvor nominiert, aber von Sully Prudhomme geschlagen, wobei Tolstoi den Preis angeblich sowieso abgelehnt hätte und auch nie bekommen hat). Mommsen wurde zwar auch für seine Inschriften gefeiert, aber in erster Linie für seine Römische Geschichte. Die lag allerdings schon 50 Jahre zurück. So stilisierte ihn das Nobelpreiskomitee zu einem Großkönig der Wissenschaft. Vgl. Nobelpreiskomitee, Les Prix Nobel en 1902, Stockholm, 1905.

lich führte die Bekanntschaft mit der Familie Reimer ihn mit der Tochter des Verlegers, Marie Reimer zusammen, die er 1854 heiratete.

Für die Entstehungsgeschichte des CIL ist insbesondere der Kontakt zu den Verlegern, zu denen auch Georg Wigand gehörte, von Bedeutung. Vorweggeschickt sei, dass die IRN zwar ein verlegerischer Misserfolg, aber für die Verhandlungen um das CIL und vor allem Mommsens Position von Vorteil waren. Zu beantworten wäre demnach die Frage, welche Gründe dafür anzuführen sind, dass das Werk zwar hochgelobt, in der Öffentlichkeit aber nicht die Wirkung erzeugte, die von ihm erhofft wurde. Mommsen hatte ihm mit aller Macht, aber vielleicht auch unrealistischen Erwartungen diese Wirkung zugesprochen und sich selbst als Projektemacher stilisiert. Am 22. Oktober 1847, kurz nach seiner Rückkehr aus Italien, schrieb er an Wilhelm Henzen:

> *»Diesen Winter werde ich wohl damit fertig, und wenn es dann nichts ist mit den Berlinern, so soll das Werk mich beim Publikum herausbeißen.«*[181]

Die Verhandlungen um das CIL ruhten zwar, aber der Abstand und vor allem seine Übersiedlung nach Leipzig brachte alten Mut und neue Kräfte zurück. Mommsen verfolgte zunächst seinen Plan, die Ausbeute seiner Italienreise zu verarbeiten.[182] Nach vierjähriger, teilweise unterbrochener Arbeit ist daraus der Band »Inscriptiones regni Neapolitani Latinae« entstanden.[183]

Auf Anraten von Jahn hatte Mommsen bei der Akademie angefragt, ob sie die Druckkosten für die fertig edierten neapolitanischen Inschriften übernehmen würde, unter anderem mit dem Argument, dass sie ja auch die Reise und die Sammlung der neapolitischen Inschriften unterstützt hätte. Der Wiederaufnahme des Kontakts zur Akademie dürfte ihn nach seinem »stillschweigenden Abbrechen« und die Erinnerung an die quälende Situation der Verhandlungen nicht wenig Überwindung gekostet haben.[184] Vorher versicherte er sich noch bei Gerhard und Rudorff, ob man ihm in Ber-

---

181 Wickert, Mommsen, Bd. 2, wie Anm. 42, S. 419.

182 »Wohl niemals hat eine epigraphische Reise so große Resultate gebracht als die von Mommsen in Italien zugebrachten Jahre.« Otto Hirschfeld, wie Anm. 174, S. 941.

183 Brief vom 9. Mai 1852 Jahn an Mommsen: »Heute bekomme ich Deine inscriptiones vom Buchbinder und werde sie gleich der Härtel zur Ansicht schicken, die vor Neugier nach diesem vielbesprochenen Buch fast stirbt; ob sie, selbst mit meinen Explikationen, vollständig ins Klare kommt, ist mir zweifelhaft.« Wickert (Hrsg.), Mommsen und Jahn, wie Anm. 78, S. 108.

184 Mommsen, der sehr ungern die Schuld für den Abbruch auf sich lasten sah, musste sich auch bei Gerhard entschuldigen, dessen Bemühungen er enttäuscht hatte. In dem Brief an ihn stellte er sich zwar als Sünder hin, schob aber sogleich Krankheit und Revolution vor: »Von meinen Schicksalen wissen Sie wohl Einiges: unsre Korrespondenz unterbrach zuerst meine Krankheit, dann die Sturm- und Drangperiode, in der ich auch mit hinein geriet und zwar als Journalist.« Wickert, Mommsen, Bd. 3, wie Anm. 36, S. 124f.

lin noch Unterstützung gewähren würde oder ihm nicht doch noch zu sehr zürnte.[185] Mommsen begab sich zu persönlichen Gesprächen nach Berlin:

> *»Ich bin jetzt bei der Hauptstadt und deren contorni, es ist das eine unglaublich mühsame und undankbare Partie, besonders wegen der vielen verschleppten Steine, teils aus Rom, teils aus der Campagna selbst. Ihre Noten helfen etwas, aber ausreichen tun sie lange nicht. Alle meine Arbeitskraft und Energie setze ich daran dieses große Werk der Inscr. Neap. nur erst fertig zu bringen; daher rechnen Sie fürs erste nicht auf kleine Artikel von mir.«*[186]

Die Akademie genehmigte auf Antrag Böckhs einen Druckkostenzuschuss, allerdings nur in Höhe der Hälfte der von Mommsen geforderten Summe von 1.200 Reichstalern.[187] Die Verweigerung der vollen Summe schien eine erneute Niederlage zu bedeuten, da Mommsen den zweiten Teil nicht aus eigener Tasche aufbringen konnte. Andererseits war eine Bewilligung von Mitteln für den Druck nach der Auseinandersetzung, die Mommsen mit der Akademie bereits hatten, keineswegs selbstverständlich. Zudem hatte er auch nicht erwartet, dass die volle Summe bewilligt werden würde.[188] Mommsen blieb in seiner Kommunikation diplomatisch, ohne sich zu verneigen.[189] Böckh

---

185 Vgl. den Brief von Mommsen an Gerhard vom 16. Dezember 1848 in: Wickert, Mommsen, Bd. 2, wie Anm. 42, S. 124f.

186 Ebd., S. 419 (Brief an Wilhelm Henzen vom 22. Oktober 1847).

187 Vgl. auch Mommsens Brief an Karl Benedikt Hase. Mommsen begegnete Enttäuschungen mit einer Mischung aus Ironie und Zynismus, verlor aber die kondensierte Übermittlung wichtiger Informationen nie aus dem Auge: »Seit ich Ihnen zueltzt auf der Laurentiana in Florenz schrieb, sind meine epigraphischen Pläne, von denen Sie wohl auch zuweilen gehört haben, gänzlich gescheitert und als Ergebniße dieser Studien ist mir nichts geblieben als die Erinnerung an drei schöne Reisejahre, Beiträge zu der Lehre von der Nichtigkeit alles Irdischen mit aktenmässigen Belegen aus Verhandlungen mit deutschen Akademien, und eine druckfertige Sammlung der neapolitanischen Inschriften, 7000 Stück, wo es anging nach den Originalen collationirt oder copirt und vollständiger Benutzung der localen wie der epigraphischen Litteratur, welche nie gedruckt werden wird, weil kein Mensch die als Zuschuß zu den Druckkosten geforderten 1000-1200 rtt hergeben will.« Gran-Aymerich und Ungern-Sternberg, wie Anm. 38, S. 340.

188 Vgl. den Brief an Savigny, dem er, ohne das Ergebnis der Verhandlungen in der Akademie, zu kennen, eine Unterstützungsanfragte ankündigt: »Ich kann nicht leugnen, daß ich bei Stellung dieser Bitte, deren vollständige Gewährung ich von der Akademie nicht erwarten kann, es mir vorbehalten habe auf Ew. Excellenz ofterprobte Teilnahme für dies Unternehmen zu recurrieren und daß ich desfalls vielleicht schon in nächster Zeit an Sie ein bestimmteres Gesuch richten werde.« Stahlmann, wie Anm. 121, S. 495.

189 Das Schreiben vom 14. Novermber 1849 war an Böckh gerichtet. Zit. nach: Hirschfeld, Gedächtnisrede, wie Anm. 174, S. 942.

nutzte seinerseits die Gelegenheit, die Wogen zu glätten.[190] Er habe immer nur die Sache im Auge gehabt, ohne persönliche Rücksichten. Gleiches beanspruchte Mommsen für sich. Böckh bedankte sich für Mommsens Abhandlung über das Römische Münzwesen[191] und drückte ihm sein Beileid über die verlorene Leipziger Professur aus.[192] Böckh konnte deshalb so freundlich sein, weil er davon ausging, dass die »Inschriften-Angelegenheit« beendet sei, zumindest was die Mitarbeit Mommsens betraf. Der Druckkostenzuschuss wäre damit die generöse Geste des Siegers der Auseinandersetzung. Dies nahm Mommsen zum Anlass für einen geschickten Gegenstoß. In der Antwort auf die bewilligten 600 Taler vom 27. Januar 1850 regte Mommsen an, dass die Akademie den Band mit den neapolitanischen Inschriften doch als integrierten Teil eines CIL betrachten könnte.[193] Genau damit hatte er Böckh getroffen. Dieser war über den Vorschlag sehr verärgert und ließ in der Klassensitzung zu Protokoll geben, Mommsen habe »gar nicht mehr mitzusprechen, nachdem er erklärt hat, ein eigenes Werk herausgeben zu wollen.«[194] Im Antwortschreiben ging er auf den Vorschlag Mommsens gar nicht erst ein.[195] Für Böckh und seine Unterstützer war entscheidend, dass Mommsen eine Erklärung unterschrieben hatte, womit die Inschriften zwar von Mommsen selbst abgedruckt werden dürfen, aber die Sammlung in das Eigentum der Akademie überging und ihr das Recht zugesprochen werde, diese Inschriften abermals abzudrucken. Dies deutet daraufhin: Böckh ging davon aus, die Akademie würde zukünftig ein CIL ohne Mitwirkung Mommsens herausgeben und dabei die nun im Eigentum der Akademie befindlichen neapolitanischen Inschriften ggf. erneut als integralen Teil eines CIL abdrucken.

Diese Auseinandersetzung macht deutlich, die Unternehmung des CIL war an die Akademie gebunden und Mommsen blieb auch mit dem Band der IRN keine Handhabe, es zu seinem Projekt zu machen. Es war bis hierhin ein Projekt der Akademie, dessen Vorbereitungen letztlich Böckh unterstanden.

Mommsen versuchte den fehlenden Teil der Druckkosten für seine IRN bei Savigny zu erwirken, der sich ursprünglich sehr für das Unternehmen interessiert hatte. Dieser lehnte aber höflich ab.[196] Damit blieb Mommsen nur noch die Option des Pro-

---

190 Wickert bezeichnet Böckh als »bösen und mächtigen Widersacher«, wobei mächtig sicher treffender ist als böse. Wickert, Mommsen, Bd. 3, wie Anm. 36, S. 130.

191 Theodor Mommsen, Über das römische Münzwesen, Leipzig, 1850.

192 Wickert, Mommsen, Bd. 3, wie Anm. 36, S. 130.

193 Ebd., S. 127.

194 Ebd.

195 Ebd.

196 Savignys Einfluss war in Folge seiner Amtsenthebung als Minister während der Revolution binnen kurzer Zeit stark gesunken. Er nahm auch keinen Anteil mehr den Verhandlungen über das C.I.L. Was er noch tun konnte, war Mommsen zu bestätigen: »Sie sind stark

jektemachers: auf die Suche nach Finanziers für sein Werk außerhalb der Institutionen zu gehen. Hierfür nutzte er seine in Leipzig aufgebauten Kontakte zu Verlegern. Schließlich war es sein Freund und Verleger Georg Wigand, der ihm half und das finanzielle Risiko der Drucklegung übernahm.[197] Mommsen verzichtete seinerseits auf ein Honorar. Als der Band Anfang 1852 erschien, waren weit mehr als die ursprünglich geplanten 1.200 Reichstaler verausgabt worden. Eigentlich war die Veröffentlichung für Ostern 1851 geplant. Der aufwändige Druck verzögerte jedoch die Fertigstellung.

Im Oktober 1851 schrieb Wigand an Mommsen, dass die Kostenaufstellung der Druckerei *Härtel & Breitkopf* ihm die Gesamtsumme von wenigstens 3.200 Reichstalern übermittelt habe, so dass schon hier fast die dreifache Höhe der ursprünglich geplanten Summe verbraucht worden wäre.[198] Zur Deckung der Kosten hätten von der Auflage von 300 Exemplaren, so Wigand, über 200 Exemplare verkauft werden müssen. Ihm bliebe dadurch nichts anderes übrig, als den vorgesehenen Verkaufspreis auf

---

auf dem Wege, in diesem Zweige der Literatur, wenn auch nicht die Allein-, so doch eine Art von Oberherrschaft einzunehmen.« Ebd., S. 128f. Vgl. auch Stahlmann, wie Anm. 121, S. 473.

197 Im Zusammenhang mit der Entstehung der Akademiegeschichte zum 200-jährigen Jubiläum fragte Adolf Harnack Mommsen nach Hinweisen zur Entstehungsgeschichte des CIL. Dieser antwortete mit Hinweis auf die IRN: »Indeß in dem unvergleichlichen Leipziger Freundeskreis um Georg Wiegand, einer <sic> der tapferen und gemeinnützigen Buchhändler, auf die unsere Nation stolz sein kann. Der entschloß sich auf alleinige Gefahr den in der Herstellung äußerst schwierigen Folianten in Verlag zu nehmen. Dem Mann ist es zu verdanken, daß die I.R.N. erschienen sind. Die kleine Unterstützung der Akademie hat es möglich gemacht die Indices ausführlicher zu gestalten; sonst erschien das Buch eigentlich der Akademie zum Trotz.«Rebenich, Mommsen und Harnack, wie Anm. 172, S. 777f.; Zu Wigand, seinem Verhältnis zu Mommsen und seinen verlegerischen Aktivitäten. Vgl. Thomas Lick, Friedrich Zarncke und das »Literarische Centralblatt für Deutschland«. Eine buchgeschichtliche Untersuchung, Wiesbaden, 1993. Georg Wigand sei »einer der ersten, aber auch einer der hervorragendsten Vertreter der neuen Betriebsweise im deutschen Verlagshandel [gewesen], welche – das alte, häufig gemüth- und pietätvolle Verhältniß des Verlegers und seiner Autoren, die theilweis wie zu einer Familie zusammengeschlossen erscheinen – durchbrechend und umgestaltend, dem Verleger eine größere speculative Initiative in der literarischen Produktion zuwies, allerdings damit auch wohl vielfach die Hand zur Entwicklung des Literatenthums und einer speculativ organisirten, häufig sich nur in Nachahmungen und Todhetzen glücklicher Ideen manifestirender Bücherfabrikation bot, die unseren deutschen literarischen Verhältnissen nicht durchweg zum Segen gereicht haben.«, S. 26 zit. nach Robert Koenig, Ein Förderer des deutschen Holzschnittes, in: Daheim, VI. Jg. Nr. 30, vom 23.4.1870, S. 470.

198 Hermann Härtel von der Druckerei gehörte zum Freundeskreis von Wigand. Vgl. Lick, ebd., S. 28–30.

VENAFRVM 245 SAMNIVM

4619 olim Venafri all' Olivetone di Cuozzo, sed furto inde ablata est *Cot.* '*in un oliveto della mensa vescovile presso Cippagna, oggi guasta*' *de Utr*.

LABERIAE
POMPEIANAE · C · F
CONIVGI · *m* · MACRINI
VINDICIS · HERMOG*e*NI
ANI · C · V · ET · CONSVLARIS
OB · RARISSIMAM · PRAECI
PVAMQVE · AC · MVNIFICAM
EIVS · IN · SE · LIBEROSQVE
ADFECTIONEM
PIETATEMQVE
L · GABINIVS · COSMIANVS
PONTIF · PAT · COL · ET · A · MI
LITIIS · CONSOCER
L · D · D · D

Cod. de Utris; Cotugno p. 96. — 3 MI...MACRINI de Utris, MIMACRINI Cot. — 4 VINDICI Cot. — HERMOGINI de Utr. Cot.

4620 Venafri in foro vetere, quod nunc dicitur *la Cialaffella*, ubi frustra quaesivi.

MAECI · FELICIS · V · *p*
A · CIVITATE · MAGNIFICO
BENEVOLENTIA · COLENDO
ABSTINENTIA · CONTINENDO
MIRANDO · VIRTVTE · CONS
TANTIAQVE · CONSPICVO
MAECIO · FELICIO
CIVITATIS · VENAFRANAE · DE
FENSORI · ORDINIS · POS*ses*SO
RIS · POPVLIQVE · RECTORI
PROVINCIAE · SAMNII · ADIN
IVNCTIVAE · VICIS · MERITO
OB · INSIGNIA · EIVS · IN · REM
PVBLICAM · BENE · GESTA · ET
OB · RECORDATIONEM · OMNIVM
BENEFICIORVM · QVAE · AMA
IORIBVS · EIVS · CIVITATI · SVNT
PRAESTITA · ORDO · SPLENDIDIS
SIMVS · ET · VNIVERSVS · POPVLVS
VRBIS · VENAFRANAE · CONSTI
TVIT · PATRONO

Cod. de Utris; Cotugno p. 200. — 1 scr. FELICI. — V · I de Utris; om. Cot. — 2 pro A · CIVITATE malim DIGNITATE. — 4 malim CONTINENTIAQ · — 9 POS*ses*SO Cot. — 11 AD pro ADIN Cot. — 15 OMIVM de Utr. — 19 POPVLOS de Utr.

4621 Venafri rep. 1827 *nell' arbusto Bocchini;* ubi nunc non exstat.

quintil|IANI
pro eius me|RITIS · ET · OBSE
quis colle|GIA · VRBIS · VENA
fran .... |QVINTILIANO
rectori s|AMNITICO · RA
rissim|O · ET · EXAMINA
tori aequis|SIMO · STATVAM
loco publi|CO · POSITAM · OB
CTATIO

Cod. de Utris.

4622 Venafri *entro al mercato a lato di un fondaco di Leopoldo Pilla.*

*ad ornandam coloni*AM · IVL · AVG V*Inafrum imp · caesar*
*august · pro parte di*MIDIA · P · S · F · C I*Demque probavit reli*
*quum pec · pub*LICA · FACTVM · E*st*

Descripsi. Cod. de Utris, ex eo Cotugno p. 277; ego *Zeitschr. für gesch. Rechtswiss.* XV p. 289.

4623 litt. semipalm., Venafri *al Pontenuovo.*

C · FAM
ENT · DV

Cod. de Utris.

4624 litt. palm., Venafri *nella porta del Mercato.*

TVM · INT

Cod. de Utris.

4625 duo fragm. litt. palm., quorum secundum tertio versu non scriptum est, extra Venafrum in massa Bocchini ad viam Aeserninam.

S · C · F · | Q · FLA*men*
*amp*HITHEA *trum pec* · SVA · FAC *curavit*
*pro parte di*MIDIA

Descripsi.

4626 litteris olim aereis, Venafri in eccl. cath.

ORN

Descripsi.

4627 Venafri in angulo aedium Dominici Mellucci.

C · *ACL*VTIVS · L · F · TER · *GALLVS*
DVOVIR · VRBIS · MOENIVNDAE · *BIS*
PRAEFECTVS · IVREDEICVND*O* · *BIS*
DVOVIR · *IVREDEICVNDO* · *TR* · *MIL*
*LEG*IONIS · *pr*I*MAE* · *TR* · *MILITVM*
LEGIONIS · SECVNDAE · SA*BINAE*

Hodie erasa est (scilicet ne aedium nitori litterae in marmore officerent) litteraeque quas inclinavi plane evanuerunt, reliquae non sine difficultate leguntur. Integram servavit de Utris, a quo sumpsit Cotugno p. 267. Idem de Utris refert Monachettii aetate fuisse in aed. Felicis Orlando *allo Capocroce della Nunziata* in muro eumque tantum legisse DVOVIRO · PRAEFECTO · VRBIS; nisi de alio lapide locutus est Monachettius. — 1 L · ACLVTIVS Cot. contra de Utr. — 5 $\overline{IX}$ · IMAE de Utris; scripsi PRIMAE.

4628 Venafri olim *nella tribuna del duomo*, nunc in domo episcopi.

SEX · AVLIENO · SEX · F
ANI
PRIMO · PIL · $\overline{II}$ · TR · MIL
PRAEF · LEVIS · ARMAT
PRAEF · CASTR · IMP · CAESAR
AVG · ET · TI · CAESARIS · AVGVSTI
PRAEF · CLASSIS · PRAEF · FABR · $\overline{II}$ · VIR
VENAFRI · ET · FORO · IVLI · FLAMINI
AVGVSTALI
NEDYMVS · ET · GAMVS
LIB

Descripsi. Manut. quaest. epist. 3 p. 43 (inde Grut. 370, 1); cod. Orti saec. XVI f. 140 a; Toppi bibl. Napol. p. 279; cod. Monachetti; cod. de Utris; Cotugno p. 278.

4629 Venafri rep. cum n. 4630 in loco dicto *Centismo Cot.* in clivo montis *della Nunziata a lungo* in loco dicto S. Mieuro *de Utr.*

Q · CASSIO · L · F · TER
Q

Mur. 1653, 2 a Como; cod. Monachetti; cod. de Utris; Cotugno p. 282. — Q...... Mur. Cot.

4630 Venafri rep. cum praecedenti.

M · CASSIO · M · F · TER
TESTAMEN*to e*IVS

Refertur et interdum confunditur cum n. 4629. — 2 TESTAMEN · IVS Mon. Cot., TESTAMENTO · IVS de Utr., TESTAMENTO · FIERI · IVS Mur.

4631 Venafri in angulo horti *del Carmine.*

C · COCCEIO · C · F
AED · Q

Descripsi. Cod. Monachetti; cod. de Utris; Cotugno p. 256.

4632 Venafri nuper rep., extat apud Capucinos.

C · HERENNIO · C · F
TER · MELAI
AEDILI · $\overline{II}$ · VIR
L · NONIO · ASPRENATE · C*o*S p. Chr. 6
III · NON · SEPT · H · X · NATVS · EST
A · GABINIO · SECVNDO · COS ante a. p. Chr. 41
III · NON · SEPT · H · X · MORITV
MELANTA · FILIO

Descripsi. Ad exemplum meum ed. Borghesi Bull. 1847 p. 1.

4633 lapis spectabilis margine sculpto; Venafri in antiqua eccl. cath. *in una delle tribune.*

L · HOSTILIO · L · F · TER
P · HOSTILIO · L · F · TER · PI
AED · DVOVIR
M · HOSTILIO · L · F · TER
HOSTILIA · L · F · PRI
SOROR · FECIT

Descripsi. Mur. 708, 1. 2022, 10 a Como; cod. Orti saec. XVI f. 140 a; cod. Monachetti; cod. de Utris; Cotugno p. 282.

4634 Venafri, olim in S. Vinditto ad Volturnum, nunc in villa DD. Lucenteforte.

C · LICINIO ·
MILIT ·
EX · TESTAME

Cod. de Utris; Cotugno p. 294. — 1 LICINI... Cot.

4635 Venafri in coenobio S. Augustini; non extat.

P · LVCANIVS · L · F · TER · QVADRATVS · $\overline{II}$VIR
AVGVR · $\overline{Q}$ · $\overline{II}$ · BALNEVM · A · SOLO · PEQ · SVA · DEDIT
CASSIA · P · F · VXOR · ET · LVCANIA · P · F · PROCVLA

Don. V, 146 ex ms. ant.; Mur. 478, 2 e sched. fr. Iuc. et e Donio. — Donium sequor in vv. div. — 2 PEC · Don.

4636 prope Venafrum rep. in silva DD. Bocchini prope Castellum Tuliverno, nuper erasa *de Utr. Cot.* Lapidem vidi penitus erasum.

LVSIA · M · F · PAVLLINA
SEX · VETTVLENI · CERIALIS
SIBI · ET
M · VERGILIO · M · F · TER · GALLO · LVSIO
PATRI · PRIM · PIL · LEG · $\overline{XI}$ · PRAEF · COHOR
VBIORVM · PEDITVM · ET · EQVITVM · DONATO
HASTIS · PVRIS · DVABVS · ET · CORONIS · AVREIS
AB · DIVO · AVG · ET · TI · CAESARE · AVG · PRAEF · FABR
III · TRIB · MIL · COHORT · PRIMAE · IDIO*lo*GO
AD · AEGYPTVM · $\overline{II}$VIR · ITERVM · PONTIF
A · LVSIO · A · F · TER · GALLO · FRATRI
TRIB · MIL · LEG · XXII · CYRENAICAE · PRAEF · EQVIT

Cod. de Utris, ex eo Cotugno p. 209. — 5 POTRI Cot. err. typ. — 9 IDIOLOGO Cot.

4637 Venafri in eccl. S. Pauli.

l · MARCIO · L · F · TER
SIBI · ET
*mar*CIAE · L · L · VXORI · ET
MARCIO · L · F · SVLLAE
*prim · p*IL · LEG · $\overline{II}$ · AVG

Descripsi. Cod. de Utris; Cotugno p. 294.

4638 Venafri in eccl. S. Onofrii sive *della Madonna del Riposo.*

C · MENIO · C · F · TER · BASSO
$\overline{II}$ · VIRO · $\overline{II}$ · PONTIFICI · ET
MVNATIAE · L · F · CAEDIAN
VXORI · INCOGNITAE · CASTITATIS
FEMINAE · PARENTIBVS · MENI
BASSI · OPTIMI · IVVENIS · HANC
FEMINAM · IN · TANTVM · PROBAVIT
*p*AREN*s* EIVS QVEM ANIO...
octo versus evanidi
L · MVNATIVS · SVCCESSVS
FILIVS.....................
....

Descripsi plenius quam priores. Mur. 722, 3 a Como; cod. Monachetti; cod. de Utris; Cotugno p. 281.

4639 ter fracta; Venafri in monasterio Capucinorum *Cayro*, in horto florum *de Utr.*, ubi frustra quaesivi.

M · MVNATIO
M · F · TER
PRISCO
AQVINATES · PATRONO
D · D

Cayro Aquino p. 391 n. 120 a Ianuario Grosso falsario; cod. de Utris; Cotugno p. 291. — Vv. al. divisit Cayro legitque 1 MONATIO, omisit 5.

Abbildung 2.
Theodor Mommsen (Hrsg.), Inscriptiones regni Neapolitani Latinae, Lipsiae 1852, S. 245.

20 Reichstaler zu erhöhen.[199] An den Kosten konnte Wigand Mommsen nicht beteiligen, da dieser über kein Vermögen verfügte. Als der Band erschien, verfehlte er seine wissenschaftliche Wirkung nicht und erregte in der Akademie Aufsehen. Jedoch verlief der Verkauf des Werkes schleppend. An Mommsen schrieb Wigand am 13. Juli 1852:

> *»Nun werden Sie auch jetzt gern etwas über das Opus [die IRN, TK] erfahren wollen. Nach Rom habe ich 25 Expl. nach Neapel 12 gesandt. Ueber den Erfolg dieser beiden Sendungen weiß ich noch nichts. Außer diesen sind bis jetzt in allem 77 Exemplaren wirklich verkauft inclusive der nach England und Frankreich gesandten. Dieses Resultat ist bis jetzt kein befriedigendes und was mir besonders auffallend ist, daß nach England außer einem Expl. noch nicht nachverlangt ist.«*[200]

Gegenüber der früheren Schätzung ging Wigand nun von einer etwas geringeren Menge an Exemplaren aus, die zur Deckung der Kosten notwendigerweise verkauft werden müssten und suchte nach Wegen, den Verkauf des Werkes zu steigern:

> *»Die Rechnung von Breitkopf u Härtel ist erschreckend hoch: 2624 (Rthlr) zu deren Deckung sind also allein 180 Exempl. erforderlich. Ich habe jetzt an mehrere italienische Buchhändler geschrieben und habe Sie aufgefordert für das Werk sich zu interessieren. So viel steht wohl schon jetzt fest, daß es schwer halten wird, bei den Inscript. auf die Kosten zu kommen. Dass soll aber keineswegs eine Klage sein.«*[201]

Zu bedenken ist hierbei einerseits, dass der Band – in Latein verfasst – den gesamten europäischen Raum als Zielpublikum hatte. Mommsen hatte Wigand offenbar davon überzeugen können, dass man mit Inschriften auch Geld machen könne, was sich nun als eine grobe Fehleinschätzung erwies. Der Interessentenkreis zu klein, die Herstellungskosten und der Verkaufspreis zu hoch, machte der Fall deutlich, dass aufwendig produzierte, in großem Format und auf teurem Papier gedruckte Inschriftenbände schwerlich privat zu finanzieren waren. Inwiefern das von Wigand auch vorher abzuschätzen gewesen wäre oder er sich von Mommsen überzeugen ließ, lässt sich im Ein-

---

199 SBB, Nl Mommsen I, Korrespondenz Wigand, Mappe 1, Bl. 3, (1852).

200 SBB, Nl Mommsen I, Korrespondenz Wigand, Mappe 1, 1851–1852, Bl. 7, (1852). Bei 20 Reichstalern als Einzelverkaufspreis würde dies bedeuten, dass der Druck 3.600 Reichstaler gekostet hat.

201 Ebd. Wieso die Summe gegenüber der Kostenaufstellung vom Oktober 1851 weitaus niedriger ausfiel, konnte nicht eruiert werden. Jedenfalls stimmt die Summe (2.700 Reichstaler) von 180 Exemplaren bei gerechneten 15 Reichstalern für rabbatierte Werke mit der Summe von 2624 Reichstalern relativ genau überein. Bis November 1852 konnten darüber hinaus nur wenige Exemplare verkauft werden.

zelnen nicht rekonstruieren, da hierzu entsprechende Quellen fehlen. Es ist aber stark zu vermuten, dass in diesem Fall Mommsen als Experte und als Freund das Vertrauen Wigands genoss. Insofern kann das Agieren von Mommsen und Wigand als eine Form von gescheiterter unternehmerischer Projektemacherei verstanden werden.

Als sich andeutete, dass sich der Band nicht so verkaufen würde wie erwartet und ein Verlustgeschäft zu werden drohte, starteten Wigand und Mommsen eine für damalige Verhältnisse recht moderne Marketingkampagne. Schon vor dem Druck waren Prospekte mit Probeseiten an relevante Personen und Stellen, z.B. die Akademiemitglieder verschickt worden.[202] Für positive Aufnahme sollten zudem Rezensionen sorgen, die von befreundeten oder kollegial eng verbundenen Gelehrten verfasst worden waren und die entweder von Mommsen oder von Wigand teilweise über Mittelsmänner lanciert worden waren. Wigand nutzte hierfür erneut das noch recht junge *Litterarische Centralblatt*, in dem Friedrich Ritschl zunächst eine Rezension anonym veröffentlichte.[203] Die Bekanntmachung im französischen Raum übernahm der mit Mommsen befreundete deutschstämmige Karl Benedikt Hase, den Mommsen bei seiner ersten Frankreich- und Italienreise kennengelernt hatte. Hase verfasste für das *Journal des savants* eine ausführliche Besprechung, die er in fünf Teilen veröffentlichte.[204] Er habe, so Hase, die »Neapolitanas […] im Journal des savants besungen« und versicherte Mommsen, dass sie »in keiner öffentlichen Bibliothek in Paris« und auch in »keiner großen Bibliothek Frankreichs fehlen werden«, wie ihm der zuständige Minister versichert habe.[205]

Wigand ließ noch einen weiteren Werbeprospekt erstellen, der neben einem Abstract des Werkes, eine Übersetzung der Besprechung von Borghesi, die zuvor im

---

202 Vgl. ebd. Bl. 8–9, (1852).

203 Friedrich Ritschl, Recension von »Inscriptiones regni Neapolitani latinae. edidit Theodorus Mommsen«, in: Friedrich Ritschl's Kleine philologische Schriften. Bd. 5: Vermischtes, hrsg. von Curt Wachsmuth, Leipzig, 1879, S. 584–592; zuerst: Ders.,Recension von »Inscriptiones regni Neapolitani latinae, edidit Theodorus Mommsen.«, in: Literarisches Centralblatt, 49 (1852) 49, S. 792–795. 1850 war von Friedrich Zarncke das Literarische Centralblatt gegründet worden, das in Wigands Verlag erschien. Mit großem Anspruch begonnen, hatte sich zum Ziel gesetzt, alle literarischen Neuerscheinungen in Deutschland zu besprechen bzw. mit bibliographischen Angaben anzugeben. Nach Alfred Heuß, Theodor Mommsen als Geschichtsschreiber, in: Deutsche Geschichtswissenschaft um 1900, hrsg. von Notker Hammerstein, Stuttgart, 1988, S. 29 war Mommsen an Gründung des Literarischen Centralblatts maßgeblich mitbeteiligt. Das Blatt wurde wenige Jahre nach Beginn an Eduard Avenarius verkauft.

204 Benedikt Hase, Inscriptiones regni Neapolitani Latinae. edidit Theodorus Mommsen, in: Journal des savants, (1854), S. 547–557 und 677–687 sowie 1855, S. 59-68, 637-646 und 746-754.

205 Brief von Karl Benedikt Hase an Theodor Mommsen vom 9. März 1856, in: Gran-Aymerich und Ungern-Sternberg, wie Anm. 38, S. 368.

Bulletin des Archäologischen Instituts in Rom erschienen war und einen Auszug der Besprechung von Friedrich Ritschl enthielt. Die Zielgruppe bildeten im Gegensatz zu den Vorabdrucken dieses Mal die deutschsprachigen Bibliotheken, die sich bisher weitgehend zurückhaltend gezeigt hatten, was den Ankauf des Werkes betraf. In dem Prospekt rechtfertigte Wigand den hohen Preis dadurch, dass er anfänglich zwei, später drei Setzer ununterbrochen beschäftigte, dass viele neue typographische Charaktere haben geschnitten werden müssen, so dass bei einer Auflage von 300 Exemplaren ein Subscriptionspreis von 20 Thlr. noch preiswert sei. Es komme ihm nicht zu »über die wissenschaftliche Bedeutung dieses Werkes etwas zu sagen« und er versicherte:

> *»dass nicht die Aussicht auf Gewinn ihn bewogen hat, dasselbe zu verlegen, sondern der Wunsch, seinerseits ein neues Denkmal deutschen Fleisses und Forschergeistes zu fördern.«*[206]

Wigand schrieb Mommsen denn auch von einer Manipulation, wobei unklar bleibt, welche Manipulation er damit meint:

> *»Ich bin neugierig, was Sie zu der Manipulation sagen werden, noch neugieriger aber, welchen Erfolg sie haben wird.«*[207]

Die Werbeaktionen zeigten jedoch nicht die erhoffte Wirkung. Ein von Mommsen bei dem späteren Mitherausgeber des CIL und mit ihm befreundeten Gelehrten Wilhelm Henzen in Auftrag gegebener Aufsatz sollte dann auch gar nicht mehr Henzens Nähe zu Mommsen verschleiern, sondern sie transparent machen bzw. offensiv zeigen. Der in der *Allgemeinen Monatsschrift für Wissenschaft und Literatur* veröffentlichte Aufsatz, der neben der Besprechung der IRN in erster Linie ausführlich die Entwicklung und den zeitgenössischen Zustand der lateinischen Epigraphik thematisierte und dabei auch mit Hinweisen auf die damals noch als gescheitert angesehenen Verhandlungen um das CIL nicht sparte, kann als Versuch gewertet werden, über die Öffentlichmachung der Verhandlungen wissenschaftspolitischen Einfluss zu nehmen.[208] Mommsen wollte die Wirkung der IRN nicht sich selbst überlassen und hatte schon 1847 an Jahn geschrieben, um sein Ziel, das CIL zu erreichen, möge ihn das Werk, also die IRN »wenn es dann nichts ist mit den Berlinern […] beim Publikum herausbeißen«.[209]

---

206 Zit. nach dem im Nachlass Mommsen gefundenen Korrekturbogen des Prospekts. SBB, Nl Mommsen I, Korrespondenz Wigand, Mappe 1, 1851–1852, Bl. 8-9.

207 Ebd. Mappe 1.

208 Henzen, wie Anm. 71, S. 157–184.

209 Wickert, Mommsen, Bd. 2, wie Anm. 42, S. 419.

Henzens Aufsatz diente dazu, nicht nur für ein wissenschaftliches Feld, die Lateinische Epigraphik zu werben, die auch für ihn selbst erst zu einem neuen, gar nicht so freiwillig gewählten Arbeitsgebiet geworden war, sondern auch dazu, dieses Feld zu besetzen und es von anderen Usurpationsversuchen frei zu halten.[210] Schon Ende 1851 hatte Henzen eine Rezension zur Inschriftensammlung von Philippe Le Bas verfasst, die genau dieses Ziel verfolgte. Sie wurde allerdings erst 1853 im *Rheinischen Museum für Philologie* veröffentlicht und erschien somit im selben Jahr wie die beiden anderen Rezensionen. Henzen griff darin die französische Version des CIL an, in dem er hervorhob, die Sammlung sei entgegen der Aussage des Herausgebers Le Bas überwiegend aus gedruckten Werken entstanden und nur wenige Inschriften seien vom Herausgeber wirklich mit eigenen Augen gesehen worden. Henzen »mußte [sich] überzeugen, daß [seine] Ansicht eine irrige sei, indem Herr Le Bas nicht wenige Inschriften, die er nie gesehen, aus gedruckten und allgemein bekannten Büchern in seine Sammlung aufgenommen hat.«[211] Geschickt kam Henzen dem bisher nur angekündigten Kommentar von Le Bas zuvor und warnte eindrücklich vor der Benutzung des Werkes.[212] Henzens Hauptargument zielt darauf ab, die Methode, wie Inschriftensammlungen herzustellen seien, in den Vordergrund zu stellen. Nur auf Autopsie beruhende Sammlungen könnten heute noch als wissenschaftlich gelten.[213] Zudem müsse die angewandte Methode transparent und damit überprüfbar gemacht werden.

Dieselbe Stoßrichtung, wenn auch anders verpackt, verfolgte eine in der *Allgemeinen Monatsschrift für Wissenschaft und Literatur* im August 1853 von Mommsen veröffentlichte Rezension zu der seit 1846 in mehreren Heften durch Alphones de Boissieu herausgegebenen Sammlung der antiken Inschriften der Stadt Lyon. Die Besprechung enthielt wie bei Henzen neben einer Würdigung und Bewertung des Werkes eine Beschreibung der Lage der lateinischen Epigraphik.[214] Dass diese keineswegs nur eine neutrale Zustandsbeschreibung war, ist weniger entscheidend als die Argumentation. Zwei Punkte stechen hierbei heraus: Zum einen ist dies die Frage der zentralisierten Organisation und zum anderen die der Inklusion und Exklusion, d.h. der Frage, wel-

---

210 Vgl. hierzu die Rolle Emil Brauns als Förderer der lateinischen Epigraphik in: Kolbe, wie Anm. 8, S. 529–543.

211 Wilhelm Henzen, Ueber die große Inschriftensammlung des Herrn Ph. Le Bas, in: Rheinisches Museum für Philologie, (1853), S. 465.

212 Ebd., S. 469f.

213 Das hatte zur Folge, dass frühere Werke damit ex post hinsichtlich ihres Versuchens und Vermögens Autopsie zu erreichen, beurteilt und danach in zuverlässige, weniger oder gar nicht zuverlässige Werke eingeteilt wurden.

214 Theodor Mommsen, Inschriften von Lyon, in: Allgemeine Monatsschrift für Wissenschaft und Literatur, (1853).

chen Gelehrten Anerkennung zu teil werden soll und darf und welche aus dem Gebiet zu vertreiben sind.

> *»Damit soll die Sorgfalt und die Hingebung nicht verkannt werden, mit der eine Reihe fleissiger Sammler, [...], die Brocken alle sammeln, auf dass nichts umkomme und durch ihre anspruchs-, aber darum nicht ruhmlose Thätigkeit der künftigen wissenschaftlichen Forschung die Stätte bereiten. Aber jene schmerzliche Wahrnehmung, dass der grosse Bienenstock der deutschen und französischen Gelehrtenrepublik sich von andern gemeinern Bienenstöcken unterscheidet durch sein Unbehülflichkeit im Organisiren und Centralisiren, kann wer da will auf unserm Gebiet machen. Immer neue Brünnlein springen empor, aber sie zusammenzuleiten, das Gleichartige zu vereinigen, das Ungleichartige auszuscheiden fällt Keinem ein und so wird zum Sumpf, was Strom sein könnte.«*[215]

Für eine zukünftige sinnvolle organisatorische wissenschaftliche Arbeit sei vor allem die Organisierung und Zentralisierung der wissenschaftlichen Arbeit notwendig, um nicht im Sumpf der Masse der Inschriften und Publikationen unterzugehen.[216] Zugleich sollen alle diejenigen Gelehrten »vertrieben« werden, die »auf alle Kritik, auf alle rationelle Ordnung, auf alles Nachdenken von vornherein verzichtend, uns mit gräulichster Nachlässigkeit zusammendruck[en] [...], was jene fleissigen Sammler in den Rhein- und Donauländern zusammengebracht haben.«[217] Nicht die Sammler, wie im obigen Zitat formuliert, deren »anspruchs-, aber darum nicht ruhmlose Thätigkeit« stehen im Mittelpunkt der Kritik, sondern die »Compilatoren«, »die bankbrüchigen Gelehrten«, die »ihr Wesen ungescheut und ungestört forttreiben, nachdem sie von andern reinlicher gehaltenen Gebieten die wissenschaftliche Polizei ausgewiesen hat.«[218]

Gegenüber Mommsens überschäumendem, energisch hitzigem und schon hier tendenziell cäsarischem Stil war Henzens Aufsatz weitaus zurückhaltender, wenn auch inhaltlich durchaus auf derselben Linie. Dabei folgt die Argumentation einem Muster, das sich beispielsweise auch in Mommsens Planungsschrift von 1847 wiederfindet. Die Bedeutung der Inschriften wird mit Verweis auf Böckhs Arbeiten zum CIG als nicht diskussionswürdig erachtet.[219]

Zwischen Zeitpunkt der Idee und Verfassung der Aufsätze und ihrem Erscheinen waren ein paar Monate vergangen. Henzens Artikel erschien etwa ein Jahr nach

---

215 Ebd., S. 644.
216 Vgl. Ebd.
217 Ebd., S. 645.
218 Ebd., S. 644.
219 Henzen, wie Anm. 71, S. 158.

der Veröffentlichung der IRN, was im Vergleich zu heutigen Publikationszeiträumen durchaus eine vergleichbare Geschwindigkeit darstellt. Währenddessen hatten sich jedoch auf informeller Ebene weitere Entwicklungen ergeben. Unter anderem war Ritschl an Mommsen bezüglich der Veröffentlichung eines weiteren Inschriftenbandes herangetreten, wodurch eine Konstellation entstehen sollte, die entscheidende Wirkung auf den Verlauf der Verhandlungen haben sollte und die noch näher zu betrachten sein wird.

Die Rezensionen der IRN und die Ausführung des Bandes selbst brachten Mommsen Anerkennung bei Gelehrten, aber auch Kritik von einigen neapolitanischen Kollegen.[220] Verlegerisch blieb die Publikation dennoch ein finanzielles Desaster.[221] Mommsen trug seine finanzielle Schuld mangels anderer Möglichkeiten unter anderem durch eine Reihe von Rezensionen, auch zu neuhistorischen Arbeiten, in dem in Wigands Verlag herausgegebenem Literarischen Centralblatt ab.[222] Der Band wurde zu einem Pfund in den Verhandlungen, noch gesteigert dadurch, dass die konkurrierende Seite versagte. Zumpt jun., der – wie oben erwähnt – seit 1848 mit Vorarbeiten für das CIL, d.h. mit der Sammlung und Neuordnung bereits gedruckter Inschriften, betraut worden war, hatte 1853 einen Zwischenbericht vorzulegen und darin sein Scheitern kundgetan. Hilflos gab er bekannt:

> *»Die Masse der Inschriften, über welche kein Index existiert, ist jetzt so groß, daß ich kaum weiter im Stande bin, mich zurechtzufinden: das Aufsuchen einer einzelnen Inschrift ist entweder geradezu unmöglich oder doch überaus zeitraubend.«*[223]

Im Gegenzug hätten, so Ritschl, einige die IRN sogleich als ersten Teil des CIL mit entsprechendem Titelblatt versehen.[224] Die bisher nur diskutierten Planungen und Vorarbeiten hatten mit dem Band der IRN erstmals eine konkrete Gestalt und ein sichtbares Ergebnis erhalten. Ganz uneigennützig lobte Ritschl Mommsen in seiner Rezension nicht.[225] Wie angedeutet, war er mit ihm bezüglich der altlateinischen Inschriften in Kooperationsverhandlungen getreten und benötigte Mommsens hierfür gemachte Sammlungen. Insofern ist seine positive Bewertung auch ein diplomatischer Schachzug, um seine Kooperationswilligkeit unter Beweis zu stellen.

---

220 Einige der neapolitanischen Gelehrten waren enttäuscht, dass ihre Mitarbeit am Zustandekommen zum Beispiel durch Zugang zu lokalen Sammlungen im Vorwort – wie sonst üblich – nicht gewürdigt wurde. Wickert, Mommsen, Bd. 2. wie Anm. 42, S. 312, Anm. 178.

221 Ders., Mommsen, Bd. 3, wie Anm. 36, S. 265 und Anm. 67.

222 Lick, wie Anm. 197, 1993.

223 Wickert, Mommsen, Bd. 3, wie Anm. 36, S. 264.

224 Ritschl, wie Anm. 203, S. 585.

225 Für Mommsen über Ritschl an Jahn, vgl. Wickert, Mommsen und Jahn, wie Anm. 78, S. 114.

Informelle Netzwerke

Angesichts dieser Entwicklungen und der veränderten Situation, die neue Verhandlungen ermöglichten, ließ Mommsen seine Kooperationswilligkeit gegenüber Zumpt jun. vollends fallen und setzte darauf, dass das Unternehmen nur mit ihm zustande kommen könne. Um seine Position zu verdeutlichen und den Verhandlungsdruck zu erhöhen, spielte er eine »Alles-oder-Nichts-Karte«. Dass diese Strategie letztlich erfolgreich war, lag keineswegs nur an seiner oft beschworenen unbeugsamen Haltung, sondern nicht zuletzt am Aufbau eines vorwiegend informell geführten und stetig ausgebauten Netzwerks und dem Hinzutreten des Kultusministeriums in Person des Ministerialdirektors Johannes Schulze als neuem Akteur. Die veränderten Akteurskonstellationen sollen im Folgenden näher untersucht werden.

Die Unterscheidung formell / informell dient dazu, verschiedene Formen der Kommunikation einerseits und mehrere Ebenen von Verhandlungen andererseits unterscheidbar zu machen. »Formell« bezieht sich hierbei auf Kommunikation mit oder innerhalb von Institutionen bzw. den institutionellen Akteuren. Wenn in den Sitzungen der Akademie Verhandlungen geführt, Denk- und Planungsschriften eingereicht oder auch mündlich Verhandlungen ausgetragen werden, ist formelle Kommunikation gemeint. Wenn hingegen Akteure brieflich oder mündlich als Personen auftreten, die Strategien diskutieren, den Status quo von Verhandlungen analysieren, Optionen für Unternehmungen austauschen oder Kooperationen vorbereiten, handelt es sich um »informelle« Kommunikation. Es ist klar, dass diese Unterscheidung in erster Linie einen heuristischen Zweck verfolgt, da sie im konkreten Fall nicht immer scharf zu trennen ist. Sie gleicht auch eher einem Spektrum als einer klar trennbaren Unterscheidung und ist auch nicht an eine Ausdrucksform der Kommunikation gebunden. Es ist beispielsweise möglich, dass innerhalb eines Briefes sowohl formelle als auch informelle Kommunikation abläuft und ineinander übergeht. Auch mündliche Kommunikation kann sowohl formell als auch informell sein.

Beide Kommunikationsformen erfüllen verschiedene Funktionen. Für den hier betrachteten Fall ist wichtig: Es gehört zu den typischen Formen der Zeit, dass formelle durch informelle Kommunikation vorbereitet und begleitet wird. Ein Kriterium für formelle Kommunikation besteht zum Beispiel darin, dass sie in der Regel protokolliert wird. Beide Kommunikationsformen folgen bestimmten Regeln und Verfahren und erfüllen unterschiedliche Zwecke. Sie richten sich zudem an jeweils verschiedene Öffentlichkeiten. Nicht zu verwechseln ist die Unterscheidung mit der von privat / öffentlich, da auch informelle Kommunikation eine Form öffentlicher Kommunikation darstellt. Formelle Kommunikation ist an ein engeres Korsett von möglichen Äußerungen oder anders gesagt an ein größeres Maß an diplomatischen Regeln gebunden als informelle Kommunikation. Ein Beispiel für den Unterschied ist die Diskussion über die Schätzungen der Dauer von Unternehmungen: Während formell Zeiträume von vier bis fünf Jahren gefordert werden, ist den Akteuren informell schon klar, dass die Gesamtdauer der Unternehmungen eine weitaus größere Dimension haben wird. Dies kann informell diskutiert oder mitgeteilt werden, aber formell in keine Forderung einfließen. Hierbei wird auch deutlich, welche Funktion die Unterscheidung erfüllt: Sie dient der gleichzeitigen äußeren formalen Begrenzung und Verfestigung und der internen Verflüssigung und Entgrenzung.

Der Zeitraum von den ersten Plänen bis zum Beginn des CIL unter der Leitung Mommsens wurde in der Historiographie oft als Verweigerung der Akademie oder manchmal auch differenzierter der Akademiemehrheit gegenüber Mommsen und seinen Unterstützern angesehen. So meinte Hirschfeld in seinem Nachruf auf Mommsen vor der Akademie 1904 die Erklärung für die ablehnende Haltung der Akademie nicht nur die »Unübersehbarkeit des Unternehmens« und beschränkten Mittel der Akademie auszumachen, sondern auch »daß zur Beurteilung und Leitung desselben sich kein Fachmann in ihrer Mitte befand«.[226] Die Akademie habe es nicht vermocht, »die Geister zu scheiden«, obwohl Mommsens Eigenschaften schon früh erkennbar gewesen seien.[227]

Harnack sah in seiner Akademiegeschichte in Mommsen den Begründer »dieses grösste[n], fruchtbarste[n] und glänzendste[n] Unternehmen[s]«[228] und legte seine Darstellung darauf an, zu zeigen, »wie ein fester Wille diese Schwierigkeiten überwunden hat«.[229] Die späteren Behandlungen der Entstehungsgeschichte des CIL orientierten sich an diesem Masternarrativ, in dessen Mittelpunkt die Person Theodor Mommsens stand, der sich letztlich gegen den Widerstand durchsetzen konnte. Auch wenn die Bedeutung Mommsens für die Entstehung des Unternehmens nicht in Abrede gestellt werden soll, soll die Perspektive hinsichtlich der Akteure, Netzwerke und der Unternehmung, wie dies schon in den vorangegangenen Abschnitten getan wurde, etwas anders akzentuiert werden. Dadurch wird Mommsen einerseits gegenüber bisherigen Darstellungen dezentriert und ein Akteur innerhalb eines Ensembles, einer Konstellation, andererseits rückt es das Unternehmen und dessen Bedingungen der Möglichkeit in den Mittelpunkt. Ein derartiges Ensemble von Akteuren ist zwar bereits von Bärbel Holtz in ihrem Aufsatz »150 Jahre Corpus Inscriptionum Latinarum« beschrieben worden, jedoch legt sie den Akzent auf ein Terzett aus Wissenschaft, Ministerialverwaltung und Krone, das sich zwar nicht von Beginn an, jedoch »dann aber in wech-

---

226 Hirschfeld, wie Anm. 174, S. 944.

227 Ebd.

228 Harnack, wie Anm. 2, S. 900.

229 Ebd., S. 901.

selnden Formen auf Dauer vereinigen sollte«.[230] Holtz konzentriert ihre Ausführungen auf den Zeitraum 1853/54 und stellt gegenüber vorherigen Darstellungen vor allem die Bedeutung der Verwaltung des Kultusministeriums für das Zustandekommen des CIL heraus. Zudem erwähnt sie die Relevanz personeller Netzwerke, die sich oft quer zu den institutionellen Hierarchien ausbildeten.

Wie oben gezeigt, kann mit den französischen Planungen ab Anfang der 1830er-Jahre als Teil der Entstehungsgeschichte ein weitaus längerer Zeitraum als der der Verhandlungen von Mommsen mit der Akademie einbezogen werden. Durch die Hinzuziehung einer Reihe von Akteuren, die über das direkte Unterstützerumfeld von Mommsen hinausgingen, konnte deutlich gemacht werden, wie Mommsen erst nach und nach in die Rolle der zentralen Figur für die Leitung avancierte, nicht zuletzt nachdem mehrere Versuche, diese einzeln anderen oder ihm gemeinsam mit anderen zu übertragen, gescheitert waren.[231] Die einige Jahrzehnte umfassende Entstehungsphase ist mithin nicht nur ein Ringen mehrerer Akteure um die Konzeption und Durchsetzung eines Unternehmens, sondern gleichzeitig auch die Geschichte der Etablierung einer wissenschaftlichen Teildisziplin mit eigenen methodischen Standards, als deren Effekt – wie auch andere Disziplinbildungsprozesse gezeigt haben – nicht zuletzt die Ausgrenzung von Amateuren und Dilettanten stand.[232] Darauf wird in den folgenden Abschnitten noch näher eingegangen werden.

Dass die Entstehungsgeschichte sich so lang hinzog, kann jedoch nicht allein der Akademie, die ja nicht einmal in sich einig war, angelastet werden. So ist zum einen der Umstand, dass sich Mommsen entgegen der Fürsprache seiner Unterstützer, 1847 aktiv aus den Unternehmensplanungen zurückzog, zwar immer wieder erwähnt, aber selten

---

230 Bärbel Holtz, 150 Jahre Corpus Inscriptionum Latinarum. »Für die gesammten Alterthums-Wissenschaften ein Ehrendenkmal« in Preußen, in: Jahrbuch des Deutschen Archäologischen Instituts, (2004), S. 307.

231 Weitere Akteure sind in den Darstellungen von Harnack, Hirschfeld, Wickert, Rebenich u.a. ebenfalls einbezogen, Mommsen bleibt aber dort in der Regel sehr zentral. Vgl. hierzu auch meine Darstellung in: Torsten Kahlert, Theodor Mommsen, Informelle Netzwerke und die Entstehung des Corpus Inscriptionum Latinarum um 1850, in: Geschichtsforschung in Deutschland und Österreich im 19. Jahrhundert: Ideen, Akteure, Institutionen, hrsg. von Christine Ottner-Diesenberger / Klaus Ries, Stuttgart, 2014.

232 Vgl. hierzu bspw. die Arbeiten von Rudolf Stichweh, insbesondere: Rudolf Stichweh, Zur Entstehung des modernen Systems wissenschaftlicher Disziplinen. Physik in Deutschland 1740–1890, Frankfurt a. M., 1984. Vgl. auch: Rüdiger vom Bruch und Heinz-Elmar Tenorth (Hgg.), Geschichte der Universität unter den Linden, 1810–2010. Bd. 4: Praxis ihrer Disziplinen – Genese der Disziplinen. Die Konstitution der Universität, Berlin, 2010. Grenzziehungsprozesse betrachtet auch: Dirk Rupnow, Veronika Lipphardt, Jens Thiel und Christina Wesely (Hgg.), Pseudowissenschaft: Konzeptionen von Nichtwissenschaftlichkeit in der Wissenschaftsgeschichte, Frankfurt a. M., 2008.

einer Erklärung zugeführt worden. Zum anderen war er aus wissenschaftspolitischen Gründen, d.h. durch den Verlust seiner Professur in Leipzig aufgrund seiner politischen Aktivitäten im Zuge der 1848/49er Revolution, die auch seine Kollegen Moritz Haupt und Otto Jahn ereilte, in einem System nicht tragbar geworden, das politische Integrität seiner verbeamteten Staatsangestellten als Voraussetzung für eine Anstellung ansah. Daran änderte auch der Freispruch in zweiter Instanz zunächst nichts. Wie aus dem Briefwechsel mit Friedrich Ritschl, auf den im Folgenden einzugehen sein wird, hervorgeht, bildete die Frage der Berufung von Moritz Haupt (1808–1874) auf einen Lehrstuhl in Berlin die Voraussetzung dafür, Mommsen offiziell wieder ins Spiel zu bringen.[233]

Zu den bisher am Entstehungsprozess des CIL beteiligten Akteuren gehörten Mitglieder der Akademie in Berlin, französische und deutsch-französische Mitglieder der Pariser Akademie wie Karl Benedikt Hase. Hinzu kamen Mitarbeiter des Archäologischen Instituts in Rom, wie Emil Braun, Wilhelm Henzen und Heinrich Brunn und zahlreiche in der deutschsprachigen Forschung bisher nur wenig beachtete italienische Gelehrten, die neben Borghesi und dem als italienischer bzw. genauer vatikanische Vertreter in die Kommission aufgenommenen Giovanni Battista de Rossi, als breites Zugangs- und Zulieferernetzwerk eine bisher zwar unterschätzte, aber zu wenig gewürdigte Rolle spielten. Ohne die vorhandenen lokalen Gelehrten mit ihrer Infrastruktur

---

233 Moritz Haupt war neben vielem anderen auch Mit-Initiator des Grimmschen Wörterbuchs. Vgl. u.a. die Webseite einer Online-Ausstellung der BBAW unter <http://150-grimm.bbaw.de> (Stand: 15.05.2017): »Seit 1830 ist der Verleger Karl Reimer – mit Salomon Hirzel zusammen Inhaber der Weidmannschen Buchhandlung in Leipzig – wiederholt an die Germanisten Jacob und Wilhelm Grimm mit dem Vorschlag herangetreten, ein großes neuhochdeutsches Wörterbuch herauszugeben, das den Wortschatz von Luther bis Goethe verzeichnen soll. In andere Projekte eingebunden und als Universitätsprofessoren in Göttingen vielseitig beschäftigt, haben die Brüder dieses aufwendige Unternehmen jedoch stets abgelehnt. [...] In diesem Moment tritt erneut Karl Reimer auf den Plan, um sein Lieblingsprojekt des Wörterbuchs doch noch zu realisieren. Verbündet mit dem Altphilologen Moriz Haupt, wendet er sich am 3.3.1838 brieflich an Wilhelm mit der Bitte, seinen Vorschlag erneut zu überdenken und auch Jacob zu überzeugen. Wieder zögern die Brüder vor der unabsehbaren Größe des Unternehmens, stimmen dann – nach einem Besuch von Reimer und Haupt Anfang April – aber schließlich zu, da ihnen das Wörterbuch nicht nur ein Auskommen, sondern auch eine unabhängige wissenschaftliche Arbeit für die Nation zu ermöglichen scheint, die der Staatsdienst nach ihren Göttinger Erfahrungen nicht mehr garantiert. In der anschließenden Korrespondenz mit Reimer ist der mit kaufmännischem Sinn begabte Wilhelm darauf bedacht, die nach seiner Meinung ungünstigen Vertragsvorschläge zu verbessern. Im Oktober 1838 kommt es dann zu einem Vorvertrag mit der Weidmannschen Buchhandlung, der eigentliche Kontrakt soll erst nach Abschluß der Vorarbeiten ausgehandelt werden.« Vgl. ausführlicher auch: Alan Kirkness (Hrsg.), Geschichte des deutschen Wörterbuchs. 1838–1863. Dokumente zu den Lexikographen Grimm, Stuttgart, 1980.

aus Sammlungen, Gesellschaften und Publikationen, die sicher weit weniger professionalisiert waren, als es Mommsen und Co. wünschten, und deren lokales Wissen wäre das möglichst schnelle, zielgenaue und treffsichere Auffinden der Inschriften kaum möglich gewesen.[234]

Auch August Böckh, Dirksen, Zumpt Senior und Junior gehören in diesem Verständnis zu den beteiligten Akteuren, denn sie sind ja keine Gegner des Unternehmens, sondern Befürworter einer anderen Konzeption. Sie sind Konkurrenten von Inschriftenprojekten.

Für den letzten Akt der Entstehungsgeschichte des CIL wurden die informellen Netzwerke ab Anfang der 1850er-Jahre noch einmal verstärkt von Bedeutung vor allem durch das Hinzutreten Friedrich Ritschls sowie mit ihm des Kultusministeriums in Person des Ministerialrats Johannes Schulze (1786–1869).[235] Ritschl war um 1850 bereits ein hochangesehener Philologe und hatte durch sein Seminar an der Universität

---

234 Zur Erforschung des italienischen Korrespondentennetzwerks läuft derzeit ein größeres Editionsprojekt, das 2017, zum 200. Geburtstag Theodor Mommsens, fertiggestellt sein soll. Ein Teil von Mommsens Briefwechsel mit italienischen Gelehrten und Institutionen ist bereits über die Webseite: <http://www.mommsenlettere.org/> (Stand: 15.05.2017) recherchierbar. Flankierend wurden vom Projektleiter Marco Buonocore und Mitarbeitern der Edition bereits einige Aufsätze veröffentlicht, die in den Anmerkungen weitreichende Hinweise über bisher verstreut veröffentlichte Briefe oder Briefwechsel geben. Aufgrund der Menge sind sie hier nicht einzeln aufgeführt. Siehe u.a. Marco Buonocore, Per una Edizione delle Lettere di Theodor Mommsen agli Italiani, in: Mediterraneo Antico, 16 (2013) 1, S. 11–38. Der Sammelband Alfredo Buonopane, Arnaldo Marcone und Maurizio Buora (Hgg.), La ricerca epigrafica e antiquaria nelle Venezie dall'età napoleonica all'Unità, Firenze, (Studi udinesi sul mondo antico, Bd. 5), 2007 bietet neben der Einführung eine Reihe von Einzelstudien zum deutsch-italienischen Verhältnis bzw. dem Verhältnis von Mommsen und italienischen Gelehrten anhand der vorhandenen Briefwechsel sowie Studien zur Beteiligung italienischer Gelehrter am C.I.L. Teilweise wurden auch bereits einzelne Reisen Mommsens analysiert, vgl. Lorenzo Calvelli, Il viaggio in Italia di Theodor Mommsen del 1867, in: MDCCC, (2012), S. 103–120. Eine solide Einführung zu den deutsch-italienischen Verhältnissen mit Bezug auf Mommsen und die lateinische Epigraphik ist auf Deutsch erschienen: Arnaldo Marcone, Die deutsch-italienischen Beziehungen im Spiegel der Biographie Mommsens, in: Theodor Mommsen. Wissenschaft und Politik im 19. Jahrhundert, hrsg. von Alexander; Andreas Goltz; Heinrich Schlange-Schöningen Demandt, Berlin u.a., 2005. Zum Verhältnis von Mommsen und de Rossi vgl. ebenso den bereits oben erwähnten Aufsatz von: Stefan Rebenich, Giovanni Battista de Rossi und Theodor Mommsen, in: Lebendige Antike. Rezeptionen der Antike in Politik, Kunst und Wissenschaft der Neuzeit, hrsg. von Reinhard Stupperich, Mannheim, 1995.

235 Vgl. Wolfgang Neugebauer und Bärbel Holtz (Hgg.), Kulturstaat und Bürgergesellschaft: Preußen, Deutschland und Europa im 19. und frühen 20. Jahrhundert, Berlin, 2010, S. 74ff., die darin u. a. die auch hier vertretene These bekräftigen, dass Johannes Schulze in vielerlei Hinsicht Elemente des sogenannten Systems Althoff bereits vorwegnahm bzw. dass umgekehrt Althoff auf bereits lange bestehenden Pratiken aufbauen konnte.

Bonn eine für damalige Verhältnisse große Anzahl an Schülern hervorgebracht. Erst mit dem Eintritt des Kultusministeriums tritt zudem die Krone in Person des Königs als Finanzier und Mäzen als Akteur in Erscheinung. Da Ritschl und Schulze sich eindeutig auf die Seite von Mommsen und seiner Konzeption stellten, veränderte dies die Verhandlungssituation entscheidend.

Im Herbst 1851 hatten sich Friedrich Ritschl und Mommsen fast zeitgleich an Heinrich Brunn (1822–1894), Mitarbeiter am Archäologischen Institut in Rom, mit der Bitte um Unterstützung für die Sammlung altlateinischer Inschriften gewandt.[236] Obwohl sich Mommsen und Ritschl formell bereits durch Publikationen Mommsens in dem von Friedrich Ritschl herausgegebenen »Rheinischen Museum« kannten, benötigte es eines Vermittlers für eine bilaterale Zusammenarbeit.[237] Vor allem Mommsen stand Ritschl bisher reserviert gegenüber, wofür eine kritische Besprechung eines seiner Aufsätze durch Ritschl verantwortlich gemacht werden kann.[238] Brunn, der über das distanzierte Verhältnis informiert war, jedoch zu beiden gute Beziehungen pflegte, verwies Mommsen bei seiner Antwort auf die Bitte um Unterstützung und die ähnlich gelagerte Anfrage Ritschls und schlug ihm vor, um doppelte Arbeit zu vermeiden, sich trotz der Differenzen mit Ritschl zusammenzutun.[239] Ritschl war kurz zuvor auf Mommsen zugegangen und hatte ihm eine Arbeit zugeschickt.[240] Dieser erwiderte mit einer Gegengabe und sandte seine Vorarbeiten in einer Kiste verpackt zu. Ritschl hatte ihm mitgeteilt, er habe »Aussicht auf Unterstützung aus öffentlichen Mitteln« erhalten. Ganz ohne sein Zutun, wie Ritschl bemerkte, wurde ihm diese Gelegenheit nicht eröffnet. An Johannes Schulze hatte Ritschl nebst Übersendung seiner »lex Rubria« geschrieben:

> *»Möge sich doch ein reicher Privatmann, der so viel Liebhaberei und Ehrgeiz, oder eine wissenschaftliche Körperschaft oder Behörde, die so viel großartige Liberalität hätte, finden, um in analoger Weise eine vollständige Sammlung und Bearbeitung derjenigen altlateinischen Monumente ausführen zu lassen, die von gleichem Werthe für Philologen und für Civilisten sind: für jene als unentbehrliche Grundlage zu Forschungen über lateinische Grammatik und Geschichte der lateinischen Sprache, wie*

---

236 Vgl. Wickert, Mommsen, Bd. 3, wie Anm. 36, S. 143ff.

237 Mommsen hatte ab 1846 regelmäßig im Rheinischen Museum veröffentlicht. Vgl. die Inhaltsverzeichnisse unter: <http://rhm.phil-fak.uni-koeln.de/inhaltsverzeichnisse.html> (Stand: 15.05.2017). Zur Geschichte der Zeitschrift vgl. auch: Carl Werner Müller, Das Rheinische Museum für Philologie 1842–2007. Zum Erscheinen des 150. Bandes der Neuen Folge, in: Rheinisches Museum für Philologie, (2007), S. 1–7.

238 Wickert, Mommsen, Bd. 3, wie Anm. 36, S. 144.

239 Brunn hatte u.a. in Bonn bei Ritschl studiert. Vgl. Ebd.

240 Vgl. Ebd., S. 145–150.

wir beide noch nicht besitzen; für diese als Aktenstütze zur römischen Rechts- und Verfassungsgeschichte, wie man sie bis jetzt nur in der unkritischen Sammlung Spangenbergs, die sich mit Haubolds Namen schmückt, zusammen hat. Mit Privatmitteln ist ein Unternehmen dieser Art nicht zu betreiben. Um so mehr dürfte ich mich berechtigt halten, eine Probe dessen, was ich in diesem Sinne seit Jahren vorbereitet habe, auf öffentliche Kosten zu Ehren einer königlichen Geburtstagsfeier erscheinen zu lassen, für die ja ein gewisser äußerer Glanz und selbst einiger Lupus wohl ganz an seinem Ort ist.«[241]

Den Hinweis nahm Schulze auf und stellte Ritschl für eine derartige Sammlung eine Finanzierung aus Staatsmitteln in Aussicht. Er forderte ihn in einem Schreiben vom 13. November 1851 auf, einen Plan und Kostenvoranschlag »für eine vollständige Sammlung der altrömischen, für Juristen und Philologen gleichwichtigen Monumente, nach dem Maßstab der im vorigen Herbst erschienenen lex Rubria« zu machen.[242]

Ritschl und Schulze pflegten schon seit den 1830er-Jahren eine intensive Korrespondenz.[243] Innerhalb des preußischen Kultusministeriums war Schulze die wichtigste Figur in Berufungsfragen und wirkte prägend für die Ausformung des höheren Unterrichtswesens in Preußen in der ersten Hälfte des 19. Jahrhunderts.[244] Bevor Ritschl Schulze antwortete, wandte er sich an Mommsen, um ihn für das Unternehmen zu gewinnen und verhandelte detailliert über Anordnung, Format, Druckort, Verlag, Kosten und Titel des Werks.[245] In seiner Antwort an Schulze im März 1852 war jedoch

---

241 GStA-PK, Nl Johannes Schulze, Briefe von Friedrich Ritschl an Johannes Schulze 1831–1864.

242 Der Hinweis auf den Brief Schulze geht aus der Antwort Ritschls hervor. Vgl. Ritschl an Schulze, 28.Sep. 1852, Bonn, in: GStA-PK, Nl Johannes Schulze, Briefe von Friedrich Ritschl an Johannes Schulze 1831–1864, Bl. 283. Vgl. auch Wickert, Mommsen, Bd. 3, wie Anm. 36, S. 142–151.

243 Vgl. GStA-PK, Nl Johannes Schulze, Briefe von Friedrich Ritschl an Johannes Schulze 1831–1864.

244 Johannes Schulze ist trotz seiner Bedeutung für das Kultusministerium und die preußische Wissenschaftsentwicklung in der Forschung wenig beachtet worden. Die letzte umfassendere Würdigung liegt über ein Jahrhundert zurück. Vgl. Conrad Varrentrapp, Johannes Schulze und das höhere preußische Unterrichtswesen in seiner Zeit, Leipzig, 1889. Vgl. desweiteren den Artikel der ADB: Martin Hertz, Schulze, Johannes, in: Allgemeine Deutsche Biographie, Bd. 33, hrsg. von Historische Commission bei der Königl. Akademie der Wissenschaften, München, Leipzig, 1891. Einige Verstreute Bemerkungen in: Nippel, wie Anm. 177. Umfassender in der aus dem Akademieprojekt »Preußen als Kulturstaat« entstandenen Arbeiten: Bärbel Holtz, Wolfgang Neugebauer und Jürgen Kocka (Hgg.), Das preußische Kultusministerium als Staatsbehörde und gesellschaftliche Agentur (1817–1934), Berlin, 2009.

245 Wickert, Mommsen, Bd. 3, wie Anm. 36, S. 145–150.

keineswegs die Rede von einem Bündnis oder einer Zusammenarbeit mit Mommsen. Erwähnt wird dieser hier nur beiläufig im Zusammenhang mit den für die Herstellung der Probelithografien zuvor erstellten Abklatschen, »welche die für das Unternehmen sich lebhaft interessierenden römischen Freunde Braun, Henzen, Brunn und Mommsen geschickt haben.«[246] Den von Schulze geforderten Kostenvoranschlag will er jedoch nicht schriftlich abgeben, sondern lieber mündlich verhandeln, um weder zu wenig noch zu viel zu fordern:

> *»Dürfte ich so mündlich mit Ihnen gemeinschaftlich überlegen, wie weit sich einerseits etwa die Unterstützungskräfte anspannen, und andererseits die Grenzen des Plans selbst – da der Begriff der Vollständigkeit doch ein relativer bleibt – ohne Beeinträchtigung der wesentlichen Zwecke ungern stehen ließen, so zweifle ich nicht, daß sich die richtige Mitte bald und leicht herausstellen würde.«*[247]

Es ist sehr wahrscheinlich, dass Ritschl einen Vorwand für eine persönliche Verhandlung suchte und das weniger, weil er keinen Kostenvoranschlag machen wollte, sondern weil er mit dem politisch zu diesem Zeitpunkt nicht akzeptablen Mommsen ein Bündnis einzugehen sich anschickte. Für solche Verhandlungen schien die briefliche Ebene zu riskant oder zu heikel und die persönliche Kommunikations- und Verhandlungsebene, die allein größtmögliche Informalität versprach, besser geeignet. Ritschl kündigte Schulze deshalb an, nach Berlin zu reisen. Was er Schulze nicht mitteilte, war, dass er über Leipzig reisen würde, um zuvor mit Mommsen zu verhandeln. Schulze riet ihm zwar dringend von der Reise ab, konnte ihn aber nicht mehr aufhalten, da sein Brief möglicherweise zu spät eintraf. Ob Ritschl den Brief Schulzes vor seiner Abreise wirklich nicht mehr erhalten hat, lässt sich nicht nachprüfen.[248]

Ritschl nutzte zur Finanzierung seiner Unternehmungen nicht die Akademie, sondern das Kultusministerium und pflegte hierfür seit langem eine gute Beziehung zu Johannes Schulze. Im Fall der Unternehmung der archaischen Inschriften übernahm er die wissenschaftspolitische Durchsetzung, die Mommsen zu diesem Zeitpunkt auch gar nicht möglich gewesen wäre, da er nach wie vor aufgrund seiner Entlassung in Leipzig als politisch nicht opportun galt. Mittelfristig bedeutsamer als ein gemeinsamer Band der altlateinischen Inschriften war die Tatsache, dass Ritschl als Verfechter der Autopsiemethode Mommsens Plan gegenüber der Akademie unterstützen würde

---

246 GStA-PK, VI. HA. Nl Johannes Schulze, Briefe von Friedrich Ritschl an Johannes Schulze 1831–1864.

247 Ebd.

248 Brief Ritschl an Schulze vom 3. April 1852 in: GStA-PK, Nl Johannes Schulze, Briefe von Friedrich Ritschl an Johannes Schulze 1831–1864.

und im Gegenzug die Zusammenarbeit mit Zumpt jun. verweigerte. Für Mommsen bildete die Verbindung mit Ritschl eine strategische Option, Zumpt weiter zu isolieren und das Unterstützernetzwerk auszubauen. An Henzen schrieb er im Januar 1852:

> *»Ich fühle es wohl wie leichtsinnig es ist eine solche Gemeinschaft zu entrieren; aber ich weiß auch was Ritschl dem Unternehmen sein kann und um der Sache willen muß man schon etwas wagen.«*[249]

Mommsen und Ritschl sind sich weder zu dieser Zeit noch später persönlich näher gekommen, aber in dieser Situation war ihre Verbindung ein Faustpfand.[250] Zudem hatte Ritschl mit Johannes Schulze einen gewichtigen Akteur ins Spiel gebracht, der einerseits als Gönner und Förderer Ritschls und andererseits als Philologe auch ein persönliches wissenschaftliches Interesse an den Unternehmungen hatte. Ritschls Brief an Mommsen verdeutlicht, dass mit Schulze das Kultusministerium als Akteur aktiv in die Verhandlungen eintrat. Schulze hatte den Kultusminister Karl Otto von Raumer (1805–1859) von dem Unternehmen überzeugt und dessen »Unterstützungsbereitwilligkeit« erwirkt:

> *»Freund J. S. aber der alle Wege gebahnt hat und Ihnen sehr wohlgesinnt und zugetan ist, bat sich zweierlei sehr bestimmt aus: erstlich, ihm keine fremden Autoritäten oder vielmehr Schein-Autoritäten hineinzumengen, wie Savigny oder Humboldt, die die Sache nur verderben könnten; Er sei Manns genug sie auf geradem Wege durchzubringen. […] Das Zweite war: nicht ganz unnötiger und unkluger Weise Ihren Namen in die offiziellen Verhandlungen zu bringen; faktisch stehe uns vollkommen frei uns zu verbinden und zu verbünden wie wir wollten und die Arbeit als unsere gemeinsame zu taufen und zu nennen.«*[251]

Umkehrung der Verhandlungssituation

Mit dem Scheitern von Zumpts jun. Vorarbeiten besaß die Akademie ein Projekt, aber keinen Bearbeiter mehr. Damit hatte sich die Verhandlungssituation gegenüber dem vorläufigen Abbruch von 1848 fundamental verschoben. Doch die Fronten waren seit dem Abbruch der Verhandlungen verhärtet. Böckh sah in der Förderung der Publika-

---

249 Zit. nach: Wickert, Mommsen, Bd. 3, wie Anm. 36, S. 148.

250 Wickert sah den Grund für die bleibende Distanz beider darin, dass die Voraussetzung fehlte, dass Ritschl »Mommsens Überlegenheit anerkannte, ausdrücklich oder auch im Stillen« und »[w]eil aber Ritschl eine Herrennatur war wie Mommsen, mußte die anfängliche Harmonie in schrillen Mißklängen enden.« Ebd., S. 146f.

251 Ebd., S. 149f.

tion der altlateinischen Inschriften die Möglichkeit, das Inschriftenprojekt der Akademie am Leben zu erhalten, ohne auf Mommsen zugehen zu müssen. Der Inschriftenband hätte als erster Band des CIL ein erstes Ergebnis aufzeigen können.[252] Mommsen erklärte seine Bereitschaft zur Wiederaufnahme der Verhandlungen nur unter der Bedingung, dass Zumpt jun. zuvor ausgeschlossen werden würde.[253] Neben Gerhard unterstützte ihn in dieser Position nun auch Friedrich Ritschl.

Als Zumpt 1853 mit Ablauf seiner Förderung seinen Schlussbericht vorlegte, offenbarte sich die ganze Unzulänglichkeit seiner Arbeit, auf deren Mängel zuvor schon Gerhard mit einem scharfen Gutachten aufmerksam gemacht hatte.[254] Der Akademie war es damit unmöglich geworden, Zumpt weiter zu unterstützen. Sie war gezwungen worden, ihn fallen zu lassen. Schon 1849 hatte Zumpt jun. seinen wichtigsten Unterstützer in der Akademie, seinen Onkel Karl Gottlob Zumpt, durch dessen Tod verloren. Jedoch ließ sie seinem Neffen die Möglichkeit offen, sich mit Mommsen zu einigen, was sich angesichts der offenen Differenzen und der beiderseits unnachgiebigen Haltung als unmöglich erweisen sollte. Triumphierend schob ihn Mommsen letztlich beiseite.

> *»Wofern die Akademie mir nicht gestatten will das einzige, was an diesen Zetteln brauchbar ist, die weiße Rückseite zu benutzen, müßte ich um die Erlaubnis bitten die mir unbrauchbar erschienen Zettel der K. Akademie zurückstellen zu dürfen, da meine Räumlichkeiten es nicht gestatten dieselben bis zum Schluß der Arbeit zu konservieren.«*[255]

1850 war mit Richard Lepsius (1810–1884) ein weiterer an dem Inschriftenprojekt interessierter Archäologe als ordentliches Mitglied in die Akademie aufgenommen worden. Lepsius hatte sich mit seiner großen Expedition nach Ägypten zwischen 1842 und 1846 einen Namen gemacht und zählte damit zu denjenigen, die modern gesprochen, Auslands- und Unternehmenserfahrung gemacht hatten. In der Akademie wurde er für den 1851 verstorbenen Karl Lachmann[256] in die epigraphische Kommission ge-

---

252 Der aufwändig gestaltete und mit vielen Lithografien versehene Band erschien 1862. Vgl. Friedrich Wilhelm Ritschl, Priscae Latinitatis monumenta epigraphica, Berolini, 1862 Eine digitalisierte Version des Bandes findet sich unter: <http://arachne.uni-koeln.de/books/CILv1grf1862> (Stand: 15.05.2017).

253 Vgl. hierzu ausführlicher: Wickert, Mommsen, Bd. 3, wie Anm. 36, S. 256–263.

254 Vgl. Harnack, wie Anm. 2, S. 911; ebenso Stefan Rebenich, Mommsen, München, 2002, S. 80.

255 Wickert, Mommsen, Bd 3., wie Anm. 36, S. 270. Rebenich, Mommsen, ebd., S. 81.

256 Auch Karl Lachmann gehörte zu den Unterstützern des Autopsieprinzips. Er war einer der Begründer der philologischen Textkritik und der historisch-kritischen Editionspraxis. Statt schöner Übersetzung auf Grundlage einer Handschrift versuchte Lachmann anhand der Untersuchung aller erhaltenen Handschriften eines Textes und unter Einbeziehung des his-

wählt. Auf Lepsius geht schließlich der Antrag zurück, mit dem Theodor Mommsen, Wilhelm Henzen und Giovanni Battista de Rossi[257] von der Akademie offiziell mit der Erstellung eines CIL beauftragt wurden. Böckh versuchte noch durch Seperatvoten zu verhindern, was nicht mehr zu verhindern war und dabei sein Gesicht zu bewahren.[258] Johannes Schulze hatte schon im Vorfeld dafür gesorgt, dass auch das Kultusministerium sowie der König der Finanzierung nicht im Wege stehen würden. Grundlage für die Ausführung wurde Mommsens Plan aus dem Jahr 1847.[259]

Bemerkenswert ist hierbei, dass die Akademie verfahrensmäßig darauf bestand, dass ein Akademiemitglied den Antrag für die Durchführung der Unternehmung stellte und die Herausgeber damit beauftragte. Hirschfeld bewertete die langjährige Auseinandersetzung um das CIL in seinem Nachruf auf Mommsen als einzigartig in der Geschichte der Akademie »und wohl in keiner Akademie ist jemals so lange und so erbittert um ein großes wissenschaftliches Unternehmen gestritten worden.«[260]

Zwischenfazit

Mit Blick auf die Denkschriften, Pläne, Anträge und Verhandlungen um die wissenschaftlichen Unternehmungen in der Akademie gilt es bis hierhin festzuhalten, dass sowohl Argumente und organisatorische Strukturen wie bspw. die Kommissionen und ein internes Gutachtersystem prinpiell vorhanden waren, Erfahrungen mit Gemeinschaftsunternehmungen und Arbeitsteilungen aber erst gemacht werden mussten. Die Akademie tat sich hierbei schwer und brauchte lange, um sich auf neue Projekte einzulassen. Sie war in sich gespalten und in der Tendenz überwogen lange die Beharrungskräfte. Die Auseinandersetzungen haben die große Bedeutung von Akteurskonstella-

torischen und biografischen Kontextes eine möglichst originale Übersetzung alter Texte zu erstellen. Vgl. zu Lachmann: Sebastiano Timpanaro, Die Entstehung der Lachmannschen Methode, 2. Aufl., Hamburg, 1971. Uwe Meves, Karl Lachmann (1793–1851), in: Wissenschaftsgeschichte der Germanistik in Porträts, hrsg. von Christoph König / Hans-Harald Müller / Werner Röcke, Berlin u.a., 2000.

257 Zum Verhältnis von de Rossi und Mommsen vgl. Stefan Rebenich, Giovanni Battista de Rossi und Theodor Mommsen, in: Lebendige Antike. Rezeptionen der Antike in Politik, Kunst und Wissenschaft der Neuzeit, hrsg. von Reinhard Stupperich, Mannheim, 1995. Der Briefwechsel von de Rossi mit Mommsen ist ediert in: Marco Buonocore (Hrsg.), Theodor Mommsen e gli studi sul mondo antico. Dalle sue lettere conservate nella Biblioteca Apostolica Vaticana, Napoli, 2003.

258 Rebenich, Mommsen, wie Anm. 255, S. 81.

259 Der von den vier ständigen Sekretären unterzeichnete Antrag der Akademie an das Kultusministerium, der die Argumente innerhalb der Akademie wieder aufnimmt und sie nur ein wenig diplomatischer verpackt, befindet sich in: GStA-PK, Rep. 76 Vc, Sekt. 2, Tit. XXIII, Littr. F, Bd. 1, 1853–1863.

260 Nach Hirschfeld habe vor allem der Mangel an Epigraphikexperten die Verhandlungen erschwert. Vgl. Hirschfeld, wie Anm. 174, S. 943f.

tionen gezeigt, die notwendig waren, um das Projekt durchzusetzen. Änderten sich diese, standen auch Projektentwürfe wieder zur Disposition, wie das französische Beispiel zeigte. So lange das Gebilde nicht über eine gewisse Stabilität, Dauerhaftigkeit und ggf. erste sichtbare Ergebnisse verfügte, konnte es jederzeit leicht scheitern. Im Falle der Initiierung des CIL wurde die Stabilität im Laufe der langjährigen Verhandlungen vor allem durch die informellen Netzwerke erreicht. Aus der Analyse der Korrespondenz einer Reihe von Akteuren konnte aufgezeigt werden, wie sich dieses Netzwerk, trotz mehrerer Rückschläge im Laufe der Zeit formierte und Mommsen zunehmend in die Mitte rückte. Damit konnte aber auch klar gemacht werden, dass Mommsen der Akademie nicht allein sein Projekt aufzwang, sondern zu einem großen Teil von anderen Akteuren in diese Position gebracht worden ist und die Ideen für ein lateinisches Inschriftencorpus bereits zu großen Teilen vorher im Umlauf waren. Mommsens Verdienst besteht aber nicht zuletzt darin, die ihm zugedachte Aufgabe und Position offensiv angenommen und mit dem Einsatz seiner ganzen Person umgesetzt zu haben.

Die Akademie fungierte in einer ähnlichen Funktion wie ein Verlag, also gleichsam wie eine Firma, die unternehmerisch handelt. Einerseits werden finanziellen Mittel vorgestreckt (mit dem Unterschied, dass es nicht hauseigene, sondern zusätzliche staatliche Mittel waren, also gewissermaßen ein Kredit), damit ein Werk verfasst werden kann, andererseits wird das Renommee und der Vertrieb zur Verfügung gestellt und eingesetzt, um die Ausgaben möglichst mit Gewinn wieder reinzuholen, wobei der Gewinn nicht allein monetäre Mittel sind, sondern auch symbolisches Kapital beinhaltet. Ganz in diesem Sinne war ja die französische aufklärerische Encyclopédie ein Verlagsprojekt und zwischenzeitlich auch die französischen Bemühungen um ein CIL unter der Leitung des Verlegers Firmin Didot.

Daten und Epistemische Praktiken

Was ist eine Inschrift?

Inschriften wurden über die Jahrhunderte unterschiedlich genutzt. Nicht nur, dass Steine mit Inschriften, bevor man diese »wiederentdeckte«, über Jahrhunderte als Baumaterial verwendet wurden, sondern auch, dass das, was auf ihnen gesehen wurde, in verschiedener Weise rezipiert und rekonstruiert wurde. Sie wurden, so mein Argument, erst zu Inschriften gemacht und das je nach Zeitalter immer wieder neu. In der Konsequenz hat sich jede Epoche ihre eigenen Inschriften resp. Inschriftensammlungen geschaffen. Grundlage waren jeweils verschiedene Verfahren und Umgangsweisen, sie zu lesen und zu sammeln, sie abzuschreiben, zu kopieren und zu ordnen. Die Art der Verfahren stand in Zusammenhang mit zeitgenössischen epistemischen Tugenden. So wurden Inschriften, wie andere Objekte auch, ab der zweiten Hälfte des 19. Jahrhundert idealerweise möglichst »objektiv« und ohne Eingriffe oder Veränderungen »hergestellt«.[261] Desweiteren reflektieren die Verwandlungen der Inschriften die sich verändernde Epistemologie der Altertums- und Geschichtswissenschaften, ein Prozess und Verhältnis, das im Folgenden ein wenig verfolgt werden soll. Insbesondere der Antiquarianismus spielt als Vorläufer eine wichtige Rolle, sowohl in Hinsicht auf Anknüpfungspunkte als auch auf Abgrenzungen.[262]

Die Moderne ist mit dem Versprechen der Schaffung des Neuen eng verbunden. Oft wird dabei nicht in Rechnung gestellt, dass das Neue nicht ohne Zerstörung, Verlust, Vergessen oder Verlorengehen von Altem zu haben ist. Auf die jeweils zeitgenössische Beobachtung des Verlustes ist nicht selten mit Versuchen reagiert worden, das Verschwindende festzuhalten und in die »neue Zeit« hinüberzuretten. In dieser »neuen Zeit« wirkten diese Dinge (die auch immaterielle Praktiken sein können) wie fehl am Platze, ohne Bezug, lächerlich, antiquiert oder sie riefen einfach nichts von alledem hervor, erzeugten also nicht die für die Gesellschaft und ihr Überleben so unumgängliche und notwendige Kommunikation. Erschaffung von Neuem und Musealisierung, Fortschritt und Archivierung oder Inventarisierung sind mit anderen Worten zwei Seiten ein und derselben Medaille.

Antike Inschriften werden seit Jahrhunderten in Sammlungen aufbewahrt. Teilweise sind die Steine mit den Inschriften aber auch zum Bau von Gebäuden wiederverwendet worden. In diesen neuen Häusern wurden sie als Inschriften gleichsam vergessen. Einzig ihre Funktion als tragendes Element in einer Wand oder als Türschwelle war von Bedeutung. Die Inschrift hatte keinen Wert mehr. Bei der Arbeit für die Inschriftensammlung konnte es nun umgekehrt vorkommen, dass eines dieser Gebäude aufgrund einer eingebauten Inschrift an dieser Stelle beschädigt wurde, um die nun wieder wertvolle Inschrift lesbar machen zu können. Die Werteverschiebung kann also in verschiedene Richtungen gehen. Objekte können je nach Kontext ganz unterschiedlich bewertet werden. Insbesondere moderne bauliche Großprojekte, die sehr viel Erde umwühlen, wie der Eisenbahnbau und der infrastrukturelle Ausbau

---

261 Die Begriffe »epistemische Tugenden« und »Objektivität« rekurieren auf das von Lorraine Daston und Peter Galison ausgebreitete Verständnis in: Lorraine Daston und Peter Galison, Objektivität, Frankfurt a. M., 2007.

262 Einführend ist, trotz dessen Entstehungszeit, nach wie vor Momiglianos wegweisender Aufsatz empfehlenswert, der zuerst 1950 erschien: Arnaldo Momigliano, Alte Geschichte und antiquarische Forschung, in: Ausgewählte Schriften zur Geschichte und Geschichtsschreibung. Bd. 2: Spätantike bis Spätaufklärung, hrsg. von Anthony Grafton, Stuttgart, 1999; daran anknüpfend der von Peter N. Miller herausgegebene Band, insbesondere der Aufsatz von Wilfried Nippel: Wilfried Nippel, New Paths of Antiquarianism in the Nineteenth and Early Twentieth Centuries: Theodor Mommsen and Max Weber, in: Momigliano and Antiquarianism. Foundations of the modern cultural sciences, hrsg. von Peter N. Miller, Toronto, 2007.

von Innenstädten brachten und bringen massenhaft Inschriften und andere kulturelle Überreste zu Tage.

Obwohl es bei genauerer Betrachtung und wie bei so vielen Definitionen keineswegs eindeutig ist, wie Inschriften gegenüber anderen Objekten und historischen Überlieferungen abzugrenzen sind, hat es darüber in der Geschichte der Epigraphik vergleichsweise wenig intensive Auseinandersetzungen gegeben. Zu eingängig scheint die Vorstellung von Steinen mit eingemeißelten oder eingravierten mehr oder weniger langen Texten, die jeder schon einmal mit eigenen Augen gesehen hat. Auch wenn die mediale Entwicklung sich in der westlichen Welt von der Veröffentlichung von Gesetzestexten auf Steinen, wie es in der Antike üblich war, entfernt hat, ist das Einschreiben von Namen und Gedenkformeln in Grabsteine noch immer eine sehr übliche Kulturpraxis zum Beispiel des Totengedenkens. Auch bei Denkmälern und zuweilen auch an Gebäuden finden sich Inschriften, die Teil des öffentlichen Lebens sind. Teilweise finden sich aber statt Inschriften auch Aufschriften, die also statt eingeritzt zu werden, aufgesetzt oder herausgearbeitet sind und damit gegenüber dem Träger erhaben sind. Damit ist ein Bereich benannt, der definitorische Probleme bereiten könnte, ist doch das Beschreiben eines Pergaments oder auch eines Papyrus, wenn auch keine besonders ausgeprägt erhabene, aber dennoch eine Aufschrift auf einem durchaus dauerhaften Material. Letzteres wird in der Regel als Zusatz hinzugefügt, obwohl die damit gemeinten Materialien je nach Aufbewahrungskontext sehr unterschiedliche Haltbarkeiten haben können.

Die Definition dessen, was zum Aufgabenbereich der Epigraphik gezählt wird, hat sich, wie der Status der Inschriften selbst, gewandelt. Je nach Bestimmung werden zwei Seiten mehr oder weniger stark hervorgehoben. Zum einen geht es um die Qualitäten als Objekt und zum anderen um Inschriften als Träger von Texten. Bei ersterem stehen Form, Material und Beschaffenheit im Mittelpunkt, entweder aus kunsthistorischer oder archäologischer Perspektive. Im Rahmen der Herausbildung von Disziplinen im Laufe des 19. Jahrhunderts wurde auch die Frage diskutiert, inwiefern die Epigraphik eine eigenständige Disziplin sein könne, wobei die Antwort in der Regel dahingehend ausfiel, sie als wichtige Hilfswissenschaft oder Teildisziplin, nicht jedoch als eigenständige Disziplin zu bezeichnen. Wichtig seien sie deshalb, weil sie den gesamten Altertumswissenschaften dienen. Die Epigraphik sei, so August Böckh, »keine Disciplin, sondern ein Aggregat von Kenntnissen und wenn sie auch nach dem Hauptzwecke des von ihr behandelten Gegenstandes in dem System der philologischen Wissenschaften der Literaturgeschichte beigeordnet werden muss, so bildet sie doch zugleich ein wichtiges Hülfsmittel für alle Zweige der Alterthumskunde«[263], sei also im Grunde eine

263 August Böckh, Encyklopädie und Methodologie der philologischen Wissenschaften, Leipzig, 1877, S. 720.

interdisziplinäre Hilfswissenschaft, die weniger auf theoretischen Annahmen beruhe, denn mehr durch praktische Anwendung gelernt und ausgeübt werde.

Während Böckh sich jedoch dagegen wehrte, die Inschriften rein formal zu behandeln, unterschied Wilhelm Larfeld in seinem Handbuch zwischen eigentlicher Epigraphik und angewandter Hermeneutik. Die Epigraphik war für Larfeld eine lediglich formale Wissenschaft, die die Deutung anderen Disziplinen überlassen müsse.[264] Für Böckh war sie Teil einer »totius antiquitatis cognitio«, also die »Erkenntnis des Alterthums in seinem ganzen Umfange«[265], aus der sich der umfassende Anspruch der auf Vollständigkeit abzielenden Sammlungsunternehmungen ableiten lasse.

In dieser verschiedenartigen Sichtweise von Böckh und Larfeld auf die Aufgaben der Epigraphik spiegelt sich auch Mommsens Wendung wieder, die publizierten Inschriftensammlungen von Kommentaren, also von der direkt angehefteten ersten Interpretation, zu befreien und diese in die Forschung mit den publizierten Inschriften auszulagern. Böckh ging noch davon aus, dass Kommentare in die Publikation hineingehören und die epigraphische Arbeit Teil der Arbeit des Altertumswissenschaftlers und nicht von Spezialisten sei. Dass aber zwischen Böckhs Vorstellung, es sei einerseits Hauptaufgabe der Epigraphik Inschriftensammlungen herzustellen und seiner ebenfalls mehrfach vorgebrachten Forderung, die epigraphische Arbeit sollte, trotz notwendiger Arbeitsteilung, nicht mechanisiert werden und »keiner bloß Handlanger sein«, eine Spannung lag, wird ihm wohl bewusst gewesen sein.[266]

Kontroverse Positionen haben auch die Fragen der Legitimation der Epigraphik und des Werts der Inschriften für die Altertumswissenschaften hervorgebracht.[267] Ernst Meyer verweist in seiner Einleitung gleich zu Beginn darauf, dass die Besonderheit der Inschriften gegenüber anderen Quellenarten darin bestehe, dass sie »unmittelbar und

---

264 Vgl. Wilhelm Larfeld, Handbuch der griechischen Epigraphik, Leipzig, 1907, S. 5.

265 Böckh, wie Anm. 263, S. 25. Vgl. zu August Böckhs Konzeption der Philologie grundlegend: Axel Horstmann, Antike Theoria und moderne Wissenschaft. August Boeckhs Konzeption der Philologie, Frankfurt a. M., 1992. Vgl. für Wilamowitz Weiterführung dieses Ideals u.a.: Martin Hose, »... und Pflicht geht vor Neigung«. Ulrich von Wilamowitz-Moellendorff und das Leiden am Großbetrieb der Wissenschaft, in: Die modernen Väter der Antike. Die Entwicklung der Altertumswissenschaften an Akademie und Universität im Berlin des 19. Jahrhunderts, hrsg. von Annette M. Baertschi / Colin G. King, Berlin, 2009. Sowie auch Rebenich, Mommsen und Harnack, wie Anm. 172, S. 39.

266 August Böckh in einer Festrede auf der Universität zu Berlin 1855. Vgl. Ders., Gesammelte kleine Schriften. Bd. 2: Reden: gehalten auf der Universität und in der Akademie der Wissenschaften zu Berlin, hrsg. von Ferdinand Ascherson, Hildesheim, Nachdr. der Ausgabe von 1859, 2005, S. 128.

267 Larfeld bietet eine Fülle von Verweisen, die bis etwa 1900 reichen. Vgl. Wilhelm Larfeld, Handbuch der griechischen Epigraphik, Leipzig, 1907, S. 12–15.

unverändert aus dem Altertum erhalten geblieben sind«[268], was sie mit anderen archäologischen Denkmälern oder Münzen teilen. Damit sind sie teilweise älter als alle handschriftlich überlieferten Texte und liefern für bestimmte Epochen wie das 3. Jahrhundert überhaupt erst einmal Informationen. Hallof verweist in ähnlicher Form auf »authentische zeitgenössische Zeugnisse mit dokumentarischem Charakter«[269], Schmidt auf »›sprechende‹ Zeugnisse [...], die verläßliche Orientierung im Trümmerfeld archäologischer Überreste«[270] böten, womit das Bedürfnis der Historiker nach zuverlässigen Quellen angesprochen wird.[271] Auch Larfeld hatte schon davon geschrieben, dass die Inschriften »uns Menschen und Dinge zeigen, wie sie waren, nicht, wie dieselben sich in dem Medium einer Künstlerseele gestalteten, und lehren uns Verhältnisse kennen, von denen kein klassischer Autor berichtet.«[272] Dieses Motiv findet sich vielfach wiederholt in den verschiedensten Publikationen. Bspw. bei Mommsen gehören die Inschriften nicht zur Literatur »sondern dem Leben an«. Er vergleicht den Erkenntnisgewinn mit eines Reisenden gegenüber dem alleinigen Buchwissen über ein Land.

> *»Wir erfahren, was die Schriftsteller, namentlich die einheimischen nur selten schildern, den gewöhnlichen und alltäglichen Gang des Lebens; unter dem vielen Langweiligen und Unnützen tritt das Charakteristische von Zeit und Land doch auch hervor; die Sprache trifft unser Ohr nicht bloß wie sie sein soll, sondern wie sie wirklich ist in zahllosen individuellen Modifikationen; wir erfahren sehr viel Gleichgültiges, aber auch vieles, was man eben darum gern hört, weil es nicht bestimmt war auf die Nachwelt zu kommen; kurz es ist dieser Inschriftenschatz richtig gebraucht noch etwas mehr als ein Notizenvorrat, er ist neben dem Bilde, welches die antike Literatur uns von jener wunderbaren Epoche überliefert hat, der treue Spiegel derselben, der ohne Ansprüche zu machen Ordnung und Kunst, das Platte und Triviale so gut zeigt wie die Simplizität und die Größe des Altertums und mit seiner Unmittelbarkeit auf die stilisierte oder manierierte Überlieferung nicht selten erst das rechte Licht wirft.«*[273]

---

268 Ernst Meyer, Einführung in die lateinische Epigraphik, Darmstadt, 1973, S. 1.

269 Klaus Hallof, Inscriptiones Graecae, Berlin, 2009, S. 10.

270 Manfred G. Schmidt, Corpus Inscriptionum Latinarum, 2. durchgesehene und aktualisierte Auflage., Berlin, 2007, S. 2.

271 Ernst Meyer verweist auf den Unterschied zu den Urkunden, mit denen die Inschriften oft analog gesetzt werden. Im Gegensatz zu den Originalurkunden seien Inschriften ihre »Einmeißelung auf Stein oder Anbringung auf sonstigem dauerhaften Material«, also nicht original im strengen Sinne. Ob diese Unterscheidung wirklich relevant ist, ist eine andere Frage. Es ließe sich entgegnen, dass auch Urkunden auf möglichst dauerhaftem Material angebracht wurden, sie sollten aber zugleich leicht transportierbar sein. Zudem lag auch literarischen Urkunden in der Regel ein mündlicher Text vor. Meyer, wie Anm. 268, S. 2.

272 Larfeld, Handbuch, wie Anm. 267, S. 9.

273 Theodor Mommsen, Epigraphische und numismatische Schriften, Unveränd. Nachdr. der 1.

Niemand wird heutzutage den Quellenwert der Inschriften bestreiten wollen, aber dennoch klingt in der Überhöhung und dem Pathos, das in einigen dieser Bestimmungen mitschwingt, ein Bedürfnis nach Legitimation und Eigenständigkeit nach, das um die Mitte des 19. Jahrhunderts nicht unumstritten war. Während Niebuhr und andere für die erste Hälfte des 19. Jahrhunderts noch hauptsächlich von Antiquitäten und Altertümern sprechen, setzten sich nach ihnen mehr und mehr die Begriffe Inschriften und Epigraphik durch, die zugleich ein engeres Feld bezeichneten als die auch auf Münzen, Kunstwerke u.ä. ausdehnbaren Begriffe der Antiquitäten und Altertümer. Als etabliert kann die Teil- oder Hilfsdisziplin der Epigraphik wohl spätestens in den 1880er-Jahren gelten, als europaweit und auch in den Vereinigten Staaten eine ganze Reihe an Handbüchern entstehen, die den Stand der Disziplin festhalten.[274] Es ist gleichzeitig auch die Zeit, in der die Schüler-Generation Mommsens Lehrstühle erhält. Obwohl am Anfang der modernen Epigraphik stehend und ihr noch nicht den eigenständigen Platz zuweisen wollend, den sie später erhalten hat, kann August Böckhs Diktum, es sei die Hauptaufgabe der Epigraphik das verstreut publizierte Forschungsmaterial in eine übersichtliche Form zusammenzuführen, nach wie vor Geltung beanspruchen.

Damit sind aber immer noch Fragen offen, wie Inschriften als epistemische Objekte konstruiert und verändert wurden und wie diese Konstruktions- und Transformationsprozesse mit der Wissenschaftsorganisation von Großprojekten im 19. Jahrhundert zusammenhängen. Es soll deshalb im Folgenden die Perspektive auf die epistemischen Objekte und Praktiken gelenkt werden, die für die Entwicklung der Hilfsdisziplin der Epigraphik entscheidend waren. Objekte solcher Art sind nicht nur die Inschriften, d.h. die antiken Steine, sondern auch alle Arten von Kopien, wie alte Handschriften, Scheden, Abklatsche, Fotografien oder ähnliches. Wie wurden die Objekte behandelt, welche Verfahren wurden angelegt und welche Beziehung besteht zwischen Verfahren (des Sammelns, Lesens, Kopierens, Ordnens usw.) und dem Status der Objekte?

Aufl. [Berlin] 1913., Zürich u.a., Gesammelte Schriften, 1994, S. 168; hier zit. nach: Wickert, Mommsen, Bd. 2, wie Anm. 42, S. 225 (Anm. 2).

274 So erschien eines der bis heute am meisten wiederaufgelegten Standardwerke erstmals 1886. René Louis Victor Cagnat, Cours élémentaire d'épigraphie Latine, Paris, 1886; Des Weiteren das bis heute immer wieder erneuerte und ergänzte Handbuch der Altertumswissenschaften: Iwan Müller (Hrsg.), Handbuch der Altertumswissenschaft. begr. von Iwan von Müller. Erw. von Walter Otto. Hrsg. von Hermann Bengtson, München, 1885; ebenso wurde die riesige Realenzyklopädie in diesem Zeitraum neu bearbeitet, nachdem der »Urpauly« schon in den 1840er und 1850er-Jahren erschienen war. Georg Wissowa und u.a. (Hgg.), Paulys Realencyclopädie der classischen Altertumswissenschaft: neue Bearbeitung, Bde. 1–83 und Register. Unter Mitwirkung zahlreicher Fachgenossen, Stuttgart, später München, S. 1893ff.

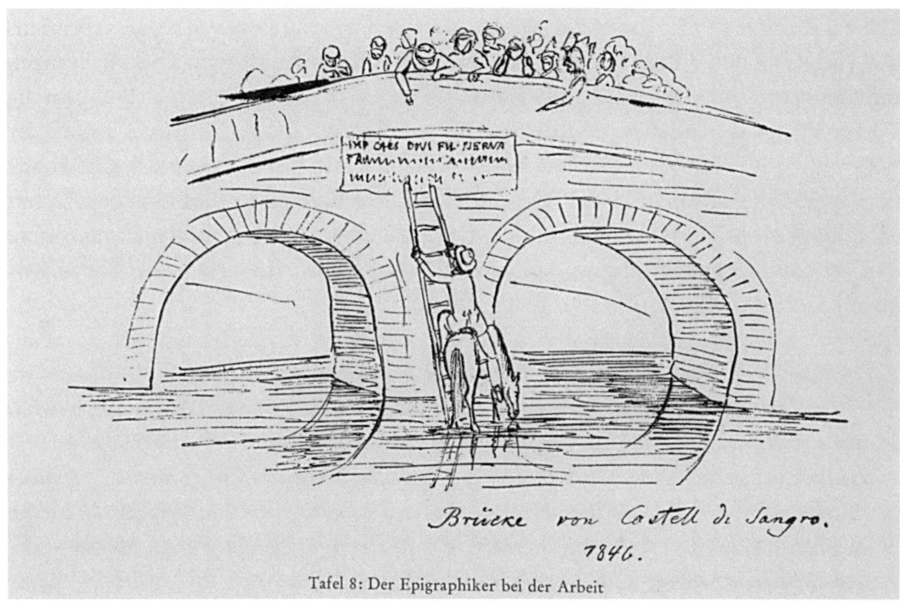

Tafel 8: Der Epigraphiker bei der Arbeit

Abbildung 3. Theodor Mommsen beim Inspizieren einer Inschrift an einer Brücke in Castel di Sangro, in: Lothar Wickert, Theodor Mommsen. Eine Biographie, Bd. 2, Frankfurt am Main 1964, S. 176.

Die Zeichnung von Julius Friedländer (1813–1884)[275] datiert auf September 1846. Sie zeigt Mommsen beim Inspizieren einer Inschrift an einer Brücke in Castel di Sangro (Provinz L'Aquila, Abruzzen), wobei er auf einem Pferd sitzt und eine Leiter vor sich aufgestellt hat. Oben auf der Brücke steht eine Menschenmenge, die ihn beobachtet. Einer zeigt auf ihn, ein anderer auf die Inschrift.[276] Dass Inschriften epistemische Objekte sein können, war keine Neuheit des 19. Jahrhunderts, sondern eine jahrhundertealte Tradition, die wenigstens bis zur Renaissance zurückgeht. Im Grunde war es auch keine Neuheit, Inschriften aus verschiedensten Kontexten wieder herauszulösen und sie

275 Mommsen und Friedländer stammten aus einer Generation und reisten 1844–1847 teilweise gemeinsam. Vgl. Bernhard Weisser, Julius Friedlaender, Theodor Mommsen und das Königliche Münzkabinett zu Berlin, in: Geldgeschichte vs. Numismatik. Theodor Mommsen und die antike Münze. Kolloquium aus Anlaß des 100. Todesjahres von Theodor Mommsen (1817–1903) an der Johann Wolfgang Goethe-Universität Frankfurt am Main, 1.–4. Mai 2003, hrsg. von Hans-Markus von Kaenel, Berlin, 2004.

276 Lt. Wickert handelt es sich um eine Inschrift des Kaisers Nerva. Der von Friedländer aufgemalte Text ist Phantasie. Zur Brückeninschrift vgl. CIL IX 2816. Zum Bild Vgl. Wickert, Mommsen, Bd. 2, wie Anm. 42, S. 176.

Teil eines Corpus oder Thesaurus werden zu lassen. Sie waren schon in der Antike als Teil von Baumaterial in anderen Gebäuden wiederverwendet worden und wurden nun durch Reisende wieder rekontextualisiert.

Inschriften durchliefen verschiedene Verwandlungsprozesse. Einstmals aufgestellt, um einen Text bekannt zu machen, konnte eine Inschrift durch den gesellschaftlichen Niedergang der entsprechenden Gegend sich selbst überlassen und eine erste »Verwandlung« als Müll, Abfall oder Bauschutt erleiden. Eine weitere Verwandlung könnte der Stein durch Verwendung als Baumaterial beim Neubau eines Hauses erfahren, wobei die Inschrift keine Rolle mehr gespielt hätte.

> *»4. Aug. Nachdem ich den Sakristan aus dem Bierhaus geholt, sperrte er mir die Kirche auf u. wies mir mit einigem Stolz die schönen, bunten Bilder, erst vor zwei Jahren vom ersten Meister in Linz gemalt. Dabei war aber mein Stein, Altarblatt in einer Seitenkapelle, mit einem Bretterdeckel verschlossen worden; u. es bedurfte einiger Kirchendemolierung, um ihn wenigstens soweit aufzurichten, daß ich zur Not lesen konnte. Das große Schloss stand einsam wie in einem Eichendorffschen Märchen; die Aussicht vom Erbbegräbnis ist entzückend schön.«*[277]

Am darauffolgenden Morgen »kletterte ich auf seiner Leiter an der Kirche hinauf, holte mir meinen Römerstein«.[278] Entweder durch lokale Antiquare oder durch einen Reisenden konnten derartige verbaute Inschriften dann ggf. wieder als Inschrift gedeutet und ihr textlicher Inhalt abgenommen, d.h. kopiert werden. In der Regel waren die Inschriften zwar oft schon von den lokalen Gelehrten wiederentdeckt worden. Teilweise war aber nur der Einbau eines Inschriftensteins bekannt, ohne dass der Text gelesen werden konnte. Mommsen schreckte in solchen Fällen auch nicht vor physischen Eingriffen zurück, um den Text einer Inschrift zu Gesicht zu bekommen und kopieren zu können. Auch Liebhaberstücke lokaler Sammler wurden durch das Programm der vollständigen Sammlung umgewertet. Alle Objekte waren prinzipiell gleich, sie waren Teil eines universalen Corpus und auch insofern gleich, als dass sie gleichen Standards der Kritik unterworfen sein sollten.

---

277 Brief vom 2. bis 6. August auf der Reise, Theodor an Marie Mommsen, S. 72 in: DLA, Nl Mommsen, Korrespondenz Marie und Theodor Mommsen, Nr. 123.

278 Ebd.

Verfahren des Sammelns und Ordnens

»Man muß es machen wie die Botaniker.«[279]

Die Epigraphik basiert wie alle Wissenschaften (Natur-, Geistes-, Sozial-, Kultur-) auf Materialitäten. Auch die Philosophie als scheinbar immateriellste Wissenschaft schreibt und druckt auf Papier und nutzt »paper technologies«.[280] Im Sammeln von Daten, seien es nun konkrete materielle »Dinge« oder immaterielle »Wörter« oder »Texte« auf Grundlage von »paper technologies« liegt eine gemeinsame Ebene von Epigraphik und anderen sammelnden Disziplinen, die die sonst so scheinbar unüberwindlich erscheinenden Grenzen verschiedener Wissenschaftsbereiche miteinander vergleichbar machte.[281] Neben anderen hat diese Perspektive auf die Praxis der Entstehung und Produktion wissenschaftlicher Daten – statt eines ausschließlichen Blicks auf die Resultate – insbesondere Bruno Latour fruchtbar gemacht. Am Beispiel der Kartographie erklärt Latour ein Schema des wissenschaftlichen Produktionsprozesses, das er als »cycle of accumulation« bezeichnet.[282] Vereinfacht gesagt, zieht eine Expedition mit einer weißen Landkarte los und bringt eine erste Karte zurück zum Zentrum. Die nächste Expedition startet nicht nur wie die erste mit Instrumenten der Landvermessung, sondern mit dieser Karte und bringt eine verbesserte, genauere Karte zurück.

---

279 Mommsen reflektierte in seinem Brief an Savigny vom 17. April 1851 seine Methode. Das vollständige Zitat wird in Abschnitt »Verfahren des Sammelns und Ordnen« widergegeben. Stahlmann, Friedrich Carl von Savigny und Theodor Mommsen, wie Anm. 121, S. 476.

280 Eine Einführung anhand medizinischer Papiertechnologien bietet: Volker Hess und J. Andrew Mendelsohn, Case and series: medical knowledge and paper technology, 1600–1900, in: Seriality and scientific objects in the nineteenth century, 48 (2010) 3/4=Nr. 161, S. 287–314; vgl. auch: Anke te Heesen, The notebook. A paper-technology, in: Making things public. Atmospheres of democracy, hrsg. von Bruno Latour / Peter Weibel, Cambridge, Mass., 2005.

281 Inwieweit sich diese Perspektive auch über wissenschaftliche Arbeit hinaus ausweiten lässt, untersuchte das Projekt »Wissen im Entwurf. Zeichnen und Schreiben als Verfahren der Forschung«. Vgl. <http://knowledge-in-the-making.mpiwg-berlin.mpg.de> (Stand: 15.05.2017). Aus dem Projekt sind insgesamt vier Bände erschienen. Vgl. Christoph Hoffmann (Hrsg.), Daten sichern. Schreiben und Zeichnen als Verfahren der Aufzeichnung, Zürich u.a., (Wissen im Entwurf, Bd. 1), 2008; Barbara Wittmann (Hrsg.), Spuren erzeugen: Zeichnen und Schreiben als Verfahren der Selbstaufzeichnung, Zürich, (Wissen im Entwurf, Bd. 2), 2009; Karin Krauthausen und Omar W. Nasim (Hgg.), Notieren, Skizzieren Schreiben und Zeichnen als Verfahren des Entwurfs, Zürich, (Wissen im Entwurf, Bd. 3), 2010; Jutta Voorhoeve (Hrsg.), Welten schaffen: Zeichnen und Schreiben als Verfahren der Konstruktion, Zürich, (Wissen im Entwurf, Bd. 4), 2011.

282 Bruno Latour, Science in action, Cambridge, Mass., 1987, S. 220ff.

In einem abstrakten Sinn sind Karten, ebenso wie alle anderen Aufzeichnungen, die Wissenschaftler tätigen, für Latour »Inskriptionen«, jedoch nicht im Sinne von antiken Inschriften, sondern im generellen Sinne von Einschreibungen auf transportierbare Träger, die er als »immutable mobiles« bezeichnet.[283] Das Erneuern und Verfeinern der »immutable mobiles« einerseits in Richtung von Peripherie zum Zentrum und andererseits von »Inskriptionen« zu publizierten Werken ist der »cycle of accumulation«. Dabei müssen es, so Latour, nicht unbedingt Menschen sein, die ausgesandt werden, um Daten zurückzubringen. Genauso gut können es Proben, Teleskope, Teilchenbeschleuniger, Kardiologen oder Fragebögen statistischer Erhebungen sein.[284] Hinter allen wissenschaftlichen Texten, so die These, liegen »Inskriptionen« und alle Einschreibungen werden mit Instrumenten produziert. Latour interessiert sich deshalb weniger für das Produkt, den Aufsatz, das Werk, die fertige Tabelle, das Diagramm, sondern für den Prozess, der dahin führte. Nicht die polierten Karten, sondern die Kaskaden von Inskriptionen, die zum Produkt wiesen, stehen im Zentrum des Forschungsinteresses einer solchen Wissenschaftsgeschichte.

Während sich im Anschluss an Latour viele Wissenschaftshistoriker mit naturwissenschaftlichen Inskriptionspraktiken und Akkumulationskreisen auseinandersetzten, wobei nicht nur die kartographischen Wissenschaften ein völlig neues Gesicht erhielten, sind die Geisteswissenschaften bisher weitgehend außen vor geblieben. Das ist kein Wunder, denn nach wie vor gelten diese als so idiosynkratisch, dass niemand ihnen durch ihre Praxis folgen möchte oder dies für relevant hielte.[285] Das mag für Historiker/innen gelten – auch heute noch –, nicht jedoch für die Epigraphik und nicht für Mommsen, dessen Macht durch die Zentrierung auf ihn bis heute nachwirkt. Ziel der Versammlung der Inschriften in einem Zentrum, dem CIL, war die Neuadressierung aller Inschriften. Seit der Veröffentlichung des CIL bezieht sich historische Altertumsforschung nicht mehr auf ältere Sammlungen oder verstreut und peripher publizierte Inschriften, sondern auf das CIL.[286] Die Rede von der deutschen Altertumswissenschaft mit Berlin als Zentrum bekommt dadurch noch einen anderen Sinn, der weniger in

---

283 Ebd.; Vgl. auch: Ders., Drawing things together, in: Representation in scientific practice, hrsg. von Michael Lynch / Steve Woolgar, Cambridge, Mass., 1990.

284 Vgl. bspw. die Studie: Bruno Latour, The Pasteurization of France, Cambridge u.a., 1988.

285 Vgl. David Jones, In Conversation with Bruno Latour: Historiography of »Science in Action«.

286 Wobei es hier auch mittlerweile wieder eine Gegenbewegung gibt, die sich in Verknüpfung von C.I.L. mit älteren Inschriftenwerken über Konkordanzen als Adressen ausdrückt. Vgl. Andreas Fassbender, Index numerorum. Ein Findbuch zum Corpus Inscriptionum Latinarum, Berlin, New York, (Corpus inscriptionum Latinarum. ser. nova, Bd. 1), 2003. Die Konkordanzen sind auch online einsehbar unter: <http://cil.bbaw.de/dateien/antiquiores.html> (Stand: 03.08.2017).

den Ergebnissen historiographischer Forschung, denn mehr in der infrastruktuellen Datenbasis zu suchen ist.

Um ältere Sammlungen und zerstreut liegende Inschriften oder verstreut publizierte und schwer zugängliche Lokalkompilationen in einen Katalog zu zentralisieren, bedarf es der standardisierten Übertragung.[287] Mehrere immer wiederkehrende Praktiken und Instrumente spielen für diese Standardisierung und Übertragung eine Rolle. Diese reichen vom Bibliographieren, Zerschneiden, Lesen, Notieren, Kollationieren, Kopieren, Zeichnen, Abklatschen usw. über das Ordnen bis hin zum Indizieren und Drucken.[288]

Anders als die Kartographie konnte die Epigraphik nicht von einer weißen Landkarte ausgehen. Sie ähnelt hier mehr der Astronomischen Himmelskartierung, die auf antike Vorbilder von Verzeichnissen zurückgreifen kann. Bereits in der Renaissance war die Epigraphik eine wissenschaftliche Praxis der großen Datenmengen. Groß wurden sie vor allem durch die Erfindung des Buchdrucks. Das System handschriftlicher Überlieferung bietet demgegenüber eine plausible Erklärung für die relativ geringe Verbreitung von größeren Inschriftenkompilationen während des Mittelalters. Im Anschluss an Elizabeth Eisensteins Untersuchung der Folgen und Wirkungen des Buchdrucks in der frühen Neuzeit lässt sich argumentieren, dass die inschriftlichen Sammlungsprojekte seit der Renaissance ebenso sehr ein Effekt des Buchdrucks als auch der

---

287 Die Formulierung des Bildes »verstreut liegender Inschriften« wird in der epigraphischen Literatur ebenso oft übernommen wie in wissenschaftsgeschichtlichen Analysen, ohne dass das damit verbundene Bild der (Kon)Zentrierung des Zerstreuten in seinen Konsequenzen immer mitreflektiert und analysiert würde. Auch wir können dies hier nicht im Einzelnen verfolgen. Es sei aber darauf verwiesen, dass mit dem Bild verstreut liegender Inschriften in der Regel bereits eine spezifische Problemperspektive eingenommen wird, die den Zustand der Zerstreuung als etwas beklagt, was möglichst behoben werden sollte und in seinem Gegenteil, der Zentralisierung zugleich eine Lösung aufzeigt. Insofern ist die Klage über die Zerstreuung die Kehrseite der Zentralisierung und tritt als diskursives Moment, wie in vielen anderen Fällen auch, gleich ursprünglich auf. Vgl. Hermann Heimpel, Organisationsformen historischer Forschung, in: Historische Zeitschrift, 189 (1959) 189, S. 139–222, der in den 1950er-Jahren ganz in der Tradition des 19. Jhs. als Bedingung für historische Forschung, den »Überblick über das Zerstreute, als eine gewisse Reife des Fachs, und eine grundsätzliche allgemeine Zugänglichkeit der Gegenstände« definierte.

288 Ohne den Forschungsstand genau zu kennen, scheint mir der Prozess des Druckens einschließlich seiner Akteure eher noch ein Desiderat, was ihre Bedeutung innerhalb der Forschungskreislaufs an der Schnittstelle zur Publikation betrifft. Die Setzer, die eher als Handwerker gelten, mussten oftmals die schwierig zu lesenden Handschriften entziffern und ließen sich nicht beliebig austauschen. Auch ihnen half beim Lesen sicher ein gewisses Verständnis für die Texte. Damit üben sie eine Praxis aus, die große Ähnlichkeit mit dem Lesen und Entziffern von Inschriften oder alten Handschriften hatte. Zum Konzept der unsichtbaren Techniker vgl. Steven Shapin, The Invisible Technician, in: American Scientist, 77 (1989) 6, S. 554–563.

Wiederentdeckung der Antike waren.[289] Durch den Buchdruck waren die technischen Möglichkeiten gegeben, die lokal gefundenen und vorhandenen Inschriften zu publizieren, das heißt, im Vergleich zu den bisherigen Möglichkeiten in weitaus größerer Stückzahl und Reichweite zu verbreiten. Diese Vergrößerung bot die Bedingung der Möglichkeit, immer größere Kompilationen erstellen zu können. Gleichzeitig erhöhte sich der Rechercheaufwand. Mit anderen Worten: Die Vervielfältigung von geschriebenem Material durch den Buchdruck evozierte Sammelprojekte mit eben derselben Technologie. Dieses Ergebnis deckt sich mit der oben schon erwähnten, Ende des 16. / Anfang des 17. Jahrhunderts erstmals versuchten, Vereinigung aller Teilsammlungen in eine umfassende Kompilation durch Gruter und Scaliger.

Michael Cahn kommt in einer Untersuchung der »sammelnden Lektüre« zu dem Ergebnis, dass die Effekte nicht unmittelbar nach Gutenbergs Erfindung auftraten, aber circa 100 Jahre danach deutlich sichtbar wurden.[290]

> *»Die Technik des Buchdrucks, die große Mengen von sprachlichen Daten reproduzieren und zugänglich halten konnte, macht es möglich, die rhetorischen Theorien der Erfindung (inventio) zu überspringen und stattdessen ihr Ergebnisse anzubieten. Sie ersetzt ein Programm durch Daten, und in diesem Prozeß kommt es zur Entstehung einer neuen Form der Lektüre, der sammelnden Lektüre.«*[291]

Die Wirkungen der Erfindung des Buchdrucks reichten bis ins 19. Jahrhundert hinein und verstärkten sich dadurch, dass preiswertere technische Verfahren wie die Papierherstellung aus Holz die Kosten für Druckwerke reduzierten.[292] Daneben veränderten sich weitere Rahmenbedingungen wissenschaftlicher Forschung und damit auch ihre Praktiken grundlegend, wozu neben staatlicher Finanzierung nicht zuletzt Reisemöglichkeiten (Eisenbahn) und beschleunigte Korrespondenz über ein dichtes Postsystem gehörten, die eine Infrastruktur bereitstellten, die noch größere Reichweiten und damit auch Autopsie und Feldforschung ermöglichten.[293]

---

289 Elizabeth L. Eisenstein, The Printing Revolution in early modern Europe, Cambridge u.a., 1983.

290 Michael Cahn, Hamster: Wissenschafts- und mediengeschichtliche Grundlagen der sammelnden Lektüre, in: Lesen und Schreiben im 17. und 18. Jahrhundert. Studien zu ihrer Bewertung in Deutschland, England und Frankreich, hrsg. von Paul Goetsch, Tübingen, 1994.

291 Ebd., S. 71.

292 Vgl. zur technischen-kulturellen Entwicklung von Papier neben anderen: Wilhelm Sandermann und Klaus Hoffmann, Papier. Eine Kulturgeschichte, 3. ergänzte, überarbeitete Aufl., Berlin, New York, 1997.

293 Obwohl nicht mehr ganz tauffrisch, nach wie vor sehr lesenswert und bis heute immer wieder neu aufgelegt: Wolfgang Schivelbusch, Geschichte der Eisenbahnreise. Zur Industrialisierung von Raum und Zeit im 19. Jahrhundert, München u.a., 1977. Zum Postwesen

Dennoch beschäftigten junge Gelehrte um die Mitte des 19. Jahrhunderts weniger die neuen Reise- oder Korrespondenzmöglichkeiten, mit denen sie aufwuchsen, sondern sie machten sich Gedanken um das große Ganze. In einem Brief an einen der frühen Förderer des CIL und Begründer der historischen Rechtsschule Savigny schrieb Mommsen am 17. April 1851:

> *»Man muß es machen wie die Botaniker, die erst die einzelnen Pflanzen beschreiben und dann hierauf ein systema plantarum aufbauen; es muß zunächst für jede Stadt wenigstens in Italien eine Regionaluntersuchung geführt werden, ehe man sich getrauen kann die tausendfältige Mischung der Formen beherrschend, das Allgemeine im Besonderen zu erkennen und mehr zu geben als im besten Fall geniale Apercus.«*[294]

Mommsen aktualisierte hier die Epistemologie der systematischen Naturforschung des 18. Jahrhunderts für seine Zwecke. Später hat er dies in einem anderen Bild wiederholt:

> *»Wir können so wenig aus dem Vollen schöpfen und sind so selten in der Lage an allgemein bekannte und allgemein gültige Anschauungen und Tatsachen anzuknüpfen, daß wir uns darauf beschränken müssen Fresco zu malen und für die Wirkung auf das Publikum die große Gruppe, die solenne Inszenierung und ein wenig das Helldunkel des Raumes zu Hülfe zu nehmen; wollten wir mehr versuchen, so würde der Pinsel bald versagen. Oder man liefert jene gekleckten Skizzen aus dem Alterthum, die nur dasjenige Publikum befriedigen, welches sowohl der historische wie der künstlerische Feinsinn abgeht.«*[295]

---

vgl. Hermann Glaser und Thomas Werner, Die Post in ihrer Zeit: eine Kulturgeschichte menschlicher Kommunikation, Heidelberg, 1990; Wolfgang Behringer, Thurn und Taxis: die Geschichte ihrer Post und ihrer Unternehmen, München, 1990.

294 Mommsen in einem Brief an Savigny vom 17. April 1851, zit. nach: Stahlmann, wie Anm. 121, S. 476. Der Vergleich mit der Botantik auch schon bei Niebuhr: »Die ganze Disziplin der Antiquitäten ist so geartet, daß man sie so wenig aus Büchern lernen kann wie etwa die Botanik.« Barthold Georg Niebuhr, Vorträge über römische Alterthümer an der Universität zu Bonn gehalten, Berlin, 1858, S. 17. Vgl. aber auch Adolf Bastian, der ebenfalls auf die Botanik verweist, die auch noch in der zweiten Hälfte des 19. Jhs. als eine Art Leitwissenschaft des Sammelns und Ordnens zu dienen schien: »So ist die Verwendung des natürlichen Systems in der Ethnologie eine weit weniger leichte und einfache, als in der Botanik, sie erheischt die Berücksichtigung einer grossen Menge von Nebenumständen, von mitwirkenden Factoren, aber unmöglich bleibt sie bei alledem nicht. Sie bedarf nur einer complicirteren Berechnungsmethode, um ein richtiges Facit zu gewinnen.« Ders., Das natürliche System der Ethnologie, in: Zeitschrift für Ethnologie, (1869), S. 3.

295 Mommsen in einem Brief an Paul Lindau, in dem er die Anfrage einen Essay für die Zeitschrift »Nord und Süd« zu schreiben, ablehnte. Zit. nach: Wickert, Mommsen, Bd. 3, wie Anm. 36, S. 571.

Methodisch stellte sich Mommsen lieber auf die Schultern von Riesen, als dass er revolutionäre Neuerungen einführte.[296] Inwiefern das von Mommsen verwendete Bild der Botanik mit ihrem Systemdenken mehr als nur Metaphorik ist, wäre eine eigene Untersuchung wert, auch im Hinblick auf die Frage, inwiefern hier Nachahmung einer bestimmten Vorgehensweise auf anderem disziplinärem Feld zu beobachten ist. Dass die heutzutage sehr vertraut erscheinenden Grenzen zwischen Natur- und Geisteswissenschaften im Falle der Praxis des Sammelns problemlos überschritten werden konnten, scheint mir jedoch evident. Robert E. Kohler verweist in diesem Zusammenhang in einem Aufsatz zur Praxis des Sammelns darauf, dass insbesondere aus der Perspektive der englischsprachigen *history of science* das Sammeln nach wie vor tendenziell als eine alte oder auch veraltete Praxis erscheint, die ein- und ausgeübt wurde, bevor die modernen Methoden und Verfahren in Laboratorien Einzug hielten. In der Konsequenz liefe dies auf die Gegenüberstellung von experimenteller und sammelnder Wissenschaft hinaus. Allerdings lassen sich die unscharfen Grenzen von Geistes- und Naturwissenschaften oder *science* und *humanities* mit dieser Unterscheidung keinesfalls in Deckung bringen, was nicht nur durch die naturforschenden Disziplinen, wie die Botanik des 18. Jahrhunderts belegt wird, sondern ebenso durch noch recht junge Massendatensammlungsprojekte wie das *Human Genom Project*[297]. Zudem sei diese Ansicht vom »Sammeln« als einer rückständigen und veralteten Praxis ein Vorurteil, das sich seit einigen Jahren durch eine kleine aber wachsende Forschungsliteratur über das Sammeln als Praxis aufzulösen beginne. Vorsichtig verweist Kohler außerdem in einer Endnote darauf, dass »wir« (womit er als ausgebildeter Chemiker die naturwissenschaftlich orientierten Wissenschaftshistoriker/innen meint) das Sammeln anders als das Experimentieren vielleicht deshalb unterschätzen, weil Sammeln keine vergleichbare soziale Exklusivität wie das Experimentieren in einem Labor besitze und leicht mit ungelernter Arbeit verbunden würde.[298] Als Kernmerkmale nennt

---

[296] Die Forschungs- und Sammlungspraktiken der Botaniker sind vielfach untersucht worden. Als eine der Hauptfiguren gilt der schwedische Naturforscher Carl von Linné. Vgl. zu ihm neben vielen anderen: Staffan Müller-Wille, Collection and collation: theory and practice of Linnaean botany, in: Studies in History and Philosophy of Science Part C: Studies in History and Philosophy of Biological and Biomedical Sciences, 38 (2007) 3, S. 541–562. Zum Bild »auf den Schultern von Riesen« vgl. Robert King Merton, Auf den Schultern von Riesen. Ein Leitfaden durch das Labyrinth der Gelehrsamkeit, Frankfurt a. M., 1980.

[297] Das Human Genom Project wurde 1990 als internationales Projekt mit dem Ziel begonnen, das menschliche Genom zu entziffern. Bis 2003 waren etwa 99 Prozent des Genoms entschlüsselt. 2006 wurden die ersten vollständigen Genom-Sequenzen veröffentlicht. Vgl. u.a.: F. S. Collins, The Human Genome Project: Lessons from Large-Scale Biology, in: Science, 300 (2003) 5617, S. 286–290.

[298] Robert E. Kohler, Collecting Sciences and Collecting Practice, in: History of Science, 45 (2007) 4, S. 428–454 hier: S. 428 und Anm. 5 auf S. 450.

er Materialität bzw. die »›thing-y‹ particularity«, die die sammelnden Wissenschaften verbinde. Diese definitorische Bestimmung ist sicherlich sinnvoll, lässt jedoch all jene sammelnden Praktiken außen vor, die auf das Sammeln von nichtmateriellen wissenschaftlichen Objekten, also von Informationen und Daten aus sind. Man denke nur an statistische Erhebungen oder wie im hier analysierten Fall an die Übertragung von Informationen antiker Inschriften. Insbesondere für die Inschriften spielt die Materialität eine ebenso wichtige Rolle, wie für die Archäologie oder die Kunstgeschichte, dennoch geht es bei den hier untersuchten Sammlungsprojekten primär um das Übertragen, das Abnehmen, das Kopieren, das Ablesen usw. des Inhalts von Objekten mit dem Ziel, nicht die Objekte selbst zu sammeln und mitnehmen zu müssen, sondern »immutable mobiles« im Sinne von Latour zu schaffen, die dann zentral zusammengeführt werden können. Sammeln ist weniger eine exklusive Praxis der Geistes-, Sozial-, Kultur- oder der Naturwissenschaften. Es ist vielmehr wie auch das Schreiben oder das Zeichnen an anderen Grenzen als denen zwischen verschiedenen Wissenschaftsbereichen zu verorten und an keinen Wissenstypus oder Disziplin, ja nicht einmal an die Wissenschaft gebunden.[299]

Das Sammeln als Praxis unterliegt, wie alle anderen Praktiken und Verfahren auch, historischen Verwandlungen. Während Ranke zu seinen Aktenkonvoluten in einer metaphorischen erotischen Beziehung stand,[300] ging Mommsen von einer soldatischen Tugend aus und bereiste die Orte der Inschriften eher als Feldherr, denn als Liebhaber.[301] Für das 19. Jahrhundert scheint insbesondere das organisierte, das geplante und schließlich das erlernte und instruierte Sammeln zunehmend charakteristisch zu werden, ganz in Analogie mit der von Max Weber Anfang des 20. Jahrhunderts diag-

---

299 Auch das Sammeln ist wie das Schreiben und Aufzeichnen streng genommen keine exklusive Tätigkeit der Wissenschaft, sondern ebenso Teil der Populärkultur, der Künste und der Literatur usw. Schreiben und Zeichnen gehört zu den Verfahren, in denen primäre Daten gesichert werden. Vgl. wie schon oben hierfür: Christoph Hoffmann, Festhalten, Bereitstellen. Verfahren der Aufzeichnung, in: Daten sichern. Schreiben und Zeichnen als Verfahren der Aufzeichnung, hrsg. von Ders., Zürich u.a., (Wissen im Entwurf, Bd. 1), 2008, S. 8 und 17.

300 Vgl. Philipp Müller, Ranke in the lobby of the archive, in: Unsettling history: archiving and narrating in historiography, hrsg. von Sebastian Jobs / Alf Lüdtke, Frankfurt a. M., 2010.

301 Vgl. Mommsens Brief an seinen Bruder Tycho vom 21. Juli bzw. 1. August 1847 in: Wickert, Mommsen, Bd. 2, wie Anm. 42, S. 397. Mommsens Vorstellung der ganzen Weltordnung als eine ziemlich militärisch organisierte spiegelt sich in Anthony Graftons Beobachtung der Institution der Universität, die man getrost auf die Akademia ausweiten kann: »Seit es die Universität gibt, war sie noch nie eine schlanke und effiziente Firma. Am ehesten vergleichbar ist sie mit dem Militär – einer Organisation, die bestenfalls einerseits sehr modern und andererseits tief in Kolorit und Brauchtum verwurzelt ist.« Anthony Grafton, Charisma und Askese. Universitätsgeschichte zwischen Traditionspflege und Modernisierung, in: Lettre International, (2006), S. 76.

nostizierten Bürokratisierung. Das planvolle Sammeln ist ganz im Sinne des Begriffs auf das geplante, das organisierte und nicht zuletzt auf das vollständige Sammeln aus. »Vollständigkeit« ist hierbei eine symbolische Entität, deren quantitative Bestimmung nur ungefähr, aber nicht exakt möglich ist. Sowohl Kellermann als auch Mommsen versuchten Mengen anzugeben, die sehr große Spannen beinhalteten, da niemand die Mengen ausgezählt hatte oder zu sagen vermochte, wie viele Steine noch gefunden werden würden. Die Schätzungen beruhten zudem darauf, dass ein beträchtlicher Teil als Fälschungen angesehen wurde und ein anderer Teil verstreut und außerhalb der weit bekannten großen Sammlungen liege.

Wenn es also um die Verwirklichung einer *vollständigen* Sammlung geht, sprechen wir von einem Ideal. Dieses Ideal wurde aber durch stetige Inschriftenneufunde (deren Anzahl im Laufe der zweiten Hälfte des 19. Jahrhunderts besonders stark anstieg) immer wieder auf seine Unerreichbarkeit zurückgeworfen. Vollständigkeit und das schon erwähnte Publikationssystem des Buchdrucks stehen hierbei in einem engen Zusammenhang. Nur das, was zwischen die Buchdeckel der Folianten gelangt, ist auch Teil der Sammlung. Mommsen war sich darüber durchaus bewusst und suchte die Lösung in einer begleitend erscheinenden Zeitschrift, der »Ephemeris Epigraphica«. An seinen Kollegen und Freund aus Breslauer Zeiten schrieb er:

> *»Wenn die Ephemeris dem Hermes geschadet hat, so würde ich darum Ihre Gründung doch nicht bedauern. Sehen Sie denn nicht, daß ich nur durch diese Hefte meine Sammlung vor dem Veralten bewahre? Schon jetzt wäre der spanische Band arrière, wenn die Ephemeris nicht wäre.«*[302]

Das Buch als Medium jedoch ist ein geschlossenes System, anders als Zettelkästen und Datenbanken, weshalb sich für letztere das Problem der Vollständigkeit in anderer Weise stellt. Erweiterbare Datenbanken, in Form von Zettelkästen, dienten aber schon seit Jahrhunderten als Werkzeug für Sammlungen, jedoch war der Zugang zu ihnen nur exklusiv vor Ort zu haben, anders als bei heutigen Datenbanken im Internet.

Autopsie als Evidenzprinzip und Reinigungsverfahren

Unter heutigen Begrifflichkeiten formuliert, betreibt das CIL große Mengen an Datenübertragungen. Inschriften oder andere Inhalte und Texte von Steinen und ähnlichem Material sollen, um den Prozess der Datenübetragung zu verdeutlichen, deshalb als Daten aufgefasst werden. Autopsie bildet in diesem Sinn eine Form der Datenübertragung, die möglichst wenige Zwischenschritte zwischen einem Original und der neuen

---

[302] Mommsen an Bernays am 23. Januar 1876, in: Michael Fraenkel (Hrsg.), Jacob Bernays. Ein Lebensbild in Briefen, Breslau, 1932, S. 156.

Publikation zulassen möchte. Böckhs Arbeitsweise einer Datenübertragung von Buch zu Buch dient dann nur noch als Vorarbeit einer Datenübertragung von Originalen in eine neue Datensammlung. Das Neue an der Autopsie sind also nicht Datensammlungen, sondern die Übertragungsformen. Die Übertragung erfolgte in der Regel unter Zuhilfenahme von vorher angefertigten Vergleichsobjekten vom Original oder letzt erhaltenem Text bzw. der ältesten noch vorhandenen Kopie. Das sogenannte Kollationieren diente zur Minimierung von Übertragungsfehlern und der Beschleunigung der Arbeit vor Ort.

Autopsie, also das in Augenschein nehmen ist die Voraussetzung für korrekte Datenübertragung und macht die Epigraphik zu einer Augenwissenschaft.[303] Autopsie wird zum grundlegenden Evidenzprinzip und dient zugleich als Reinigungsverfahren des Datenbestandes.[304] Mit der philologischen Textkritik gemein hat die Autopsie den Rückgang zu einem Urtext oder einem Original. Ein echter und wahrer Text und eine von Fälschungen und Kopier- und Übertragungsfehlern gereinigte vollständige Sammlung ist Ziel der Bemühungen. Die älteste zugängliche Quelle soll Grundlage der Überprüfung bzw. der Verfahren des Transfers sein. Falls also, im Falle der Epigraphik, der Stein noch vorhanden ist – der Idealfall –, muss dieser unbedingt als Vorlage verwendet werden, auch wenn er schwer zugänglich ist. Während die Autopsie damit das Versprechen mit sich bringt, neue Fundamente legen zu können, eingeführte Folgefehler des Abschreibens und Korrekturen von Abschreibern wieder rückgängig machen zu können, also mit anderen Worten eine *tabula rasa* der Übertragung, eine Reinigung der Inschriftentexte von gewollten oder ungewollten Veränderungen der Jahrhunderte vornehmen zu können, bringt dieser Anspruch nach Autopsie eine ganze Reihe von Folgeproblemen mit sich, die einen Großteil der Strukturprobleme der Großprojekte ausmachen.[305]

---

303 Vgl. zum Begriff der Augenwissenschaften, der allerdings von Lorraine Daston und Peter Galison etwas anders und in erster Linie auf Naturforscher bzw. Naturwissenschaftler angewandt wird. Lorraine Daston und Peter Galison, Objektivität, Frankfurt a. M., 2007.

304 Für frühere Beispiele der Verwendung von Autopsie vgl. u.a.: Helmut Zedelmaier, Zwischen Fortschrittsgeschichte und Erfindungskunst. Gottfried Wilhelm Leibniz und Christian Wolff über Historia literaria, in: Historia literaria. Neuordnungen des Wissens im 17. und 18. Jahrhundert, hrsg. von Frank Grunert / Friedrich Vollhardt, Berlin, 2007.

305 Auch in der schon mehrfach erwähnten Botanik bemühte sich Linné im 18. Jahrhundert in Bezug auf Vollständigkeit nicht allein um Vermehrung und die Zahl der Arten: »Linnés Bestimmung der Sammlerrolle – sich um die ›Zahl der Arten‹ zu bemühen – ist daher nicht als simple Aufforderung zur Akkumulation, sondern zugleich als Aufforderung zur Reduktion, also zur genauen Bestimmung statt bloßen Vermehrung der ›Zahl der Arten‹ zu verstehen.« Staffan Müller-Wille, Carl von Linnés Herbarschrank. Zur epistemischen Funktion eines Sammlungsmöbels, in: Sammeln als Wissen. Das Sammeln und seine wissenschaftsgeschichtliche Bedeutung, hrsg. von Anke te Heesen / Emma C. Spary, Göttingen, 2001.

Während Inschriftensammlungen zuvor prinzipiell ohne weitere Spezialausbildung von jedem an der Antike Interessierten veröffentlicht und in kleineren oder größeren Sammlungen kompiliert werden konnten, wurde dies mit der Durchsetzung der Autopsie als methodischem Grundprinzip zunehmend schwieriger für Amateure. Autopsie erforderte an mehreren Verfahrensstellen (kunst-)handwerkliche Fertigkeiten, die innerhalb einer *community of pratice* erst erlernt und eingeübt werden müssen. Wie oben beschrieben, entzündete sich am Autopsieprinzip der innerakademische Streit um das lateinische Inschriftenprojekt. Die Notwendigkeit, Autopsie zum Prinzip zu erheben und als Grundlage für jegliche neue Sammlung zu machen, wurde keineswegs von allen Seiten geteilt. An dieser Frage kristallisierten sich die gegenüberstehenden Fraktionen heraus. Gerhard, Lachmann, Jahn und Mommsen bildeten den Kern der Fraktion, die Autopsie mit allem Nachdruck forderte, Böckh in Verbindung mit Zumpt jun. und Zumpt sen. den der anderen Seite, die den Wert der Autopsie zwar anerkannten, aber den Nutzen geringer einschätzten als ihre Gegner und zugleich die traditionelle Form der Re-Kompilation aus gedruckten Werken als ebenso legitim ansahen. Letztere wussten lange Zeit die Mehrheit der Akademiemitglieder hinter sich, die aufgrund des geringeren Risikos den traditionellen Verfahren vertrauten. Im Laufe der Zeit stießen jedoch mehr und mehr Unterstützer zur ersten Fraktion. Für die frühe Phase gilt dies vor allem für den Rechtshistoriker und Staatsminister Friedrich Karl von Savigny[306] und Karl Lachmann; später Friedrich Ritschl, Richard Lepsius, Wilhelm Henzen und andere. Die Entscheidung der Frage für oder gegen Autopsie, bedeutete jeweils eine grundlegend andere Anlage und Arbeitsweise und hatte Auswirkungen auf Kosten, Dauer und den gesamten Aufwand des Unternehmens. Ohne Autopsie hätte man, wie beim CIG geschehen, auf Reisen verzichtet und sich

---

Mommsens Aufforderung Fälschungen auszuscheiden, ist eine ganz ähnliche Aufforderung und führt zu einer Vielzahl von kleinen Untersuchungen. Fälschungen sind aber auch Teil der Idee der Vollständigkeit, denn vollständig heißt zwar einerseits die Fälschungen aussortieren, sie bedeutet aber beim CIL den Nachweis über alle Fälschungen (es gibt jeweils eigene Kapitel für Fälschungen), damit sie nicht als neue Funde präsentiert werden können und eines Tages wieder zu den echten rüberwandern.

306 Savigny (1779–1861) war der bedeutendste Rechtshistoriker seiner Zeit. Neben seiner wissenschaftlichen Tätigkeit hatte er als Mitglied verschiedener Kommissionen auch starken politischen und wissenschaftspolitischen Einfluss. So gehörte er unter anderem der Kommission zur Errichtung der Berliner Universität an. Zudem war er Lehrer des späteren Königs Friedrich Wilhelms IV. Von diesem wurde er 1842 zum Staatsminister und 1847 zum Präsidenten des Staatsrats ernannt. Aber schon 1848 musste Savigny in den Revolutionswirren, zum Bedauern des Königs, seinen Rücktritt einreichen. Daraufhin ging sein Einfluss stark zurück. Einen gut geschriebenen Überblick gibt die Biografie von: Benjamin Lahusen, Alles Recht geht vom Volksgeist aus: Friedrich Carl von Savigny und die moderne Rechtswissenschaft, Berlin, 2012.

weitgehend auf das Sammeln, Zerschneiden und Neuzusammensetzen schon publizierter Quellen beschränkt. Das Hauptargument der Autopsiemethode bezog sich auf die große Menge an Fehlern und Fälschungen, die sich durch das wiederholte unkritische Abschreiben der Quellen über die Jahrhunderte hinweg in den Publikationen angehäuft hätten. Das Ausmaß von unechten und fehlerhaften Abschriften war durch die Studien an den Originalen in Italien zuletzt von Kellermann aufgedeckt worden. Dass Böckh auf die Seite der Gegner geriet, war zunächst erstaunlich, hatte er doch schon 1815 ein lateinisches Inschriftencorpus gefordert und der Akademie zu diesem Zweck die Schaffung von Gemeinschaftsunternehmen auferlegt. Er musste aber in einem auf Autopsie angelegten CIL nicht nur eine starke Konkurrenz zu seinem noch in Bearbeitung stehenden griechischen Inschriftencorpus (CIG) sehen, sondern sogar befürchten, dass das CIG dadurch noch vor seinem Abschluss obsolet werden würde.[307]

Das zeitweilige französische Konkurrenzprojekt wäre einerseits moderner gewesen, weil es gleich von Beginn an primär auf Kopien in Form von Abklatschen setzte, blieb andererseits dem alten Sammlungsprinzip der zentralen Sammlung verhaftet, ohne dass die Herausgeber die Autopsie selbst in die Hände nahmen. Vielmehr wurde die Überprüfung und die Erstellung von Kopien den jeweiligen Lokalgelehrten überlassen, die man über Korrespondenz zu erreichen und über das Renommee der Pariser Akademie zu gewinnen suchte. Ein einheitlicher Standard, das war Mommsens Erkenntnis auf seiner ersten Italienreise, wäre dadurch jedoch schwerlich zustande gekommen und die Zuverlässigkeit der Lieferung ein schwer kalkulierbares Risiko geblieben. Wissenschaftliches Sammeln mit Mommsen hieß, zu den Herkunfts- und Aufbewahrungsorten hinzufahren und die originalen Reste der Überlieferung anzuschauen. Das ging selbstverständlich ebenfalls nicht ohne die Kenntnisse und die Erlaubnis der Lokalgelehrten und Sammler, aber das Original wurde bestenfalls selbst gesehen und die Kopie auch selbst erstellt. Zentral wurde nur noch vorbereitet, hingegen dezentral und damit notwendigerweise auch aufwendiger gesammelt. Schließlich wurde wieder zentral zusammengeführt (nicht zuletzt mit Mommsens Argument der billigeren Arbeitskräfte in Preußen gegenüber Italien), geordnet und publiziert. Zentrum dieses Gebildes war lange Zeit Mommsens Schreibtisch.[308] Der Beginn von dessen Ende als Zentrum: der

---

307 Vgl. Rebenich, Mommsen, wie Anm. 172, S. 51. Zudem wurden, wie Rebenich schreibt, Böckhs persönliche Sympathien für Mommsen durch dessen selbstbewusstes und unnachgiebiges Auftreten begrenzt.

308 »Alles schließt sich konzentrisch um den in der Mitte stehenden Schreibtisch. - Oberfläche und Unterlage für Feldherrn, Sekretäre und Historiker gleichfalls.« zit. nach: Wolfgang Ernst, Im Namen von Geschichte, München, 2003 nach Eimer 1963 (Ernst gibt die vollständige bibliographische Angabe nicht an), dafür aber, dass Eimer nach vom Stein, Briefwechsel, Denkwechsel und Aufzeichnungen, Bd.I-VII, Berlin 1931-37, VI, 18,22 zitiert.

Brand im Haus Mommsen. Zugangsbeschränkungen für Ausleihe von Originalen in Privatwohnungen seitens der Bibliotheken waren die Folge.

Die Durchsetzung des CIL an der Akademie hing nicht zuletzt an der Frage der Sammlungsverfahren, die wiederum in Verbindung mit einem Wissenschaftsverständnis standen. Trotz der großen Bedeutung der Autopsie als epistemisches Verfahren für die Forschungspraxis gibt es bisher kaum Arbeiten, die Autopsie näher untersuchen, was umso erstaunlicher ist, da die Durchsetzung der Autopsie als epigraphische »Revolution« gilt.[309] Dabei kann keineswegs gelten, dass Autopsie eine Erfindung des 19. Jahrhunderts ist, wie die lange Geschichte der Epigraphik seit der Renaissance zeigt. Auch scheint die Feststellung von Alfred Heuss, Mommsen habe die Autopsiemethode während seiner Studienreise im Umgang mit Borghesi entwickelt, nicht ausreichend, müsste dann doch die Spur über Borghesi oder ihn hinaus zu seinem Lehrer Marini usw. weiterverfolgt werden.[310] An anderer Stelle finden wir den Hinweis, auf Daniel Papebroch (1628–1714) aus dem Kreis der Bollandisten, der die Authentizität von Handschriften überprüfte, um Zweifel zu klären.[311] Worin aber besteht der Unterschied zwischen Autopsie und Authentizität? Letzteres bezieht sich in erster Linie auf Handschriften und die Überprüfung der Echtheit, wohingegen Autopsie das umfassendere Verfahren darstellt und die Überprüfung von dreidimensionalen Objekten beinhaltet.

Autopsie wird zeitgenössisch auch in anderen Disziplinen als bevorzugtes epistemisches Verfahren gepriesen und eingefordert. Der in Königsberg lehrende Astronom Friedrich Wilhelm Bessel forderte als Initiator der sogenannten Akademischen Sternkarten, einem Projekt, das die Akademie ab Mitte der 1820er-Jahre verfolgte, dass die Sternkarten nach seinem Muster »durch Autopsie vervollständigt« werden sollten.[312]

---

309 Vgl. Rebenich, Mommsen, wie Anm. 172, S. 85. Vgl. auch Werner Eck, Mommsens epigraphische Arbeit und sein Staatsrecht, in: Theodor Mommsen und die Bedeutung des römischen Rechts, hrsg. von Iole Fargnoli und Stefan Rebenich (Freiburger rechtsgeschichtliche Abhandlungen Abt. A, Abhandlungen zum römischen Recht und zur antiken Rechtsgeschichte, N.F., 69), Berlin 2013, S. 49–63.

310 Alfred Heuß, Theodor Mommsen und das 19. Jahrhundert, Kiel, 1956, S. 104; Karl Christ, Von Gibbon zu Rostovtzeff. Leben und Werk führender Althistoriker der Neuzeit, Darmstadt, 1972, S. 90–109.

311 Vgl. ausführlich zum Werk der Bollandisten, die Dissertation: Jan Marco Sawilla, Antiquarianismus, Hagiographie und Historie im 17. Jahrhundert. Zum Werk der Bollandisten. Ein wissenschaftshistorischer Versuch, Tübingen, 2009. Zur Geschichtswissenschaft und -theorie des 18. Jahrhunderts vgl. Ulrich Muhlack, Geschichtswissenschaft im Humanismus und in der Aufklärung: die Vorgeschichte des Historismus, München, 1991.

312 Königliche Akademie der Wissenschaften (Hrsg.), Akademische Sternkarten für den Gürtel des Himmels von 15 [Grad] südlicher bis 15 [Grad] nördlicher Abweichung. (24 Stunden, 25 Blätter), Berlin, 1859, S. IV. Vergleichbar zum Kollationieren bei den Altphilologen und Altertumswissenschaftlern gehörte für Astronomen beim Aufzeichnen der Daten das Vergleichen, Ergänzen und Korrigieren mit Bezug auf bestehende Werke zu den bevorzugten

Die Leistung Mommsens und seiner Kollegen bestand in der Durchsetzung der Autopsie als unhintergehbarer Standard für die Erstellung von epigraphischen und anderen Quellencorpora. Während Autopsie als Verfahren den Kern der Legitimierung eines neuen Quellenkorpus bildete, lässt sich das Verfahren in eine Reihe von einzelnen Arbeitsschritten zerlegen. Dies beginnt mit der Reinigung von Quellenmaterial und reicht über das Lesen, das Kopieren, das (Ab)Zeichnen und Verzetteln bis hin zum (An)ordnen, Aufkleben und der Überwachung des Drucks. Die Tätigkeit des Sammelns erforderte nicht selten körperliche Arbeit, wenn Steine mit Inschriften an schwer zugänglichen Stellen abschrieben werden mussten. Über einen Stein, den er in der Nähe von Venafro fand, schrieb Mommsen:

> *»Den Stein [...] fand ich überquer vermauert an der Außenseite eines Bauernhauses, dessen Sitzschwelle den größten Teil der Schrift verdeckte. Da die Schwelle nicht wohl ganz beseitigt werden konnte, erlangte ich wenigstens, daß man sie längs der Mauer wegbrach und ich so den Stein zu säubern und einigermaßen zu lesen imstande war. In einer Art Grube hatte ich bei der ungünstigen Beleuchtung und ein- für allemal den mit kleinen, wenngleich guten Buchstaben geschriebenen und fast gar nicht (außer bei Abkürzungen) mit Interpunktion versehenen, überdies im höchsten Grade verwitterten Stein zum ersten Mal zu kopieren«.*[313]

Ähnliche Beschreibungen finden sich in einer Reihe von Briefen von Mommsen an Freunde, Kollegen oder, wie hier, an seine Frau:

> *»Hier bin ich denn nun beschäftigt halb als Farrhino(?) mit Leitern schleppend u. Steine putzend u. halb als Professor, wobei also für den Menschen u. den Mann gar nichts übrig bleibt. Es ist kaum ein Vergnügen zu nennen von früh sechs bis abends fünf Uhr bald auf dem Bauch vor den Steinen zu liegen, bald auf einer himmelshohen Leiter hinaufzuklettern zu ihnen u. dann des Abends in der Bibliothek Kataloge durchzusehen. Aber mein Arbeitsplatz möchte ich Dir u. Euch allen wohl einmal zeigen. Es ist ein alter Tempel, dessen Vorhalle mit ihren Säulen noch ziemlich gut erhalten ist; dazwischen blühen Rosen u. Kastanien; Feigenbäume u was es hier sonst an schönem Grün gibt, stehen zwischen den Trümmern, u. man muß sich als Epigraphiker oft erst mit dem Laube herumschlagen, ehe die Inschrift zum Vorschein kommt.«*[314]

Methoden der Astronomen. Beobachtet und aufgezeichnet wurde nie ohne Bezug auf den bestehenden Datenbestand.

313 Theodor Mommsen, Gesammelte Schriften, Berlin, 1907, S. 77 (unveränderter Nachdruck im Georg Olms Verlag, Hildesheim 1994); Vgl. auch: Wickert, Mommsen, Bd. 2, wie Anm. 42, S. 360, Anm. 213.

314 Brief von Theodor an Marie Mommsen vom 22. April 1867 aus Bressia, in: DLA, Nl Mommsen, Korrespondenz Marie und Theodor Mommsen, Nr. 292.

Körperliche Arbeit wurde für Mommsen zuweilen sogar zum Ausweis des Zustands wissenschaftlicher Arbeit, wenn er an seine Frau von einer Reise durch Ungarn über einen Kollegen schreibt, er sei »zur Zeit der einzige Ungar, der es der Mühe wert hält, um eine Inschrift zu lesen, niederzuknien«.[315]

Close Reading, Copy & Paste

»Das Inschriftenlesen ist vielmehr eine Kunst, die wie alle Künste und Fertigkeiten technische Vorkenntnisse und dauernde Uebung voraussetzt.«[316]

Während es für die Entwicklung der Schrift, der Schriftkultur, der Schreibwerkzeuge, Schriftträger und mit diesen verbundene Materialitäten eine reichhaltige Literatur gibt, ist die Geschichte des Lesens als historische Praxis bisher wenig beleuchtet worden.[317] Dennoch hat sich mittlerweile die Erkenntnis durchgesetzt, dass es weder das universelle und damit nicht weiter historisierbare Lesen noch die *eine* Geschichte des Lesens gibt. Vielmehr lassen sich eine ganze Reihe verschiedener Geschichten des Lesens ausmachen, bei denen nicht allein die Kompetenz des Lesenkönnens im Vordergrund steht, sondern vor allem Prozessen eine Bedeutung zugesprochen wird, die durch mediale und andere Umweltveränderungen (des/der Lesenden) induziert werden.

---

315 Brief vom 17. September 1857 von Theodor an Marie Mommsen aus Pesth in: ebd., Nr. 13.

316 Emil Hübner, Über mechanische Copieen von Inschriften, Berlin, 1881, S. 2.

317 Vgl. Peter Stein, Schriftkultur. Eine Geschichte des Schreibens und Lesens, 2. durchgesehene Aufl., Darmstadt, 2010, S. 255. Stein weist im Anschluss an M. Bickenbach ebenfalls darauf hin, dass bisherige »Lesegeschichten« mehr Geschichten des Lesers waren. Um 2000 erschien eine Reihe von Darstellungen, die sich der inneren Geschichte des Lesens oder dem Lesen als historisch sich wandelnder Praxis widmeten. Vgl. u.a. Matthias Bickenbach, Von den Möglichkeiten einer »inneren« Geschichte des Lesens, Tübingen, 1999; Alberto Manguel, Eine Geschichte des Lesens, Reinbek, 1999. Vgl. auch das von der Stiftung Lesen herausgegebene Handbuch: Bodo Franzmann und Georg Jäger (Hgg.), Handbuch Lesen, München, 1999. Einen Überblick über Lesekulturen vor dem Buchdruck bietet: Hans-Joachim Griep, Geschichte des Lesens: von den Anfängen bis Gutenberg, Darmstadt, 2005. Sehr wertvoll hinsichtlich der Fragestellungen und Themenauswahl ist nach wie vor der Band: Paul Goetsch (Hrsg.), Lesen und Schreiben im 17. und 18. Jahrhundert. Studien zu ihrer Bewertung in Deutschland, England und Frankreich, Tübingen, (Script Oralia, Bd. 65), 1994. Für das 19. Jh. ist die Forschungslage noch relativ dünn. Zu nennen ist hier vor allem die Studie des Medientheoretikers Friedrich Kittler: Ders., Aufschreibesysteme 1800/1900, München, 1985. Einen bestimmten Schriftträger, und zwar Akten, untersucht in einer hervorragenden Studie: Cornelia Vismann, Akten: Medientechnik und Recht, 2. Aufl., Frankfurt a. M., 2001.

Beispielsweise veränderte die mit dem Buchdruck einhergehende Typographisierung von Texten nach und nach auch die Rezeption und das Lesen,[318] auch wenn die ältere Kultur des handschriftlichen Lesens und Schreibens nicht verschwand. Letztere blieb bis Ende des 19. Jahrhunderts die exklusive Form der persönlichen Kommunikation über größere Entfernungen und auch die Hauptform des Schreibens und Aufzeichnens von allen möglichen Notaten, Texten, Manuskripten, aber auch für Protokolle oder bspw. bürokratische und amtliche Kommunikation. Die Überlieferung in den Archiven und in den Nachlässen von Bibliotheken gibt hierüber beredten Aufschluss. Das handschriftliche Schreiben und damit auch dessen Rezeption im Lesen wird bis heute gepflegt, es hat jedoch seine Exklusivität verloren. Das Lesen typographisch erstellter Texte gehört heutzutage zu der mit Abstand dominanten Form der Rezeption von Texten. Der Prozess beginnt mit der Erfindung des Buchdrucks und erhält eine neue Qualität Ende des 19. Jahrhunderts mit der Einführung der Schreibmaschine.[319] Mit der Verbreitung dieses neuen technischen Schreibmediums beginnt sich das Verhältnis von handschriftlich erstellten zu typographischen Texten umzukehren. Mit der Einführung von Personal Computern ist diese Dominanz auf Tastatur und Bildschirm bzw. Touchscreen übergegangen.[320]

Das Lesen von Inschriften ist eine dieser vielzähligen Geschichten des Lesens mit einer eigenen Geschichte.

> *»Kellermanns wesentliches Verdienst, sagt er [Borghesi], habe in nichts anderem als in der nach und nach ihm eingeimpften Geschicklichkeit bestanden, richtig zu lesen.«*[321]

Mommsen bezeichnete es als eine seiner großen Vorteile, dass er Inschriften deshalb besser als andere lesen konnte, weil er durch sein Vorwissen genauer und mit größe-

---

318 Peter Stein, Schriftkultur. Eine Geschichte des Schreibens und Lesens, 2. durchgesehene Aufl., Darmstadt, 2010, S. 255.

319 Die Geschichte der Schreibmaschine, die selbstverständlich nicht erst mit seiner massenhaften Verbreitung ab Ende des 19. Jahrhunderts beginnt, sondern deren Vorläufer bis zum Anfang des 18. Jahrhunderts zurückweisen, ist vielfach dokumentiert. Ausreichend Hinweise hierzu finden sich in einschlägigen Artikel von Handbüchern und Lexika. Häufig wiederholt ist auch Nietzsches Gedanke, unsere Schreibwerkzeuge – in diesem Fall die Schreibmaschine – schrieben mit an unseren Gedanken. Vgl. hierzu Friedrich Nietzsche, Schreibmaschinentexte: vollständige Edition; Faksimiles und kritischer Kommentar. Aus dem Nachlass hrsg. von Stephan Günzel und Rüdiger Schmidt-Grépály, Weimar, 2002. Vgl. für eine medientheoretische Deutung: Friedrich Kittler, Grammophon Film Typewriter, Berlin, 1986.

320 Vgl. Till A. Heilmann, Textverarbeitung: eine Mediengeschichte des Computers als Schreibmaschine, Bielefeld, 2012.

321 Zit. nach: Kolbe, Emil Braun und die lateinische Epigraphik, wie Anm. 8, S. 534.

rer Sicherheit bestimmen konnte, was gemeint war. Insofern ist Lesen und das korrekte Erkennen von Bedeutung mit Kontextwissen verbunden. Dieses Kontextwissen und eine Art Übung und Geschicklichkeit war deshalb so wichtig, weil viele Texte auf Inschriften aufgrund des Alters der Steine, ihres möglichen Verwitterungszustandes oftmals nur schwer zu erkennen waren. Zudem wurden aus Platzmangel zahlreiche Abkürzungen verwendet, deren Entschlüsselung oft nur durch Kontextwissen gelang.

Wilhelm Henzen verweist in diesem Zusammenhang auf Marinis Diktum, dass nur derjenige eine Inschrift richtig abschreiben könne, der sie zu verstehen im Stande sei und derjenige sie verstehe, der sie auch abschreiben könne.[322] Aus Marinis Zitat geht die Verbindung von Deuten und Abschreiben hervor. Demjenigen, der abschreibt, kommt eine große Bedeutung zu, weil er nie einfach »nur« abschreibt, sondern dies immer deutend tut. Über diese Art der Charakterisierung von Lesen und Abschreiben werden Prozesse der Reklamierung des Inschriftenlesens als exklusiver Tätigkeit von ausgebildeten Spezialisten verstärkt. Umgekehrt lassen sich darüber Amateure und Ungeübte aus dem Feld drängen oder gar ausschließen. Ein nicht unerheblicher Teil der Korrespondenz von Mommsen und seinen Kollegen bestand in der gegenseitigen Überprüfung von Lesungen, d.h. der Abgleich von Lesungen mit Hilfe des Kontextwissens der anderen oder der scientific community.[323] Unstimmigkeiten bei Lesungen oder die Frage, ob eine Inschrift gefälscht sei oder nicht, konnten aber auch zu veritablen Streitigkeiten führen.[324]

Eng verknüpft mit dem Lesen in der epigraphischen Arbeit ist das Kopieren. Kopieren bedeutete um 1800 ausschließlich Abschreiben bzw. Abzeichnen, wobei die Übergänge vom einen zum anderen Verfahren fließend waren. Im Laufe des 19. Jahrhunderts kommen zunehmend technische Kopierverfahren hinzu, die das händische Abschreiben bzw. Abzeichnen ergänzen und teilweise ersetzen. Hierzu zählen, neben den einfachen Formen wie dem Durchreiben und dem Durchpausen[325], mechanische Formen wie das Abklatschen und später die Fotografie. Auch der Gipsabguss gehört zu den mechanischen Kopierverfahren, ist jedoch nur in ausgewählten Fällen und eher bei Kunstwerken angewandt worden, da er aufwendig und teuer ist. Im Übrigen werden

322 Vgl. Henzen, Die Lateinische Epigraphik, wie Anm. 71, S. 159.

323 Zahlreiche Beispiele hierfür finden sich bspw. in dem Briefwechsel Mommsens mit Adolf Harnack. Vgl. hierzu: Rebenich, Mommsen und Harnack, wie Anm. 172.

324 Vgl. bspw. die Fehde mit den Jesuiten während Mommsens erstem Aufenthalt am Archäologischen Institut in Rom. Wickert, Mommsen, Bd. 2. wie Anm. 42, S. 97ff.

325 Ergänzend sei noch auf den Stannioldruck verwiesen, der aus Blei- oder Zinkpapier hergestellt wird, aber aufgrund seines Materials sehr anfällig für nachträgliche Verformungen ist. Er wird insbesondere für Inschriften mit flacheren Einkerbungen und kleineren Objekten wie Münzen verwendet. Vgl. Emil Hübner, Über mechanische Copieen von Inschriften, Berlin, 1881, S. 11f.

all diese Verfahren auch heute noch verwendet. Mit der Einführung von mechanischen Kopierverfahren wie dem Abklatsch und der Fotografie kann die Abnahme der Kopie auch textunkundigen Mitarbeitern oder Hilfskräften übertragen werden, da nicht die Beherrschung der Lesung notwendig ist, sondern die Fertigkeit im Umgang mit den Verfahren des Abklatschens bzw. der Fotografie. Im Sinne der zeitgenössischen Vorstellung von Objektivität werden die mechanischen Kopien weniger durch das Subjekt bzw. das Subjektive gestört oder verändert und können deshalb größere Objektivität beanspruchen als Zeichnungen nach dem Original.

Bemerkenswert ist ein Prozess, der sich anhand der Argumentation von Wilhelm Henzens Aufsatz über die Zustände der lateinischen Epigraphik von 1853 wiederfindet. Der Aufsatz war eine Rezension von Mommsens Probewerk, der IRN, aber zugleich Streitschrift für das CIL, in dem sich Henzen offen als Befürworter des Projekts positionierte. Er kann aber auch als paradigmatisches Beispiel für die Wahrnehmung von und gleichzeitigen Forderungen nach epistemischen Veränderungen der epigraphischen Kopierverfahren angesehen werden. Henzens Kritik richtete sich auf zwei Punkte: 1) Der erste Vorwurf zielte auf diejenigen, die beim Abschreiben korrigierend, ergänzend oder ähnlich verändernd eingreifen und zugleich gegen diejenigen, die sich als Ungeübte ans Kopieren wagen. Die erste Gruppe zielt auf die älteren »Professionellen« und die »Ungeübten« verweist auf die große Zahl der Amateure.[326] 2) Der zweite Vorwurf richtet sich gegen diejenigen, die ohne Bedenken »Ausschreiben«, d.h. Abschreiben ohne an älteren oder anderen verfügbaren Quellen Echtheit und Korrektheit der Lesung zu überprüfen und damit sorglos und inkompetent Fehler weiterführen und schlimmstenfalls weitere hinzufügen und so zu einem allmählichen Prozess der Korrumpierung von Texten beitragen.[327]

---

326 Die will natürlich eigentlich keiner verprellen, weil sie ja engagiert sind, aber sie sollen dann doch lieber mechanisch kopieren oder es ganz sein lassen: »Keineswegs soll daraus den Männern ein Vorwurf gemacht werden, die mit Mühe und Fleiss Inschriften an entlegenen Orten abschreiben und abzeichnen, ohne der Aufgabe gewachsen zu sein. Sie verdienen im Gegentheil Dank und Anerkennung; doch lasst sich nicht immer sagen, dass eine unvollkommene Abschrift unter allen Umstanden besser sei als keine.« Vgl. Wilhelm Henzen, Die Lateinische Epigraphik und ihre gegenwärtigen Zustände, in: Allgemeine Monatsschrift für Wissenschaft und Literatur, (1853), S. 157–184.

327 Jan Marco Sawilla, Antiquarianismus, Hagiographie und Historie im 17. Jahrhundert. Zum Werk der Bollandisten. Ein wissenschaftshistorischer Versuch, Tübingen, 2009, S. 267: »Wichtiger als die konventionelle Exposition der Augenzeugenschaft ist die Wendung gegen eine stereotypisierende Verurteilung der mittelalterlichen librarii. Deren Inkompetenz oder mangelnde Sorgfalt war in antikenbegeisterten Milieus das lange Zeit wichtigste – wenn auch nicht einzige – Argument, um den Prozess der Tradition zu erklären, vorgestellt als ein Prozess der fortlaufenden Korrumpierung der Texte.«; Letzteres mit Verweis auf: Klara Vanek, Überlieferung und Textverderbnis. Konrad Rittershausens Monitio de varietate lec-

Um nicht in den Verruf zu kommen, die Säulenheiligen der Disziplin zu verletzen, hebt er zwar deren persönliche Fähigkeiten hervor, um aber zugleich die Methode prinzipiell zurückzuweisen: »und, wenn wir auch hier und da Scaliger's Genius in seinen Emendationen zu bewundern Anlass finden, so kann uns das doch nicht hindern, die Methode selbst durchaus zu verwerfen und für höchst verderblich zu erklären.«[328] Konkret bemängelte er:

> *»In älteren Zeiten pflegte man die Zeilenabtheilung, die Lücken, die Zahl der etwa ausgefallenen Buchstaben, die Reste der halb erhaltenen wenig zu berücksichtigen, lauter Dinge von höchster Wichtigkeit für das Verständnis des Denkmals, selbst wo es im Uebrigen richtig gelesen war; Dinge, die noch in unserer Zeit von vielen Herausgebern gar zu wenig beachtet werden.«*[329]

Der schlimmen Gewohnheit, so Henzen, »was man nicht verstand, zu corrigiren«[330], müsse nun eine objektivere Behandlung der Inschriften beim Kopieren folgen. Ganz ähnlich beschreiben dies Lorraine Daston und Peter Galison in ihrer Untersuchung Objektivität, als Abkehr von der idealisierten Darstellung.[331] Henzen beschreibt die »Sitte der Zeit [...], dass sie nicht selten die überlieferten Texte nach Gutdünken arrangiren und corrigiren, und zwar ohne Andeutungen ihrer Willkürlichkeiten«[332] als einen Verfallsprozess epistemischer Tugenden, den es nun umzukehren gelte. Denn eine Fortführung würde in eine Kaskade von Verschlechterungen des inschriftlichen Textmaterials münden. Eine einmal publizierte Hand- oder Abschrift würde, ohne erneute Sichtung des Originals immer wieder so abgeschrieben bzw. mit noch weiteren stillschweigenden Korrekturen oder willkürlichen Veränderungen versehen werden. Ideal seiner Zeit müsse es deshalb sein:

---

tionum von 1597, in: Übertragungen: Formen und Konzepte von Reproduktion in Mittelalter und Früher Neuzeit, hrsg. von Britta Bußmman / Albrecht Hausmann / Annelie Kreft / Cornelia Logemann, Berlin u.a., 2005, 18f.; ausführlicher vgl. zudem: Klara Vanek, »Ars corrigendi« in der Frühen Neuzeit: Studien zur Geschichte der Textkritik, Berlin u.a., 2007.

328 Henzen, wie Anm. 71, S. 161. Emendationen sind Korrekturen von Fehlern mit dem Ziel der Verbesserung des Textes.

329 Ebd., S. 159.

330 Ebd.

331 »Im Lauf des neunzehnten Jahrhunderts begannen auch andere Wissenschaftler, von den Astronomen bis zu den Bakteriologen, in Atlanten und Lehrbüchern ihre Traditionen der idealisierten Darstellung in Zweifel zu ziehen. Daß man bei der Suche nach dem Wesentlichen das Gestrüpp des Zufälligen beseitigte, hatte lange Zeit als höchst bewundernswertes Ziel gegolten; jetzt wurde es zu einem wissenschaftlichen Laster.« Daston und Galison, Objektivität, wie Anm. 261, 2007, S. 17.

332 Henzen, wie Anm. 71, S. 161.

»und wenn man freilich nicht verlangen kann, dass jeder Benutzung einer Inschrift eine neue Collation derselben voran gehe, so sollte doch keine Sammlung von Inschriften an's Licht kommen, ohne auf eine solche so weit, wie möglich, gegründet zu sein.«[333]

Henzen präsentiert hier die Autopsie als neues objektives Ideal und epistemische Tugend. Inschriften sollten ohne bewusste oder versehentliche Veränderung durch den Abschreiber, ohne Korrekturen und Willkürlichkeiten, ohne Änderungen »objektiv« übertragen bzw. kopiert werden.[334]

Neben der Schaffung von besseren Ausbildungsvoraussetzungen wird das Kopieren von Inschriften durch technische Verfahren im Laufe der zweiten Hälfte des 19. Jahrhunderts zunehmend mechanisiert. Damit scheint nun eigentlich ein Prozess in Gang gesetzt, der zwar nicht das Lesen, aber zumindest das Kopieren von Inschriften nicht mehr in Abhängigkeit von einem großen Kontextwissen stellt, sondern es auch Hilfsarbeitern ermöglicht, standardisierte und erkennbare Inschriftenkopien anzufertigen.

Dieser *objektiven* Autopsie korrespondierte als ideales Verfahren das mechanische Kopieren. Eine von Emil Hübner, einem der frühen Mitarbeiter des CIL, verfasste Übersicht über die verschiedenen Methoden mechanischen Kopierens, bietet hierfür eine Übersicht über den Stand der Dinge in der zweiten Hälfte des 19. Jahrhunderts.[335] Für Hübner ist das mechanische Kopieren von Inschriften ein Sammelbegriff für verschiedene Praktiken und Verfahren des technisch unterstützten Kopierens. Ihm zufolge sei es einerseits effizienter, eine mechanische Inschrift anzufertigen als schlechte Abschriften. Andererseits sei es ein Irrtum, dass unbefangenes Abschreiben auch zu besseren Resultaten führe, also das Verständnis für den Inhalt des Inschriftentextes gar nicht notwendig sei.[336] Für das Verständnis selbst einer gut erhaltenen Inschrift seien vielmehr sehr viele Kenntnisse notwendig, die zu erlernen weitaus mehr Zeit erfordern, als das Erlernen des Erstellens einer Kopie mithilfe von mechanischen Verfahren und Hilfsmitteln, die ohne das Schreiben und das Zeichnen auskommen. Das »Inschriftenlesen«, so Hübner, »ist vielmehr eine Kunst, die wie alle Künste und Fer-

---

333 Ebd., S. 160.

334 Bei Daston und Galison heißt es ganz ähnlich: »Objektiv sein heißt, auf ein Wissen auszusein, das keine Spuren des Wissenden trägt - ein von Vorurteil oder Geschicklichkeit, Phantasievorstellungen oder Urteil, Wünschen oder Ambitionen unberührtes Wissen. Objektivität ist Blindsehen.« In: Daston und Galison, Objektivität, wie Anm. 261, S. 17.

335 Erstmals in den 1870er-Jahren als Aufsatz in den Jahrbüchern des Vereins von Alterthumsfreunden im Rheinlande (Heft 49, S. 57ff.) veröffentlicht, hat er sie als eigene Publikation 1881 neu aufgelegt. Sie konnte als praktische Anleitung zum Herstellen von Kopien von Inschriften dienen und gab im Anhang zusätzlich eine ins Französische übersetzte Anleitung zur Herstellung von Papierabklatschen. Vgl. Emil Hübner, Über mechanische Copieen von Inschriften, Berlin, 1881.

336 Vgl. Ebd., S. 2.

Abbildung 4: Abklatsch einer Inschrift.

tigkeiten technische Vorkenntnisse und dauernde Uebung voraussetzt.«[337] Darin folgte Hübner einer langen Tradition, die sich wenigstens bis zu Borghesis Lehrer Marini zurückverfolgen lässt und die oben angedeutet wurde.

Der Abklatsch wird im 19. Jahrhundert das beliebteste Verfahren, um objektive Kopien *mechanisch* herzustellen. Was aber ist ein Abklatsch und welche Vorteile bietet er gegenüber anderen Kopierverfahren? Den Abklatsch könnte man als mechanische Selbsteinschreibung der Inschrift in Papier umschreiben, der im Sinne von Daston und Galison »Blindkopieren« ermöglicht. Er wird, kurz gesagt, durch Aufbringen von nassem Papier auf den Stein hergestellt, wobei mit einer Bürste oder einem anderen Gegenstand dieses nasse Papier in die Vertiefungen gedrückt wird. Nach dem Trocknen lässt er sich zusammenrollen und damit leicht transportieren. Zudem bleibt er, sofern nicht stark beansprucht, dauerhaft in Form.[338]

Gegenüber dem Abschreiben oder Abzeichnen ist damit beim Abklatsch das wissenschaftliche Selbst stärker zurückgenommen und das Risiko von Übertragungsfehlern minimiert.[339] Vor allem die Dreidimensionalität, die je nach Lichteinfall bestimm-

337 Ebd.

338 Vgl. Ebd., S. 5ff.

339 Zum »wissenschaftlichen Selbst« bzw. der »wissenschaftlichen Persona« vgl. auch: Lorraine

Abbildung 5: Fotografie derselben Inschrift.

te, schwierig erkennbare Textteile lesbar machen konnte, stabilisierten das Verfahren, so dass auch die Fotografie es nicht ersetzen konnte.[340]

Zudem benötigte das Herstellen eines Papierabdrucks keine Spezialkenntnisse und keine umfangreiche Ausrüstung und konnte auch Hilfsarbeitern übertragen werden.[341]

Ein Bindeglied zwischen mechanischem Kopieren und freiem Abschreiben ist das Kollationieren. Dabei wird eine bereits vorhandene Lesung bzw. Abschrift gegen das Original gelesen. Beide werden also miteinander verglichen und die vorhandene

---

Daston, Die wissenschaftliche Persona. Arbeit und Berufung, in: Zwischen Vorderbühne und Hinterbühne. Beiträge zum Wandel der Geschlechterbeziehungen in der Wissenschaft vom 17. Jahrhundert bis zur Gegenwart, hrsg. von Theresa Wobbe, Bielefeld, 2003.

340 Ohne dass direkte Bezüge erkennbar wären, findet die Entwicklung einer Blindenschrift ebenfalls in der ersten Hälfte des 19. Jahrhunderts statt. Blindlesen wird hier durch die Erhabenheit von Buchstaben auf Papier ermöglicht. Vgl. C. Michael Mellor, Louis Braille. Fühlbare Genialität, Paderborn, 2009.

341 Durch die massenhafte Herstellung dieser »immutable mobiles« entstand im Laufe der Zeit an der Berliner Akademie ein Archiv, dessen Konzentration von Inschriftenkopien es so zuvor nie gegeben hatte. Vgl. die Übersicht auch über andere altertumswissenschaftliche Unternehmungen unter: Berlin-Brandenburgische Akademie der Wissenschaften, Archivalien – Zentrum Grundlagenforschung Alte Welt, unter: Zentrum Grundlagenforschung Alte Welt. Archivalien, <http://altewelt.bbaw.de/archivalien>, (Stand: 12.6.2017).

Abschrift ggf. korrigiert, aber eben nicht neu abschrieben. Damit verbunden ist die Vorstellung, dass neue Fehler, die beim freien Abschreiben immer entstehen können, vermieden werden.[342] Kollationieren schaffe so eine höhere Genauigkeit bei gleichzeitig höherer Bearbeitungsgeschwindigkeit. Diese war bei der Menge des Materials ein gewichtiges Argument.

Schließlich spielte ab der zweiten Hälfte des 19. Jahrhunderts die Fotografie eine zunehmend wichtige Rolle. Für 1881 berichtet Hübner: »Das heutzutage beliebteste und am weitesten verbreitete Mittel mechanisch hergestellter Abbildungen für jede Art von Gegenständen ist bekanntlich die Photographie.«[343] Allerdings ist sie zu dieser Zeit noch relativ teuer, aufwendig und kompliziert, benötigt große Apparate und lässt sich deshalb nur schwer in abgelegene Gebiete bringen und bedarf sehr viel Erfahrung und Übung.[344] Gleichzeitig bildet die Fotografie, anders als der Abklatsch, die Tiefe einer Inschrift nur zweidimensional ab und ist oft abhängig von vorherrschenden Lichtverhältnissen. In puncto Wiedergabe des optischen Eindrucks aber ist sie dem Abklatsch überlegen. Sie leiste, nach Hübner, bspw. wertvolle Dienste zur Bestimmung des paläographischen Charakters der Schrift im Allgemeinen, jedoch weniger zur Lesung des Textes der Inschrift.[345]

Weniger ein eigentliches Kopierverfahren, aber dennoch das wohl wichtigste Element der Verzeichnung von Daten bildeten die sogenannten Scheden. Scheden sind mit Inschriftentexten und Metadaten beschriebene Zettel. Sie enthalten Informationen

---

342 Aus der Denkschrift von Mommsen von 1847: »Borghesi hat öfters gesagt: es sei ihm jede Collation einer alten Abschrift lieber als eine ganz neu gemachte Copie. Die Richtigkeit der Bemerkung ist einleuchtend; viel leichter macht man beim Abschreiben einen Fehler als eine falsche Berichtigung beim Collationiren, und bei bestrittenen, schwer lesbaren Inschriften ist die Entscheidung nur dann definitiv, wenn man die verschiedenen früheren Lesungen an dem Original selbst geprüft hat. Für epigraphische Reisen ergiebt sich daraus die Regel, daß man nicht reisen soll, ohne die gedruckten Hülfsmittel für die zu bereisende Provinz vollständig zusammengestellt und zum bequemen Gebrauche bei der Hand zu haben.« (S. 527 nach Zählung in Harnacks Akademiegeschichte) Theodor Mommsen, Ueber den Plan und die Ausführung eines Corpus Inscriptionum Latinarum, Berlin, 1847. Vgl. auch: Werner Eck, Mommsen e il metodo epigrafico, in: Concordia e la X Regio (Giornate di Studio in onore di Dario Bertolini, Atti del Convegno Portogruaro 22-23 ottobre 1994), Padua 1995, S. 107-112.

343 Emil Hübner, wie Anm. 335, S. 4.

344 Die Potentiale und Probleme der Fotografie wurden in den letzten Jahren vor allem für die Archäologie des 19. Jahrhunderts näher untersucht. Neben anderen sei hier nur verweisen auf: Stefanie Klamm, Olympia entsteht im Bild - die Klassische Archäologie des 19. Jahrhunderts und ihre Abhängigkeit von medialen Praktiken, in: Wissenskulturen. Bedingungen wissenschaftlicher Innovation, hrsg. von Harald Müller / Florian Eßer, Kassel, (Studien des Aachener Kompetenzzentrums für Wissenschaftsgeschichte, Bd. 12), 2012.

345 Vgl. Hübner, wie Anm. 335, S. 4f.

zu Monument, Inschrift und Fundumständen. Während Abklatsche sich als transportierbare dreidimensionale Kopien dazu eigneten, bei neuen Erkenntnissen und Fragestellungen wieder hervorgenommen zu werden und so etwas wie Negative im Sinne analoger Fotografie oder Rohdaten darstellen, sind Scheden vergleichbar mit elektronischen Datensätzen mit eingebauter history-Funktion, da sich aus den Handschriften die verschiedenen Bearbeitungen auch rückwirkend rekonstruieren lassen. Sie sind transitorische Elemente der Wissensproduktion, ähnlich den Notizbüchern von Kunsthistorikern des gleichen Zeitraums.[346] Bei Neubearbeitung von Inschriftenbänden oder erneuten Reisen wurden sie wieder hervorgeholt und ggf. weitere Informationen ergänzt. Über die Handschriften nehmen sie auch Informationen über ihre Bearbeiter mit auf, ohne dass diese das extra vermerken müssten. Während ein Abklatsch nicht bei jeder Inschrift genommen wurde, so gibt es praktisch für jede Inschrift, die im späteren Werk publiziert wurde, ein Schedenblatt.[347] Der Wandel des epistemischen Wertes der Scheden lässt sich an einem wichtigen Unterschied zwischen CIG und CIL nachvollziehen. Während man beim CIG die Scheden mit der Vollendung des Drucks der Inschriftenbände wegwarf, wurden sie beim CIL von Beginn an archiviert. Für das CIG wurde dies erst gegen Ende des 19. Jahrhunderts nach der Neukonzeption und mit dem Eintritt von Wilamowitz-Moellendorff in die Leitung des Unternehmens nachgeholt. Das Schedenarchiv bildet so etwas wie ein Back-up. Nicht zuletzt deshalb gilt heutzutage der Grundsatz, dass Scheden nie weggeworfen werden.

No comments – Zur Bedeutung der Indices

Die Umstellung von systematischer auf geographische Grundordnung brachte nicht nur Gewinne hinsichtlich der Möglichkeit der synchronen und abschnittsweisen Bearbeitung einzelner Teile.[348] Die Möglichkeit der Übersicht über systematisch zusam-

---

346 Auch Scheden lassen sich als »immutable mobiles« im Sinne Bruno Latours beschreiben. Vgl. zum Notizbuch: Johannes Rössler, Das Notizbuch als Werkzeug des Kunsthistorikers. Schrift und Zeichnung in den Forschungen von Wilhelm Bode und Carl Justi, in: Daten sichern. Schreiben und Zeichnen als Verfahren der Aufzeichnung, hrsg. von Christoph Hoffmann, Zürich u.a., (Wissen im Entwurf, Bd. 1), 2008. Anke te Heesen, The notebook, in: Making things public. Atmospheres of democracy, hrsg. von Bruno Latour / Peter Weibel, Cambridge, Mass., 2005. Frederic L. Holmes, Jürgen Renn und Hans-Jörg Rheinberger (Hgg.), Reworking the Bench. Research Notebooks in the History of Science, Dordrecht u.a., 2003.

347 Laut Webseite des Zentrums Grundlagenforschung der BBAW enthält das heutige Schedenarchiv ca. 200.000 Scheden. Vgl. Berlin-Brandenburgische Akademie der Wissenschaften, Archivalien – Zentrum Grundlagenforschung Alte Welt, unter: Zentrum Grundlagenforschung Alte Welt. Archivalien, <http://altewelt.bbaw.de/archivalien>, (Stand: 12.06.2017).

348 Um die gewonnene Geschwindigkeit beim Kopieren nicht durch endlose Recherchen wieder einzubüßen, wurde ein mehrteiliger Arbeitsprozess eingeführt. Konkret hieß das für

mengehörige Inschriftenteile ging verloren.[349] Ersatz und funktionales Äquivalent bildeten die Register und Indices, die am Ende jedes Bandes standen. Die Systematik wanderte gewissermaßen in die Indices. Diese sollten Einstiegspunkt für Fragen und Recherchen bilden.

Die Erstellung von Indices war ein mühsames Geschäft, für das nach einer oft zitierten Stelle von Mommsens Tochter Adelheid, sich Mommsen auch nicht davor scheute, seine Kinder gegen Taschengeld mit kleineren Zettelordnungsaufgaben zu betrauen. Diese wiederum beschwerten sich zuweilen über die schwer lesbare Schrift ihres Vaters, nicht jedoch über die Arbeit selbst.[350] Die Register und Indices bildeten die Binnenreferenzierung der Daten ab, gaben alphabetische Listen von Namen, Orten oder chronologische Listen von militärischen Ereignissen. Mommsen hatte in der Denkschrift bestimmt, dass die Sammlung keine oder nur wenige Kommentare enthalten solle. Stattdessen legte er größten Wert auf die Erstellung von Indices. Auf die Bemerkungen eines Briefes der Frau von Eduard Gerhard, Emilie, sie haben auf seinem Tisch so »viele kleine Papierschnitzeln gesehn«[351], antwortete Mommsen, er sei im »Fegefeuer des Index und lasse alles stehen und liegen.«[352] Der Verzicht auf Kommentare sollte aber auch dazu dienen, mehr Inschriften zu edieren. Zumindest hatte Mommsen die Sparsamkeit bei Kommentaren mit größerer Reichhaltigkeit der edierten Inschriften im Vorwort zur IRN begründet.[353]

Ritschl deutet in seiner Rezension der IRN an, dass die Indices nicht nur einen Ersatz für den Kommentar böten, sondern dass sie so etwas bereitstellten, dass heutzutage wohl als Netzwerkvisualisierung bezeichnet werden würde, auch wenn die Indices

---

einen epigraphisch Reisenden wie Mommsen: Er fuhr nicht los und kopierte, was er sah und fand, sondern vor einer Reise wurde das schon publizierte Material ausgeschnitten, kopiert oder exzerpiert, was die jeweilige Region betraf, die es zu bereisen galt. Dadurch ließ sich nicht zuletzt Unpubliziertes leichter von Publiziertem unterscheiden und zudem die Voraussetzung für das Kollationieren schaffen. Zudem war klar, welche Inschriften mindestens vorzufinden sein müssten. Auch Verluste konnten markiert werden. Jede gesehene Inschrift wurde in der späteren Publikation mit einem »vidi« markiert. Für einen detaillierten Nachvollzug der Arbeitsweise Mommsens auf seiner Reise 1867 durch Norditalien vgl. Lorenzo Calvelli, Il viaggio in Italia di Theodor Mommsen del 1867, in: MDCCC, (2012), S. 103–120.

349 Vgl. R. Gründel, Das Corpus Inscriptionum Latinarum und der Nutzen seiner Indizes, in: Das Altertum, (1963), S. 175–181.

350 Adelheid Mommsen, Theodor Mommsen im Kreise der Seinen. Erinnerungen seiner Tochter Adelheid Mommsen, 2. Aufl., Berlin, 1937, S. 18f.

351 Zit. nach: Wickert, Mommsen, Bd. 3, wie Anm. 36, S. 131.

352 Zu dieser Zeit war er mit den 35 verschiedenen Indices für den Probeband der IRN beschäftigt. Zit. nach: Ebd.

353 Vgl. das Vorwort der IRN, S. X sowie Wickert, Mommsen, Bd. 2, wie Anm. 42, S. 313, Anm. 178.

die Visualisierung selbst nicht mitlieferten, aber dafür die entsprechenden Daten in Tabellenform:

> »*Aber den Hauptersatz für einen solchen [vollständigen Kommentar] gibt derjenige Theil des Buches, in dem sich die Verdienstlichkeit des ganzen Werkes gewissermassen wie in einem Brennpunkte concentrirt: die mehr als 200 Columnen auf 76 Seiten engsten Drucks füllenden Indices, die mit einer so unvergleichlichen Sorgfalt, erschöpfenden Vollständigkeit und überdachten Gliederung ausgeführt sind, dass sie nicht selten die Resultate langwieriger Untersuchungen in einer Zeile zusammendrängen und uns den Gehalt und Ertrag dieses Inschriftenschaftzes für Specialgeschichte und Alterthümer, für Verfassung, Municipal- und Colonialverhältnisse, Weltliches und Geistliches, und wie die übrigen Seiten des gesammten öffentlichen und Privalebens heissen, gleichwie in einem Netz vor Augen legen.*«[354]

Obwohl er mit diversen Einleitungen und bei bedeutenden Inschriften auch auf Erklärungen nicht verzichtete, unterschied ihn diese Konzentration auf die Widergabe von Daten, ohne die jeweilige Kommentierung von der ansonsten ähnlichen Anlage der Böckh'schen griechischen Inschriftenbände. Anders als bei Böckh wurden Inschriftenbände und Indices nicht voneinander getrennt, sondern jeweils in einem Band publiziert. Der Index zu den griechischen Inschriften ließ lange auf sich warten: Er erschien erst nach Böckhs Tod 1877, was die Benutzung der bereits erschienenen Bände erschwerte. Die einzelnen Inschriften waren, wie aus dem obigen Beispiel hervorgeht, weitgehend mit Metadaten versehen, die neben der fortlaufenden Nummerierung, den Fund- bzw. Aufbewahrungsort angaben sowie unterhalb des Inschriftentextes Angaben über Publikationsorte von Tafeln (z.B. Lithographien) in anderen Werken und wer die Inschrift gesehen und abgeschrieben hatte.

Durch den Index oder die Indices wird das Buch zum Informationsträger und zu einer Datenbank. Für Mommsen dient die Erstellung von Indices nicht nur der bequemen Handhabung für alle Gelehrten, sondern auch seiner eigenen Forschung.[355]

---

354 Friedrich Ritschl, Recension von »Inscriptiones regni Neapolitani latinae, edidit Theodorus Mommsen.«, in: Literarisches Centralblatt, 49 (1852) 49, S. 792–795; Wieder abgedruckt in: Recension von »Inscriptiones regni Neapolitani latinae. edidit Theodorus Mommsen«, in: Friedrich Ritschl's Kleine philologische Schriften. Bd. 5: Vermischtes, hrsg. von Curt Wachsmuth, Leipzig, 1879, S. 590.

355 Theodor Mommsen, Ueber den Plan und die Ausführung eines Corpus Inscriptionum Latinarum, Berlin, 1847; zit. nach dem Wiederabdruck in: Harnack, wie Anm. 2, S. 536.

Arbeitsorganisation des CIL

Die Kommission

In ihrer Dissertation zum Anteil der weiblichen Arbeit in der Preußischen Akademie der Wissenschaften für den Zeitraum 1890–1945 stellt Petra Hoffmann fest, mit »der Arbeitsform der wissenschaftlichen Unternehmungen und mit dem praktischen Forschungshandeln hat sich erstaunlicherweise bislang kein Forschungsprojekt explizit beschäftigt«.[356] Die Ursache sieht sie darin, dass das Modell der von kommissionsgeleiteten Unternehmungen nicht dem Ideal moderner institutsförmig organisierter Forschung entspräche und auch nicht als Ort innovativer Forschung gelte.[357] Kommissionen seien für die Projektentwicklung wichtig, jedoch durch ihre Abhängigkeiten in Entscheidungen gegenüber den Klassen und der Gesamtakademie letztlich wenig effizient in der Durchführung von Projekten gewesen.[358] Die Organisationsform des Instituts mit einem Institutsdirektor habe diese akademischen Unternehmungen mit Kommissionen ab Anfang des 20. Jahrhunderts als bevorzugter Organisationsstruktur abgelöst. Die gescheiterten Versuche, die institutsförmige Struktur und den Aufbau von Instituten in die Akademie zu implementieren, werden denn auch oft als einer der Hauptgründe für den Bedeutungsverlust der Akademie mit Beginn des 20. Jahrhunderts genannt.[359] Mit dem daraus resultierenden Desinteresse an den akademischen Unternehmungen folge »die jüngste Akademiegeschichtsforschung allerdings einer Tradition.«[360] Sie sei nach wie vor stärker an den Akademiemitgliedern interessiert als am »Forschungshandeln der Organisation«.[361] Unter Forschungshandeln versteht sie im weitesten Sinne die Praktiken, die Forschungsarbeit und die Tätigkeiten in den kommissionsgeleiteten Akademieunternehmungen. Die Perspektive

---

356 Petra Hoffmann, Weibliche Arbeitswelten in der Wissenschaft, Bielefeld, 2011, S. 19f.

357 Ebd., S. 20.

358 Vgl. Ebd., S. 21f. Auch die amerikanische in New York ansässige Mafia hat als oberstes Gremium eine Kommission – was in diesem Fall allerdings nichts anderes ist als eine Zusammenkunft Adliger, also Adelsherrschaft oder Oligarchie.

359 Vgl. hierzu insbesondere Jürgen Kocka, Rainer Hohlfeld und Peter Th. Walther, Resümee, in: Die Königlich Preußische Akademie der Wissenschaften zu Berlin im Kaiserreich, hrsg. von Dies., Berlin, 1999.

360 Hoffmann, wie Anm. 356, S. 21.

361 Vgl. Ebd.; Das größere Interesse an den Akademiemitgliedern hat unter anderem auch mit der lange Zeit weit verbreiteten Vorstellung zu tun, Wissenschaftsgeschichte sei vor allem Wissenschaftlergeschichte. Vgl. hierzu: Karl Christ, Klios Wandlungen. Die deutsche Althistorie vom Neuhumanismus bis zur Gegenwart, München, 2006.

auf die Praktiken ermöglicht Begriffe wie Handlungs- statt Überzeugungsgemeinschaft[362] oder *styles of practice* statt Denkstil im Sinne Ludwik Flecks.[363]

Akademiekommissionen gibt es in verschiedenen Formen. Sie können ad hoc zur Begutachtung einer Denkschrift gebildet werden und enden mit der Abgabe des Gutachtens. Sie können aber auch langfristig zum Management einer Unternehmung und Herausgabe einer Edition gegründet werden oder zur Kontrolle von laufenden Unternehmungen eines Fachgebiets. Um die Kommissionen mit der wachsenden Anzahl an Unternehmungen nicht ins Uferlose ansteigen zu lassen und die Arbeit effizienter zu gestalten, werden diese ab Beginn des 20. Jahrhunderts bevorzugt zusammengefasst.

Trotz der gleichbleibenden Grundstruktur von kommissionsgeleiteten Unternehmungen hat sich die konkrete Ausgestaltung der Form der Organisation im Laufe des 19. Jahrhunderts gewandelt. Während zu Beginn angedacht war, dass Kommissionsmitglieder zugleich auch die wissenschaftlichen Bearbeiter seien, beschränkten sich gegen Ende des 19. Jahrhunderts die Kommissionsleiter zunehmend auf Leitungs- und Repräsentationsaufgaben. Petra Hoffmann beschreibt in diesem Zusammenhang die Beschwerden von Projektmitarbeitern, dass ihre Leiter sich nicht einmal in den Arbeitsräumen blicken ließen.[364] In August Böckhs Vorstellungen sollte die Aufteilung der Arbeit unter den Akademiemitgliedern geschehen. Niebuhr, der ebenfalls einen Antrag eingereicht hatte, wollte aus Sparsamkeitsgründen sogar auf die Anschaffung von Werken zum Zerschneiden und die Einstellung eines Abschreibers verzichten.[365] Vielmehr sollten sich die fünf Mitglieder der historisch-philologischen Klasse, die für das Unternehmen zu einer Deputation zusammentreten sollten, einmal wöchentlich treffen und die Ergebnisse der Zusammenkünfte protokollieren. Zudem müsse ein Journal geführt werden, in das eingegangene Sachgegenstände und der Fortschritt der von den jeweiligen Teilnehmern schriftlich angezeigten Arbeit einzutragen sind. Abzuschreibende Inschriftenwerke sollten jeweils zwei Gelehrten zugewiesen werden, die diese Abschriften gegenseitig zu kontrollieren haben. Wenigstens eine Stunde pro Woche sollten sich die Mitglieder mit den Inschriften beschäftigen. Auch wenn Niebuhrs Vorschläge so nicht umgesetzt wurden, machen sie die zeitgenössischen Vorstellungen gemeinschaftlicher Arbeit deutlich. Diese war dadurch geprägt, dass alle Mitarbeiter

---

[362] Vgl. Nils Güttler, Das Kosmoskop: Karten und ihre Benutzer in der Pflanzengeographie des 19. Jahrhunderts, Göttingen, 2014.

[363] Zum Konzept des Denkstil vgl. Ludwik Fleck, Entstehung und Entwicklung einer wissenschaftlichen Tatsache. Einführung in die Lehre vom Denkstil und Denkkollektiv, Frankfurt a. M., 1980.

[364] Vgl. Hoffmann, wie Anm. 356, S. 110.

[365] Barthold Georg Niebuhr, Punkte zum Entwurf eines Planes zur Ausarbeitung eines Corpus Inscriptionum, von der philologisch Klasse zu berathschlagen, nebst »Vorschlägen ad Protocollum« (die letzteren vom 6. Juni, jene nicht datiert), in: Harnack, wie Anm. 2, S. 381.

unhierarchisch gleichwertige Arbeiten verrichten sollten. Die Unternehmungen sollten sich so vom Modell der Manufaktur bzw. der Fabrik abheben. Böckh hatte dies in der Auseinandersetzung, die auf die Veröffentlichung des ersten Bandes der griechischen Inschriften 1826 mit dem Philologen Gottfried Herrmann folgte, geltend gemacht. Bei Gemeinschaftsforschung sollte auf keinen Fall jemand bloß Handlanger sein.

> *»..., was den Betrieb der Einzelnen betrifft, mit der möglichsten von Herrmann empfohlenen Theilung der Arbeit; nur darf diese nicht fabrikmäßig zu sehr ins Kleine gehen, wie etwa wo Nadeln gemacht werden, der eine Drähte schmiedet, der andere zuspitzt, der dritte Köpfe dreht, der vierte sie aufsatzt, sondern jeder tüchtige Gelehrte muß zugleich bestrebt seyn sich die Umsicht des Fabrikherrn zu erwerben und einen großen Ueberblick zu gewinnen, ohne welchen er ein bloßer Handwerker seyn wird.«*[366]

In dieser mehr betriebsförmigen und arbeitsteiligen Organisation der Forschungsarbeit, bildeten die Unternehmungen den allgemeinen Wandel organisierter Forschung ab.[367] Zu den Merkmalen dieses Wandels gehörten die Aufgliederung der Arbeit in Arbeitsstücke und die Zerlegung des Arbeitsprozesses in zeitliche Einheiten, die Formalisierung und Standardisierung dieser Arbeitsteile, Ausdifferenzierung von Funktionen und ein verändertes Muster der Mitarbeiternachfrage.[368] Diese Merkmale entsprechen in weiten Teilen Prozessen der Entwicklung des Wissenschaftssystems während des 19. Jahrhunderts, die mit den weitgefassten Begriffen von Spezialisierung und Professionalisierung beschrieben und auch für andere gesellschaftliche Teilsysteme geltend gemacht wurden.[369]

---

366 August Böckh, Ueber die Logisten und Euthynen der Athener, mit einem Vorwort und einem Anhang, in: Rheinisches Museum für Philologie, Geschichte und griechische Philosophie, (1827), S. 41f.

367 Hoffmann, wie Anm. 356, S. 81f.

368 Ebd., S. 82; u.a. mit Verweis auf: Jürgen Kocka, Die Angestellten in der deutschen Geschichte 1850–1980. Vom Privatbeamten zum angestellten Arbeitnehmer, Göttingen, 1981.

369 Trotz des häufigen Gebrauchs des Begriffs der Spezialisierung fehle es nach Peter Burke (Droysen-Lecture vom 12. Juni 2013 in der Humboldt-Universität zu Berlin) an einer epochal übergreifenden Untersuchung. Burke sieht in der Geschichte der Spezialisierung den komplementären Teil der Geschichte des Polymath/-histor bzw. des Universalgelehrten eine Figur, die mit der Ausdifferenzierung der verschiedenen Disziplinen und mit veränderten Anerkennungsmechanismen innerhalb der Wissenschaft zunehmend schwierig wird. Nach Roy Pascal, »Bildung« and the division of labour, in: German Studies Presented to W.H. Bruford on his retirement by his Pupils, Colleagues and Friends, London, 1962 taucht der Begriff bei den frühen schottischen Ökonomen erstmals auf. Spezialisierung sei danach ein Produkt der Arbeitsteilung. Für die Professionalisierung im Wissenschaftssystem vgl.

Neben Forschungsarbeit wird zudem das gesamte Wissenschaftssystem für das Ende des 19. Jahrhunderts zunehmend als betriebsförmig organisiert beschrieben.[370] Diesen Wandel charakterisiert ein ähnliches Set von Merkmalen wie den Wandel der Forschungsarbeit. Betriebsförmige Organisation wird, nach Hoffmann, definiert durch eine Zentralisierung von Material und Arbeit an einem Ort, verbunden mit Veränderungen der Arbeitspraxis, die Aufgliederung der Arbeit in einzelne Tätigkeiten und Zuständigkeitsbereiche unterschiedlicher Komplexität, Ausdifferenzierung von Funktionen, den Wandel von Rekrutierungsmustern, die veränderte Rolle von akademischen Kommissionen, die zunehmend Kontroll- und Aufsichtsaufgaben übernehmen und eine vermehrte Einbeziehung von Mitarbeitern, die nicht Mitglieder der Gelehrtengesellschaft sind.[371] Auf den naheliegenden Zusammenhang von betriebsförmiger Organisationsweise zu Arbeitsweisen im Wirtschaftssystem ist oft hingewiesen worden, jedoch ohne dass Bezüge zum Gegenstand einer Untersuchung gemacht worden wären. Wenn aber, wie Hoffmann resümiert, »[e]in wesentliches Merkmal der Akademieforschung [...] ihr Projektcharakter«[372] war, dann gilt es diesen näher in den Blick zu nehmen. Projektcharakter und kommissionsgeleitete Unternehmungen fallen zwar in der zweiten Hälfte des 19. Jahrhunderts weitgehend zusammen, dennoch sind es zwei zu trennende Phänomene, nicht zuletzt deshalb, weil projektförmige Forschung in der Folgezeit und vor allem in der zweiten Hälfte des 20. Jahrhunderts auch zur Normalform der universitären und institutsförmigen Forschung wurden und zwar weitgehend ohne Kommissionen. In welchem Verhältnis stehen also Projektcharakter und kommissionsgeleitete Unternehmungen?

Kommissionen dienten der Durchführung von Projekten, der Koordination der Arbeitsteilung, der Rekrutierung und Beaufsichtigung von Mitarbeitern und der Ausführung der Aufgaben des Projekts. Formal gesehen beauftragte die Akademie Kommissionen damit, bestimmte Projekte durchzuführen. Die inhaltliche Konzeption und die Einwerbung der finanziellen Mittel waren zumindest für das CIL, wie oben ausführlich beschrieben, vorgeordnete Aufgaben,[373] und die Gründung der Kommission ein Resultat der Bemühungen um das Projekt. Praktisch ging die Initiative für ein Projekt in der Regel von einzelnen Forschern oder eine Gruppe von Gelehrten aus. Bevor ein Antrag

---

Charles E. McClelland, The German experience of professionalization. Modern learned professions and their organizations from the early nineteenth century to the Hitler era, Cambridge u.a., 1991.

370 Mehr mit Bezug zu den Universitäten, aber für den Kontext nach wie vor grundlegend: Reinhard Riese, Die Hochschule auf dem Weg zum wissenschaftlichen Großbetrieb. Die Universität Heidelberg und das badische Hochschulwesen 1860–1914, Stuttgart, 1977.

371 Hoffmann, wie Anm. 356, 2011, S. 110.

372 Ebd.

373 Ebd., S. 95.

in die Klasse eingereicht wurde, wurden meist informelle Vorverhandlungen geführt und zuweilen private Treffen abgehalten oder halbprivate Kommunikationsforen, wie die vielen »Kränzchen« und Abendgesellschaften, zur Sondierung genutzt.

Die Einwerbung finanzieller Mittel wiederum erfolgte über die Akademie als Institution, die formell beim Kultusministerium bzw. beim König Gelder beantragte, sofern die Akademie die Mittel nicht aus ihrem jährlichen Haushalt bereitstellen konnte oder wollte. Insofern ist hier eine mehrfache Abhängigkeitsstruktur vorhanden, die für die Schwerfälligkeit des Systems auch in der Regel verantwortlich gemacht wurde.[374] Die jeweilige Klasse, also im Fall des CIL die philosophisch-historische Klasse, war der erste Adressat. Die Gesamtakademie stand in Abhängigkeit zur Kultusverwaltung und war letztlich gebunden an Wohlwollen und Interesse des Monarchen. Der Geldverwendungsausschuss diente während der Realisierung der Forschungsaufgabe als institutionelles Kontrollinstrument und überwachte die Ausgaben für die Unternehmungen.

In modernen Begriffen lässt sich die Akademie als Projektträger bezeichnen, wobei die Kommission die Projektleitung und -steuerung innehatte. Projekt bzw. Unternehmung arbeiteten selbständig. Die Kommissionsmitglieder wurden zwar formal gewählt, jedoch ohne kompliziertes Wahlverfahren, zumal der Aushandlungsprozess oft weit vorher stattgefunden hatte. Da die Kommission dazu dienen sollte, ein zeitlich begrenztes Projekt durchzuführen, waren keine formalen Mechanismen des Umbaus der Kommissionen vorgesehen. Notwendig werdende Entscheidungen wurden damit ausschließlich informell und nach Bedarf getroffen, bspw. wenn ein Kommissionsmitglied aufgrund der Annahme eines Rufs an eine andere Universität wechselte und als aktives Akademiemitglied aus anderen Gründen ausschied. Auswärtige und Nichtmitglieder der Akademie konnten in Kommissionen kooptiert werden.

Die Kommission für das CIL bestand formell zwar aus drei Mitgliedern – neben Mommsen waren das wie schon erwähnt Wilhelm Henzen und Giovanni Battista de Rossi –, praktisch lag die Leitung und Steuerung aber in erster Linie bei Mommsen. Nicht nur weil Henzen und de Rossi in Rom residierten, sondern auch weil innerhalb der Kommissionsmitglieder eine klare Hierarchie vorherrschte, lief der Kontakt mit der Akademie hauptsächlich über ihn.[375] Auch nach Henzens und de Rossis Tod blieb Mommsen der entscheidende Akteur. Die Mitglieder der Kommission, so der angenommene Antrag für das CIL, seien »für eine die Akademie befriedigende Ausführung verantwortlich, in der Wahl ihrer Mitarbeiter aber nicht gebunden«.[376] Die Kommission wurde zum Auf-

---

374 Ebd.

375 Zum Archäologischen Institut in Rom und der Stellung Henzens vgl. Hans-Georg Kolbe (Hrsg.), Wilhelm Henzen und das Institut auf dem Kapitol. Aus Henzens Briefen an Eduard Gerhard, Mainz, 1984.

376 Zit. nach: Wickert, Mommsen, Bd. 3, wie Anm. 36, S. 268.

tragnehmer bzw., wenn man es so formulieren will, Mommsen zum Subunternehmer der Akademie. Die sonst eher kurze Leine von Kommissionen, die den Akademie-Gremien bei allen Entscheidungen unterworfen waren, konnte er damit umgehen. Freiheit bei der personellen Ausstattung des Unternehmens war ein großer Gewinn für ihn.

Die entscheidungsrelevanten Instrumente der Akademie, Klassen- und Gesamtsitzungen besaßen keine Befugnis, direkt auf die Unternehmungen einzuwirken, konnten aber Rechenschaft über den Fortgang der Unternehmung einfordern. Im Laufe der zweiten Hälfte des 19. Jahrhunderts entwickelten sich hierbei allmählich routinemäßige Formen der Berichterstattung. Ab Anfang der 1880er-Jahre schrieb man sie auch statutenmäßig fest. Sie wurden bis Anfang des 20. Jahrhunderts auf einer der dem Geburtstag des Königs gewidmeten öffentlichen Sitzungen bekannt gegeben.[377] Durch die ab den 1870er-Jahren zahlreicher werdenden Unternehmungen wurden die einzelnen Berichte zunehmend kürzer und beschränkten sich mehr und mehr auf schematische Informationen über den Fortgang der Arbeiten, zuletzt publizierte Bände und neu eingestellte oder fortgegangene Mitarbeiter. Während bis Ende des 19. Jahrhunderts die Berichte in den Festsitzungen verlesen wurden, gab es sie später nur noch gedruckt.

Weder das Kultusministerium noch eine Fakultät der Universität verfügten über direkte oder institutionalisierte Handlungsoptionen, um auf die Unternehmungen und ihre Mitarbeiter einwirken zu können. Regelungen, wie sie bspw. für die Aufnahme von Akademiemitgliedern, die Vergabe von Lehrstühlen oder den Abschluss eines Studiums etabliert waren, gab es für die personelle Besetzung der Unternehmungen noch nicht. Mitarbeiterstellen wurden auch nicht wie heutzutage in einem formellen Verfahren ausgeschrieben, sondern weitgehend autonom von den Kommissionsleitern besetzt. Die Akademie behielt das Recht, die Unternehmung zu repräsentieren, was sich nicht zuletzt darin ausdrückte, dass sie auf den Titelblättern der Publikationen firmierte. Umgekehrt arbeiteten Mommsen und alle Mitarbeiter des CIL im Namen der Akademie, was für den Zugang zu Archiven vor allem im Ausland unerlässlich war.

Die Konstruktion der Akademie als Projektträger, Repräsentant und Kontrolleur, während die nächsthöhere Instanz, die Monarchie mit der Kultusverwaltung, zum Geldgeber wird, hatte Nebenwirkungen. Seitens der Akademie bestand ein Interesse an zufriedenstellender Durchführung des Projekts, da es in Rechenschaft gegenüber der königlichen Finanzierung stand. Hätte die Akademie das Projekt, so kann man

[377] Daneben wurden jährlich Festsitzungen zu Ehren Friedrichs II. und von Leibniz abgehalten, die beide als Gründungsfiguren der Akademie fungierten. Zu diesen Sitzungen waren häufig Vertreter der Monarchie und des Kultusministeriums anwesend und dem gerade Vorsitzenden der vier Sekretäre oblag es, eine Festrede zu halten. Vgl. zur Struktur Harnack, wie Anm. 2. Vgl. auch Jürgen Kocka, Rainer Hohlfeld und Peter Th. Walther (Hgg.), Die Königlich Preußische Akademie der Wissenschaften zu Berlin im Kaiserreich, Berlin, 1999; sowie den ersten Abschnitt in: Hoffmann, wie Anm. 356, 2011.

vermuten, aus ihrem eigenen Haushalt finanziert, hätte sie stärkere und direktere Einflussmöglichkeiten auf das Forschungshandeln verlangt. Die Pointe dieses Konstrukts ist darin zu finden, dass gerade diejenigen, die sich der Formalisierung der akademischen Projektstrukturen zu entziehen vermochten oder sie weitgehend umschifften, zwar nicht unbedingt besser in ihrem Ergebnis, aber dennoch erfolgreicher in der Ansammlung von kulturellem Kapital und wissenschaftlicher Reputation waren. Dieses Konstrukt blieb so lange stabil, wie das Akteursfeld von Gelehrten, Akademie, Kultusministerium und Monarchie die Erwartung von Anerkennung und Reputationssteigerung durch die Ausführung von Großprojekten als erfüllt ansah. Es litt und konnte zusammenbrechen, sofern es anderen gelang, Erwartungen zu wecken und Bedürfnisse zu befriedigen. Zeitliche Projektgrenzen und die Erwartung einer möglichst schnellen Fertigstellung spielten offenbar so lange keine Rolle, wie alle Beteiligten von den Unternehmungen profitieren. So werden Unternehmungen zu einem Aushängeschild der Akademie. Begünstigt durch eine positive Entwicklung der Staatsfinanzen im Zuge der Industrialisierung wurden sie ausgeweitet.

Während die Kommission den formalen Rahmen für die Position des Projekts innerhalb der Akademie absteckte und als Adressat für Kommunikationen mit der Akademie fungierte, orientierte sich die praktische Arbeit, das Forschungshandeln des Projekts, gerade nicht an Kommissionsstrukturen. Mommsen befragte nicht die Kommissionsmitglieder, bevor er einen jungen Gelehrten aus einer seiner Übungen mit einem Auftrag für das CIL versah. Sein Verständnis unterschied sich auch in dieser Hinsicht von späteren Projektleitern, die ihre Haupttätigkeit in Steuerungsaufgaben sahen. Mommsen fungiert vielmehr als multifunktionaler Projektleiter, als Herausgeber mehrerer CIL-Bände und Mitarbeiter in allen Belangen. Darin unterschied sich das CIL zusammen mit den IG und auch der Acta Borussica von Wörterbuchunternehmungen, bibliographischen Projekten wie dem Jahrbuch über die Fortschritte der Mathematik usw., bei denen die Einzelleistungen der Mitarbeiter im Gesamtwerk aufgingen und weitgehend unsichtbar blieben. Anders wird in den CIL-Bänden nicht nur der Herausgeber prominent auf dem Titelblatt genannt. Auch jede Inschrift ist nicht nur mit Fundort und Inhaltsangaben wiedergegeben, sondern in der gedruckten Version wird auch darauf verwiesen, wer die Inschrift gesehen bzw. abgeschrieben hatte.

In diesem Sinne macht eine Unterscheidung in gemeinschaftliche Projekte mit stärkerem individuellem Anteil (IG, CIL, Acta Borussica) und gruppenförmige Unternehmungen (Wörterbücher, Bibliographien) Sinn.

Die These, dass die als antiquiert geltende Kommissionsstruktur gar nicht so antiquiert sei, würde nach sich ziehen, sie auch nicht als Ursache für das vielbeschworene Zurückbleiben der Akademie gegenüber der Entwicklung von Wissenschaft und Gesellschaft gegen Ende des 19. Jahrhunderts verantwortlich zu machen sei. Die Unternehmungen wären dann je nach Antwort entweder wegen oder trotz des Kommissionskonzepts (zumindest zeitweise) erfolgreich gewesen. Möglicherweise ist die Antwort auf die Frage aber auch auf einer anderen Ebene zu suchen. So sperrten sich bspw. die Ergebnisse der Beiträge von Stefan Rebenich und Wolfgang Neugebauer gegen die These Jürgen Kockas, die Akademie fiele aufgrund ihrer Struktur immer mehr innerhalb des Wissenschaftssystems zurück. Für die Altertumswissenschaften stellte Stefan Rebenich fest, dass sie entgegen dem Trend eines Bedeutungsverlusts innerhalb und mit der Akademie ein hohes internationales Renommee erarbeiten konnten, von dem sie heute noch profitieren. Diese Betrachtung stellt die Disziplin in den Vordergrund, sie wird jedoch in ganz anderen Grenzen verhandelt, als es die einer Institution sind. Und Disziplinen und Forschungsfelder haben ihre eigenen Dynamiken, die auch gegen Trends resistent bleiben können.

Netzwerk, Schule, family firm

Ob man Mommsen und seine Mitarbeiter als Schule bezeichnet, hängt selbstredend von der Definition des Begriffs »Schule« ab. Geht man wie John T. Merz davon aus, dass Schule eine »well-trained army of workers, standing under the intellectual generalship of a few great leading minds«[378] bedeutet, dann wäre durchaus von einer Schule zu sprechen. Mit Merz bewerteten Wissenschaftshistoriker wie Derek de Solla Price, Thomas S. Kuhn und Diane Crane wissenschaftliche Schulen ambivalent, was ihren Nutzen für den Forschungsprozess und vor allem die Heranbildung eines selbständig arbeitenden Nachwuchses betraf: »Schools might train, but could they educate or liberate? That is, could they ever foster among students imagination and independence of mind?«[379] Ähnlich urteilte Rebenich in Bezug auf Mommsens Schüler:

> *»Mommsen war ein glänzender Organisator, der erfolgreich das Prinzip der fabrikmäßigen Arbeitsteilung umsetzte. Aber der Großordinarius erzog seine Schüler nicht zu unabhängigen Wissenschaftlern.«*[380]

Die Ambivalenz gegenüber der Nützlichkeit ist natürlich auch von den an sie gesteckten Erwartungen abhängig. Rebenich bewertete sie vor allem in Hinsicht auf die Hin-

---

378 Merz ging auch davon aus: »Thus it is that no nation in modern times has so many schools of thought and learning as Germany, and none can boast of having started and carried through such a large number of gigantic enterprises, requiring the co-operation and collective application of a numerous and well-trained staff. The university system, in one word, not only teaches knowledge, but above all it teaches research. This is its pride and the foundation of its fame«. John Theodore Merz, European Thought, Edinburgh, 1907, S. 167; zit. nach: John W. Servos, Research Schools, in: Osiris, (1993), S. 5f.

379 Ebd., S. 6.

380 Rebenich, Mommsen, wie Anm. 172, S. 164.

terlassenschaft nach Mommsens Tod und insbesondere hinsichtlich des methodischen und inhaltlichen Innovationspotentials der Schülergeneration kritisch. Mommsen habe aus seinen Schülern Spezialisten gemacht, die zwar die Unternehmungen und Einzelforschungen weiterführten, jedoch nicht mehr zu großen Synthesen in der Lage waren.[381] Damit geht Rebenich implizit von einem Konzept einer Schule aus, deren Wert sich vor allem an den Ergebnissen der Schülergeneration zeigt. Inwiefern aber wissenschaftliche Schulen, die bei der Bildung an charismatische Führungspersönlichkeiten gebunden sind, es überhaupt vermögen, sich innovativ von ihrem Meister zu lösen, ist eine offene Frage. Umgekehrt ließe sich auch argumentieren, dass die weitgehend ungebrochene Bezugnahme der epigraphischen Forschung auf Mommsen, auf eine ausgesprochene Persistenz seines Forschungsprogramms hinzudeuten scheint, auch wenn dies eher einer Verwaltungsarbeit entspricht.

Um der Frage der Wirkmächtigkeit der Mommsenschen Schule zu dessen Lebzeiten auf die Spur zu kommen, lohnt ein Blick in die Struktur von wissenschaftlichen Schulen. Außerordentlich einflussreich für ihre Erforschung war die von J.B. Morrell 1972 veröffentlichte Studie »The Chemist Breeders. The Research Schools of Liebig and Thomas Thomson«.[382] Hierin entwickelt Morrell ein idealtypisches Modell einer »research school«, das er dann an zwei Beispielen exemplifiziert.[383] Research schools sind nach Morell durch eine Reihe von Merkmalen gekennzeichnet, die jeweils Erfolg oder Misserfolg der Gründung und Erhaltung einer Schule bedingen. Zu diesen Merkmalen gehören: ein Direktor bzw. Leiter oder genauer eine Führungspersönlichkeit, die über eine etablierte Position innerhalb eines Forschungsfeldes verfügt. Dessen Aufgabe sei es primär »to offer and supervise a programme of work, too large for he himself to accomplish unaided, which his students implemented«.[384] Notwendig sei zudem eine regelmäßige Zufuhr von motivierten Studierenden bzw. Schülern (»manpower«), denen daran gelegen ist, ebenso regelmäßig Probleme und Aufgaben in begrenzter Zeit und mithilfe von vorher bestimmten Methoden zu lösen. Dafür benötigen sie einen verlässlichen Zugang zu einem lesenden Publikum, bspw. durch Zugang zu Zeitschriften über den Direktor. Die ideale Situation sei hier, wenn der Direktor diese Zeitschriften selbst

---

381 Vgl. Ebd.

382 J.B. Morrell, The Chemist Breeders. The Research Schools of Liebig and Thomas Thomson, in: Ambix, (1972), S. 1–46.

383 Anders als im anglophonen Raum, hat sich ein von Servos diagnostizierter semantischer Wandel des einst als pejorativ angesehenen »Schulen«-Begriff, der sich durch den Zusatz »research« positiv wandelte, im deutschen Sprachraum nicht vollzogen. An Stelle dessen wurde dort ab den 1950er/60er-Jahren in analoger Weise der Begriff des Projekts durch den Zusatz als Forschungsprojekt aufgewertet. Deshalb wird der Begriff der »research school« hier auch nicht übersetzt. Vgl. Servos, wie Anm. 378, S. 3–15.

384 J.B. Morrell, The Chemist Breeders, in: Ambix, (1972), S. 3.

kontrolliere.[385] Des Weiteren sei institutionelle Macht für die dauerhafte Finanzierung oder insbesondere bei anstehenden Erweiterungen von Vorteil. Müsse zu viel Energie darauf verwendet werden, die Unternehmungen abzusichern, könne die Forschungs- und Publikationstätigkeit erlahmen.[386] Schließlich sei es besonders wichtig:

»*Perhaps most important of all, the use of a set of relatively simple, fast, and reliable experimental methods allowed those students who were less than brilliant to do and to publish competent work. When these techniques were deployed on a large scale a knowledge factory was the likely result.*«[387]

Aus der Perspektive des Nachwuchses war die Zugehörigkeit zu einer Schule nicht nur Kompetenzerweiterung, sondern auch Reputationssteigerung:

»*No doubt, too, the more successful students anticipated that through their master's reputation and contacts they would more easily penetrate the upper echelons of the prestigious scientific networks of which they wished to be members.*«[388]

Damit geht die Bestimmung sehr nah entlang der Definitionen von Big Science und Großforschung in der zweiten Hälfte des 20. Jahrhunderts. Nicht umsonst behauptet Morell deshalb: »Big Science began at Giessen in the early 1840s«.[389] Nach Servos bestand Morrells Verdienst vor allem darin, die Forschung zu *research schools* multiperspektivisch geöffnet zu haben, da er diese sowohl unter ihren »intellectual, institutional, technical, psychological and financial circumstances« betrachtete. Dabei sei ihr Erfolg oder Misserfolg dem Zusammenspiel der Faktoren zuzurechnen und nicht auf einen Faktor zu reduzieren. Weniger im Fokus des Morrellschen Modells steht die Frage des Fortbestehens einer »research school« nach dem Tod des Direktors oder Kopf der Schule. Vermutlich ging Morrell davon aus, dass damit eine der Grundsäulen des Modells nicht mehr vorhanden war, sich also die Frage auf einer anderen Ebene stellen würde, entweder in Bezug auf die Reform einer Schule, auf Neugründung oder ggf. Übertragung von Charisma. Gerade letzteres scheiterte bei jenem Gelehrten, bei dem Mommsen es versuchte, bei Max Weber.[390]

---

385 Ebd., S. 5f.; Vgl. auch Servos, wie Anm. 378, S. 10.

386 J.B. Morrell, The Chemist Breeders, in: Ambix, (1972), S. 6.

387 Ebd., S. 5.

388 Ebd., S. 4.

389 Ebd., S. 28; vgl. auch: Servos, wie Anm. 378, S. 10.

390 Vgl. Jürgen Deininger, Zweierlei Geschichte des Altertums: Max Weber und Theodor Mommsen, in: Theodor Mommsen. Wissenschaft und Politik im 19. Jahrhundert, hrsg. von Alexander Demandt / Andreas Goltz / Heinrich Schlange-Schöningen, Berlin u.a., 2005; sowie Rebenich, Mommsen, wie Anm. 172, S. 164.

Wollte man die Anzahl der Beteiligten am CIL genau auszählen, so käme man sicherlich mit einer dreistelligen Zahl nicht aus. Ähnlich wie andere außerordentliche Datensammlungsprojekte basierte das CIL auf einem sehr großen Netzwerk, das sich über ganz Europa und darüber hinaus ausdehnte. In dessen Zentrum hielt Mommsen die unzähligen Fäden in der Hand und Verbindungen aufrecht. Umgekehrt war er ebenso Teil der Netzwerke anderer, die seine Kompetenz und seine Verbindungen für sich nutzten. Das Geben und Nehmen, der Austausch von Informationen, Recherche- und Forschungsfragen und von Publikationen sind prägende Merkmale der Korrespondenz Mommsens. Ausweis des Mommsenschen Netzwerkes ist das fünfbändige mehr als 4.000 Personen enthaltende Register im Findbuch des Nachlasses seiner wissenschaftlichen Korrespondenz in der Staatsbibliothek zu Berlin.[391] Von vielen dieser Schreibpartner sind nur wenige Briefe oder Karten vorhanden, einige Korrespondenzen füllen hingegen mehrere dicke Mappen. Hierzu zählen insbesondere die Briefwechsel mit den Herausgebern der CIL-Bände, deren Zahl im Vergleich mit dem gesamten Netzwerk Mommsens überschaubar ist, zum größten Teil waren es seine Schüler.[392]

Epigraphische Mitarbeiter und Mommsens Schule

Die Mitarbeiter des CIL lassen sich in mehrere Typen einteilen, die jeweils unterschiedlichen Hierarchieebenen entsprechen. Im Kontrast zu dem schon beschriebenen Netzwerk von Gelehrten, die für die Initiierung des Projekts bedeutsam waren, entwickelt sich das Netzwerk von Mitarbeitern des CIL stark zentralisiert. Außer Mommsen als zentraler Figur lassen sich mehrere Ebenen und Gruppen von Mitarbeitern, Zulieferern und Gehilfen ausmachen.[393] Von jenem engen Zirkel von Kollegen, die sowohl von Beginn an dabei waren und zugleich über eine Mommsen gegenüber unabhängige Stellung verfügten, sind diejenigen Mitarbeiter, oft Schüler und zugleich Herausgeber einzelner CIL Bände, zu unterscheiden, die in einem Abhängigkeitsverhältnis zu ihm standen. Darüber hinaus arbeiteten sehr viele Gelehrte am CIL. Hiermit sind auch die unzähligen internationalen Kontakte zu Personen gemeint, die an den verschiedenen Universitätsinstituten in Europa und darüber hinaus

---

391 SBB, Nl Mommsen I.

392 Vgl. hierzu auch den Abschnitt »Mitteiler« in: Kerstin Kaufmann und Katja Wannack, Bibliographischer Index zum Römischen Staatsrecht von Theodor Mommsen, Hildesheim, 2010, S. 247ff.

393 Wannack unterscheidet zwischen Mitarbeitern und Mitstreitern. Letztere sind in ihren Verhältnissen durch eine geringe Hierarchie miteinander verbunden. Diese Unterscheidung macht durchaus Sinn, verwischt aber die Hierarchien, die ebenso zu den Mitstreitern bestanden haben, so z. B. zwischen Mommsen und Henzen. Katja Wannack, Hermann Dessau. Der fast vergessene Schüler Mommsens und die Großunternehmen der Berliner Akademie der Wissenschaften, Hamburg, 2007.

oder in Akademien oder Museen arbeiteten, über Privatsammlungen verfügten und unentgeltlich mit jeweils kleinen Beiträgen dem CIL Material zuführten oder Fragen beantworteten. Diese zahlenmäßig größte Gruppe ist bisher kaum untersucht. Zugang zu diesem Netzwerk bietet das schon genannte Findbuch des wissenschaftlichen Nachlasses Mommsens in der Staatsbibliothek zu Berlin mit seinen fünf Bänden und ca. 4.000 Korrespondenzpartnern.

Epigraphisch ausgebildete Gelehrte gab es um 1860 nicht wie Sand am Meer und formalisierte Rekrutierungswege waren nicht vorhanden. Die genehmigten Projektgelder waren auch nicht für Projektstellen im heutigen Sinn gedacht, sondern dienten als Honorare für geleistete Arbeit. Mitarbeiter konnten nicht sogleich rekrutiert, sondern mussten erst ausgebildet werden. Welche Möglichkeiten standen hierfür zur Verfügung und welche Wege wurden genutzt?[394]

Am Beispiel von Wilhelm Henzen, der zu einem der engsten Mitarbeiter Mommsens wurde, lassen sich die Vorstellungen, welche Voraussetzungen ein Kandidat mitzubringen hatte und wie die Ausbildung vonstatten gehen könne, beispielhaft illustrieren. Nach dem Besuch bei Borghesi schrieb Emil Braun, damals Sekretär des Archäologischen Instituts in Rom, am 1. Dezember 1837 an Institutsmitbegründer Eduard Gerhard, es sei in dieser Situation (nach dem Tod Olaus Kellermanns, auf dessen Talent und Tüchtigkeit die Hoffnungen in Bezug auf die lateinische Epigraphik geruht hatten) nicht an eine direkte »Fortsetzung von Kellermanns Werk« zu denken. So sehe es zumindest Borghesi. »Ihm zufolge sollten die von sel. Kellermann hinterlassenen Materialien bei dem Institut aufbewahrt bleiben, bis sich ein Epigraph herangebildet habe oder vielmehr habe heranbilden lassen.«[395] Brauns Vorstellungen über den Kandidaten gingen dahin, dass dieser einerseits »universelle archäologische Bildung« vorweisen müsse, sich aber andererseits »auf numismatisch-epigraphische Studien streng beschränken« solle. Dann »muß er ein Jahr in Rom studieren«, um dann als Krönung 2 Monate zu Borghesi in die Lehre zu gehen, der »mit ihm den Gruter durchlesen« will.[396] Henzen sei, nach Hans-Georg Kolbe, der die Korrespondenz zwischen Emil Braun und Eduard Gerhard auswertete, genau dieser Mann gewesen, auf den Emil Braun wartete. Braun habe dann Henzen mit allen Mitteln und gegen dessen anfängliches Desinteresse mit Erfolg von der Epigraphik begeistert.[397] Dieses Trainingsprogramm fand auch bei späteren Mitarbeitern Anwendung. Wer ein solcher für das CIL werden wollte,

---

394 Eine Übersicht über den Kreis der Schüler Mommsens gibt: Ebd. Zu Ihnen zählten: Eugen Bormann, Alfred v. Domaszewski, Heinrich Dressel, Otto Hirschfeld, Emil Hübner, Christian Hülsen, Elimar Klebs, August Mau, Johannes Schmidt, Gustav Wilmanns, Karl Zangemeister und Hermann Dessau.

395 Kolbe, wie Anm. 8, S. 533.

396 Ebd., S. 534.

397 Ebd., S. 534f.

musste durch diese Schule. Für die Aufenthalte in Rom wurden Stipendien geschaffen. In die Lehre ging man in Mommsens Privatübungen.

Die ersten Jahre des CIL waren für Mommsen davon geprägt, eine Professur in Berlin zu erlangen und die ersten drei Bände seiner Römischen Geschichte zu vollenden.[398] Bis 1858 saß er als Leiter des CIL noch in Breslau fest. Bereits 1857 unternahm er seine erste Reise im offiziellen Auftrag des CIL in die Donauländer.[399] Schon vor Mommsens Berufung nach Berlin 1858 entstand der Kontakt zu Emil Hübner (1834–1901)[400], der als erster Mitarbeiter nach Projektbeginn rekrutiert wurde, jedoch nicht an der Entstehung des Projekts beteiligt war.[401] Anders als viele spätere jüngere Mitarbeiter war Hübner während der Kontaktaufnahme schon promoviert. Er habilitierte sich 1859 in Berlin und heiratete eine Tochter von Johann Gustav Droysen.[402] Hübner kam über eine Empfehlung Friedrich Ritschls zu Mommsen, verichtete zunächst Ordnungsarbeiten an zerschnittenen Inschriftenbänden, die als Reisevorbereitungen dienten. Zur Ausbildung in epigraphischer Arbeit ging Hübner nach Rom ans Archäologische Institut zu Wilhelm Henzen. Die Reisekosten musste er selbst übernehmen. Er stammte

---

398 Die ersten drei Bände kamen zwischen 1854 und 1856 heraus. Während Bd. 4 zu Kaiserzeit nie erschienen ist, legte Mommsen 1885 den 5. Bd. zu den römischen Provinzen vor. Vgl. Theodor Mommsen, Römische Geschichte, Leipzig u.a., 1854ff.

399 Vgl. Wickert, Mommsen, Bd. 3, wie Anm. 36, S. 387ff. Vgl. auch die Korrespondenz Mommsens mit seiner Frau in: DLA, Nl Mommsen, Korrespondenz Marie und Theodor Mommsen.

400 Im Tagungsband aus Anlass des 175. Geburtstages von Hübner findet sich eine Reihe von Aufsätzen, die Hübners Arbeit in Spanien beschreiben. Der von Juan Manuel Abascal (S. 135–159) geht direkt auf sein Verhältnis zum CIL ein. Mehrere Aufsätze liefern zudem biografische Studien, so z.B.: Michael Blech, S. 57–111. Thomas G. Schattner, Jorge Maier und Michael Blech (Hgg.), Emil Hübner und die Altertumswissenschaften in Hispanien / Emil Hübner y las ciencias de la antigüedad en Hispania. Akten des Kolloquiums in Madrid vom 19. bis 20. November 2008 zu Ehren des 175. Geburtstages von Emil Hübner; Actas del coloquio celebrado en Madrid del 19 al 20 de noviembre del 2008 por el 175 aniversario del nacimiento de Emil Hübner, Madrid, 2014.

401 Die Auswahl der hier erwähnten Mitarbeiter oder Kollegen Mommsens entspricht keiner Systematik und ist auch nicht annähernd vollständig. Ziel der Darstellung ist es, Muster für Rekrutierung und Verbleib der Mitarbeiter zu erkennen. Eine umfassende Übersicht über Mitarbeiter und Schüler liefert: Katja Wannack, Hermann Dessau. Der fast vergessene Schüler Mommsens, wie Anm. 393.

402 Die Heirat zwischen verschiedenen Professorenfamilien war auch im 19. Jahrhundert keine Seltenheit, verweist aber auf eine ältere Tradition, als Lehrstühle gewissermaßen noch vererbt wurden. Vgl. hierzu u.a. William Clark, Academic charisma and the origins of the research university, Chicago, Ill. u.a., 2006. Mommsens älteste Tochter Marie heiratete den später u.a. für das erneuerte griechische Inschriftenprojekt zuständigen Ulrich von Wilamowitz-Moellendorff. Wilamowitz' Tochter wiederum war mit Friedrich Hiller von Gaertringen vermählt, einem Mitarbeiter von Wilamowitz.

aus begütertem Elternhaus und nahm für die Reise, die von seinem Großvater für ihn zurückgelegten 2.000 Taler in Anspruch.[403] Bevor Hübner 1863 eine außerordentliche Professur für Klassische Philologie erhielt, die 1870 in eine ordentliche Professur mündete, unternahm er im Auftrag des CIL weitere Forschungsreisen, zunächst nochmals nach Spanien und dann 1867 nach England.[404] 1860 wurden Hübner nach Genehmigung des ersten Verlängerungsantrags des CIL eigens für die Reise 1.000 Reichstaler genehmigt, die sowohl als Honorar als auch für die Reisekosten dienten. Mit Mommsen stand er während des 20-monatigen Aufenthalts auf der iberischen Halbinsel in ständigem Briefkontakt und erstattete nach einem ersten Zeitraum in längeren Briefen ausführlich über seine Arbeitsergebnisse Bericht. Aus den Berichten wurden jeweils Teile in den Monatsberichten der Akademie veröffentlicht.[405] In diesen beschreibt Hübner seine Funde, welche Vorarbeiten ihm durch frühere Werke und Handschriften zur Verfügung standen und teilweise sehr detailliert und mit Bezug auf bereits publizierte Werke, welche Inschriften er wieder oder neu gefunden oder auch nicht wiedergefunden hat.[406] Teilweise gibt er den Text einzelner Inschriften wieder. Hübner besuchte die lokalen Akademien und Privatsammlungen, folgte den Reiserouten seiner Vorgänger,

---

403 Vgl. hierzu ausführlicher: Michael Blech, Emil Hübner. Sein Werdegang bis zu seiner Berufung auf das Berliner Ordinariat (1870), in: Emil Hübner und die Altertumswissenschaften in Hispanien / Emil Hübner y las ciencias de la antigüedad en Hispania. Akten des Kolloquiums in Madrid vom 19. bis 20. November 2008 zu Ehren des 175. Geburtstages von Emil Hübner; Actas del coloquio celebrado en Madrid del 19 al 20 de noviembre del 2008 por el 175 aniversario del nacimiento de Emil Hübner, hrsg. von Thomas G. Schattner / Jorge Maier / Michael Blech, Madrid, 2014, S. 72ff.

404 Hübner ist auch in den 1880er-Jahren mehrfach auf die iberische Halbinsel gereist, woraus zunächst ein Supplementband und später Veröffentlichungen in den Ephemeris Epigraphica wurden. Vgl. Armin U. Stylow, Von Emil Hübner zur Neuauflage von CIL II, in: Madrider Mitteilungen, 36 (1995) 36, S. 18.

405 Der erste Bericht erschien 1860. Vgl. Emil Hübner, Reisebericht des Hrn. Emil Hübner. I. Aus Barcelona 22. März 1860, in: Bericht über die zur Bekanntmachung geeigneten Verhandlungen der Königl. Preuß. Akademie der Wissenschaften zu Berlin im Monat April 1860. 15. Mai. Sitzung der philosophisch-historischen Klasse, (1860), S. 231–241. Weitere Berichte im selben Jahrgang S. 324–332, S. 421–450, S. 594–643; 1861: S. 16–113, S. 377–405, S. 525–549, S. 721–837, S. 938–986.

406 Der Bericht ist in Form von Briefen zunächst an Mommsen gegangen, der diese in Auszügen an die Akademie weiterleitete. Das wird aus den von Mommsen hinzugefügten Anmerkungen klar, in denen er teilweise auf offene Fragen von Hübner einging. Verwiesen wird hier demnach nur auf einen Teil des Reiseberichts. Emil Hübner, Reisebericht des Hrn. Emil Hübner. VII. Estremadura. Aus Madrid 1. März 1861, in: Bericht über die zur Bekanntmachung geeigneten Verhandlungen der Königl. Preuß. Akademie der Wissenschaften zu Berlin im Monat April 1861. 8. April. Sitzung der philosophisch-historischen Klasse, (1861), S. 377–381.

wobei er, wie er schreibt, große Teile der Reise auf dem Pferd zurücklegen musste.[407] Er gibt an, welche lokalen Gelehrten ihm behilflich waren, wie viele Inschriften er an welchen Ort gefunden hat und bietet bereits erste Einschätzungen, welchen Vorgängern zu trauen sei und welchen nicht. Durch seine Reisen auf die iberische Halbinsel wurde Hübner Spezialist für Spanien und gilt dort auch heute noch als eine der Gründerfiguren der Altertumswissenschaft.[408]

Die Kontaktaufnahme von Hübner mit Mommsen war ein typischer Rekrutierungsvorgang und gibt Einblick in den Kommunikationsstil. Hübner hatte seine Dissertation 1854 bei Friedrich Ritschl abgeschlossen, der ihm die Empfehlung gab, seine Arbeit Mommsen zu schicken. Hübners Dissertation war unter der Verwendung von Mommsens neapolitanischen Inschriften entstanden, deren Entstehungsgeschichte oben beschrieben worden ist. Mommsen sandte die Dissertation mit umfangreichen Anmerkungen zurück.[409] Mommsen setzte ihn zunächst auf die Inschriften des ehemaligen römischen Britanniens an, forderte aber zuvor ein Bekenntnis ein, auf das Hübner prompt reagierte:

> *»Sie setzen bei mir erklärlicherweise noch Unentschiedenheit voraus, ob ich mich überhaupt der Epigraphik ganz hingeben wolle, oder nicht. Aber ich muß bekennen, daß ich mich schon seit Jahren, während meines Aufenthalts in Bonn, mit dem Gedanken daran so vertraut wie möglich gemacht habe. Ich glaube die damit verbundenen Schwierigkeiten, Entsagungen auf leicht zu erreichende Ziele, und Plackereien aller Art hoch genug anzuschlagen, und doch war ich längst dafür entschieden.«*[410]

Das Bekenntnis zum Lehrer diente als Ersatz für andere formale Vertragsbindungen. Mommsen forderte mehr oder weniger offen ausgesprochen eine solche Art von Loyalitätsnachweis.[411] Das sicherte die soziale Bindung und schuf Kontinuität für beide Sei-

---

407 Ebd., S. 378.

408 Emilio Hübner, La Arqueología de Espana, Barcelona, 1888. Vgl. Mario Cardozo (Hrsg.), Correspondéncia epistolar entre Emilio Hübner e Martins Sarmento. Arqueologia e Epigrafia. 1879-1899, Guimares, 1947 Einige Quellen (u.a. Briefe) finden sich online unter: <http://www.cervantesvirtual.com/portal/archivo_jesuitas/> (Stand: 13.06.2017). Die auf eine vom Deutschen Archäologischen Institut organisierte Konferenz zum 175. Geburtstag Hübners 2008 zurückgehende Publikation ist noch nicht erschienen: Thomas G. Schattner, Jorge Maier und Michael Blech (Hgg.), Emil Hübner und die Altertumswissenschaften in Hispanien, Madrid, 2014.

409 Brief vom 18. August 1855, Hübner an Mommsen in: SBB, Nl Mommsen I, Korrespondenz Hübner, Mappe 62, Briefe 1-22, (1854).

410 Brief vom 1. Juli 1855, Hübner an Mommsen in: SBB, Nl Mommsen I, Korrespondenz Hübner, Mappe 62, Briefe 1-22, (1854).

411 Vgl. hierzu den sogenannten Fahneneid seines späteren Schwiegersohns Wilamowitz: »ich weiß nicht, ob eine arroganz darin liegt, aber ich kann mich nicht enthalten, eben deshalb

ten, für Mommsen als Projektleiter und für die »Schüler« und Mitarbeiter in Bezug auf ihre Karriere. Die Mitarbeiter standen dabei mehr in einem hochgradig informellen und auf persönliche Loyalität fußendem Abhängigkeitsverhältnis gegenüber Mommsen und weniger gegenüber der formalen Organisation der Akademie. Das Verhältnis von Mommsen und Hübner kühlte sich später extrem ab. 1881/82 kam es zum Streit im Zusammenhang mit der Zeitschrift »Hermes«, die von Mommsen mitbegründet wurde und die Hübner mit herausgab. Über die Gründe des Bruches zwischen Mommsen und Hübner gibt es zahlreiche Vermutungen. Hübner glaubte, er sei Mommsen nicht loyal oder unterwürfig genug gewesen. Zudem wurde er nie in die Akademie der Wissenschaften aufgenommen, wohl aufgrund von Mommsens Widerstand.[412]

Ende der 1870-Jahre kam Christian Hülsen (1858–1935) zum CIL. Über ihn schrieb Mommsen 1879 an Wilamowitz:

> *»Von dem stud. phil. Hülsen habe ich Dir wohl gesprochen er ist jetzt princeps meines Seminars, ein ungewöhnlich brauchbarer und sehr zuverlässiger Gehilfe beim CIL, und hat bei uns den Preis mit einer Arbeit über Ovids Fasten gewonnen. Auf diese möchte er jetzt promovieren.«*[413]

Neben fachlichen Fertigkeiten auf dem Gebiet der Epigraphik mussten Mitarbeiter bestimmte Tugenden mitbringen. Weniger erforderlich war großes Talent, wichtiger hingegen Loyalität und die Bereitschaft zur Kärrnerarbeit, wie ein Zitat aus dem Jahr 1882 zeigt, wiederum aus einem Brief an Wilamowitz und zwar nachdem Mommsen sich um ein Reisestipendium für Hülsen bemüht hatte, mit dem dieser nach Italien ging.

> *»Heute reist Hülsen. Ich muß nun wieder ohne epigraphischen Famulus leben; indes da die Arbeit selbst aufhört, wird er mir nicht so sehr fehlen, wie das sonst der Fall sein würde. Hoffentlich macht er seinen Weg. Ein eigentliches Talent ist er nicht, aber ungemein geschickt für diese Art Arbeiten, und eine treue Seele.«*[414]

Sein Schwiegersohn Wilamowitz stand ihm in der Beurteilung seiner Mitarbeiter in nichts nach: »ich lasse jetzt einen fleißigen aber gering begabten menschen die griechi-

---

Ihnen auszusprechen, daß ich mich doch zu den Ihren rechne, daß ich zu Ihnen und zu der fahne, welche sie führen, halte, wie der soldat zu der, auf die er seinen eid geschworen.« William M. Calder und Robert Kirstein (Hgg.), Briefwechsel Mommsen und Wilamowitz, Hildesheim, 2003, S. 20–21 (Nr. 8).

412 Vgl. Thomas G. Schattner, Jorge Maier und Michael Blech (Hgg.), Emil Hübner und die Altertumswissenschaften in Hispanien, Madrid, 2014.

413 Calder und Kirstein (Hgg.), wie Anm. 411, S. 118f.

414 Ebd., S. 190.

schen steine sammeln«[415] oder an anderer Stelle: »da mein arbeiter zwar untergeordnet in jeder beziehung, aber fleißig und bieder ist.«[416]

Otto Hirschfeld (1843–1922) kam wie Hübner über eine Empfehlung Friedrich Ritschls. Mommsen hatte Hirschfelds Doktorarbeit, die dieser ihm bei einem Besuch in Berlin gegeben hatte, gelesen und mit Anmerkungen zurückgesandt. Hirschfeld antwortete nach seiner Rückkehr nach Königsberg, dass er hoffe:

> *»daß es mir im Laufe der Zeit durch Fleiß und Anstrengung gelingen wird, mir mehr Ihre Zufriedenheit zu erwerben: denn das ist das Ziel, nach dem ich strebe; Lob wie Tadel von Ihrer Seite können für mich nur der schärfste Sporn zum Weiterstreben sein.«*[417]

Ein Jahr später war er für Mommsen in Florenz unterwegs. 1885 wurde er Nachfolger auf dessen Lehrstuhl an der Universität Berlin.

Der 1856 in Frankfurt am Main geborene Herrmann Dessau (1856–1931) besuchte die Schule, in der Tycho Mommsen, der Bruder Mommsens, Direktor war. Obwohl Dessau vorhatte, nach Göttingen zu gehen, änderte er auf Anraten Tycho Mommsens kurzfristig seine Pläne und ging stattdessen nach Berlin, um Geschichte bei Theodor Mommsen zu studieren.[418] Obwohl er nach Mommsens Tod die Hauptstütze des CIL war, hat er als einer der wenigen Hauptmitarbeiter nie eine ordentliche Professur erhalten und ist auch nicht Akademiemitglied geworden. Er bekam dafür eine der um 1900 neu eingerichteten Beamtenstellen an der Akademie. Darüber hinaus sollte Dessau die Kommission des CIL leiten.[419] Auch Eugen Bormann (1842–1917) kam über die Bonner Universität, wo er bei Friedrich Ritschl und Otto Jahn studiert hatte, nach Berlin

---

415 Brief 237, Wilamowitz an Mommsen, S. 401. Calder und Kirstein, Briefwechsel: 1872–1903. Aus dem Freund ein Sohn. Theodor Mommsen und Ulrich von Wilamowitz-Moellendorff. Bd. 2, Hildesheim, 2003.

416 Brief 239, Wilamowitz an Mommsen, S. 405, in: Ebd.

417 Brief vom 13. September 1864 in: SBB, Nl Mommsen I, Korrespondenz Hirschfeld, Mappe 1.

418 Vgl. Salomon Frankfurter, Hermann Dessau, in: Jahresbericht über die Fortschritte der klassischen Altertumswissenschaft, 59 (1933) 241, S. 83f. Dessau war einer der Musterschüler Mommsens, der den Meister während der Studienzeit durch eine epigraphische Richtigstellung beeindruckte. Später erzählte er in selbstloser und in der heutigen Wahrnehmung überzogener Bescheidenheit, dass er jeden neuen Auftrag Mommsens als Bestätigung und Belohnung seiner Arbeit ansah. Vgl. Arthur Stein, Hermann Dessau, in: Klio, (1932), S. 227.

419 Ausführlich zu Dessaus Biografie vgl. Wannack, wie Anm. 393; vgl. zudem den auf eine Konferenz zurückgehenden Sammelband: Manfred G. Schmidt (Hrsg.), Hermann Dessau (1856–1931): zum 150. Geburtstag des Berliner Althistorikers und Epigraphikers. Beiträge eines Kolloquiums und wissenschaftliche Korrespondenz des Jubilars, Berlin, 2009; vgl. auch: Rebenich, Mommsen, wie Anm. 172, S. 161.

zum CIL. Dort wurde er Lehrer für klassische Sprachen am Gymnasium zum Grauen Kloster und ging dann über Marburg nach Wien, wo er 1885 eine Professur erhielt.

Sind über diese kursorische Übersicht Rekrutierungsmuster erkennbar?[420] Mehrere Mitarbeiter kamen über Empfehlungen zu Mommsen. Neben seinem Bruder Tycho Mommsen war insbesondere Friedrich Ritschl die Hauptquelle für Rekrutierungen. Über Ritschl profitierte Mommsen hierbei vom einflussreichsten philologischen Seminar der Zeit. Schließlich bildeten die als Privatunterricht in Mommsens Haus abgehaltenen Übungen ein Rekrutierungs-, aber auch Testfeld für potentielle Mitarbeiter.[421]

Bei der Arbeit lag Mommsens Augenmerk in erster Linie in der Fertigstellung der Bände und weniger in einer verzögernden Nachprüfung von Details. Er wurde vielmehr ungeduldig, wenn seine Mitarbeiter die Arbeit verzögerten und nahm diese in einigen Fällen selbst in die Hand. Der kontinuierliche Zeitdruck stellte einige Mitarbeiter vor enorme Belastungen, was mitunter zu Ausfällen oder Verzögerungen durch Überarbeitung führte. Weniger aufgrund von Zeitdruck, sondern aufgrund von Krankheit ist Gustav Wilmanns (1845–1878), der in Nordafrika Inschriften sammelte, kurz nach seiner zweiten Reise gestorben.[422] Den liegen gebliebenen Band der »Inscriptiones Africae latinae« führte Mommsen zu Ende.

---

420 Der Ägyptologe Adolf Erman schrieb in seiner Autobiografie über die Rekrutierung von Mitarbeitern für das Altägyptische Wörterbuch. Diese schien insgesamt in einem sehr familiären Rahmen abgelaufen zu sein: »Ich habe dann unter meinen Freunden und Schülern die Mitarbeiter geworben. Was ich ihnen bieten konnte, war mühselige Arbeit, und doch waren sie bereit, mitzuwirken, und so manche von ihnen haben Jahre auf Jahre treu bei dem Wörterbuche ausgehalten. Wenn sie sich dann schließlich doch anderen Aufgaben zuwenden mußten, so sind dafür jüngere an ihre Stelle getreten. Von den ersten Genossen wirken aber heute noch drei an unserem gemeinsamen Werke, Sethe bei seiner Herausgabe, Breasted und Lange als die getreuen Helfer in allen Nöten und Sorgen.« Adolf Erman, Mein Werden und mein Wirken. Erinnerungen eines alten Berliner Gelehrten, Leipzig, 1929, S. 286–291.

421 Vgl. mit einigen Verweisen zur Tradition des Privatunterrichts: Kasper Risbjerg Eskildsen, Leopold von Ranke, la passion de la critique et le s'eminaire d'historie, in: Lieux de savoir. Espaces et communautés, hrsg. von Christian Jacob, Paris, 2007. Mit breiterem Fokus: Martin Kintzinger und Sita Steckel (Hgg.), Akademische Wissenskulturen: Praktiken des Lehrens und Forschens vom Mittelalter bis zur Moderne, Basel, 2015.

422 Eine leicht heroisierende Kurzdarstellung seines Lebens findet sich in der ADB. Der von Carl Bardt verfasste Text enthält den nicht ganz glaubwürdigen Satz: »Auf dem Krankenlager drückte ihn keine Sorge schwerer als die um sein nun unfertig bleibendes Werk, und dem Sterbenden war der schönste Trost, daß Mommsen ihm schrieb, er möge versichert sein, daß, wenn ihm etwas zustoßen sollte, er in seinem Sinne und in seinem Namen die Arbeit zu Ende führen werde, wie er selber im umgekehrten Falle auf Wilmanns' Eintreten an seiner Stelle zähle.« Vgl. Carl Bardt, Gustav Wilmanns, in: Allgemeine Deutsche Biographie, (1898), S. 304–306. Der Text ist online zu finden unter: <http://www.deutsche-biographie.de/sfz85700.html> (Stand: 15.05.2017). Vgl. zudem Jürgen von Ungern-Sternberg, Gustav Wilmanns, ein Schüler Mommsens, an der kaiserlichen Universität Dorpat (1869–1872), in: Hyperboreus, (2013), S. 147–161.

Die meisten Mitarbeiter des Inschriftenunternehmens erhielten noch während oder nach ihrer Mitarbeit beim CIL einen Lehrstuhl. Für den Verbleib seiner Mitarbeiter hat Mommsen keine Mühe gescheut. Loyalität innerhalb der »family firm« wurde so belohnt. Mommsens informeller Zugang zu Entscheidungsträgern im Kultusministerium ermöglichte es ihm, einige seiner jungen Gelehrten auch gegen stärkere Konkurrenz durchzusetzen.[423] Manch anderer vielversprechender Gelehrter hatte es schwer, dagegen anzukommen.[424] In der Regel blieben die Mitarbeiter auch nach ihrer Berufung mit Mommsen verbunden. Entweder arbeiteten sie weiter für das CIL, wurden in andere Projekte eingebunden oder beteiligten sich an der Herausgabe von Zeitschriften, wie beispielsweise Emil Hübner.[425] Insgesamt verblieben, wie auch Stefan Rebenich resümierte, die Mitarbeiter Mommsens bis auf wenige Ausnahmen im Schatten ihres Großorganisators.[426]

Die Projektmitarbeit war für die meisten eine Durchlaufstation auf dem Weg zu einer Professur. Mommsen musste also stetig neue Mitarbeiter rekrutieren, die als Gegenleistung auf weitere Förderung hoffen durften. Die Unternehmung blieb trotz der vergleichsweise großen Anzahl an Mitarbeitern in einem relativ kleinen Rahmen, da nicht alle gleichzeitig beschäftigt waren. Das hätten die zur Verfügung stehenden finanziellen Mittel auch nicht erlaubt. Der Blick auf die finanziell für ihre Arbeit entschädigten Mitarbeiter kann aber, wie schon angedeutet, den Blick auf unzählige oft in den Publikationen nicht genannte Mitarbeiter, Zuträger oder Hilfsarbeiter verstellen, die ihre Arbeit pro bono zur Verfügung stellten. Sammlungsprojekte wie das CIL funktionierten nur, weil ihnen der Zugang zu den Quellen vor Ort erleichtert wurde, wenn Wege gewiesen, lokale Neufunde zur Verfügung gestellt und weitere Kontakte vermittelt worden sind.

Die nach Mommsen folgende Generation war keine mehr, die Projekte selbst initiierte, sondern sie wuchs mit diesen Projekten auf. Sie bildeten für die hochspezialisier-

---

[423] Wie Rebenich herausgestellt hat, gab es keinen Bereich der Altertumswissenschaften, in dem Mommsen keinen Einfluss ausüben konnte. Vgl. Rebenich, Mommsen und Harnack, wie Anm. 172, S. 94ff.

[424] Mommsen konnte es mehrmals verhindern, dass der in einigen Augen vielversprechende Gelehrte Karl Julius Beloch einen Lehrstuhl in Deutschland erhielt. Bei zwei Versuchen erwirkte Mommsen durch entsprechende Gutachten und Empfehlungen an das Ministerium, dass seine Schüler berufen wurden. Zuerst war es Otto Seeck (1887) in Greifswald und anschließend Ulrich Wilcken (1889) in Breslau. Beloch ging schließlich nach Italien und erhielt 1891 in Rom eine Professur. Vgl. Ebd., S. 103ff; vgl. auch für weitere Beispiele: Rebenich, Mommsen, wie Anm. 172, S. 161.

[425] Hübner wurde Redakteur der Zeitschrift »Hermes«, musste diesen Posten allerdings nach einem Streit mit Mommsen und Wilamowitz 1881 räumen. Vgl. den Briefwechsel: Calder und Kirstein, wie Anm. 411.

[426] Rebenich, Mommsen, wie Anm. 172, S. 164.

ten Forscher ein Auskommen und schließlich einen Karriereweg. Sie waren mehr auf Bewahren, denn auf Neuschaffen von Unternehmungen aus.

Marie Mommsen – the ›intimate inmate‹

Der dauerhafteste Mitarbeiter, den Theodor Mommsen hatte, war eine Frau: seine Ehefrau.[427] Sicher, sie gab keinen Band heraus und es ist auch nichts darüber bekannt, dass sie Inschriften las oder kopierte. Erst spät ist sie auf einer seiner Reisen mitgefahren, auch, weil lange Reisen teuer und beschwerlich waren und sie im Laufe der Zeit 14 Kinder zu versorgen hatte.[428] Aber sie saß als eingeschlossene Ausgeschlossene bei ihm im Zimmer, ganz im Einklang mit dem Ideal der Zeit, das Mann und Frau in einer ehelichen Beziehung komplementär aufeinander bezog.[429] Unentgeltlich arbeitete sie nicht, aber monetär anerkannt wurde ihre Tätigkeit nur indirekt über das Gehalt ihres Mannes, das im 19. Jahrhundert so ausgelegt war, dass es für die repräsentative Haushaltsführung einer Familie reichen musste.[430]

Während in der sozialgeschichtlichen Forschung die geschlechtsspezifische Rollenaufteilung mit einer männlichen Dominanz des Wissenschaftsbetriebes auf der einen Seite und der Übernahme von familiären Aufgaben der Ehefrauen lange erforscht wurde, ist in der letzten Zeit die Bedeutung von Frauen für die wissenschaftliche Arbeit auch vor deren selbständigem Zugang zum Wissenschaftssystem ab Ende des 19. und Anfang des 20. Jahrhunderts herausgestellt worden. Viele Formen der Zusammenarbeit oder der Mitarbeit an wissenschaftlicher Arbeit seien lange unerkannt und deshalb auch unerforscht geblieben, weil ihr Anteil nicht dokumentiert wurde.[431] Nur selten tauchten in

---

427 Von Mommsens privatem Nachlass sind bis auf wenige Dokumente nur die Briefe mit seiner Frau vollständig erhalten geblieben. Der private Nachlass befand sich im Hause von Konrad Mommsen (1871-1946). Lothar Wickert hat den Nachlass in den 1930er-Jahren, nachdem er mit dem Verfassen einer Mommsen-Biografie beauftragt worden war, noch eingesehen. Vgl. die Notiz in SBB, Nl Lothar Wickert, III.1, Nr. 128. Der größte Teil ist während des Zweiten Weltkriegs zerstört worden. Die Korrespondenz mit Marie Mommsen bildet den wohl umfangreichsten Nachlassteil aller Korrespondenzen Mommsens. Er enthält insgesamt 1170 Briefe und umfasst den Zeitraum von 1854 bis 1902. An ihm lässt sich beispielhaft die Frage überprüfen, welche Rolle die Frau in einer bildungsbürgerlichen Professorenfamilie in der zweiten Hälfte des 19. Jhs. einnahm, womit sich bisherige Forschungsthesen bestätigen oder kontrastieren lassen.

428 Eine Übersicht von Lothar Wickert findet sich in den Unterlagen des Nachlasses in: SBB, Nl Lothar Wickert, III.1, Nr. 128. Aus dieser Übersicht wird auch ersichtlich, dass zwei weitere Kinder noch als Säuglinge verstorben sind.

429 Hoffmann, wie Anm. 356, S. 112.

430 Vgl. grundlegend zu Professorengehältern die Dissertation: Maus, wie Anm. 15.

431 Monika Mommertz, Geschlecht als »tracer«: Das Konzept der Funktionenteilung als Perspektive für die Arbeit mit Geschlecht als analytischer Kategorie in der frühneuzeitlichen Wissenschaftsgeschichte, in: Nonne, Königin und Kurtisane. Wissen, Bildung und Gelehr-

Abbildung 6. Theodor und Marie Mommsen (geb. Reimer), in: Lothar Wickert, Theodor Mommsen. Eine Biographie, Bd. 3, Frankfurt am Main 1969, S. 312.

den offiziellen Repräsentationen, zum Beispiel in Vorworten, die Anteile von Ehefrauen auf. Susan A. Crane hat bspw. darauf verwiesen, dass Frauen zwar selten Sammler waren, aber oft als Inspirationsquelle genannt wurden.[432] Im Falle des für die Mitbegründung der MGH bekannten Freiherrn vom und zum Stein war es seine Tochter.[433]

samkeit von Frauen in der Frühen Neuzeit, hrsg. von Michaela Hohkamp / Gabriele Jancke, Berlin, 2004, S. 17.

432 »Women had played a role as assistents in early modern collecting, particularly in antiquarian pursuits (in areas such as genealogy or copying art and texts, which were understood to be suited to feminine-gendered talents). By the early nineteenth century, women were often patrons, sometimes contributors (particularly in the Grimms' circle), and more rarely themselves collectors.« Susan A. Crane, Collecting and historical consciousness in early nineteenth-century Germany, Ithaca u.a., 2000, S. 97.

433 Ebd. Crane geht in ihrer These noch weiter: »Gender, more than age, was the primary criterion for the protection of memory.« S. 99. »Metaphorically, women were seen as vessels of memory and their bodies potentially stored volumes. But even more striking in the collecting literature was the way that the figure of pregnancy was used by male collectors to describe their preservation activities.« S. 101.

Die frühe Frauen- und Geschlechtergeschichte konzentrierte sich neben der Dekonstruktion der Geschichte der Naturalisierung der Geschlechterdifferenz in einer Reihe von biografischen Studien auf selbständig oder gleichwertig arbeitende Frauen in der Wissenschaft. Intensiv erforscht worden ist hierbei vor allem die Frühe Neuzeit.[434] Die verstärkte Einbeziehung von Ehefrauen, Töchtern, Schwestern und anderen Verwandten ging einher mit der stärkeren Beachtung von marginalisierten Akteuren wie Handwerkern, Technikern, Laborhelfern oder Instrumentenbauern in der naturwissenschaftlichen Wissenschaftsforschung.[435] Diese Forschungen brachten eine Reihe von innovativen Ansätzen und Ergebnissen hervor, die die traditionelle, auf Heldengeschichten fixierte Wissenschaftsgeschichte aufbrach. Verbunden war der Anschluss an eine *social and cultural history of science* oder auch die neuere Kulturgeschichte, die sich ab Beginn der 1990er-Jahre Bahn brach.[436] Mit der Betrachtung von Technikern und Helfern verbunden war auch die stärkere Hinwendung zu den Praktiken und der Organisation wissenschaftlicher Forschung. Konzepte wie das »scientific couple«[437] oder »family firm«[438] interpretierten die Arbeitsorganisation von Forschung hinsichtlich ihrer Bedingungen der Möglichkeit neu und entwarfen unter Hinzunahme der wenig sichtbaren Anteile an der Produktion von wissenschaftlichen Ergebnissen ein neues Bild der Wissenschaft, ohne die alten Erkenntnisse der Geschlechterforschung über Bord werfen zu müssen.

---

434 Mit einer Reihe von Literaturhinweisen vgl. Mommertz, Geschlecht als »tracer«, wie Anm. 432, S. 18. Für das 18. Jh. vgl. Anke Bennholt-Thomsen und Alfredo Guzzini, Gelehrte Arbeit, in: Querelles. Jahrbuch für Frauenforschung, (1996), S. 48–77.

435 Beispielhaft für Forschungen zu marginalisierten Akteuren der Wissenschaftsgeschichte vgl. Steven Shapin, The Invisible Technician, in: American Scientist, 77 (1989) 6, S. 554–563.

436 Mittlerweile existiert eine ganze Reihe von Einführungen zum Thema. Stellvertretend für andere sei hier auf eine kleine Auswahl verwiesen: Achim Landwehr, Kulturgeschichte, Stuttgart, 2009. Ute Daniel, Kompendium Kulturgeschichte: Theorien, Praxis, Schlüsselwörter, Frankfurt a. Main, 2001. Achim Landwehr, Kulturgeschichte. Version 1.0, unter: Docupedia-Zeitgeschichte, <http://docupedia.de/zg/Kulturgeschichte?oldid=86239>, (Stand: 03.05.2017). Für den Streit um die neuere Kulturgeschichte aufschlussreich ist der Band: Rainer Maria Kiesow und Dieter Simon (Hgg.), Auf der Suche nach der verlorenen Wahrheit. Zum Grundlagenstreit in der Geschichtswissenschaft, Frankfurt a. M. u.a., 2000. Lesenswert sind ebenfalls: Peter Burke, Was ist Kulturgeschichte?, Frankfurt a. M. 2005. Wolfgang Hardtwig und Hans Ulrich Wehler, Kulturgeschichte Heute, Göttingen, 1996. Schon fast ein Klassiker ist: Lynn Hunt (Hrsg.), The new cultural history, Berkeley, 1989.

437 Vgl. Helena M Pycior, Nancy G Slack und Pnina G Abir-Am, Creative couples in the sciences, New Brunswick, NJ, 1996.

438 Monika Mommertz nennt es »Haushaltssystem« am Beispiel der Astronomen Familie Winckelmann-Kirch aus dem 18. Jahrhundert. Vgl. Dies., Schattenökonomie der Wissenschaft. Geschlechterordnung und Arbeitssysteme in der Astronomie der Berliner Akademie der Wissenschaften im 18. Jahrhundert, in: Frauen in Akademie und Wissenschaft. Arbeitsorte und Forschungspraktiken 1700–2000, hrsg. von Theresa Wobbe, Berlin, 2002.

Der Aufstieg des Bildungsbürgertums im 19. Jahrhundert war verbunden mit geschlechtlicher Arbeitsteilung und einer bestimmten Vorstellung von Familie.[439] Mittels naturwissenschaftlicher Forschung vor allem aus der Anthropologie und der Medizin wurde die Naturalisierung der Geschlechterdifferenz im 19. Jahrhundert auch wissenschaftlich stabilisiert.[440] Das Ideal einer Arbeitsteilung in die Bereiche Arbeit und Familie ist in der Praxis auch immer wieder gebrochen und kontrastiert worden. Die Einbeziehung von Frauen in die Arbeitswelt war sogar oft von Vorteil. Jedoch musste gleichzeitig die Grenze der geschlechtlichen Arbeitsteilung immer gewahrt bleiben. Unabhängiges Arbeiten war selten und offizielle Anerkennung und Mitgliedschaft hätte bspw. eine Überschreitung der Grenze bedeutet. Solange die wissenschaftliche Arbeit in einem häuslichen Rahmen und damit weitgehend unsichtbar blieb, konnte sie durchaus auch von Institutionen wie der Akademie toleriert oder für ihre Zwecke genutzt werden.

Für die Frühzeit der Disziplingeschichte der Germanistik, d.h. für die erste Hälfte des 19. Jahrhunderts, hat dies Ina Lelke am Beispiel der Grimms und ihres wissenschaftlichen Arbeitszusammenhangs untersucht.[441] Die Grimms hatten sich bspw. ihre Geschichten und Märchen oft von Frauen erzählen lassen, nicht zuletzt deshalb, weil das Geschichtenerzählen zum Funktionsbereich innerhalb der Familie zählte und sie damit als Ressource für die Märchensammlung unentbehrlich war. Lelke stellt aber auch heraus, dass Frauen im Sinne von Debra Lindsays Konzeptionalisierung als »unofficial members of the scienctific community« bzw. als »intimate inmates«[442] in die Arbeit der Grimms einbezogen waren, schon bevor sie auch offiziellen Zugang und Anerkennung als selbständige Wissenschaftlerinnen bekamen. Bei den Grimms diente die Konstruktion des häuslichen Arbeitsumfeldes im Sinne eines »offenes Hauses« dazu, die Zugangsschwellen niedrig zu halten. Das bedeutete, dass einmal eingeladene Gäste jederzeit auch wieder willkommen waren. Anders als in Vereinen und Organisationen waren auch immer Frauen anwesend.[443]

Ehefrauen und Töchter waren insbesondere im 19. Jahrhundert funktional als Entlastung des männlichen Familienoberhauptes von familiären Aufgaben gedacht. Die

---

439 Einführend und nach wie vor sehr lesenswert: Heidi Rosenbaum, Formen der Familie. Untersuchungen zum Zusammenhang von Familienverhältnissen, Sozialstruktur und sozialem Wandel in der deutschen Gesellschaft des 19. Jahrhunderts, Frankfurt a. M., 1982.

440 Vgl. Claudia Honegger, Die Ordnung der Geschlechter: die Wissenschaften vom Menschen und das Weib, 1750–1850, Frankfurt a. M. u.a., 1991.

441 Ina Lelke, Die Brüder Grimm in Berlin. Zum Verhältnis von Geselligkeit, Arbeitsweise und Disziplingenese im 19. Jahrhundert, Frankfurt a. M. u.a., 2005.

442 Debra Lindsay, Intimate Inmates: Wives, Households, and Science in Nineteenth-Century America, in: Isis, 89 (1998) 4, S. 631–652.

443 Vgl. Lelke, wie Anm. 441, S. 70ff.

Freistellung von Aufgaben des Haushalts und der Organisation des kulturellen und geselligen Familienlebens ist auch ohne Zweifel ein Begründungszusammenhang für die teilweise unglaubliche Produktivität einiger Gelehrter. Das bedeutete im Umkehrschluss jedoch nicht, wie am Briefwechsel von Theodor und Marie Mommsen ersichtlich wird, dass seitens des Mannes kein Interesse an der Entwicklung und Erziehung der Kinder gezeigt wurde. Auch wenn Mommsen sich bei der Entscheidung, der Geburt seines ersten Kindes beizuwohnen oder weiter Inschriften in Italien zu sammeln, für letzteres entschied, war er doch jederzeit auch während der Reisen durch die Briefe Maries über seine Kinder informiert.[444] Auch bei der großen Anzahl der Kinder der Mommsens entbehren die über Zeitungsartikel kolportierten Gerüchte, der Professor Mommsen habe seine Kinder auf der Straße nicht erkannt, jeder Grundlage.[445]

Theodor und Marie Mommsen haben vergleichsweise spät geheiratet. Mommsen war 1854 bereits 37, Marie 22 Jahre alt. Theodor Mommsen hatte Marie Reimer über seinen Leipziger Kreis kennengelernt.[446] Sie war die älteste Tochter seines Verlegers Karl August Reimer.[447] Auffällig und typisch ist das Zusammenfallen der Genehmigung des CIL als Akademieprojekt mit der Heirat im Jahre 1854. Mit einer aussichtsreichen Karriere versehen, konnte der bisher relativ mittellose Gelehrte nun eine Familie auch finanziell versorgen.[448] Marie wurde nicht nur Mommsens Ehefrau und Mutter von 14 Kindern (von denen 12 die Eltern überlebten), sondern auch eine Art Sekretärin, Zuhörerin, »intimate inmate« seiner Projekte und schließlich Professorin, was im Kontext des 19. Jahrhunderts selbstverständlich als Professorengattin zu verstehen ist.[449] Wenn

---

[444] Dies lässt sich praktisch über den gesamten Briefwechsel hindurch belegen, weshalb ein Nachweis einer Stelle unnötig ist.

[445] Plausibler erscheint dagegen die Anekdote, Mommsen sei regelmäßig vom Schaffner der Straßenbahn auf dem Weg von Charlottenburg nach Berlin Mitte zur Akademie auf seine Haltestelle hingewiesen worden, da er während der Fahrt in seine Bücher vertieft gewesen sei. Er hatte sich für deren Transport eigens eine Jacke mit großen Taschen anfertigen lassen, in die er die Bücher links und rechts stecken konnte. Vgl. Adelheid Mommsen, Mein Vater. Erinnerungen an Theodor Mommsen, München, 1992.

[446] Vgl. zum Leipziger Kreis, den Mommsen auch »Clique« nannte: Wickert, Mommsen, Bd. 3, wie Anm. 36, S. 35ff.

[447] Zur Familie Reimer und dem Verlag der Weidmannschen Buchhandlung, vgl. Ernst Vollert, Die Weidmansche Buchhandlung in Berlin: 1680 bis 1930, Berlin, 1930.

[448] Damit lag Mommsen nur leicht über dem durchschnittlichen Heiratsalter von Akademikern von knapp über 30 Jahren, vgl. Heidi Rosenbaum, Formen der Familie. Untersuchungen zum Zusammenhang von Familienverhältnissen, Sozialstruktur und sozialem Wandel in der deutschen Gesellschaft des 19. Jahrhunderts, Frankfurt a. M., 1982, S. 331f.

[449] Brief vom 27. September 1860, Heidelberg, Theodor an Marie Mommsen in: DLA, Nl Mommsen, Korrespondenz Marie und Theodor Mommsen, Nr. 174. Ehefrauen litten mit, wenn ihren Männern die Reputation versagt blieb. Das ist verständlich, wirkt aber auf sie tiefer, weil es für die Frauen keinen Rahmen und keine Möglichkeit gab, eine vergleichbare

er im seinem Arbeitszimmer schrieb, saß sie ihm oft auf dem Sofa gegenüber und »rezensierte« ihn.

> *»Mein süßes Herz, was soll ich Dir schreiben, wie es mir geht? Nicht gut, bis ich dich wieder habe, das weißt du ja. Ich suche mich in meine Schreibereien einzuspinnen, aber ich bin es nun schon gewohnt, daß du mir auch dabei gegenüber sitzt u. mir hilfst oder mich rezensirst; es leidet mich im Zimmer nicht u. fortgehen mag ich doch noch viel weniger.«*[450]

War er auf Forschungsreisen oder Konferenzen, übernahm sie die Organisation der eintreffenden und teilweise auch ausgehenden Korrespondenz oder besorgte Bücher. Selbst wenn Mommsen in Neapel oder auf Sizilien war, gab er ihr Anweisungen, was sie erledigen sollte.[451] Sie berichtete ihm im Gegenzug während seiner häufigen Reisen, welche Briefe eingetroffen waren, schrieb Briefe oder Auszüge aus ihnen ab (wenn z.B. das Briefpapier zu schwer war, um es preiswert weiterzuschicken) oder ging zu anderen Akademiemitgliedern, um Briefe oder Anweisungen weiterzuleiten. Dies soll an dieser Stelle nur an einigen wenigen Beispielen verdeutlicht werden.

öffentliche Reputation zu erlangen. Ein Beispiel berichtet Adolf Erman (ab 1897 Leiter des Ägyptischen Wörterbuchs): »Im Jahre 1895 wählte mich die Berliner Akademie zu ihrem Mitgliede. Ich empfand das als eine Ehre und freute mich, daß ich nun in einer Körperschaft wirken durfte, der mein Großvater und mein Urgroßvater angehört hatten. Daß meine Mutter diesen Erfolg ihres Sorgenkindes noch erlebte, war mir, wie es natürlich war, eine besondere Freude. Mein Vater hatte bei all seinen Verdiensten diese Auszeichnung nicht erhalten, wie sehr sich auch Humboldt für ihn eingesetzt hatte. Er hatte sich in seiner Weise darüber hinweggesetzt, aber daß meine Mutter einstmals unter der Zurücksetzung ihres Gatten gelitten hatte, war ja nicht zu bezweifeln, so sehr sie es auch vermied, von diesen Dingen zu sprechen.« Vgl. Adolf Erman, Mein Werden und mein Wirken. Erinnerungen eines alten Berliner Gelehrten, Leipzig, 1929, S. 286–291.

[450] Brief vom 10. Januar 1855, Breslau, Theodor an Marie Mommsen, in: DLA, Nl Mommsen, Korrespondenz Marie und Theodor Mommsen, Nr. 75. Zum Diwan bzw. Sofa im Arbeitszimmer Mommsens vgl. Adelheid Mommsen, Mein Vater. Erinnerungen an Theodor Mommsen, München, 1992, S. 23f. Wickert, Mommsen, Bd. 3, wie Anm. 36, Anm. 16.

[451] Finanziell war Marie von Mommsen abhängig. Sie musste ihn um Geld bitten, wenn sie etwas kaufen wollte und bekam auch eine Art Gehalt, über das sie dann frei verfügen konnte. Zu Beginn der Ehe erhielt sie offenbar zudem noch Geld von ihrem Vater: »Nun muß ich Dich aber noch um etwas Geld bitten, vielleicht 2-3 rp; ich habe manches ausgelegt u. mag nicht gern den Vater erinnern, mir mein Geld zu geben; auch möchte ich gern noch allerlei für die Hausbestellung mitnehmen. Schreibe mir doch, ob ich Dir sonst noch etwas besorgen soll.« Vgl. den Brief vom 17. Juni 1856 Marie and Theodor Mommsen in: DLA, Nl Mommsen, Korrespondenz Marie und Theodor Mommsen, Nr. 104.

»Also vor allem die Kommissionen! Den beiliegenden Brief von Olshausen expediere, wenn O. wieder Briefe liest; ist das nicht der Fall, so sende ihn, offen wie er ist, an Pinder u. schreibe diesem dazu, daß ich ihn für den Fall von O.'s Behinderung bitten lasse, von dem Inhalt des Hitzigschen Briefes Kenntnis zu nehmen. Du siehst, es handelt sich darum, die Vorstellung zu beseitigen, daß Hitzig nach H. ginge u. einen preußischen Ruf nicht annehmen würde. Er tut mir sehr leid; denn er hatte den Sohn unbeschreiblich lieb.

Kannst Du Borghesis osservazioni (od. decadi) numismatiche, einen starken Oktavband, in der obersten Reihe des über über meinem Waschtisch stehenden Bücherbords entdecken, so schicke diesen mit dem Briefe an Cohen [? oder Lohen] u. dem eingelegten französischen an die Aschersche Buchhandlung, natürlich versiegelt.

Die Korrekturen u. das Msr. schicke sofort an die Weidmannsche Buchhandlung; sie werden mit Schmerzen dort warten. - Das Paket für Abeken laß durch Rehfeld machen u. besorgen.

Den Katalog von Ascher laß nur liegen. Das Buch habe ich bestellt.«[452]

Anschließend erstattete sie ihm darüber Bericht, was erledigt und was noch offen war, teilweise im Telegrammstil,

»Dein Paket an Ascher hat Rehfeld hingebracht, ich habe das Buch gefunden. Auch das an Abeken ist gleich besorgt worden. Von Gotho ist noch nichts angekommen, u. so werde ich Berta auftragen, wenn er schickt, den Boten weiterzuweisen an die Mutter, u die will ich bitten, es Dir gleich zu schicken, falls es noch so kommt, daß es Dich bis zum 20. in München erreichen könnte. Das müßte ja allerdings spätestens morgen sein.«[453]

---

452 Brief vom 13. September 1860, München Theodor an Marie Mommsen, in: ebd., Nr. 168. Justus Olshausen (1800-1882) war Referent im Kultusministerium zuständig für die Angelegenheiten der Universitäten und Akademien. Er war damit Nachfolger von Johannes Schulze und Vorläufer von Althoff. Seit 1860 war er zudem ordentliches Mitglied der Akademie der Wissenschaften in Berlin. Mit Pinder ist sicher Moritz Pinder (1807-1871) gemeint.

453 Brief vom 17. September 1860, Berlin, Marie an Theodor Mommsen, in: ebd., Nr. 170. Ein weiteres Beispiel ist der Brief vom 30. September 1860 von Marie an Theodor Mommsen (Nr. 175). Im PS schreibt Marie, offenbar sehr in Eile, weil die Post mglw. gleich abgeholt wird: »Hier fand ich einen Brief von H. Herzog aus Stuttgart, der Dir anzeigt, daß er am 13. od. 14. Okt. nach Rom reist, u. sich erbittet, Dir Papiere mitzunehmen, die er sicher befördern könne, da er auch an den württembergischen Konsul etwas zu überbringen hätte. Er bittet Dich ihm das, was Du hast, nach Eßlingen zu schicken. Von Hübner kam ein Brief, den ich aber nicht zur Hand u. auch nicht mehr Zeit habe zu holen. Ferner schickte er einen Bericht für die Akademie, den wollte ich Gerhard bringen, der wieder hier ist.«

Wenn Mommsen darum bat, etwas schnell zu tun, sie dies aber nicht vermochte, rechtfertigte sie sich ihm gegenüber genauestens, warum sie es nicht ausgeführt hatte. Die Briefe wechselten dabei nicht nur aufeinander folgend, sondern man schrieb bei Bedarf. Durch die unterschiedlich langen Zustellzeiten konnten sich Antworten manchmal um mehrere Briefe verzögern. Nicht immer ist sich Marie sicher, wo die Grenzen ihrer Befugnisse liegen. Sie schreibt, dass sie ihrem Mann zuerst schreiben wollte, es dann aber doch für besser hielt, wenn er selbst schriebe.[454] Auch in Bezug auf die Mitarbeiter des CIL ist sie nicht immer sicher, wie sie reagieren soll, sogar wenn es ihr eigenes Haus betrifft:

> *»Hast Du eigentlich bestimmt, daß Bormann jetzt regelmäßig Dressel mitbringt? Sie gehen ganz ungehindert aus u. ein, ohne sich bei mir nur zu melden, u. erleuchten dann des Abends beide Stuben. Ich habe vorläufig nichts dagegen getan, weil ich nicht weiß, ob Du damit einverstanden bist, u. ich kann freilich auch wohl nichts dran ändern. Hübner betrat allerdings in früheren Zeiten nie Dein Zimmer ohne mein Wissen.«*[455]

Im PS fügt sie besorgt hinzu: »Eben finde ich Dressel sogar allein hinten, wo er sich ohne weiteres niedergelassen hat. Ich möchte doch gern von Dir genau wissen, wen ich einlassen soll, ew. schließe ich die Stube lieber ab.«[456] Eine Weile treibt sie das Problem noch um. Marie schickt ihren Sohn Wolfgang vor, um Bormann mitzuteilen, dass sie dabei ist, Mommsen zu schreiben, um damit das Angebot mitzuteilen, Korrespondenzaufträge zu übernehmen: »Bormann u. Dressel sitzen wieder hinten; ich habe B. durch Wolf fragen sagen, daß ich Dir schriebe; er schickte mir aber keinen Auftrag.«[457] Mommsen hingegen ist besorgt, will aber auch nicht an direkt an Bormann schreiben, sondern appelliert an Marie, sich die Autorität über den Zugang zum Arbeitszimmer zu verschaffen:

> *»Liebe Marie, Du mußt wirklich lernen, Dir etwas selbst zu helfen. Schließe die Türe zu u. zwinge so die Leute, sich bei Dir wegen des Schlüssels zu melden. Das ist das einzige, was geschehen kann.«*[458]

Daraufhin verteidigt sich Marie:

---

454 Brief 172 vom 24. September 1860, Leipzig, Marie an Theodor Mommsen, in: ebd., Nr. 172.

455 Brief vom 28. März 1871, Berlin, Marie an Theodor Mommsen, in: ebd., Nr. 378.

456 Ebd.

457 Brief vom 31. März 1871, Berlin, Marie an Theodor Mommsen, in: ebd., Nr. 381.

458 Brief vom 4. April 1871, Fostrino (zwischen Turin und Cunno), Theodor an Marie Mommsen, in: ebd., Nr. 382.

»Was Dressel und Bormann anlangt, so tust Du mir aber unrecht, wenn Du mir Mangel an Selbständigkeit vorwirfst. Ich weiß wohl, daß Du deshalb nicht an Bormann schreiben kannst; u. es würde sehr schwer sein, ihn abzuweisen, da er das nicht leicht versteht. Was ich vor allem von Dir wissen wollte, ist, ob Dressel auch so unbedingten Zutritt hat. Ihn haben wir übrigens, wie es scheint, neulich zurückgeschwenkt; es wurde nämlich vorn gebohnert, u. da ließ ich ihm sagen, die Kinder hielten sich heute in Deinem Zimmer auf. Darauf ging er u. ist bis jetzt noch nicht wieder erschienen, während Bormann trotz der Abweisung ungeniert eindrang u. mit den Kindern schrecklich tobte, worüber die natürlich sehr vergnügt waren; d.h. ausgenommen Mariechen, die er immer wieder in der Balkonstube besucht.«[459]

Im Laufe der Zeit professionalisierte sich der Umgang mit organisatorischen Aufgaben. In der Regel sind die Briefe zweigeteilt und spiegeln so ihre beiden Zuständigkeitsbereiche bzw. Lebenswelten. Zuerst schreibt sie über die Kinder, den Haushalt und familiäre Angelegenheiten.[460] Sie berichtet, wen sie besucht und wer bei ihr zu Gast war[461] und geht dann fließend in Arbeitsangelegenheiten über:

»Gestern kam Anna Müllenhoff, um Mariechen zum Spaziergang abzuholen. Sie erzählte dabei sehr vergnügt, es sei ihnen gelungen, das Fräulein Hermsdörfer, die früher bei Trendenlenburgs war, zu engagieren. Bis die kommt, ist Müllenhoffs jüngste Schwester bei ihnen, die gestern angekommen ist. Neulich kam ein Brief von Henzen mit Rechnungen für die Akademie. Wenn ich nicht fürchtete, von Haupt, der ja so entsetzlich ängstlich ist, zur Tür hinausgeworfen zu werden, so brächte ich sie zu ihm. So habe ich Wolf beauftragt, Hercher zu fragen, an wen ich sie abliefern sollte. - Den Brief selbst – nur wenige Zeilen – schicke ich Dir nicht; du würdest ihn ja kaum früher erhalten, als Du selbst nach Rom kommst. – Heute kam ein großer Schreibebrief, in russischer Sprache abgefaßt; es scheint mir irgend ein offizielles Schreiben; vielleicht eine neue Mitgliedschaft zu sein; Wolf hofft auf einen Orden! – Anna, die davon hörte, schlug vor, es durch Hans dem Dr. Junker vorlegen zu lassen. Wenn der es dann übersetzt hat, kann ich es meinen Briefen einlegen; das Original ist zu dickes Papier, da würde der Brief zu schwer, u wahrscheinlich kannst Du es ja doch nicht lesen.«[462]

---

459 Brief vom 9. April 1871, Berlin, Marie an Theodor Mommsen, in: ebd., Nr. 385.

460 Für die vielen Kinder wurden Kindermädchen eingestellt und zuweilen auch wieder entlassen. Auch wurden sie regelmäßig in befreundete Familien gegeben, was u.a. der Erziehung dienen sollte.

461 Es war üblich, auch bei Abwesenheit der Gatten, dass die Ehefrauen in die verschiedenen Zirkel, Kreise und Kränzchen eingeladen wurden. Auch ältere Kinder wurden zuweilen mitgenommen. Das damit verbundene in Kontakt bleiben beinhaltete letztlich auch immer die Möglichkeit, dass Marie als Überbringerin von Nachrichten in beide Richtungen dienen konnte.

462 Brief vom 8. Februar 1873, Berlin, Marie an Theodor Mommsen, in: ebd., Nr. 414.

Nicht alles musste Marie bearbeiten. Inschriften waren in der Regel nur zum Weiterleiten gedacht:

> *»Die Pakete können uneröffnet bleiben; sie enthalten nichts als erledigte Inschriftenpapiere. Bitte Bormann, daß er mir über den Stand des Drucks des CIL einmal eingehend schreibe.«*[463]

Marie kennt nach einer Weile viele der Mitarbeiter persönlich und erkundigt sich auch nach deren Befinden. Einmal moniert sie sogar, dass Mommsen zwar über viele, aber gerade nicht über einen bestimmten Mitarbeiter schreibe.

Zwischenfazit

Mommsen folgt Böckh in seinem Universalanspruch, nicht aber in seiner Vorstellung der Arbeitspraxis und der Methode der Datengewinnung. Während Böckh ein organisches Ganzes wünschte, dachte Mommsen viel stärker in mechanischen Kategorien. Böckh wollte den Handwerks-, Mommsen den Großbetrieb. In Böckhs Manufaktur waren alle noch weitgehend gleichgestellt, keiner nur Handlanger (bis auf die Gesellen, die noch zu lernen hatten). In Mommsens Fabrik herrschten ein hierarchisch durchstrukturierter Großbetrieb und die Erwartung, dass sich das Personal für das Projekt und seine Ziele aufopfere. Diese Aufopferung bedeutete umgekehrt, dass Mommsen für das Auskommen sorgte, was in vielen Fällen auch in eine Professur mündete, mit der die Zugehörigkeit zur Arbeit am CIL nicht endete.

Ohne es explizit auszusprechen oder zu reflektieren, wird aus der sprachlichen Verwendung deutlich, dass Mommsen für die personelle Organisation der Großprojekte ein mehr oder weniger patriarchales Familienmodell entwickelt und bevorzugt. Seine Mitarbeiter bezeichnete er gern als *Famuli*, *ragazzi* oder *giovani*.[464] Umgekehrt wurden seine engeren Familienmitglieder in die Arbeit miteinbezogen, vor allem seine Frau, aber auch seine älteste Tochter, die ihn auf einige Reisen nach Italien begleitete. Konsequenterweise ist Mommsen in diesem Bild der *pater familias* einer *family firm*, ein Bild, dass nicht nur die Perspektive Mommsens, sondern auch die seiner *ragazzi* widerspiegelt. Insofern spielte die Familie in zweifacher Hinsicht eine herausgehobene Rolle, die intensiv und extensiv ausgeweitet wurde. Sie diente als Modell für die Projektorganisa-

---

463 Brief vom 10. Mai 1873, Neapel, Theodor an Marie Mommsen, in: ebd., Nr. 448.

464 »Giovani« findet sich bspw. im Brief vom 6. März 1882 aus Rom von Theodor an Marie Mommsen: DLA, Nl Mommsen, Korrespondenz Marie und Theodor Mommsen. »Ragazzi« konnten auch die Angehörigen des Achäologischen Instituts sein. Calder und Kirstein, wie Anm. 411, S. 508. Rebenich, Mommsen und Harnack, wie Anm. 172, S. 86f.

tion.[465] Ist es dann folgerichtig, Mommsens Bildung einer Schule zu relativieren, da er kein fokussiertes Forschungsprogramm entwickelte bzw. es nicht explizierte, wie Katja Wannack andeutet?[466] Schließlich gilt ein solches Programm gemeinhin als wichtiger Parameter einer wissenschaftlichen Schule.

Blickt man ausgehend von dieser idealtypischen Konstruktion auf Mommsens Schule, so fällt zweierlei besonders ins Auge, zum einen die starke Abhängigkeit von der Anwesenheit der charismatischen Führungsfigur Mommsens sowie zum anderen der Aufbau eines nicht an Fragen, sondern an Verfahren gebundenen Forschungsprogramms, d.h. die Aufgabe »die Archive der Vergangenheit zu ordnen«. Das Programm ging weit über das CIL hinaus und umfasste auch andere Quellentypen, wie Papyri, Münzen oder Monumente wie den Limes.[467] Für alle sollten Großsammlungsprojekte initiiert werden. Analog bildet die Forschergruppe der CIL-Mitarbeiter nur einen Teil von Mommsens Schülern.[468]

Die Argumentation oszillierte zwischen Netzwerk, »family firm« und research school, drei Modellen zur Beschreibung von wissenschaftlichen Arbeitsbeziehungen, die idealtypisch selten vorkommen. Dennoch scheinen mit Blick auf die Entstehungs-

---

465 Vgl. auch einen Brief Anton Dohrns an Rudolf Virchow, in dem das Familienmodell expliziter angesprochen wird: »Und gerade im gegenwärtigen, für mich persönlich kritischen Moment konnte ich recht sehen, wie recht ich habe, die Angestellten der Station als eine grosse Familie, und mich mit den Rechten und Pflichten des Pater familias zu betrachten. Alle ohne Ausnahme haben mir beigestanden, die häuslichen Schwierigkeiten tragen zu helfen.« Christiane Groeben und Klaus Wenig (Hgg.), Anton Dohrn und Rudolf Virchow. Briefwechsel 1864–1902, Berlin, 1992, S. 66. Dohrn hatte unter anderem mit Unterstützung von Virchow in Neapel die sogenannte Zoologische Station aufgebaut. Diese wurde wiederum später Modell für viele Institute mit internationaler Ausrichtung und auch für die Physikalische Technische Reichsanstalt. Karl Josef Partsch, Die Zoologische Station in Neapel: Modell internationaler Wissenschaftszusammenarbeit, Göttingen, 1980. Siehe auch: Olga Skálová, An analysis of geographical mobility of scientists and their communications as a component of their working conditions with regard to the Naples Zoological Station, Napoli, 1975.

466 Vgl. Wannack, Hermann Dessau, wie Anm. 393, S. 128.

467 Auch den Plan einer vollständigen Sammlung der Kunstwerke der Antike hat Mommsen eine zeitlang verfolgt. Der Plan scheiterte jedoch an seinen zu großen Ambitionen. Vgl. Rebenich, Mommsen und Harnack, Berlin, wie Anm. 172. Vgl. auch Mommsens Erwähnung des Planes in: Theodor Mommsen, Öffentliche Sitzung zur Rede zur Vorfeier des Geburtsfestes Sr. Majestät des Kaisers und Königs am 18. März 1880, in: Monatsberichte der Königlichen Preußischen Akademie der Wissenschaften zu Berlin, (1880), S. 311–323. Wieder in: Theodor Mommsen, Öffentliche Sitzung zur Rede zur Vorfeier des Geburtsfestes Sr. Majestät des Kaisers und Königs am 18. März 1880, in: Reden und Aufsätze, hrsg. von Otto Hirschfeld, 2. unveränd. Abdr. Auflage., Berlin, 1905.

468 Für weitere Beispiele für Schüler Mommsens vgl. Rebenich, Mommsen, wie Anm. 172, S. 158–164.

geschichte informelle Netzwerke zu dominieren, wohingegen sich im Laufe der Arbeit am CIL das Modell der »family firm« nach und nach herausbildet. Die research school tritt in den Hintergrund, aufgrund eines eher an Verfahren und Praktiken, statt an Fragestellungen orientierten Forschungsprogramms. Dennoch ersetzt das eine Modell das andere nicht vollständig, die Grenzen lassen sich nur idealtypisch voneinander abtrennen.

Was die Arbeit am CIL im Laufe der Jahrzehnte betrifft, so ist die Schwäche gleichzeitig eine Stärke. Sie bezieht sich auf die größer werdende Distanz zum Forschungsdiskurs, auf das Spezialistentum oder die Fabrikarbeiter im Projekt. Die Dauerhaftigkeit beruhte beim CIL – wie auch schon bei den Maurinern und Bollandisten – auf den herrschenden Kärrnertugenden, dem Fleiß, der Entsagung und Untergebenheit und der Treue der meisten Beteiligten (oft auch durch die Professur). Die Diskretheit der Arbeit ließ sie international überdauern, über den Ersten Weltkrieg und seinen Folgen für die deutsche Wissenschaft und den Eisenen Vorhang hinweg. Auch während des Kalten Krieges gab es Zusammenarbeit auf dem Gebiet der Inschriftenkunde, trotz insgesamt veränderter Rahmenbedingungen. Auch heute macht der Verlust des Kontakts zur universitären Forschung und deren Projektrhythmen den Kern der Kritik aus. Dennoch haben sich die Unternehmungen längst auf dem Status Quo einer Daueraufgabe festgesetzt, die es angesichts weiterer Neufunde kaum vorstellbar macht, dass sie ihre Arbeit jemals beenden können.

Eine statistische »Unternehmung großen Stils«: Die »Schulkinderuntersuchung«

Die Akademien waren bis in die 1880er-Jahre hinein privilegierte Orte für gruppenmäßig betriebene Großprojekte. Von neuen Mitgliedern wurde regelrecht erwartet, dass sie angeben konnten, auf welchem Gebiet sie solcherlei Projekte betreiben wollen und können, wie aus ihren Antrittsreden ablesbar ist. Dennoch war die Akademie keineswegs die einzige Institution, die Massendatenprojekte betrieb. Die distanzierte Haltung gegenüber neuen Disziplinen oder Fachrichtungen, die sich dem akademischen Ideal von Nutzen enthobener reiner Wissenschaft nicht fügten, wie zum Beispiel die aufkommenden Technikwissenschaften, verengten gegen Ende des 19. Jahrhunderts die Einflusschancen der Akademie zunehmend. Auch im Bereich der naturwissenschaftlichen Grundlagenforschung konnten sie den Bedarf nach ständig größeren Einrichtungen, Apparaten und Versuchsanordnungen immer weniger bedienen. Die als »angewandt« geltenden Wissenschaften fielen regelmäßig aus dem Raster der Berliner Akademie heraus.[1] Emil DuBois-Reymond antwortete deshalb auf die eher außergewöhnliche Aufnahme von Werner Siemens in die Akademie: »Die praktische Anwendung der Wissenschaft, ihre Dienstbarmachung für technische Zwecke [...] liegt außerhalb des Kreises unserer Beschäftigungen«. Die Akademie betreibe »wissenschaftliche Erkenntnis um ihrer selbst willen.«[2] Wie keine andere Institution achtete sie auf Reinheit und Einheit der Forschung, so dass sich die angewandten Wissenschaften mehr und mehr eigene Institutionalisierungsformen suchten, innerhalb derer sie ihre Laboratorien aufbauen und fabrikmäßig Forschung betreiben konnten.[3]

---

1 Zum Vergleich der Wissenschaftsideologien der Akademien von Paris, London und Berlin: Lorraine Daston, Die Akademien und die Einheit der Wissenschaften. Die Disziplinierung der Disziplinen, in: Die Königlich Preußische Akademie der Wissenschaften zu Berlin im Kaiserreich, hrsg. von Jürgen Kocka / Rainer Hohlfeld / Peter Th. Walther, Berlin, 1999.

2 Zit. nach: Daston, ebd., S. 72.

3 Neben Universitätsinstituten, die häufig im Zusammenhang mit Berufungen eingerichtet wurden, ist hiermit die Physikalisch-Technische Reichsanstalt, die als Vorbild für weitere Institutionen diente, gemeint. Schließlich wurde auch die Gründung der Kaiser-Wilhelm-Gesellschaft als Folge dieser Bemühungen gesehen. Vgl. u.a.: David Cahan, An institute for an empire. The Physikalisch-Technische Reichsanstalt, 1871–1918, Cambridge u.a., 1989; Jeffrey Allan Johnson, The Chemical Reichsanstalt Association. Big science in imperial Germany, Princeton University, 1980; Rudolf Vierhaus und Bernhard vom Brocke (Hgg.), Forschung im Spannungsfeld von Politik und Gesellschaft. Geschichte und Struktur der

Auch die Anthropologie oder die Ethnologie fanden innerhalb der Akademie wenig Spielraum und suchten sich eigene Wege für ihre disziplinäre Institutionalisierung. Sie gründeten Gesellschaften, Publikationsorgane und nicht zuletzt veranstalteten sie Großprojekte bzw. organisierten »Unternehmungen großen Stils«. Eines der herausragenden Beispiele innerhalb anthropologischer Großforschung war die sogenannte Schulkinderuntersuchung. Damit fragen wir nun, inwiefern und wie außerhalb der Akademie gruppenmäßige Projektforschung mit dem Ziel großangelegter Datensammlung respektive -verarbeitung betrieben wurde.

Denn sie wussten nicht, was sie tun? Forschungsstand

»The doctrin that order is to be found in large numbers is the leitmotif of the nineteenth century statistical thinking.«[4]

Anders als langfristig angelegte Editionsprojekte, wie die hier mituntersuchten Acta Borussica oder das CIL, ist die sogenannte Schulkinderuntersuchung sowohl zeitgenössisch als auch in ihrer wissenschaftsgeschichtlichen Rezeption sehr unterschiedlich bezeichnet worden. Während man in den Diskussionen um Planungen und Zwischenergebnisse innerhalb der Gesellschaft für Anthropologie, Ethnologie und Urgeschichte oder in dem von Rudolf Virchow verfassten Abschlussbericht oft die lange Umschreibung verwendete, also von »Erhebungen über die Farbe der Haut, der Haare und der Augen der Schulkinder in Deutschland«[5] sprach, ist sie in späteren Analysen oft nur als »Schulkinderuntersuchung«[6], »Schulstatistik«[7] oder sehr neutral als »national anthropological survey«[8] bzw. »Sammelforschung« zur »genaue[n] Klassifizierung der

Kaiser-Wilhelm/Max-Planck-Gesellschaft, Stuttgart, 1990; Bernhard vom Brocke und Hubert Laitko (Hgg.), Das Harnack-Prinzip. Die Kaiser-Wilhelm-/Max-Planck-Gesellschaft und ihre Institute. Studien zu ihrer Geschichte, Berlin u.a., 1996.

4 Theodore M. Porter, The rise of statistical thinking 1820–1900, Princeton, NJ, 1986, S. 6.

5 Rudolf Virchow, Gesammtbericht über die Erhebungen, in: Archiv für Anthropologie, (1886), S. 275–475 Es finden sich alle möglichen Kombinationen der Reihenfolge von Haut, Haare und Augen.

6 Constantin Goschler, Rudolf Virchow. Mediziner – Anthropologe – Politiker, Köln, 2002, S. 336.

7 Andrew Zimmerman, Anti-Semitism as Skill: Rudolf Virchow's Schulstatistik and the Racial Composition of Germany, in: Central European History, 32 (1999) 4, S. 409–429.

8 Paul Weindling, Health, race and German politics between National Unification and Nazism, 1870–1945, Cambridge u.a., 1989, S. 49.

Schulkinder«[9] bezeichnet worden. Zuweilen wurde auch von einer »gigantischen«[10] oder »einer riesenhaften statistischen Untersuchung«[11] gesprochen. Teilweise ist die Untersuchung sogar in den Superlativ erhoben worden, wenn sie bspw. als »das größte anthropometrische Forschungsprojekt, das je in Deutschland stattgefunden hat«[12] bezeichnet worden ist. Damit lässt sich die Studie auch semantisch in eine Geschichte der Großprojekte der zweiten Hälfte des 19. Jahrhunderts einordnen. Groß war sie vor allem in Bezug auf Menge bzw. Masse der erhobenen Daten. Inwiefern sie damit in die schon in Teil I analysierten Projektstrukturen passt, wird im Folgenden untersucht.

Circa 6,7 Millionen Schulkinder im Alter zwischen 6 bis 22 Jahren wurden innerhalb eines Zeitraums von etwa vier Jahren im gesamten Gebiet des Deutschen Reichs »vermessen« und statistisch erfasst.[13] Von der Größenordnung her geht die Untersuchung eher in Richtung einer Volkszählung, auch wenn hier nur eine Altersgruppe einbezogen war. Das Volumen geht aber weit über das hinaus, was üblicherweise an Datenmengen für wissenschaftliche Untersuchungen erhoben wurde. Die Daten wurden detailliert in regional gegliederten statistischen Tabellen veröffentlicht und die Ergebnisse schließlich in Karten und Kartogrammen synthetisiert. In anderen europäischen Ländern stellte man nach dem deutschen Vorbild ähnliche Erhebungen an, so dass die

---

9 Carl Posner, Rudolf Virchow, 2. Aufl., Wien u.a., 1921, S. 67.

10 Erwin Heinz Ackerknecht, Rudolf Virchow: Arzt, Politiker, Anthropologe, Stuttgart, 1957, S. 177.

11 Wolfgang Jacob, Medizinische Anthropologie im 19. Jahrhundert. Mensch – Natur – Gesellschaft. Beitrag zu einer theoretischen Pathologie, zur Geistesgeschichte der sozialen Medizin und allgemeinen Krankheitslehre Virchows, Stuttgart, 1967, S. 186.

12 Christian Geulen, Blonde bevorzugt. Virchow und Boas: Fallstudie zur Verschränkung von »Rasse« und »Kultur« im ideologischen Feld der Ethnizität um 1900, in: Archiv für Sozialgeschichte, (2000), S. 162. Aus pragmatischen Gründen werde ich im Folgenden den Begriff »Schulkinderuntersuchung« verwenden, da er relativ kurz und vergleichsweise neutral ist. Die Wahl ist aber auch ein Kompromiss mangels eines besseren Begriffs, denn es hat selbstverständlich auch eine ganze Reihe von späteren anders gelagerten Schulkinderuntersuchungen gegeben, die sich dadurch nicht ohne weiteres unterscheiden lassen.

13 Aus mir nicht ganz erklärlichen Gründen kursieren in einigen sonst sehr vorbildlich recherchierten Studien falsche Zahlen zur Gesamtmenge der untersuchten Schulkinder. John Efron schreibt »more than ten thousand schoolchildren«, obwohl er an dieser Stelle Virchows Gesamtbericht zitiert. Vgl. John M. Efron, Defenders of the race: Jewish doctors and race science in fin-de-siècle Europe, New Haven u.a., 1994, S. 25. Bei Sandor Gilman das gleiche: Sander L. Gilman, Kann die jüdische Diasporaerfahrung als Modell für die heutige muslimische Diaspora in Europa dienen? in: Horizonte verschmelzen. Zur Hermeneutik der Vermittlung. Hartmut Eggert zum 70. Geburtstag, hrsg. von Hans Richard Brittnacher, Würzburg, 2007, S. 188. Es sieht ganz so aus, als hätten beide die falschen Zahlen von: George L. Mosse, Die Geschichte des Rassismus in Europa, Vom Autor durchges. und erw. Ausgabe, Frankfurt a. M., 1990, S. 114.

Gesamtzahl mit circa 10 Millionen vermessenen Kindern veranschlagt werden kann.[14] Gemessen wurden ausschließlich äußere Merkmale. Je nach Land und Untersuchung differierte das Merkmalsset. Während sich die deutsche Erhebung auf Farbmerkmale der Haut, der Augen und der Haare konzentrierte, wurden in anderen Ländern auch Größe, Kopf- und Brustumfang sowie weitere Vermessungen erhoben. Solche Massenvermessungen waren zuvor hauptsächlich vom Militär bekannt, wo sie bei der Rekrutierung von Soldaten durchgeführt wurden.

Bedeutung und Wirkung der Untersuchung ist in der Forschung sehr unterschiedlich bewertet worden, wobei sich der Streit vor allem an der Frage entzündete, ob die Schulkinderuntersuchung den rassistischen Diskurs befördert oder ihm entgegengewirkt habe. Da Virchow in vielen Fällen mit der Untersuchung synonym gesetzt wurde[15], beziehen sich die Fragen oft auf ihn als Wissenschaftsfigur und nehmen Bezug auf seine ansonsten liberale Haltung. Seine enge Beziehung zur Schulkinderuntersuchung warf immer wieder die Frage auf, ob dem ansonsten klar anti-antisemitisch auftretenden Virchow damit eine ungewollte Förderung des Rassismus vorzuwerfen sei oder ob er – wie andere auch – Kind seiner »rassistischen Zeit« und die Schulkinderuntersuchung ein Spiegel des zunehmend rassistischer werdenden Diskurses war.[16] Die Gleichsetzung von Virchow mit der Schulkinderuntersuchung ist insofern problematisch, weil die Erhebung ein gemeinschaftliches Produkt war und Virchows Ansichten nicht immer die Mehrheitsmeinung wiedergeben. Dass er sich zum einen skeptisch gegenüber zu kurz gefassten Erklärungsversuchen äußerte, ist hinreichend belegt worden. Offen bleibt jedoch die Frage, inwiefern ein bestimmtes Forschungsmuster möglicherweise größere Wirkung entfalten kann als die Deutung von statistischen Ergebnissen.

---

14 Vgl. die Auflistung unter: Rudolf Virchow, Die Verbreitung des blonden und des brünetten Types in Mitteleuropa, in: Sitzungsberichte der Königlich Preußischen Akademie der Wissenschaften zu Berlin, (1885), S. 39.

15 Das Spektrum reicht hierbei von »Virchow and his contemporaries«, vgl. Andrew Zimmerman, Anti-Semitism as Skill, in: Central European History, 32 (1999) 4, S. 409–429. Bis hin zu: »seine [Virchows] gigantische Untersuchung [...] die er 1876 [...] vornahm.« Ackerknecht, wie Anm. 10, S. 177.

16 Literatur zur Entwicklung des Rassediskurses, zur Biologisierung der Kategorie »Rasse« und zur Vorgeschichte der nationalsozialistischen Rassenhygiene und Eugenik ist mittlerweile sehr zahlreich vorhanden. Ohne den Anspruch, hiermit einen Überblick zu geben, sei auf einige wenige Werke verwiesen. Nach wie vor als Überblick und Einführung zu empfehlen ist: Paul Weindling, Health, race and German politics between National Unification and Nazism, 1870–1945, Cambridge u.a., 1989. Für den Diskurs jüdischer Wissenschaftler über das Konstrukt der »Rasse«, vor allem für das frühe 20., aber auch mit einem kurzem Blick auf das letzte Drittel des 19. Jhs. vgl. Veronika Lipphardt, Biologie der Juden: Jüdische Wissenschaftler über »Rasse« und Vererbung 1900–1935, Göttingen, 2008. Zum Einstieg vgl. Christian Geulen, Geschichte des Rassismus, München, 2007.

Die verschiedenen Rezeptionslinien der jüngeren Forschung lassen sich als ein Spektrum mit bestimmten Häufungen vorstellen.[17] Die beiden Enden sind dadurch gekennzeichnet, inwieweit sie die Schulkinderuntersuchung in Gegnerschaft bzw. Übereinstimmung mit dem zeitgenössischen Rassediskurs und dem aufkommenden Antisemitismus bringen. Zwischen diesen beiden Polen finden sich eine ganze Reihe von Positionen mit abgestuften Konturierungen. Der Bedeutung des von Virchow verfassten Abschlussberichts und damit der bis heute zitierten Interpretation der Statistiken und Karten wird die Konzentration auf Virchow durchaus gerecht und auch in der Planungs- und Durchführungsphase spielte er eine herausragende Rolle. Dennoch handelt auch Virchow innerhalb eines institutionell-organisatorischen, eines semantischen und epistemologischen Feldes, in dem eine ganze Reihe weiterer Akteure ebenfalls agierten und intervenierten. Nicht Virchow, sondern die *Deutsche Gesellschaft für Anthropologie, Ethnologie und Urgeschichte*, stellt den Antrag an das Kultusministerium zur Unterstützung der Untersuchung. Innerhalb der Gesellschaft wirkt er als Vorsitzender des aktivsten Teilverbandes, der *Berliner Gesellschaft für Anthropologie, Ethnologie und Urgeschichte* und als Mitglied des Vorstandes der gesamtdeutschen Organisation und darüber hinaus durch sein nationales und internationales Renommee als Mediziner, Arzt und Politiker als besonderes Schwergewicht. Es ist klar, dass er an die im Prozess der Projektinitiierung und Durchführung nicht überschreitbaren diskursiven und verhandlungstechnischen Grenzen gebunden bleibt und dass er diese trotz seiner Reputation nur zum Teil nach seinen Wünschen steuern kann. Virchow gilt zudem als einer der bekanntesten Vertreter der Generation von liberalen Anthropologen. Die Konzeption der Erhebung soll im Folgenden als Produkt eines diskursiven Prozesses mit einer Vielzahl an Akteuren entfaltet werden, jedoch nicht nur um Kritik und An-

---

17 »Spektrum« soll hier nicht als mathematisches Modell verstanden werden, das sich getrost auch zeichnen ließe, sondern eher als metaphorische Gedankenstütze. Es ist inspiriert durch Moses I. Finleys »Spektrum von Statusgruppen« zur Beschreibung der antiken Sklaverei, das mit Idealtypen arbeitet, in welches sich alle gesellschaftlichen Gruppen und Individuen mit ihren je unterschiedlichen Rechten, Privilegien, Pflichten und Verboten einordnen lassen. Finley hat dieses Modell in: Moses I. Finley, The ancient economy, Berkeley, (Sather classical lectures, Bd. 43), 1973 (dt: Die antike Wirtschaft, München 1977). Ausführlich behandelt aber bereits in dem Aufsatz: Moses I. Finley, Was Greek Civilization Based on Slave Labour, in: Historia, 8 (1959) 8, S. 52–72. Um einer ideologisch verfahrenen Forschungssituation, die sich entlang der Frage um die Sklaverei in der Antike entsponnen hatte, zu entgehen, suchte Finley nach Möglichkeiten, dass Feld neu zu ordnen. In Diskussionen um Sklavenzahlen sah er keine Erkenntnisperspektive und wies stattdessen darauf hin, dass das Problem der Sklaven komplexer sei, als es scheint. Um diese Komplexität vorstellbar zu machen, entwickelte er das Modell eines Spektrums, das verschiedene mögliche Abhängigkeiten darstellen und dabei noch zwischen verschiedenen politischen, wirtschaftlichen und sozialen Rechten und Privilegien zu unterscheiden vermochte.

ti-Kritik der Schulkinderuntersuchung zu wiederholen, sondern auch die Entstehungsgeschichte als Geschichte eines Großprojekts näher zu beleuchten.

Arbeiten, die den Wurzeln des rasseideologischen Diskurses in den Wissenschaften nachgehen und für die die Schulkinderuntersuchung eher ein durch seine Größe herausragendes empirisches Beispiel in einer Reihe von vielen darstellte, bewerten die Wirkung der Schulkinderuntersuchung durchaus ambivalent. Allerdings nehmen sie Virchows Aussagen, seine wissenschaftliche Haltung und seine Interpretationen der Ergebnisse als Beleg dafür, dass er und seine liberalen Kollegen selbst nicht als Teil des sich verschärfenden Rassediskurses gewertet werden können. Die Mehrzahl der Biografien Virchows wie auch Arbeiten aus der Institutionen- und Wissenschaftsgeschichte, in denen Virchows politisches Verständnis verhandelt wird, sieht in ihm einen der großen Liberalen, der nicht nur öffentlich gegen den aufkommenden Antisemitismus Stellung bezog habe, sondern auch mit der Schulkinderuntersuchung, so Ackerknecht, »auf wissenschaftliche Weise ein für allemal den deutschen Rassenmythos [begraben hat], indem er zeigen konnte, daß *die Deutschen nirgendwo rassisch gleich und noch weniger überwiegend blond waren.*«[18] Auch für die gesondert behandelten jüdischen Schulkinder habe die Erhebung mehr Mischungen und »einen überraschend hohen Prozentsatz an Blonden«[19] nachgewiesen. Die Antisemiten hätten Virchow diese »objektive Behandlung des jüdischen Problems«[20] nie vergeben. Abgesehen davon, dass Ackerknecht dann eine Erklärung für den wissenschaftlichen Rassismus noch schuldig bliebe, ist von Veronika Lipphardt der Einwand vorgebracht worden, Virchows »Forschungskonzept« spiegele »die Auffassung biologisch getrennter Gruppen wider.«[21]

Einen Erklärungsansatz für die Radikalisierung des wissenschaftlichen Rassismus sieht Paul Weindling in der Unterscheidung von Generationen.[22] Während eine frühe liberale und zugleich so etwas wie Gründergenerationen der institutionalisierten Disziplin eher zurückhaltend argumentierte, habe die folgende Generation die Verwissenschaftlichung der Rasseideologie extrem vorangetrieben. Dabei sei, so Weindling,

---

18 Ackerknecht, wie Anm. 10, S. 178 (Hervorhebung i. O.). Neben Ackerknecht haben die Position einer prinzipiellen Gegnerschaft Virchows gegen Antisemitismus eine ganze Reihe von Autoren vor und nach ihm vertreten, unter anderen: Carl Posner, Rudolf Virchow, 2. Aufl., Wien u.a., 1921; Christian Andree, Rudolf Virchow als Prähistoriker, Köln, Wien, 1976; Paul Weindling, Health, race and German politics between National Unification and Nazism, 1870–1945, Cambridge u.a., 1989; Woodruff Donald Smith, Politics and the sciences of culture in Germany, 1840–1920, New York u.a., 1991; Constantin Goschler, Rudolf Virchow, Köln, 2002.

19 Ackerknecht, wie Anm. 10, S. 178.

20 Ebd.

21 Lipphardt, wie Anm. 16, S. 55.

22 Weindling, wie Anm. 16, S. 49.

im allgemeinen Niedergang des Liberalismus gegen Ende des 19. Jahrhunderts eine entscheidende Voraussetzung für die Pervertierung des Rassedenkens zu sehen.[23]

Noch weiter zurück geht Andrew Zimmermans Argument in »Antisemitism as Skill« und markiert zugleich die andere Seite des oben angedeuteten Spektrums.[24] Zimmerman forscht nach Wirkungen im Diskurs und Erklärungen der Pervertierung des Rassediskurses hin zum Rassenwahn im Nationalsozialismus mit all den unfassbaren Folgen. Bei ihm steht die Suche nach den Wurzeln des Antisemitismus im Vordergrund. Er geht davon aus, dass »one of the major events in the history of German anti-Semitism has been, if not entirely overlooked, then misunderstood and misrepresented«.[25] Weil Virchow nicht als Antisemit galt, so Zimmerman, wurde dessen eigene Interpretation, dass es sich bei der Untersuchung um eine Widerlegung antisemitischer Mythen handele, übernommen. Grundlage sei die Annahme, dass Antisemitismus ein intellektuelles Phänomen sei und zwar als ein »set of more-or-less explizit propositions held in the minds of individuals«[26]. Im Gegensatz dazu argumentierte Zimmerman mit Rückgriff auf ein von Michael Polanyi eingeführtes Konzept des impliziten oder stillen Wissens (›tacit knowledge‹[27]), dass es sich bei Antisemitismus um eine erlernte Praxis, also ein nichtsprachliches Können (›skill‹ oder ›knowing‹) handele, das trotz gegenteiliger Absichten durch die Schulkinderuntersuchung befördert worden sei. »More important than any explicit racist ideas that the study may have imparted are the tacit knowledge

---

23 Ebd.

24 Zimmerman, wie Anm. 7, S. 409–429. Zu den ideologiekritischen Arbeiten zählt zweifelsohne das auch über die Grenzen der scientific community weit bekannte Buch »Der falsch vermessene Mensch« des amerikanischen Geologen und Evolutionsbiologen Stephen Jay Gould. Das populärwissenschaftliche Werk fand weite Verbreitung, ist aber auch stark kritisiert worden. Zur Kritik an Goulds Kritik vgl. die Ergebnisse einer Forschergruppe um Jason E. Lewis, die ihrerseits Gould vorurteilsbeladene Fehlmessungen vorwarf. Virchow spielt bei ihm jedoch eine untergeordnete Rolle, da er ihn zu den »großen Experten der Schädelmessung« zählte, die »nach den Kriterien ihrer Zeit [als] hervorragende Wissenschaftler« gelten können. Stephen Jay Gould, Der falsch vermessene Mensch, Basel u.a., 1983, S. 83. Im Original: Stephen Jay Gould, The mismeasure of man, New York u.a., 1981. Jason E. Lewis, David DeGusta, Marc R. Meyer, Janet M. Monge, Alan E. Mann und Ralph L. Holloway, The Mismeasure of Science: Stephen Jay Gould versus Samuel George Morton on Skulls and Bias, in: PLoS Biol, 9 (2011) 6, S. e1001071.

25 Zimmerman, ebd., S. 409. Zimmermans Argument mag fatalistisch klingen und ein wenig zu sehr aus einer ex-post Perspektive, es ist andererseits aber nicht so, dass jegliche gutgemeinte intellektuelle und wissenschaftliche Intervention (Goschler) auch die entsprechend gewünschten Wirkungen zeigt. Auch ohne auf Kontingenz zurückzugreifen, dürfte klar sein, dass die Folgen von Interventionen eine Entsprechung in der Größe und dem Ausmaß der Untersuchung haben dürften.

26 Ebd., S. 409f.

27 Michael Polanyi, Personal knowledge. Towards a post-critical philosophy, Chicago, 1958.

and the skills for perceiving and classifying race that the participants acquired.«[28] Wenn es sich bei Antisemitismus jedoch um eine erlernte Praxis handele, seien die Interpretationen und Argumente von Virchow und anderen Zeitgenossen irrelevant und letztlich auch die Ergebnisse der Untersuchung zweitrangig. Entscheidend sei vielmehr die Wirkung, die die Durchführung der Schulkinderuntersuchung als massenhafte Vermessung und Erfassung von verschiedenen Haar-, Haut- und Augenfarben auf die teilnehmenden Kinder erzeugt habe. Hierbei sei mehr oder weniger eine ganze Kohorte von Kindern und Schülern[29] mit dem impliziten Wissen um die Unterscheidbarkeit von Rassen über äußere Merkmale ausgestattet worden. Gegenüber dem »unforeseen impact of his study« sei Virchows Gegnerschaft gegen Antisemitismus irrelevant.[30]

Zimmerman trennt die Wirkungen der Untersuchung in Form der diskursiven Interpretation der Ergebnisse in der (wissenschaftlichen) Öffentlichkeit von einer Wirkung, die durch die Untersuchten hindurch geht. Er macht diese dadurch zwar wieder zu Subjekten und eröffnet damit eine bisher nicht beachtete Perspektive auch auf ähnliche Untersuchungen – lässt aber 1) eine Reihe von methodischen Fragen offen, die die Implementierung des impliziten Wissens über die einmalige Erhebung betreffen, 2) bezieht er nicht ein, dass das Wissen wie bei den liberalen Anthropologen auch reflektiert werden kann und 3) bleibt die These trotz ihrer Plausibilität an vielen Stellen spekulativ, da zu wenig über den konkreten Ablauf von Seiten der Lehrer bekannt und nicht mal klar ist, ob und was die Schüler jeweils über die Erhebung erfahren haben. Gewicht bekommt die These sicher durch die Quantität der Erhebung, wiewohl die Einmaligkeit der Untersuchung gegen einen ausreichenden Lernprozess spricht. Nicht ganz konsequent führt Zimmerman das Argument dann aber doch wieder zu Virchow zurück, indem er ihm nun bescheinigt, *er* habe damit dem rassistischen Diskurs nicht entgegengewirkt, sondern ihn weitergeführt. Dabei gibt er nicht an, worauf sich dieses Weiterführen bezieht, d.h. auf das Forschungsmuster oder die Interpretation der Ergebnisse. Das Forschungsdesign der Typen spiegele den zeitgenössisch zunehmend antisemitisch werdenden Rassediskurs wider, wofür nicht zuletzt die Aussonderung der Daten jüdischer Schulkinder stehe. Zimmerman argumentiert hier auf zwei unterschiedlichen Ebenen, die jeweils ihre Wirkungsmöglichkeiten entfalten können, nicht unbedingt unabhängig voneinander, aber doch ohne in direkten Widerspruch zueinander zu geraten. Mit anderen Worten kann Virchow seine Deutung der Ergebnisse der Schulkinderuntersuchung verteidigen und die Untersuchung dennoch das von Zimmerman angesprochene implizite Wissen erzeugen. Dieses Paradox sollte im besten

---

28 Andrew Zimmerman, wie Anm. 7, S. 426.

29 Zimmerman schätzt, dass 81 % der gesamten Schüler in die Erhebung einbezogen worden sind. Ebd., S. 425.

30 Ebd., S. 411.

Fall Ausgangspunkt für neue Fragen sein. Häufig wird aber, wie von Sandor Gilman, auf einen Effekt geschlossen: »So wissenschaftlich begründet die Untersuchung auch war, sie muss jüdischen Kindern ihren Minderheitsstatus und ihre andere Herkunft bewußt gemacht haben.«[31] Während Christian Geulen in dieser gesonderten Aufnahme der jüdischen Kinder eine statistische Kontrollgruppe herauslas,[32] hat Constantin Goschler die Ausgrenzung als einen forschungsstrategischen Zug Virchows gedeutet, der dazu dienen sollte, ›reinere‹ Daten für die ›Deutschen‹ zu erhalten, was im Effekt auf das Gleiche hinausläuft und Virchows eigene Argumentation widerspiegelt. Zugleich werfe nach Goschler Zimmermans Argumentation der prinzipiellen Zuweisung einer Diskurs-Komplizenschaft für wissenschaftliche wie für jegliche andere Interventionen die Frage auf, welche Handlungsmöglichkeiten dann überhaupt noch blieben. Letztlich kollidierten hierbei, so Goschler, zwei Auffassungen von »Diskurs« miteinander: »einerseits als potentielles Medium kommunikativen Handelns, andererseits als eigentlicher Akteur, der durch die Sprecher hindurch spricht.«[33] Insofern sind die beiden Enden des Spektrums gleichzeitig die Enden verschiedener Diskurskonzepte. Je nach Definition sind beide Argumentationen schlüssig. Dennoch und das gibt Zimmerman auch selbst zu bedenken, sei die These einer nicht expliziten, in eine Ebene des Unbewussten eingeschriebenen und besser mit Haltung denn mit Denken umschriebenen Fähigkeit oder erlernten Praxis schwerer nachzuweisen als Äußerungen Virchows zu den Erhebungen und zum Antisemitismus.[34]

Goschler argumentiert, dass Zimmermans Argument fatalistisch sei, da es jegliche wissenschaftliche Intervention unmöglich mache. Diese oder der/die Intervenierende sei zumindest nicht vor der Gefahr gefeit, entgegen seiner Intentionen Wirkungen zu erzeugen. Ist Zimmermans Argument im Sinne der Aktionsfähigkeit von wissenschaftlicher und intellektueller Tätigkeit somit zurückzuweisen? Der Forscher macht in seiner Untersuchung die »erlernte Praxis« stark, minimiert aber zugleich die Optionen der älter werdenden Kinder, sich von einer erlernten oder eingeschriebenen Praxis zu lösen bzw. über implizite Praktiken zu reflektieren. Die Kinder und Jugendlichen werden zwar von statistischen Objekten wieder zu handlungsfähigen Subjekten, bleiben aber eine Art Kollektiv-Black-Box, der bestimmte Entwicklungslinien – gleichsam auch nur implizit – zugeschrieben werden, da sie ex-post bekannt sind.

---

31 Sander L. Gilman, Kann die jüdische Diasporaerfahrung als Modell für die heutige muslimische Diaspora in Europa dienen?, in: Horizonte verschmelzen. Zur Hermeneutik der Vermittlung. Hartmut Eggert zum 70. Geburtstag, hrsg. von Hans Richard Brittnacher, Würzburg, 2007. Vgl. auch: George L. Mosse, Die Geschichte des Rassismus in Europa, Vom Autor durchges. und erw. Ausg., Frankfurt a. M., 1990, S. 114.

32 Christian Geulen, Blonde bevorzugt, wie Anm. 12, S. 154.

33 Constantin Goschler, wie Anm. 6, S. 337.

34 Zimmerman, wie Anm. 7, S. 427.

Eine dazwischen liegende und meines Erachtens sehr anschlussfähige Position hat Christian Geulen vertreten.[35] Geulen, der in seinem Aufsatz »Blonde bevorzugt«, die Schulkinderuntersuchung mit Vermessungsprojekten des in die USA ausgewanderten deutschen Anthropologen Franz Boas vergleicht, verortet zunächst die unterschiedliche Rezeption dieser Untersuchung in dem Zusammenhang von Ideologie und Ideologiekritik im Zuge des Streits um Kultur- und Sozialgeschichte. Anders als die klassisch ideologiekritischen Positionen versucht Geulen, das Problem von Liberalität und wissenschaftlichem Rassismus jedoch nicht einseitig aufzulösen, sondern geht davon aus, dass im sogenannten post-ideologischen Zeitalter die Überwindung von Ideologien Konsens ist und damit Ideologiekritik ideologiekonform verlaufe. Dieses Paradox, so Geulen mit Verweis auf Slavoj Zizek[36], sei damit nicht durch Erkenntnis der als falsch erkannten Wirklichkeit ideologiekritisch aufzulösen. Der Ansatz liege vielmehr darin, die Reichweite der funktionalen Zusammenhänge von der ideologischen Repräsentation von Wirklichkeit »zu entbergen«.[37] Damit entginge man wenigstens dem analytischen Dilemma, die Verhinderung derartiger Studien als einzige Möglichkeit zur Verhinderung von negativen Effekten anzusehen, woraufhin sich eine detaillierte Analyse der Entstehungsgeschichte, des Forschungsdesigns und der Umsetzung des Großprojekts erübrigen würde. Er kommt zu dem Schluss, dass sich zumindest »schon vom Ansatz der Virchowschen Studie her erkennen [lasse], dass sie in ihrer rationalen Stoßrichtung zwar weit jenseits eines traditionellen Rassismus der Vorurteile stand, doch in genau dieser Art ›Ideologiekritik‹ denjenigen, die nach einer wissenschaftlichen Begründung der Höherwertigkeit des Eigenen suchten, vormachte, wie man sie ›wissenschaftlich gesichert‹ erreichen konnte.«[38] Dieses Fazit übernimmt auch Goschler.[39] Damit bestätigt Geulen einerseits Zimmermans Argument (beide Aufsätze er-

---

35 Christian Geulen verglich in seiner Untersuchung die Schulkinderuntersuchung mit Franz Boas' Untersuchungen von Schädeln bei Einwanderern in den USA, und stellte dabei Boas' Verständnis einer Ethnologie als Kulturwissenschaft, die komparatistisch und relativistisch argumentiert, dem Verständnis Virchows als einer universalistischen Naturwissenschaft gegenüber. Vgl. Geulen, Blonde bevorzugt. Virchow und Boas: Fallstudie zur Verschränkung von »Rasse« und »Kultur« im ideologischen Feld der Ethnizität um 1900. Vgl. Ders., wie Anm. 12, S. 147–170. Ausführlicher zudem in: Ders., Wahlverwandte: Rassendiskurs und Nationalismus im späten 19. Jahrhundert, Hamburg, 2004.

36 Slavoj Žižek (Hrsg.), Mapping ideology, London, 1994.

37 Geulen, wie Anm. 12, S. 158.

38 Ebd., S. 160. Geulen verweist auf Otto Ammons Studie. Gemeint sind u.a. Houston Stewart Chamberlain oder Eugen Fischer, die in ihren Rassekonzepten auf das empirische Material der Schulkinderuntersuchungen aufmerksam machten, aber ganz andere Schlussfolgerungen zogen. Vgl. Constantin Goschler (Hrsg.), Wissenschaft und Öffentlichkeit in Berlin, 1870–1930, Stuttgart, 2000, S. 344.

39 Vgl. Goschler, Virchow, wie Anm. 6, S. 344.

schienen fast gleichzeitig und konnten deshalb nicht aufeinander eingehen), die Schulkinderuntersuchung habe den rassistischen Diskurs vorangetrieben, sieht aber anders als Zimmerman die Wirkung weniger bei den untersuchten Kindern als vielmehr im Forschungsdesign und den zugrunde gelegten Hypothesen und deren Wirkung auf weitere Forschungen.[40] Die Konstruktion einer jüdischen Rasse könne man angesichts der Ergebnisse, die hauptsächlich Mischformen hervorgebracht haben, nicht zuweisen. Das Interesse an der jüdischen Bevölkerung bestand schon vorher. Da habe sich, so Goschler, »allenfalls die Unterscheidung zwischen ›Blonden‹ und ›Brauen‹ und nicht zwischen Juden und Nicht-Juden in die Körper der untersuchten Schulkinder ›eingeschrieben‹.«[41]

Am Körper lesen wir Geschichte – Planungen, Akteure und Verhandlungen um die »Schulkinderuntersuchung«

»Begonnen«, so Ackerknecht, »um de Quatrefages« Legenden über die rassische Zusammensetzung der deutschen Nation zu widerlegen und vielleicht um zu zeigen, daß Deutschland in der Anthropologie der französischen Führung entwachsen war, ging sie weit über ihren ursprünglichen Zweck hinaus.«[42] In der Instruktion für Lehrer, die die Daten erheben sollten, wurde hingegen die scheinbar immer größer werdende brünette Bevölkerung zum Ausgangspunkt der Forschungsfragen erklärt. Nicht zuletzt da dieser Punkt für eine Legitimierung bei staatlichen Stellen kaum ausgereicht hätte, wurde sie mit der weitergehenden Frage nach dem Ursprung der deutschen und europäischen Bevölkerung und mit einem in die Zukunft verlegten Programm der »Erforschung der Culturgeschichte der Menschheit überhaupt«[43] verknüpft. Ähnlich wie bei Mommsens Corpus-Projekten wird durch die Erforschung des Einzelnen durch ein Gesamtbild ein »überhaupt«, ein Totalitätsideal legitimiert.

Für die vorliegende Untersuchung sind bei der Rekonstruktion der Entstehungsgeschichte zwei Punkte relevant.[44] Einmal die Frage bzgl. der Vergleichbarkeit als

---

40 Vgl. auch Goschler, der für eine Trennung von Intentionen Virchows und der »nichtintendierten Folgen der Untersuchungspraktiken und -ergebnisse sowie die spätere Rezeption des Materials« plädiert. Ebd.

41 Ebd.

42 Ackerknecht, wie Anm. 10, S. 176f.

43 Rudolf Virchow, Gesammtbericht über die Erhebungen, in: Archiv für Anthropologie, (1886), S. 280.

44 Die organisatorische und epistemologische Entstehungsgeschichte ist bereits teilweise in Goschlers Virchow-Biografie und relativ ausführlich bei Zimmerman und Geulen zusammengefasst. Einen guten Überblick aus erster Hand bietet auch Virchows »Gesammtbericht«. Vgl. ebd., S. 275–475.

Großprojekt im Sinne der Fragestellung der gesamten Arbeit und zum anderen die strukturellen Merkmale in organisatorischer wie epistemologischer Sicht.

Das Projekt speiste sich aus mehreren Argumentationssträngen, die in Verhandlungen entlang wissenschaftlicher Interessen, wissenschaftspolitischer Strategien wie auch -praktischer Sackgassen vor allem der Anthropometrie mehrfach modifiziert wurden. Die Schulkinderuntersuchung ist deshalb keineswegs so eindeutig einzuordnen, wie es auf den ersten Blick scheinen mag. Weder geht sie in einem klar zuortbaren Erkenntnisinteresse, der Erforschung der Urrasse(n) Deutschlands, der Suche nach dem taciteischen Germanen oder der endogenen Verlängerung craniologischer Vermessungen auf, noch ist sie allein Ergebnis einer bürokratisch gesteuerten Herstellung eines statistischen Kollektivs[45] und damit Teil von *nation building*. Dennoch spielen all diese Punkte jeweils eine mehr oder weniger gewichtige Rolle. Mit Blick auf die Entstehungsgeschichte als ein wissenschaftliches Großprojekt im letzten Drittel des 19. Jahrhunderts soll das Geflecht von Bezügen der methodischen, epistemologisch-praxeologischen und wissenschaftsorganisatorischen Kontexte in mehr oder weniger chronologischer Abfolge entfaltet werden. Im Mittelpunkt soll also, wie schon beim CIL, das Projekt stehen, das in seinem raumzeitlichen Kontext analysiert werden soll.

Forum der Verhandlungen dessen, was 1886 durch den offiziellen Abschlussbericht Virchows als »Schulkinderuntersuchung« formell seinen Abschluss fand, war in erster Linie die *Deutsche Gesellschaft für Anthropologie, Ethnologie und Urgeschichte*, teilweise auch ihre Lokalvereine, vor allem der wichtigste in Berlin. Die Gesellschaft war im Rahmen des Kongresses der *Gesellschaft für Naturforscher und Ärzte* in Innsbruck 1869 »ausgegründet« worden, zunächst als Berliner Gesellschaft und 1870 als Deutsche Gesellschaft.[46] Legitimiert wurde die Maßnahme damit, dass bis auf Deutschland alle

---

45 Vgl. Sybilla Nikolow, Die Nation als statistisches Kollektiv. Bevölkerungskonstruktionen im Kaiserreich und in der Weimarer Republik, in: Wissenschaft und Nation in der europäischen Geschichte, hrsg. von Ralph; Vogel Jessen / Jakob, Frankfurt a. M., New York, 2002.

46 Vorläufer war die 1868 innerhalb des Dresdner Kongresses der Gesellschaft für Naturforscher und Ärzte gegründete »Sektion für Anthropologie und Ethnologie«. Vgl. Uwe Hoßfeld, Geschichte der biologischen Anthropologie in Deutschland. Von den Anfängen bis in die Nachkriegszeit, Stuttgart, 2005, S. 169. Für die frühe Geschichte der Anthropologie vgl.: Ursula Zängl-Kumpf, Hermann Schaaffhausen: (1816–1893). Die Entwicklung einer neuen physischen Anthropologie im 19. Jahrhundert, Frankfurt a. M., 1990. Ausgründungen bzw. Gründungen von Spezialgesellschaften und disziplinär geschlossenen Vereinen verliefen unterschiedlich und beruhten teilweise auf unterschiedlichen Motivationen der Beteiligten. Vgl. Horst Kant, Ein »mächtig anregender Kreis« – Die Anfänge der Physikalischen Gesellschaft zu Berlin, Berlin, (Max-Planck-Institut für Wissenschaftsgeschichte. Rreprints, Bd. 202), 2002, S. 5. Demnach war die Physikalische Gesellschaft zu Berlin »nicht vordergründig zum Zwecke der Belehrung und Popularisierung« gedacht, wie etwa der Frankfurter Physikalische Verein. Im Gegensatz zur Gründungsgeschichte anderer ab

europäischen Staaten eine eigene Gesellschaft für Anthropologie, Ethnologie und Urgeschichte besaßen.[47]

Nach Andree und ihm folgend Smith war das Verhältnis zwischen Deutscher und Berliner Gesellschaft ein umgekehrtes.[48] Durch die große Bedeutung von Virchow und Adolf Bastian (1826–1905)[49] als Gründer und Leiter der Berliner Gesellschaft und aufgrund des anfänglich eher zögerlichen Engagements der anderen Regionalvereine für einen Zusammenschluss seien die Berliner innerhalb der Gesamtvereinigung von Beginn an dominant gewesen, weshalb wenigstens für die Frühphase der 1870er-Jahre von einem stark auf Berlin konzentrierten Netzwerk gesprochen werden kann.[50] Die

---

Mitte des 19. Jahrhunderts entstehender Fachverbände (Deutsche Geologische Gesellschaft »1848 oder Deutsche Chemische Gesellschaft, 1867) war sie »ein Produkt der Bestrebungen etablierter Ordinarien«. Von Berufsanfängern, zum Teil Berufsfremden gegründet war ihr Anlass »nicht die Durchführung von Experimenten, sondern die theoretische Diskussion über Probleme der mathematischen Physik.«

47 Innerhalb weniger Jahre waren in Frankreich, England, Spanien, Österreich und Italien vergleichbare Gesellschaften entstanden wie 1859 in Paris unter Vorsitz von Paul Broca die »Société d'anthropologie de Paris«. 1863 folgten die »Ethnological Society« und die »Anthropological Society«, die sich 1871 zum »Anthropological Institute of Great Britain and Ireland« vereinigten. Deren Vorläufer reichen bis in die erste Hälfte des 19. Jahrhunderts zurück, u.a. zur 1843 gegründeten »Ethnological Society of London«. 1865 folgte die Gründung der »Sociedad Antropológica Española« durch den Arzt González Velasco in Madrid, 1870 unter Vorsitz von Karl v. Rokitansky die »Anthropologische Gesellschaft in Wien« und 1871 die von Paolo Mantegazza und Felice Finzi gegründete »Società Italiana di Antropologia e Etnologia« in Italien. Erst 1902 folgte die American Anthropological Association. Allerdings gab es dort seit 1843 die Smithsonian Institution und seit 1842 die in New York gegründete »American Ethnological Society«. Vgl. Ebd. Vgl. auch Woodruff Donald Smith, Politics and the sciences of culture in Germany, 1840–1920, New York u.a., 1991, S. 100.

48 Christian Andree, Geschichte der Berliner Gesellschaft für Anthropologie, Ethnologie und Urgeschichte 1869-1969, Berlin, 1969; Woodruff Donald Smith, Politics and the sciences of culture in Germany, 1840–1920, New York u.a., 1991, S. 100ff.

49 Einen breiten Überblick über Bastians Rezeption und Wirkungsgeschichte geben: Manuela Fischer, Peter Bolz und Susan Kamel (Hgg.), Adolf Bastian and his universal archive of humanity. The origins of German anthropology, Hildesheim u.a., 2007. Des Weiteren: Han F. Vermeulen, Von der Empirie zur Theorie: deutschsprachige Ethnographie und Ethnologie von Gerhard Friedrich Müller bis Adolf Bastian (1740–1881), in: Zeitschrift für Ethnologie, 134 (2009) 2, S. 253–266. Vermeulen verweist auf die lange Vorgeschichte der Ethnologie, spricht aber Bastian dennoch die Hauptrolle bei der Entwicklung der Ethnologie als einer theorieorientierten Wissenschaft zu.

50 Untermauert und zugleich relativiert wird dies durch die Korrespondenz Alexander von Frantzius mit Virchow. Frantzius, der aufgrund seines auf eine Typhuserkrankung aus der gemeinsamen Revolutionszeit 1848/49 zurückgehenden chronischen Lungenleidens lange Jahre in Costa Rica verbrachte und erst 1868 nach Deutschland zurückgekehrte, hatte die Redaktion der Korrespondenzblätter und das Amt des Generalsekretärs der Gesellschaft

Deutsche Gesellschaft bestand praktisch aus der jährlich an wechselnden Orten stattfindenden Versammlung in Form eines in der Regel dreitägigen Kongresses und einer Zeitschrift, dem Korrespondenzblatt mit einem Redakteur und sie ähnelte darin in vielen Teilen ihrer Muttergesellschaft. Die Lokalvereine trafen sich hingegen häufiger, in der Regel monatlich und bauten je nach Engagement zusätzlich eigene Sammlungen mit wissenschaftlichen Objekten und Literatur auf. Durch Berichte an die deutsche Zentralredaktion in Heidelberg bzw. später in München und den Abdruck der Berichte im Korrespondenzblatt wurden Informationen verteilt, neueste Ergebnisse verbreitet und über wichtige Literatur informiert. Darüber hinaus gab es selbstverständlich zahlreiche informelle Korrespondenzen zwischen einzelnen Gelehrten.[51] Finanziert wurden die Gesellschaften über Mitgliedsbeiträge, die zu einem großen Teil für den Druck der Zeitschrift verwendet wurden. Umgekehrt war der Bezug der Zeitschrift im Mitgliedsbeitrag enthalten. Zudem konnten aus den Mitteln auch Druckkostenzuschüsse oder Reiseunterstützungen gewährt werden.[52] Größere Unternehmungen mussten – und darin ähnelten diese Vereine auch den Akademien – eigens bei den entsprechenden Ministerien beantragt werden. Es gab im 19. Jahrhundert viele derartige Fachgesellschaften und Lokalvereine[53], aber nicht alle erreichten einen solchen Bekanntheitsgrad wie die *Deutsche bzw. Berliner Gesellschaft für Anthropologie, Ethnologie und Urgeschichte*.[54] Sie konzentrierten Interessierte der beteiligten Fächer, dienten als

---

von 1871 bis 1874 inne. Bei allfälligen Fragen wie der Festlegung des Datums der Jahreskonferenz wandte er sich an Virchow. Frantzius machte Vorschläge und achtete in der Regel darauf, dass sich wichtige nationale Ereignisse wie der Jahrestagung der Gesellschaft für Naturforscher und Ärzte oder internationale Kongresse wie der der Statistiker nicht zeitlich überlagerten. Ggf. sollte es möglich sein, das eigene Treffen mit anderen nationalen Jahrestagungen, wie der Geographenversammlung zu verbinden.Der Umstand, dass Frantzius in den 1870ern nicht in Berlin sondern in Heidelberg saß und dass das Korrespondenzblatt ab 1872 in München herausgegeben wurde, relativiert die Berliner Dominanz. Frantzius war von Beginn an darauf bedacht, ein möglichst ausgeglichenes Bild der regionalen Teilvereine in den Korrespondenzblättern zu vermitteln. Vgl. Christian Andree, Rudolf Virchow als Prähistoriker. Bd. 2. Briefe Virchows und seiner Zeitgenossen, Köln, Wien, 1976, S. 148ff.

51 Vgl. bspw.ebd..

52 Ausführlicher hierzu: Annette Lewerentz, Forschungsprojekte und staatliche Förderung: Die Berliner Gesellschaft für Anthropologie, Ethnologie und Urgeschichte und die preußischen Ministerien bis zum Ersten Weltkrieg, in: Mitteilungen der Berliner Gesellschaft für Anthropologie, Ethnologie und Urgeschichte, (1999), S. 45–64. Lewerentz verweist u.a. darauf, dass die staatliche Subventionierung keineswegs langfristig gesichert war, sondern dauerhaft erkämpft werden musste.

53 Vgl. Rüdiger vom Bruch, Gelehrtes und geselliges Berlin. Urban-elitäre Zirkel als kommunikative Schnittpunkte für Akademiemitglieder und Universitätsprofessoren, in: Kocka, Hohlfeld, Walther, wie Anm. 1.

54 Vgl. zur repräsentativen Selbstdarstellung das dreibändige Werk zum hundertjährigen Jubi-

Vernetzungs- und Informationsplattformen, aber auch der Wissenspopularisierung.[55] Diese Gesellschaften bildeten nicht einen in sich geschlossen Kreis und waren weniger elitär, was die Auswahlmodalitäten ihrer Mitglieder anging. Einige wurden nach einer Weile unter königlichen Schutz gestellt. Zudem waren sie in der Regel stärker abhängig von den Beiträgen ihrer Mitglieder, während Akademien über eine staatliche Finanzierung verfügten. In ihrem Forschungshandeln lehnten sie sich an Akademien an, vor allem durch die Bildung von Kommissionen und auch die Unterscheidung in Mitglieder und korrespondierende Mitglieder. Disziplinär orientierte Gesellschaften bildeten bevorzugte Formen, um eine Regelmäßigkeit von Zusammenkünften für wissenschaftlichen und persönlichen Austausch zu stabilisieren. Sie ergänzten oftmals bereits informell bestehende Netzwerke und gaben ihnen zusätzlich einen institutionellen und auch rechtlichen Rahmen, mithilfe dessen andere Organisationen und nicht zuletzt staatliche Institutionen auf derselben Organisationsebene angesprochen werden konnten. Zugleich wurde internationale Anschlussfähigkeit hergestellt. Nicht zuletzt dienten sie zur Koordinierung gemeinsamer und nur kollaborativ möglicher Forschungsprojekte, erhöhten die Sichtbarkeit und steigerten das Renommee der beteiligten Wissenschaftler und sie ermöglichten die zur gleichen Zeit einsetzenden internationalen Kongresse.

Die Mitgliederstruktur der ersten Jahre zeigt eine sehr breite Verteilung verschiedener Berufsgruppen von Experten auf – Universitätsprofessoren, Ärzte, aber auch

läum: Hermann Pohle und Gustav Mahr (Hgg.), Festschrift zum hundertjährigen Bestehen der Berliner Gesellschaft für Anthropologie, Ethnologie und Urgeschichte 1869–1969, Berlin, 1969.

55 Das Korrespondenzblatt der Berliner Gesellschaft für Anthropologie, Ethnologie und Urgeschichte wurde der 1869 von Adolf Bastian und Robert Hartmann gegründeten Zeitschrift für Ethnologie als Anhang beigegeben, so dass beide voneinander profitierten. Das Korrespondenzblatt der Deutschen Gesellschaft für Anthropologie, Ethnologie und Urgeschichte erschien eigenständig im Braunschweiger Verlag Vieweg und Sohn, wechselte aber später mit der Redaktion zu Johannes Ranke nach München zur Akademischen Buchdruckerei von F. Straub. Die Publikationen sollten das Auseinanderlaufen der Informationen verhindern, wie auch die Gründung der Gesellschaften dazu dienen sollte, der sich ausdifferenzierenden Forschungslandschaft der Fächer eine Einheit in Form einer Vereinigung entgegenzustellen. Vgl. das erste Heft der Zeitschrift für Ethnologie: Adolf Bastian und Robert Hartmann (Hgg.), Zeitschrift für Ethnologie, Berlin, 1869. Die erste Nummer des deutschen Pendants erschien 1870: C. Semper, Die deutsche Gesellschaft für Anthropologie, Ethnologie und Urgeschichte, in: Korrespondenz-Blatt der Deutschen Gesellschaft für Anthropologie, Ethnologie und Urgeschichte, Mai (1870) Mai, S. 1. Vgl. Andreas Daum, Wissenschaftspopularisierung im 19. Jahrhundert, München, 2002. Angela Schwarz, Der Schlüssel zur modernen Welt. Wissenschaftspopularisierung in Großbritannien und Deutschland im Übergang zur Moderne (ca. 1870–1914), Stuttgart, 1999. Constantin Goschler (Hrsg.), Wissenschaft und Öffentlichkeit in Berlin, 1870–1930, Stuttgart, 2000.

Berg-Assessoren oder Buchhändler bis hin zu Malern und Fotografen, Bankiers, Architekten, Richtern und andere, eher als interessierte Laien zu bezeichnenden Berufsgruppen.[56] Dennoch ist eine Dominanz von Höhergebildeten des Bildungstums, in der Regel mit Doktorgrad ausgestattete Personen, überdeutlich sichtbar und nicht überraschend. Die Struktur der Mitglieder sagt freilich wenig über deren Aktivitäten aus. Betrachtet man die Veröffentlichungen, so steht eine kleine Gruppe von aktiven Personen einer großen Anzahl weitgehend passiver Mitglieder gegenüber. Nicht selten waren Gelehrte Mitglied in mehreren dieser Gesellschaften und Vereine, was nicht nur die Netzwerke vergrößerte. Es ermöglichte auch über Vereinsgrenzen hinweg den übergreifenden, oft interdisziplinären Austausch.[57] Man bemühte sich, die jährlichen nationalen Kongresse benachbarter Disziplinen zeitlich und räumlich zu koordinieren, so dass der Besuch mehrerer Veranstaltungen möglich war. Das Vereins- und Gesellschaftswesens war keineswegs nur ein Phänomen innerhalb wissenschaftlicher Kreise und auch kein spezifisch deutsches. Über die ab den 1860er-Jahren im Zusammenhang mit der Gründung von Gesellschaften und Vereinen zahlreicher werdenden Zeitschriften waren die Beteiligten in der Regel sehr gut über das Geschehen in den anderen europäischen Staaten informiert. Wie in Akademien gehörte auch der gegenseitige kostenneutrale Schriftentausch zu üblichen Mitteln der Informationsbeschaffung und -verbreitung. Bücherschauen, Rezensionen und Bibliographien gaben zusätzliche Hilfsmittel an die Hand, die es erlauben von einer europäischen Informationsinfrastruktur für die Anthropologie und angrenzende Fächer zu sprechen.

Die Kontroverse um Quatrefages »La race Prussienne«

Als konkreter Anlass für eine statistische Erhebung von Rassemerkmalen mit dem Ziel der Feststellung der Verteilung von Rassetypen ist immer wieder ein Artikel mit dem Titel »La race Prussienne« von 1871 genannt worden. Der französische Anthropologe Armand de Quatrefages de Bréau (1810–1892), der neben Paul Broca (1824–1880) zu den wichtigen Figuren der Anthropologie in Frankreich ab den 1860er-Jahren gehörte, hatte ihn zuerst in der Februarausgabe der *Révue des deux mondes* veröffentlicht.[58] Diese genaue zeitliche Angabe ist insofern von Bedeutung, da sie die Schnelligkeit mit der

56 Die Mitgliederlisten wurden zu Beginn in den Korrespondenzblättern regelmäßig veröffentlicht. Vgl. z.B. C. Semper, Mitgliederverzeichnis. 1. Berliner Localverein, in: Korrespondenz-Blatt der Deutschen Gesellschaft für Anthropologie, Ethnologie und Urgeschichte, Mai (1870) Mai, S. 1.

57 Zu diesen eher formellen Organisationen gesellten sich in fließendem Übergang mehr informelle bis hin zu privaten Kränzchen oder auch Salons. Vgl. Bruch, wie Anm. 53.

58 Die bekannte Zeitschrift »Révue du deux mondes« verstand sich als intellektuelles Bindeglied zu den Vereinigten Staaten. Armand de Quatrefages, La race Prussienne, in: Révue des deux mondes, (1871), S. 647–669.

Quatrefages seinen Artikel geschrieben hatte, deutlich macht. Er nahm darin direkten Bezug auf den Beschuss des *Muséum national d'histoire naturelle* während der Belagerung von Paris im Januar 1871 durch deutsche Truppen im Deutsch-Französischen Krieg und ging auch auf die deutsche Reichseinigung ein. Bei dem Beschuss des Museums kamen zwar keine Menschen ums Leben und niemand sei verletzt worden. Aber ein Teil der Sammlung, mit der Quatrefages arbeitete, wurde zerstört. Quatrefages, so die gängige Deutung, habe seine Empörung und Verletztheit mit einer polemischen Abhandlung kundgetan. In der Folge werden politische und wissenschaftliche Debatte so miteinander vermischt, dass sie kaum auseinanderzuhalten sind. Aufsehen erregte zunächst die These Quatrefages, die deutsche Einheit beruhe auf einem anthropologischen Irrtum, da die vermeintlich germanischen Preußen, unter deren Führung die deutsche Einheit entstanden sei, eigentlich eine »finnische Rasse« seien.[59] Da Rassen zu dieser Zeit moralisch aufgeladen und mit bestimmten Tugenden oder negativen Eigenschaften versehen waren, und hierbei die sogenannte finnische oder »finno-slawische Rasse« mit weitgehend negativ konnotierten Eigenschaften belegt wurde, konnte Quatrefages den politischen Gegner indirekt beleidigen. Quatrefages legitimierte sein durchaus ernst gemeintes Argument als Reaktion auf einen von Seiten der preußisch dominierten Deutschen geführten Rassekrieg gegen die Franzosen. Er konterte den Beschuss des Museums und die systematische Bombardierung von Paris seit Beginn der Belagerung im September 1870 mit einem wissenschaftlichen Angriff auf die gerade errungene Einheit Deutschlands. Die Anthropologie wurde Mittel zu höherem Zweck, der Wiederherstellung der Ehre der französischen Nation. Die Reaktion auf Seiten der preußischen Deutschen zeigte, dass Quatrefages getroffen hatte.[60] Es entwickelte sich eine heftige polemische Auseinandersetzung, zu deren Nachwirkungen auch die Schulkinderuntersuchung zählte und der aufgrund prominenter Teilnehmer und der Popularisierungsfähigkeit der umstrittenen Frage um die Herkunft der Nation nicht nur eine weitreichende Rezeption sicher war. Sie wurde auch Spiegel von generellen Entwicklungen nationaler Wissenschaft mit universalem Anspruch und verschiedenen Wissenskulturen innerhalb einer international community.[61] An der

---

59 »En résumé, dans les provinces vraiment prussiennes, c'est-à-dire dans les deux Prusses, la Poméranie, le Brandebourg, la population, par ses origines ethnologiques, est essentiellement finno-slave. L'élément germanique, plus ou moins mêlé à l'élément français, domine seulement dans les hautes classes et dans la bourgeoisie de certaines villes.« Armand de Quatrefages, La race Prussienne, Paris, 1871, S. 101.

60 Zum Kontext vgl. Claude Digeon, La crise allemande de la pensée française: (1870–1914), Paris, 1959; Harry W. Paul, The sorcerer's Apprentice: The French scientist's image of German science 1840–1919, Gainesville, 1972.

61 Vgl. Chris Manias' nuancierte und sehr gut kontextualisierte Studie: Chris Manias, The Race prussienne Controversy: Scientific Internationalism and the Nation, in: Isis, 100 (2009) 4,

Kontroverse konnte, erstmals vielleicht, die politische Sprengkraft anthropologischer Forschung beobachtet werden, wenn sie sich nicht wie die ethnologische Forschung ausschließlich auf das exotisch Andere kolonial eroberter oder expeditionell erkundeter Gebiete, sondern auf die Erforschung der eigenen Wurzeln konzentrierte.[62] Chris Manias, der die Kontroverse vor dem Hintergrund von Internationalismus und der Nation analysierte, ging der These nach, dass der »conflict had far-reaching general effects, reordering the European balance of power, causing major political shifts in both Germany and France, and putting the changed nature of modern warfare into sharp focus.«[63] Des Weiteren hebe die Auseinandersetzung einen wichtigen Aspekt der »self-assumed role of the nineteenth-century human sciences«[64] hervor. Studien zum wissenschaftlichen Internationalismus tendierten nach Manias bisher dazu, außerhalb der »harten« Wissenschaften der Physik und Biologie liegende Disziplinen in Bezug auf wissenschaftlichen Internationalismus zu ignorieren.[65] Aufgrund der Ideologiebeladenheit zeitgenössischer Ideen von Geschichte, Rasse und Kultur seien diese Studien in der Regel davon ausgegangen, dass z. B. Archäologie, Ethnologie, Philologie und

---

S. 736: »Moreover, the controversy highlights an important aspect of the self-assumed role of the nineteenth-century human sciences. Studies of scientific internationalism have tended to ignore these, focusing instead on the ›hard‹ physical and biological sciences. Indeed, the strongly ideological implications of contemporary ideas of history, race, and culture have frequently led to the assumption that the disciplines that studied them, such as archaeology, ethnology, linguistics, and anthropology, were closely tied to nationalistic frameworks and committed to promoting divisive notions of innate racial differences, misusing scientific language to bolster national ›myths of origin‹ of ›nos ancêtres les Gaulois‹ or ›unsere germanischen Vorfahren‹. Yet closer examination shows that practitioners of the human sciences of the period adhered to the same principles of international exchange, methodological standardization, and the universal applicability of their conclusions as their colleagues in the physical sciences. While their researches had important national dimensions, these needed to be balanced within a wider international context. In order to gain credibility, they could not simply couch their arguments in terms of national particularism but needed to develop strong transnational connections.« Manias Argument trifft einen wichtigen Punkt und ist in sich schlüssig, auch wenn es nicht ganz auf das Verständnis Virchows von Anthropologie als Naturwissenschaften passt, dafür ist die Unterscheidung in die »zwei Kulturen«, wie wir sie kennen, zu dieser Zeit noch nicht ausgeprägt genug. Mit breiterer Perspektive vgl. auch Manias' Dissertation: Chris Manias, Race, Science, and the Nation: Reconstructing the Ancient Past in Britain, France and Germany, London, 2013.

62 Chris Manias, The Race prussienne Controversy, in: Isis, 100 (2009) 4, S. 734: »The interaction between French and German scientists in this period serves as one of the most dramatic examples of international rivalry feeding into both nation building and scientific development.«

63 Ebd., S. 734f.

64 Ebd., S. 736.

65 Ebd.

Anthropology so eng an den nationalen Rahmen gesteckt seien, dass ihnen maskiert als wissenschaftliche Sprache nur an der Unterfütterung der nationalen Mythen gelegen sei. Bei näherer Betrachtung zeige sich jedoch, die Akteure der »Menschenwissenschaften« (human sciences) unterwarfen sich denselben Prinzipien von »international exchange, methodological standardization, and the universal applicability of their conclusions as their colleagues in the physical sciences«.[66] Beides, nationale Bezüge und internationale Wissenschaftsgemeinschaft, spielte eine wichtige und jeweils auszubalancierende Rolle für Wissenschaftler im 19. Jahrhundert, insbesondere bei Kontroversen. Nationale Mythenunterfütterung mittels anthropologischer und urgeschichtlicher Forschung geht mit internationalem Austausch, methodischen Standards demnach einher wie das metaphorische Bild der verschiedenen Bezugssysteme. Aus der Balance gerät die Entwicklung dann, wenn eine der beiden Perspektiven geleugnet oder anderweitig ausgeblendet wird. Während die Kontroverse in der Literatur häufig erwähnt wurde, ist sie hinsichtlich beider Perspektiven nur selten eingehend mit Bezug auf die Quellen behandelt worden.[67] Viele kurze Erwähnungen gehen dabei – wie es in der wissenschaftlichen Forschung verständlicherweise oft und auch bei Mommsens CIL der Fall war – auf wenige Narrativgeber zurück.[68]

Was war passiert? War es gezielte Strategie Quatrefrages, eine Kontroverse auszulösen? Welchen Verlauf nahm die Kontroverse und mit welchen Mitteln wurde sie geführt? Nach der Veröffentlichung dauerte es zunächst eine Weile bis eine Reaktion

---

66 Vgl. Ebd., S. 736: »While their researches had important national dimensions, these needed to be balanced within a wider international context. In order to gain credibility, they could not simply couch their arguments in terms of national particularism but needed to develop strong transnational connections«.

67 Eine Ausnahme, wie schon erwähnt: Manias, wie Anm. 62, S. 733–757.

68 Manias nennt als Narrativgeber: Léon Poliakov, Le mythe aryen: essai sur les sources du racisme et des nationalismes, Paris, 1971. In deutscher Übersetzung und später in mehreren Neuauflagen: Léon Poliakov, Der arische Mythos: zu den Quellen von Rassismus und Nationalismus, Wien u.a., 1971; Des Weiteren George L. Mosse, Toward the final solution: a history of European racism, New York, 1978. Das Buch erschien im selben Jahr übersetzt und in überarbeiteter Auflage und mit verändertem deutschen Titel 1990. Vgl. George L. Mosse, Rassismus: ein Krankheitssymptom in der europäischen Geschichte des 19. und 20. Jahrhunderts, Königstein/Ts., 1978; Ders., Die Geschichte des Rassismus in Europa, Vom Autor durchges. und erw. Ausgabe, Frankfurt a. M., 1990. Als jüngere und sich den Argumenten der Kontroverse detailierter widmende Arbeiten nennt Manias: Hans-Konrad Schmutz, Vermessene Nation: Eine Skizze der imagologischen Anthropologie nach 1860, in: Anthropologie nach Haeckel, hrsg. von Dirk Preuß, Stuttgart, 2006. Helga Jeanblanc, Rudolf Virchow et la »Race Prussienne«: Anthropologie et idéologie, in: Quand Berlin pensait les peuples: anthropologie, ethnologie et psychologie (1850–1890), hrsg. von Céline Trautmann-Waller, Paris, 2004 Web: <http://books.openedition.org/editionscnrs/2221> (Stand: 30.06.2017).

erschien.[69] Zunächst wurde die Veröffentlichung kaum ernst, aber zumindest wahrgenommen. Im Korrespondenzblatt erschien eine kurze Meldung, dass Herr Kiepert über »die sonderbare, namentlich von Hrn. de Quatrefages vertretene Ansicht französischer Gelehrter, dass die Preussen meist Finnen seien« berichtete. Quatrefages Schrift charakterisiere »den jetzt herrschenden Racenhass der Franzosen gegen die Deutschen, namentlich die Preussen. Die Gesellschaft nimmt unter Bezeigung grosser Heiterkeit von der merkwürdigen Entdeckung Act.«[70] Offenbar bedurfte es für eine Kontroverse einer Skandalisierung, für die eine intensivere Analyse der Argumentation des Artikels notwendig war. Kieperts Darstellung sah Quatrefages These wohl so abwegig, dass er es nicht anders als »sonderbar« darstellen konnte, Diskursgrenzen zu überschreiten, d.h. nicht ernst zu nehmen, was die Teilnehmer dem Protokoll zufolge erwiderten. Die These schien die eigene Welt, das Selbstverständnis so auf den Kopf zu stellen, dass sie zunächst als eine Lächerlichkeit beiseite geschoben wurde. Da aber Quatrefages Artikel in Frankreich auf reges Interesse stieß und das in ihm schlummernde Potential besonders von den Verlegern erkannt wurde, blieb es nicht dabei. Noch im selben Jahr erschien der Artikel erneut als selbständige und erweiterte Publikation unter demselben Titel im Verlag Librairie Hachette.[71] Des Weiteren hielt Quatrefages im Juli 1872 einen Vortrag im »Musée d'histoire naturelle« in Paris, der im *Bulletins de la Société d'anthropologie de Paris* erschien.[72] Im gleichen Jahr kam eine englische Übersetzung heraus.[73]

---

69 Es ist aber auch eine auf neuer medialer Grundlage ausgefochtene Auseinandersetzung. Virchows Text wurde geschwind übersetzt, da die Franzosen des Deutschen nicht mächtig waren. Auch Quatrefages hatte flink geschrieben. Unklar ist, wann er den Text begann. Wenn er ihn am 18. Februar 1871 veröffentlicht hat (das Museum war am 8. Jan. bombardiert worden), war er sehr schnell; der Krieg lief schon ein halbes Jahr. Es muss wohl die Bombardierung des Museums, seines Arbeitsbereichs gewesen sein, was den Auslöser dazu gab.

70 Heinrich Kiepert, Sitzung vom 14. October 1871. Herr Kiepert macht Mittheilungen, in: Verhandlungen der Berliner Gesellschaft für Anthropologie, Ethnologie und Urgeschichte. Beilage der Zeitschrift für Ethnologie, Oktober 1870 – November 1871 (1871) Oktober 1870 – November 1871, S. 134.

71 Armand de Quatrefages, La race Prussienne, Paris, 1871; Laut Virchow: Rudolf Virchow, Ueber die Methode der wissenschaftlichen Anthropologie. Eine Antwort an Herrn de Quatrefages, in: Zeitschrift für Ethnologie, (1872), S. 300–320 hat Quatrefages es der Gesellschaft für Anthropologie am 21.9.1871 überreicht. Vgl. Bulletin de la Societé d'Anthropologie de Paris, Ser. IT, T. VI, p. 183. Librairie Hachette, heute »Lagardère Publishing«, ist der größte französische Verlag und das drittgrößte Verlagshaus der Welt.

72 Ders., La race prussienne, in: Bulletins de la Société d'anthropologie de Paris, 6 (1871) 1, S. 182–185.

73 Ders., The Prussian Race Ethnologically Considered: To Which Is Appended Some Account of the Bombardment of the Museum of Natural History, etc., by the Prussians in January, 1871, 1872.

Vergleichsweise spät reagierten Adolf Bastian und Rudolf Virchow. Bastian schrieb eine Rezension, die in der Bücherschau von Heft 4 der *Zeitschrift für Ethnologie* 1872 erschien.[74] Im selben Heft gab es auch einen Artikel Virchows mit dem Titel »Ueber die Methode der wissenschaftlichen Anthropologie. Eine Antwort an Herrn de Quatrefages«.[75] Bastians Text, der zwar unter der Rubrik »Miszellen und Bücherschau« erschien, sprengte mit einem Umfang von fast 20 Seiten bei Weitem die übliche Länge der in dieser Rubrik veröffentlichten Kurznachrichten. Er griff mit Quatrefages »die Franzosen« und »das einst so reich begabte Volk« an. Sie hätten »seit den letzten Monaten die Welt mit einer reichlichen Zahl solcher Tollhausproducte überschüttet«. In für eine Auseinandersetzung auf wissenschaftlichem Felde äußerst polemischen Worten unterstellte er Quatrefages, dass die »krankhafte Verstimmung«, die bei »Ihnen Platz gegriffen habe«, befürchten lasse, dass sie »eine unheilbare Destruction der Hirnfunctionen herbeiführen könne«. Bastians Stil erinnert an eine Mischung aus herablassender Geste des Siegers, der in die Wunden des Verlierers noch ein wenig Salz streut, und dem Reden eines Arztes über die nicht heilbaren psychischen Leiden eines Kindes:

> *»Es wäre in der That bedauerlich, wenn ein so nützliches Mitglied in der europäischen Völkerfamilie, wie es die Franzosen bilden, delirirend zu Grunde gehen sollte. Sie haben uns die besten Friseure, Tanzmeister und Köche gegeben, sie waren ein manierliches, artiges und gespassiges Volk, sie haben auch an den Wissenschaften tüchtig mitgeholfen, und in manchen Branchen derselben, besonders in der systematischen und schematischen Verarbeitung ihrer eigenen, und noch mehr fremder, Erfindungen vielfach nach allgemeiner (und immer nach ihrer eigenen) Ansicht den ersten Rang eingenommen.«*[76]

Er führt aus, »dass es sich hier um pathologische Störungen handelt, denen Mitleid gebührt, aber kein Zorn«.[77] »Die Kranken aber [scheinen] wenig gefährlich, da sie sich wie grosse Kinder geberden«, weshalb das »Interesse an solch gallig vergifteten Schaugerichten […] nur ein psychiatrisches sein [kann]«.[78] Letztlich sei »der Totaleindruck doch mehr ein komischer, wenn man sich ihm auf Feldern hingeben kann, die sich auf Seitenwegen von der Politik entfernen und nicht zu thatsächlichen Verwicklungen

---

74 Adolf Bastian, Miszellen und Bücherschau: Quatrefages: La Race Prussienne. Paris 1871, in: Zeitschrift für Ethnologie, (1872), S. 45–64.

75 Rudolf Virchow, Ueber die Methode der wissenschaftlichen Anthropologie. Eine Antwort an Herrn de Quatrefages, in: Zeitschrift für Ethnologie, (1872), S. 300–320.

76 Bastian, wie Anm. 74, S. 45.

77 Ebd., S. 46.

78 Ebd.

führen werden.«[79] Der Hauptteil von Bastians Artikel macht aber dennoch eine relativ nüchterne Auseinandersetzung mit den Argumenten von Quatrefages aus. Am Ende behauptet er für sich die Position des gerechten Verteidigers, »[d]och da man den edlen Stammbaum unseres Volkes anzutasten wagte, musste solchem Frevel entgegengetreten werden«.[80] Konsequent innerhalb der pathologisierenden Perspektive schließt er milde, aber zugleich mit Pathos, er hoffe auf baldige Regeneration der Franzosen, »dieses tapferen und ritterlichen Volkes, das so oft auf den Schlachtfeldern der Christenheit die siegreiche Vorhut geführt« und »deren durch Verstandesschärfe ebenso bewunderswerthen, wie durch Gemüthstiefe liebenswürdigen Gelehrten fast jedes Fach der Bibliotheken keine geringe Zahl ihrer werthvollsten Kleinodien verdankt«.[81] Bastians Artikel rief trotz seiner Schärfe weniger Wirkung hervor als erwartet, möglicherweise auch, weil ihn Quatrefages mangels Sprachkenntnissen gar nicht gelesen hat. Zumindest bezog sich von französischer Seite niemand auf ihn. Virchow hingegen war zuvor schon auf Quatrefages Buch und dessen Vortrag eingegangen. In einer Rede vor der Versammlung der Deutschen Gesellschaft für Anthropologie, Ethnologie und Urgeschichte in Stuttgart im August 1872 teilte er mit, dass er nach der Veröffentlichung von Quatrefages und der Zurückweisung durch Bastian und ihn eigentlich keinen Grund habe, nochmals darauf einzugehen.

Virchow hatte ein paar Monate zuvor in der Sitzung der Berliner Gesellschaft vom 11. Februar 1872 Quatrefages Thesen erörtert und war dabei zu dem Schluss gekommen, dass eine Untersuchung von Quatrefages These anhand von Schädeln vorläufig nicht in Frage komme. Zugleich bemängelt er, dass Quatrefages es nicht für nötig angesehen habe, »seinen Lesern naturwissenschaftliche Thatsachen für seine Thesen vorzuführen«. Stattdessen habe es ihm genügt, »allerlei psychologische Träume in Verbindung mit historischen Daten, die sich weniger auf Preussen, als auf die russischen Ostseeprovinzen beziehen, zusammenzutragen.« Virchows Zurückhaltung sei Ausdruck seiner strengen Wissenschaftlichkeit und es ginge nicht allein darum, »die deutsche Methode der französischen gegenüber zu kennzeichnen, sondern auch, um unserer eigenen Forschung die weiteren Wege zu bahnen«.[82] Virchow ging hierbei von seinem Verständnis einer Anthropologie als Naturwissenschaft aus, die Tatsachen zu liefern habe und er unterscheidet eine französische von der deutschen Forschungsmethode – mit dem expliziten Ziel, die eigene Forschungskultur innerhalb der internationalen scientific community oder der Gelehrtenwelt in eine strategisch vorteilhafte-

79 Ebd.

80 Ebd., S. 64.

81 Ebd.

82 Rudolf Virchow, Vergleichung finnischer und esthnischer Schädel mit alten Gräberschädeln des nordöstlichen Deutschland, in: Verhandlungen der Berliner Gesellschaft für Anthropologie, Ethnologie und Urgeschichte, in: Zeitschrift für Ethnologie, (1872), S. 84.

re Position zu bringen. Da Quatrefages jedoch seine Thesen in dem oben erwähnten Vortrag erneuerte, sah Virchow sich am Zug einer erneuten Gegendarstellung. Sein Vortrag auf der Stuttgarter Anthropologenversammlung war eigens für die Zeitschrift *Revue scientifique de la France et de l'étranger* übersetzt worden, in der im Anschluss auch die Entgegnung von Quatrefages erfolgte.[83]

In Stuttgart hatte Virchow in mahnenden Worten das Bild eines politischen Programms heraufbeschworen, das aus der konsequenten Weiterentwicklung von Quatrefages Ideen entstehen würde und das ein paar Jahrzehnte später grausame Wirklichkeit werden sollte:

> *»Herr de Quatrefages nämlich, indem er die Anthropologie zur Grundlage der politischen Betrachtung zu machen sich bestrebt, geht davon aus, dass es sich wesentlich nicht darum handelt, die Völker zu nehmen, wie sie sich im Laufe der Zeit gestaltet haben, sondern darum, herauszubringen, aus welchen ursprünglichen Bestandtheilen sie hervorgewachsen seien, um sie darnach neu zu ordnen. Es würde also zuletzt nicht darauf ankommen, wer wir sind, sondern was die Vorfahren eines Jeden von uns gewesen sind. Wenn man in dieser Weise weit genug zurück ginge, so würde sich eine Politik ergeben, welche die ganze gegenwärtige Völkerordnung Europas zertrümmern müsste. Er ist gar nicht einmal abzusehen, welche Art von politischer Construction sich daraus entwickeln sollte, und man könnte daher meinen, ein so abenteuerliches Vorgehen sei ohne alle Bedeutung.«*[84]

Ähnlich wie Bastian wies Virchow vor allem Quatrefages politische Thesen zurück, schob sie jedoch nicht so stark ins Pathologische oder Irrationale wie dieser. Den wissenschaftlichen Teil erörterte er hingegen ausführlich, mit dem geschickten Hinweis darauf, die Entscheidung der Frage, »ob die Methode des Herrn de Quatrefages eine wissenschaftliche Methode«[85] sei, der scientific community zu überlassen. Virchow bemühte sich, zu differenzieren und Argumente voneinander zu trennen. Die deutsche Einheit sei eine politische Einigung und habe mit Anthropologie nichts zu tun.[86]

---

83 Armand de Quatrefages, La race prussienne. Réponse de M. de Quatrefages, in: La Revue scientifique de la France et de l'étranger, Ser. 2, A2, (1873), S. 989–1000. Virchow erwähnt jedoch, dass ihm eine Korrekturfahne unaufgefordert zugesandt worden sei, er also über die Veröffentlichung vorab informiert worden war und zudem die Übersetzung noch korrigieren konnte. Vgl. Virchow, wie Anm. 75, S. 302.

84 Rudolf Virchow, Virchow über die Race prussienne, in: Beigabe zum Correspondenzblatt für die Mitglieder der deutschen anthropologischen Gesellschaft, (1872), S. 50.

85 Virchow, wie Anm. 75, S. 300–320.

86 »Im Gegentheil, ich bedauere es aufrichtig, dass Gelehrte so sehr von der politischen Leidenschaft ergriffen werden können, dass sie, statt ruhig zu untersuchen, zu messen und

Die Kontroverse blieb trotz breiter Rezeption, vereinzelter Unterstützungen und Seitenrufe auf Virchow und Quatrefages konzentriert. Bei aller nationalen Rhetorik und teilweise herablassender Polemik ließen sich beide Parteien auf die Argumente ein und zeigten damit an, dass sie auf der Ebene des Diskurses die Einheit der scientific community trotz des Krieges erhalten geblieben war, auch wenn das Verhältnis zwischen französischen und deutschen Wissenschaftlern deutlich sichtbare Schäden davon getragen hatte. Die Kontroverse deutete aber auch an, dass die Verschränkung von anthropologischen Hypothesen mit politischer Programmatik noch viel weitreichendere Folgen haben konnte. Man kann Virchow als Gewährsmann dafür nehmen, dass die katastrophalen Wirkungen auch zu diesem Zeitpunkt schon denkbar waren. Daneben trat die Schwierigkeit zutage, wie mithilfe der Craniometrie Fragen nach der Herkunft der europäischen Bevölkerung zu beantworten sein sollen, wenn die zugrunde liegenden Prämissen, insbesondere die moralisch aufgeladenen Rassetypisierungen, problematisch würden und sich mit nationalen Vorurteilen vermischten. Schließlich fehlten nach wie vor gemeinsame Messstandards, um vergleichbare Ergebnisse zu erhalten. Nicht zuletzt war der Diskurs in diesen Fächern durch vergleichsweise viele Laien und Amateure geprägt.[87]

Abgesehen von der beiderseitigen Polemik zeigte die Auseinandersetzung zweierlei. Zum einen verdeutlichte sie die gemeinsam geteilte Prämisse, dass »Ethnien als mehr oder weniger homogene und persistente Abstammungsgemeinschaften aufzufassen seien.«[88] Zum anderen deutete sie an, dass das Feld der Rassenbestimmung über Schädelvermessungen sich als unzulänglich für die Erörterung anthropologischer Fragen erweisen sollte. Zu einer europäischen Diskussion kam es im direkten Zusammenhang nicht, aber die Frage nach der Ursprungsbevölkerung Europas, die schon vor der Kontroverse gestellt worden war, erhielt mächtigen Auftrieb und zeigte auch in der Schulkinderuntersuchung Wirkung. Die Forderung nach einem Ausbau der Datenbasis zur Lösung der Forschungsaufgaben wurde gestärkt.

Parallel zur Quatrefages-Kontroverse, der Diskussion um Probleme der Craniometrie und Potentiale der Antrhopologie, Ethnologie und Urgeschichte entstand

---

zu vergleichen, ohne alle Auswahl aus der Literatur und dem täglichen Gespräche, aus der oberflächlichsten Betrachtung der Menschen die unzuverlässigsten Angaben zusammenraffen, um nur ein Resultat zu erreichen, welches ihrer eigenen und der Leidenschaft der Massen schmeichelt. Erst macht man die Preussen zu Finnen und dann häuft man auf die Finnen eine Blumenlese der schlechtesten Eigenschaften, ohne dass man auch nur einen einzigen ernsten Versuch macht, das eine oder das andere zu beweisen.« Ebd., S. 304.

87 Zum Spektrum der Akteure vgl. das Kapitel: »Wissenschaftler – Pionier – Dilettant« in: Ingo Wiwjorra, Der Germanenmythos. Konstruktion einer Weltanschauung in der Altertumsforschung des 19. Jahrhunderts, Darmstadt, 2006, S. 43–52.

88 Ebd., S. 41.

das Großprojekt der Schulkinderuntersuchung. Es ist eines der ersten Vorhaben der neugegründeten Deutschen Gesellschaft für Anthropologie, Ethnologie und Urgeschichte. Obwohl es als umfangreichster Versuch gilt, die Nation zu erfassen und zu kartieren,[89] geht diese Erhebung keineswegs in einem rein nationalen Vorhaben auf. Erst die Kontextualisierung innerhalb der europäischen Diskussion, national wie transnational, macht das Großprojekt einigermaßen verständlich. Einige Länder veranstalteten nach dem Vorbild der deutschen Untersuchung ähnliche Erhebungen oder hatten wie die Amerikaner schon vorher vergleichbare Erhebungen durchgeführt.

On the Fly – Verhandlungen / Anträge / Durchführung

Auf der zweiten regulären Sitzung der Deutschen Gesellschaft für Anthropologie, Ethnologie und Urgeschichte 1871 in Schwerin wurde in einer von drei Kommissionen die Erstellung einer »Statistik der Schädelformen« beschlossen.[90] Zunächst war also nicht an Schulkinder gedacht worden, sondern an eine Vereinheitlichung der vorhandenen Statistiken über Schädelmessungen in großem Stil und gleichzeitig eine Vergrößerung der Datenbasis für Aussagen über die Rasseverteilung, die in den 1860er-Jahren primär an Schädeln festgemacht wurde. Vorbild war unter anderem der erst wenige Jahre zuvor erschienene »Thesaurus Craniorum«[91] von Barnard Davis, dessen Titel

89 Goschler, Virchow, wie Anm. 6, S. 336.

90 Rudolf Virchow, Bericht über die Commission für Beschaffung einer Statistik der Schädelformen in Deutschland, in: Correspondenz-Blatt der Deutschen Gesellschaft für Anthropologie, Ethnologie und Urgeschichte, (1872), S. 28–32. Die beiden anderen: 1) Kommission zur Zusammenstellung des anthropologischen Materials (verantwortlich Hermann Schaaffhausen) 2) Kommission für die Feststellung der vorhistorischen Ansiedlungen (verantwortlich Oscar Fraas). Vgl. zur ersten Kommission: Wiwjorra, wie Anm. 87, S. 226ff.; Ursula Zängl-Kumpf, Hermann Schaaffhausen, Frankfurt a. M., 1990, S. 112ff.

91 Joseph Barnard Davis, Thesaurus craniorum: Catalogue of the skulls of the various races of man, London, 1867; Joseph Barnard Davis und John Thurnam, Crania Britannica. Delineations and Descriptions of the Skulls of the Aboriginal and Early Inhabitants of the British Islands: with Notices of Their Other Remains, London, 1865. Ebenfalls um diese Zeit erschienen: Wilhelm His, Crania helvetica. Sammlung schweizerischer Schädelformen, Basel, 1864; Alexander Ecker, Crania Germaniae Meridionalis Occidentalis. Beschreibung und Abbildung von Schädeln früherer und heutiger Bewohner des südwestlichen Deutschlands und insbesondere des Grossherzogthums Baden, Freiburg i. Br., 1865; Louis Figuier, Les races humaines. Ouvrage illustré de 288 gravures dessineès sur bois et de 8 chromolithographies, 2. éd., Paris, 1873. Bereits 1873 begonnen wurde: Armand de Quatrefages, Théodore Jules Ernest Hamy und Henri Celestin Formant, Crania ethnica. Les cranes des races humaines décrits et figurés d'après les collections du Muséum d'Histoire Naturelle de Paris, de la Société d'Anthropologie de Paris, et les principales collections de la France et de l'étranger, Paris, 1882.

semantisch an die philologischen, altertumswissenschaftlichen Unternehmungen mit enzyklopädischem und auf Vollständigkeit ausgerichteten Anspruch erinnerte.[92] Nach Virchows Vorstellung sollten die vorhandenen Schädelsammlungen mit standardisierten Messungen zu einer Gesamtstatistik zusammengeführt werden. Einschränkend sollten nicht alle möglichen Schädel vermessen werden, was »eine im Augenblick sehr unbequeme Zumuthung enthalten würde«, sondern nur eindeutig zuordbare Schädel hinsichtlich als wichtig erachteter Punkte. Die verschiedenen Messmethoden bildeten eines der Hauptprobleme der Craniologie. Neben unterschiedlichen größten Längen und Breiten, sollte auch die Kapazität gemessen werden. Dabei erörterte Virchow detailliert Probleme, die die Messung der Kapazität mittels verschiedener Materialien wie Sand oder Schrot verursachten und oder die Schwierigkeiten die größte Ausdehnung, d.h. Länge eines Schädels zu messen und dabei zugleich einen Standard festzulegen. Je nach Schädel bemaß sich die größte Länge mal über die Stirn, bei anderen über der Nase. Da die Maßgabe zugrunde lag, nur eine begrenzte Anzahl an Messungen ausführen zu lassen und gleichzeitig zu verhindern, dass die größte Länge nicht bei verschiedenen Schädeln an unterschiedlichen Stellen gemessen würde, argumentierte Virchow im Namen der Kommission: dass bei »mehr künstlerisch«er Sicht auf den Kopf, »wie es für die Anschauung aller derjenigen, welche den Volkscharakter suchen, nöthig ist«, der »Charakterpunkt [...] nicht oben an der stärksten Vorwölbung der Stirn, sondern unmittelbar über der Nase« liege.[93] Da Virchow kein objektives Argument im Rahmen der Vorgaben zum Untersuchungsgegenstand fand, wich er auf eine Strategie der Überzeugung aus und setzte ein ästhetisches Kriterium als Standard. Wer den Volkscharakter suche, würde dieser seiner Argumentation folgen. Während Virchow sich Gedanken über Schädelmesspunkte machte, um die massenhafte Vermessung der in ganz Deutschland vorhandenen Schädel methodisch vorzubereiten[94], schlug Alexander Ecker auf der Stuttgarter Versammlung 1872 im Anschluss an den Bericht von Virchow über den Stand der Kommission vor, die Aufgabe der statistischen Kommission zu erweitern. Ecker wollte »zugleich auch Erhebungen über die Körpergrösse in ihren betreffenden Bezirken, über die Farbe der Haare und Augen«[95] machen. Zu den bisher nur klassisch craniologischen Messungen und Statistiken kam damit erstmals die Idee

---

92 Herausgegeben wurde das Werk von dem englischen Doktor, Sammler und Kraniologen Joseph Barnard Davis (1801–1881). Er hatte schon Mitte der 1850-Jahre zusammen mit John Thurnam begonnen, britische Schädel zu sammeln, zu vermessen und mit Abbildungen zu publizieren. Diesem folgte der Katalog: Joseph Barnard Davis, Thesaurus craniorum, London, 1867.

93 Virchow, Bericht, wie Anm. 90, S. 28–32.

94 Zur Diskussion um ein Verfahren mit standardisierte Messpunkte vgl. Andrew Zimmerman, Anthropology and antihumanism in Imperial Germany, Chicago. Ill. u.a., 2001, S. 86–107.

95 Virchow, Bericht, wie Anm. 90, S. 29.

hinzu, auch äußere Merkmale und damit lebende Personen zu vermessen und einzubeziehen. Das geschah bisher nur in der ethnographischen Forschung, die sich in der Regel auf außereuropäische Völker oder Ethnien bezogen hatte. Ecker untermauerte seinen Vorschlag damit, dass er für seinen Teil (d.h. Baden) schon mit entsprechenden statistischen Auswertungen anhand der Rekrutierungslisten der letzten 25 Jahre begonnen und die Daten in eine Karte mit verschiedenen Farbtönen gebracht habe.[96] Die Erweiterung der Methode wird für die Schulkinderuntersuchung schließlich zu einem komplett veränderten Forschungsdesign führen, indem Farbmessungen von äußeren Merkmalen wie Haaren und Augen oder später auch Haut im Vordergrund stehen. Schädelmessungen wurden nicht aufgegeben, traten jedoch immer mehr in den Hintergrund. Eckers Argument, beide zu verknüpfen – äußere Farbmerkmale und Schädelmaße –, berief sich auf eine vermutete Korrelation der räumlichen Verteilung von Schädelmaßen und Farbtypen, eine Idee, die auch Virchow lange mitverfolgte.[97] Dennoch bleibt eine Distanz zwischen beiden Methoden, der urgeschichtlichen und der ethnographischen. Sie spiegelt sich auch in der informellen Mitteilung über den Ergänzungsantrag wieder, die Ecker Virchow brieflich zu kommen ließ: es sei »doch wichtig zu wissen, ob die Inhaber eines gewissen Schädels groß od. klein, blond oder schwarz gewesen!«[98] Eckers Studie »*Crania Germaniae Meridionalis Occidentalis. Beschreibung und Abbildung von Schädeln früherer und heutiger Bewohner des südwestlichen Deutschlands und insbesondere des Grossherzogthums Baden*« mit dem Untertitel: »*Ein Beitrag zur physischen Beschaffenheit und Geschichte der deutschen Volksstämme*« führt über sein Vorwort den Ursprung der Idee noch weiter zurück. 1861 hatten Carl Ernst von Baer und Rudolf Wagner zu einer Versammlung von Anthropologen in Göttingen eingeladen. In einer Art Tagungsband publizierten sie anschließend die Ergebnisse der Zusammenkunft. Demnach sei damals schon eine solche Erhebung ins Auge gefasst worden.[99] Zu den geladenen Gelehrten gehörten neben ihm, Ecker: Johann Christian Gustav Lucae (Frankfurt am Main), Hermann Schaaffhausen (Bonn), Dr. Scherzer und Schwarz (beide Wien). Daneben waren aus Holland: Jan van der Hoeven (Leiden), Willem Vrolik (Amsterdam) und Pieter Harting (Utrecht) eingeladen.

---

96 Ecker bezog sich auf: Alexander Ecker, Crania Germaniae Meridionalis Occidentalis. Beschreibung und Abbildung von Schädeln früherer und heutiger Bewohner des südwestlichen Deutschlands und insbesondere des Grossherzogthums Baden, Freiburg i. Br., 1865.

97 Virchow, Bericht, wie Anm. 90, S. 30.

98 Ecker an Virchow, Freiburg 27. November 1871. Vgl. Christian Andree, Rudolf Virchow als Prähistoriker. Bd. 2. Briefe Virchows und seiner Zeitgenossen, Köln, Wien, 1976, S. 77.

99 Karl Ernst von Baer und Rudolph Wagner, Bericht über die Zusammenkunft einiger Anthropologen im September 1861 in Göttingen zum Zwecke gemeinsamer Besprechungen, Leipzig, 1861. Vgl. auch: Zängl-Kumpf, Hermann Schaaffhausen, Frankfurt a. Main, 1990, S. 101ff.

Ecker konnte oder wollte nicht teilnehmen. Vrolik, Lucae, Schaaffhausen sagten aber zu. Zusätzlich luden die Veranstalter ortsansässige Anatomen nach Göttingen sowie weitere potentielle Interessenten, die sich gerade in der Nähe aufhielten. Das Ziel der »projektirten Versammlung«[100] bestand laut Einladung darin, zu beraten, »wie ein sicheres und reichhaltiges Material für Untersuchungen in diesem Felde herbeigeschafft werden könne.«[101] Dabei erschien ihnen »wünschenswerth, dass man sich zuvörderst über eine gleichmässige Art der Messung des gesammten Körpers und insbesondere des Kopfes (oder Schädels) einigen könne und die zweckmässigste Art der Darstellungen, sowohl der graphischen als der plastischen bespreche«. Hierfür sollten »geehrten Naturforscher« ihre »Messwerkzeuge oder Zeichnen-Apparate« selbst mitbringen.[102] Die Konferenz bildet einen zweiten Strang, der sich unter anderem über Ecker in die Schulkinderuntersuchung einfügt. Sie war eine erste Bemühung in Richtung einer disziplinären nationalen Vereinigung. Da Teilnahmekriterium die Beherrschung der deutschen Sprache war, nicht nationale Zugehörigkeit, waren die Franzosen von vorherein ausgeschlossen. Auch wenn das Treffen selbst keine konkreten Folgen hatte und kein Projekt nach sich zog, steht es doch in der Reihe der Ideengeber und Vorläufer. Gerade der Punkt, der uns auf diesen Pfad leitete, nämlich die von Ecker vorgeschlagene Erweiterung der Messungen um Farbe von äußeren Merkmalen, wird hier erwähnt. Da Ecker diese Messungen schon ohne von Baer begonnen hatte, muss er auf anderen Wegen dahin gelangt sein.[103]

Dieser Strang hatte wenig mit der Kontroverse um die preußische Rasse gemein, verknüpfte dafür aber die massenhafte Messung an Lebenden mit Messungen von Schädeln. Mit der Einbeziehung der lebenden Bevölkerung ordneten sich die anthropometrischen Erhebungen und Untersuchungen in die größere Bewegung der Darstellung der Bevölkerung als statistisches Kollektiv[104] und bildlicher Kondensierung und repräsentativer Darstellung über das Medium der Karte ein.[105] Dennoch ist für die Zeit vor 1900 auch klar, dass die Herstellung einer wissenschaftlichen Beziehung von Messungen an lebender Bevölkerung und alten Schädeln auf der Basis der Prämisse funktionierte, dass Körperbau und äußere Merkmale stabil sind bzw. nur sehr geringen Veränderungen unterworfen.

---

100 Baer und Wagner, Bericht, wie Anm. 99, S. 5.

101 Ebd., S. 1.

102 Ebd.

103 Vgl. die Einleitung in Baer, Wagner, ebd.

104 Sybilla Nikolow, Die Nation als statistisches Kollektiv. Bevölkerungskonstruktionen im Kaiserreich und in der Weimarer Republik, in: Wissenschaft und Nation in der europäischen Geschichte, hrsg. von Ralph; Vogel Jessen / Jakob, Frankfurt a. M., New York, 2002.

105 Vgl. hierzu u.a.: David Gugerli und Daniel Speich, Topografien der Nation: Politik, kartografische Ordnung und Landschaft im 19. Jahrhundert, Zürich, 2002.

Über den Ergänzungsantrag Eckers auf der Versammlung von 1872 in Stuttgart gab es laut Bericht über die Sitzung keine Diskussion.[106] Er wurde kurzerhand angenommen. Virchow fügte noch hinzu, dass potentielle Teilnehmer des internationalen statistischen Kongresses in St. Petersburg 1872, der kurz danach stattfand und auf dem nach Virchow ganz ähnliche und teilweise auch weitergehende Fragen auf dem Plan standen, die Interessen der Anthropologen wahren sollten, damit die »lauter offiziellen Herren« nicht Schemata akzeptierten, die ihren eigenen Intentionen zuwiderlaufen würden.

In der Versammlung des folgenden Jahres in Wiesbaden hatte sich der Plan soweit modifiziert, dass Virchow es zu seinem eigenen Ziel machte, äußere Merkmale für die Statistik einzubeziehen. Er vermischt dabei das Interesse an einer Widerlegung der Thesen von Quatrefages mit dem »Gang der Debatte«, die die »sonstigen Merkmale« stärker in den Mittelpunkt rückte. Es sei, so Virchow, »im höchsten Maasse wünschenswerth, dass nicht etwa bloss das Skelet ins Auge gefasst wird, sondern, wie gerade der Gang der Debatte sich gestaltet hat, dass auch die sonstigen Merkmale, welche sich der Betrachtung mit einiger Leichtigkeit darbieten, zum Gegenstand statistischer Erhebungen gemacht werden«.[107] Diese Untersuchungen sollten, nach Virchow, nicht nur in Deutschland und Russland – mit dessen Regierung er im Zusammenhang mit dem Streit um Quatrefages Thesen in Kontakt getreten war – stattfinden, »sondern später über ganz Europa ausgedehnt werden, denn dieselben Fragen über die brachycephalen und dolicephalen Rassen (die braunen als brachycephale, die blonden als dolicephale) wiederholen sich in Italien, England u.s.w.«[108] Auf den internationalen Kongressen müsste dann das Projekt bekannt gemacht und für die anderen Länder durchgesetzt werden, Deutschland würde als Vorbild vorangehen.

Die Verhandlungen führten schließlich zu folgendem dreigeteilten Antrag: 1) sollte ein Antrag an die Länderregierungen gestellt werden, sie mögen die Schulen und diese die Lehrer beauftragen, von ihren Schüler unter Angabe des Alters die Farbe der Haare und Augen »messen« und die gesammelten Werte der Gesellschaft zur weiteren statistischen Verwertung zur Verfügung stellen; 2) sollte beim Reichskanzleramt beantragt

---

106 Virchow, Bericht, wie Anm. 90, S. 28–32.

107 Rudolf Virchow, Bericht über die Statistik der Schädelformen der Bevölkerung Deutschlands, in: Correspondenz-Blatt der Deutschen Gesellschaft für Anthropologie, Ethnologie und Urgeschichte, (1874), S. 28.

108 Vgl. Ebd., S. 29. Vgl. auch: Ders., Vergleichung finnischer und esthnischer Schädel mit alten Gräberschädeln des nordöstlichen Deutschland, in: Verhandlungen der Berliner Gesellschaft für Anthropologie, Ethnologie und Urgeschichte, in: Zeitschrift für Ethnologie, (1872), S. 74–84; sowie ders., Beiträge zur physischen Anthropologie der Deutschen, mit besonderer Berücksichtigung der Friesen, in: Abhandlungen der Königlichen Preußischen Akademie der Wissenschaften zu Berlin, (1877).

werden, dass die Rekrutierungslisten um die Farbe der Haare und der Augen ergänzt und diese Daten ebenfalls zur statistischen Verwertung an die Gesellschaft weitergeleitet werden und 3) sollte die bestehende Kommission beauftragt werden, Teilkommissionen einrichten zu lassen, die sich der Erhebung von Daten der »physischen Beschaffenheit der Bevölkerung« sowie ihrer Sammlung und Bearbeitung widmen sollen.[109] Durch einen Einwurf eines nicht genannten Teilnehmers sollten »auch die Confessionen aufgenommen werden, denn es gebe »viele Gegenden, wo die Juden in grosser Zahl vorhanden sind und da würden die Resultate zu falschen Schlüssen führen.«[110] Der Einwurf wurde – womöglich weil er relativ spät kam und die Anträge schon zur Abstimmung standen, ohne Diskussion aufgenommen. Während Schaaffhausen als Vorsitzender, laut Protokoll, den Hinweis als nicht »unwichtig« befürwortete, reagierte Virchow zurückhaltender, jedoch nicht ablehnend: »Der Beschluss würde einer besonderen Ausführung und Motivirung im Vorstande bedürfen und man kann dann allerdings diesen Vorschlag berücksichtigen.«[111]

Diese etwas eigenartig anmutende Formulierung ließ einen Rest an Offenheit zu, ob die Konfession als Kriterium vielleicht doch wieder herausfallen würde. Ironischerweise sah sich Virchow kurze Zeit später gezwungen, den Vorschlag zu verteidigen, aber nicht gegen Proteste von Seiten der jüdischen Gemeinschaft, sondern aus dem Lager der Katholiken. Als Zeitungsberichte über den Plan der Erhebung einschließlich der Aufnahme des Kriteriums der Konfession erschienen, regte sich von Seiten der Katholiken Widerstand, die darin – der Kulturkampf war gerade auf einem Höhepunkt und Virchow gehörte zu den prägenden Figuren auch des Begriffs »Kulturkampf« – eine versteckte Maßnahme im Rahmen des Kulturkampfes sahen.[112] Wie aber aus dem Statement relativ eindeutig hervorgeht, galt der Antrag zwar den Konfessionen – als Kriterium –, gemeint waren aber hingegen die Juden, die per se als nicht dazugehörig definiert wurden, da sie eine andere Herkunft hätten. Von zeitgenössischen jüdischen Protesten gegen dieses Forschungsdesign ist hingegen nichts bekannt.

Auch Verschwörungstheorien kamen in Umlauf. So gab es Gerüchte darüber, der Kaiser hätte gegen den türkischen Sultan beim Spiel verloren und müsste nun, um die Schuld zu begleichen, Kinder bestimmter Haar-/Augenkombinationen liefern. In Posen variierte die Geschichte, statt dem Sultan wurde der russische Zar eingesetzt. Bei weiteren Varianten fungierten die »Mohren« oder die »Araber« funktional als Äquivalent. Zudem kursierten auch Versionen dieser Geschichte, in denen kolportiert wurde,

---

109 Virchow, Bericht, wie Anm. 90, S. 29f.

110 Vgl. Ebd., S. 30. Dieser Behauptung sollte sich als übertrieben herausstellen. In der Untersuchung von 6 1/2 Millionen Schulkindern waren gerade einmal 70.000 als jüdisch gekennzeichnet.

111 Ebd.

112 Vgl. Goschler, Virchow, wie Anm. 6, S. 336–345.

es handele sich um einen geplanten Verkauf von Kindern nach Amerika.[113] Der Posener Mythenforscher und Gymnasiallehrer Wilhelm Schwartz verglich die Gerüchtebildung vor allem in ländlichen Regionen mit der Sagen- und Mythenbildung. Er setzte deren Verbreitung in Analogie mit der Ausbreitung von Epidemien und von Gerüchten während dieser Epidemien. Er konnte aufzeigen, dass die Gerüchte sogar über das Gebiet der Vermessung hinaus bis nach Warschau reichten, obwohl dort gar keine Schulkinderuntersuchung vorgesehen war.[114] Diese Geschichten sagen sicherlich mehr aus über die phantasmatische Beziehung bestimmter Bevölkerungsgruppen zu staatlichen Zugriffsmöglichkeiten und den jeweils als bedrohlich angesehenen Mächten, sei es der Orient, der Zar oder Amerika, als über die Erhebung selbst, weshalb sie hier nicht weiter verfolgt werden sollen.

Auf der Jahresversammlung 1874 in Dresden wurde von Seiten der Kommission nur die nachträgliche Mitteilung über eine nicht unerhebliche Erweiterung der Erhebung um das Kriterium der Haut gemacht. Entgegen dem Wortlaut des vorjährigen Beschlusses sei auch nicht der Zusatz der Konfession in das Schema aufgenommen worden, sondern »eben nur die Juden darin besonders ausgeschieden«.[115] Insofern hatten die Proteste der Katholiken Wirkung gezeigt. Ebenfalls nicht zur Diskussion im großen Plenum standen die Formulare und das darin enthaltene Schema der zu erhebenden elf Typen. Auf beides kommen wir gleich zurück. Gleichzeitig gab Virchow den Wortlaut des Briefes an die Regierungen wieder, den wir im Rahmen unserer Untersuchung als *Projekt*-Antrag identifizieren können. In diesem 1874 präsentierten Antrag hatte man sich von der ursprünglichen Intention, eine Statistik der Schädelformen für ganz Deutschland zu erstellen, weit entfernt und war zu einer statistischen Erhebung äußerer Merkmale von Schulkindern übergegangen. Anders als frühere Unternehmungen, wie die oben beschriebenen in Göttingen, war hier ein wissenschaftliches Projekt geplant, das mit dem Ersuchen um Unterstützung als Antrag an die Regierungen eingereicht wurde. Die Besonderheit des Antrags liegt nicht zuletzt darin begründet, dass keine finanziellen Mittel zur Umsetzung, sondern vielmehr eine Art Amtshilfe beantragt wurde und zwar synchron und parallel bei den jeweiligen Ländern, in deren Verantwortungsbereich die Schulen lagen.

---

113 Vgl. Wilhelm Schwartz, Die neuste, durch die deutsche anthropologische Gesellschaft veranlasste Sagenbildung, in: Zeitschrift für Ethnologie, (1875), S. 392–399.

114 Ebd., S. 396.

115 Rudolf Virchow, Ueber die kartographischen Aufnahmen und über die statistischen Ermittlungen hinsichtlich der Verbreitung der braunen und blonden Bevölkerung in Deutschland, in: Correspondenz-Blatt der Deutschen Gesellschaft für Anthropologie, Ethnologie und Urgeschichte, (1875), S. 31.

»Als der beste Weg, zu einer Uebersicht zu gelangen, erscheint eine Aufnahme der Schulkinder nach der Farbe der Augen, der Haare und wenn möglich der Haut, wobei die jüdischen Kinder besonders auszuscheiden wären. Eine derartige Aufnahme ist jedoch nur dann durch ganz Deutschland zu ermöglichen, wenn die deutschen Regierungen uns amtlich zu Hülfe kämen und die Lehrer aller Schulen anweisen, Zusammenstellungen, etwas nach Maassgabe des beifolgenden Formulars, zu machen. Der grosse wissenschaftliche, in gewissem Sinne sogar politische Nutzen einer solchen Arbeit ist in dem beigefügten Berichte auseinander gesetzt und wir hoffen daher keine Fehlbitte zu thun, wenn wir die pp. Staatsregierung ganz ergebenst ersuchen, Anordnungen zu treffen, wodurch die Schulvorstände angewiesen werden, im Lauf dieses Sommers, wenn möglich im Juni oder Juli, durch die einzelnen Lehrer eine statistische Zusammenstellung über die Farbe der Augen, der Haare und der Haut der Schüler zu machen und dieses Material der deutsche anthropologischen Gesellschaft zur Bearbeitung mitzutheilen.«[116]

Den ausformulierten Antrag hatte die Kommission, dessen Vorsitzender Virchow war, im Auftrag der Gesamtgesellschaft verfasst. Diese Form der Arbeitsteilung ersparte es den Akteuren, Formulierungen im großen Rahmen debattieren zu müssen. Für Virchow bot sich die Möglichkeit, die Planungen an dieser wichtigen Stelle zu kontrollieren. Letztlich wurden die Anträge nur sehr begrenzt diskutiert, was für die dominante Stellung der Kommission und ihrer Mitglieder bezüglich der ihnen anvertrauten Projekte spricht. 1874 erfolgte die Mitteilung an die Gesellschaft über den Wortlaut des Antrags, wie er an die entsprechenden Regierungen ergangen war. Dies ist insofern von Bedeutung, weil es das Verfahren anzeigt, dass die beauftragte Kommission sich den Antrag über die Statistik der Schädelformen zwar durch die Mitglieder der Gesellschaft per Abstimmung bestätigen ließ, aber den Wortlaut des Antrags an die Regierungen erst danach verfasste und verschickte, ohne weitere Rücksprache mit der DGAEU. Mit dem Versand des Antrags wurden je nach regionaler Aufstellung der Gesellschaft die Zweigvereine betraut, da man von einem engeren Verhältnis zu den jeweiligen Regierungen ausging. Für Regionen ohne Regionalvereine übernahm der Vorstand der Gesellschaft den Versand an die betreffenden Regierungen. Von einigen seien, so Virchow auf der Jahresversammlung 1874, die Erhebungen bereits durchgeführt oder schon zugesagt worden. Von Bremen lagen sogar Ergebnisse vor, die Virchow einer Kurzauswertung unterzog, wobei er zu bedenken gab, dass er sich »calculatorisch nicht ganz sicher« fühle.[117] Zugleich sprach er die Hoffnung aus, die Ergebnisse ließen sich

116 Ebd.

117 Ebd., S. 31. Insgesamt seien ca. 20.000 Kinder in Bremen untersucht worden. Die Verteilungen lassen sich an der Quelle nachlesen.

nun mit Daten von Schädelvermessungen verknüpfen. Da die Schädelvermessung spezieller Kenntnisse, Erfahrungen und größerer Genauigkeit bedurfte, konnte sie nicht von Laien durchgeführt werden. Nach Virchows Vorstellung ließen sich die flächendeckend vorliegenden Ergebnisse nun gezielt mit Daten zur Schädelform anreichern, indem mithilfe der vorliegenden Daten »einer der Herren« in bestimmte Schulen ginge und dort gezielt die Schädelform »der braunen Kinder« untersuchen könne.[118] Dadurch sollte die ursprüngliche Überlegung eines Zusammenhangs von Typ und Schädelform überprüft werden. Wie das Bremer Beispiel aber auch zeigt, war die Beteiligung vom Engagement der Lokalforscher abhängig. In Bremen hatte der Schulrat Buchenau in einer speziell für Eltern herausgegebenen Zeitschrift eigens einen Artikel verfasst, der die Erhebungen bekanntmachte und erklärte.[119] Dennoch war die Reaktion auf die Ankündigung der Erhebung zwar dominierend positiv, aber durchaus nicht ohne Ausnahmen. Die Reaktionen reichten von sofortiger Ausführung (Bremen) bis hin zu vollständigen Verweigerung wie durch Hamburger Regierung, die Virchow dementsprechend verärgert in seinem Abschlussbericht erwähnte.[120] Es gab zwischen diesen Extremen aber auch verschiedene Formen der Zurückhaltung, der taktischen Verschiebung, die sich aus einer politisch motivierten und traditionell verankerten Skepsis einiger kleiner Staaten gegenüber größeren widerspiegelte. So wechselte Sachsen von einer anfänglich ablehnenden Haltung und lieferte schließlich doch Daten. Seitens der Bevölkerung wurde ebenfalls Skepsis geäußert, neben den oben erwähnten Gerüchten und ganz nüchtern: »Wozu wohl der ›Preusse‹ das wissen möge, was ihre Kinder für Augen und Haare haben«. Da der Bevölkerung in vielen Teilen nicht klar war, worin der Zweck der Erhebungen liegen sollte, sahen einige in ihnen einen Vorwand für etwas anderes.[121]

Derartige Kritik ließ die Anthropologen ihre Legitimationsstrategie und vor allem die Informationskampagne überdenken. Erst durch die Widerstände wurden – gleichsam »on the fly« – Projektplanung, Ziele und Methoden ausformuliert und öffentlich gemacht. Nicht nur aus der Bevölkerung kamen skeptische Reaktionen. In Preußen hatte der damalige Kultusminister Falk sich zurückhaltend gegenüber dem wissenschaftlichen Wert der Daten geäußert. Von Virchow verlangte er nähere Erläuterungen, wie die von Laien erhobenen Daten methodisch abgesichert sein würden. Er erhob große Zweifel an der Genauigkeit und damit am Wert der zu erhebenden Daten. Konkret erwartete er Auskunft darüber, ob die Anthropologische Gesellschaft auch dann

---

118 Vgl. Ebd., S. 31.

119 Vgl. Vorsteher der Realschule, Mittel zur Feststellung der gegenwärtigen Vertheilung der Rassen der Bevölkerung Deutschlands, in: An das Elternhaus. Mitteilungen aus der Realschule zu Bremen, 14 (1875) 11, S. 81–83.

120 Rudolf Virchow, Gesammtbericht über die Erhebungen, in: Archiv für Anthropologie, (1886), S. 284f.

121 Virchow, wie Anm. 115, S. 37.

Erhebungen durchführen möchte, wenn diese »von nur annähernder Richtigkeit«[122] seien. Virchow, der hier als Ansprechpartner des Berliner Zweigvereins gefragt war, deutete Falks Skepsis vor der Anthropologenversammlung positiv um. Die von Seiten der Kultusverwaltung geforderte Erläuterung zeige doch eigentlich, dass es ihnen nur darum ging, die Erhebungen reibungslos und mit der nötigen Wissenschaftlichkeit vonstatten gehen zu lassen.[123] Zugleich teilte Virchow mit, dass er sich persönlich über die Fragen beim Kultusminister habe unterrichten lassen und dabei – auf informellem Weg – andere Bedenken eruiert und soweit es ging entkräftet hatte. Er kam aber nicht darum herum, ein offizielles Schreiben des Kultusministeriums vorzulegen, indem dieses darum bat, über die Ergebnisse des Kongresses informiert zu werden. Bis dahin läge die Entscheidung der Anordnung an die Lehrer, die Erhebung durchzuführen, auf Eis. Die Frage der Genauigkeit der Daten bezog sich auf die nicht unscharfe und je nach subjektiver Einschätzung der Lehrer wohl sehr unterschiedlich wahrgenommene Unterscheidung von grauen und blauen Augen. Zudem würde die Landbevölkerung Farben oftmals ganz anders benennen, womit ein Standardisierungsproblem angesprochen war. Virchow habe diesen Einwand dadurch zu entkräften gesucht, dass er der Unterscheidung sowieso nur eine untergeordnete Rolle zuweise, da beide Augentypen helle Augen seien und sie somit demselben Großtyp der hell-dunkel Unterscheidung angehörten. In der Erhebung entstünden Unterscheidungsprobleme hauptsächlich bei der Einzelbetrachtung, weniger aber bei der vergleichenden Beobachtung, behauptete Virchow mit Verweis auf eigene Erfahrungen.[124] Für auf die Hautfarbe musste er jedoch zugeben, dass je nach Jahreszeit der Erhebung ganz unterschiedliche Ergebnisse aufgenommen werden würden.[125]

In Bezug auf den zweiten Teilantrag, der die Vermessung von Rekruten betraf und der an das Reichskanzleramt als zuständige Behörde gerichtet war, half auch Virchows informelles Intervenieren letztlich nichts. Wiegelte das Reichskanzleramt die Erhebungen zwar zunächst mit dem Hinweis ab, dass sie zu aufwändig und zu teuer wären, so schien doch für kurze Zeit eine Erhebung noch möglich zu werden. Generalmajor Hartmann, Abteilungschef im Kriegsministerium, hatte Interesse signalisiert.[126] Da das Ministerium bisher keinen Bericht über die Verhandlungen zur Schulkinderuntersuchung auf der Jahresversammlung erhalten hatte, nutzte Virchow die Gelegenheit, diesen nochmals mit der Bitte um Unterstützung nachzusenden. In der Antwort eröffnete Hartmann die Möglichkeit, statt aufwändig Daten von Rekruten zu erheben, auf die

122 Ebd., S. 33.
123 Ebd.
124 Ebd.
125 Ebd.
126 Vgl. Ebd., S. 35.

Daten des stehenden Heeres zurückzugreifen. Er stellte Angaben von 400.000 Soldaten in Aussicht, die auch die Soldaten von Bayern, Sachsen, Württemberg und Österreich mit einschloss, an dessen Militärverwaltungen er sich zu wenden gedachte.[127] Ein entsprechender Antrag an das Kriegsministerium müsse natürlich noch gestellt werden, hätte aber unter diesen Umständen bessere Aussicht auf Erfolg. Virchow wollte diesen Antrag nicht persönlich, sondern nur im Auftrag der DGAEU stellen, die ihn ohne Diskussion unterstützte.[128] Ebenfalls informell wandte er sich an die russische Regierung, »speciell für die Frage der finnischen Bevölkerung«.[129] Dort hatte man begonnen, statistische Erhebungen an Rekruten zu veranlassen. Diese fielen in der Aufnahme von verschiedenen Daten viel umfangreicher, in der Zahl der untersuchten Rekruten aber viel geringer aus. So berichtete Geheimrath von Pelikan, Verwalter des Medizinaldepartements des Ministeriums des Inneren, von Erhebungen, die neben der Farbe der Haare, der Augen und der Haut auch Name, Familie, Religion, Stand, Beschäftigung oder Gewerbe, Muttersprache, Schulbildung, Wuchs, Körpergewicht, Muskelkraft, Dimensionen des Brustkastens, Schulterbreite, Dimensionen des Kopfes und die Länge der Extremitäten mit einbezogen. Erhoben wurden diese Angaben von insgesamt 23.000 Rekruten, wobei diese Zahl den Stand seines an Virchow übermittelten kurzen Berichts vom 8. Juli 1874 wiedergibt.[130] Für Virchow waren die russischen Erhebungen insofern von großer Bedeutung, weil sie einen Teil der Kontroverse mit Quatrefages bildeten, nach dessen Thesen die finnische Bevölkerung eher dunkel sein müsste.[131] Es scheint aber so, als wären sie hauptsächlich auf Virchows persönliches und damit informelles Wirken hin unternommen worden,[132] wenn auch das Interesse zusätzlich ein Eigenes war. Auf der allgemeinen Versammlung der DGAEU von 1875 sprach Virchow noch davon, »dass bei der Schwierigkeit, welche es macht, den Schädeln unmittelbar beizukommen«, sie einen »Umweg eingeschlagen« hätten. Dieser Umweg sollte aber wieder zurück zu den Schädelmessungen führen. Virchow glaubte noch daran, dass sich über die gewonnenen Daten »zunächst in grössere Provinzen« abteilen ließen, die einen bestimmten Typus besonders ausgeprägt enthielten.[133]

---

127 Ebd.

128 Ebd.

129 Ebd.

130 Ebd., S. 36.

131 Inwiefern die Erhebungen in Russland auch von dortiger Seite unabhängig in der Planung waren, konnte ich nicht ermitteln.

132 Virchow, Ueber die kartographischen Aufnahmen, wie Anm. 115, S. 35.

133 Ders., Berichterstattung über die Statistik der Schädelformen in Deutschland, in: Beilage zum Correspondenzblatt für die Mitglieder der deutschen anthropologischen Gesellschaft, (1875), S. 47.

Erst nach der Antragstellung und den Rückmeldungen seitens der verschiedenen zuständigen Regierungen entwickelte sich der Plan der Schulkinderuntersuchung. Auch Skepsis und negative Rückmeldungen führten dazu, dass die eigene Strategie, die argumentative Struktur und die Informationspolitik gegenüber den Lehrern wie auch der Bevölkerung überdacht und in die Projektplanung einbezogen wurden. Die Statistik der Schädelformen stand ursprünglich am Anfang der Unternehmung und wurde nun zum Ziel, das mithilfe eines Umwegs der Schulkinderuntersuchung und auf Grundlage der bei der Erhebung entstehenden Daten erreicht werden sollte. Dabei werden zwar einzelne Punkte vorab von Teilnehmern besprochen, aber das Projekt jeweils adhoc an die gegebenen Umstände angepasst, einzelne Punkte umdefiniert und verschoben, vieles wird erst in dem Moment angegangen, wenn es benötigt wird. Dass für die statistische Auswertung der erhobenen Formulare auch Statistiker notwendig sein würden, ist aus heutiger Perspektive einsichtig. Dennoch wurde das hier offenbar nicht im Voraus mitgeplant. Virchow kündigte an, dass man »einige calculatorische Bureaukräfte« beantragen werde, um die statistischen Berechnungen durchzuführen. Er habe hierfür »das Material aus Bremen, nur 63 Tabellen« bearbeitet und »ein paar Abende gebraucht.« Das diente gewissermaßen als Probearbeit, da offenbar niemand der Beteiligten zu sagen vermochte, welchen Aufwand die Berechnungen ausmachen würden. Zugleich stellte Virchow fest, die Forderung nach Einzelfragebögen, wie sie Mayr ins Spiel gebracht hatte, würde »eine colossale Steigerung der Arbeitslast mit sich führen«, deshalb lehnte er sie ab.[134]

Diese Episode zeigt, dass Projektplanung und Durchführung sich überschnitten und – anders als heute – nicht klar voneinander zu trennen waren. Mit der Umsetzung des Hilfegesuchs der DGAEU betraut, wurden die jeweiligen Länderregierungen zu Akteuren innerhalb des Forschungsprojekts. Wie oben ausgeführt, reagierten diese dabei sehr unterschiedlich. Nach Bremen reichte das Reichsland Elsass-Lothringen als zweites Land ein. Oldenburg gab an, erst zu erheben, wenn Preußen fertig sei. Ebenso wollte Anhalt erst nach Preußen und Sachsen liefern. Sichtbar wird daran u.a.: Die Erhebung wurde seitens der politischen Verwaltung und der Regierungen als politisches Projekt angesehen, in dem eine möglicherweise auch sonst übliche oder geforderte Reihenfolge eingehalten werden müsse. Erst wenn die Großen die Daten erheben und weitergeben, würden die Kleineren nachfolgen, wobei es nicht um ein Gegeneinander von kleineren und größeren Staaten ging, sondern um die Beziehungen bestimmter Länder zueinander. Dem dominierenden Preußen innerhalb des noch jungen Staatswesens kam dabei eine Schlüsselrolle zu. Virchows Bericht über den Fortgang der Arbeiten konnte darauf verweisen, dass das preußische Kulturministerium nach zuerst zögerlicher Haltung die Erhebung letztlich durchführte, worauf ihm weitere Länder folgten.

134 Vgl. Ders., wie Anm. 115, , S. 37.

Die Finanzierung der Erhebung lässt sich nicht allein an den dafür ausgegebenen Mitteln der DGAEU bemessen, sondern verlangt auch die Einbeziehung indirekter Gelder, für die keine Gebühren oder Honorare abzutreten waren. So musste die eigentliche Datenerhebung durch die Lehrer nicht vergütet werden und deren statistische Auswertung wurde weitgehend im Rahmen der normalen Arbeit der statistischen Ämter vollzogen.[135] Auch Druck und Versand der Formulare und Anweisungen für die Lehrer wurde aus staatlichen Mitteln bezahlt. Dass letztlich doch ein beachtlicher Teil der Ausgaben für die Schulkinderuntersuchung, insbesondere die Kartenherstellung, auch aus Vereinsmitteln der DGAEU getätigt wurde, dokumentieren die auf den Jahresversammlungen verlesenen und beschlossenen jährlichen Kassenberichte. Demzufolge wurde eigens ein Fond für die statistische Kommission eingerichtet, der im Laufe der Zeit kontinuierlich erhöht worden ist. Sowohl Kommission als auch deren Etat blieben nach Fertigstellung der Schulkinderuntersuchung bestehen. Insofern wurden auch längerfristige Strukturen geschaffen. Während 1883 der Betrag bspw. 4237 Mark, also circa 30 Prozent der jährlichen Einnahmen (Gesamtsumme: 14421,90) betrug, wuchs er bis 1893 auf 6448,14 Mark. Fast durchgängig bildete die statistische Kommission den größten Einzelposten der Ausgaben.[136] Die Gesamtkosten des Projekts können nur schwer abgeschätzt werden. Stolz berichtete Virchow:

> *»[A]uf diese Weise [ist] ein colossales Material zusammengekommen, welches nach Millionen von Köpfen zählt und dessen Bearbeitung soweit greifende Anstrengungen erfordert, dass, wie schon im vorigen Jahre von der Generalversammlung vorausgesehen war, besondere Einrichtungen nothwendig geworden sind, um die Bearbeitung zu bewirken.«*[137]

Nach dem Vorbild Bayerns wurde die Auswertung an das Preußische Statistische Büro delegiert. Der Leiter des Büros in Berlin, Ernst Engel, beantragte hierfür bei dem ihm

---

135 Darin folgte sie, ob wissentlich oder nicht, der Sanitary Commission in den USA, die im Rahmen der Rekrutierungen für den Bürgerkrieg die Ärzte anwies, bestimmte Daten mitzuerfassen. Durch größtmögliche Verteilung der Aufgaben wurden bei Virchow diejenigen Menschen genutzt, die sowieso vor Ort waren. Dies diente zur Vermeidung von Reisekosten. Zugleich konnten die Erhebungen überall parallel stattfinden. Vgl. für die amerikanischen Erhebungen: Benjamin Apthorp Gould, Investigations in the military and anthropological statistics of American soldiers (Cenetary of the war of the rebellion), New York, 1869.

136 Vgl. die Kassenberichte von J. Weismann in den Korrespondenzblättern der DGAEU, z.B.: Johannes Ranke, Bericht über die XIV. allgemeine Versammlung der deutschen anthropologischen Gesellschaft zu Trier, in: Korrespondenz-Blatt der Deutschen Gesellschaft für Anthropologie, Ethnologie und Urgeschichte, 9 (1883) 9, S. 111.

137 Virchow, Berichterstattung, wie Anm. 133, S. 48.

übergestellten Ministerium des Innern außerordentliche Hilfsarbeiter.[138] Die in diesem Zusammenhang aufgetretenen Probleme habe Virchow erneut informell, d.h. durch persönliche Intervention, beheben können. Neben Bayern und Preußen waren 1875 die Erhebungen auch in Baden durchgeführt worden.

Ein Jahr darauf, 1876, berichtete Virchow der Berliner Vereinigung (BGAEU) von den Ergebnissen der statistischen Auswertung von insgesamt 4,1 Millionen Schulkindern in Preußen und verglich diese in einzelnen Punkten mit den bayrischen Erhebungen. Virchow glaubte, damit unter anderem den Schlüssel für die Entscheidung der Kontroverse um die Herkunft der Deutschen und insbesondere der Preußen in der Hand zu halten:

> *»Wenn daher in England und in Frankreich schon seit langer Zeit die Meinung aufgekommen ist, die heutige Bevölkerung Deutschlands sei im Wesentlichen braun, so ist dies nicht nur überhaupt unrichtig, sondern noch im höheren Maasse unrichtig für Norddeutschland. Für die Frage nach der Herkunft der braunen Elemente ergiebt sich sofort, dass dieselben nicht vom Norden, sondern vom Süden her eingedrungen sein müssen.«*[139]

In der Sitzung der DGEAU führte er diesen Punkt weiter aus und verglich ihn mit seinen Untersuchungen zu den Finnen und den Friesen. Bis auf Hamburg und Schwarzburg-Rudolfstadt waren die Erhebungen 1877 abgeschlossen. Letztere versprachen noch im selben Monat zu liefern. In den folgenden Jahren kam Virchow auf den Jahresversammlungen sowie bei anderen Gelegenheiten immer wieder auf die Ergebnisse der Statistik und die Karten zu sprechen. Mehrfach betonte er dabei, dass sie »in der Lage sein werden, wenn wir die Karte haben, auf Grund dieser Ergebnisse Untersuchungen namentlich über die Körpergrösse und Schädelform anzustellen, und ich hoffe, dass wir auf diesem Wege endlich ein vollkommenes Material bekommen werden.«[140] 1878 erklärte er die Erhebungen für vollendet, wobei er erneut Hamburg kritisierte, das mit seinem Beharren, »dass dies ein Eingriff in die persönliche Freiheit sei« und dass dies nur auf dem »Wege der Privatthätigkeit gelöst werden« könne, »die besten Absichten auf Vollständigkeit« durchkreuzte.[141] Die Publikation verzögerte sich, als ab 1879 nach

---

138 Die statistische Auswertung wurde von Albert Guttstadt geleitet. Vgl. Rudolf Virchow, Über den Abschluss der Schulerhebungen in Betreff der Farbe der Augen, der Haare und der Haut in Preussen, in: Verhandlungen der Berliner Gesellschaft für Anthropologie, Ethnologie und Urgeschichte, (1876), S. 16.

139 Ebd.

140 Ebd.

141 Rudolf Virchow, Statistik der Schädelformen in Deutschland, in: Correspondenz-Blatt der deutschen Gesellschaft für Anthropologie, Ethnologie und Urgeschichte. Redigirt von Professor Kollmann in Basel (Nummer 1–8) und Professor Ranke in München (Nummer 9–12), (1878), S. 102.

deutschem Vorbild in Nachbarländern vergleichbare Erhebungen begannen und erste kartographische Ergebnisse vorgelegt wurden.[142] Erste Umsetzungen der Schweizer Daten zeigten Inkompatibilitäten in der graphischen Aufbereitung. Die Schweizer hatten die deutschen Karten als Vorbild erhalten.[143] Die für die deutschen Karten als Endkategorien festgelegten Farben reichten für eine anschlussfähige Darstellung der Schweizer Karten nicht aus, weshalb das gesamte Schema nochmals überarbeitet wurde.[144]

Im 1886 publizierten Gesamtbericht zu den Erhebungen, der den endgültigen Abschluss des Projekts bildete, wiederholte Virchow deren Entstehungs- und Verlaufsgeschichte. Er bezog die mittlerweile erschienenen Ergebnisse anderer europäischer Länder ein und lieferte damit einen über seine zahlreichen bisherigen Darstellungen hinausgehenden Überblick.[145] Erstmals veröffentlicht wurden nun auch die vollständigen Datensätze in Tabellen und im Anhang mehrere Karten zur räumlichen Verteilung der Typen. Als Ergebnis hielt Virchow fest, dass der Anteil des sogenannten hellen Typus, bei dem sowohl Haut als auch Augen und Haare hell sein mussten, circa für ein Drittel der vermessenen Kinder zutraf. Hauptsächlich jedoch waren Mischformen gemessen und verzeichnet worden. Der Formulierung nach zu urteilen, hatten Virchow und seine Kollegen hier mehr erwartet. An den Karten beobachtete er zudem stärker ausgeprägte Mischformen an Flüssen und urbanen Räumen. Überraschend war für Virchow, dass die gesonderte Erhebung der jüdischen Schulkinder ergab, dass bei diesen nur 10% mehr dem dunklen Typus zugeordnet wurden als für den Rest der Kinder und 12 % der jüdischen Schulkinder dem hellen Typus angehörten.

---

142 Ders., Bericht über die Arbeiten der Kommission für die Statistik der Racenverhältnisse in Deutschland, in: Beilage zum Correspondenz-Blatt der deutschen Gesellschaft für Anthropologie, Ethnologie und Urgeschichte. Redigiert von Professor Ranke in München. Seperatdruck der Verhandlungen der 11. allgemeinen Versammlung der Deutschen Gesellschaft für Anthropologie, Ethnologie und Urgeschichte zu Berlin im August 1880 in stenographischer Aufzeichnung, (1880), S. 66.

143 Vgl. Ders., Statistik der Schädelformen in Deutschland, wie Anm. 141, S. 102f.

144 Ders., wie Anm. 142, S. 67.

145 1885 berichtete Virchow der Preußischen Akademie der Wissenschaften zu Berlin vergleichend über die Ergebnisse der Erhebungen in Deutschland, Belgien, Schweiz und Österreich, wobei insgesamt knapp über 10 Millionen Schulkinder vermessen wurden. Als Problem nannte er, dass Belgien das Typenschema verändert hatte, was die Vergleichbarkeit der Daten erschwerte. Die Haut hatten die Belgier erst gar nicht mit vermessen. Vgl. Rudolf Virchow, Die Verbreitung des blonden und des brünetten Types in Mitteleuropa, in: Sitzungsberichte der Königlich Preußischen Akademie der Wissenschaften zu Berlin, (1885), S. 39–47. 1885 berichtete er ebenfalls ausführlich vor der DGAEU aus dem Gesammtbericht. Vgl. Rudolf Virchow, Gesammtbericht über die Statistik der Farbe der Augen, der Haare und der Haut der Schulkinder in Deutschland, in: Korrespondenz-Blatt der Deutschen Gesellschaft für Anthropologie, Ethnologie und Urgeschichte, (1885), S. 89–100.

Vom statistischen Ur-Material zu den Karten: Epistemologie und Praktiken

Die Schulkinderuntersuchung ist Teil eines Trends im 19. Jahrhundert, kollektive Konstrukte, insbesondere die der Nation, auch wissenschaftlich repräsentierbar zu machen.[146] Anders als bei früheren Konstrukten wurde zunehmend auf statistische und kartographische Darstellungen zurückgegriffen und dabei Begriffe wie Nation und Rasse mit einander verschränkt.[147] Die von Benedict Anderson in seinem folgenreichen Buch zur Herkunft und Verbreitung des Nationskonzepts analysierten Bestandteile von »Imagined Communities« lassen sich auch an der Schulkinderuntersuchung nachvollziehen: die Fiktion, durch Zählung jedermann erfassen zu können, mithilfe von Karten eine vermeintlich geordnete räumliche Wirklichkeit zu suggerieren und in musealer Ausstellung, eine nationale Ursprungsgeschichte in die Öffentlichkeit zu tragen.[148] Während im vorherigen Abschnitt die institutionelle Geschichte im Mittelpunkt stand, sollen nun einige epistemologische Fragen erörtert werden. Dabei soll erneut unter der Perspektive der Transformation des epistemologischen Status von Daten, Formularen, Typen und Farben die graphische Repräsentationsform der Karten analysiert werden.

Massendaten und kollaboratives Arbeiten

»Man fühlt gleich, dass, um über eine solche Frage eine Antwort zu gewinnen, man über ein sehr grosses Material müsse verfügen können.«[149]

Das epistemologische Problem der Craniologie, also der Schädelvermessungskunde, lag darin, dass die Ergebnisse trotz zahlreicher Versuche nicht in ein einheitliches Schema zu überführen waren. Immer wieder stießen Neufunde alte Thesen um und ebenso oft wurden die Methoden der Anthropometrie, also der Vermessung urgeschichtlicher

---

146 Vgl. hierzu mit Blick auf Bevölkerungsstatistiken: Sybilla Nikolow, Die Nation als statistisches Kollektiv. Bevölkerungskonstruktionen im Kaiserreich und in der Weimarer Republik, in: Wissenschaft und Nation in der europäischen Geschichte, hrsg. von Ralph; Vogel Jessen / Jakob, Frankfurt a. M., New York, 2002.

147 Nikolow verweist darauf, dass es um 1800 noch unvorstellbar war, dass eine »quantitative Analyse in der Staatsbeschreibung überaupt sinnvoll sei«. Ebd., S. 240. Vgl. auch Dies., A.F.W. Crome's Measurement of the »Strength of the State«. Statistical Representations in Central Europe around 1800, in: The Age of Economic Measurement, hrsg. von Judy L. Klein / Mary Morgan, Durham, 2001.

148 Vgl. Benedict Anderson, Imagined Communities: Reflections on the Origin and Spread of Nationalism, London, 2006. Die erste Aufl. von Andersons Buch erschien 1983. Vgl. auch: Nikolow, wie Anm. 147.

149 Karl Ernst von Baer und Rudolph Wagner, Bericht über die Zusammenkunft einiger Anthropologen im September 1861 in Göttingen, Leipzig, 1861, S. 4.

menschlicher Überreste, oder der Vermessung Lebender in Frage gestellt. Ungeachtet der Frage, welchen Wert die zugrundliegenden Prämissen hinsichtlich der Bestimmung von Rassen über Schädelvermessungen heutzutage haben, ist für den Zeitraum ab den 1860er-Jahren zu beobachten, dass sich die Vorstellung dahingehend verschob, die methodischen Probleme ließen sich nur über die Vergrößerung der Masse der Daten und ihrer statistischen Verarbeitung lösen. Diese Vorstellung findet auf der Göttinger Zusammenkunft von Anthropologen im Jahr 1881 Befürworter. Obwohl seine (Baers) Sammlung vergleichsweise groß sei, sei sie seiner Ansicht nach zu klein zur Beantwortung derartiger Fragen gewesen. »Man fühlt gleich, dass, um über eine solche Frage eine Antwort zu gewinnen, man über ein sehr grosses Material müsse verfügen können.«[150] Ebenso liegt sie den häufig wiederholten Bemerkungen Virchows über das nie zuvor gekannte Ausmaß an Daten, das durch die Schulkinderuntersuchung zusammengetragen wurde, zugrunde. Diese Vorstellungen von der Notwendigkeit großer Datenmengen werden von den Statistikern bestätigt. Mayr sprach von der »Heilkraft der Massen«, die individuelle Erhebungsfehler überlagern würde.[151] Umgekehrt akzeptierte man frühere Methoden, die auf der Bestimmung anhand vermeintlich typischer Vertreter vorgenommen wurden, nicht mehr.

> *»The new anthropologists advocated measuring large numbers of individuals, using increasingly complex statistical methods to compare the data, from simple averaging, in the late 1860s and 1870s, to more complex tests of statistical inference around the turn of the century. The anthropologist Robert Hartmann mocked the lone scholar who takes ›this or that cranium‹ and measures, describes, draws, and with childish joy catalogs it in one of the usual craniological categories.«*[152]

Wer Ergebnisse nicht mehr auf Grundlage von auf Massenbeobachtungen beruhenden (Mittel-)Werten zog und Typen aufgrund von wenigen oder einzelnen Objekten erstellte, galt zunehmend als Amateur oder Dilettant.[153] Damit einher ging die Ein-

150 Ebd.

151 Georg Mayr, Die bayerische Jugend nach der Farbe der Augen, der Haare und der Haut, in: Zeitschrift des Königlich Bayerischen Statistischen Bureau, Nr. 4, Oktober-Dezember (1875) Nr. 4, Oktober-Dezember, S. 297.

152 Zimmerman, wie Anm. 7, S. 412; Robert Hartmann, Untersuchungen über die Völkerschaften Nord-Ost-Afrikas, in: Zeitschrift für Ethnologie, (1869), S. 33.

153 Die zunehmende Professionalisierung zeigt sich auch in der vermehrten Publikation von Handbüchern. Seit der Gründung suchte die Gesellschaft für Anthropologie, Ethnologie und Urgeschichte den engen Kontakt zu staatlichen Einrichtungen, zum Kultusministerium, um Förderungen für Projekte, Sammlungen und Expeditionen zu erhalten und insbesondere auch zur Marine, da diese mit ihren Schiffen in alle Regionen der Welt fuhr und sich hervorragend dafür eignete, Material mitzubringen oder Ethnologen auf ihren Schiffen

sicht, dass die Zusammenführung und Erhebung großer Datenmengen nur kollaborativ und ggf. mit institutioneller und staatlicher Unterstützung zu vollbringen sei. Mit anderen Worten: Massendatenerhebungen erforderten eine andere Forschungsinfrastruktur als Voraussetzung für derartige Großprojekte. Die ab der Mitte des Jahrhunderts gegründeten Gelehrtengesellschaften dienten hierfür als Interessenvertretungen.

Daten sind nicht gleich Daten

Wie für Historiker der Zugang zu ihren Quellen in Archiven war für Anthropologen und Ethnologen die Frage, wie sie zu ihren Daten kommen können, eine Daueraufgabe. Schulkinder lagen ursprünglich nicht im Blickfeld. Vielmehr dachte man, wie schon ausgeführt, an eine Kombination aus Schädel- und Rekrutenvermessungen gedacht. Rekruten waren eine begehrte »Quelle«, da bei der Einziehung traditionell Vermessungen vorgenommen wurden. Sie gehörten zu einer Gruppe von Menschen, an denen Reihenuntersuchungen, auch ohne deren Zustimmung individuell einholen zu müssen, möglich waren. Jedoch verweigerte die Militärführung die Genehmigung zur Erhebung und Herausgabe von Daten der Rekruten, weshalb die Schulen in gewisser Weise auch Produkt einer Notlösung waren.[154]

---

mitzunehmen. Nicht zuletzt um mit den Objekten und Daten später auch etwas anfangen zu können, entstanden Anleitungen und Instruktionen für wissenschaftliche Reisen. Vgl. Kaiserliche Deutsche Admiralität, Rathschläge für anthropologische Untersuchungen auf Expedition der Marine. Auf Veranlassung des Chefs der Kaiserlich Deutschen Admiralität ausgearbeitet von der Berliner Gesellschaft für Anthropologie, Ethnologie und Urgeschichte, in: Zeitschrift für Ethnologie, (1872), S. 325–356. Paul Ascherson, Anleitung zu wissenschaftlichen Beobachtungen auf Reisen: mit besonderer Rücksicht auf die Bedürfnisse der kaiserlichen Marine, Berlin, 1875. In späteren Auflagen wurde das Werk auf 2 Bde. erweitert. Die 3. Aufl. erschien 1906. Emil Schmidt, Anthropologische Methoden. Anleitung zum Beobachten und Sammeln für Laboratorium und Reise, Leipzig, 1888.

154 Die Ablehnung seitens des Kriegsministeriums hat Virchow nicht davon abgehalten, immer wieder Versuche zu starten, Rekrutenvermessungen für die anthropologische Gesellschaft zu erwirken. Unter anderem wandte er sich, wie aus einem Brief hervorgeht, am 4. März 1878 erneut an den Kriegsminister. Jedoch wurde das Ersuchen mit Verweis auf die schon erfolgte Ablehnung von 1875 wieder zurückgewiesen: »Was die von Euer Hochwohlgeboren bei dieser Angelegenheit wiederholt angeregte Frage anbetrifft, ob es nicht ausführbar wäre, die Untersuchungen über die physischen Anlagen der Bevölkerung durch entsprechende Erhebungen im stehenden Heere zu erweitern und zu ergänzen, so bin ich nach eingehendster Prüfung der Angelegenheit zu meinem lebhaftesten Bedauern genöthigt, diese Frage auf jetzt, und zwar aus denselben Gründen zu verneinen, welche in meinem Auftrage das Allgemeine-Kriegs-Departement mittelst Schreibens vom 19. Februar 1875 Euer Hochwohlgeboren mitgetheilt hat.« ABBAW, PAW, Nl Virchow, Nr. 2643, Bl. 6, Kriegsminister an Rudolf Virchow (Vorgangsnummer: 191.378.A.2).

Schulen lagen hier in einem Grenzbereich. Sie waren einerseits staatliche Zwangseinrichtungen, da eine staatliche verordnete Schulpflicht galt und die Lehrer Staatsangestellte waren. Dennoch unterlagen Schulkinder zugleich der Verantwortung der Eltern und Erziehungsberechtigten. Statistisch boten sie zudem den Vorteil, annehmen zu können, dass sie eine größtmögliche soziale Bandbreite repräsentierten und räumlich so verteilt waren wie die gesamte Bevölkerung.[155] Über die Kultusministerien konnten die Schulen und mithin die Lehrer angewiesen werden, die Erhebungen durchzuführen, so dass weder auf Freiwilligkeit noch über Überzeugungsarbeit und Interesse jeder Schule oder jedes Lehrers gesetzt werden musste. Dass diese Ansicht nicht alle teilten, verdeutlicht das Hamburger Beispiel, wo die Erhebung, sehr zum Ärger von Virchow und wie oben erwähnt, mit dem Verweis abgelehnt wurde, dies sei ein Eingriff in die persönliche Freiheit.[156] Da die Ablehnung seitens der Hamburger Regierung erfolgte, ist davon auszugehen, die Erhebung wäre an den dortigen Schulen durchgeführt worden, hätte es die politische Zustimmung gegeben.

Das Typen-Schema und die mit ihm verbundene Formulierung wandelten sich im Laufe der Jahre. Während Virchow 1873 auf der Versammlung in Wiesbaden noch sehr ausführlich von zwei Kategorien und äußeren Merkmalen berichtete, kondensiert er die Semantik im kommenden Jahr auf der Dresdner Versammlung zur Unterscheidung der »braunen und der blonden Bevölkerung in Deutschland«.[157] Die anfängliche Unterscheidung war als Hypothese durch den französischen Streit aufgekommen. Danach sei »eine ursprüngliche Aboriginerbevölkerung, welche sich vorzugsweise durch kleineren und schwächeren Körperbau, durch dunkle Farbe der Augen und des Haares, sowie zum Theile auch der Haut auszeichnen soll und welche der finnischen oder der estnischen oder, wie man in Süddeutschland gesagt hat, der ligurischen Rasse zugerechnet« werde, »eine arische Einwanderung, welche sich darauf gesetzt hat, und von der man mit grosser Bestimmtheit behauptet, dass sie gross, sogar sehr gross, blond, blauäugig, hellfarbig und stark gewesen sei«[158] gegenüberzustellen. Über die Farbe der Augen und der Haare wurde die Bevölkerung gleichsam *colorisiert* und farbentypisiert wahrnehmbar. Zudem war hier erstmals, wenn auch noch mit Einschränkung, das Merkmal der Hautfarbe hinzugezogen worden, eine Entscheidung, die die Kommission ohne Diskussion mit der Gesamtgesellschaft gefällt hatte. Parallel zur Colorisierung, jedoch ohne kausalen Zusammenhang

---

155 Vgl. Goschler, Virchow, wie Anm. 6, S. 339. Im abschließenden Gesamtbericht berichtete Virchow davon, dass er auf seiner Reise nach Finnland unter anderem Gefängnisse für Vermessungen besuchte und zwar mit dem Argument, dass dort verhältnismäßig viele Individuen auf einem Fleck sind, d.h. massenhafte Daten effektiv zu bekommen sind. Virchow, wie Anm. 145, S. 291.

156 Vgl. Virchow, wie Anm. 141, S. 102.

157 Ders., wie Anm. 115, S. 30–38.

158 Ders., wie Anm. 90, S. 28f.

hatten die craniologischen Messungen und die Statistik der Schädelformen als Unternehmung der DGAEU an Relevanz verloren und tauchten letztlich kaum noch auf. 1873 hatte sie Virchow mit Verweis auf eine Arbeit von Hermann von Ihering, »der geradezu eine Reform der Craniometrie wünscht«,[159] zurückgestellt, um Iherings Argumente erst diskutieren zu können.[160] 1874 wurde die Statistik gar nicht mehr erwähnt. Ganz verloren ging sie aber nicht, sondern tauchte in kleinerer Form an anderer Stelle wieder auf.

Vor der anthropometrischen Vermessung der Augen-, Haar- und Hautfarbe spielten äußerliche (Farb-)Merkmale nur eine geringe Rolle für die wissenschaftliche Bestimmung von Rassen. Nachher war »Color […] thus no longer pure accident: it became substance«.[161] Die ehemals nur an esoterischen Merkmalen, wie den als unveränderlich angesehenen Schädeln, feststellbaren ethnischen Zugehörigkeiten wurden durch endogene Merkmale ergänzt und teilweise ersetzt.[162] Während Schädelmessungen vor der Einführung von äußeren Merkmalen Grundlage für sogenannte Rassebestimmungen waren, verloren sie gegen Ende des Jahrhunderts zunehmend an Bedeutung für die Bestimmung von Rasseverteilungen. Als Beleg dient hierfür Adolf Bastian, der 1896 behauptete, dass der »Schädel für Rasseneinteilung« nur noch eine »sekundäre Rolle« spiele. Für Einteilung in Rassen, so Bastian, muss man sich an Lebende halten.[163]

Dennoch ließen sich, wie von Virchow und anderen gewünscht, beide Messmethoden nicht ergänzend verwenden, da sie jeweils zu anderen Ergebnissen führten. Bezogen auf die Frage der Veränderung des epistemologischen Status‹ der Daten wurden hier Merkmale, die bisher eine untergeordnete Rolle für die Bestimmung von Rassen spielten (externe oder esoterische), zu wissensgenerierenden Daten. Der große Vorteil der äußeren Merkmale bestand darin, dass sie in praktisch unbegrenzter Form oder eben massenhaft verfügbar waren. Insofern lag dem Bedürfnis nach größeren Datenmengen der indirekte Effekt zugrunde, dass sie von Schädelmessungen wegführte. Gleichzeitig wurde aber die Unterscheidung von Rassen über von jedem einsehbare äußere Merkmale in die Gesellschaft hineingetragen.

---

159 Ebd., S. 28.

160 Hermann von Ihering, Zur Reform der Craniometrie, in: Zeitschrift für Ethnologie, (1873), S. 121–169.

161 Zimmerman, wie Anm. 7, S. 420.

162 Die Haut war ein Grenzfall, da sie zeitgenössisch eher zu den exoterischen Merkmalen gehörte und weitestgehend nicht öffentlich gezeigt wurde. Goschler, wie Anm. 6, S. 339. Andrew Zimmerman zählt sie deshalb zu den ursprünglich exoterischen Merkmalen, die in ein esoterisches Merkmal überführt werden musste. Vgl. Zimmerman, ebd.

163 Adolf Bastian, Rassebildung und Erblichkeit, in: Festschrift für Adolf Bastian zum 70. Geburtstage. 26. Juni 1896, hrsg. von Adolf Bastian, Berlin, 1896, 26; Zum diskursiven Kontext aus einer kulturhistorischen Perspektive vgl. Christine Hanke, Zwischen Auflösung und Fixierung. Zur Konstitution von »Rasse« und »Geschlecht« in der physischen Anthropologie um 1900, Bielefeld, 2007.

Wenn aber nicht prähistorische Schädel, sondern zeitgenössische Menschen als Datengrundlage fungieren, wird eine Reihe von Prämissen nötig, wie von diesen Daten auf urgeschichtliche Migrationsbewegungen geschlossen werden könne. Während für die Bestimmung von Rassen mittels Schädelvermessungen spezielle Kenntnisse, die Handhabung von Instrumenten und Erfahrung notwendig waren, konnte mit der Umstellung auf äußere Merkmale praktisch jeder Laie Rassebestimmungen vornehmen. Nicht zuletzt durch die kartographische Darstellung in nationalen Karten wurde Rasse, wie auch die Klasse zu einer scheinbar offen einsehbaren sozialen Kategorie, die zugleich der Distinktion und der nationalen Identitätsbestimmung diente. Dass trotz der Ergebnisse und Interpretationen Virchows und seiner liberalen Kollegen später antiliberale, antisemitische und rassistische Autoren wie Houston Stewart Chamberlain oder Eugen Fischer sich genau auf die gleichen Daten beziehen konnten, verdeutlicht die Interpretationsbedürftigkeit derartiger Daten und zeigt, die immer wieder aufs Neue erforderliche kritische Haltung gegenüber Interpretationen, die auf ›empirische Tatsachen‹ und ›objektive Daten‹ verweisen.

Vorläufer

Einen der zeitgenössischen Vorläufer für die europäischen Erhebungen bildete eine amerikanische Untersuchung, die während des amerikanischen Bürgerkriegs durchgeführt wurde.[164] Der Arzt und Anthropologe Benjamin Apthorp Gould hatte im Auftrag der Sanitary Commission die Zusammenstellung von Vermessungen an Rekruten beaufsichtigt, bei der unter anderem auch Haar- und Augenfarbe einbezogen wurden und in einem Bericht 1869 veröffentlicht.[165] Ebenso wie den deutschen Anthropologen versprachen sich die Amerikaner Aufschluss über die physische Beschaffenheit der Nation, »besides possessing much value as a basis for a physical knowledge of our nation«[166], jedoch verbanden sie die Messungen nicht mit der Frage nach der rassischen Herkunft der Nation, da diese Frage im Einwanderungsland Amerika verständlicherweise ganz anders hätte gestellt werden müssen.

---

164 Dass Virchow die Untersuchung nicht kannte, ist kaum vorstellbar, dennoch erwähnt er sie in seinem Abschlussbericht nicht. Vinc. Goehlert hingegen, der für die österreichischen Erhebungen zuständig war und seinen Bericht sechs Jahre vor Virchow veröffentlichte, nennt sie gleich zu Beginn als den Vorläufer für die deutschen Erhebungen. Goehlerts Auswertung muss Virchow vorgelegen haben, da er in seiner Schrift die verschiedenen europäischen Erhebungen zusammenzieht. Die späteren Berichte der Franzosen über ihre Befragungen und auch die der Engländer, die sie beide erwähnen, zeigen, dass die amerikanischen Erhebungen durchaus breit bekannt waren. Vinc. Goehlert, Untersuchungen über die Augen- und Haarfarben der Schulkinder in der Steiermark, in: Statistische Monatsschrift, (1880), S. 407.

165 Benjamin Apthorp Gould, Investigations in the military and anthropological statistics of American soldiers (Cenetary of the war of the rebellion), New York, 1869.

166 Ebd., S. 185.

State of Enlistment	Absolute				Relative			
	Dark	Light	Medium	Total	Dark	Light	Medium	Total
Maine . . .	22 144	34 188	2 279	58 611	378	583	39	1 000
New Hampshire	9 252	15 054	2 557	26 863	345	560	95	1 000
Vermont . .	7 053	12 708	1 699	21 460	329	592	79	1 000
Massachusetts	14 231	27 781	2 003	44 015	323	631	46	1 000
Connecticut .	9 917	19 631	2 488	32 036	309	613	78	1 000
New York . .	13 523	23 879	14 712	52 114	260	458	282	1 000
Pennsylvania .	24 809	39 267	8 417	72 493	342	542	116	1 000
West Virginia	5 661	11 405	2	17 068	332	668	0	1 000
Kentucky . .	6 313	13 309	0	19 622	322	678	0	1 000
Ohio	20 252	44 111	66	64 429	314	685	1	1 000
Indiana . . .	23 264	38 159	2 679	64 102	363	595	42	1 000
Illinois . . .	23 032	43 449	3 319	69 800	330	622	48	1 000
Michigan . .	6 914	20 869	32	27 815	249	750	1	1 000
Wisconsin . .	14 833	34 610	2	49 445	300	700	0	1 000
Iowa	5 960	7 187	5 215	18 362	325	391	284	1 000
Missouri . .	9 038	20 518	317	29 874	303	686	11	1 000
Total . . .	216 197	408 125	45 787	668 109	324	608	68	1 000

Abbildung 7. Tabelle aus Benjamin Apthorp Gould, Investigations in the military and anthropological statistics of American soldiers, New York 1869, S. 204.

Nativity	Absolute				Relative			
	Dark	Light	Medium	Total	Dark	Light	Medium	Total
A	47 032	85 565	6 736	139 333	338	614	48	1 000
B	48 634	90 793	16 962	156 389	311	581	108	1 000
C	41 584	79 509	4 979	126 072	330	631	39	1 000
D	10 881	23 581	1 203	35 665	305	661	34	1 000
E	8 804	14 687	854	24 345	362	603	35	1 000
F	10 000	18 408	637	29 045	344	634	22	1 000
G_1	544	893	373	1 810	301	493	206	1 000
G_2	2 154	4 576	128	6 858	314	667	19	1 000
H	1 937	3 240	467	5 644	343	574	83	1 000
I	6 354	9 004	1 254	16 612	883	542	.75	1 000
J	5 605	11 323	1 703	18 531	297	611	92	1 000
K	1 308	2 811	523	4 642	282	605	113	1 000
L	18 714	25 234	5 199	44 147	311	571	118	1 000
M	1 568	1 347	274	3 187	491	423	86	1 000
N	13 188	29 077	3 848	46 113	286	631	83	1 000
O	785	3 411	201	4 397	178	776	46	1 000
P	218	62	48	328	665	189	146	1 000
Q	1 959	2 604	398	4 991	898	522	80	1 000
Total	216 197	406 125	45 787	668 109	324	608	68	1 000

Abbildung 8. Tabelle aus ebd., S. 205.

Von 12600 Mädchen, die aus allen Städten und Gegenden nach Paris kamen, hatten

kastanienbraune Haare	6730,	oder 1 auf	1,87,	oder	534,20	auf 1000.
braune	2642,		4,77,		209,68	—
blonde	1694,		7,43,		134,44	—
schwarze	1486,		8,47,		117,92	—
rothe	48,		262,50,		3,80	—

Abbildung 9. Alexandre-Jean-Baptiste Parent-Duchâtelet, Die Sittenverderbniß (la Prostitution) des weiblichen Geschlechts in Paris. Aus dem Gesichtspunkte der Polizei, öffentlichen Gesundheitspflege und Sittlichkeit, Leipzig 1837, Bd. 1, S. 88.

Immerhin wurden circa 680.000 U.S. Soldaten neben vielen anderen Merkmalen auch hinsichtlich ihrer Augen- und Haarfarbe statistisch erfasst und die Daten in einzelnen Tabellen veröffentlicht, wobei einerseits nach Rekruten und Freiwilligen und andererseits nach Staaten und Herkunft unterschieden wurde.[167] Gould genügten hierbei drei Typen: »dark«, »light«, »medium«. Er enthielt sich weitgehend einer Interpretation der Daten und betonte vielmehr, es sei Aufgabe der Kommission, die Ergebnisse zu präsentieren. »How far these differences are to be attributed to climate, how far to ancestry, and how far to looseness of record, it is not our province to inquire.«[168]

Ebenfalls als Vorläufer – und soweit ich sehe ältester Nachweis für eine statistische Massenerfassung von Farbmerkmalen – kann die in zwei Bänden 1836 erstmals veröffentlichte Studie von Alexandre Jean Baptiste Parent-Duchâtelet zur Prostitution bzw. den Prostituierten von Paris gelten. Die kurz nach dessen Tod veröffentlichte Studie wurde mehrfach aufgelegt und schnell in verschiedene Sprachen übersetzt.[169] Sie fand unter anderem deshalb große Beachtung, weil hier ein soziales Phänomen mithilfe von Massendaten beobachtet und beschrieben wurde. Mayr erwähnt die Studie in seinem Bericht über die bayrischen Erhebungen als Vorbild für die Schulkinderuntersuchung, da Parent-Duchâtelet auch einen kurzen Abschnitt zur Farbe der Haare, der Augen und der Augenbrauen veröffentlichte.

---

167 Ebd.

168 Ebd., S. 205.

169 Alexandre-Jean-Baptiste Parent-Duchâtelet, De la prostitution dans la ville de Paris, considérée sous la rapport de l'hygiène publique, de la morale et de l'administration. Ouvrage appuyé de documens statistiques puisés dans les archives de la Préfecture de police, Paris, 1836. Die deutsche Übersetzung erschien bereits ein Jahr später, allerdings mit dem tendenziöseren Titel: Ders., Die Sittenverderbniß (la Prostitution) des weiblichen Geschlechts in Paris. Aus dem Gesichtspunkte der Polizei, öffentlichen Gesundheitspflege und Sittlichkeit, Leipzig, 1837.

Wie Gould beanspruchte auch Parent-Duchâtelet sich jeder Interpretation seiner Daten zu enthalten. Zunächst gab er zu verstehen, er hätte die Angaben den Farben der Augen, Haare und Augenbrauen nicht erwähnt, hätte er sich nicht bereits allen anderen Merkmalen der Physiologie zugewandt.

> *»Allein alles, was Farbe der Haare, Augenbrauen und Augen betrifft, hängt mit der Physiologie und besonders mit der Naturgeschichte des Menschen zusammen, und so glaubte ich hier ein seltenes, nirgends zu findendes Aktenstück mittheilen zu müssen, das vielleicht einmal solchen, welche sich besonders mit der Zoologie beschäftigen, einigen Nutzen gewähren dürfte.«*[170]

Auffallend ist an diesem Zitat zweierlei. Zum einen bezeichnet er die Erhebung als Aktenstück und zum anderen ordnet er die Interpretation der Daten der Zoologie zu und nicht der Anthropologie. Letzteres scheint darauf zu verweisen, dass äußere Merkmale noch nicht als Teil anthropologischer Forschung angesehen wurden.

Parent-Duchâtelet machte aber noch eine andere Entdeckung. Die Unterscheidung der Zahlen in Stadt und Land ließ betreffs der Haarfarbe keine nennenswerten Unterschiede erkennen.

> *»Ein solches Resultat aber muß in jeder Hinsicht überraschen; denn wenn jede besondere Haarfarbe einem besonderen Temperamente, einer eigenen Konstitution entspricht, wie es alle Physiologen lehren, so würde sich nach dem allgemeinen Urtheil, das man über die Lust in Städten und die auf dem Lande fällt, eine bedeutende Verschiedenheit sich äußerlich in der Haarfarbe kund thun müssen.«*[171]

Neben der gleichen Verteilung der Haarfarben in Stadt und Land verweist er damit auch auf die bestehenden Vorstellungen und Verknüpfungen von bestimmten Farben mit Temperamenten und persönlichen Eigenschaften, die auf viel ältere Traditionen zurückweisen, sich aber statistisch nicht bestätigen ließen. Um dennoch eine Erklärung anzubieten, verknüpft er die Merkmale mit einer anderen sozialen Kategorie, der schon erwähnten Kategorie der Klasse:

> *»Nun ist aber letztere nicht verschieden, und muß man die Ursache hiervon nicht darin suchen, daß die Lust in den Städten, so wie die auf dem Lande, nicht alle jene guten oder schlechten Eigenschaften hat, welche man ihr gern zuschreibt, daß sie in beiden weniger von einander abweicht, als man gewöhnlich denkt? Besser ist es wohl, wenn man an-*

170 Die Sittenverderbniß, ebd.(la Prostitution) des weiblichen, S. 88.

171 Ebd., S. 89.

nimmt, daß diese Mädchen uns zu solchem Resultate gelangen lassen, weil sie besonders der niedern, in der Regel vom Elend, dem Mangel und der Entbehrung preisgegebenen Volksklasse angehören, in welcher der Organismus so sehr umgewandelt wird.«[172]

Um dies noch zu verstärken, prognostiziert er, dass sich Klassen- und Unterschiede der physiologischen Merkmale bei einer größeren Untersuchung anders darstellen würden. Kurzum, Klasse und Rasse sind miteinander verschränkt.

Es ließen sich noch eine Reihe weiterer Vorläufer anführen, die als Inspirationsquelle und Vorläufer der Schulkinderuntersuchung gelten können, beispielsweise Adolphe Quetelets Untersuchungen der Körpergröße oder John Beddoes Untersuchungen der schottischen Ethnologie von 1853.[173] Da diese bereits in verschiedenen Kontexten eingehend untersucht worden sind, wird hier nur darauf verwiesen.

Formulare, Typen und Farben

»Hautfarben, die über sie Auskunft geben,
haben immer nur die anderen.«[174]

Das Nadelöhr und zugleich einen Ausdruck des Forschungsdesigns bildete das Formular der Erhebung, in das die Lehrer die Daten eingetragen sollten. Der Aufbau entschied darüber, welche Daten sich später separieren ließen und damit, welche Interpretationsmöglichkeiten offen blieben oder nicht möglich waren.

Das Formular war einfach gehalten, enthielt einen Kopfbereich und eine Tabelle mit elf Zeilen und zwei Spalten. Neben der Art, des Typen und Namens der Schule, der Anzahl der Schüler mit Angabe der jüdischer Herkunft waren elf Typen vorgegeben. Diese sollten in zwei Spalten eingetragen werden, wobei die jüdischen Schüler in einer eigenen Spalte separiert wurden. Dass sie nicht einfach aus der Untersuchung ausgeschlossen werden sollten, sondern als integriert Ausgeschlossene behandelt wurden oder – wie Geulen bemerkt – als Kontrollgruppe dienten, verdeutlicht diese zweite Spalte. Ansonsten hätte es genügt, sie im Kopf der Anzahl nach zu erwähnen und nicht mit zu vermessen. Am unteren Ende sollte zudem das durchschnittliche Alter der Schüler hinzugefügt werden. Die für die Fragestellung und die spätere kartographische Auswertung wichtigsten Typen waren Typ 1 und Typ 11, die jeweils die »hellen« und »dunklen« Kombinationen enthielten.

---

[172] Ebd., S. 89f.

[173] John Beddoe, A Contribution to Scottish Ethnology, London, 1853.

[174] Valentin Groebner, Haben Hautfarben eine Geschichte? Personenbeschreibungen und ihre Kategorien zwischen dem 13. und dem 16. Jahrhundert, in: Zeitschrift für historische Forschung, 30 (2003) 1, S. 16.

Formular.

Schule (Volksschule, Gymnasium u. s. w.) zu . . . . . .

Zahl der Schüler: . ., darunter Juden . .

Davon haben:

	Gesammtzahl	darunter Juden
1) blaue Augen, blonde Haare, weisse Haut		
2) „ „ braune „ „ „		
3) „ „ braune „ braune „		
4) graue Augen, blonde Haare, weisse Haut		
5) „ „ braune „ „ „		
6) „ „ braune „ braune „		
7) „ „ schwarze „ „ „		
8) braune Augen, blonde Haare, weisse Haut		
9) „ „ braune „ „ „		
10) „ „ braune „ braune „		
11) „ „ schwarze „ „ „		

Durchschnittliches Alter der besichtigten Schüler:

Abbildung 10. Rudolf Virchow, Gesammtbericht über die Erhebungen, in: Archiv für Anthropologie 16, 1886, S. 282.

Der für die Auswertung der bayrischen Erhebungen zuständige Statistiker und Leiter des Bayerischen Statistischen Bureaus Georg Mayr (1841–1925) kritisierte in seinem Bericht die Verwendung eines sogenannten Konzentrationsformulars für die Erhebung. Damit sei den Lehrern sowohl die Aufgabe der »Constatirung der somatologischen Thatsachen« als auch zugleich »deren sofortige statistische Verwerthung für eine abgeschlossene Tabelle übertragen.«[175] Dieses Verfahren entspreche nicht dem Stand der statistischen Methoden der Zeit. Zum einen seien die Erhebungsmöglichkeiten beschränkt, zum anderen würden die Fehlerquellen erhöht. Methodischer Standard sei vielmehr eine Trennung in Erhebungs- und Konzentrationsformular. Erhebungsformulare verzeichneten den einzelnen Fall, wohingegen Konzentrationsformulare die statistische Zusammenfassung in Tabellen leisteten.[176] Nach Mayr hätten bei einer Verwendung von Erhebungsformularen für jeden einzelnen Schüler

175 Mayr, Die bayerische Jugend, wie Anm. 151, S. 273.

176 Ebd.

problemlos noch weitere Angaben wie Alter, Geschlecht, Berufsstellung der Eltern erhoben werden können. Die dann »centralisirte Durcharbeitung des so gewonnenen Urmaterials im statistischen Bureau« hätte noch komplexere und zugleich genauere Berechnungen erlaubt. Zudem hätten alle wirklich vorkommenden Kombinationstypen erfasst werden können, wobei er unter anderem auf die fehlenden roten Haare im Schema verwies.

> *»Wähle man nun die eine oder die andere Methode, so lässt sich nichts anderes thun, als successive ein Kind nach dem anderen zu betrachten und das Erhebungsergebniss zu fixiren für jedes einzelne Individuum. Nun war im vorliegenden Falle kein bestimmtes Formular, keine bestimmte Methode für die primitive Beobachtung und deren Fixirung vorgeschrieben. Statthaben musste sie aber doch, und neben den ausgefüllten Concentrationsformularen muss sich bei den einzelnen Schullehrern Urmaterial an fortlaufenden Notirungen aber die einzelnen Schulkinder angesammelt haben. Dieses Urmaterial ist aber nicht eingefordert worden, sondern nur die durch Ausbeutung derselben gewonnene Tabelle.«*[177]

Die Verwendung von Einzelerhebungsbögen, so gibt Mayr aber zu, hätte die Kosten deutlich erhöht, sowohl was den Druck der Formulare betrifft als auch was die Verarbeitung im statistischen Büro anbelangt. Die Studie hätte dann nicht »wie dies jetzt der Fall ist, als eine Nebenarbeit des statistischen Bureaus [...] hergestellt werden können«, die keine besonderen Kosten verursachte.[178] Während die geringen Kosten, so Mayr weiter, Bedingung der Möglichkeit für ihre Durchführung waren, spricht er zugleich die Hoffnung aus, die derartige »Massenbeobachtungen« zukünftig wiederholt und dann auch finanziell so ausgestattet sein werden, dass bessere Erhebungsmethoden angewandt werden können.[179] Virchow war eine schnelle, preiswerte und durchführbare Erfassung der Daten wichtiger als differenziertere Erhebungsmethoden. Dennoch wurden nach Mayrs Kritik für die preußische Erhebung, statt wie ursprünglich vorgesehen, nun auch die Altersgruppen in Zweijahresschritten mit aufgenommen. Damit hoffte man, die Veränderungen der Farben im Laufe der Entwicklung der Schulkinder sichtbar machen zu können.[180] Auch unter den Lehrern löste die Beschränkung auf elf Typen Diskus-

---

177 Georg Mayr, Berichterstattung über die Erhebungen die Farbe der Augen, Haare und Haut der Schulkinder in Bayern, in: Die sechste allgemeine Versammlung der deutschen Gesellschaft für Anthropologie, Ethnologie und Urgeschichte zu München am 9. bis 11. August 1875. Nach den stenographischen Aufzeichnungen redigirt von Prof. Dr. Kollmann in München, München, 1875, S. 51.

178 Ders., wie Anm. 151, S. 296.

179 Ebd.

180 Vgl. RudolfVirchow, Berichterstattung über die Statistik der Schädelformen in Deutschland,

sionen aus. Einige hatten bemängelt, dass nicht alle beobachtbaren Kategorien in den Typen auftauchen und dies zum Anlass genommen, eigenmächtig neue hinzufügen. Im Erklärungstext, der für die preußischen Erhebungen den Lehrern mitgegeben wurde und schon erwähnt worden ist, wurde den Lehrern die Entscheidung, ob sie in den Anmerkungen nicht einordenbare Typen gesondert auflisten möchten, selbst überlassen.[181]

Nach Geulen verzahnte Virchow zwei eigentlich unvereinbare Thesen miteinander: »Die These, dass der Prozess der Evolution grundsätzlich von einem ursprünglich hellen Urtyp zur Ausdifferenzierung verschiedener dunklerer Typen führe, und die These, dass der blonde Typus den reinsten und höchstentwickeltsten in der evolutionären Schöpfung darstelle.«[182] Diese paradoxe »narrative Schließung«, in der »[d]er blonde Typus [...] Anfang und Ursprung ebenso wie auch höchste Stufe und Vollendung der Evolutionsgeschichte« ist, gelinge Virchow über eine Hierarchisierung der Pigmente- und Zellfarbstoffe.[183] Durch die Reduzierung von verschiedenen Farben und Körnungen auf die Menge an Pigment könne er »helle« und »dunkle« Typen mit nur einer Unterscheidung abgrenzen. »Heller und dunkler zu sein bedeutet jetzt: mehr oder weniger rein bzw. mehr oder weniger verschmutzt von ›Farbstoff‹ zu sein.«[184] So reizvoll und schlüssig diese Argumentation ist, lässt sie doch Fragen offen. So bezeichneten Virchow und die anderen Initiatoren sowohl Typ 1 als auch Typ 11 als »reine Typen«. Beide sind aus jeweils gleichen Merkmalen aufgebaut, entsprechen also einer gleichförmigen Komplexion.[185] Im 19. Jahrhundert lag die Hypothese zugrunde, dass sich bei ungemischten oder »reinen« Rasse die Kombinationen decken. Insofern wäre der »dunkle« oder »brünette« Typ entweder zugleich verschmutzt und rein, beides bezieht sich auf verschiedene Ebenen der gleichen Begrifflichkeiten oder reine Typen stehen außerhalb der »verschmutzten« Zone der Mischungen.

---

in: Beilage zum Correspondenzblatt für die Mitglieder der deutschen anthropologischen Gesellschaft, (1875), S. 48.

181 Vgl. Ebd.

182 Geulen, Blonde bevorzugt, wie Anm. 12, S. 159. Virchow hatte schon in einer seiner frühen Publikationen eine Theorie zur Pigmentierung aufgestellt. Vgl. Ders., Die pathologischen Pigmente, in: Virchows Archiv für pathologische Anatomie und Physiologie und für klinische Medizin, (1847), S. 379–405.

183 Geulen, ebd.

184 Ebd., S. 158.

185 Komplexion steht in der Anthropologie für die gleichsinnige Beziehung zwischen Haar-, Haut- und Augenfarbe. Nach Valentin Groebner geht der Begriff »complexio« auf die Säftelehre des spätantiken Arztes Galens zurück. Ab dem 13. und bis weit ins 18. Jh. wurden damit die »verschiedenen Qualitäten und Mischungen dieser Flüssigkeiten«, also Schleim, Blut, gelbe und schwarze Galle, definiert und damit sowohl »individuelle Veranlagung oder ein Temperament« beschrieben. Vgl. Valentin Groebner, Haben Hautfarben eine Geschichte?, in: Zeitschrift für historische Forschung, 30 (2003) 1, S. 3.

Virchow hatte schon relativ früh semantische Vereinfachungen vorgenommen, indem er die Komplexionstypen als »blond« und »brünett« bezeichnete. Es scheint aber dennoch so, dass die Wertigkeit von »blond« als dem höherwertigen Typus nicht nur durch die der Untersuchung zugrundliegende Hauptfrage der Suche nach dem heutigen Vorhandensein des taciteischen Germanen in eine Hierarchie gebracht wurde, sondern dass diese Hierarchie auf tieferliegende und kulturell ältere Wertigkeiten zurückgreifen konnte. Standesbewusstsein verkörperte sich auch in der Haut. Wer es sich leisten konnte, bedeckte soviel Haut als möglich. Helle Haut galt demnach als Ausweis eines hohen sozialen Ranges. Eine von Virchow auf einer der Sitzungen der DGAEU wiedergegebene Anekdote, einen der seltenen Fälle, in denen die ansonsten nur als statistische Kollektivphänomene auftauchenden Schulkinder zu Akteuren wurden, verdeutlicht dies beispielhaft:

> *»In den Berliner Schulen, namentlich in den höheren, ist es wiederholt vorgekommen, dass einzelne Schüler und Schülerinnen nachträglich petitionirend eingekommen sind, sie doch von der braunen Liste abzusetzen. Indess wird sich diese Antipathie wohl überwinden lassen.«*[186]

Die Bemerkung verweist auf Vorstellungen über die Wertigkeit bzw. die Zuschreibung einer Hierarchie von hell nach dunkel oder blondem nach brünettem Typus, der bei den Schülern zumindest ab einem gewissen Alter und Bildungsgrad vorhanden gewesen sein muss. Dabei ließe sich natürlich vorstellen, dass die zugrundeliegende Wertigkeit einer Unterscheidung von rein / unrein entspricht, ist aber nicht unbedingt notwendig. Genauso gut können damit soziale Wertigkeiten und Klassenzugehörigkeiten gemeint sein. Bestätigt wird dies von Untersuchungen zur Geschichte der Haut. Während Haut

---

[186] Kommentar von Rudolf Virchow zu Mayrs Vortrag. Georg Mayr, Berichterstattung über die Erhebungen die Farbe der Augen, Haare und Haut der Schulkinder in Bayern, in: Die sechste allgemeine Versammlung der deutschen Gesellschaft für Anthropologie, Ethnologie und Urgeschichte zu München am 9. bis 11. August 1875. Nach den stenographischen Aufzeichnungen redigirt von Prof. Dr. Kollmann in München, München, 1875, S. 56. Das Beispiel bestätigt Zimmermans These, dass die Vermessung eine veränderte Selbstwahrnehmung in Gang setzte. Gleichzeitig wird eine präsumierte Wertigkeit von hell und dunkel, von blond und braun deutlich. Wie die Beobachtungen konkret von statten gingen, darüber haben wir kaum Informationen. Es ist sogar vorstellbar, dass Lehrer die entsprechenden Karten ausfüllten, ohne dass die Schüler davon etwas mitbekamen, wahrscheinlicher ist aber sicher, dass die Lehrer die Hinweise der Anthropologen beherzigten und die Kindern zum Vergleich nebeneinander stellten. Gut vorstellbar ist allerdings, dass auch unbedarfte Kinder, es eigenartig oder als ein Eindringen in die eigene Sphäre empfunden haben, farblich »vermessen« zu werden. Andererseits ist für diese Art der Vermessung kaum Körperkontakt notwendig.

im 19. Jahrhundert, so Philipp Sarasin, zu einem modernen Sinnesorgan wurde, galt es neben vielem anderem auch als Projektionsfläche für soziale Differenzen. War sie weiß oder gebräunt, weich und fein oder sehnig und faltig.[187] Haut zeigen zu müssen, war ein Zeichen von niederem Stand oder Klasse. »Wer auf sich hielt, hielt sich bedeckt, und wer Wert auf Individualität legte, auf Erkennbarkeit und Persönlichkeit, achtete auf Reinlichkeit.«[188]

Noch weiter zurück geht Valentin Groebners Analyse der Wandlungen des Begriffs der Komplexion zwischen dem 13. und 15. Jahrhundert.[189] Während Hautfarben noch zum Ende des Mittelalters weitgehend relational verwendet wurden und nicht als klar abgrenzbar essentielle Kategorien auftauchen, werden sie ab dem 15. Jahrhundert mit dem einsetzenden Sklavenhandel zunehmend zu einer »natürlichen« und angeborenen Eigenschaft. Deshalb sieht Groebner auch eine enge Beziehung zwischen der Essentialisierung von Hautfarben und der einsetzenden Kolonialisierung und dem Sklavenhandel.[190]

Virchow hielt Haut für noch schwieriger zu messen als graue von blauen Augen zu unterscheiden. Um die jährlichen Schwankungen des Farbtons der Hautfarbe als Fehlerquelle auszuschließen, schlug er vor, die Erhebungen lieber im Winter als im Sommer durchzuführen. Kontrolliert werden konnte das aber nicht.[191] Insgesamt betonte er immer wieder, dass die Schwierigkeiten, die sich bei der farblichen Bestimmung eines Individuums ergäben, sich bei vergleichender Betrachtung aufheben würden, da sich die Schüler gewissermaßen von hell nach dunkel der Reihe nach aufreihen ließen.[192]

In Bezug auf die Augenfarbe könnte aus unserer Sicht das gänzliche Fehlen der grünen Augenfarbe überraschen.[193] Dagegen wurden die heutzutage eher seltener bezeichneten grauen Augen als eigene Kategorie aufgenommen. Inwiefern nur blaue oder blaue und graue zu den hellen Augen und damit zum hellen Typ zu zählen sind, war umstritten. Während Mayr beide zu einem »hellen« Typ zusammenfasste[194], setzte

---

187 Philipp Sarasin, Touch-screen 1850. Die Haut im 19. Jahrhundert als Medium. Eine Skizze, in: Haut, hrsg. von Christine Hanke / Regina Nössler, Tübingen, (Konkursbuch, Bd. 41), 2003, S. 219.

188 Ebd., S. 218.

189 Groebner, wie Anm. 174, S. 1–17.

190 Ebd., S. 11f.

191 Vgl. Virchow, wie Anm. 115, S. 33.

192 Vgl. Ebd.

193 In Emil Schmidts 1888 veröffentlichtem Handbuch für anthropologische Methoden (mit Bezug auf Topinards Schema) ist grün als Augenfarbe vorhanden. Vgl. Emil Schmidt, Anthropologische Methoden, Leipzig, 1888, S. 119; Paul Topinard, La carte de la répartition de la couleur des yeux et des cheveux, en France, in: Bulletins de la Société d'anthropologie de Paris, 9 (1886) 1, S. 590–602.

194 Mayr, Die bayerische Jugend, wie Anm. 151, S. 299.

Virchow die Unterscheidung durch, dass »theoretisch wenigstens [...] nur rein blaue Augen« als Merkmal für »eine vollkommen reine Rasse« gelten sollten. Hingegen deute »die graue Nuance überall eine Mischfarbe« an und gehöre deshalb zu den Mischtypen.[195] Bei Mayr stehen zwei Drittel Helläugigen ein Drittel Dunkeläugigen gegenüber, während das Verhältnis bei Virchow ein Umgekehrtes ist. Diese unterschiedlichen Zuordnungen bereiteten Probleme bei der Vergleichbarkeit der Ergebnisse, die Virchow auch in Bezug auf die belgischen Erhebungen bedauerte, in der graue und blaue Augen vor vornherein nicht unterschieden wurden, wobei er selbst die Zusammenlegung erwogen hatte. Teilweise boten solche methodischen Veränderungen auch Anlass für Nachjustierungen, sind aber insgesamt Beispiel für die Abhängigkeit der Ergebnisse von den zu Beginn vorgenommenen Setzungen und Standards.

Wie Virchow in seinem Gesamtbericht resümierte, rief die Erhebung an Schulkindern die Kritik hervor, dass die Ergebnisse fragwürdig seien, da bei Schulkindern die Farben noch nicht endgültig ausgeprägt seien.[196] Er bezog sich hierbei auf die Bewertung des Comité der British Association, die die Vergleichbarkeit der kontinentalen Erhebungen mit denen anderer Länder, die auf älteren Untersuchungsgruppen basierten, stark anzweifelte.[197] Während Virchow zugibt, es wäre wünschenswerter gewesen, ältere Gruppen zu Verfügung gehabt zu haben, verteidigt er zugleich das eigene Design, wenn auch nicht gerade mit überzeugenden Argumenten. Zum einen versucht er, dem datenmäßigen Problem dadurch Herr zu werden, dass er an einer kleinen statistischen Gruppe die Veränderungen der Farbe im Laufe des Erwachsenwerdens darstellt, um dann im Ergebnis die zehnprozentige Verschiebung als unproblematisch für die Gesamtaussage und keinen Grund zur Besorgnis zu deuten.[198] Gleichzeitig kehrt er die

195 Virchow, wie Anm. 115, S. 33.

196 In Deutschland gingen die Vorstellungen einiger Akteure offenbar in die entgegengesetzte Richtung. Statt auf Ausprägung des Merkmals zu setzen, wurde die Reinheit des Merkmals bei noch jüngeren Kindern gesucht. Dass hierbei eine Wertigkeit von hell nach dunkel, von blond nach braun unterstellt wurde, ist mehr als deutlich. Ein Beispiel ist der Vorschlag eines Schulleiters, der 1890 der Berliner Gesellschaft ein namentliches Verzeichnis der Kinder seiner Schule mit Angaben zu Haut-, Augen- und Haarfarbe mit dem Hinwies übermittelte, ihm sei bei den »bisherigen Ermittlungen in Norddeutschland das blonde Haar zu kurz gekommen«. Das »Resultat [würde] sich anders stellen [...], wenn man die Ermittlungen beim Eintritt des Kindes in die Schule, also im Alter von 6–7 Jahren anstellte, da mit 13–14 Jahren blondes Haar oft schon so nachgedunkelt ist, dass es als braun erscheinen mag«. Aus den Verhandlungen in der Sitzung vom 25. Oktober 1890. Vgl. G.A.B. Schierenberg, Namentliches Verzeichnis der Kinder in der Karolinen-Anstalt zu Horn (Lippe) nach der Haut-, Augen- und Haarfarbe, in: Verhandlungen der Berliner Gesellschaft für Anthropologie, Ethnologie und Urgeschichte, (1890), S. 474.

197 Rudolf Virchow, Gesammtbericht über die Erhebungen, in: Archiv für Anthropologie, (1886), S. 291.

198 Ebd., S. 291f.

Frage hinsichtlich der Bestimmung des reinen Typus um und sucht zumindest nach dem richtigen Zeitpunkt für die Bestimmung eines Typus. Und dabei fragt er, warum Kinder, die »blond« sind, aber als Erwachsene »brünett« werden, nicht zum hellen Typ gezählt werden dürfen. Ähnlich hatte er 1876 argumentiert und die Veränderungen der Farbe der Haare beim Älterwerden von Kindern als Legitimation für deren Untersuchung genommen. Bei ihnen sei, so Virchow, das Merkmal noch reiner zu finden, während es im Laufe des Erwachsenwerdens und Älterwerdens immer mehr »verunreinigt« werde. »Im erwachsenen Alter wird manches ursprünglich blonde Haar dunkel; da nun aber niemals eine wirklich dunkle Rasse mit hellem Haare geboren wird, so werden wir auch berechtigt sein, anzunehmen, dass alles, was im Alter zwischen 6 bis 14 Jahren blondes Haar hat, der blonden Rasse zugerechnet werden darf.«[199] Virchow historisiert hier die Unterscheidung rein / unrein entwicklungsgeschichtlich, jedoch in Bezug auf die individuelle menschliche Entwicklung und nicht evolutionsgeschichtlich.

Zudem verstanden die Initiatoren der Studie als unreine Typen die zwischen den Typen 1 und 11 liegenden Vermischungen, die den Zahlen der Erhebung zufolge den größten Teil der Schulkinder ausmachten. Während knapp ein Drittel dem Typ 1 der Komplexion von blauen Augen, blonden Haaren und weißer Haut zugeordnet wurde und etwa 14 Prozent auf den gegenüber gestellten Typus von brauen Augen, brünetten Haaren und brauner Haut entfielen, entsprach der Großteil von etwas mehr als der Hälfte (54 Prozent) den verschiedenen Mischtypen. Da sich Virchow und seine Kollegen aber nicht für die Mischtypen interessierten, spielten sie bei der Analyse der Tabellen und der Produktion der Karten eine untergeordnete Rolle.

Mapping the Nations Body: Kartogramme

Statistisches Denken und Kartenherstellung ist ein gemeinsamer Kontext, dessen Entwicklung sich mit leichten Verschiebungen in fast allen europäischen Staaten und Hauptstädten von London bis St. Petersburg vollzieht. Hintergrund ist nicht zuletzt ein gestiegenes Interesse des Staates an der sozialen, ökonomischen und physischen Verfasstheit seiner Bürger.

Während das Forschungsdesign und die Ergebnisse auch an anderer Stelle analysiert und eingeordnet worden sind, ist den Karten, d.h. genauer den Kartogrammen, bisher wenig Beachtung geschenkt worden. Das ist umso erstaunlicher, da die Karten nicht nur ein Nebenprodukt und repräsentative Visualisierungsform waren, sondern zentrales Ergebnis, Analyseinstrument und wie ich argumentiere, das eigentliche Ziel der Untersuchung. Für Virchow hatte »die kartographische Betrachtung für das Verständnis dieser Verhältnisse eine hervorragende Bedeutung: sie bringt das zur unmit-

---

199 Virchow, Statistik der Schädelformen, wie Anm. 141 , S. 29.

telbaren Anschauung, was die Zahlen enthalten.«[200] Die von der Autopsie der Epigraphik bekannte Semantik des direkten und persönlichen In-Augenschein-Nehmens als methodische Grundlage wird in dieser Formulierung von Virchow genutzt. Die Karten machen den Anschein, so Virchows Argument, man könne durch sie die Verhältnisse unmittelbar anschauen.

Insbesondere die räumlichen Verteilungen sollten anhand der Karten analysiert und interpretiert werden können. Diese Karten sollten auf einen Blick wiedergeben, was sich ansonsten nur mühsam aus den Tabellen herauslesen ließ. Bestimmte Aussagen, wie die, dass die sogenannten Mischtypen an Flussläufen verstärkt auftraten, konnte man anhand der kartographischen Darstellung leichter erkennen und darstellen. Dennoch beruhte das Aussehen der Karten auf Entscheidungen ihrer Macher. Das betrifft nicht zuletzt die Einteilung in Kreise (die auf die Erhebung in Schulkreisen zurückgeht). Eine Veränderung dieser Einheiten hätte eine Modifikation des visuellen Eindrucks zur Folge, von dem ja analytisches Potential ausgehen soll. Größere oder kleinere Einheiten hätten bspw. jeweils gröbere oder feinere Farbverläufe erzeugt und damit und ggf. auch eine andere Interpretation der Ergebnisse. Zugleich verweisen die Karten auf einen größeren Kontext der graphischen Verarbeitung statistischer Daten, der komplementär zur bisher üblichen anthropologischen und urgeschichtlichen Forschung stand.

Karten als Quellen und Untersuchungsobjekte haben in den letzten Jahren im Zuge der Ausweitung des Repertoires um audiovisuelle Quellen eine zunehmende Aufmerksamkeit erfahren.[201] Arthur H. Robinson kritisierte Anfang der 1980er-Jahre noch, dass sie oft nur antiquarisch behandelt würden und das Interesse an älteren Karten überwiege. Im Sinne von je älter desto besser, seien deshalb Karten des 19. Jahrhunderts ausgelassen worden. Im Zuge der verstärkten Beschäftigung mit Bildern, dem Materiellen und den Praktiken der Konstruktion und Verbreitung von Wissen, sind Karten und ihre Herstellung stärker ins Blickfeld gerückt.[202] Dennoch scheinen sie den meisten Historikern als Analysegegenstände nach wie vor eigenartig fremd, was daran liegen

---

200 Ders., Berichterstattung über die statistischen Erhebungen bezüglich der Farbe der Augen, der Haare und der Haut, in: Correspondenz-Blatt der deutschen Gesellschaft für Anthropologie, Ethnologie und Urgeschichte, (1876), S. 99.

201 Für einen frühen kenntnisreichen Überblick zu thematischen Karten vgl. Arthur Howard Robinson, Early thematic mapping in the history of cartography, Chicago u.a., 1982.

202 Vgl. aber: Nils Güttler, Das Kosmoskop, Göttingen, 2014; Steffen Siegel und Petra Weigel (Hgg.), Die Werkstatt des Kartographen: Materialien und Praktiken visueller Welterzeugung, Paderborn, 2011; Jane R. Camerini, Chapter 11: Heinrich Berghaus's map of human diseases, in: Medical History, (2000), S. 186–208. Die Ausgabe von Max Eckert erschien 1921 und 1924. Ders., Die Kartenwissenschaft. Forschungen und Grundlagen zu einer Kartographie als Wissenschaft. 2 Bde. Berlin, 1921.

mag, dass sie sich den sonst üblichen Methoden der Analyse von Texten verschließen bzw. umgekehrt so verdichtet sind, dass sie einer intensiveren Analyse bedürfen als manch ein Textdokument. Es lassen sich zunächst zwei Fragen unterscheiden, die an Karten gestellt werden können. Zum einen lassen sie sich hinsichtlich ihrer praktischen Herstellungsweise analysieren, zum anderen bezüglich ihres epistemologischen Produktionsprozesses. Beide Verfahren überlagern sich an bestimmten Punkten. Bei der Frage der Erhebung, der Typenbildung und Verarbeitung der Daten in Tabellen in den statistischen Ämtern wurden bereits Aspekte des epistemologischen Prozesses berührt. Bevor aber auf die Karten näher einzugehen sein wird, scheint ein kurzer Blick auf den Kontext der Beziehung von Statistik und Kartenherstellung sinnvoll.

Die statistische Faszination, so Wolfgang Ernst, sei Kehrseite und Antinomie des Historismus, aber zugleich im Bund mit dem archivischen Dispositiv.[203] Das Aufkommen der Statistik als eine moderne Form der Selbstbeobachtung des Staates hängt eng mit dessen Aufstieg zu einem Massenstaat zusammen. Mit Statistik, so Theodore Porter in seinem grundlegenden Werk über den Aufstieg des statistischen Denkens im 19. Jahrhundert, schien es möglich, allgemeine Wahrheiten über Massenphänomene aufzudecken, auch ohne die Gründe für individuelles Verhalten zu kennen oder Zugang zu ihnen haben zu müssen.[204] Aus dieser Perspektive wird klar, dass der während des 19. Jahrhunderts immer wieder geäußerte Wunsch nach größeren Datenmengen und das Versprechen der Statistik, aus diesen Datenmassen stabile Ergebnisse, ja sogar statistisch Gesetze herausarbeiten zu können, als Lösungsoption für bisher gescheiterte Versuche der Anthropologie wirken mussten, die selbstgestellten Fragen zu beantworten. Institutionell war die Statistik in europäischer Perspektive bis Ende des 19. Jahrhunderts stark französisch dominiert.[205] Diese Dominanz drückte sich nicht zuletzt darin

---

203 Wolfgang Ernst, Im Namen von Geschichte, München, 2003, S. 997.

204 Theodore M. Porter, The rise of statistical thinking 1820–1900, Princeton, NJ, 1986, S. 6.

205 Die Literatur zur Geschichte der Statistik und des statistischen Denkens ist mittlerweile sehr umfangreich. Sie reicht von Werken, die schon zu Beginn des 19. Jahrhunderts entstanden bis in die jüngste Zeit. Genannt werden deshalb nur wenige Werke, ohne Anspruch auf Vollständigkeit. Porter, wie ebd.; Stephen M. Stigler, The history of statistics: the measurement of uncertainty before 1900, Cambridge, Mass., 1986; Lorraine Daston, Classical probability in the enlightenment, Princeton, NJ u.a., 1995; Theodore M. Porter, Trust in numbers: the pursuit of objectivity in science and public life, 2. Aufl., Princeton, NJ, 1996; Ian Hacking, The emergence of probability: a philosophical study of early ideas about probability, induction and statistical inference, Cambridge; New York, 2006; J. Adam Tooze, Statistics and the German State, 1900–1945. The making of modern economic knowledge, Cambridge u.a., 2001; Michael Gamper, Masse lesen, Masse schreiben: eine Diskurs- und Imaginationsgeschichte der Menschenmenge 1765–1930, München u.a., 2007; Jean-Guy Prévost, Statistics, public debate and the state, 1800–1945. A social, political and intellectual history of numbers, London u.a., 2012.

aus, dass die Berichterstattung der internationalen Kongresse ab den 1850er-Jahren in französischer Sprache abgehalten und publiziert wurde.[206] Eine der wichtigen Figuren der Entwicklung der Sozialstatistik und ihrer Methoden wie auch der internationalen Kongresse war der Belgier Adolphe Quetelet (1796–1874).[207] Quetelet hatte 1846 eine erste Volkszählung in Belgien durchgeführt und beschäftigte sich neben sozialstatistischen Arbeiten auch intensiv mit anthropometrischen Studien.[208]

Insbesondere das Kaiserreich gilt heutzutage als eine Zeit der Kartenfixierung. Funkhouser spricht mit internationalem Blick für den Zeitraum von 1860 bis 1890 auch von einem »golden age of graphics«[209], für Arthur H. Robinson war die Periode 1800–1860 »a kind of ›golden age‹ of thematic cartography.«[210] Mit dem Perthes Verlag war in Deutschland einer der größten und renommiertesten Editionshäuser für Karten und Atlanten ansässig. Während in der ersten Hälfte des 19. Jahrhunderts Kartenwerke oder auch einzelne Karten nur singulär auftauchen und eine Ausnahme bilden, werden sie in dessen zweiter Hälfte zur Massenware. Eine besondere Form der Verbindung von Statistik und Karte war das sogenannte Kartogramm, also die Form einer graphischen Darstellung von statistisch erhobenen Daten bzw. eine Kombination aus Karten und den schon etwas älteren Diagrammen. Kartogramme sind thematische Karten. Anders als Karten lokalisieren und identifizieren sie nicht nur einen Ort, sondern zeigen mit jeweils verschiedenen graphischen Mitteln Verteilungen eines bestimmten Themas auf, sei es nun sozialer, ökonomischer, physischer oder einer anderen Natur. Erste thematische Karten sozialer Phänomene waren etwa ab den 1820er/30er-Jahren hergestellt worden, beispielsweise zu Krankheits- und Bevölkerungsverteilungen.[211] Innerhalb der anthropometrischen Forschung galt die Verzahnung von statistischer Aufarbeitung in Tabellen mit einer kartographischen Darstellung um 1875 also nicht mehr als neu,

---

[206] Was nicht ausschließt, dass auch die anderen europäischen Staaten, insbesondere Preußen, wie Reinhart Koselleck schrieb, als »zahlenfreudige Nation« gelten können. Zit. nach: Ernst, wie Anm. 203, S. 997. Vgl. Reinhart Koselleck, Preußen zwischen Reform und Revolution. Allgemeines Landrecht, Verwaltung und soziale Bewegung von 1791 bis 1848, Stuttgart, 1967.

[207] Quetelet wird als eine der zentralen Figuren dementsprechend häufig behandelt. Vgl. u.a. die entsprechenden Kapitel in: Porter, wie Anm. 204; Michael Gamper, Masse lesen, Masse schreiben, München u.a., 2007.

[208] Vgl. hierzu u.a.: Daniela Döring, Zeugende Zahlen: Mittelmaß und Durchschnittstypen in Proportion, Statistik und Konfektion, Berlin, 2011.

[209] H. Gray Funkhouser, Historical Development of the Graphical Representation of Statistical Data, in: Osiris, (1937), S. 330.

[210] Arthur Howard Robinson, Early thematic mapping, Chicago u.a., 1982, S. 24.

[211] Vgl. zum Kontext: Arthur Howard Robinson, Early thematic mapping, Chicago u.a., 1982; sowie als Beispiel für eine der frühen bahnbrechenden Karten: Jane R. Camerini, Chapter 11: Heinrich Berghaus's map of human diseases, in: Medical History, (2000), S. 186–208.

STATISTIQUE COMPARÉE
du nombre des crimes dans les divers arrondissements
des Cours Royales de France
en 1825, 1826 et 1827. (Extrait de la Carte)
par A. Balby et A. M. Guerry Avocat.

Fig. 1.

CRIMES CONTRE LES PROPRIÉTÉS.

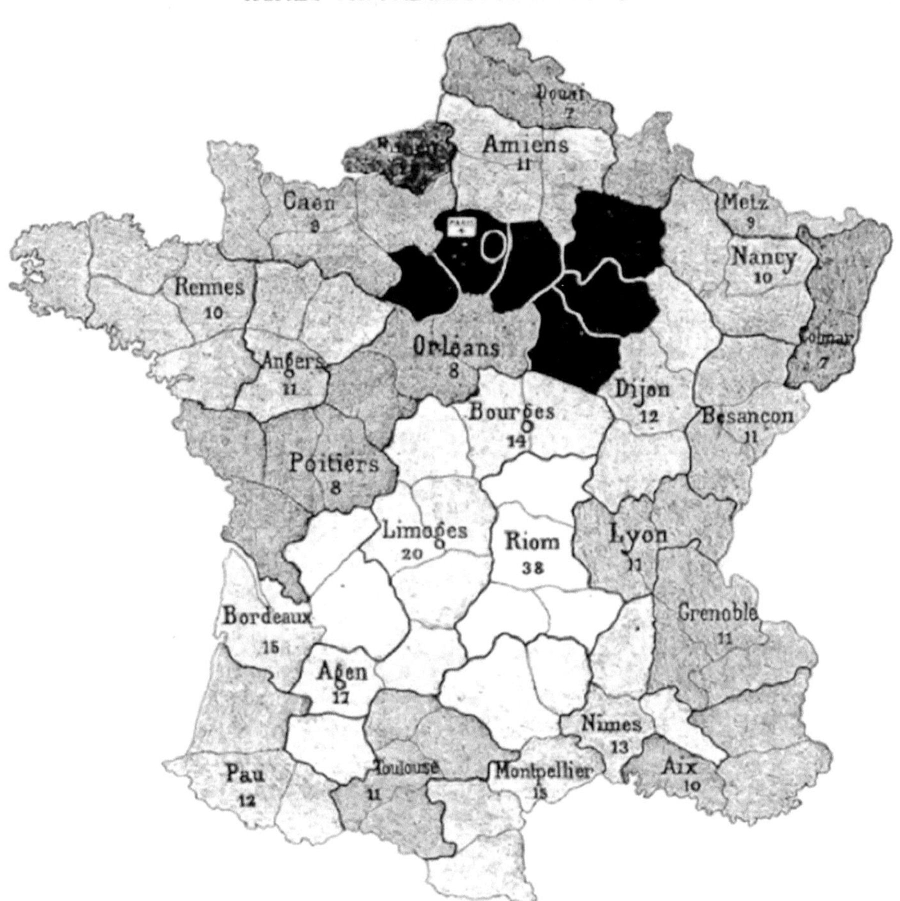

Les chiffres indiquent sur combien de mille habitants se rencontre un condamné.

Abbildung 11.
Charles-Joseph Minard, Des tableaux graphiques et des cartes figuratives, Paris 1862.

wenn auch die Verfahren und die Darstellungsweisen noch stark im Fluss und wenig standardisiert waren.

Während die Geschichte graphischer Darstellungen von statistischen Daten mit der Entwicklung des Koordinatensystems in der Antike von gekrümmten Kurven im Mittelalter und der analytischen Geometrie im 17. Jahrhundert durch Descartes weit zurückreicht, gilt die Zeit um 1800 als diejenige, in der die graphische Methode in der Statistik erstmals angewandt wurde.[212] Eine der wichtigsten Figuren der Entwicklung und Verbreitung von graphischen Darstellungen von Statistiken ist William Playfair (1759–1823). Sein ökonomischer und politischer Atlas, der erstmals 1785/86 veröffentlicht wurde, gilt als erste Publikation verschiedener Formen von statistischen Diagrammen.[213] So wird ihm unter anderem die Veröffentlichung des ersten Balkendiagramms zugeschrieben. Playfairs Atlas wurde weithin rezipiert. Alexander von Humboldt war von den graphischen Darstellungen stark beeindruckt, ahmte sie nach und erweiterte sie.[214]

1827 veröffentlichte Charles Dupin eine Karte der Verteilung des Analphabetismus in Frankreich und nutzte hierfür verschiedene tonale Stufen von schwarz bis weiß.[215] Heinrich Berghaus' »Physikalischer Atlas«, 1838 in Gotha veröffentlicht, enthielt ebenfalls einige Kartogramme. In Frankreich waren es danach vor allem Ingenieure wie Charles Joseph Minard (1781–1870), Staatswissenschaftler oder (Moral)Statistiker wie Adriano Balbi (1782–1848) und Andre-Michel Guerry (1802–1866), die die Entwicklung verschiedener Formen von Kartogrammen vorantrieben. Letztere zwei veröffentlichten 1829 das erste Flächenkartogramm, das auch als Choroplethenkarte bezeichnet wurden (Abb. S. 244). Der Begriff Kartogramm hat sich hingegen erst ab den 1860er-Jahren durchgesetzt.

Um die Mitte des 19. Jahrhunderts war die graphische Methode, die nicht ohne Kritik blieb[216], soweit etabliert, dass das Bedürfnis nach Vereinheitlichung der Ver-

212 Nach wie vor eine sehr gute Übersicht über Akteure, Publikationen und Debatten bietet: Funkhouser, wie Anm. 209, S. 269–404.

213 William Playfair, The commercial and political atlas: representing, by means of stained copper-plate charts, the exports, imports, and general trade of England, at a single view, London, 1785.

214 Vgl. Funkhouser, wie Anm. 209, S. 273ff.

215 A. W. F. Crome gilt nach Funkhouser als wenig beachteter Vorläufer thematischer Karten. Ebd., S. 299. Zum Crome vgl. Sybilla Nikolow, A.F.W. Crome's Measurement of the »Strength of the State«. Statistical Representations in Central Europe around 1800, in: The Age of Economic Measurement, hrsg. von Judy L. Klein / Mary Morgan, Durham, 2001.

216 Einige Nachweise bei Funkhouser, wie Anm. 209, S. 295; So hielt bspw. Karl Knies die »Linear-, chartographische-, plastische ›Methode‹« für »bedeutungslose Spielereien«, die außerhalb pädagogischer Zwecke nicht zweckmäßig seien. Vgl. Ders., Die Statistik als selbstständige Wissenschaft. Zur Lösung des Wirrsals in der Theorie und Praxis dieser Wis-

fahren der verschiedenen europäischen Staaten und ihrer statistischen Ämter stärker wurde. Forum der Bemühungen um Vereinheitlichungen wurden die internationalen statischen Kongresse.[217] Auf dem dritten dieser Art in Wien 1857 wurde die Frage der graphischen Aufarbeitung statistischer Daten erstmals diskutiert. Obwohl man auf den folgenden Kongressen die Dispute immer wieder aufnahm, konnte die anfänglich gewünschte Übereinkunft nicht gefunden werden. Zu unterschiedlich waren die Vorstellungen und zu stark auch eine Fraktion, die gerade in der Individualität der Karten einen Vorteil sah. Schließlich verschob sich die Entwicklung immer mehr von Vereinheitlichungsbemühungen hin zu Empfehlungen, die der Kongress aussprach.[218]

Graphische Darstellungen von statistischen Daten waren nicht nur staatliches Selbstbeobachtungsinstrument und wissenschaftliches Analysewerkzeug, sondern auch Mittel zur Popularisierung statistischer Daten. Anders als Tabellen vereinigten Kartogramme statistische Daten mit der Darstellung in Karten, die sich auch hervorragend auf Ausstellungen präsentieren ließen. So wurde die Dichteverteilung der Bevölkerung, die Häufigkeitsverteilung von Verbrechen ebenso wie die Kindersterblichkeit dargestellt. Auch die Karten der Schulkinderuntersuchung sind mehrfach ausgestellt worden. So berichtete Virchow auf der Versammlung der DGAEU 1878, dass er leider gerade keine Karte vorführen könne, da das eine Exemplar »gegenwärtig in der Pariser Ausstellung« sei und das andere Julius Kollmann als Vorlage für die Anfertigung der Schweizer Karte diene.[219]

senschaft. Zugleich ein Beitrag zu einer kritischen Geschichte der Statistik seit Achenwall, Kassel, 1850, S. 114.

217 Zu den Begründern der internationalen Zusammenkünfte der Statistiker gehörte der schon erwähnte Belgier Adolphe Quetelet. Der erste Kongress fand in Brüssel statt. Ihm folgten Paris (1855), Wien (1857), London (1860), Berlin (1863), Florenz (1867), Haag (1869), St. Petersburg (1872) und Pest (1876). In den 1880er-Jahren wurde ein internationales Institut für Statistik gegründet, das Zusammenkünfte von Statistikern im zweijährigen Rhythmus in verschiedenen Städten organisierte (1895 Bern, 1897 Petersburg, 1899 Christiania, 1901 Budapest, 1903 Berlin, 1905 Paris). Eine wichtige Quelle zu deren Gesichte bilden die jeweils umfangreichen Bände zur Berichterstattung der Kongresse. Vgl. z.B. die beiden Bde. von 1872 in Kurzfassung und ausführlich: P. Séménow (Hrsg.), Huitiéme session du congrès international de statistique à St.-Pétersbourg. Rapports et résolutions, St. Pétersbourg, 1872; Ders. (Hrsg.), Compte-rendu général des travaux du Congrès International de Statistique: aus sessions de Bruxelles 1853, Paris 1855, Vienne 1857, Londres 1860, Berlin 1863, Florence 1867 et La Haye 1869, St.-Pétersbourg, 1872.

218 Ausführlicher ist die Diskussion auf den internationalen Kongressen dargestellt bei: Funkhouser, wie Anm. 209, S. 269–404; teilw. auch bei: Gilles Palsky, The debate on the standardization of statistical maps and diagrams (1857–1901). Elements for the history of graphical language, in: Cybergeo. European Journal of Geography, (1999) (DOI: <10.4000/cybergeo.148>).

219 Vgl. Virchow, Statistik der Schädelformen in Deutschland, wie Anm. 141, S. 101.

Im Zusammenhang mit der Schulkinderuntersuchung sind mehrere Karten verschiedenen Stils hergestellt worden. Die endgültige Darstellung, wie sie in fünf Kartogrammen im Gesamtbericht von Virchow 1886 veröffentlicht worden sind, durchlief damit gewissermaßen einen mehrteiligen Überarbeitungsprozess. Die auf dem internationalen statistischen Kongress in Den Haag 1869 vereinbarte Empfehlung beinhaltete, dass die »hauptsächlichen amtlichen statistischen Veröffentlichungen [...] mit Karten und Diagrammen zu versehen« seien, da die »graphische Methode sich zur Erlernung und Verbreitung der statistischen Wissenschaft vorzüglich eigen[e]«.[220] Zudem solle der nächste Kongress eine »Denkschrift über die verschiedenen in der Statistik angewandten graphischen Methoden« erstellen oder, wie Engel in einer Fußnote hinzufügt, mittels Preisausschreibens in Auftrag gegeben werden.[221] Damit verbunden war die Hoffnung, im Vergleich Vereinheitlichungsoptionen leichter und besser überprüfen zu können. In München wurde mit dem ersten Heft der neugegründeten *Zeitschrift des Königlich Bayerischen Statistischen Bureau* die Empfehlung prompt umgesetzt.[222] Das Kartogramm zur Kindersterblichkeit in Süddeutschland, das Mayr auch auf dem internationalen Kongress 1872 in St. Petersburg im Zusammenhang mit den Diskussionen um die Frage der Vereinheitlichung von Kartogrammen vorstellte, ist hier insofern relevant, weil es – wie der Vergleich beider

---

220 Ernst Engel, Die Beschlüsse der VII. im Monat September 1869 im Haag abgehaltenen Sitzungsperiode des internationalen statistischen Congesses, in: Zeitschrift des Königl. Preußischen Statistischen Bureaus, 10 (1870) 1–2, S. 61; ausführlicher in: Marie Matthieu Baumhauer, Congrès International de Statistique à la Haye. Compte-Rendu des travaux de la septième session, La Haye, 1870.

221 Engel, ebd., S. 61.

222 Auch in der preußischen Zeitschrift für Statistik veröffentlichte der Leiter Ernst Engel eine kurze Abhandlung über die »Vertheilung der Bevölkerung des preussischen Staates auf Alters- und Berufsklassen«, die er gemäß der Den Haager Beschlüsse mit einer Reihe von Diagrammen versehen hatte. In seiner Einleitung erwähnt er »dass in neuerer Zeit die Methode der graphischen Darstellung statistisch erfassbarer Zustände und Zustandsänderungen ungemein häufig angewendet und zur Veranschaulichung der complicirtesten socialen Erscheinungen benutzt wird.« (S. 395) Gegenüber Tabellen, glaubt Engel, können die graphischen Darstellung leichter auch von Kreisen rezipiert werden, die sich bisher der statistischen Aufbereitung allein in Zahlen verschlossen hätten. Dabei sei die graphische Darstellung keineswegs neu. Schon 1828 habe eine der Gründungsfiguren der Geographie, Carl Ritter, in einem Akademie-Vortrag über die »Veranschaulichungsformen räumlicher Verhältnisse bei graphischen Darstellungen durch Form und Zahl« erste theoretische Überlegungen angestellt. Vgl. Ernst Engel, Die Vertheilung der Bevölkerung des preussischen Staates auf Alters- und Berufsklassen in graphischer Darstellung, in: Zeitschrift des Königl. Preußischen Statistischen Bureaus, 10 (1870) 4, S. 395–398. Vgl. auch Carl Ritter, Bemerkungen über Veranschaulichungsmittel räumlicher Verhältnisse bei graphischen Darstellungen durch Form und Zahl, in: Abhandlungen der Königlichen Preußischen Akademie der Wissenschaften zu Berlin aus dem Jahre 1828, (1831), S. 213–232.

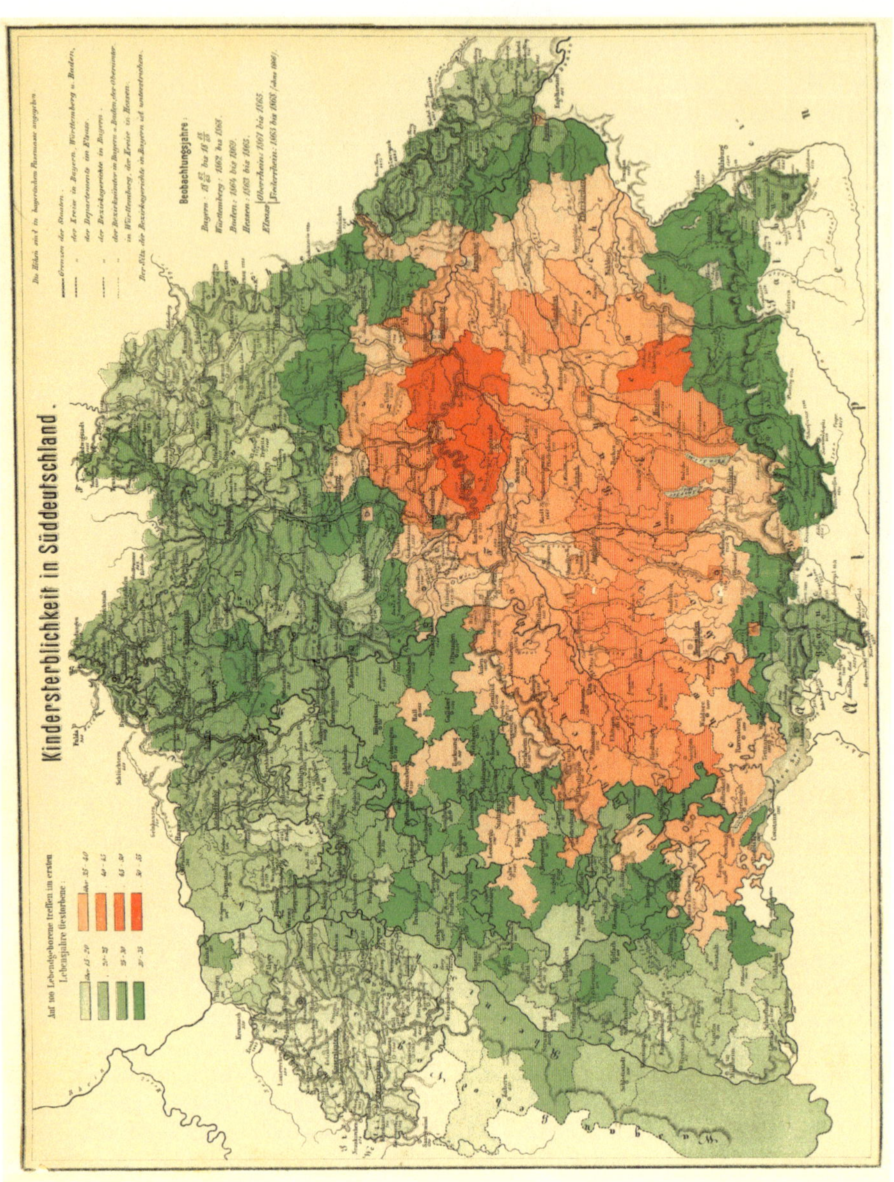

Abbildung 12.
Die Karte mit Daten aus den 1860er-Jahren wurde 1869 erstmals veröffentlicht. Wieder in: Königlich Bayerisches Statistisches Bureau: Kartogramme & Diagramme zur Statistik Bayerns, München 1880.

Karten offenlegt – das Modell für die Karte zur Schulkinderuntersuchung in Bayern abgab.[223]

Letztere hat Mayr als Ergebnis der Schulkindererhebungen von 1874 auf der Jahrestagung der DGAEU in München 1875 präsentiert. Beiden lag die gleiche politische Karte Bayerns zugrunde und auch das gleiche Farbschema. Die kartographische Darstellungsweise und das Design der Auswertung der Schulkinderuntersuchung in Bayern standen damit in direkter Linie zu vorherigen Untersuchungen der Bevölkerung und der Wirtschaft. Wie aus einem 1880 veröffentlichten Sammelband verschiedener Karten und Kartogramme des Bayrischen Statistischen Büros ersichtlich wird, wurden nach dem Vorbild der Kindersterblichkeitskarte im Münchner statistischen Büro thematische Karten zu ganz verschiedenen Themen hergestellt.[224]

Die Karte in Abbildung 13 stellte die Verteilung der erhobenen Daten zu den blonden Haaren dar. Zwei weitere Karten geben in analoger Weise die Häufigkeitsverteilung der beiden anderen erhobenen Merkmale der Augen und der Haut wieder. Mayr hatte die statistische Auswertung, wie Virchow mitteilte, ursprünglich nur sehr widerwillig übernommen. Zu groß schien ihm die Fehleranfälligkeit, zum einen bei der Erhebung von farblichen Merkmalen und wenn diese den Lehrern, die in der Regel Laien auf dem Gebiet waren, übertragen wurde. Schließlich habe sich Mayr aber von der Prägnanz der Resultate doch überrascht gezeigt.[225] Entscheidend hierfür waren jedoch nicht die berechneten Daten in Tabellenform, sondern sein Eindruck der kartographischen Darstellung. »Dass wir es in der That im vorliegende Falle« so Mayr, »mit einem annähernd recht guten Bilde der wirklichen Verhältnisse zu thun haben, wurde mir zur höchsten Gewissheit, als ich zur kartographischen Darstellung der Sache übergegangen war.«[226] Anhand des optischen Eindrucks der Karten glaubte Mayr, die Richtigkeit der Untersuchung belegen und festmachen zu können. Zeige sich auf den Karten »ein sehr buntscheckiges Bild der verschiedenen Gruppen«, wäre die Erhebung gescheitert. Sollten sich jedoch »scharf abgegrenzte grosse geographische Bezirke entdecken« lassen, die sich »als neue bisher noch gar nicht bekannte Provinzen eigenartiger Gestaltungen«

---

223 Das Kartogramm zur Kindersterblichkeit in Bayern befindet sich unter anderem in einer Sammlung von Kartogrammen von 1880, vgl. Königlich Bayerisches Statistisches Bureau, Kartogramme & Diagramme zur Statistik Bayerns, München, 1880.

224 Ebd.

225 Es handelt sich hierbei um Virchows Bericht an die BGAEU von der deutschen Gesamtversammlung. Ders., Über die Verhandlungen auf der vom 9.–11. August abgehaltenen General-Versammlung der Deutschen Anthropologischen Gesellschaft zu München, in: Verhandlungen der Berliner Gesellschaft für Anthropologie, Ethnologie und Urgeschichte, (1875), S. 202.

226 Die Ergebnisse zur Hautfarbe nahm er von diesem positiven Urteil allerdings aus. Siehe: Mayr, Die bayerische Jugend, wie Anm. 151, S. 297.

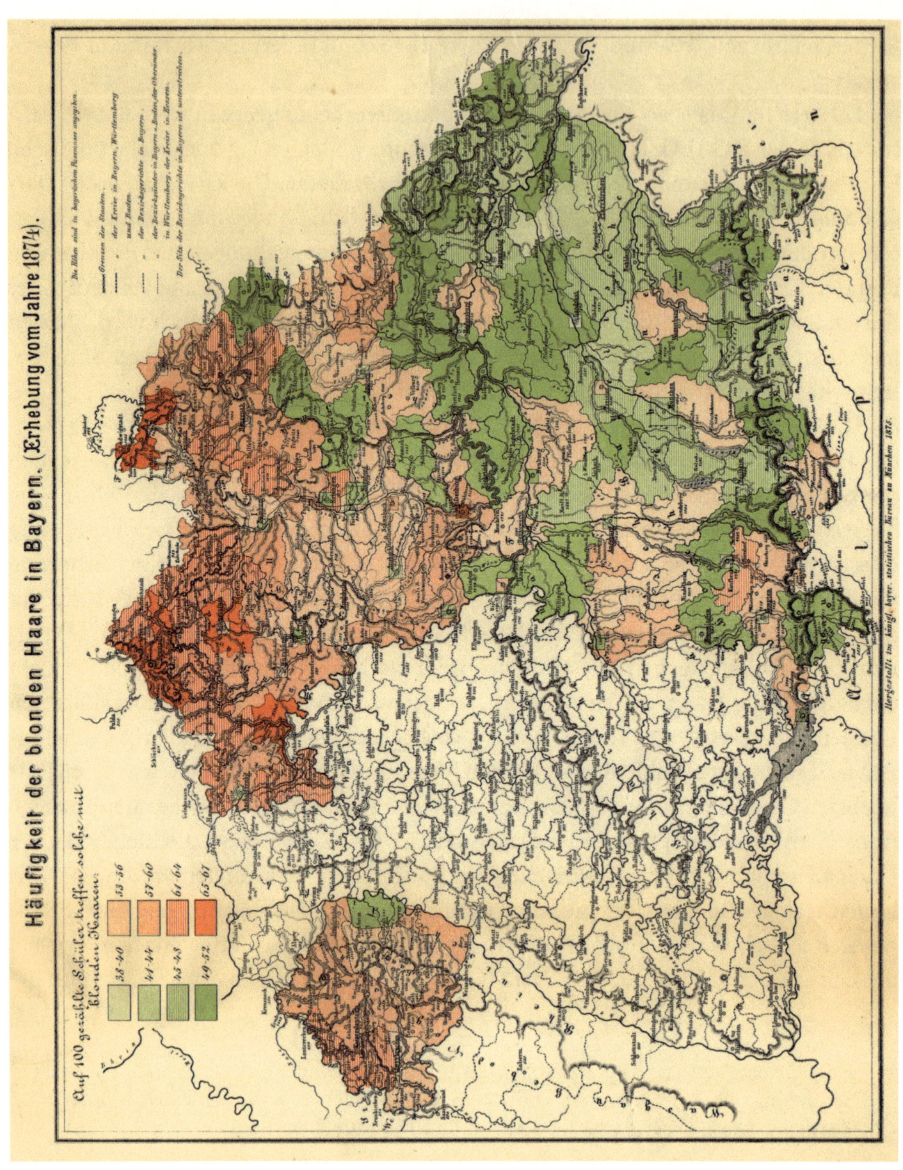

Abbildung 13.
Kartogramm zur Schulkinderuntersuchung, hergestellt durch das Bayrische Statistische Büro 1875, in: Archiv der BGAEU, Berlin.

darstellen, dann sei die Erhebung trotz der »Fehler der Einzelbeobachtung« richtig verlaufen.«[227] Das Bild der kartographischen Darstellung wird damit auch Mittel zur Bestätigung oder Widerlegung der Erhebungsmethode.

Die württembergischen Untersuchungen, die wie die bayerischen vom eigenen statistischen Amt bearbeitet wurden, orientierten sich in der kartographischen Darstellung am bayerischen Vorbild. Zur graphischen Darstellung benutzten beide ein Zweifarbsystem. Dieses Schema ging auf Émile Levasseur (1828–1911) zurück und es ging davon aus, dass beide Farben, in diesem Fall Rot und Grün, für oberhalb bzw. für unterhalb eines errechneten Mittelwertes stehen. Durch Schattierungen oder Sättigungen der Farben wurden jeweils stärkere oder minder starke Ausprägungen dargestellt. Zeitgenössisch existierten auch andere Farbsysteme. Neben dem monochromen, in dem nur eine Farbe in verschiedenen Schattierungen verwendet wurde, gab es auch das Dreifarbensystem. Hierbei stand in Analogie zur Natur Weiß für die Berge, Grün für die Wiesen und Blau für das Meer.

Virchows Kritik, der große Kontrast zweier nebeneinander liegender Farben, die zugleich statistisch nebeneinanderliegende Werte darstellten, geht mit dem klassischen Einwand gegen das Zweifarbensystem einher.[228] Zudem war Virchow nicht einverstanden mit der »Zerlegung des Materials« in einzelne Merkmale, wie sie Mayr vorgenommen hatte, da seiner Ansicht nach »jedes Individuum gleichsam in drei Theile zerschnitten und Theilen anderer Individuen zusammengelegt wird, [...], dasselbe Individuum also in ganz differenten Kategorien erscheint.«[229] An dem Farbschema störte Virchow ein aus seiner Sicht irritierender oder in die Irre führender psychologischer Effekt. Die Farbskala war so ausgerichtet, dass die niedrigsten Werte, im Fall der hier abgebildeten Karte, mit hellem Grün beginnen und dann mit ansteigenden Werten ins dunklere Grün übergehen. Ab dem Mittelwert, also im Grund von den Werten her weiter ansteigend, wechselt die Farbe zu hellem Rot. Diese Konvention betonte die oben schon erwähnte Unterscheidung in niedrige und hohe Werte durch jeweils zwei Farben.

Auf der Versammlung der DGEAU von 1876 präsentierte Virchow erstmals Karten von Gesamtdeutschland, auch wenn diese noch nicht vollständig waren. Die statisti-

---

227 Ebd.

228 Rudolf Virchow, Über die Verhandlungen auf der vom 9.–11. August abgehaltenen General-Versammlung der deutschen anthropologischen Gesellschaft zu München, in: Verhandlungen der Berliner Gesellschaft für Anthropologie, Ethnologie und Urgeschichte, (1875), S. 203. Georg Mayr ausführlicher zu seinem Zweifarbensystem in: Georg Mayr, Zur Methodik und Technik statistischer Karten, in: Allgemeines Statistisches Archiv, (1907), S. 131–157.

229 Ders., Berichterstattung über die statistischen Erhebungen bezüglich der Farbe der Augen, der Haare und der Haut, in: Correspondenz-Blatt der deutschen Gesellschaft für Anthropologie, Ethnologie und Urgeschichte, (1876), S. 99.

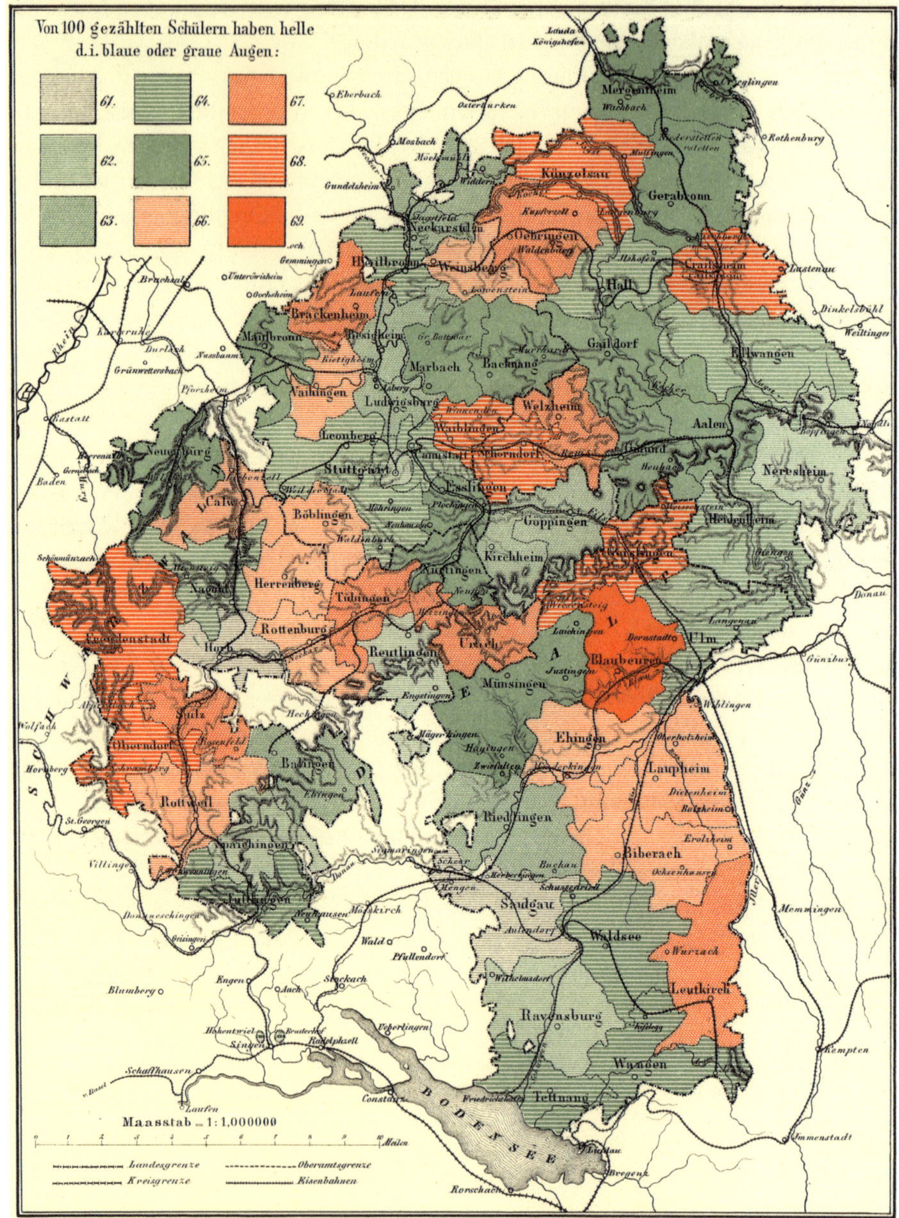

Abbildung 14 und 15 (S. 253).
Kartogramme der Schulkinderuntersuchung von Württemberg 1876, in: Archiv der BGAEU.

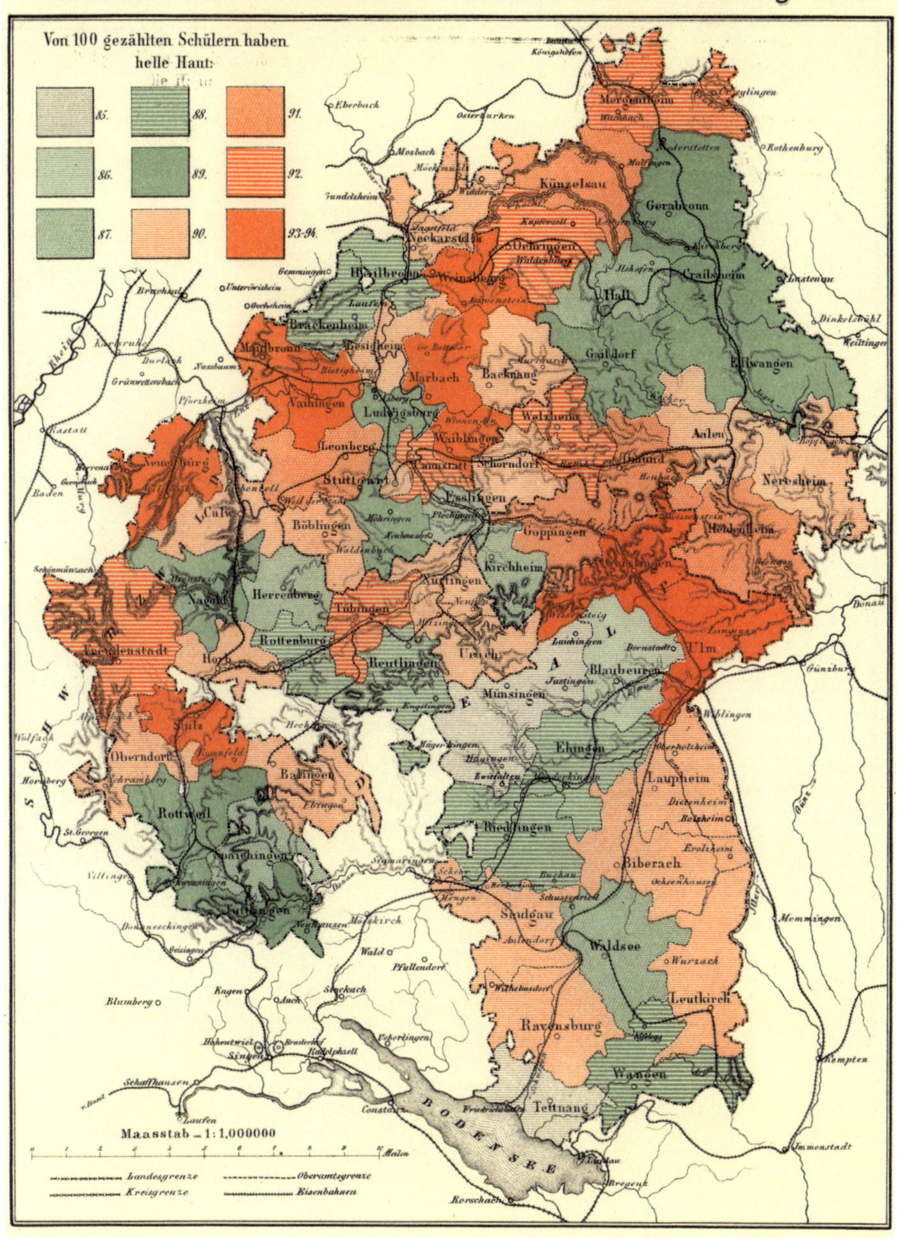
Aufnahme der Farbe der Haut in den Schulen Württembergs 1876.
Von 100 gezählten Schülern haben
helle Haut:
85.
86.
87.
88.
89.
90.
91.
92.
93-94.
Mergentheim
Künzelsau
Gerabronn
Neckarsulm
Oehringen
Heilbronn
Weinsberg
Hall
Crailsheim
Brackenheim
Besigheim
Marbach
Backnang
Gaildorf
Ellwangen
Maulbronn
Vaihingen
Ludwigsburg
Welzheim
Aalen
Leonberg
Waiblingen
Schorndorf
Neresheim
Neuenbürg
Stuttgart
Esslingen
Calw
Böblingen
Göppingen
Heidenheim
Kirchheim
Nagold
Herrenberg
Nürtingen
Tübingen
Freudenstadt
Rottenburg
Urach
Ulm
Horb
Reutlingen
Blaubeuren
Münsingen
Sulz
Ehingen
Oberndorf
Balingen
Laupheim
Rottweil
Riedlingen
Spaichingen
Biberach
Tuttlingen
Saulgau
Waldsee
Leutkirch
Ravensburg
Wangen
Tettnang
Bodensee
Maasstab = 1:1,000000
Meilen
Landesgrenze
Oberamtsgrenze
Kreisgrenze
Eisenbahnen

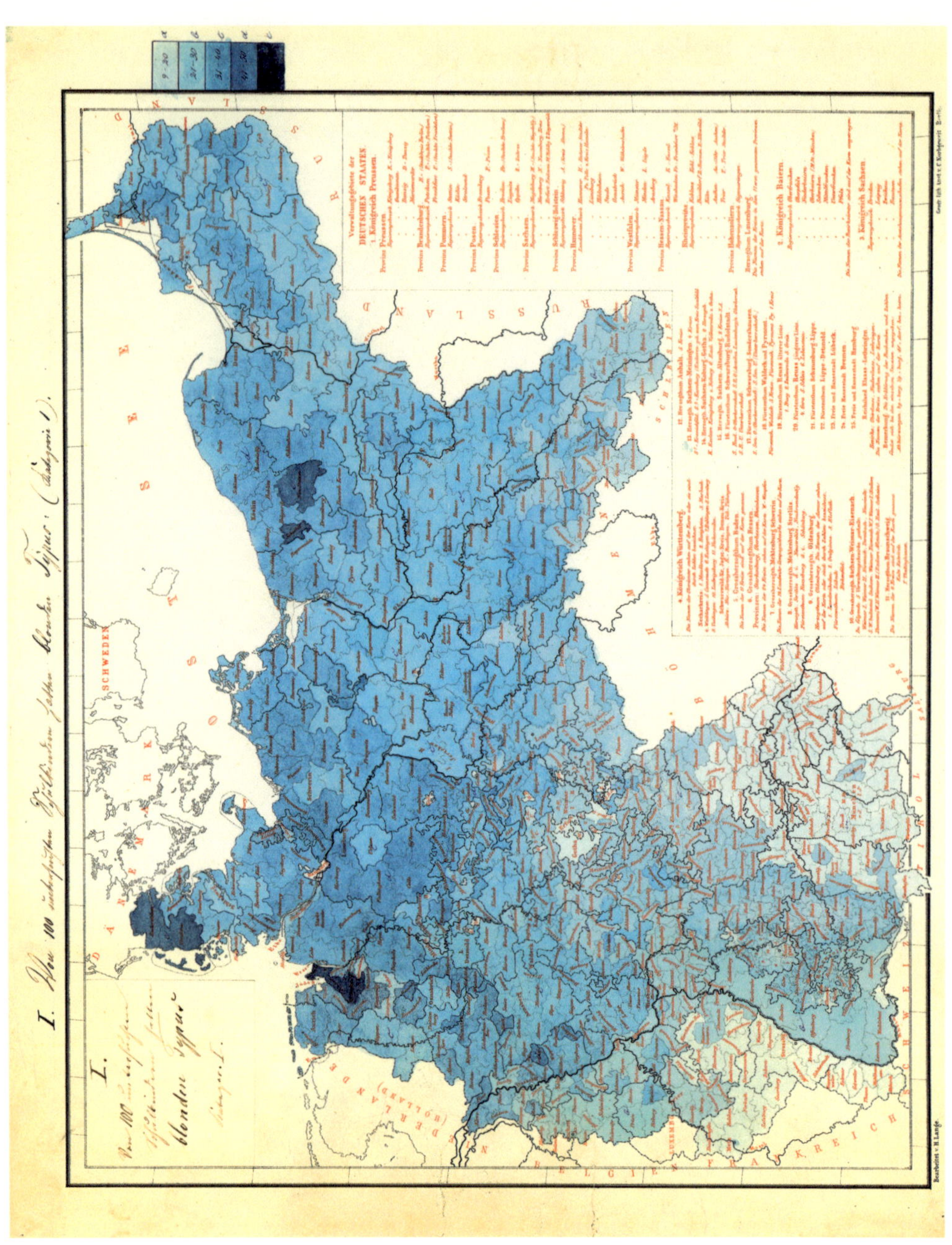

Abbildung 16. Entwurf eines Kartogramms zur Schulkinderuntersuchung für Deutschland, in: Archiv der BGAEU.

sche Bearbeitung der Daten war vom Königlich-Preußischen Statistischen Bureau und hierbei insbesondere unter der Leitung von Albert Guttstadt durchgeführt worden. Anschließend wurden die Karten unter Anweisungen von Virchow durch die geographisch-lithographische Anstalt Carl Korbgeweit hergestellt. Die späteren gedruckten Karten hingegen wurden durch die Münchner Anstalt F. Wolf gedruckt, die 1868 ein neues Druckverfahren unter dem Name Chromophototypie vorgestellt hatten, dass auch hier zum Einsatz kam.[230]

Die ersten noch handschriftlich beschriebenen Karten sind von Henry Lange bearbeitet worden, einem damals schon berühmten Kartenzeichner aus der Schule von Heinrich Berghaus[231], der seit 1868 im statistischen Amt in Berlin arbeitete. Lange hatte fünf verschiedene Schattierungen verwendet, die gedruckte Karte sechs.

Die Spanne (Beginn: 9 Prozent und Ende: 54 Prozent) blieb gleich. Jedoch wurden die hellsten Bereiche aufgeteilt. Zuvor war 9–20 Prozent ein heller Blauton, danach wurden daraus zwei abgestufte Blautöne, einmal für 9–14 und zum anderen für 15–20 Prozent. Insgesamt ist die Stärke des Blauton zurückgenommen, so dass die Karte weniger kontrastreich wirkt. Das ist ein Beispiel dafür, wie der subjektive Eindruck einer bestimmten visuellen Darstellungsweise, in diesem Fall das Kartogramm mit verschiedenen Hell- und Dunkeltönen einer Farbe, auf die Darstellung von statistischen Ergebnissen rückwirken kann.

Virchow wünschte, wie aus dem Bericht von 1874 hervorgeht, »ein bestimmtes territoriales Wissen«[232], das für weitere Fragen Voraussetzung sei und das er eher gegeben sah, wenn er die konstruierte Typisierung von hell nach dunklen Merkmalen auch optisch in Form von monochromatischem Verlauf von hell nach dunkel wiedergegeben sei. Das komme den »Tatsachen«, dem natürlichen Verlauf näher als die Aufforderung der Statistiker bezüglich des Zweifarbsystems, man müsse dieses »nur sehen lernen«. Virchow ließ für die erste Präsentation fünf Kartogramme herstellen, jeweils eines zu den beiden extremen Typen (Typ 1 und 11), also den sogenannten »reinen« Typen: blond und braun. Typ 1 wurde mit Blau und Typ 11 mit Braun dargestellt. Drei weitere

---

230 Das unter verschiedenen Namen (Albertotypie, Artotypie, Glasdruck, Heliotypie, Kollographie, Leimdruck, Photographiedruck, Phototypie) laufende Lichtdruckverfahren war bereits in den 1850er-Jahren von Alphons L. Poitevin in Paris erfunden worden und von Joseph Albert wesentlich verbessert worden. Während es um 1900 noch weit verbreitet war, wurde es später durch das Offsetdruckverfahren verdrängt. Joseph Albert hatte sein Verfahren erstmals 1868 anlässlich der III. Deutschen Photographischen Ausstellung unter dem Namen »Albertotypie« in München präsentiert. Näheres zum Verfahren unter: Otto Lueger, Otto Luegers Lexikon der gesamten Technik und ihrer Hilfswissenschaften, Stuttgart u.a., 1894.

231 Zu Berghaus vgl. Gerhard Engelmann, Heinrich Berghaus: der Kartograph von Potsdam, Halle/Saale, 1977.

232 Virchow, Ueber die kartographischen Aufnahmen, wie Anm. 115, S. 36.

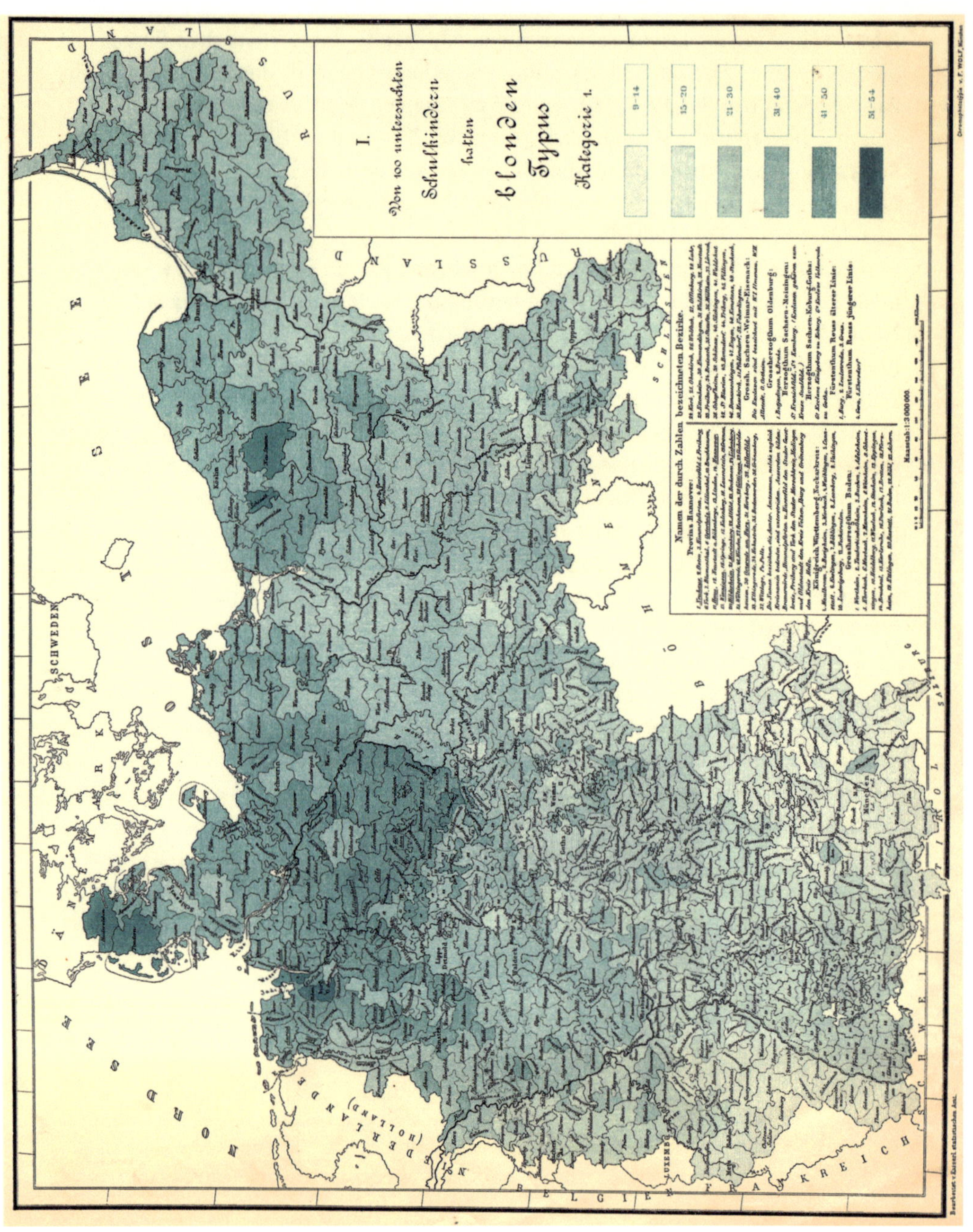

Abbildung 17. Gedrucktes Kartogramm zur Schulkinderuntersuchung, in: Archiv der BGAEU.

Karten stellten Verhältnisse von Merkmalen dar. So wurde bspw. auf einer Karte das Verhältnis der Haarfarbe wiedergegeben und zwar danach, wieviel Prozent brauner Haare auf 100 Blonde kommen.

Schulkinderuntersuchungen transnational und kartographische Stile

Die Wirkungsgeschichte wurde im Zusammenhang mit der Erörterung des Forschungsstands eingangs bereits angedeutet. Die jüngere wissenschaftsgeschichtliche Forschung konzentrierte sich vor allem auf die Frage, inwiefern die Schulkinderuntersuchung zur Entwicklung einer rassistisch-chauvinistischen Wissenschaft beigetragen habe. Sei es, dass Virchow und die Erhebung als ein Gegenbeispiel, also eine Form von Anti-Antisemitismus dargestellt wurde, oder sei es, dass in der Methodik der anthropometrischen Untersuchung und durch dessen Forschungsdesign oder durch erlerntes Wissen (»tacit knowledge«) die Bestimmbarkeit und Wertigkeit von Rassen breitenwirksam eingeführt wurde. Die einfache Argumentation, Virchow als klassisch liberaler Wissenschaftler könne dafür herhalten, dass mit der Untersuchung und den Ergebnissen ein Beispiel von Anti-Antisemitismus gegeben worden sei, muss heutzutage als veraltet gelten, da es der Komplexität der Rezeption und Weiterführung von Forschungspraktiken nicht gerecht werde.

> *»In dem Maße, in dem sich bei Virchow die Art und Weise ablesen lässt, in der sich der Rassendiskurs mit seinen impliziten Hierarchisierungen und Bewertungen auch und gerade in die Wahrnehmungsweisen einer allgemein anerkannten und streng-rationalen Wissenschaft einschrieb, wird deutlich, wie sehr die Aufteilung der politisch-intellektuellen Positionen des Bildungsbürgertums im Kaiserreich in Rassisten und Nicht-Rassisten an einer sehr viel komplexeren historischen Wirklichkeit vorbeigeht.«*[233]

Ebenso scheint der Rassebegriff zur Zeit des Kaiserreichs und insbesondere bei Virchow »eher ein historisch-politischer als ein rein biologischer Begriff«[234] zu verstehen zu sein.

Vor diesem Hintergrund ist es abschließend sinnvoll, einen – wenn auch nur kursorischen – Blick auf die unmittelbaren Wirkungen und mithin die Rezeptionsgeschichte der Schulkinderuntersuchung zu werfen und zwar einerseits im Hinblick auf die Rezeption im europäischen Ausland und auf einige Beispiele vergleichbarer Forschungsfragen der jüngeren Wissenschaftsgeschichte.

---

233 Geulen, Blonde bevorzugt, wie Anm. 12, S. 162. Vgl. hierzu auch: Ders., Wahlverwandte, Hamburg, 2004.

234 Geulen, wie Anm. 12, S. 162.

Direkte Wirkungen hatte die Untersuchung auf die Initiierung von Unternehmungen einiger benachbarter Länder. Beginnend mit Belgien[235], danach in der Schweiz[236] und in Österreich[237] wurden Ergebnisse von ähnlichen Erhebungen veröffentlicht. Zum Kontext gehören ebenfalls Untersuchungen in Großbritannien[238], in Frankreich[239], Galizien[240] sowie weitere mehr oder weniger kleine Erhebungen in Dänemark[241], der Provinz Bologna[242], Tunesien[243], Persien bis hin nach Zentralasien[244]. Vor allem die

235 Léon Vanderkindere, Nouvelles recherches sur l'ethnologie de la Belgique, Bruxelles, 1879.

236 G. Beck, Ueber die anthropologische Untersuchung der Schulkinder, in: Mitteilungen der Naturforschenden Gesellschaft in Bern, (1879), S. 29–44. Für den Kanton Bern hatte T. Studer schon zuvor eine gesonderte Analyse mit entsprechenden Kartogrammen publiziert. Vgl. Ders., Ueber die statistische Aufnahme der Farbe der Haut und der Augen im Kt. Bern, in: Mitteilungen der Naturforschenden Gesellschaft in Bern, (1880), S. 54–71. Mit zwei Karten: Julius Kollmann, Die statistischen Erhebungen über die Farbe der Augen, der Haare und der Haut in den Schulen der Schweiz, Basel, 1881.

237 Gustav Adolf Schimmer, Erhebungen über die Farbe der Augen, der Haare und der Haut bei den Schulkindern Oesterreichs, Wien (Mittheilungen der anthropologischen Gesellschaft in Wien. Supplement, Bd. 1), 1884.

238 Francis Galton, Final Report of the Anthropometric Committee, in: Report of the British Association for the Advancement of Science, (1883). Teile der britischen Erhebungen wurden von John Beddoe durchgeführt, der 1885 eine größere Abhandlung veröffentlichte. Vgl. John Beddoe, The races of Britain: a contribution to the anthropology of Western Europe, Bristol, 1885.

239 Der für die französischen Erhebungen verantwortliche Paul Topinard stellte 1886 fest, dass bis auf Skandinavien, Spanien und die Türkei praktisch alle Länder »Farberhebungen« durchführten. Paul Topinard, La carte de la répartition de la couleur des yeux et des cheveux, en France, in: Bulletins de la Société d'anthropologie de Paris, 9 (1886) 1, S. 592.

240 Vgl. Józef Majer, Charakterystyka fizyczna ludności galicyjskiej, na podstawie spostrzeżeń dokonanych za staraniem Komisyi Antropologicznej Akademii Umiejętności w Krakowie, Krakowie, 1876.

241 Soeren Hansen und Paul Topinard, La couleur des yeux et des cheveux en Danemarck, in: Revue d'anthropologie, Ser. III, (1888), S. 39–41; Wie Topinard in einem späteren Aufsatz berichtete, fuhr Hansen auch nach Grönland für weitere Erhebungen. Vgl. Paul Topinard, Documents sur la couleur des yeux et des cheveux, in: Revue d'anthropologie, Ser. III, (1888), S. 515.

242 Vgl. Alfonso Rubbiani, Etnologia Bolognese, Bologna, 1882.

243 René Collignon, Répartition de la Couleur des yeux et des cheveux chez les Tunisiens Sédentaires. D'après les observation de M. le capitaine Rebillet et de M. de lieutenant Hannezô, in: Revue d'anthropologique, Ser. III, 3 (1888) 1, S. 1–8.

244 Neben internationaler Wirkung fand nach der Schulkinderuntersuchung eine Reihe weiterer regionaler Untersuchungen statt, vor allem im süddeutschen Raum. Vgl. Johannes Ranke, Beiträge zur physischen Anthropologie der Bayern, München, 1883. Des Weiteren Otto Ammon (Hrsg.), Zur Anthropologie der Badener. Bericht über die von der Anthropologischen Kommission des Karlsruher Altertumsvereins an Wehrpflichtigen und Mittelschülern vorgenommenen Untersuchungen, Jena, 1899; sowie Alfred Schliz, Eine Schulkinder-

Schweizer und die österreichischen Unternehmungen orientierten sich stark am Forschungsdesign der deutschen Erhebung. Die Schweizer Erhebungen war nach dem frühen Tod des Kommissionleiters K. E. E. Hoffmann durch den nach Basel berufenen und schon an der deutschen Erhebung beteiligten Julius Kollmann auch personell mit der deutschen Befragung verbunden.[245] Die belgischen Erhebungen, die zwar später als die schweizerischen begannen, deren Ergebnisse aber eher als diese publiziert wurden, wichen im Erhebungs- bzw. Typenschema ab, so dass Virchow die Ergebnisse nur bedingt für vergleichbar erachtete. Die britischen Erhebungen sahen, wie beschrieben, in der Wahl der Kinder als Untersuchungsobjekte ein methodisches Problem und zogen deshalb, was in Deutschland wissenschaftspolitisch nur regional begrenzt gelang, auch Rekruten als Untersuchungsobjekte heran. All diese Erhebungen konnte Virchow 1886 in seinem Gesamtbericht mit in Betracht ziehen. Lobend hob er zudem die italienische Anordnung hervor, dass Rekruten generell auch hinsichtlich der für Anthropologen interessanten Merkmale vermessen werden sollten.[246] Jedoch erfolgte eine Veröffentlichung des entsprechenden Datenmaterials erst später.[247]

Die britischen Erhebungen, die neben Augen- und Haarfarbe eine ganze Reihe anderer physischer Merkmale wie Körpergröße, Stärke der Arme etc. untersuchten, veröffentlichten 1883 in ihrem Abschlussbericht mehrere Kartogramme. Für die Untersuchungen war 1875 ein Anthropometric Commitee eingerichtet und mit finanziellen Mitteln ausgestattet worden.[248] Während das Commitee bis 1880 von William Farr (1807–1883) geleitet wurde, ging die Leitung nach dessen Rücktritt an Francis Galton.[249] Galton hatte schon vor der Gründung des Commitees 1874 beim Anthropo-

---

untersuchung zum Zweck der Rassenbestimmung nach Farbencomplexion und primären Körpermerkmalen, in: Archiv für Anthropologie, (1902), S. 191.

245 Trotz der Umstands, dass in der Schweiz keine Anweisung an Schullehrer ausgegeben werden konnte, sondern allein auf freiwillige Teilnahme der Lehrer bzw. Schulen gesetzt werden musste, ist ein sehr hoher Prozentsatz an Schulkindern »vermessen« worden. Die 405.609 Schulkinder entsprachen bei einer Bevölkerung von 2,8 Millionen Einwohnern circa 14,5 Prozent der Bevölkerung, eine annähernd gleiche Größenordnung wie bei der deutschen Erhebung. Kollmann veröffentlichte 1883 eine Auswertung des Materials nebst zweier Kartogramme. Vgl. Ders., Die statistischen Erhebungen über die Farbe der Augen, der Haare und der Haut in den Schulen der Schweiz, Basel, 1881, S. 9.

246 Vgl.Virchow, wie Anm. 145 Gesammtbericht über die Erhebungen, in: Archiv für Anthropologie, (1886), S. 290.

247 Ridolfo Livi (Hrsg.), Antropometria militare: risultati ottenuti dallo spoglio dei fogli sanitarii dei militari delle classi 1859–63 eseguito dall'Ispettorato di sanità militare per ordine del Ministero della guerra. Parte I: Dati Antropologici ed Etnologici. Testo e tavole statistiche, Roma, 1896.

248 Vgl. Francis Galton, Report of the Anthropological Committee, in: Report of the British Association for the Advancement of Science, (1880), S. 120.

249 Der Report war im Namen des gesamten Commitee verfasst. Er wird hier nur der Einfachheit halber unter Galton zitiert. Ebd.

logical Institute einen Antrag für die Erhebung und Sammlung von Daten zu körperlichen Merkmalen von Schulkindern gestellt.[250] Auch ohne, dass Galton dabei explizit auf die deutschen Erhebungen als Vorbild einging, ist davon auszugehen, dass er von dem deutschen Projekt Kenntnis hatte.[251] Sein Vorschlag ging aber weit über die deutschen Erhebungen hinaus. Galton wollte nicht allein farbliche Merkmale, sondern die Schulkinder gesondert nach Alter hinsichtlich der Größe und des Gewichts vermessen lassen. Zudem war die Legitimierungsstrategie eine andere. Das Interesse war darauf gerichtet, vergleichende Statistiken hinsichtlich verschiedener sozialer Gruppen unter unterschiedlichen sozialer Umwelten erstellen zu können. Jedoch musste Galton bei den Schulen offenbar auf Freiwilligkeit setzen und konnte auf keine Durchsetzung der Erhebungen über staatliche Institutionen rechnen.[252]

Auf einem Treffen von Anthropologen in Bristol 1875 wurde das schon genannte Anthropometric Commitee gegründet, das Teil der British Association for the Advancement of Science war. Zentrale Aufgabenstellung war es, systematische Beobachtungen von Körpergröße, Gewicht und anderen physischen Merkmalen der Einwohner der britischen Inseln zu sammeln und zu veröffentlichen.[253] Die Aufgaben und Ziele der Kommission wurden mehrfach erweitert und angepasst. Für die Erhebungen, die zu einem Großteil an Rekruten, aber auch in Fabriken vorgenommen wurden, sind nach ersten Probeerhebungen zur Farbe der Haare Lithographien zur besseren Farbbestimmung erstellt worden. Als Vorbild diente das Modell von Paul Broca.[254] Da die Briten auch verschiedenste Körpermerkmale, wie die Ausdehnung des Brustkorbs beim Atmen messen ließen, kamen nur geschulte Beobachter in Frage. Diese mussten spezielle Instrumente beherrschen, wie bspw. einen Expander zur Messung der Armstärke:

---

250 Vgl. Francis Galton, Proposal to apply for anthropological statistics from schools, in: Journal of the Anthropological Institute, (1874), S. 308–311.

251 Es war auch für anthropologische wie auch für viele andere Zeitschriften während des 19. Jhs. üblich, neben der neuesten in- und ausländischen Literatur auch die jeweils in- und ausländischen Zeitschriften zu lesen und in den eigenen Journalen zusammenzufassen.

252 Vgl. u.a. den Bericht über die Erhebung in einem sogenannten »Marlborough College«: Francis Galton, Notes on the Marlborough School statistics, in: Journal of the Anthropological Institute, (1875), S. 130–135.

253 Ders., Final Report of the Anthropometric Committee, in: Report of the British Association for the Advancement of Science, (1883), 253. In den Jahren 1878–1882 sind mehrere Zwischenberichte des Commitee veröffentlicht worden, auf die in Anm. 2 des Gesamtberichts verwiesen wird. In diesen Reporten wurden Methoden und Ziele bereits auseinandergesetzt. Ursprünglich war das Commitee auch beauftragt worden, eine Reihe von Fotografien zu erstellen und zu veröffentlichen, die typischen Rassen des britischen Imperiums zeigten. Diese Aufgabe ist jedoch später an eine eigene Kommission ausgelagert worden.

254 Vgl. Paul Broca, Société anthropologique de Paris. Instructions générales pour les recherches anthropologiques à faire sur le vivant, 2. Aufl., Paris, 1879. Die erste Ausgabe erschien 1864.

Abbildung 18. »arm testing machine«, in: Francis Galton, Final Report of the Anthropometric Committee, in: Report of the British Association for the Advancement of Science 53, 1883, S. 302.

Der darüber stehende Text erläuterte nicht nur die Bedienung des Geräts, sondern auch, wo die »arm testing machine« erworben werden konnte. »Geschulte Beobachter« bedeutete also lediglich, dass Instruktionen und Anleitungen gegeben, nicht jedoch, dass spezielle Seminare oder persönliche Einleitungen angeboten wurden. Die britischen Erhebungen konnten sich aufgrund ihrer geringeren Untersuchungsmenge weniger auf die »Heilkraft der Massen« berufen, wobei hier dahingestellt sei, inwiefern diese »Heilkraft« auch Wirkung erzeugte. Anstatt auf große Masse und die Bestimmung nur weniger Merkmale setzten sie auf kleineren Untersuchungsmengen, aber zugleich auf eine viel größere Bandbreite an erhobenen Merkmalen, bei professionellen oder zumindest instruierten und mit einer gewissen Erfahrung versehenen »Vermessern«. Hintergrund der Erhebungen bildete – weit mehr als zunächst in Deutschland – die soziale Frage einer sich mehr und mehr in arm und reich spaltenden Nation. Die Annahme, dass sich diese soziale Frage auch in den Körpern der Einwohner ausdrücke, sollte damit zählenmäßig überprüft werden.[255]

Von den insgesamt fünf Kartogrammen, die im Abschlussbericht des Commitee veröffentlicht wurden, zeigte das erste die räumliche Verteilung der mittleren Körpergröße der erwachsenen männlichen Bevölkerung, das zweite analog das mittlere Körpergewicht. Drei weitere Kartogramme waren der Verteilung von Augen- und

[255] Vgl. hierzu mit einer Einordnung in den weiteren Kontext: Thomas E. Jordan, Studies in the Quality of Life in Victorian Britain and Ireland, Dordrecht, 2013.

Haarfarbe gewidmet. Die beiden ersten Karten waren jeweils einem hellen und einem dunklen Typ gewidmet, während die letzte die Mischung aus hellem und dunklem Typ wiedergab. Anders als die deutschen Erhebungen wurde nur zwei Typen gebildet: ein heller und ein dunkler. Der helle Typ (»light eyes, light hair«) umfasste »blue and grey eyes, with light brown and & red hair«, der dunkle (»dark eyes and dark hair«) umfasste »brown and black eyes with brown, dark, red & black hair«.[256] Die Typen waren demnach weit weniger ausdifferenziert als bei den deutschen Erhebungen. Die Gesamtmenge der Untersuchten belief sich auf etwa 53.000 Individuen.[257]

Deutlich erkennbar ist die optische Orientierung am französischen Vorbild, das auf die oben genannten Kartogramme von Guerry und Albi zurückging und auf monochromen unterschiedlich stark schraffierten Grautönen basierte. Wie in Belgien wurde auf die Einbeziehung einer farblichen Vermessung der Haut verzichtet.

In Frankreich lassen sich nach Virchows Veröffentlichung des Gesamtberichts vor allem unter der Initiative von Paul Topinard (1830–1911), einem Schüler Paul Brocas, intensivere Bemühungen um Erhebungen der farblichen Verteilung von Körpermerkmalen zu beobachten. Die 1889 von Topinard veröffentlichte Karte der Augen- und Haarfarbe für Frankreich, die ebenfalls in der kartographischen Tradition von Geurry und Albi und auf Datengrundlage von circa 200.000 Vermessungen stand, war schon zuvor durch eine Reihe von Artikeln begleitet worden.[258] Wie bei den deutschen und den britischen Erhebungen wurden für die französischen Befragungen diejenigen, die die Daten erheben sollten, ausschließlich schriftlich instruiert. Der Aufruf zur Teilnahme erschien 1886 in der von Broca gegründeten und ab 1880 von Topinard herausgegebenen *Revue d'anthropologie*.[259] Während jedoch die Anweisungen im deutschen Fall relativ allgemein blieben, gingen die Instruktionen von Topinard sehr ins Detail. Bspw. hatte Topinard neben der genauen Instruktion, welche Lichtverhältnisse, welcher Abstand bei Beobachtung zu den Augen etc. einzuhalten seien auch eine Karte veröffentlicht, die als Hilfsmittel für die Farbbestimmung von Augen und Haaren dienen sollte.[260] Sie war eine reduzierte Version der von Broca in seinen Instruktionen veröffentlichten Farbtafeln.

---

256 Galton, Final Report , wie Anm. 253, 274f.

257 Ebd., S. 254.

258 1888 berichtet Topinard über eine kleine Erhebung in Dänemark, deren Ergebnisse ihm ein Herr Soeren Hansen übermittelte. Weitere Untersuchungen in Tunesien wurden 1888 in Revue d'anthropologie ebenfalls in Verbindung mit einer Karte veröffentlicht. Vgl. Soeren Hansen und Paul Topinard, La couleur des yeux et des cheveux en Danemarck, in: Revue d'anthropologie, Ser. III, (1888), S. 39–41. Vgl. zudem: Paul Topinard, Documents sur la couleur des yeux et des cheveux, in: Revue d'anthropologie, Ser. III, (1888), S. 513–520.

259 Paul Topinard, La carte de la répartition de la couleur des yeux et des cheveux, en France, in: Bulletins de la Société d'anthropologie de Paris, 9 (1886) 1, S. 590–602.

260 Ebd.

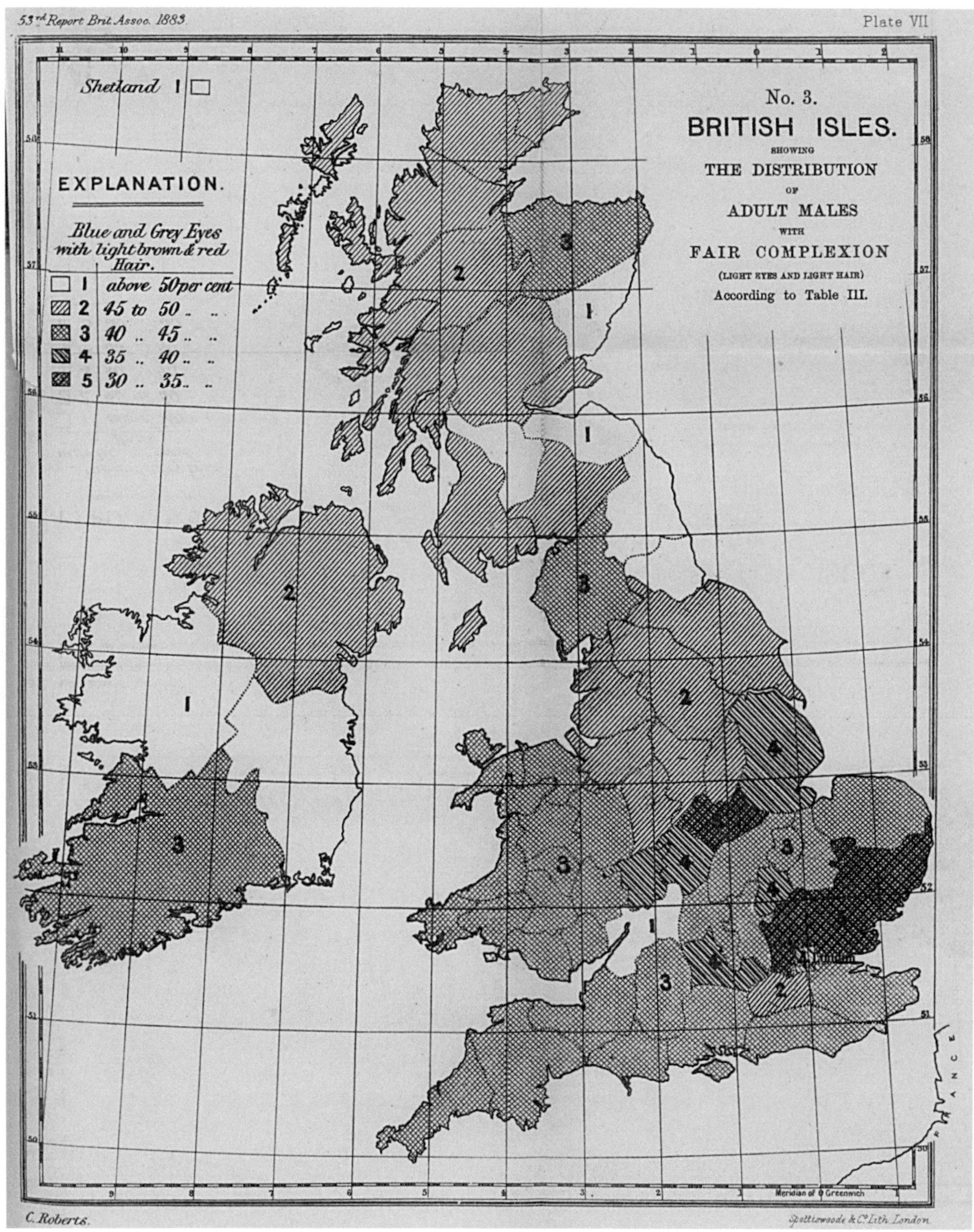

Abbildung 19. Francis Galton, Final Report of the Anthropometric Committee, in: Report of the British Association for the Advancement of Science 53, 1883, S. 274.

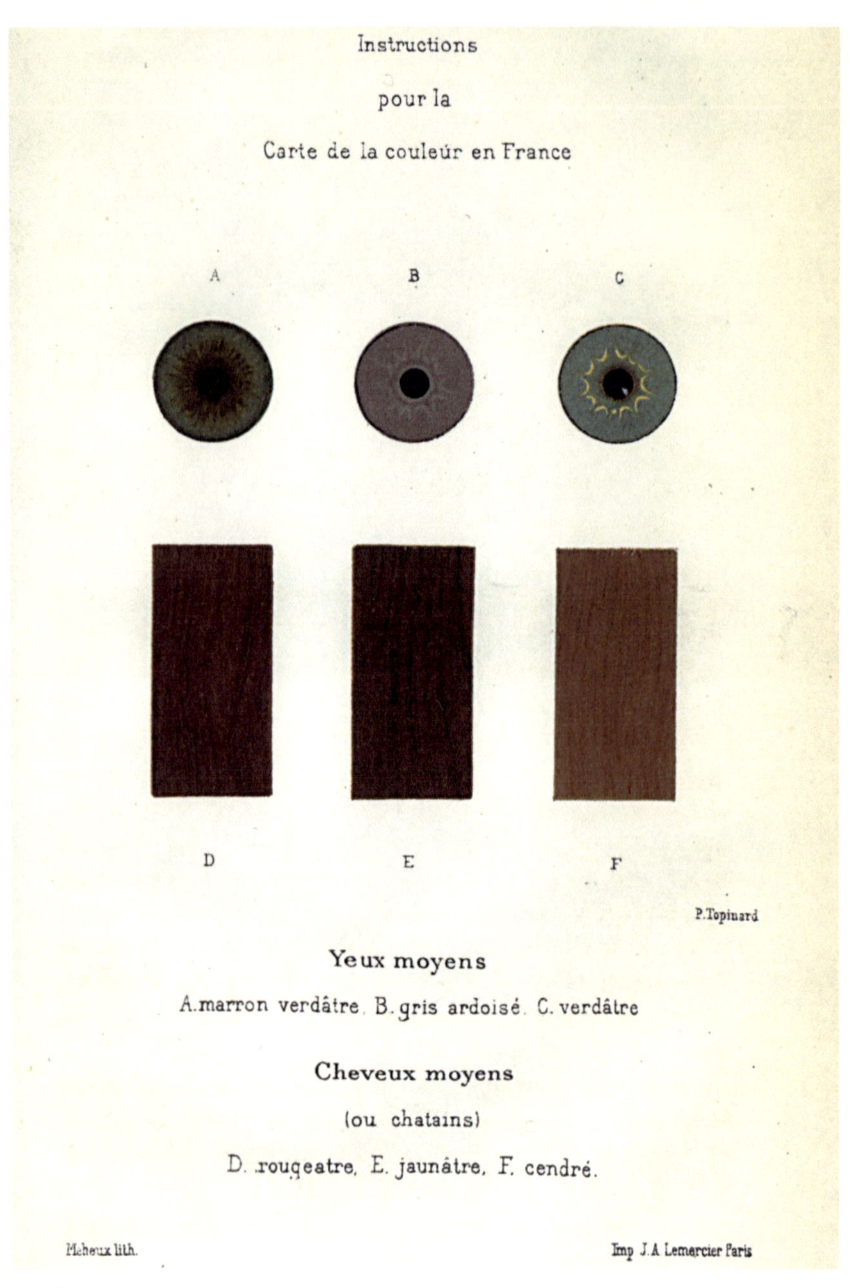

Abbildung 20.
Paul Topinard, La carte de la répartition de la couleur des yeux et des cheveux en France, in: Bulletins de la Société d'anthropologie de Paris 9 (1), 1886, S. 596.

Anders als bei den deutschen Erhebungen, aber wie bei den schweizerischen und den britischen Erhebungen wurden die Erhebungen ausschließlich von »Freiwilligen« durchgeführt. Die Freiwilligkeit bezieht sich hierbei – wie oben angedeutet – auf diejenigen, die die Daten erhoben, nicht jedoch zwangsläufig auch auf die Untersuchungssubjekte. Er sei, so berichtet Topinard 1886, von der Association française pour l'avancement des sciences beauftragt worden, Erhebungen, wie sie in den anderen europäischen Ländern bereits stattgefunden hatten, durchzuführen und habe hierfür entsprechende Mittel zur Verfügung gestellt bekommen.[261]

Topinard hoffte, wie aus seinem Aufruf zur Beteiligung hervorgeht, dass wenigstens 100.000, wenn nicht gar eine Million »Datensätze« zurückkommen würden. Neben genauen Anweisungen war auch das Erhebungsformular in die Zeitschrift eingelegt, dass anschließend ausgefüllt und möglichst mit Haarbeispielen an ihn zurückgesandt werden sollte. Das Formular bestand aus zwei Teilen:

Eine Erhebung an Schulkindern schloss Topinard aus methodischen Gründen aus. Nur Personen im Alter zwischen 18 und 70 Jahren sollten vermessen werden. Angesprochen wurden explizit Leiter von Krankenhäusern, Ärzte allgemein, Mitglieder von Gesellschaft oder Vereinen, aber auch Angestellte und Geschäftsleute, die die Belegschaft ihres Büros oder Geschäfts untersuchen sollten. Des Weiteren zählten auch Lehrer zur Zielgruppe, nämlich in Bezug auf die Personen, die um sie herum arbeiteten, sowie Ärzte und Offiziere der Armee und der Marine.[262] Neben den zivilen Ärzten, waren die letzteren die am stärksten vertretene Gruppe, wie Topinard bezüglich der 2000 beteiligten Probanden in seinem Abschlussbericht mitteilte.[263] Insgesamt hätten diese 200.000 Einzelpersonen vermessen. Obwohl die Untersuchung hätte noch weiter gehen können, machte Topinard an dieser Stelle einen Schnitt, da ihm die Mittel ausgegangen waren.[264]

Die im Abschlussbericht veröffentlichte Karte, wie die der britischen Erhebungen schematisch ähnlich stark reduziert, sollte später durch weitere farbliche Karten ergänzt werden.[265] Diese wurden jedoch nie veröffentlicht.

---

[261] Ebd., S. 592.

[262] Ebd., S. 602.

[263] Paul Topinard, Carte de la couleur des yeux et des cheveux en France, in: Revue d'anthropologie, Ser. III, (1889), S. 514.

[264] Ebd.

[265] Ebd., S. 518.

ANTHROPOLOGIE DE LA FRANCE

CARTE DE LA COULEUR DES YEUX ET DES CHEVEUX.

Nom, profession et adresse de l'observateur________

Département et arrondissement où il opère________

A renvoyer au Dr Topinard, directeur de la REVUE D'ANTHROPOLOGIE, 105, *rue de Rennes, Paris.*

3 groupes d'yeux...... { Foncés (ou bruns.) / MOYENS. / Clairs (ou bleus, etc.)

3 groupes de cheveux.. { Foncés (ou noirs absolu et bruns foncé.) / MOYENS (châtains.) / Clairs { blonds. / roux.

Exemples des yeux et des cheveux MOYENS.

(Voir la planche hors texte.)

Ces types à regarder en pleine lumière.

Sujets de 18 à 70 ans au plus.
Pointer avec un trait oblique, dans la colonne voulue, comme dans l'exemple donné à la première ligne.
Regarder les yeux à distance de façon que les détails de l'iris et ses divergences de couleur se fondent en une impression unique. Tous yeux qu'on hésite à ranger, soit avec les bruns ou foncés, soit avec les bleus ou clairs, seront pointés avec les yeux MOYENS.
Les cheveux MOYENS, d'après le même principe, sont ceux qui ne répondent *avec certitude*, ni à l'épithète de noir ou de brun foncé, ni à celle de blond, ni à celle de roux. Lorsqu'on hésite entre le blond et le roux, préférer le blond.
(Voir Instructions détaillées ci-jointes.)

Abbildung 21. Paul Topinard, La carte de la répartition de la couleur des yeux et des cheveux en France, in: Bulletins de la Société d'anthropologie de Paris 9 (1), 1886, S. 600.

N°	SEXE		AGE	LIEU DE NAISSANCE		YEUX				CHEVEUX					OBSERVATIONS particulières, cheveux blancs, etc.
								Clairs		Foncés			Clairs		
	Homme	Femme	approximatif.	Ville ou arrondissement.	Département.	Foncés.	Moyens et incertains.	Bleus.	Autres.	Noir absolu.	Brun foncé.	Moyens et incertains.	Blonds.	Roux.	
Exemple	/		22	Clermont.	Puy-de-D.			/					/		
1															
2															
99															
100															
Totaux.															

*Observations générales*________

Signature de l'opérateur________

Date de la clôture de la feuille________

Abbildung 22. ebd.

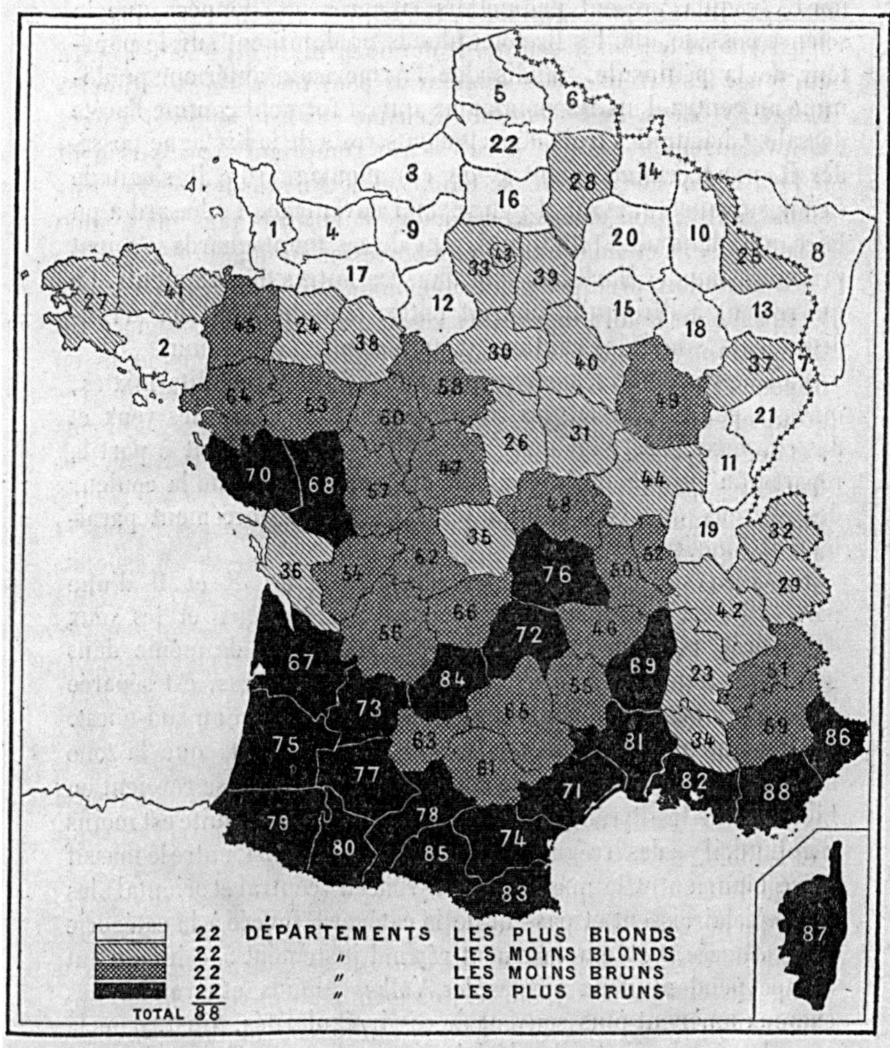

Abbildung 23. Paul Topinard, Carte de la couleur des yeux et des cheveux en France, in: Revue d'anthropologie, Ser. III 4, 1889, S. 521.

Wie aus einer Anmerkung auf der Karte und aus dem erläuternden Text dazu ersichtlich wird, folgte Topinard insofern Virchows Ansatz, als er die extremen oder die »reinen« Typen zugunsten der Auslassung von Mischformen herausstellte.[266] Jegliche geographische Informationen sind weggelassen, nur die Grenzen der Departements blieben bestehen. Interessanterweise wird das Elsass auf beiden Seiten mit deutschen wie französischen Karten geführt. Topinard nutzte ein vierstufiges Verfahren, das zwischen weiß und schwarz zwei unterschiedlich starke Schraffuren benutzte. Aufgrund der eigenartigen Zuordnung der helleren beiden Grauabstufungen zu den blonden Typen und der dunkleren zwei Grauabstufungen zu den brünetten Typen kommt es in dieser Synthetisierung zu einem ähnlichen Verteilungsbild wie bei den Karten von Virchow. Inwiefern die fehlende Herstellung der farbigen französischen Kartogramme auf ein gesunkenes Interesse von Topinard hindeutet oder die Schwierigkeit, für diese Karten finanzielle Mittel und entsprechende Personen zu finden, konnte nicht geklärt werden.

Zwischenfazit

Die anthropometrischen Untersuchungen verbanden nicht nur quantitative Messungen äußerer Merkmale mit dem Versuch, Rassen zu bestimmen, sondern sie verbanden das Konstrukt »Rasse« und Raum miteinander. Manifestiert hatte sich dieses räumliche Denken in Kartogrammen. Die Karten bargen in den Augen der Zeitgenossen das Potenzial, Bewegungen, seien es soziale oder historische, wenn auch nicht sichtbar, so doch zumindest andeuten zu können und damit Fragen nach historischen Migrationsbewegungen machen zu können.

Der Begriff der »Rasse«, der vor dem 16. Jahrhundert nur im Zusammenhang mit Tierzüchtung von Pferden oder Hunden oder anderen Tieren verwendet wurde, wurde allmählich auch zu einem Begriff der Beschreibung von menschlichen Kollektiven.[267] Die von Groebner, wie von vielen anderen häufig wiederholte und oft dargestellte Szene der Ankunft Columbus' in Amerika im Spiegel der Beschreibung von Bartolomeo de Las Casas (1484/85–1566) lässt einen zunächst verblüfft zurück. Nach Las Casas sei Columbus »hochgewachsen, mehr als mittelgroß; mit länglichem und würdevollem Gesicht, Adlernase, hellblauen Augen, weißer Gesichtsfarbe, die leicht in ein lebhaftes Rot überging; der Bart und die Haare waren in seiner Jugendzeit blond.«[268] Die Übereinstimmung mit dem von Virchow und seinen Kollegen konstruierten Typ 1 ist über-

266 Ebd., S. 515.

267 Groebner, Haben Hautfarben eine Geschichte?, wie Anm. 174, S. 16f.

268 Ebd., S. 9; Das Zitat stammt aus: Bartolomé de Las Casas, Historia de las Indias, Mexiko, 1951.

raschend und zeigt deutlich, dass Las Casas ein Idealbild konstruierte, das dem idealen Germanen, wie ihn Virchow suchte, bis hin zu dessen langem Schädel entsprechen sollte. Hell, weiß, blond, wie ein unbeschriebenes Blatt. »Hautfarben, die über sie Auskunft geben, haben immer nur die anderen.«[269] Indem die anthropologische Erforschung von Rassen von der Bestimmung über die Schädelmaße in den 1870er-Jahren sich auf äußerlich sichtbare Merkmale verlegte, griff sie zugleich – und das ist letztlich die Ironie der Geschichte – auf eine jahrhundertealte Tradition der farblichen Beschreibung von Individuen zurück. Anders als in früheren (und späteren rassistischen) Darstellungen zielte die Schulkinderuntersuchung jedoch noch nicht auf narrativ-bildliche Rekonstruktion eines typischen Vertreters einer bestimmten Rasse, sondern auf quantitativ vollständige Erfassung von Nationen und deren Darstellung in Karten. Damit entsprach sie einerseits der damals typischen Konstruktion von »Rasse«, aber andererseits auch den zeitgenössisch für Großprojekte zeitgemäßen epistemischen Tugenden und organisatorischen Traditionen. Sie folgte dem Objektivitätsideal, fußte auf Massendaten, ließ historische Fragen zu und wurde als Unternehmung mit staatlicher Förderung von einer durch Wissenschaftler geleiteten Gesellschaft mit Kommissionsstruktur und hierarchisch abgestufter Arbeitsteilung durchgeführt.

Die Vorgehensweise wurde teils parallel, teils nach dem Vorbild der deutschen Erhebungen, aber auch in Abgrenzung zu ihnen in vielen anderen europäischen Staaten durchgeführt. In den meisten Ländern wurden sie von Fachgesellschaften bzw. eigens dafür gegründeten Kommissionen innerhalb dieser Fachgremien bearbeitet, sie waren jedoch nirgendwo so eng verzahnt mit staatlicher Unterstützung wie in Deutschland. Die Ausformung des Plans und des Forschungsdesigns entwickelte sich im Laufe der Verhandlungen und teilweise an den Widerständen seitens staatlicher Behörden. In Ländern ohne vergleichbare Anstrengungen von Gesellschaften, wie z.B. Dänemark, konnten einzelne Gelehrte vergleichsweise nur kleine Datensätze liefern.

Im Ergebnis des Vergleichs dieser Projekte lassen sich folgende Erkenntnisse festhalten: In mehr oder weniger allen europäischen Staaten sind in den 1870er und 1880er-Jahren Erhebungen bezüglich der farblichen Verteilung äußerer Merkmale unternommen worden. In keinem Land, mit Ausnahme der Schweiz, ist eine so umfassende bzw. »vollständige« Datenmenge zusammengetragen worden wie in Deutschland. Dies spiegelte sich auch in den jeweiligen Abschlussberichten wider. Während alle Berichte aus einer Komposition dreier Referenzsysteme bestanden, war deren Verhältnis jeweils verschieden: Neben 1) dem Text, der narrativen Interpretation der Ergebnisse bestanden die Berichte aus 2) einer statistischen Auflistung von Ergebnissen in Tabellen und 3) einer kartographischen Präsentation, die aus Diagrammen und Kartogrammen mit jeweils unterschiedlichen Systemen von Farb- und Formgebung

---

269 Groebner, wie Anm. 267, S. 16.

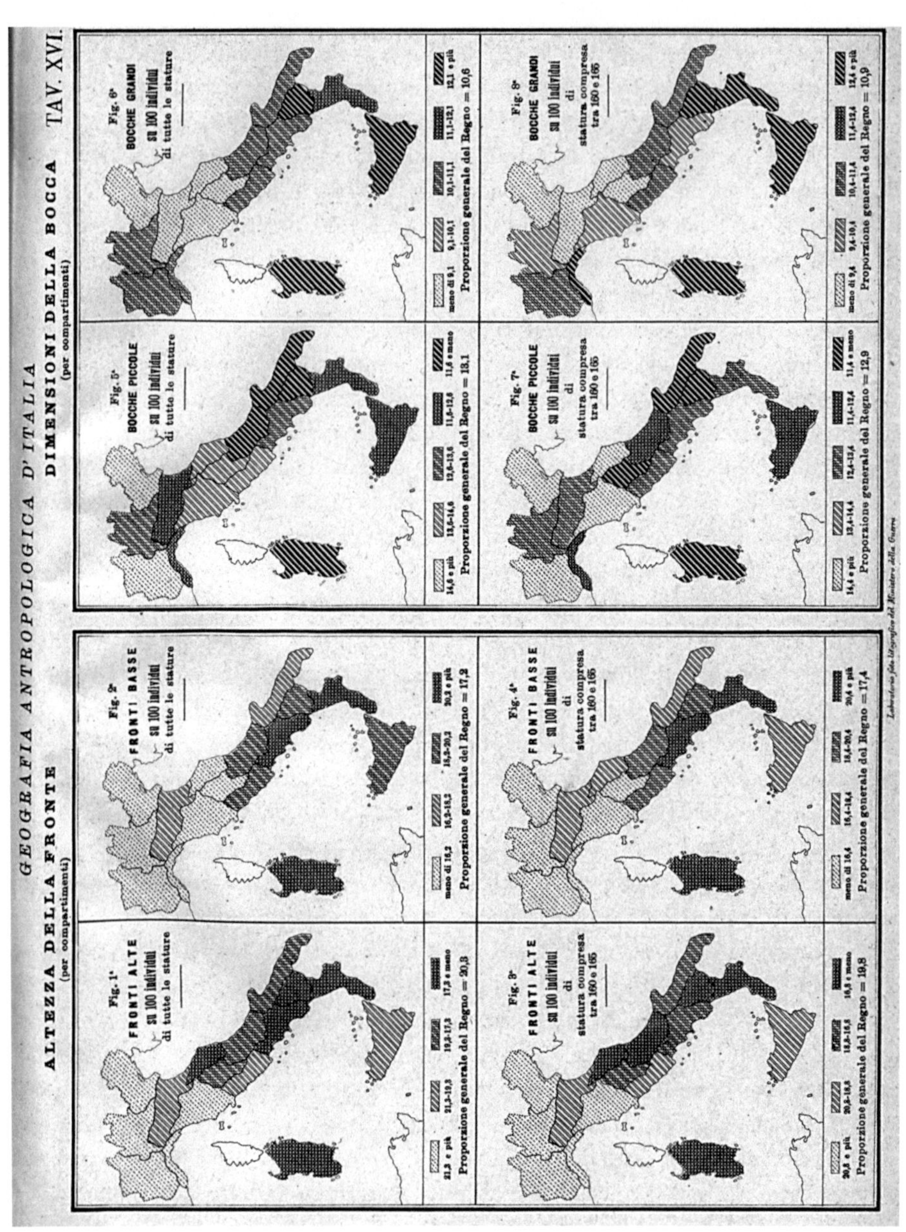

Abbildung 24. Ridolfo Livi (Hrsg.), Antropometria militare, Roma 1896, Tav. XVI.

arbeiteten. In keinem Bericht nahm die Auflistung der Ergebnisse in Tabellen einen so breiten Raum ein wie für die deutschen Erhebungen. Dieses Maß wurde erst durch die Veröffentlichung der italienischen Untersuchungen unter der Leitung von Ridolfo Livi 1896 überboten, die 404 Tabellen enthielt.[270]

Die verschiedenen kartographischen Darstellungen verwiesen auf jeweils eigene Traditionen. Es wäre jedoch voreilig, diese als nationale Traditionen zu kennzeichnen, wie das Beispiel der unterschiedlichen Kartogramme von Bayern und Preußen zeigt. Hier spielten institutionelle Traditionen offenbar eine gewichtigere Rolle. Immer mittransportiert wurde in den Karten das Nationale in Form der Grenzen des Landes, besonders deutlich bei den jeweils vielfach reproduzierten Italienkarten im Atlas von Livi.

Ebenfalls mittransportiert wurde, dass statistische Daten in ein ästhetisch kohärentes Schema übersetzt werden sollten, dass einerseits bestimmte Bewegungen erkennbar machen und andererseits auf keinen Fall nach Flickenteppich aussehen sollte. Bei den monochromen Karten, die Virchow anfertigen ließ, gingen die hellen Abstufungen in der Regel nach oben, was auf Karten Norden wäre, die dunkleren gingen nach Süden, aber nicht in der Karte für den sogenanten »blonden Typ I«. Diese wird nach Norden hin im Blau kräftiger: d.h. je blonder, desto dunkleres Blau. Bei Zweifarbsystemen, wie sie für die süddeutschen Karten verwendet wurden, ist die regionale Mitte in der Regel hell, was der Spitze der Kurve der Normalverteilung entspricht, und die äußeren Bereichen sind dunkler. Eine Änderung der Farbdarstellung bringt leicht andere Interpretationsoptionen mit sich. Dass sich ungeprüfte Vorannahmen einschleichen können, wenn Farbgebungen oder Schraffungen nach bestehenden Vorurteilen angepasst werden, ist ein bislang relativ wenig reflektiertes Problem, das sehr deutlich an den verschiedenen regionalen und nationalen Stilen zum Ausdruck kommt. Der visuelle Eindruck der Karten spielte eine äußerst wichtige Rolle, sie sollten gleichsam zur argumentativen und empirischen Grundlage werden.

Außer Deutschland war nur noch in der Schweiz und den USA die Hautfarbe als zu vermessendes Merkmal einbezogen.[271] Deren Eingliederung bzw. Ausschluss verweist auf ein unterschiedliches Verständnis des epistemologischen Werts der Hautfarbe. Topinard hielt ihre Bestimmung einerseits für methodisch kaum durchführbar, weil sich die Haut zu stark verändere und keine gleichmäßige zu bestimmende Farbe ausbilde.[272]

---

270 Livi, Antropometria militare, wie Anm. 247.

271 Bei den österreichischen Karten beruhte der blonde Typus nur auf der Kombination von Augen- und Haarfarbe. Vgl. Gustav Adolf Schimmer, Erhebungen über die Farbe der Augen, der Haare und der Haut bei den Schulkindern Oesterreichs, Wien, (Mittheilungen der anthropologischen Gesellschaft in Wien. Supplement, Bd. 1), 1884.

272 Vgl. Paul Topinard, La carte de la répartition de la couleur des yeux et des cheveux, en France, in: Bulletins de la Société d'anthropologie de Paris, 9 (1886) 1, S. 595.

Zudem galt sie als untergeordnet, weil prinzipiell alle Probanden als der sogenannten »weißen Rasse« zugehörig angesehen wurden. Im Gegensatz zur Hautfarbe wurden Körpergröße, Augen- und Haarfarbe später zu zentralen staatlich kontrollierten Merkmalen der Personen- und Identitätsbestimmung in Pässen und Personalausweisen. Virchow ging hingegen von einem medizinischen und gewissermaßen mikroskopischen Verständnis der Pigmentierung aus. Nach seiner Theorie war Pigmentierung ein körperlicher Prozess, der für Haare, Augen und Haut prinzipiell gleich verlaufe und damit tendenziell zu gleichförmigen Beziehungen führe oder führen müsste.[273] Während die deutschen Erhebungen stärker an historisch-genetischen Herkunftsfragen interessiert waren, verknüpften die britischen und französischen Unternehmugnen ihre Erhebungen von vornherein mit sozialen Gegenwartsfragen.

Im Vergleich fällt aber auch auf, dass keine der anderen Erhebungen jüdische Kinder oder Erwachsene gesondert aufnahm, sei es aus rassistischen Vorstellungen oder mit dem Argument, Verzerrungen der Ergebnisse zu vermeiden. Die Konstruiertheit der Typenbildung und des Forschungsdesigns war das Eine, unreflektiert blieben aber auch die »Vermessungsszene« selbst und die mit den Farben verwurzelten Hierarchien. Was Groebner ausdrückte, als er sagte, die Farben hätten immer nur die anderen, gilt auch für die Vermessung: Vermessen werden immer nur die anderen. Diese nicht mitreflektierte Hierarchie wird erst in der zweiten Hälfte des 20. Jahrhunderts problematisiert. Der französische Dokumentarfilmmacher Jean Rouch hat dies in dem Film »Petit a Petit«[274] vorgeführt. Bei ihm stehen nicht Kinder, Exoten, Schwarze, Indianer, Rekruten, Gefangene, Kranke, Weiber, »Blödsinnige« oder besonders Begabte vor der Kamera, sondern die sonst nicht sichtbaren »Vermesser« und Beobachter hinter der Kamera, hinter dem Anthropometer, der Farbtafel und dem Erhebungsbogen. Er lässt einen Afrikaner nach Paris kommen und ihn wie einen Ethnologen handeln. Er spricht Leute auf der Straße an und erklärt, er wolle sie vermessen. Er befragt sie und macht Notizen über ihre Kleidung, ihr Aussehen und ihr Verhalten, was bei den Befragten Befremdnis und Abwehr erzeugt, zugleich aber das scheinbar so Natürliche der anthropometrischen Vermessungsszene dekonstruiert.[275]

Nicht nur in Pässen und Personalausweisen sind Augen- und Haarfarbe auch heutzutage zur Identifizierung von Personen präsent. Auch die Forschung beschäftigt sich nach wie vor mit der quantifizierenden Vermessung von äußeren Körpermerkmalen.

---

273 Vgl. Rudolf Virchow, Die pathologischen Pigmente, in: Virchows Archiv für pathologische Anatomie und Physiologie und für klinische Medizin, (1847), S. 379–405.

274 Jean Rouch, Petit A Petit, 1972.

275 Vgl. auch: Erhard Schüttpelz, »Sie zu messen, war leider trotz aller Mühe, die ich mir gab, und trotz aller Geschenke unmöglich«. Die anthropometrische Interpellation, in: Anthropometrie. Zur Vorgeschichte des Menschen nach Maß, hrsg. von Gert Theile, München, 2005.

Während die anthropometrische Erkundung heutzutage als veraltet gilt, hat sie in Form der Biometrie[276], die mit der Jahrhundertwende einsetzt, einen Nachfolger erhalten. So werden heutige Forschungen zur Geschichte der »biological anthropology« oder der »human genetic variation« wieder auf ihre Wurzeln aus den anthropometrischen Konzepten der zweiten Hälfte des 19. Jahrhunderts befragt.[277] Während hierbei lange Zeit eine starke Trennung in Forschungsfragen, -design, -konzepte und -praktiken des 19. Jahrhunderts dominierte, sind heute zunehmend Kontinuitäten von Forschungs- und Denkstilen herausgestellt.[278]

Der Vergleich mit Mommsens CIL zeigt auffällige Unterschiede. Ausgehend von einem ähnlichen Forschungsprogramm, das auf fast vollständige Erfassung von Massendaten setzte, um Forschung zu ermöglichen bzw. Antworten auf deren Fragen zu erlangen, kamen die Beteiligten der Schulkinderuntersuchung zu einem völlig anderen Organisationsdesign. Dass die Erhebung nichts mit der Akademie zu tun hatte, war dabei nicht signifikant. Schließlich orientierten sich die Mitglieder der Gesellschaft ebenso am Kommissionsmodell. Anders als bei akademischen Unternehmungen war eine kontrollierbare, weil weisungsgebundene soziale Gruppe ausgewählt worden, um die Daten zu erheben und einzuschicken.

---

276 So knüpfte Galton in der von ihm 1901 gegründeten Zeitschrift »Biometrika« direkt an eine Untersuchung Virchows zur Verschiedenheit der Augen- und Haarfarbe je nach Alter an. Vgl. Francis Galton, On the Correlation Between Age and the Colour of Hair and Eyes in Man Source, in: Biometrika, 3 (1904) 4, S. 462–466.

277 Vgl. z.B. das am Norwegian Museum of Science and Technology angesiedelte Forschungsprojekt: Jon Røyne Kyllingstad, From racial typology to DNA sequencing. »Race« and »ethnicity« and the science of human genetic variation 1945–2012. Research project funded by the Norwegian Research Council's SAMKUL-program.

278 Vgl. hierzu u.a. den Aufsatz von Veronika Lipphardt in dem Sonderheft von Current Anthropology zum Thema: »The Biological Anthropology of Living Human Populations: World Histories, National Styles, and International Networks«. Die Aufsätze des Heftes gehen auf eine Konferenz zurück, die 2010 in Brasilien stattgefunden hat. Veronika Lipphardt, Isolates and Crosses in Human Population Genetics; or, A Contextualization of German Race Science, in: Current Anthropology, 53 (2012) 5, S. S69–S82.

Die Normalisierung der Großforschung

Die Akademie in der zweiten Hälfte des 19. Jahrhunderts

Die Preußische Akademie der Wissenschaften ist nicht unbedingt so erforscht, wie man vermuten könnte. Abgesehen von zahlreichen Erwähnungen innerhalb von Studien über Forscherpersönlichkeiten, die Akademiemitglied waren, ist sie als Institution und Forschungseinrichtung seltener Gegenstand von Untersuchungen geworden.[1] Für das 19. Jahrhundert lieferte Adolf Harnack den bedeutendsten Beitrag, die um 1900 erschienene mehrteilige Geschichte der Preußischen Akademie der Wissenschaften. Anlass war das 200-jährige Akademiejubiläum 1900. In den 1990er-Jahren arbeitete eine Forschergruppe um Jürgen Kocka die Geschichte der Akademie im Kaiserreich und des 20. Jahrhunderts auf. Dadurch entstanden mehrere Sammelbände, deren Aufsätze methodisch und inhaltlich breiter angelegt waren, aber auch ein fragmentierteres Bild entwarfen als Harnacks monografisch geschlossenes Werk. Kockas Forschergruppe betrachtete die Forschungsleistung der Akademie unter der Fragestellung, ob und wie es gelungen sei, auf die institutionellen und disziplinären Entwicklungen des sich professionalisierenden und differenzierenden Wissenschaftssystems zu reagieren. Im Ergebnis habe insbesondere das traditionelle Selbstverständnis und das Ideal der ›reinen‹ Wissenschaft einer notwendigen Anpassung institutioneller und organisatorischer Strukturänderungen immer wieder entgegengestanden, so dass die Herausforderungen nicht bewältigt worden seien,

---

1 Während der deutschen Teilung (1949–1989) hat dies auch mit dem unterschiedlichen Quellenzugang zu tun. Die einzigen Studien der im Ostteil Deutschlands lagernden Bestände stammen aus der DDR-Forschung. In der Akademie gab es eine »Forschungsstelle für Akademiegeschichte«, die ab Ende der 1967er-Jahre Erkundungen zur Geschichte der Akademie(n) betrieb. Sie wurde von 1982 bis 1997 von Conrad Grau geleitet. Zu seinen Arbeiten zählen Conrad Grau, Die Berliner Akademie der Wissenschaften in der Zeit des Imperialismus I: Von den neunziger Jahren des 19. Jahrhunderts bis zur Großen Sozialistischen Oktoberrevolution, Berlin, (Studien der Akademie der Wissenschaften der DDR, Bd. 2), 1975; Ders., Berühmte Wissenschaftsakademien. Von ihrem Entstehen und ihrem weltweiten Erfolg, Thun; Frankfurt a. M., 1988; Ders., Die Preußische Akademie der Wissenschaften zu Berlin. Eine deutsche Gelehrtengesellschaft in drei Jahrhunderten, Heidelberg u.a., 1993. Vgl. auch die Würdigung für Conrad Grau in: Bernhard vom Brocke (Hrsg.), Der Historiker Conrad Grau und die Akademiegeschichtsschreibung, Berlin, 2009.

was letztlich als Ursache des Bedeutungsverlusts der Akademie angesehen werden müsse.[2]

Das Urteil der insgesamt ausgewogenen und bestens recherchierten Arbeiten gibt ein differenziertes fast zweiseitiges Bild wieder. Einerseits wird die Geschichte der Akademie im Kaiserreich als die einer »Glanzzeit« erzählt, wobei als Kontrastfolie politischer Autonomie die »Gängelung und Vernachlässigung durch die absolutistischen Regierung des 18. Jahrhunderts« und Einschränkung der Autonomie während der Diktaturen des 20. Jahrhunderts dienen.[3] Dagegen sei die politische Autonomie, nicht zuletzt hinsichtlich der Zuwahl von auch staatskritischen Mitgliedern von Mommsen bis Einstein, trotz der Staatsnähe während des Kaiserreichs vergleichsweise groß gewesen. Hinsichtlich der wissenschaftlichen Leistung fiel das Urteil viel ernüchternder aus. Sie habe zwar als Institution einen wichtigen Beitrag zur öffentlichen Repräsentation von Wissenschaft geleistet, den jeweiligen Mitgliedern enorme Einflusspotenziale geliefert und könne auf dem Gebiet geisteswissenschaftlicher Forschungen, insbesondere der Altertumswissenschaften, »forschungsorganisatorische Innovationen und methodisch-inhaltliche Fortschritte« aufweisen, doch konnte sie die Entwicklung in den Natur- und Technikwissenschaften mit deren Anwendungsbezug und viel größerem personellen, finanziellen und technischem Ressourcenbedarf weder ideell noch organisatorisch integrieren. So erscheint in dieser Sichtweise ihre Glanzzeit getrübt durch den Bedeutungsniedergang.[4]

Institutionell aufgefangen wurde dieser Verlust mit der Gründung der Kaiser-Wilhelm-Gesellschaft und deren Instituten ab 1910/11, die nun nicht nur außeruniversitäre, sondern auch außerakademische Forschung im großen Stil und mit großzügiger finanzieller Ausstattung betrieben. Geblieben ist der Reputationsgewinn für die Mitglieder, wenn er auch vielleicht nicht mehr ganz so hoch zu veranschlagen ist, wie noch in der zweiten Hälfte des 19. Jahrhunderts.

Nur innerhalb der DDR sei eine Synthese von Akademie und Kaiser-Wilhelm-Instituten für die Dauer der Existenz der DDR ausprobiert worden. Damit wurde der Akademie ein institutionelles Ideal zugeschrieben, dass sich hinsichtlich ihrer Autonomie eher mit den wenig vorteilhaften absolutistischen und diktatorischen politischen Systemen verbindet.

---

2 Jürgen Kocka, Rainer Hohlfeld und Peter Th. Walther, Resümee, in: Die Königlich Preußische Akademie der Wissenschaften zu Berlin im Kaiserreich, hrsg. von Dies., Berlin, 1999, S. 433.

3 Ebd., S. 456.

4 Ebd., S. 458f.

»Jedenfalls in bezug auf die Natur- und Technikwissenschaften erwies sich die Akademie langfristig als unfähig, das Prinzip der Gelehrtengesellschaft und die Anforderungen großbetrieblich organisierter Spezialforschung zu vereinbaren. In bezug auf die Geistes- und Sozialwissenschaften war und ist dies dagegen weniger klar. Auch insofern gehören die ›Langzeitvorhaben‹ mit ihren Kommissionen zu den interessantesten Angeboten wissenschaftsorganisatorischer Art, die sich aus und in den deutschen Akademie ergeben haben.«[5]

Bis in die 1860er-Jahre betrieb die Akademie nur wenige dieser Langzeitvorhaben. Nach wie vor wurden aus dem Etat hauptsächlich die Mitglieder bezahlt und in begrenztem Maße Druckkostenzuschüsse, kleinere Vorhaben und Preisfragen mit Mitteln ausgestattet.[6] Durch die lange Dauer der Unternehmungen konnten neue Projekte nur durch oder bei Erweiterung des Etats bzw. der Mobilisierung anderer außerordentlicher finanzieller Ressourcen initiiert und finanziert werden. Auf den steigenden Finanzbedarf wird deshalb ab Ende der 1850er-Jahre von Seiten der Akademiemitglieder immer wieder hingewiesen, jedoch offenbar nicht mit der notwendigen Durchschlagskraft. Erst Mitte der 1870er-Jahre tragen diese Bemühungen Früchte. Nach alarmierenden Appellen mehrerer Mitglieder und der Einreichung eines Memorandums an das Kultusministerium[7], mit dem geschickten Hinweis, die Stellung Berlins als Wissenschaftsstandort und die Außenwahrnehmung der Stadt seien bedroht, wurde der Etat der Akademie erstmals seit 1809 nennenswert erhöht. Dafür war auch die Wahrnehmung der Reputation der Berliner Universität von Bedeutung. Diese wurde von Zeitgenossen wie duBois-Reymond gegenüber Universitäten wie Leipzig als rückständig angesehen, wobei klar ist, dass Konkurrenz- und Standortargumente immer dann besonders herausgestellt werden, wenn finanzielle Forderungen an Ministerien und Krone anstehen.[8] Dass die Kombination von Akademie und Universität aber durchaus Attraktivität besaß, bezeugen zahlreiche renommierte Professoren, die es in die Stadt zog, wobei wohl bei ihrer Gewinnung zuweilen mündlich als Argument die Kombination aus Lehrstuhl und Mitgliedschaft ins Feld geführt wurde.[9]

---

5 Ebd.

6 Übersichten finden sich an verschiedenen Stellen in: Adolf Harnack, Geschichte der Preußischen Akademie der Wissenschaften, Berlin, 1900.

7 Laut Anm. 50 des Resümees war eine kommentierte Veröffentlichung des Memorandums in den 1990er-Jahren geplant, sie scheint jedoch fallengelassen worden zu sein. Eine entsprechende Fassung wurde im GStA-PK gefunden, nicht jedoch der originale Entwurf im Akademiearchiv, weshalb das Memorandum bei Harnack auch nicht auftaucht. Vgl. Kocka, Hohlfeld, Walther, Resümee, in: Die Königlich Preußische Akademie, wie Anm. 2, S. 421.

8 Harnack, wie Anm. 6, S. 997; sowie Kocka, Hohlfeld, Walther, ebd., S. 420f.

9 Vgl. Kocka, Hohlfeld, Walther, ebd., S. 428.

Die Akademie profitierte wie andere öffentlich finanzierte Einrichtungen auch von der Reichseinigung und den aus dem Krieg mit Frankreich resultierenden Reparationszahlungen, dennoch war die Etaterhöhung keinesfalls ein Selbstläufer. In Folge des oben erwähnten Memorandums und der darauf folgenden Aufstockung des Etats (die verfügbare Summe für Unternehmungen verdreifachte sich[10]) wurden in einer kleinen Gründungswelle 1874 vier neue Unternehmungen aufgesetzt: die Politische Korrespondenz Friedrich des Großen, Preußische Staatsschriften des 18. Jahrhunderts, die Aristoteles-Kommentare und die Prosopographie der römischen Kaiserzeit.[11] Die beiden preußischen Projekte standen in enger Beziehung zur Acta Borussica, worauf wir noch zurückkommen werden. Die Unternehmung der Aristoteles-Kommentare ergänzte das ältere Projekt der Ausgabe des Aristoteles, die bereits 1817 begonnen worden war. Die Prosopographie der römischen Kaiserzeit ging auf eine Initiative Theodor Mommsens zurück, der seit 1874 auch Sekretär der Akademie war. Seine nun vergrößerten Einflussmöglichkeiten nutzte Mommsen, um sein Forschungsprogramm weiter zu treiben und andere Projekte in Gang zu bringen oder zu fördern, so z.B. die Kirchenväterkommission, die Limes-Kommission, Wörterbuchprojekte wie das altägyptische Wörterbuch usw.[12] Auch die Statuten waren 1874 geändert worden.[13]

Durch den höheren Etat stiegen die Bedürfnisse, das Modell der Unternehmungen ließ sich auf immer neue Felder anwenden. Gerade in den 1860er-Jahren waren die Mittel begrenzt, weshalb damit begonnen wurde, auch Stiftungen als private Forschungsförderer in die Finanzierung mit einzubeziehen.[14] Nach Böckhs Tod wurde das CIG einer Revision unterzogen und als Inscriptiones Graecae (IG) neukonzipiert. Das Römische Institut, an dem auch Mommsen einst weilte, wurde 1874 in ein kaiserliches Institut umgewandelt. Auch die Monumenta Germaniae Historica (MGH) gerateten ins

---

10 Vgl. Harnack, wie Anm. 6, S. 997f.

11 Vgl. zur Prosopographia: Stefan Rebenich, Mommsen und Harnack, Berlin, New York, 1997, S. 247–326.

12 Vgl. u.a.: Stefan Rebenich, Die Altertumswissenschaften und die Kirchenväterkommission an der Akademie. Theodor Mommsen und Adolf Harnack, in: Kocka, Hohlfeld, Walter, wie Anm. 2; Adolf Erman und Hermann Grapow, Das Wörterbuch der Ägyptischen Sprache. Zur Geschichte eines großen wissenschaftlichen Unternehmens der Akademie, Berlin, 1953; Thomas L. Gertzen, École de Berlin und »Goldenes Zeitalter« (1882–1914) der Ägyptologie als Wissenschaft: das Lehrer-Schüler-Verhältnis von Ebers, Erman und Sethe, Berlin u.a., 2013; Johannes Irmscher, Die Begründung der Limesforschungen in Deutschland, in: Corolla memoriae Erich Swoboda dedicata, hrsg. von Roksanda Maria Swoboda-Milenovic, Graz, 1966.

13 Vgl. Peter Th. Walther, Honoratiorenklub oder Forschungsstätte. Die Statutendebatte der Preußischen Akademie der Wissenschaften 1874 bis 1881, in: Kocka, Hohlfeld, Walther, wie Anm. 2.

14 Stefan Rebenich (Hrsg.), Theodor Mommsen und Friedrich Althoff: Briefwechsel 1882–1903, München, 2012, S. 25ff.

Blickfeld der Akademie. In einer Art freundlicher Übernahme wird die Zentraldirektion 1875 nach Berlin verlegt, neugegründet und die MGH näher an die Akademie angebunden, selbst wenn sie offiziell unabhängig blieb, wurde sie nun neben der Berliner auch von der Wiener und der Münchner Akademie mitgeleitet.

Acta Borussica

Während an der im vorangegangen Kapitel analysierten Schulkinderuntersuchung vor allem die disziplinäre und institutionelle Verschiedenheit zu den vornehmlich altertumswissenschaftlichen und philologisch orientierten Akademieprojekten interessierte und aufgezeigt werden sollte, dass Massendaten erhebende Unternehmungen in Projektform auch außerhalb der Akademie in ähnlich organisierten Gesellschaften veranstaltet wurden, liegt der Fokus des nun im Mittelpunkt stehenden Großprojekts, der Acta Borussica, auf der zeitlichen Verschiebung und damit dem diachronen Vergleich.

Ich möchte im Folgenden zeigen, dass die Acta Borussica nicht allein ein Akademievorhaben waren, sondern ebenso wie Mommsens Großprojekte Baustein eines auf Lebenszeit angelegten Forschungsprogramms, für das selbst moderne Begriffe wie Sonderforschungsbereich oder Exzellenzcluster zu begrenzt wären. Aus diesem Programm, das sich nicht auf die Person Gustav Schmollers reduzieren lässt, entstand im Laufe der Zeit ein umfangreiches und weitverzweigtes organisatorisches Geflecht, dessen Enden von Forschungseinrichtungen wie der Universität oder der Akademie der Wissenschaften, über Vereine und Gesellschaften wie zum Beispiel der Verein für Sozialpolitik und die Staatswissenschaftliche Gesellschaft bis in die Politik und die Verwaltung reichten und zugleich in Richtung Öffentlichkeit zielten, um den angestrebten sozialen Reformen Gehör und empirische Grundlage zu verschaffen. Schmoller galt bis wenigstens 1905 als Kopf und zentrale Figur dieses Gebildes.

Auch für die Acta Borussica soll die Entstehungsgeschichte resümiert werden; um allzu viele Wiederholungen zu vermeiden, knapper als dies für das CIL geschehen ist.[15]

---

15 Genannt seien hier nur die wichtigsten Publikationen: Wolfgang Neugebauer, Gustav Schmoller, Otto Hintze und die Arbeit an den Acta Borussica, in: Jahrbuch für brandenburgische Landesgeschichte, (1997), S. 152–202; Ders., Zum schwierigen Verhältnis von Geschichts-, Staats- und Wirtschaftswissenschaften am Beispiel der Acta Borussica, in: Kocka, Hohlfeld, Walther, wie Anm. 2; Ders., Die »Schmoller Connection«, in: Archivarbeit in Preußen, hrsg. von Jürgen Kloosterhuis, Berlin 2000; Holtz, Neugebauer, Kocka (Hgg.), Das preusische Kultusministerium als Staatsbehörde sowie die Liste an Publikationen, die aus dem Akademieprojekt »Preußen als Kulturstaat« entstanden sind: <http://actaborussica.bbaw.de/publikationen> (Stand: 27.04.2017); des Weiteren, den auf eine Tagung an der BBAW zurückgehenden Bd.: Wolfgang Neugebauer und Bärbel Holtz (Hgg.), Kulturstaat und Bürgergesellschaft, Berlin, 2010.

Auch in diesem Kapitel werden der programmatische Kontext, die Verhandlungen und der Projektantrag analysiert und anschließend auf die Datenzugangsproblematik, die Durchführung und die Rekrutierung sowie den Verbleib der Mitarbeiter eingegangen.

Zunächst soll jedoch die Frage erörtert werden, wie sich die Acta Borussica in Schmollers wissenschaftliches Programm einer »nationalökonomischem Kulturgeschichte historischer Sozialwissenschaft«[16] einordnet? Stärker als die zuvor analysierten Unternehmungen ist das Projekt der Acta Borussica Ergebnis und zugleich Teil eines wissenschaftlichen Programms, dessen Kern in einer historisch argumentierenden und von historischen Studien ausgehenden ökonomischen Theoriebildung bzw. Volkswirtschaftslehre besteht. Charakteristisch für Schmoller ist eine enge Wechselwirkung von (sozial-)politischer Betätigung, öffentlicher Debatte und Forschungsprogramm. So erwuchsen bspw. aus seiner Betätigung als Stadtverordneter während der Hallenser Zeit zwischen 1864 und 1872 und aus der dortigen Arbeit mit Verfassungs- und Verwaltungsfragen Archivstudien zur preußischen Verfassungs- und Verwaltungsgeschichte des 17. und 18. Jahrhunderts. Diese enge Verzahnung ist als auch Gelehrtenpolitik[17] bezeichnet worden. Während die sozialreformerischen Professoren damals pejorativ »Kathedersozialisten« genannt wurden, bezeichnete man sie in der Forschung unter anderem als Gelehrtenpolitiker.[18] Ganz im Sinne moderner Beteiligungsformen hatten sich Vertreter dieser Richtung in der Gründung des Vereins für Sozialpolitik zusammengefunden, um Lobbyarbeit zu betreiben.[19] Die Mitglieder waren keinesfalls nur Akademiker, sondern neben Professoren auch Journalisten, Beamte und Publizisten. Ziel war eine öffentliche Stärkung der eigenen sozialreformerischen Ideen gegen die

---

16 Rüdiger vom Bruch, Nationalökonomie zwischen Wissenschaft und öffentlicher Meinung im Spiegel Gustav Schmollers, in: Gustav Schmoller in seiner Zeit: die Entstehung der Sozialwissenschaften in Deutschland und Italien, hrsg. von Pierangelo Schiera / Friedrich Tenbruck, Berlin, 1989.

17 Geprägt, wenn auch nicht erstmals verwendet, wurde der Begriff von Friedrich Meinecke. Ders., Drei Generationen deutscher Gelehrtenpolitik. Friedrich Theodor Vischer – Gustav Schmoller – Max Weber, in: Brandenburg Preußen Deutschland. Kleine Schriften zur Geschichte und Politik, hrsg. von Eberhard Kessel, Stuttgart, Friedrich Meinecke. Werke, hrsg. im Auftrage des Friedrich-Meinecke-Instituts der Freien Universität Berlin, 1979.

18 Vgl. Rüdiger vom Bruch, Wissenschaft, Politik und öffentliche Meinung. Gelehrtenpolitik im Wilhelminischen Deutschland (1890–1914), Husum, (Historische Studien, Bd. 435), 1980; Ders., Gelehrtenpolitik und politische Kultur im späten Kaiserreich, in: Gelehrtenpolitik und politische Kultur in Deutschland 1830–1930. Referate und Diskussionsbeiträge, hrsg. von Gustav Schmidt / Jörn Rüsen, Bochum, 1986.

19 Ingo Töpfer, Die Verhandlungen des Vereins für Sozialpolitik und die Rechtspolitik der späten Bismarck- und Wilhelminischen Zeit, Frankfurt a. M., 1970; Marie-Louise Plessen, Die Wirksamkeit des Vereins für Socialpolitik 1872–1890, Berlin, 1975; Irmela Gorges, Sozialforschung in Deutschland 1872–1914. Gesellschaftliche Einflüsse auf Themen- und Methodenwahl des Vereins für Socialpolitik, Königstein/Ts, 1980.

dominanten freihändlerischen Parteien und Gruppierungen, die zuweilen als »Smithianer« oder »Manchesterpartei« bezeichnet wurden. Das waren Begriffe, die den gleichen pejorativen Impetus mitliefern sollten wie bei den »Kathedersozialisten« bezweckt. Der Verein, der sich wie die Gesellschaft der Anthropologen jährlich traf, setzte auf diesen Treffen auch größere Unternehmungen, sogenannte Enqueten, in Gang, die in ihrer Form strukturelle Ähnlichkeiten mit der statistischen Erhebung der Schulkinderuntersuchung aufweisen, was hier leider nicht weiter verfolgt werden kann. In den Zusammenhang von gelehrtenpolitischer Betätigung und wissenschaftlicher Unterfütterung et vice versa fällt auch die Entstehung der Acta Borussica. Sie folgt einem methodischem Paradigma und der programmatischen Ausrichtung eines Denkkollektivs, der sogenannten historischen Schule der Nationalökonomie, gepaart mit aktuellen Mythen und Narrativen eines überlegenen Preußentums, bindet sich damit aber auch an dessen Untergang. Welches Programm aber ist mit dem Ende des Kaiserreichs untergegangen?

Schmollers Programm

Das Forschungsprogramm wird um der besseren Übersicht willen nur für Schmoller beschrieben und unter Auslassung zahlreicher Nuancen und Unterschiede der anderen Vertreter der Schule. Dennoch ist Schmoller Teil eines größeren Methoden- und Denkzusammenhangs, der durch Konzentration allein auf ihn verloren ginge. Entsprechende Literatur zur historischen Schule ist mittlerweile ausreichend vorhanden.

Theorie war Schmollers Ausgangspunkt. Gegen Ende seines Studiums hatte er sich intensiv mit Philosophie und dabei vor allem mit deutschen Philosophen beschäftigt. In einem am Ende seines Lebens verfassten, sehr kurz gehaltenen autobiografischen Aufsatz über seinen Werdegang schreibt er, dass er die Zeit zwischen seinen beiden Staatsexamen dafür verwandte, deutsche Philosophen zu lesen, mit dem Ziel, »ein grundlegendes Buch über das Herauswachsen der Volkswirtschaftslehre aus den philosophischen Systemen 1750–1850 schreiben zu wollen.«[20] Auch wenn Schmoller diesen Plan letztlich liegen ließ, hat ihn die darin enthaltene Grundfrage nach dem Verhältnis von Philosophie und Wirtschaft, von sittlichem und wirtschaftlichem Handeln sowie von Ethik und Nationalökonomie bis an sein Lebensende verfolgt.[21] Schmoller steht für eine bestimmte Sichtweise auf ökonomische Prozesse und die doppelte Frage, wie diese

20 Gustav Schmoller, Meine Heilbronner Jugendjahre, Heilbronn, Kalender »Von Schwäbischer Scholle«, 1918, S. 60.

21 Einzig eine Abhandlung über Fichte war ein direktes Resultat seines Plans, blieb aber nach eigener Aussage Bruchstück und wurde nicht weiter verfolgt. Vgl. Gustav Schmoller, Johann Gottlieb Fichte: Eine Studie aus dem Gebiete der Ethik und der Nationalökonomie, in: Jahrbücher für Nationalökonomie und Statistik, (1865), S. 1–61.

zu beschreiben und erklären seien und welche Bereiche für sozialpolitische Reformen in Betracht kommen. Im Mittelpunkt der Auseinandersetzungen stehen seine ökonomischen und sozialpolitischen Perspektiven in Bezug auf die Erklärung von wirtschaftlichen Phänomenen und seine Vorschläge zur Reformierung. Anders als (neo-) klassische bzw. liberale Ökonomen ging Schmoller nicht davon aus, dass laissez-faire mittel- und langfristig zur Angleichung und Ausbalancierung von Ungleichheiten führen würde, ebensowenig wie er den Vorschlägen von Karl Marx und der ihm folgenden Marxisten zutraute, die Ungleichheit über den Weg der Verstaatlichung zu lösen. In letzterem ist Schmoller ganz auf dem Boden der Marktwirtschaft, aber einer sozialpolitisch eingehegten Ordnung und nimmt somit eine Zwischenposition ein.[22]

Über seinen wissenschaftlichen Werdegang unterrichtet er in seiner Antrittsrede im Juni 1887 vor der Akademie: Während seiner achtjährigen Lehrtätigkeit in Halle sei er zur Verwaltungsgeschichte gekommen. An diese habe sich eine zehnjährige Forschungstätigkeit in Straßburg zur Wirtschafts- und Verfassungsgeschichte angeschlossen. Obwohl eher »von philosophischen und allgemein kameralistischen Studien« kommend, habe er sich durch sein Interesse an der Vergangenheit der deutschen Nationalökonomie halb zum Historiker gemacht und sei in der Folge der schmalen »Grenzlinie zwischen Rechts- und Wirthschaftsgeschichte, zwischen vergleichender Staatswissenschaft und archivalischer Detailforschung« gefolgt.[23] Letztlich zielte diese hybride Struktur, so Schmoller rückblickend, auf ein weit darüber hinausreichendes, visionäres Programm:

> *»[E]s schwebte mir daneben immer die grössere Aufgabe vor, das wirklich zu leisten und zu vollenden, was Hildebrand, Knies und Roscher in der deutschen Nationalökonomie versucht haben, diese Wissenschaft gänzlich loszulösen von der Dogmatik der englisch-französischen Utilitätsphilosophie, sie auf einen anderen, psychologisch und historisch tiefer und sicherer begründeten Boden zu stellen.«*[24]

Über Schmollers Biografie ist bis heute vergleichsweise wenig bekannt. Niemand hat es bisher für Wert befunden, diesem damals in der obersten Liga spielendem Gelehrten und Gelehrtenpolitiker eine Biografie zu widmen. Skizzen sind hier und da vorhanden und das Fehlen einer Biografie wurde oft genug bemängelt.[25] Schmoller ist gar als einer der am

---

22 Vgl. hierzu Rüdiger vom Bruch (Hrsg.), Weder Kommunismus noch Kapitalismus. Bürgerliche Sozialreform in Deutschland vom Vormärz bis zur Ära Adenauer, München, 1985.

23 Gustav Schmoller, Antrittsrede, in: Sitzungsberichte der Königlich Preußischen Akademie der Wissenschaften, (1887), S. 638.

24 Ebd.

25 Werner Plumpe nennt Schmollers unskandalösen, nur auf seine Arbeit konzentrierten Lebensstil und eine gewisse Langweiligkeit seiner Person als mögliche Gründe für das Fehlen einer Biografie, ganz im Gegensatz zum Interesse an den Biografien Max Webers und

meisten unterschätzten Gelehrten bezeichnet worden.[26] Diesem Umstand kann auch hier nur in Details abgeholfen werden. Letztlich interessiert mehr der Zusammenhang seines wissenschaftlichen Programms mit dem Großprojekt der »Acta Borussica«.

Forschungsstand

Das wissenschaftliche Programm Schmollers und mit ihm oft im Zusammenhang das der jüngeren historischen Schule der Nationalökonomie ist in den letzten beiden Jahrzehnten intensiv erforscht worden, nachdem es davor kaum Beachtung fand. Dabei waren es in erster Linie wirtschafts- und ideengeschichtlich interessierte Ökonomen oder umgekehrt ideengeschichtlich interessierte Wirtschafts- und Wissenschaftshistoriker, die ab Ende der 1980er-Jahre für eine Neubewertung Schmollers und der jüngeren historischen Nationalökonomie warben. Zu ihnen gehören Autoren wie Rüdiger vom Bruch[27], Jürgen Backhaus[28], Birger Priddat[29], Nikolas Balabkins[30], Karl Heinrich Kaufold[31], David F. Lindenfeld[32], Werner Plum-

---

Werner Sombarts. Werner Plumpe, Gustav von Schmoller und der Institutionalismus, in: Geschichte und Gesellschaft, (1999), S. 252–275.

26 Vgl. Reginald Hansen, Gustav Schmoller as a Scientist of Political Economy, in: Handbook of the History of Economic Thought, hrsg. von Jürgen G. Backhaus, New York, 2012 mit Verweis auf Gregor Schöllgens kritische Analyse von Max Weber als dem meistüberbewerteten Gelehrten des 19. Jhs. Gregor Schöllgen, Max Weber, München, 1998, S. 162ff.

27 Rüdiger vom Bruch, Gustav Schmoller, in: Berlinische Lebensbilder. Bd 3: Wissenschaftspolitik in Berlin. Minister, Beamte, Ratgeber, hrsg. von Wolfgang Treue / Karlfried Gründer, Berlin, 1987; Ders., Gustav Schmoller, in: Deutsche Geschichtswissenschaft um 1900, hrsg. von Notker Hammerstein, Stuttgart, 1988; Ders., Nationalökonomie, wie Anm. 16.

28 Jürgen G. Backhaus (Hrsg.), Gustav von Schmoller und die Probleme von heute, Berlin, 1993.

29 Birger P. Priddat, Die andere Ökonomie. Eine neue Einschätzung von Gustav Schmollers Versuch einer »ethisch-historischen« Nationalökonomie im 19. Jahrhundert, Marburg, 1995; Birger P. Priddat, Produktive Kraft, sittliche Ordnung und geistige Macht: Denkstile der deutschen Nationalökonomie im 18. und 19. Jahrhundert, Marburg, 1998.

30 Nicholas Balabkins, Not by theory alone ... The Economics of Gustav von Schmoller and Its Legacy to America, Berlin, 1988.

31 Karl Heinrich Kaufhold, Gustav von Schmoller (1838–1917) als Historiker, Wirtschafts- und Sozialpolitiker und Nationalökonom, in: Vierteljahrschrift für Sozial- und Wirtschaftsgeschichte, 75 (1988) 2, S. 217–252.

32 David F. Lindenfeld, The practical imagination. The German sciences of state in the nineteenth century, Chicago u.a., 1997; David F. Lindenfeld, Grand historical narrative or intellectual strategy. The institutional establishment of the historical school of political economy in the 19th century, Berlin, 2002.

pe[33], Helge Peukert[34], Betram Schefold und Heino Heinrich Nau[35] sowie Yuichi Shionoya[36].

Josef Schumpeters anerkennender Aufsatz von 1926 »Gustav v. Schmoller und die Probleme von heute«[37] steht allein in einem Zeitraum, der in erster Linie durch Zurückweisung der historischen Schule, insbesondere dessen Kopfes Schmoller gekennzeichnet sei und deshalb sehr unterschiedlich gedeutet worden sei.[38] Ergänzend wurden einige Arbeiten über Max Weber hinzugezogen, nicht zuletzt, weil über Weber viel geforscht und publiziert wurde und sich dabei auch einiges zu Schmoller findet.[39]

---

33 Plumpe, wie Anm. 25, S. 252–275.

34 Helge Peukert, The Schmoller Renaissance, in: History of Political Economy, 33 (2001) 1, S. 71–116.

35 Heino Heinrich Nau und Bertram Schefold (Hgg.), The historicity of economics. Continuities and discontinuities of historical thought in 19th and 20th century economics, Berlin, 2002.

36 Yuichi Shionoya, Schumpeter and the Idea of Social Science: A Metatheoretical Study, Cambridge, 1997; Ders., The soul of the German Historical School. Methodological essays on Schmoller, Weber, and Schumpeter, New York u.a., 2004. Ergänzt sei noch das von Nils Goldschmidt 2006 herausgegebene Schmoller-Themenheft im Schmoller-Jahrbuch, in dem nach dessen Erbe für das 21. Jh. gefragt wird. Nils Goldschmidt, Symposium »Schmoller's Legacy for the 21st Century«: Schmollers Jahrbuch, 126 (2006), 2 (S. 139–336), Berlin, 2006. Vgl. zudem den von seinem Schüler Spiethoff herausgegebenen Bd.: Arthur Spiethoff (Hrsg.), Gustav von Schmoller und die deutsche geschichtliche Volkswirtschaftslehre. Festgabe zur hundertsten Wiederkehr seines Geburtstages, Berlin, 1938.

37 Josef Schumpeter, Gustav Schmoller und die Probleme von heute, in: Schmollers Jahrbuch, (1926), S. 337–388.

38 Hauke Janssen spekulierte darüber, ob der Aufsatz einer Gefälligkeit entsprungen sein könnte. Sie wäre als Dankbarkeit für eine Berufung nach Bonn, die Schumpeter aus seiner prekären Lage in Wien herausholte, lesbar. Hauke Janssen, Nationalökonomie und Nationalsozialismus: Die deutsche Volkswirtschaftslehre in den dreißiger Jahren des 20. Jahrhunderts, 4. Aufl., Marburg, 2011, S. 28. Dies erwähnt auch Köster, hält es jedoch für spekulativ. Er geht davon aus, Schumpeter habe darstellen wollen, dass die historische Schule für die Krise der Nationalökonomie gerade nicht verantwortlich gemacht werden könne, sondern die »Ursache mehr im Methoden- und Weltanschauungsdiskurs der 1920er-Jahre zu suchen« sei. Vgl. Roman Köster, Die Wissenschaft der Außenseiter: Die Krise der Nationalökonomie in der Weimarer Republik, Göttingen, 2011, S. 57f. Hansen ergänzt, dass Schumpeter weder davor noch danach die positive Einschätzung Schmollers wiederholte. Reginald Hansen, Gustav Schmoller as a Scientist of Political Economy, in: Handbook of the History of Economic Thought, hrsg. von Jürgen G. Backhaus, New York, 2012, S. 389ff. Beispiele sind Schumpeters Bewertungen in seinen zentralen Werken, zunächst dem langen Essay von 1914: Joseph Alois Schumpeter, Epochen der Dogmen- und Methodengeschichte, Tübingen, 1914. und in dem postum veröffentlichen monumentalen Werk einer Wissenschaftsgeschichte des ökonomischen Denkens von der Antike bis in die Gegenwart: Joseph A. Schumpeter, History of economic analysis, London, 1954.

39 Ob man Weber als Schüler Schmollers bezeichnen darf, ist angesichts der Gegensätze in

Daneben lässt sich die Anzahl der Studien von ausgewiesenen Historikern recht gut überschauen. Rüdiger vom Bruch war in seiner Dissertation zur Gelehrtenpolitik im Wilhelminischen Deutschland bereits auf Schmoller gestoßen und kam dann in weiteren Studien mehrfach auf ihn und sein Umfeld zurück.[40] 2003 legte der Historiker Erik Grimmer-Solem eine quellengesättigte und detailreiche Studie zum Zusammenhang des Aufstiegs der Historischen Schule der Nationalökonomie und der Sozialreform im Wilhelminischen Zeitalter vor. Seine recht enge Definition von »Schule« brachte ihm zu dem Ergebnis, die historische Schule sei eigentlich gar keine kohärente Schule gewesen.[41] Diesem Urteil sind vielleicht auch aus forschungspragmatischen Aspekten nicht viele gefolgt.[42] Für Grimmer-Solem war diese Eingrenzung aus pragmatischen Gründen wichtig, um seine Studie auf vier Hauptakteure eingrenzen zu können.[43]

Mit der Acta Borussica haben sich außer Wolfgang Neugebauer und Bärbel Holtz bisher kaum Forscher intensiv und auf Basis von Quellenarbeit auseinandergesetzt.[44]

---

grundlegenden Ansichten auf den ersten Blick nicht einsichtig. Schließlich gehörte Weber zu denjenigen, die sich als erstes noch zu Lebzeiten von Schmoller unabhängig machten und ein eigenes wissenschaftliches Programm verfolgten. Dennoch gibt es gute Gründe, Schmoller neben anderen als einen der Lehrer Webers zu bezeichnen. An Biografien wie an Forschungsliteratur zu Max Weber herrscht kein Mangel. Deshalb hier sei hier nur auf eine kleine Auswahl verwiesen, die für die Arbeit herangezogen wurde, aber keineswegs als repräsentativ anzusehen ist. Vgl. z.b. die 2005 erstmals veröffentlichte Biografie Webers von: Joachim Radkau, Max Weber: Die Leidenschaft des Denkens, München, 2014; Manfred Schön, Gustav Schmoller und Max Weber, in: Max Weber und seine Zeitgenossen, hrsg. von Wolfgang J. Mommsen; Wolfgang Schwentker, Göttingen, Zürich, 1988; Ho-keun Choi, Max Weber und der Historismus: Max Webers Verhältnis zur Historischen Schule der Nationalökonomie und zu den zeitgenössischen deutschen Historikern, Waltrop, 2000; Hinnerk Bruhns (Hrsg.), Histoire et économie politique en Allemagne de Gustav Schmoller à Max Weber : Nouvelles perspectives de l'école historique de l'économie, Paris, 2004. Ähnliches gilt für Werner Sombart, der früh aus dem Schatten Schmollers hinausgetreten ist. Vgl. Horst K. Betz, From Schmoller to Sombart, in: History of Economic Ideas, 1/2 (1993) 3/1, S. 331–356.

40 Bruch, Wissenschaft, Politik und öffentliche Meinung, wie Anm. 18.

41 Erik Grimmer-Solem, The Rise of Historical Economics and Social Reform in Germany 1864–1894, Oxford, 2003, S. 19ff.

42 Roman Köster hält die Kritik von Grimmer-Solem an der Bezeichnung als Schule aufgrund einer zu engen Definition von »Schule« für überzogen. Köster, wie Anm. 38, S. 34f.

43 Neben Schmoller waren dies: Lujo Brentano, Adolf Held und Georg Friedrich Knapp. Erik Grimmer-Solem, The Rise of Historical Economics, Oxford, 2003, S. 13.

44 Genannt seien nur die wichtigsten Publikationen: Wolfgang Neugebauer, Gustav Schmoller, Otto Hintze und die Arbeit an den Acta Borussica, in: Jahrbuch für brandenburgische Landesgeschichte, (1997), S. 152–202; Ders., Zum schwierigen Verhältnis von Geschichts-, Staats- und Wirtschaftswissenschaften am Beispiel der Acta Borussica, in: Kocka, Holfeld, Walther, wie Anm. 2; Ders., Die »Schmoller Connection«, wie Anm. 15; Holtz,Neugebauer, Kocka, wie Anm. 15 sowie die Liste an Publikationen, die aus dem Akademieprojekt »Preu-

Sie wird zwar hin und wieder erwähnt, aber dann zumeist im Rahmen ideengeschichtlicher oder wissenschaftshistorischer Untersuchungen. Neugebauer ist ebenfalls nicht direkt auf Schmoller gestoßen, sondern über den Umweg einer Untersuchung zu Schmollers Schüler Otto Hintze.[45] Während bei den eher aus der Wirtschaftsgeschichte kommenden Autoren die Acta Borussica unterrepräsentiert ist, werden bei Neugebauer wiederum diese Autoren nur am Rande rezipiert. 2011 schloss Roman Köster eine wichtige Forschungslücke, indem er die Krise nach dem Niedergang der historischen Schule der Nationalökonomie in den Mittelpunkt stellte. Seine Studie beschäftigt sich insbesondere mit der deutschen Nationalökonomie während der Weimarer Republik, bezieht aber in einem einführenden Kapitel auch sichtbare Anzeichen des Bröckelns der Autorität und Reputation vor Schmollers Tod 1917 mit ein.[46] Dass Schmoller auch zu Lebzeiten nicht unumstritten war, wusste er. Zahlreiche Hinweise in seinen eigenen Schriften und nicht zuletzt der Methodenstreit verdeutlichen das. Dennoch lässt sich aus heutiger Perspektive sagen, dass zwischen 1917 und der Mitte der 1980er-Jahre Schmoller und die von ihm repräsentierte historische Schule der Nationalökonomie diskursiv verschwand, ignoriert oder als Sackgasse bezeichnet bzw. in anderer Form als nicht anschlussfähig oder irrelevant verurteilt wurde.[47] Die Gründe hierfür sind nach wie vor Gegenstand von Diskussionen. Inwiefern die zeitliche Koinzidenz mit dem sogenannten kurzen 20. Jahrhundert auf einen tiefer liegenden Zusammenhang verweist, ob dafür generationelle Gründe anzuführen wären oder die diskursiven und realen Entwicklungen des Sozialstaats und dessen ab den 1970er und 1980er-Jahren diskutierte Grenzen des Ausbaus und der Sozialreform Antworten liefern, wäre eine lohnenswerte Frage. Sie kann jedoch an dieser Stelle nicht weiter verfolgt werden. Dass negative Urteile von Schmollers Programm möglicherweise ohne Wissen und Interpretation seiner Schriften vorkamen, war einer der Ausgangspunkte für die Wiederbeschäftigung mit ihm. So schrieb Nicholas Balabkins im Vorwort seiner Studie von 1988, dass das Wenige, worauf in Bezug auf Schmoller verwiesen werde, entweder fehlleiten würde oder schlicht falsch sei. In seiner Zeit, so Balabkins, sei Schmoller einer

---

ßen als Kulturstaat« entstanden sind: <http://actaborussica.bbaw.de/publikationen> (Stand: 27.04.2017).

45 Wolfgang Neugebauer, Die wissenschaftlichen Anfänge Otto Hintzes, in: Zeitschrift der Savigny-Stiftung für Rechtsgeschichte, Germanistische Abteilung, (1998), S. 540–551; ders., Gustav Schmoller, Otto Hintze, wie ebd., S. 152–202; Ders., Otto Hintze und seine Konzeption der »Allgemeinen Verfassungsgeschichte der neueren Staaten«, in: Zeitschrift für historische Forschung, 20 (1993) 1, S. 65–96.

46 Köster, wie Anm. 38, 2011.

47 Für Belege vgl. Helge Peukert, The Schmoller Renaissance, in: History of Political Economy, 33 (2001) 1, S. 71–116; Nicholas Balabkins, Not by theory alone ..., Berlin, 1988; Reginald Hansen, Gustav Schmoller as a Scientist of Political Economy, in: Handbook of the History of Economic Thought, hrsg. von Jürgen G. Backhaus, New York, 2012.

der meist respektierten Ökonomen der Welt gewesen, er arbeitete an einer der führenden Forschungsuniversitäten in einem Land mit einer blühenden und innovativen Industrie, das trotz seines anachronistischen politischen Systems, eine der am weitesten entwickelten Sozialgesetzgebungen herausbildete.[48]

Neuere Analysen ergaben in vielen Fällen, dass das Programm der jüngeren historischen Schule durchaus ein größeres Erklärungspotenzial besitzt, als ihr von den Kritikern zugesprochen wurde und dass es in bestimmter Hinsicht heute noch bzw. wieder anschlussfähig sei, wenn auch in modifizierter Form. Anschlussfähig sind, nach Birger Priddat, vor allem die Fragestellungen. Unter diesen versteht Priddat Herangehensweisen, Denkstile, Argumentationsmuster und Rahmenbedingungen, weniger die damaligen Antworten und Ergebnisse, die zum großem Teil zeitgebunden waren und damit nur für eine historische Rekonstruktion relevant sind.[49]

Auch scheint mittlerweile das sich hartnäckig haltende Vorurteil, die jüngere historische Schule, insbesondere Schmoller seien prinzipiell theoriefeindlich gewesen und hätten allein darauf abgezielt, historische Detailstudien anzufertigen, ausreichend widerlegt und als populäres Klischee des wissenschaftlichen Feldes verwiesen.[50] Begründet wurde diese Einengung Schmollers auf Theorielosigkeit oder gar -feindlichkeit oftmals mit Verweis auf die Auseinandersetzung mit der österreichischen Schule der Grenznutzentheorie um Carl Menger. Den sogenannten »Methodenstreit« löste eine Rezension Schmollers über Mengers »Untersuchungen über die Methode der Sozialwissenschaften, und der politischen Oekonomie insbesondere«(1883) aus.[51] Und

---

48 Nicholas Balabkins, ebd., S. 5.

49 Vgl. Birger P. Priddat, Die andere Ökonomie, Marburg, 1995; Ders., Exkurs: Zur Einschätzung des methodischen Programms der deutschen Nationalökonomie im 19. Jahrhundert. Schmoller I, in: Produktive Kraft, sittliche Ordnung und geistige Macht: Denkstile der deutschen Nationalökonomie im 18. und 19. Jahrhundert, hrsg. von Birger P. Priddat, Marburg, 1998.

50 Vgl. mit weiteren Nachweisen hierzu: Peukert, wie Anm. 47, S. 84–93; sowie Priddat, ebd.

51 Schmoller besprach Carl Mengers »Untersuchungen« zusammen mit Wilhelm Diltheys »Einleitung in die Geisteswissenschaften«. Gustav Schmoller, Zur Methodologie der Staats- und Sozialwissenschaften, in: Jahrbuch für Gesetzgebung, Verwaltung und Volkswirtschaft im Deutschen Reich, (1883), S. 975–994. Mengers Text ist auf verschiedenen Portalen online verfügbar und über den Titel leicht zu finden: Carl Menger, Untersuchungen über die Methode der Sozialwissenschaften, und der politischen Oekonomie insbesondere, Leipzig, 1883. Menger reagierte mit einer weiteren Schrift, die Schmoller ebenfalls rezensierte. Ders., Die Irrthümer des Historismus in der deutschen Nationalökonomie, Wien, 1884. Gustav Schmoller, Rez. zu C. Menger, Die Irrthümer des Historismus in der deutschen Nationalökonomie, in: Jahrbuch für Gesetzgebung, Verwaltung und Volkswirthschaft im deutschen Reich, 8 (1884) 2, S. 333. Zur Rekonstruktion des Methodenstreits vgl. u.a. Reginald Hansen, Der Methodenstreit in den Sozialwissenschaften zwischen Gustav Schmoller und Karl Menger, seine wissenschaftshistorische und wissenschaftstheoretische Bedeutung, in: Bei-

nach wie vor häufig anzutreffen ist die Ansicht, im Methodenstreit zwischen beiden habe im Zentrum die Frage um die Vorrangstellung von deduktiver vs. induktiver Methode gestanden. Das ist als Vereinfachung zurückgewiesen worden. Dagegen wurde geltend gemacht, die Frage nach der Methode sei zweitrangig gewesen gegenüber der entscheidenderen und eigentlich im Mittelpunkt stehenden Frage nach dem »Gegenstand und Begriff der ökonomischen Wissenschaft und insofern nach der Begründbarkeit der politischen Ökonomie als eigenständige Wissenschaft überhaupt«.[52] Durch den Niedergang der historischen Schulen nach dem Ersten Weltkrieg ist Menger als Sieger des Streits bezeichnet worden. Die Wirtschaftswissenschaften insgesamt orientierten sich in Richtung Theorie- und mathematische Modellbildung. Erst mit dem neuen Institutionalismus ist allmählich der Ansatz der jüngeren historischen Schule wieder ins Blickfeld geraten. Dadurch wurde auch der Streit neu bewertet. So sah Birger Priddat eher ein Aneinandervorbeireden der beiden Protagonisten. Weil sie unterschiedliche Untersuchungsgegenstände gehabt haben und unterschiedliche Formen des Theoriebauens anvisierten, könne es für die geführte Auseinandersetzung so keine Lösung geben.[53]

Mit Schmollers Programm haben sich bisher in der Mehrzahl Wirtschaftshistoriker und Ökonomen respektive Volkswirtschaftler auseinandergesetzt, mit der Acta Borussica vornehmlich Historiker und Wissenschaftshistoriker. Dem Zusammenhang von Schmollers Programm und der Entstehung der Acta Borussica ist bisher wenig Aufmerksamkeit geschenkt worden.[54] So wirkt die Acta Borussica wie ein losgelöster historischer Teil eines ansonsten ökonomischen Programms. Folgerichtig ordnet Neugebauer die Entstehungsgeschichte der Acta Borussica in einen historiographischen Kontext, den Schmoller im Vorwort des ersten Bandes der Acta Borussica, der die Entstehungsgeschichte erzählt, auch anbietet. In einem weiteren Aufsatz seziert Neugebauer das Geflecht an Produktionsmöglichkeiten Schmollers, die Schmoller-Connection,

---

träge zur Entwicklung der Wissenschaft im 19. Jahrhundert, hrsg. von Alwin Diemer, Meisenheim am Glan, (Studien zur Wissenschaftstheorie, Bd. 1), 1968. Mit Betrachtung der langfristigen Debatte: Harald Homann, Gesetz und Wirklichkeit in den Sozialwissenschaften. Vom Methodenstreit zum Positivismusstreit, Tübingen, 1989.

52 Aliki Lavranu, Deskription, Kausalität und Teleologie. Zu Gustav Schmollers methodologischen und wissenschaftstheoretischen Positionen im Anschluß an den »Methodenstreit«, in: Krise des Historismus – Krise der Wirklichkeit. Wissenschaft, Kunst und Literatur 1880–1932, hrsg. von Otto Gerhard Oexle, Göttingen, 2007, S. 184.

53 Vgl. Priddat, Exkurs, wie Anm. 49.

54 Wolfgang Neugebauer verweist zwar in einer Fußnote auf die Arbeiten von Nicholas Balabkins, jedoch ohne den von diesen und weiteren Arbeiten erörterten Zusammenhang von Schmollers wissenschaftlichem Programm einzugehen. Vgl. Ders., Zum schwierigen Verhältnis von Geschichts-, Staats- und Wirtschaftswissenschaften am Beispiel der Acta Borussica, in: Kocka, Hohlfeld,Walther, wie Anm. 2, S. 241.

d.h. die Quernutzung von Geldern Acta Borussica für andere Projekte, die Verknüpfung von Seminar an der Universität, Zeitschriften und Reihen und dem großen Akademieprojekt.[55]

Das Programm der jüngeren historischen Schule der Nationalökonomie

Ganz im Einklang mit historischen Schulen anderer Disziplinen (z.B. rechtshistorische, sprachwissenschaftlich Schule) stellten Ökonomen von Bruno Hildebrand über Karl Knies und Wilhelm Roscher (als Vertreter der sogenannten älteren historischen Schule[56]) bis zu Schmoller, Adolf Wagner, Adolf Held, Lujo Brentano, Georg Friedrich Knapp oder andere Nationalökonomen trotz ihrer jeweiligen Verschiedenheit das historische Gewordensein ökonomischer Wirtschaftsabläufe in den Mittelpunkt der Analyse. Über diesen Zugang grenzten sie sich zur klassischen Theorie mit ihren Modellkonstruktionen ab. Das gilt in abgewandelter Form auch für die von Schumpeter sogenannte jüngste historische Schule der Nationalökonomie, zu der er neben Werner Sombart auch Max Weber und Arthur Spiethoff zählte.[57] Inwiefern hier die begriffliche Nähe und die Andeutung einer generationellen Fortsetzung des Programms die teilweise grundlegenden Unterschiede im Wissenschaftsverständnis nicht fehlleiten, ist mehrfach und auch zu Recht kritisiert worden. Die Unterschiede finden sich denn auch weniger im Forschungsprogramm, denn in der Perspektive auf den eigenen Standpunkt und den aus den wissenschaftlichen Ergebnissen ableitbaren Handlungsanweisungen, kurzum das, was als sogenannter Werturteilsstreit in die Wissenschaftsgeschichte eingegangen und bis heute relevant ist. Arena der Auseinandersetzung war der Verein für Sozialpolitik in der Zeit vor dem Ersten Weltkrieg. Im Mittelpunkt stand die Frage des Verhältnisses von Wissenschaft und Politik. Weber wollte um der Objektivität der wissenschaftlichen Ergebnisse und Urteile willen eine klare Transparenz sehen, wie aus wissenschaftlichen Ergebnissen politische Vorschläge abgeleitet werden. Eine rein subjektive arbiträre Wahl normativer Handlungsvorschläge müsse als solche erkenntlich sein und sich nicht in den Schleier wissenschaftlich objektiver Ergebnisse hüllen.[58]

---

55 Ders., wie Anm. 15.

56 Vgl. u.a. die Beiträge in: Christian Scheer und John Somerset Chipman (Hgg.), Die ältere historische Schule: wirtschaftstheoretische Beiträge und wirtschaftspolitische Vorstellungen, Berlin, (Studien zur Entwicklung der ökonomischen Theorie – Schriften des Vereins für Socialpolitik, Bd. 20), 2005. Vgl. auch den Abschnitt zur alten und jungen historischen Schule in: Bertram Schefold, Beiträge zur ökonomischen Dogmengeschichte, Düsseldorf, 2004, S. 377ff.

57 Vgl. Josef Schumpeter, Gustav Schmoller und die Probleme von heute, in: Schmollers Jahrbuch, (1926), S. 337–388.

58 Die Literatur zur Auseinandersetzung ist umfangreich, da die Problematik nach vor aktuell ist und ein Grundproblem der wissenschaftlichen Arbeit betrifft. Verwiesen sei deshalb nur auf Max Webers Objektivitäts- und seinen Werturteilsaufsatz in: Max Weber, Die »Ob-

Inwiefern ist es gerechtfertigt von einer »Schule« zu sprechen und welche Akteure gehören ggf. dieser Schule an? Während der Begriff der »historischen Schule« in verschiedensten Abwandlungen häufig verwendet wurde und wird, ist die Frage eher selten ausführlich analysiert worden.[59] Damals sprach man bereits von der historischen Schule. Teilweise wurden und werden, was Programm und Akteure betrifft, Begriffe wie Kathedersozialismus oder der Verein für Sozialpolitik synonym gesetzt. Das geht jedoch an den Realitäten vorbei. Auch wenn es deutliche Überschneidungen gibt und Schmoller allen dreien zugeordnet werden kann, ist die Zusammensetzung und Ausrichtung der verschiedenen, teilweise sehr verschieden zusammengesetzten Gruppierungen durchaus komplexer, als dass sie in eins gesetzt werden könnten, nicht nur bei der gewollt heterogenen Konstitution des Vereins für Sozialpolitik. Ab etwa den 1860er-Jahren wird in Literatur und auch schon zeitgenössisch zwischen einer älteren und einer jüngeren Variante historisch arbeitender Nationalökonomen unterschieden, wobei zur älteren historischen Schule in der Regel Roscher, Hildebrand und Knies gezählt werden.

Für Erik Grimmer-Solems enge Definition von »Schule« gehören neben Schmoller nur Lujo Brentano, Adolf Held und Georg Friedrich Knapp zur (deutschen) historischen Schule der Nationalökonomie. Grimmer-Solem beschreibt diese426ergruppe als eine »pragmatic, empirically inclined group of statistically trained economists who, having directly observed the effects of rapid urbanization, industrialization, the rise of labour movements and socialism in Germany and abroad in the 1860s, became dissatisfied with orthodox classical economic doctrines, subjecting these to empirical tests and criticism.«[60] Das Ziel habe darin bestanden, praktische Lösungen für ökonomische und soziale Probleme zu erarbeiten und diese innerhalb der Wissenschaft, aber insbesondere an die Adressaten in Bürokratie, in die Regierungsebene und die Öffentlichkeit zu tragen. Um dies zu ermöglichen, bestand das Arbeitsprogramm im Aufbau einer

jektivität« sozialwissenschaftlicher und sozialpolitischer Erkenntnis, in: Archiv für Sozialwissenschaft und Sozialpolitik, 19 (1904) 1, S. 22–87; Ders., Der Sinn der »Wertfreiheit« der soziologischen und ökonomischen Wissenschaften, in: Gesammelte Aufsätze zur Wissenschaftslehre, hrsg. von Johannes Winckelmann, 7. Aufl., Tübingen, 1988. Die Auseinandersetzung auf der Generalversammlung des Vereins für Sozialpolitik zwischen der älteren Generation um Gustav Schmoller, die vereinfacht gesagt für wissenschaftlich unterfütterte politische Werturteile eintrat, und der jüngeren Generation um Max Weber, die für eine klare Trennung von wissenschaftlichen und politischen Urteilen argumentierte, schildert anschaulich: Joachim Radkau, Max Weber, München, 2014, S. 484ff. (Erstausgabe 2005).

59 Ausnahmen sind: Erik Grimmer-Solem, The Rise of Historical Economics, Oxford, 2003; Bruch, wie Anm. 22; Ders., Von der Kameralistik zur Wirtschaftswissenschaft. Studien zur Geschichte der deutschen Nationalökonomie als Staatswissenschaft (1727–1923), unveröffentlichtes Typoskript, München, 1986.

60 Grimmer-Solem, ebd., S. 34.

vollständig neuen Wissensbasis, deren Elemente möglichst realitätsnah sein sollten. Die Gruppe der historisch arbeitenden Nationalökonomen ist durchaus größer und wie so oft sind die Grenzen hin zu anderen Schulen fließend, insbesondere wenn die auf Schmoller folgende Generation betrachtet wird, zu der ich unter anderem Max Weber zähle, der aus der historischen Schule kommend, sich am exponiertesten von dieser emanzipierte. Wichtig erscheint mir, dass es sich um zeitgenössische Begrifflichkeiten handelt, die trotz ihrer Varianz um einen gemeinsamen Kern kreisen und nach verschiedenen Seiten ausfransen oder von diesem Kern wegstreben, um eine eigene Methodologie aufzubauen.

Dieser gemeinsame Nenner liegt im Verständnis und der Perspektive auf Wirtschaft und wirtschaftlichem Handeln: Wirtschaftshandeln ist Kulturhandeln, kulturell geprägt, historisch kontingent und evolutionär entwickelt. Diesem Ausgangspunkt folgt die methodologische Ausrichtung:

> *»Anstatt Deduction des Verlaufs der socialwirthschaftlichen Phänomene unter der Voraussetzung des ›economical man‹ fordert der Neu-Historismus die ausschließliche Handhabung der Induction, die möglichst breite Beobachtung und Erklärung der Thatsachen des geschichtlichen volkswirthschaftlichen Lebens. Da nun aber dieses in seiner Causalität nicht verstanden werden kann ohne Kenntnis des ganzen Volkslebens, mit dem es organisch verschmolzen ist, so wird folgerichtig die Consequenz gezogen, dass die politische Ökonomie sich zur Socialwissenschaft erweitern müsse.«*[61]

Als weiterer Ausgangspunkt der historisch arbeitenden Nationalökonomen diente die Unzufriedenheit mit der Erklärungskraft und Reichweite der utilitaristischen klassischen Theorie. In ideologiekritischer Absicht wurde ihr vorgeworfen, einseitig die Interessen der liberalen Manchesterpartei zu bedienen und dabei soziale Ungleichheit ebenso in Kauf zu nehmen wie unterkomplexe Erklärungsmuster. »Nicht ewige Gesetze«, so Thomas Nipperdey, »sondern eine geschichtliche Lage bestimmten die Wirtschaft« in den Augen von Schmoller und Co. Deshalb sei »die vergangene Geschichte das Beobachtungsfeld [gewesen], auf das allein sich eine systematische Volkswirtschaftslehre gründen ließ«. Hingegen galt die »klassische Theorie mit ihren Modellkonstruktionen und der Isolierung des Wirtschaftssubjektes, des homo oeconomicus, und mit ihrer Harmonie-Erwartung […] als unwirkliche Abstraktion« und als »Projekt manchesterliberaler Unternehmerinteressen und der utilitaristischen Ethik des bloßen

---

[61] Heinrich Dietzel, Staatswissenschaften. 1. Volkswirtschaftslehre und Finanzwissenschaft, in: Die deutschen Universitäten: für die Universitätsausstellung in Chicago 1893, hrsg. von Wilhelm Lexis, Berlin, 1893, 580. Zit. nach: Rita Aldenhoff, Nationalökonomie und Kulturwerte um 1900, in: Kultur und Kulturwissenschaften um 1900, hrsg. von Rüdiger vom Bruch / Friedrich Wilhelm Graf / Gangolf Hübinger, Stuttgart, 1989, S. 45.

Individualismus.«[62] Methodisch stellten Schmoller und Co. die Reihenfolge (aus ihrer Sicht) vom Kopf auf die Füße. Ausgangspunkt müssten induktiv vorgehende Einzelforschungen und -studien sein, die zwar von einer mitgedachten Gesamtheit ausgehen dürfen und auch darauf abzielen sollen, dass es bei vollständiger Untersuchung der Einzelheiten irgendwann möglich sein wird, ein Gesamtbild zu erstellen und letztlich eine ökonomische Theorie zu bauen.[63] Die prekäre Aussicht, die dieses Programm mit sich brachte, wurde von Schmoller offenbar nicht reflektiert, beschäftigte aber die ihm nachfolgende Generation. Methodischer Knackpunkt war weniger das Setzen auf induktive Spezialforschung und Einzeluntersuchungen, sondern die Kombination aus dem methodischen Paradigma, historische fundierte Einzelstudien zu betreiben, aber gleichzeitig der epistemischen Tugend der Vollständigkeit zu folgen und am Ende wieder bei einer volkswirtschaftlichen Theorie anzukommen.

> *»Hand in Hand mit dieser Revision der klassischen Nationalökonomie ging die Forderung nach wissenschaftlich begründeter und staatlich gelenkter sozialer Reform, um die Kosten des neuen Wirtschaftssystems aufzufangen.«*[64]

In fast schon protestantischer Ethik wurde dadurch das Theoriebauen und das Synthetisieren so lange versagt und verschoben, bis ein vollständiges Bild vorläge, zusammengesetzt aus Einzelstudien. Nicht umsonst ist es, wie bei Mommsens Römischer Geschichte, ein Verleger, der Schmoller um 1900 zum Verfassen seines Grundrisses drängt. Dem Programm fehlte eine Struktur, die vorgeben hätte, mit welchen Mitteln aus den Einzelstudien, aus dem empirisch gewonnenen Material schließlich die Theorieleistung hätte erbracht werden können. Dies ist gewissermaßen Schmollers blinder Fleck. Kritiker aus dem liberalen Lager der Wirtschaftswissenschaften würden möglicherweise auch darauf bestehen, dass der Ansatz für Theoriebildung ungeeignet sei.[65]

---

62 Thomas Nipperdey, Arbeitswelt und Bürgergeist, München, (Deutsche Geschichte 1866–1918, Bd. 1), 1994, S. 665.

63 In der jüngeren Literatur zur Rekonstruktion des Methodenstreits ist mehrfach betont worden, dass Schmoller keineswegs die induktive Methode, wie lange Zeit behauptet, als alleinige gelten lassen würde. Vielmehr hat er prinzipiell beide für gleichwertig gehalten. Dennoch ist klar, dass er wie seine ebenfalls historisch arbeitenden Kollegen in seiner Forschungspraxis stärker induktiv vorging. Vgl. für die aus dem Methodenstreit folgenden methodologischen Implikationen: Lavranu, wie Anm. 52.

64 Aldenhoff, wie Anm. 61, S. 45.

65 Dass sich Schmoller aber auch mit aktuellen Institutionentheorien messen lassen kann, hat Martin Küssners Doktorarbeit herausgearbeitet, der darin Schmollers Programm mit der Theorie des institutionellen Wandels nach Douglas C. North vergleicht. Vgl. Ders., Gustav Schmollers Institutionenlehre im Lichte der Northschen Theorie des institutionellen Wandels: Ansätze zu einer allgemeineren Theorie des Institutionenwandels, Köln, 1995.

Die Acta Borussica als Programmteil

Die programmatische Annahme, aus Einzelstudien ließe sich zu einem unbestimmten Zeitpunkt in der Zukunft ein vollständiges Bild, eine Volkswirtschaftslehre und mithin eine Theorie der Wirtschaft zusammenfügen, ist Bedingung der Möglichkeit für die Initiierung der Acta Borussica. Dennoch spiegelt dies nicht unbedingt die Integration der Acta Borussica als Teil dieser Programmkonstruktion wider. Entscheidender ist Schmollers Verständnis von Reform, die in der Regel eine sozialpolitische Reform ist. Anders als die (neo)klassischen Ökonomen ging er davon aus, dass Institutionen die entscheidenden Elemente für Theoriebildung und rahmengebende formelle Elemente, der Volkswirtschaft seien, an denen Sozialreformen ansetzen müssten.[66] Institutionen, für die Schmoller eine recht weitgefasste Definition hat, sind für die Sozialreform entscheidende Elemente, deren Genese es zu erforschen gelte. Damit ordnet sich auch die Acta Borussica, deren Gegenstand letztlich die historische Erforschung der politisch-ökonomischen Institutionen von Preußen des 17. und 18. Jahrhunderts war, in das Programm ein.

Während er dieses Programm einer historisch fundierten Nationalökonomie, das er als Gegenentwurf zur (neo)klassischen Ökonomie verstanden wissen wollte, bis in die 1880er-Jahre im Stile seiner Vorgänger in Einzelforschung, gewissermaßen noch innerhalb des Ideals des einsamen Forscher bestritt, bot sich ihm durch seinen Umzug nach Berlin die Möglichkeit, Quellenarbeit und die von ihm als notwendig erachteten Detailstudien in größerem Stil auf viele Köpfe zu verteilen. Dieser Übergang wird in seiner Aussage deutlich, er sei nach Berlin aus pragmatischen Gründen gegangen, nämlich der preußischen Archive wegen und »in der Hoffnung, so besser lang geplante grosse Arbeiten über die preussische Wirthschafts- und Verwaltungsgeschichte des 18. Jahrhunderts […] vollenden«[67] zu können.

Die Edition

Als erprobtes Vorbild für die Form und die Arbeitsweise der Acta Borussica können die Enqueten des Vereins für Sozialpolitik angesehen werden. Die von diesem 1872 in Eisenach gegründeten Verein in Auftrag gegebenen Enqueten hatten bis 1881 die Gestalt von persönlichen Gutachten. Die Form der Gutachten wurde regelmäßig debattiert und nach und nach methodisch und erhebungstechnisch ausgebaut.[68] Sie bestanden aus einer Kombination von Statistiken, Befragungen ausgewählter Personen,

66 Stärker entfaltet in: Priddat, Exkurs, wie Anm. 29.

67 Gustav Schmoller, Antrittsrede, in: Sitzungsberichte der Königlich Preußischen Akademie der Wissenschaften, (1887), S. 638.

68 Vgl. Harald Homann, Gesetz und Wirklichkeit in den Sozialwissenschaften, Tübingen, 1989, S. 200f.

historischer und monographischer Teile. Sie waren dennoch keine bloße Anwendung von Regeln. Deshalb war die Qualität der Enqueten abhängig von der Schulung der Mitarbeiter bzw. den Voraussetzungen, die diese mitbrachten. Methodendiskussionen wurden ebenfalls mit Gutachten abgeschlossen und so die Weiterentwicklungen dokumentiert.[69] In den 1870er-Jahren hielt man am Merkmal fest, dass das Thema der Enquete begrenzt sein solle, alle Interessenrichtungen gleichgewichtig zu Wort kommen müssten, mündliche und schriftliche Verfahren zu kombinieren seien und das Material sorgfältig aufgezeichnet und veröffentlicht werden solle. Den Bearbeitern dieser Art der Sozialforschung wurde im Sinne wissenschaftlicher Freiheit ein großer Spielraum eingeräumt.[70] Die Edition knüpfte an diese Form von Monographie als Einzelfalluntersuchung an. Die Bearbeiter erhielten einen abgegrenzten Teil, waren verantwortlich für die Erstellung einer Monographie und der Auswahl und Dokumentation der Quellen. Die Konzentration auf die Monographie unterschied die Acta Borussica deutlich von den stärker Daten sammelnden altertumswissenschaftlichen und mittelalterlichen Editionsvorhaben, so dass sie als eine Sammlung von Monographien mit Quellenanhang gesehen werden können, womit sie letztlich dem Modell Leopold von Rankes folgen. Weiteres Vorbild waren die von Johann Gustav Droysen initiierten Akademie-Unternehmungen in den 1860er-Jahren, deren Bedeutung ebenfalls Wolfgang Neugebauer herausgearbeitet hat.[71] Aus dem Zusammenhang der programmatisch eingebundenen Monographie versprach man sich Einsichten in den Gesamtzusammenhang. Darin wiederum ähnelten sich Acta Borussica und CIL.

Entstehungszusammenhang und Finanzierung

Die Entstehung der Acta Borussica fällt in eine Hochphase akademischer Großforschung. Nie zuvor wurde ein vergleichbar großer Aufwand für wissenschaftliche Großprojekte an der Akademie betrieben.[72] Groß wird im Zeitraum nach 1870 in

69 Ebd., S. 202.

70 Ebd.

71 Vgl. Wolfgang Neugebauer, »Großforschung« und Teleologie : Johann Gustav Droysen und die editorischen Projekte seit den 1860er-Jahren, in: Johann Gustav Droysen. Philosophie und Politik – Historie und Philologie, hrsg. von Stefan Rebenich / Hans-Ulrich Wiemer, Frkf. a. M., 2012. Zu Droysens Großprojekten vgl. an verschiedenen Stellen auch: Wilfried Nippel, Johann Gustav Droysen. Ein Leben zwischen Wissenschaft und Politik, München, 2008.

72 Die steile Entwicklung seit Beginn der 1870er-Jahre hatte eine Sättigung erreicht, was zum einen daran lag, dass die Naturwissenschaften mehr Gewicht erlangten und sich deren Großforschung andererseits in Institutionen außerhalb der Akademie festsetzte. Ferner steht der nachfolgende Niedergang mit neuen Zweifeln an der Sinnhaftigkeit von neuen und »wissenschaftlichen Monstrewerken« in Zusammenhang. Vgl. Rebenich, Mommsen

vielen Kontexten zum wichtigen Präfix. So ist vermehrt die Rede vom Großstaat, der Großindustrie und eben auch der Großwissenschaft.[73] Dass sich Großstaat nicht nur auf ein vereinigtes Deutschland bezieht, sondern auch den wachsenden imperialen Anspruch mitführt, dürfte ebenso einsichtig sein, wie »Großindustrie« Prozessen wie der Hochindustrialisierung und weiteren Globalisierung semantische Begrifflichkeiten verleihen sollte.[74]

Auf dem internationalen statistischen Kongress von 1887 wurde festgelegt, dass ab einer Größe von 100.000 Einwohnern von Großstadt gesprochen werden soll.[75] »Groß« bildet das räumliche Pendant zu Veränderungen der Wahrnehmung von Zeit und Geschwindigkeit. Zugleich kann es als Vorläufer von »Welt«, dem dominierenden Präfix für Großprojekte um 1900, angesehen werden.[76] Die Beschleunigung der Geschwindigkeit auf der Schiene und zu Wasser ermöglichte größere Reichweiten und mithin auch ausgedehntere häufigere Reisen. Die Vernetzung verband immer mehr Räume, verringerte Distanzen. Ähnliches galt für die Kommunikation, die sich durch Verkabelung die Räume noch mehr verkürzte. Eine Europäisierung und Internationalisierung kann hieran ebenso anknüpfen, wie Weltkriege. Beides ist ohne diese Möglichkeiten schwer vorstellbar.

Während also der Zusatz von »Groß-« durchaus auf manifesten Entwicklungen beruhte, hielt er zugleich auch Einzug als rhetorisches Mittel. »Große« Rhetorik kann auch dann zur Selbstüberschätzung werden, wenn die Mittel den Ansprüchen nicht nachzukommen vermögen.[77] Dann werden große Vorhaben schnell zu Luftschlössern und ihre Akteure zu belächelten Witzfiguren und wir sind wieder bei den von Daniel Defoe beschriebenen Projektemachern des 17. und 18. Jahrhunderts. Inwiefern aber

---

und Harnack, wie Anm. 12, S. 70. Vgl. auch den Nachruf von Otto Gradenwitz auf Theodor Mommsen: Ders., Theodor Mommsen, in: Zeitschrift der Savigny-Stiftung für Rechtsgeschichte, (1904), S. 10. Von Gradenwitz stammt der Ausdruck der »Monstrewerke«.

73 Wie zu Beginn der Arbeit bemerkt, erwähnte Mommsen den Begriff der Großwissenschaft 1890 erstmals in einer Rede. Zu einigen Linien der Entwicklung der Großwissenschaft vgl. Grimmer-Solem, wie Anm. 59, S. 37.

74 Vgl. einführend zur long durée der Globalisierung: Jürgen Osterhammel und Niels P. Petersson, Geschichte der Globalisierung: Dimensionen, Prozesse, Epochen, München, 2003.

75 Während Berlin um 1800 ca. 170.000 Einwohner zählte, war die Stadt Ende der 1870er-Jahre zur Millionenstadt geworden. Vgl. Peter Ring, Bevölkerung, in: Berlin-Handbuch. Das Lexikon der Bundeshauptstadt, hrsg. von Horst Ulrich, 2., durchges., Berlin, 1993.

76 Vgl. hierzu Markus Krajewski, Restlosigkeit. Weltprojekte um 1900, Frankfurt a. M., 2006.

77 Vgl. hierzu Hubert Laitkos Urteil: »Ungeachtet der pompösen Rhetorik war die personelle Ausstattung dieser Unternehmungen bescheiden.« Ders., Die Preußische Akademie der Wissenschaften und die neuen Arbeitsteilungen. Ihr Verhältnis zum »Kartell« der deutschsprachigen Akademien und zur Kaiser-Wilhelm-Gesellschaft, in: Kocka, Hohlfeld, Walther, wie Anm. 2, S. 155.

die rhetorische Vergrößerung innerhalb eines sich ebenfalls ausdehnenden Wissenschaftssystems letztlich ein notwendiges Mittel in der konkurrierenden Bewerbung um begrenzte Ressourcen war, müsste anhand geeigneter Quellen überprüft werden. Da die Formulierung von Ansprüchen der Erlangung von Mitteln bei Projekten vorauslaufen muss und auch in Folgeprojekte oder Verlängerungen mit einfließt, bleibt ein schmaler Grat erhalten. Wird zu viel gefordert, lauert die Gefahr, dass einem nicht geglaubt wird, andersherum besteht ebenfalls ein erhöhtes Risiko, durch das Aufmerksamkeitsraster zu fallen, weil es dann aus Sicht der Finanziers uninteressant sein könnte.

Die Preußische Akademie der Wissenschaften betrieb bis in die 1860er-Jahre eine recht begrenzte Anzahl an kommissionsgeleiteten Unternehmungen. Das CIL, das CIG, eine Aristoteles Ausgabe, die Sternkarten und eine Edition der Schriften Friedrichs II. nahmen zwar einen beachtlichen Anteil der Ausgaben ein, aber da sich der Etat der Akademie bis Ende der 1860er-Jahre kaum erhöhte, ließen sich die Projekte weder durch mehr Personal beschleunigen noch neue Projekte initiieren.

Ironischerweise kann eine Miszelle des Historikers Georg von Below, einer der beißendsten Kritiker von Schmoller, entgegen dessen Absichten, heute als Quelle für die Entstehungsgeschichte der Acta Borussica herhalten.[78] Mit seinem Versuch, Schmoller als geistigen Urheber der Acta Borussica zu relativieren und ihn gewissermaßen für diese Anmaßung zu tadeln, zeigt Below die Eingebundenheit der Initiierung einer derartigen gemeinschaftlichen Unternehmung auf, die kaum allein zu bewältigen war.[79] Below warf Schmoller vor, anders als andere Leiter, von vergleichbaren Editionsvorhaben keine Musterausgabe erstellt und damit seinen Mitarbeitern kein Vorbild geliefert zu haben.[80] In Belows Negativfolie wird deutlich, dass Schmollers Großprojekt der Acta Borussica anderen Logiken folgte als bspw. die altertumswissenschaftlichen Vorhaben Mommsens, bei denen galt, man müsse erst einmal etwas Ordentliches ediert haben, um überhaupt an der Großwissenschaft teilnehmen zu können.

Während es wenig überraschen wird, dass die Acta Borussica wie das CIL und die Schulkinderuntersuchung in einem Geflecht von wissenschaftlichen Programmen, Interessen, Akteuren, Logiken von Institutionen und organisatorischen Formen entstanden ist, so fällt doch mit Blick auf den Zeitraum der Verhandlungen um das Projekt die Kürze der Entstehungszeit ins Auge. Die vergleichsweise schnelle Umsetzung vom ersten Antrag bis zur Finanzierung deutet strukturelle Besonderheiten an. Nur wenige Wochen nach der Aufnahme als ordentliches Mitglied der Akademie Anfang

---

78 Vgl. u.a. Georg von Below, Zur Entstehungsgeschichte der Acta Borussica, in: Vierteljahrschrift für Social- und Wirtschaftsgeschichte, (1905), S. 142–146. Zu Below vgl. die Biografie von: Hans Cymorek, Georg von Below und die Deutsche Geschichtswissenschaft um 1900, Stuttgart, 1998.

79 Vgl. Below, ebd., S. 143.

80 Vgl. Ebd., S. 144.

1887 stellte Schmoller dieser den Antrag, sie möge ein Unternehmen unterstützen, das unter dem Titel »Die Innere Preußische Staatsverwaltung im 18. Jahrhundert« stehen sollte. In seiner Antrittsrede hatte er angegeben: »Dem Rufe nach Berlin bin ich in erster Linie gefolgt, der preussischen Archive wegen und in der Hoffnung, so besser lang geplante grosse Arbeiten über die preussische Wirthschafts- und Verwaltungsgeschichte des 18. Jahrhunderts zu vollenden.«[81] Heinrich von Sybel, Max Lehmann und Schmoller hatten Ende Februar 1887 über die Begründung einer Edition mit entsprechender Ausrichtung beraten und dabei zugleich die (vorzeitige) Beendigung einer der bestehenden, ähnlich ausgerichteten Editionsprojekte verabredet.[82] Sybel beantragte in der Sitzung vom 3. März 1887 die Beendigung der sogenannten Staatsschriften[83], d.h. der Unternehmung der »preußischen Staatsschriften aus der Regierungszeit Friedrichs II.« In den Klassensitzungen vom 17. März und vom 14. April wurde über den von Schmoller vorgelegten und offiziell von Sybel beantragten Projektplan beraten. Sybel hatte sowohl den Antrag zu Schmollers Aufnahme in die Akademie als auch – als der Ältere – den für die Acta Borussica am 17. März 1887 gestellt.[84] Im Protokoll wurde festgehalten, dass die Mittel der Akademie nicht ausreichten, um das Projekt zu finanzieren und auf »Mittel von der Regierung« verwiesen.[85] Es war wohl in erster Linie der Widerstand der Philologen (mit Ausnahme Mommsens), die ein derartiges Projekt nicht als Akademie-, sondern Regierungssache ansahen. Zwar hatte eine Mehrheit in der Akademie dem Projekt zugestimmt, es aber nicht aus deren Haushalt finanzieren wollen, was als eine diplomatische Form gedeutet werden kann, Schmoller als neues Akademiemitglied einerseits nicht zurückzuweisen, das Projekt aber andererseits nicht annehmen zu müssen und den Gegnern des Vorhabens den Wind aus den Segeln zu nehmen. Der Antrag wurde damit nicht direkt abgewiesen, sondern umgelenkt. Schmoller wurde genötigt, anderweitig auf Mittelaquise zu gehen, wobei vermutet werden kann, dass er damit gerechnet hatte. Aufgrund der Größe des Projekts kam nur eine staatliche Finanzierung in Frage. Aus Mangel an dafür bestimmten Fördertöpfen und weil eine direkte Beantragung beim Kultusministerium womöglich wenig Aussicht

---

81 Schmoller, Antrittsrede, wie Anm. 67, S. 638.

82 Das von Max Lehmann verfasste Original befindet sich in: Akademiearchiv: ABBAW, Historische Abteilung Abt. II, Preußische Kommission, II-VII-207 und abgedruckt in: Neugebauer, Gustav Schmoller, Otto Hintze und die Arbeit an den Acta Borussica, in: Jahrbuch für brandenburgische Landesgeschichte, (1997), S. 168.

83 Zu Sybels Antrag siehe das Sitzungsprotokoll in Protokollbuch der Phil.-Hist. Klasse, ABBAW, PAW, II-V-156 sowie: Neugebauer, Zum schwierigen Verhältnis von Geschichts-, Staats- und Wirtschaftswissenschaften am Beispiel der Acta Borussica, in: Kocka, Hohlfeld, Walther, wie Anm. 2, S. 255, Fn. 71.

84 Vgl. mit weiteren Archivnachweisen: Neugebauer, ebd.

85 Vgl. das Protokollbuch der Phil.-Hist. Klasse, ABBAW, PAW II-V-156 sowie Ebd., S. 257.

auf Erfolg gehabt hätte, verhandelte Schmoller zunächst informell.[86] Diese Vorgehensweise war typisch für das Kaiserreich und trat bereits bei den Verhandlungen um das CIL und die Schulkinderuntersuchung als Merkmal hervor. Letztlich bedurfte es nicht nur einer Zustimmung durch das Kultusministerium, sondern auch der Überzeugung des Finanzministeriums. Im Kultusministerium wusste Schmoller mit Friedrich Althoff einen Verbündeten, der zu dieser Zeit zwar noch nicht der »heimliche Kultusminister« war, aber offenbar schon umtriebig genug, als dass er über seine eigentliche Kompetenz – die Angelegenheit der Universitäten – hinaus, informell mitverhandelte und vor allem taktische Ratschläge gab, die die Chancen auf Finanzierung erhöhten. Machte das Kultusministerium das Unternehmen zu seiner eigenen Sache, so musste letztlich formell noch das Finanzministerium dem geforderten Betrag von 24.000 Mark zustimmen.[87] Den Einwand des Finanzministeriums gegen eine unnötige Veröffentlichung bereits publizierter Dokumente und Gesetze nutzte Schmoller auf Empfehlung Althoffs dazu, gegenüber dem Finanzministerium als kompromissbereit aufzutreten.[88] Statt die Sache, wie von ihm ursprünglich geplant, als Missverständnis hinzustellen, nutzte er den Einwand zu einem »Zugeständnis für das wir auf Gegenleistung rechnen« zu verkaufen.[89] Statt der geforderten 24.000 Mark ging er Anfang 1888 auf eine Summe von 18.000 Mark als jährliche Mittel herunter, die schließlich auch bewilligt wurde.[90]

Althoffs informelle Dienste beruhten auf längeren Beziehungen zu Schmoller. Sie kannten sich seit 1872, als sie an der neugegründeten Reichsuniversität Straßburg arbeiteten. Fast gleichzeitig gingen beide nach Berlin, wobei Schmoller für Althoff eintrat.[91] Wenige Monate, nachdem Schmoller nach Berlin gekommen war, verstarb der Universitätsreferent im Kultusministerium. Kultusminister Gustav von Gossler fragte bei Schmoller um ein Gutachten bezüglich der Frage an, ob man Althoff mit der Nachfolge beauftragen sollte.[92] Noch im selben Jahr erhielt Althoff den Posten.

Mit Blick auf das CIL war die Finanzierungsform als akademisches Projekt mit Mitteln außerhalb des jährlichen Etats der Akademie nicht ungewöhnlich. Erstaunlich

---

86 Vgl. hierzu Ebd., S. 259.

87 Ebd., S. 259f.

88 Ebd., S. 260.

89 Ebd. in Fn. 87 mit Nachweisen aus den Nachlässen von Althoff und Schmoller.

90 Ebd.

91 Neugebauer geht davon aus, dass Schmoller bei der Berufung Althoffs in das Kultusministerium seine Hand im Spiel hatte. Die briefliche Anrede Althoffs an Schmoller »Freund und Gönner!« mag auch darauf hindeuten. Inwiefern Althoff auch ohne Schmollers Einfluss nach Berlin ins Kultusministerium berufen worden wäre, müsste aber ggf. anhand anderer Quellen überprüft werden. Neugebauer, Die »Schmoller Connection«, wie Anm. 15, S. 284.

92 Vgl. Gustav Schmoller, Zwei Reden über Ministerialdirektor Friedrich Althoff, in: Charakterbilder, hrsg. von Gustav Schmoller, München, Leipzig, 1913, S. 113.

erscheint nur die Schnelligkeit, mit der es Schmoller gelang, die Vorbehalte der Akademie, die Acta Borussica zu einem akademischen Unternehmen zu machen, zu umschiffen. Zudem wurden die Mittel einem dafür bestimmten, von Schmoller kontrollierten Konto komplett zur Verfügung gestellt wurden und durften, falls nicht verwendet, im darauf folgenden Jahr weiter genutzt bzw. angespart werden. Dadurch seien die Acta Borussica, so Neugebauers These, die Grundlage »zu eine[m] verdeckten Zentrum der preußischen Forschungen [...] unter Schmollers Kontrolle« geworden.[93] Finanziell begünstigend kam hinzu, dass der Verlag Parey das großzügige und für ihn keineswegs strategisch günstige Angebot gemacht hatte, die ersten 1.000 Bogen ohne Zuschuss zu drucken.[94] Der Kommission gehörten formal zunächst neben Schmoller auch Heinrich von Sybel und Max Lehmann an. Lehmann folgte jedoch schon 1889 einem Ruf nach Marburg und Sybel zog sich aufgrund seines Alters bald weitgehend aus den Geschäften zurück.[95]

Anders als Mommsen benötigte Schmoller offenbar kein breit aufgestelltes Netzwerk, sondern konzentrierte sich auf den Zugang und die Unterstützung besonders wichtiger Personen, z.B. Mommsen und Sybel in der Akademie und Althoff im Kultusministerium.[96] Anders als heutige Projekte war Schmoller nicht dazu angehalten, in seinem Antrag zeitliche Begrenzungen für die Fertigstellung anzugeben. Möglicherweise gingen die Geldgeber davon aus, dass das Projekt nach Vollendung und Publizierung der Bände nicht weiter finanziert werden müsse, machten aber auch keine Vorgaben zu einer zeitlichen Begrenzung. Formell als Akademieprojekt firmierend, erstattete Schmoller zwar regelmäßig Bericht über den Fortgang der Arbeiten, wurde aber anders als akademiefinanzierte Projekte nicht vom Geldverwendungsausschuss behelligt. Erst mit dem Ersten Weltkrieg und der danach einsetzenden Inflation waren auch die Geldmittel der Acta Borussica dahin. Noch 1909 konnten Schmoller über 50.000 Mark an angesparten Rücklagen verfügen, was die Frage aufwirft, ob das Projekt überfinanziert war oder die Mittel nur schlecht zur Bezahlung von Mitarbeitern umgesetzt wurden.[97]

Bärbel Holtz und Wolfgang Neugebauer sahen in dieser Form der Initiierung eines

---

93 Vgl. Neugebauer, wie Anm. 83, S. 263.

94 Dadurch mussten erst ab 1909 Druckkostenzuschüsse an den Verlag bezahlt werden. Vgl. Neugebauer, Die »Schmoller Connection«, wie Anm. 15, S. 285.

95 Vgl. Ders., wie Anm. 83, S. 263.

96 Ders., Die »Schmoller Connection«, wie Anm. 15, S. 283f.

97 Laut Christian Maus kann man bei Umrechung von Mark des Kaiserreiches in Euro von etwa dem Siebenfachen ausgehen. Das sind bei 18.000 Mark ca. 126.000 Euro jährlich. Ohne genauere Kenntnisse der Unterhalts- und anderer Kosten lässt sich mit dieser Summe allerdings wenig anfangen. 126.000 Euro Jahresetat bedeuten in Bezug auf heutige Personalkosten keine besonders üppige Ausstattung. Christian Maus, Der ordentliche Professor und sein Gehalt, Göttingen, 2012.

Großforschungsprojekts den Nachweis dafür, »dass das preußische ›Wissenschaftswunder‹ um 1900 mit einer ganz eigentümlichen bürokratisch-gesellschaftlichen, man mag sagen: parabürokratischen Kommunikationskultur zusammenhing. Entscheidungen wurden in Amtsräumen ausgefertigt, und sie fielen bisweilen zuvor im Salon.«[98]

Der relativ zügigen finanziellen Durchsetzung des akademischen Unternehmens mit gesondertem Etat stand eine langjährige Vorarbeit Schmollers gegenüber, die bis in die 1860er-Jahre zurückreicht. Ab 1864, als Schmoller ein Extraordinariat in Halle erhalten hatte, begann er systematisch Abschriften aus preußischen Staatsarchiven zu ziehen.[99] Die aus dieser Quellenarbeit entstandene Studie zur »Geschichte der deutschen Kleingewerbe im 19. Jahrhundert« kann nach Rüdiger vom Bruch als Geburtsstunde der Acta Borussica gelten.[100] Zur gleichen Zeit begannen die ersten preußischen Geschichtseditionen. 1864 wurde auf Betreiben Johann Gustav Droysens eine Ausgabe der »Urkunden und Aktenstücke zur Geschichte des Kurfürsten Friedrich Wilhelm von Brandenburg« initiiert.[101] Dieser Edition folgte ab 1871 die »Politische Correspondenz Friedrichs des Grossen«.[102] Außerhalb der Akademie wurde ab 1878 von der preußischen Archivverwaltung eine Reihe mit dem Titel »Publikationen aus den Königlich-Preußischen Staatsarchiven« herausgegebenen.[103] Eine weitere Edition beinhaltete die sogenannten »Staatsschriften«, die aus Traktaten und halbamtlichen Schriften der Zeit Friedrichs des Großen bestanden. Der Schwerpunkt dieser Quelleneditionen lag – getreu der traditionellen politischen Geschichtsschreibung – auf der diplomatischen Geschichte und der Außenpolitik Brandenburg-Preußens.[104] In dieser Hinsicht, so Wolfgang Neugebauer, setzte die Acta Borussica mehr als nur neue inhaltliche Akzente. Sie lenkte den Fokus auf die innere Geschichte sowie auf Verwaltungs- und Wirtschaftspolitik und war damit Ausdruck einer Verschiebung von der politischen zu

98 Holtz, Neugebauer, Kocka, Das preußische Kultusministerium, wie Anm. 15, S. XXVII.

99 Zu Schmollers geschickter Lancierung eines anonymen Artikels, mithilfe dessen er seinen »Gönnern« seine propreußische Haltung versicherte und ihnen die Möglichkeit an die Hand gab, ihn für eine preußische Universität zu engagieren vgl. Neugebauer, Die »Schmoller Connection«, wie Anm. 15, S. 264f.

100 Rüdiger vom Bruch, Gustav Schmoller, in: Berlinische Lebensbilder. Bd 3: Wissenschaftspolitik in Berlin. Minister, Beamte, Ratgeber, hrsg. von Wolfgang Treue / Karlfried Gründer, Berlin, 1987, S. 181; Schmollers Werk erschien unter: Gustav von Schmoller, Zur Geschichte der deutschen Kleingewerbe im 19. Jahrhundert. Statistische und nationalökonomische Untersuchungen, Halle, 1870.

101 Vgl. Neugebauer, Gustav Schmoller, Otto Hintze, wie Anm. 15, S. 153. Das Projekt war anfangs noch nicht an der Akademie angesiedelt. Bevor das Projekt trotz weiterer Planungen zum Erliegen kam, wurden bis 1930 mehr als ein Dutzend Bände veröffentlicht.

102 Ders., wie Anm. 83, S. 238.

103 Diese Reihe wuchs von 1878 bis 1919 auf 91 Bde. heran.

104 Neugebauer, Gustav Schmoller, Otto Hintze , wie Anm. 15, S. 153.

einer Sozial-, Verwaltungs- und Strukturgeschichte, die als ein methodischer »turn« bezeichnet werden kann.[105] Die Verlagerung der Perspektive war nicht zuletzt ein Produkt von Schmollers wissenschaftlichem Programm.[106]

Projektplan/ Antrag

Einen Einblick in die Projektentstehung bot Schmoller der Öffentlichkeit in der Vorrede zum ersten Band der Acta Borussica von 1892.[107] Dieses Vorwort ist zweifelsohne durch seine Perspektive gefiltert und mit entsprechender Zurückhaltung zu behandeln. Es lässt bspw. nur wenig von den informellen Verhandlungen und den Widerständen durchblicken, die sich anhand der Akten, Protokolle und Korrespondenzen nachvollziehen lassen. Integriert ist aber zumindest ein Teil des Projektantrags, den die Akademie an das Kultusministerium stellte und der den Projektrahmen zum Zeitpunkt der Antragsstellung wiedergibt. Des Weiteren lässt sich der Prozess nachvollziehen, wie diskursive Elemente einer Antragsprosa in den Projektentwurf kamen: Vollständigkeit als Ziel, der Verweis auf vorherige bzw. ausländische Projekte als Argument, Herausstellen der Großartigkeit der Unternehmung und der Verweis auf kollaboratives Arbeiten. Zusätzlich berichtete Schmoller in der Vorrede über die Rekrutierung der ersten Mitarbeiter.

In einem ersten Entwurf für das Projekt, den Schmoller direkt im Anschluss an eine Beratung mit Sybel und Lehmann am 27. Februar 1887 verfasst hatte, fehlten noch zentrale Elemente der Antragsprosa. Der Entwurf mit dem Titel: Vorschlag zu einer Publikation über die »Innere preußische Staatsverwaltung im 18. Jahrhundert« konzentriert sich allein auf den Aufbau der Edition.[108] Dieser veränderte sich im späteren Antrag kaum.

---

105 Die akademieinterne Diskussion um »die historischen Studien in Deutschland« war zwar schon 1874 durch Droysen und Duncker in Gang gekommen, trug aber noch keine Früchte. Beide hatten, laut Neugebauer, der Akademie eine Denkschrift eingereicht »Fast noch ein todtes Feld ist die Geschichte der inneren Politik(!) Preußens, die der Verwaltung, der Finanzen, der Organisationen, des Handels usw.« Zit. nach: Neugebauer, Zum schwierigen Verhältnis, wie Anm. 83, S. 239.

106 Neugebauer hat darauf hingewiesen, dass diese Wendung zuerst außerhalb der etablierten Geschichtswissenschaft vollzogen wurde. »Sieht man von dem Straßburger Historiker Knapp einmal ab, so waren es überhaupt eher Randfiguren der akademischen Hierarchie, die z.T. ohne auch nur anfängliche Kontakte zu den Häuptern des preußischen Historismus, in stiller, z.T. außerakademischer Arbeit Neuland erschlossen«. Ebd., S. 241.

107 Gustav Schmoller und Heinrich von Sybel, Vorrede, in: Urkunden und Aktenstücke zur Geschichte der inneren Politik des Kurfürsten Friedrich Wilhelm von Brandenburg. T. 1, Bd. 1, hrsg. von Dies., Leipzig u.a., 1892.

108 Vgl. HHStAW, Abt. 1088, Nr. 1, Vorschlag zu einer Publikation über die »Innere preußische Staatsverwaltung im 18. Jahrhundert.«

In der Projektbegründung berief sich Schmoller auf Ranke als denjenigen, der schon 1841 Pläne zu einer Edition einer »Monumenta historiae Brandenburgo-Borussicae« ausgearbeitet hatte, ein Plan, der jedoch nie realisiert wurde.[109] Rankes Klage über den Mangel an Bemühungen, die Geschichte des eigenen Staates und dessen innerer Verwaltung, also in diesem Fall Preußens, zu erforschen, nutzt Schmoller für seine Zwecke. Nach Ausweisen der wenigen Werke, die es gebe, stellt er fest:

> *»Was die private Thätigkeit einzelner Gelehrter an Aufhellung über die preußische Verwaltung des 17. und 18. Jahrhunderts gebracht hat […], das kann eine umfassende Veröffentlichung der Materialien in keiner Weise ersetzen, es reicht nur gerade hin, die Wege soweit aufzuhellen, daß jetzt mit Erfolg an eine Publikation großen Stils gegangen werden kann.«*[110]

Semantisch knüpfte er damit an ein Motiv an, dass schon Böckh, Mommsen und andere nutzten, um Projekte zu legitimieren. Grundlagenforschung sei keine Aufgabe Einzelner und keine private Tätigkeit, sondern müsse im großen Stil unter staatlicher Finanzierung gemeinschaftlich unternommen werden. Dieser Forderung folgte der Hinweis: »Daß eine solche heute jeden Tag als dringliches Bedürfnis der Wissenschaft empfunden wird, hat einfache Gründe.«[111] Auch Mommsen hatte im ersten Absatz davon geschrieben: »Die Nothwendigkeit einer Sammlung aller lateinischen Inschriften braucht nicht erst bewiesen zu werden« und die veralteten Sammlungen sowie erste gescheiterte Bemühungen seien »deutliche Zeichen eines tief gefühlten Bedürfnisses«[112] nach einer neuen Sammlung. Das dringliche Bedürfnis wird nochmals von Schmoller wiederholt: »[…] endlich über die innere preußische Verwaltung des 18. Jahrhunderts ein wissenschaftlich gehörig vorbereitetes, geordnetes, soweit es möglich ist, vollständiges Material zu erhalten.«[113] Damit bediente er zugleich die Tugend der Vollständigkeit.

Als weitere Legitimation führt er den methodischen Fortschritt an, den die Staatswissenschaften vollzogen hätten und den er als »Uebergang vom Dogmatismus der naturrechtlichen Staats- und Gesellschaftslehre zur historisch exakten Methode«[114] bezeichnete. Schließlich folgt er Mommsens Diktum, dass es die Aufgabe der Akademie

---

109 Vgl. Neugebauer, Gustav Schmoller, Otto Hintze, wie Anm.15, S. 152.

110 HHStAW, Abt. 1088, Nr. 1, Vorschlag zu einer Publikation über die »Innere preußische Staatsverwaltung im 18. Jahrhundert«.

111 Schmoller, Sybel, Vorrede wie Anm. 107, VI.

112 Theodor Mommsen, Ueber den Plan und die Ausführung eines Corpus Inscriptionum Latinarum, Berlin, 1847, S. 1.

113 Schmoller und Sybel, wie Anm.107, VII.

114 Ebd.

sei, die Archive der Vergangenheit zu ordnen und Grundlagenforschung zu betreiben, wenn er in seiner Antrittsrede darauf verweist:

»Es muß von geradezu grundlegender Bedeutung für dieses – nicht blos auf Deutschland beschränkte – Entwicklungsstadium der Wissenschaft sein, wenn zu den Bruchstücken der Ueberlieferung, die wir aus dem Alterthum und Mittelalter besitzen, zu den großen Quellenwerken über die neuere innere Geschichte der westlichen Culturvölker endlich eine großartige zusammenhängende Veröffentlichung der Materialien tritt, welche wir über die Entstehung des modernsten und gesundesten europäischen Staates, nämlich Preußens, besitzen.«[115]

Damit konnte Schmoller zweierlei verbinden: Das Paradigma der akademischen Großforschung und das Narrativ über Preußen. Nicht vergessen werden sollte, dass es sich um eine Antrittsrede handelte. Diese stark vereinfachenden, sehr kurzen Reden wurden meist an Festtagen gehalten, wo oft auch Vertreter der Monarchie zugegen waren. Semantische »Großartigkeiten« sind dementsprechend zu bewerten und einzuordnen. Sie dienten natürlich der Selbstspiegelung und bedienten Bedürfnisse nach Anerkennung und Repräsentation sowohl der Monarchie als auch der Akademie und deren Vertreter.

In der ausführlicheren Vorrede wird das Vorhaben zeitlich eingegrenzt und die Konzentration auf die Verwaltungs- und Wirtschaftsgeschichte methodisch und beispielreich begründet. Um dem Vorwurf der Unabsehbarkeit des Projekts zu entgegnen, verwies Schmoller darauf, dass eine Auswahl zu treffen sein würde, der allerdings »eine nicht ganz leichte wissenschaftliche Sichtungsarbeit vorausgehen«[116] müsse. Als Beispiel führte er seine im Jahrbuch für Gesetzgebung erschienene Abhandlung zur Organisation der Elbschifffahrt von 1640–1800 an, für die er »40 bis 50 starke Aktenbände der Berliner und Magdeburger Archive, jeder zu 500–800 Folioblätter« durchforstet hatte, um daraus eine Auswahl von 280 Folioseiten Abschriften zu generieren, die für eine Publikation noch weiter zu kondensieren seien, da nicht alle Berichte, Verträge und Verordnungen vollständig wiederzugeben sind.[117] Nochmals betont er:

»Um ein großes, weithin sich erstreckendes Unternehmen wird es sich freilich handeln; es werden eine Reihe wissenschaftlicher Kräfte heranzuziehen sein, die sich teilweise ganz dem Unternehmen widmen.«[118]

---

115 Gustav Schmoller, Antrittsrede, in: Sitzungsberichte der Königlich Preußischen Akademie der Wissenschaften, (1887), S. 637–639.

116 Schmoller und Sybel, wie Anm. 107, X.

117 Ebd.

118 Ebd.

Einen konkreten Arbeitsplan wollte er zu diesem Zeitpunkt noch nicht vorlegen, sondern verschob ihn auf die Zeit nach der Genehmigung der finanziellen Mittel, eine Strategie, die für damalige Großprojekte keineswegs untypisch war.

Der Aufbau der Edition sollte zweigeteilt sein. Beide Teile, ein allgemeiner und ein spezieller, sollten gleichzeitig begonnen werden können. Später nicht umgesetzt worden ist die zu dieser Zeit noch vorgesehene Überlegung, für bestimmte Gebiete »ältere angesehene Gelehrte zu gewinnen, die ohne vollständige Bezahlung die Fertigstellung eines Bandes gegen ein gewisses Honorar übernähmen.«[119] Die Forderung, »mindestens 3 bis 4 jüngere tüchtige Kräfte zunächst vollständig für das Unternehmen zu engagieren«[120], sei zwar mit einem erheblichen finanziellen Aufwand verbunden, würde aber von anderen Staaten wie Frankreich ebenfalls so gehandhabt. Der Verweis auf das Ausland ging natürlich an die Adresse der Mittelgeber. Nicht zuletzt deshalb versicherte Schmoller, dass »das Ansehen der Krone und des Beamtenthums [durch die Publikation] nur gewinnen kann.«[121]

Schmoller inkorporierte mit der Acta Borussica einen erprobten Organisationstypus, den der akademischen Unternehmung, in sein Forschungsprogramm. Die Vorbehalte der Akademie gegenüber der Acta Borussica, die ihren Ursrpung in deren auf zweckfreie und nicht anwendungsorientierte, sprich reine Forschung ausgerichteter Identität hatten, erfuhren in Schmollers Strategie der informellen Einflussnahme vor allem über Kontakte in die übergeordnere Administration ihre Grenzen.

Mitarbeiter und Management der Acta Borussica

Herkunft der Mitarbeiter und Rekrutierungswege

Formell war die Arbeit der akademischen Kommission der Acta Borussica per Statut geregelt. Das Statut legte den inhaltlichen Rahmen der Sammlung und die Herausgabe fest. Die Auswahl der Akten und die Form der Darstellung blieben der Kommission überlassen, jedoch mit der Einschränkung, dass bereits in anderen Sammlungen gedruckte Akten in der Regel nicht nochmal publiziert werden sollten. Des Weiteren bestimmte das Statut die Wahl einer dreiköpfigen Kommission, die dem vorgeordneten Minister, d.h. dem Kultusminister, zum Ende des Etatsjahres über den Stand der Arbeiten Bericht zu erstatten habe. Ebenso erhält die Akademie jährlich Bericht von der Kommission. Letzterer obliegt die Auswahl der Mitarbeiter »regelt ihre Remuneration, bestimmt ihre Aufgaben, ertheilt ihnen die erforderlichen Instructionen, beaufsichtigt

119 Ebd., S. XIII. Diese Idee war schon bei Böckhs CIG gescheitert.

120 Ebd., S. X.

121 Ebd., S. XIIIf.

den Fortgang der Arbeiten und empfängt von jedem derselben am Schlusse jedes Arbeitsjahres einen Hauptbericht.«[122] Es gab sowohl feste als auch freie Mitarbeiter. Die Mitarbeiter erhielten entweder eine Jahresgehalt oder ein Autorenhonorar nach Fertigstellung eines Manuskripts. Vorschüsse durften gezahlt werden. Wenn Mitarbeiter Jahresbezüge erhielten, durften sie keine anderen wissenschaftlichen oder literarischen Tätigkeiten ausüben.[123] Die Manuskripte, Abschriften und Auszüge wurden Eigentum der Kommission, wobei Ausnahmen bewilligt werden durften. Der Name des jeweiligen Bearbeiters tauchte zwar im Titel auf, aber die Publikation erschien als Teil der Reihe. Dennoch sollten sich alle Bearbeiter nicht nur in Aktenpublikation vertiefen, sondern auch gründlich in die Materie einarbeiten und Überblicksdarstellungen liefern.

Schmoller gab an, es gehöre für ihn eine »gewisse Resignation« dazu, seine Vorarbeiten »anderen zur Vollendung zu übergeben«. Er müsse sich aber, »um die Leitung in der Hand zu behalten«, auch in alle anderen Gebiete archivisch fortbilden, um auch für die anderen Bände eingearbeitet zu sein. Zudem müsse er die neuen Hilfsarbeiter befähigen, Abgrenzungen der verschiedenen Arbeiten prüfen und die Redaktion der Bände bis zum Imprimatur betreuen.[124]

Schmoller war durch die eigenwillige und auf ihn zugeschnittene Konstruktion und Projektorganisation zum Wissenschaftsunternehmer geworden. Er verfügte über die finanziellen Mittel, die er mittels der Institution der Akademie aus den Ministerien eingeworben hatte. Auf der anderen Seite ist hieraus abzusehen, dass zukünftige Mitarbeiter sich möglicherweise in eine starke persönliche Abhängigkeit begaben, wenn sie sich entschlossen, für die Acta Borussica und damit für Schmoller zu arbeiten. Nicht ohne Grund taten dies viele mit der berechtigten Hoffnung auf Reputationsgewinn und mit Blick auf eine Fortsetzung ihrer eigenen Karriere im Anschluss an die Projektmitarbeit. Es gab selbstverständlich auch den umgekehrten Fall, dass sich aufstrebende Gelehrte gerade aus den gleichen Gründen von den Unternehmungen fernhielten, wie bspw. Friedrich Meinecke, der mehreren Acta Borussica-Mitarbeitern nahestand bzw. mit ihnen befreundet war. Schaut man sich deren Liste an, so ist der überwiegende Teil weitgehend unbekannt geblieben. Die große Ausnahme bildet Otto Hintze und zu gewissen Teilen auch Kurt Breysig. Letzterer war zwar nicht Mitarbeiter der Acta Borussica, aber ein Schüler Schmollers und Mitarbeiter einer anderen Aktenedition, die Schmoller mit betreute, die »Urkunden und Aktenstücke zur Geschichte des Großen Kurfürsten

---

122 Ebd., S. XV.

123 In den Einzelverträgen mit den Mitarbeitern fand sich diese Passage in ähnlicher Form wieder, was deren Bedeutung unterstreicht. Vgl. den Vertrag mit Otto Hintze in: Neugebauer, Gustav Schmoller, Otto Hintze, wie Anm. 15, S. 167f.

124 Siehe Vorrede, S. XVII in: Gustav Schmoller und Otto Hintze (Hgg.), Die preußische Seidenindustrie im 18. Jahrhundert und ihre Begründung durch Friedrich den Großen. Bd. 1: Akten bis 1768, bearb. von G. Schmoller und O. Hintze, Berlin, 1892.

Friedrich Wilhelm«.[125] Die meisten verblieben im Schatten der Acta Borussica und ihres Großorganisators Schmoller oder sind nur als Spezialisten bekannt.[126]

Anders als Mommsen stand Schmoller zum Zeitpunkt der Initiierung des Projekts nicht am Anfang, sondern eher auf dem Höhepunkt seiner Karriere. Er war bereits seit ein paar Jahren in Berlin Professor, hatte sich sein eigenes Staatswissenschaftliches Seminar einrichten lassen und verfügte über ein breites Netzwerk in Wissenschaft, Politik und Beamtentum, wobei ihm sein wissenschaftliches Netzwerk auch geeignete Studenten für seine Seminare und Vorlesungen und damit letztlich für seine Projekte zuschob.

Über eine solche Empfehlung kam Kurt Breysig zu Schmoller. Breysig hatte zwar, wie schon erwähnt, nicht innerhalb der Acta Borussica, aber in einem anderen Editionsprojekt für Schmoller gearbeitet. Aufzeichnungen, die seine Frau posthum veröffentlichte, sind für Schmollers Arbeitsweise bei der Gewinnung von Mitarbeitern aufschlussreich. Breysig hatte mehrere Seminare bei Reinhold Koser besucht, bis dieser ihm zu verstehen gab, er müsse nun zu Schmoller wechseln, da er bei ihm nichts mehr lernen könne. Vor der Seminarteilnahme galt für Schmoller ein persönliches Gespräch als obligatorisch. Er führte eine Art Personalkartei über die Qualifikationen seiner Teilnehmer, über die Breysig berichtet:

> *»Er hatte ein umfängliches Buch in Großquart vor sich liegen, in das er offenbar den Namen und was er sonst Bemerkenswertes von den sich Meldenden vernahm, eintrug. Er wünschte von mir mein wissenschaftliches Woher und Wohin zu erfahren.«*[127]

Schmollers Personalbuch ist – soweit ich es überschaue – nicht erhalten geblieben, wäre aber sicher eine interessante Quelle.[128]

Über die Seminare berichtet Breysig, dass neben Studenten auch junge Doktoranden teilnahmen, und dass [v]on der etwas elementaren Stoffwahl und Behandlungs-

---

125 Vgl. zu Breysig zuletzt Hartmut Böhme, Universalistische Entgrenzung und versatile Analogien in der Menschheitsgeschichte von Kurt Breysig, in: Die Vergangenheit der Weltgeschichte: universalhistorisches Denken in Berlin 1800-1933, hrsg. von Wolfgang Hardtwig / Philipp Müller, Göttingen, 2010.

126 Zum Beispiel: Wolfgang Neugebauer, Martin Hass (1883–1911). Beiträge zur Biographie eines preußischen Historikers und Wegbereiters der Aktenkunde als Historische Hilfswissenschaft, in: Herold-Jahrbuch, (1998), S. 53–71.

127 Kurt Breysig und Michael Landmann (Hgg.), Aus meinen Tagen und Träumen. Memoiren, Aufzeichnungen, Briefe, Gespräche. Aus dem Nachlaß, Berlin, 1962, S. 16.

128 Schmollers Buch kann man als »kleines Werkzeug« akademischer Praktiken ansehen. Derartige Werkzeuge sind im Zuge des »practical turn« verstärkt ins Blickfeld von Untersuchungen geraten. Zum Konzept der »little tools« für die Wissensproduktion und Personalverwaltung, vgl. Peter Becker und William Clarke (Hgg.), Little Tools of Knowledge. Historical Essays on Academic and Bureaucratic Practices, Ann Arbor/Mich., 2001.

weise der Koserschen Übungen [...] hier keine Rede [...] sei. Schmollers Seminar sei »eher eine Vorschule für Dozenten« gewesen.[129] Als Breysig eine 1889 von Schmoller an der Universität initiierte Preisaufgabe gewann, erhielt er von ihm das Angebot zur Mitarbeit. Aus dieser Arbeit ging später die Serie der Urkunden und Aktenstücke zur inneren Geschichte der Finanzen des Großen Kurfürsten hervor.[130]

Schmoller grenzte die Auswahl potenzieller Mitarbeiter dadurch ein, dass er neben Kenntnissen »in der Verwaltungsgeschichte des 18. Jahrhunderts« auch auf eine »entsprechende historische und staatswissenschaftliche«[131] Vorbildung bestand. Genau diese besaß Otto Hintze (1861–1941). Er hatte an sein geschichtswissenschaftliches Studium (u.a. bei Gustav Droysen) noch ein Zweitstudium der Staats- und Finanzwissenschaften angehängt und Vorlesungen unter anderem bei Schmoller und Adolph Wagner gehört.[132] Ab 1888 übernahm er die Bearbeitung des Teils zur Seidenindustrie, für die Schmoller bereits ein umfangreiches Konvolut an Abschriften angefertigt hatte. Nachdem er 1892 die drei Bände dieses Teils der Acta Borussica fertiggestellt hatte, ließ er sich den Teil der allgemeinen Staatsverwaltung der Zeit Friedrichs des Großen übertragen. In der Rezeption der Acta Borussica wurde Otto Hintze nicht selten in einem Atemzug mit Schmoller genannt und letzterem oft auch vorangestellt. Er übernahm die Acta Borussica nach Schmollers Tod, in den schwierigen Zeiten nach dem Ersten Weltkrieg. Wie Neugebauer herausstellte, unterhielt Hintze ein wohldosiertes Verhältnis zu Schmoller und konnte ihm nicht wirklich Sympathie abgewinnen.[133] Beide waren verschiedene Charaktere. Zudem habe er seinen einstigen Lehrer überflügelt, womit er auch im Vergleich mit Mommsens Mitarbeitern und Schülern relativ singulär dasteht. Hintze hatte bereits zum Zeitpunkt seiner Habilitation ein eigenes Forschungsprogramm vor Augen und war in der Lage, dieses über einen langen Zeitraum hinweg im Blick zu halten und umzusetzen.[134]

---

129 Breysig, Landmann, wie Anm. 127, S. 17. Bestätigt wird dies von Wilhelm Stieda, einem anderen Schüler Schmollers aus Straßburger Zeiten. Vgl. Ders., Zur Erinnerung an Gustav Schmoller und seine Straßburger Zeit, in: Schmollers Jahrbuch, 45 (1921) 4, S. 227ff. und 238ff. Nach Wilhelm Stieda war das Seminar Schmollers der Ort an dem Beziehungen aufgebaut und Karrieren geschmiedet wurden. Vgl. auch Grimmer-Solem, wie Anm. 59, S. 57.

130 Mit Breysig hat sich Bernhard vom Brocke vor einiger Zeit ins seiner Dissertation eingehender beschäftigt. Vgl. Bernhard vom Brocke, K. Breysig. Geschichtswissenschaft zwischen Historismus und Soziologie, Lübeck, Hamburg, 1971.

131 Schmoller, Sybel, wie Anm. 107, XVI.

132 Vgl. Neugebauer, Die wissenschaftlichen Anfänge Otto Hintzes, in: Zeitschrift der Savigny-Stiftung für Rechtsgeschichte, Germanistische Abteilung, (1998), S. 540–551.

133 Neugebauer zitiert aus einem Brief Hintzes an Meinecke, der im Nachlass Friedrich Meineckes liegt (GStA-PK, I. HA, Rep. 92, Nl Meinecke, Nr. 15, 21. Januar 1902); Wolfgang Neugebauer, Zum schwierigen Verhältnis, wie Anm. 83, S. 270.

134 Vgl. Neugebauer (Hrsg.), Handbuch der Preußischen Geschichte. Band 1: Das 17. und 18. Jahrhundert und Große Themen der Geschichte Preußens, Berlin u.a., 2009, S. 49ff.

Schon vor Hintze war Otto Krauske (1859–1930) eingestellt worden. Krauske kam vom Editionsprojekt der »Staatsschriften« an der Akademie und galt als bewährte Kraft. Mit dem im Zusammenhang mit der Initiierung der Acta Borussica vereinbarten Ende des Projekts wurde er abgeworben und übernommen. Er arbeitete an den Bänden der Behördenorganisation und konzentrierte sich später auf die Person Friedrich Wilhelms I.

1889 folgte Wilhelm Naudé (1866–1904), der sich durch Studien auf dem Gebiet der Getreidehandelspolitik durch seine Dissertation[135] für diesen Teil der Acta Borussica die entsprechenden Kompetenzen erworben hatte. Hintze, Krauske und Naudé bildeten eine Art erste Generation der Acta Borussica. Mit der Einstellung weiterer Mitarbeiter wollte Schmoller warten, bis die ersten Bände gedruckt vorliegen und würden. Die erste Zeit sollte zudem dafür dienen, »die Methode der ganzen Bearbeitung und Publikation mustergültig festzustellen, ehe man weniger erprobte und der steten Kontrolle mehr bedürftige, oder gar selbstständige, ferner stehende Mitarbeiter heranzieht.«[136]

Dass die Anwerbung von Mitarbeitern auch misslingen konnte, verdeutlicht das Verhältnis zu Wilhelm Stieda (1852–1933). Schmoller kannte ihn aus Straßburger Zeiten.[137] In Berlin war Stieda bei der Gründung der »Staatswissenschaftlichen Gesellschaft« behilflich und wurde kurzzeitig auch ihr erster Sekretär.[138] Als Schmoller jedoch bei Stieda anfragte, ob er für die Acta Borusscia arbeiten wollte, lehnte dieser ab.[139] Auch ein späterer Assistent Schmollers, Arthur Spiethoff (1873–1957), lehnte die Anfrage ab.[140] Dass beide Schmoller aus der beruflichen Nähe kannten und dann ab-

135 Wilhelm Naudé, Deutsche städtische Getreidehandelspolitik vom 15.–17. Jahrhundert, mit besonderer Berücksichtigung Stettins und Hamburgs, Leipzig, (Staats- und socialwissenschaftliche Forschungen, Bd. 36), 1889.

136 Gustav Schmoller, Bericht des Herrn Schmoller über die Acta Borussica, in: Forschungen zur Brandenburgischen und Preußischen Geschichte, (1889), S. 271.

137 Diese Zeit hat Stieda in einem Aufsatz verarbeitet: Wilhelm Stieda, Zur Erinnerung an Gustav Schmoller und seine Straßburger Zeit, in: Schmollers Jahrbuch, 45 (1921) 4, S. 219–257.

138 Wilhelm Stieda (1852–1933) war auch schon 1872 bei der Gründung einer Vorgängergesellschaft in Straßburg beteiligt gewesen. Schmoller war bis zu seinem Ruf nach Berlin an der Reichsuniversität Straßburg tätig. Vgl. zur Geschichte der Staatswissenschaftlichen Gesellschaft: Rüdiger vom Bruch, Die Staatswissenschaftliche Gesellschaft. Bestimmungsfaktoren, Voraussetzungen und Grundzüge ihrer Entwicklung 1883–1919, in: Hundert Jahre Staatswissenschaftliche Gesellschaft zu Berlin 1883–1983, hrsg. von Vorstand der Staatswissenschaftlichen Gesellschaft, Berlin, 1983.

139 Vgl. Neugebauer, Zum schwierigen Verhältnis, wie Anm. 83, S. 263f.

140 Spiethoff war für die Bearbeitung der Geschichte der Seehandlung vorgesehen. Vgl. das Protokoll im Quellenanhang von: Wolfgang Neugebauer, Gustav Schmoller, Otto Hintze und die Arbeit an den Acta Borussica, in: Jahrbuch für brandenburgische Landesgeschichte, (1997), S. 197. Spiethoff, später Professor für Volkswirtschaftslehre, hat seine Schülerschaft

lehnten, wirft ein Licht auf die Attraktivität der Projektmitarbeit bei der Acta Borussica. Sofern eine andere Option bereit stand, wurde sie offenbar auch genutzt.

Zur nächsten Generation an Mitarbeitern gehörten Gelehrte wie Hugo Rachel (1872–1945), August Skalweit (1879–1960), Wilhelm Stolze[141] und Martin Hass (1883–1911). Rachel kam über einen Vorschlag Otto Hintzes. Er sollte zunächst für den Teil der Handelspolitik, den Schmoller laut Protokoll von 1904 noch selbst bearbeiten wollte, als Hilfskraft dienen, bekam aber offenbar dann diesen Teil ganz übertragen.[142] August Skalweit wurde ebenfalls auf Vorschlag Hintzes eingestellt, der zum Zeitpunkt der Suche nach einem Nachfolger für den 1904 jung verstorbenen Wilhelm Naudé und den von diesem bearbeiteten Teil der Getreidehandelspolitik, gerade an seiner Dissertation über die ostpreußische Domänenverwaltung unter Friedrich Wilhelm I. arbeitete.

Auch Martin Hass gehörte zu den jung verstorbenen Talenten. Er kam gleichermaßen über Hintze und Schmoller zu den Acta Borussica.[143] Sie übertrugen ihm die Fortsetzung der Arbeit des ersten Bereichs über die Behördenorganisation, was allein schon als Auszeichnung angesehen werden kann.[144] Weit gekommen ist Hass dennoch nicht, trotz großen Fleißes und guten Gespürs. Eingang in die Projektarbeit fanden die von ihm 1910 verfassten Editionsgrundlagen, ein Beispiel für eine Professionalisierung der Arbeit.[145] Damit lagen erstmals schriftlich fixierte und damit verbindliche Regelun-

---

bei Schmoller immer betont. Vgl. auch den von ihm herausgegebenen Band: Arthur Spiethoff (Hrsg.), Gustav von Schmoller und die deutsche geschichtliche Volkswirtschaftslehre. Festgabe zur hundertsten Wiederkehr seines Geburtstages, Berlin, 1938.

141 Wilhelm Stolze war Nachfolger von Viktor Loewe im Geheimen Staatsarchiv. Auf Empfehlung Loewes wandte er sich an Schmoller. Er kam 1896 zur Acta Borussica. Vgl. Neugebauer, Gustav Schmoller, Otto Hintze und die Arbeit an den Acta Borussica, in: Jahrbuch für brandenburgische Landesgeschichte, (1997), S. 195, Fn. 145.

142 Vgl. das Protokoll im Quellenanhang von: Ebd., S. 197. Des Weiteren Neugebauer, Zum schwierigen Verhältnis, wie Anm. 83, S. 266 mit Verweis darauf, dass Schmoller mit der von Rachel erstellten Fassung keineswegs zufrieden war, sie viel zu preußenzentriert fand und zu wenig europäisch vergleichend.

143 Die Dissertation von Martin Hass wurde von Schmoller und Hintze betreut und von Michael Tangl zweitbegutacht. Tangl bearbeitete die Zeit vor Schmoller und Hintze. Er deckte die brandenburgische Geschichte vom Mittelalter bis zum Beginn der Neuzeit ab und war mehrfach Zweigutachter von Doktoranden Schmollers. Vgl. Annekatrin Schaller, Michael Tangl (1861–1921) und seine Schule. Forschung und Lehre in den Historischen Hilfswissenschaften, Stuttgart, 2002, S. 200.

144 Vgl. Neugebauer, Martin Hass (1883–1911). Beiträge zur Biographie eines preußischen Historikers und Wegbereiters der Aktenkunde als Historische Hilfswissenschaft, in: Herold-Jahrbuch, (1998), S. 63.

145 Königliche Akademie der Wissenschaften (Hrsg.), Äußere Grundsätze für die Edition der Acta Borussica: aufgestellt in der Konferenz d. akad. Kommission u. d. Mitarbeiter der Acta Borussica vom 6. Februar 1910, Berlin, 1910.

gen vor, die eine einheitliche Ausführung der Edition gewähren sollte. Die Arbeiten der Acta Borussica wurden nicht nur am Ende kontrolliert, sondern Schmoller griff auch aktiv ein, wenn ihm eine bestimmte Perspektive zu fehlen schien oder eine andere Perspektive aus seiner Sicht zu stark gemacht wurde.

Neben den festen Mitarbeitern, die vereinbarte Jahresgehälter erhielten und vertragliche Bindungen eingingen, waren von Beginn an auch feste freie bzw. freie Mitarbeiter vorgesehen, die in erster Linie für Dienstleistungen wie Abschreiben oder Indexerstellung in Anspruch genommen wurden. So wurde bspw. im Protokoll einer Besprechung von Heinrich von Sybel, Gustav Schmoller und Max Lehmann während der Initiierungsphase der Acta Borussica festgehalten, dass für Schreibgebühren 5.000 Mark jährlich veranschlagt werden (vergleichsweise betrugen die Summen für Reisekosten 1.000 Mark und für Druckkostenzuschuss 3.000 Mark). Nicht jeder Mitarbeiter erhielt das gleiche Gehalt. Den ersten beiden Mitarbeitern wurde 2.400 Mark Jahresgehalt gezahlt.

Freie Mitarbeiter tauchen namentlich selten auf. Einzig ein Herr August Taege wird mehrfach erwähnt. Er scheint der wichtigste Abschreiber Schmollers und der Acta Borussica gewesen zu sein, stand aber dennoch in der Hierarchie relativ weit unten, wie die Reaktion auf seine Bitte nach festen und im Voraus bezahlten Bezügen verdeutlicht. Die Kommission, bestehend aus Schmoller, der Protokoll schrieb, Hintze und Koser, beschloss »ihm für seine 25jährige Thätigkeit eine Anerkennung zukommen zu lassen« und statt der vorgesehenen 250 nun 350 Mark »für den Rest des Index zu Bd. VII« auszuzahlen. Ob eine 100 Mark-Einmalzahlung ein angemessener Ausgleich für Taeges Wunsch bedeutete, lässt sich schwer sagen, heute würde eine derartige Regelung sicher als herabwürdigend empfunden werden.[146] Es zeigt aber auch, dass Taege neben dem Abschreiben auch mit dem Erstellen von Indices beauftragt war.[147]

Zu den *hidden workers* zählt sicher auch Schmollers Frau. Welche Rolle sie im Arbeitssystem Schmoller spielte, lässt sich nur vermuten. Die wenigen Hinweise, die es gibt, deuten auf ein enges und zeittypisches Verhältnis hin. Schmoller war mit Lucie Rathgen, Tochter eines weimarischen Geheimrats und Enkelin Barthold Georg Niebuhrs in Halle, verheiratet. Anders als bei Mommsen liegt leider kein Briefwechsel vor, was auch daran liegen könnte, dass beide selten voneinander getrennt lebten. Schmoller dankt seiner Frau in mehreren Vorworten herzlich. Er widmet ihr seinen Grundriss,

---

146 Vgl. die Quelle Nr. 34 im Anhang von: Neugebauer, Gustav Schmoller, Otto Hintze und die Arbeit an den Acta Borussica, in: Jahrbuch für brandenburgische Landesgeschichte, (1997), S. 196–198.

147 August Taege taucht bereits in einer Rechnung für die Edition der »Staatsschriften« von 1880 auf. Vgl. ABBAW, PAW II-VIII-204.

»der treuen Gefährtin meiner Arbeiten«.[148] Nach seinem Tod gab sie den Band »Zwanzig Jahre deutscher Politik (1897–1917). Aufsätze und Vorträge« heraus.[149] In einem der Artikel findet sich ein Statement Schmollers, dass indirekt auf sein Frauenbild und seine Vorstellung von Ehe verweist:

> *»Partei und Gewerkschaft führen eine stets hadernde Ehe. Dem sanguinischen, unpraktischen, stets auf das große Los wartenden, keifenden Mann steht eine praktisch haushälterische Frau gegenüber, die Großes leistet, ihrem Mann immer Vernunft predigt: Was erreicht wird, ist ihr zu danken, wie es in so vielen Ehen geht.«*[150]

Auch von außen wurde die Bedeutung seiner Frau ähnlich beurteilt. So schrieb Georg Friedrich Knapp in einer Würdigung nach Schmollers Tod:

> *»Merkwürdig war noch eines: er hatte keine nebenher laufende Liebhaberei. Er war für Theater, für Musik, für Bilder nicht zu haben; er suchte nie den Abendtisch von Kollegen auf, schon weil das Gespräch weniger seine Sache war; auch gab es keine Lieblingsdichter für ihn. Selbst wenn er aufs Land ging, arbeitete er dort weiter, nur in leichteren Sachen, indem er zum Beispiel Bücher für sein Jahrbuch anzeigte. Aber daß er allen Lebensgenuß entbehrt hätte, glaube man nicht; was ihn so frisch erhielt bis zum 79. Lebensjahr, versteht jeder, der ihn persönlich kannte. Man muß es gesehen haben, wie ihm, im Hause wohl bereitet war' durch die innige Hingabe und das kluge Wirken seiner Frau, die die echteste Gehilfin ihres Mannes war. Sie ersetzte ihm alles, was andere in Zerstreuungen suchen.«*[151]

Verbleib der Mitarbeiter

Auch wenn als typisches Muster der Verbleib im Wissenschaftssystem zu erkennen ist, verliefen die Wege der Mitarbeiter, bei näherer Betrachtung, sehr unterschiedlich. Zudem gibt es ein paar Ausnahmen. Häufig gelang es den Mitarbeitern, eine Professur zu erlangen, zum Beispiel Otto Hintze 1902 in Berlin auf einem eigens für ihn geschaffe-

---

[148] Siehe die Widmung in: Gustav Schmoller, Grundriß der allgemeinen Volkswirtschaftslehre, Leipzig, 1900.

[149] Gustav von Schmoller, Zwanzig Jahre deutscher Politik (1897–1917). Aufsätze und Vorträge, München u.a., 1920.

[150] Der Artikel trug den Titel: »Der Weltkrieg und die deutsche Sozialdemokratie« und erschien zuerst in: Neue Freie Presse (Wien) vom 4. April 1915, S. 8, wieder in: Ebd.

[151] Georg Friedrich Knapp, Gustav von Schmoller, in: Frankfurter Zeitung vom 6. Juli 1917. Wieder in: Georg Friedrich Knapp, Einführung in einige Hauptgebiete der Nationalökonomie. Siebenundzwanzig Beiträge zur Sozialwissenschaft, München u.a., 1925, S. 363–67.

nen Lehrstuhl für Verfassungs-, Verwaltungs-, Wirtschaftsgeschichte und Politik. Otto Krauske ging 1902 nach Königsberg, wo er bis zu seinem Tode blieb.[152] Es ging aber auch ohne, wie das Beispiel Meinecke verdeutlicht. Meinecke, befreundet mit Hintze und Krauske, konnte die Arbeit der Projektmitarbeiter aus nächster Nähe beobachten, ging selbst aber andere Wege. Meineckes sah in den Projektmitarbeitern »Fronsklaven des Publikationsinstituts«, die sich durch ihre Arbeit von einer freien Entfaltung der wissenschaftlichen Persönlichkeit entfernten:

> *»Junge, zur Habilitation aufstrebende Doktoren, die gegen bescheidene Remuneration in den Dienst eines Publikationsinstitutes treten, eine bestimmte, eng begrenzte Editionsaufgabe lösen und nach deren ganzer oder vielleicht auch nur halber Lösung sich eine eigene Forschungsaufgabe suchen, die ihnen die Habilitation ermöglicht? Wo sie dann als Privatdozenten vielfach noch jahrelang weiter die Kette des Publikationsbetriebes zu tragen haben. Heute, wo der Privatdozent alten Stiles aufgehört hat zu existieren, ist es wieder anders damit. Aber damals war die Pflanzschule meiner Wissenschaft so beschaffen und war nun wieder wesentlich anders als die des früheren 19. Jahrhunderts. Die freiere und selbstständigere Entwicklung des jungen Geistes, die in diesem möglich war, wurde eingeengt. Hart gesagt, man wurde Fronsklave des Publikationsinstituts für eine von außen her diktierte, sachlich im Zusammenhang des Ganzen wichtige und nützliche, aber die individuellen Bedürfnisse des jungen Forschers zusammenpressende Aufgabe. Wie oft habe ich diese seelischen Nöte miterlebt.«*[153]

Oftmals war die Arbeit an der Acta Borussica direkt mit den späteren inhaltlichen Schwerpunkten verbunden, wurden die untersuchten Quellenmassen zum Schatz, mit dem auch noch später gewuchert werden konnte.

Der Bergassessor August Schwemann (1862–1945) zog sich bereits nach zwei Jahren aus der Bearbeitung zurück. Er hatte 1892 die Vorarbeiten für den Teil der Bergwerks-, Hütten-, und Salinenverwaltung übernommen, kehrte aber 1894 in die Bergwerksverwaltung zurück, um dann später an der RWTH Aachen Professor und auch Rektor zu werden. Der von ihm bearbeitete historiographische Teil wurde als Aufsatz veröffentlicht und ob dieser Ausnahme mit einer erklärenden Anmerkung Schmollers versehen.[154]

---

152 Vgl. den Nachruf auf ihn in: Bruno Schumacher, Otto Krauske, in: Altpreußische Forschungen, (1930), S. 177–180.

153 Friedrich Meinecke, Autobiographische Schriften hrsg. und eingeleitet von Eberhard Kessel, Stuttgart, Friedrich Meinecke. Werke, hrsg. im Auftrage des Friedrich-Meinecke-Institutes der Freien Universität Berlin, 1969, S. 90f.

154 August Schwemann, Freiherr von Heinitz als Chef des Salzdepartements (1786–96), in: Forschungen zur Brandenburgischen und Preußischen Geschichte, (1894), S. 409–457.

Schmoller griff im Gegensatz zu Mommsen nicht zur »Massentaufe« für seine Mitarbeiter.[155] Dennoch setzte er sich auch für sie bevorzugt ein.[156] Otto Hintze arbeitete bis 1910 bei der Acta Borussica und erhielt, wie schon erwähnt, anschließend einen Lehrstuhl in Berlin. Er führte die Acta Borussica nach Schmollers Tod 1917 weiter.[157] Wie das Beispiel von Friedrich Freiherr von Schrötter (1862–1944) verdeutlicht, bestand neben der universitären Karriere auch die Möglichkeit, an andere Einrichtungen zu wechseln. Schrötter hatte den münzgeschichtlichen Teil der Acta Borussica bearbeitet und wurde später Angestellter im Münzkabinett.[158] Dort arbeitete er Anfang des 20. Jahrhunderts mit einem ehemaligen Mitarbeiter Mommsens, Heinrich Dressel, zusammen. August Skalweit arbeitete nach seiner Promotion über »Die ostpreussische Domänenverwaltung unter Friedrich Wilhelm I. und das Retablissement Litauens«, die 1905 in den Staats- und sozialwissenschaftlichen Forschungen veröffentlicht wurden, von 1906 bis 1913 als Mitarbeiter an der Acta Borussica.[159] Nach der Habilitation in Berlin, ging er 1913 nach Gießen und später nach Bonn. Während des Krieges war im Reichswirtschaftsministerium tätig und erhielt, vergleichsweise spät, 1923 eine Professur für Volkswirtschaft an der Universität in Kiel.

Mit Ausnahme von Otto Hintze ist kaum einer der ehemaligen Mitarbeiter herausragend und nachhaltig wirksam durch eigenständige Publikationen hervorgetreten. Zu nennen wäre hier lediglich das von Hugo Rachel mitherausgegebene Werk über die Berliner Großkaufleute des 18. und frühen 19. Jahrhunderts.[160] Insofern bestätigen

---

155 Neugebauer, Die »Schmoller Connection«, wie Anm. 15, S. 300.

156 Ebd., S. 299.

157 Vgl. zur Geschichte der Acta Borussica bis zu ihrem vorläufigen Ende 1939: Wolfgang Neugebauer, Das Ende der alten Acta Borussica, in: Wissenschaftsfördernde Institutionen im Deutschland des 20. Jahrhunderts: Beiträge der gemeinsamen Tagung des Lehrstuhls für Wissenschaftsgeschichte an der Humboldt-Universität zu Berlin und des Archivs zur Geschichte der Max-Planck-Gesellschaft, 18.–20. Februar 1999, hrsg. von Rüdiger vom Bruch, Berlin, 1999.

158 Schrötter war ab 1898 im Berliner Münzkabinett angestellt und setzte dort seine Arbeit an der Münzgeschichte mit der Herausgabe des »Corpus Nummorum Borussicorum« fort, das zwischen 1902–1913 in 7 Bänden erschien. Zur Geschichte des Münzkabinetts vgl. Bernd Kluge, Das Münzkabinett. Museum und Wissenschaftsinstitut, Berlin, 2004.

159 Kurt Breysig rezensierte Skalweits Dissertation in dem von Schmoller herausgegebenen »Jahrbuch für Gesetzgebung, Verwaltung und Volkswirtschaft im Deutschen Reich«. Das gegenseitige Rezensieren von Schmoller-Schülern war häufig, aber nicht die Regel. Kurt Breysig, Skalweit, August: Die ostpreussische Domänenverwaltung unter Friedrich Wilhelm I. und das Retablissement Litauens. Leipzig, in: Jahrbuch für Gesetzgebung, Verwaltung und Volkswirtschaft im Deutschen Reich, 31 (1907) 31, S. 1387–1394.

160 Vgl. Hugo Rachel, Johannes Papritz und Paul Wallich, Berliner Großkaufleute und Kapitalisten. Band 1: Bis zum Ende des dreißigjährigen Krieges, Berlin, 1934. Zwei weitere Bände erschienen bis 1939. 1967 wurden die Bände neu herausgegeben durch Johannes Schultze, Henry C. Wallich und Gerd Heinrich.

die Lebensläufe der ehemaligen Mitarbeiter der Acta Borussica Meineckes kritische Analyse.

Der Ort der Sammlung

Wie bei Mommsens CIL stellen auch die Acta Borussica eine riesige Datenübertragungsmaschinerie dar. Das Lesen der Akten verschiedener Archive, das Selektieren nach Wichtigkeit, das Abschreiben d.h. Kopieren und das anschließende Kontrollieren der Kopien sowie das Einordnen in ein neues Ordnungssystem sind die entsprechenden Arbeitsschritte, die in ständigen Schleifen vollzogen werden. Das eigene Abschreiben stieß bei Schmoller an zeitliche Grenzen. Wollte er fertigwerden, musste er alternative Wege finden. Ab 1882 ließ Schmoller Kopisten losziehen, um Akten abschreiben zu lassen. Diese Kopisten oder Kopierer werden selten namentlich genannt, sondern tauchen zuweilen als »Hülfsarbeiter« auf. Diese Hilfsarbeiter waren Teil von Schmollers späterer Quellentechnik, bei er ausgehend von seiner eigenen Archivkenntnis und eigener Bestandsrecherche, wichtige Stücke abschreiben ließ, diese Kopien dann aber nochmals an den Originalen nachprüfte.[161]

Durch die programmatische Fokussierung auf kulturhistorische Erarbeitung ökonomischer Prozesse wurden andere bisher nicht bearbeitete oder genutzte Quellenbestände interessant. Damit trafen Schmoller und seine Mitarbeiter an allen Orten immer auch auf die Problematik des Zugangs zu den gewünschten Akten. Dies wirft die Frage der Archivpolitik auf den Plan. Das 19. Jahrhundert gilt gemeinhin als Zeit der Öffnung der Archive für die Wissenschaft, während diese zuvor »der Öffentlichkeit grundsätzlich verschlossene Speicher von Herrschaftswissen« waren.[162] Nach Hermann Heimpel sei es ein Werk des Liberalismus gewesen, mit der Öffnung der Archive organisierte Großforschung ermöglicht zu haben.[163] Mit der Verminderung der politischen Kontrolle über die Oberaufsicht der Archive und dem Übergang der Aufsicht auf Gelehrte entstand zunehmend das Bedürfnis nach eigenem, auf gelehrte Arbeit zugeschnittenem und ausgebildetem Archivpersonal. Noch bis 1875, also bis zur Ernennung Heinrich von Sybels zum Direktor der Staatsarchive, wurde die Direktion der preußischen Archive im Nebenamt betrieben.[164] Wie für das CIL gilt

---

161 Vgl. Neugebauer, Gustav Schmoller, Otto Hintze und die Arbeit an den Acta Borussica, in: Jahrbuch für brandenburgische Landesgeschichte, (1997), S. 158, Fn. 23 mit Verweis auf die entsprechende Archivalia unter: GStA-PK Berlin-Dahlem, VI. HA, Rep. 92, Nl Schmoller, Nr. 8.

162 Zur Geschichte der Öffnung der Archive: Cornelia Vismann, Akten, 2. Aufl., Frankfurt am Main, 2001, S. 248ff.

163 Vgl. Hermann Heimpel, Organisationsformen historischer Forschung, in: Historische Zeitschrift, 189 (1959) 189, S. 150.

164 Vgl. Ludwig Biewer, Reinhold Koser, in: Berlinische Lebensbilder Bd. 4: Geisteswissenschaftler, hrsg. von Michael Erbe, Berlin, 1989, S. 260.

aber auch hier, dass die »liberalste Archivöffnung und Handhabung von Archiv- und Bibliotheksordnungen [...] nicht jene Hoffnung auf Erfassen des Zerstreuten und zugleich auf stetiges Fortschreiten der Forschung [hätte] begründen können ohne die Eisenbahn.«[165]

Da der Zugang zu den Akten der preußischen Archive für Schmoller so eminent wichtig war, versuchte er hierzu möglichst Exklusivität zu erlangen. Das gelang ihm im Kleinen, wenn er Sonderöffnungszeiten für eigene Archivrecherche erhielt[166] oder mittelfristig im Großen, wenn er mit Reinhold Koser als Nachfolger des 1896 verstorbenen Heinrich von Sybel einem von ihm geförderten loyalen Mitarbeiter in das Amt des Archivdirektors verhalf, um im Gegnzug etwa Max Lenz zu verhindern, der Schmoller und der Acta Borussica nicht so gewogen war.[167]

Schmollers Schrank

Zentraler Ort der Sammlung von Materialien der Acta Borussica war ein Schrank, den Schmoller eigens nach seinen Wünschen anfertigen ließ. Er stand in seinem häuslichen Arbeitszimmer. Dass Unternehmungen ihre Akten und Unterlagen in Büros aufbewahrten und benutzten, war noch nicht selbstverständlich. Das bedeutete für Mitarbeiter bspw., dass sie ohne Schmoller nicht an die Materialien und Sammlungen herankamen. Gleiches galt aber auch für die Akademie, die formell gesehen eigentlich Eigentümer der Akten und der Unternehmung war, auf das Projekt aber ohne Schmoller letztlich aber keinen Einfluss nehmen konnte.[168]

Schränke gerieten mit dem *material turn* in der Wissenschaftsgeschichte zusammen mit anderen Objekten wie Zettelkästen, Schreibtischen und Bücherregalen in das Blickfeld als Untersuchungsgegenstände.[169] Dabei sind Schränke nicht einfach Möbel-

---

165 Heimpel, wie Anm. 163, S. 150f.

166 Schon bei Max Duncker in den 1870er-Jahren konnte Schmoller auf außerplanmäßigen Zugang rechnen. Vgl. Neugebauer, Gustav Schmoller, Otto Hintze, wie Anm. 15, S. 158.

167 Vgl. ausführlicher hierzu: Neugebauer, Die »Schmoller Connection«, wie Anm. 15, S. 293f.

168 Eine Korrespondenz zwischen Hugo Rachel und der Hauptstadtkasse verdeutlich, wie weit entfernt die Akademie offenbar von dem Projekt war: Rachel schrieb am 11. September 1910: »da ich bei der akademischen Kommission zur Herausgabe der ›Acta Borussica‹ seit 6 Jahren als Mitarbeiter beschäftigt bin, ist es mir unbegreiflich, daß die Kgl. Akademie der Wissenschaft dessen nichts wissen sollte.« [...] »Der Vorsitzende dieser Kommission, Professor v. Schmoller, ist verreist, er ist übrigens zur Ausstellung amtlicher Atteste nicht in der Lage. Eine nochmalige Anfrage bei der Akademie der Wissenschaften wäre meines Erachtens der einzige Weg, erwünschte Auskunft zu erhalten; unter Umständen wäre dazu vielleicht auch die General-Staatskasse, Abteilung XI (Kultus), [...] bereit, da ich von dort mein Honorar erhalte.« ABBAW, PAW II-VIII-214, Nr. 54.

169 Anke te Heesen und Anette Michels (Hgg.), Auf / Zu. Der Schrank in den Wissenschaften, Berlin, 2007; Helmut Zedelmaier, Buch, Exzerpt, Zettelschrank, Zettelkasten, in: Archivpro-

stücke, sondern Teil des »Experimentalsystems« und übernehmen Aufgaben des wissenschaftlichen Arbeitens, zusammen mit den in ihnen befindlichen Sammlungen.[170] Abschriften und Unterlagen seien, wie aus dem Findbuch zu Schmollers Nachlass hervorgeht, von dessen Witwe 1919 »mitsamt dem Schranke, in dem sie verwahrt wurden« dem Geheimen Staatsarchiv übergeben worden.[171] In diesem Schrank haben sich auch die Akademiekorrespondenz und ein Teil des Schriftwechsels über die Herausgabe der »Urkunden und Aktenstücke zur Geschichte des Kürfürsten Friedrich Wilhelm von Brandenburg« befunden. Der Schrank bildete so etwas wie das Zentrum der Aufbewahrung von Schmollers Sammlungen. Wo er genau stand, lässt sich mangels einer bildlichen Darstellung von Schmollers Arbeitszimmer leider nicht rekonstruieren.[172] Zu vermuten ist, dass der Schrank einer Vorfixierung späterer Ordnungen der Acta Borussica diente, die sich aber durch Verschieben, Hinzufügen und Hinausnehmen noch verändern konnte. Damit vereint er Funktionen der Aufbewahrung mit Funktionen eines Zettelkastens, was durch die Kombination von Schranktüren und Schubfächern unterstrichen wird.

Zu Schmollers Schrank sind bis auf die Nachricht der Übergabe durch die Witwe keine Unterlagen erhalten. Er steht heutzutage in der ehemaligen Direktorenvilla des Geheimen Staatsarchivs Preußischer Kulturbesitz in Dahlem. Er ist leer und vom Bild

---

zesse. Die Kommunikation der Aufbewahrung, hrsg. von Hedwig Pompe / Leander Scholz, Köln, 2002; Krajewski, Zettelwirtschaft. Die Geburt der Kartei aus dem Geiste der Bibliothek, Berlin, 2002.

170 Die Übertragung des Begriffs des »Experimentalsystems« auf geisteswissenschaftliches Arbeiten geht auf Hans-Jörg Rheinberger zurück, der das Konzept von Experimentalsystemen an der Untersuchung der Geschichte der biologischen Wissenschaften prägte. Rheinberger geht der Frage nach, wie es in der Wissenschaft zu Neuem kommt. »Mit dem Experiment schafft sich der Forscher eine empirische Struktur, eine Umgebung, die es erlaubt, in diesem Zustand des Nichtwissens um das Nichtwissen handlungsfähig zu werden. In einer Experimentalanordnung verkörpert sich allerdings jeweils eine ganze Menge von Wissen, das zu einem gewissen Zeitpunkt als gesichert gilt.« Für die Geisteswissenschaft ist das funktionale Äquivalent das Schreiben selbst. »Das Schreiben, so behaupte ich, ist selbst ein Experimentalsystem. Es ist eine Versuchsanordnung.« Vgl. Hans-Jörg Rheinberger, Man weiss nicht genau, was man nicht weiss. Über die Kunst, das Unbekannte zu erforschen., unter: NZZ Online, <http://www.nzz.ch/2007/05/05/li/articleELG88.html> (Stand: 30.06.2017).

171 GStA-PK, I. HA Rep. 178, 7. Reg. Nr. 1082, Schreiben der Akademie-Bibliothek an das GStA-PK.

172 Dass Schmoller mehrere Schränke für seine Sammlungen und Aufzeichnungen besaß, lässt sich aus dem Vorwort zu seinen 1898 veröffentlichten »Umrissen« schließen, wo er davon schreibt, dass »noch viel größere Vorstudien und Sammlungen unpubliziert, teilweise in noch nicht abgeschlossener Art in meinem Schränken« liegen. Vgl. Gustav Schmoller, Umrisse und Untersuchungen zur Verfassungs-, Verwaltungs- und Wirtschaftsgeschichte besonders des Preussischen Staates im 17. und 18. Jahrhundert, Leipzig, 1898, S. V.

Abbildung 25. Gustav Schmollers Schrank, Foto: Herr Kirchmaier, in: GStA-PK, Berlin.

her ist nicht zu erkennen, dass er einen besonderen Aufbau hat. Die ins Bild hineingestellten grünen Bände sind Teile der ab 1993 begonnenen Neuen Folge der Acta Borussica und wurden nur für diese Aufnahme des Schrankes in die Schubladen hineingestellt.[173] Die rechte untere Tür ist rekonstruiert worden. Man nimmt an, dass sie bei der Eroberung der Villa durch sowjetische Truppen 1945 Opfer eines Soldatenstiefels wurde, wobei es hierfür keinen Beleg gibt.[174] Der Schrank sei eigens von Schmoller in Auftrag gegeben worden und besteht aus drei aufeinandergestapelten und einzeln transportierbaren Segmenten, hinter deren Flügeltüren sich jeweils neun Schubfächer verbergen. Dabei ist die mittlere Fächerspalte minimal breiter gehalten als die äußeren Fächer. Alle Schubfächer sind vorn mit Halterungen für Beschriftungen versehen, die

173 Die Bände der Neuen Folge sind Open Access verfügbar unter: Berlin-Brandenburgischen Akademie der Wissenschaften, Editionsbände im Internet — Protokolle des Preußischen Staatsministeriums Acta Borussica, <http://preussenprotokolle.bbaw.de/editionsbaende-im-Internet>, (Stand: 14.05.2017).

174 Mdl. Aussage von Jürgen Kloosterhuis, Direktor des Geheimen Staatsarchivs Preußischer Kulturbesitz.

– wie bei Zettelkästen – so gestaltet sind, dass man die Beschriftungen auch auswechseln kann, wenn der Inhalt sich verändert. Erst beim Herausziehen offenbaren die Fächer eine Besonderheit: die jeweils rechten Begrenzungen der Fächer fehlen bzw. sie sind explizit offen gelassen worden. Damit konnten Akten- und Manuskriptstapel bequem seitlich herausgegriffen werden. Die insgesamt 27 Schubfächer entsprechen, nimmt man ein paar Fächer für Korrespondenz heraus, in etwa der Größenordnung der geplanten Bände.[175] Dass Schmoller auch die Akademiekorrespondenz aufbewahrte und die laut Statut im Eigentum der Kommission befindlichen Abschriften und Manuskripte der Acta Borussica deutet auf sein Verständnis als Gelehrter hin, wirft aber auch Licht auf sein Verhältnis zur Akademie. Zum Einen lässt sich Schmoller damit in die Tradition der Privategelehrten einordnen, dessen häusliches Arbeitszimmer das Zentrum seiner wissenschaftlichen Arbeit darstellt. Zum Anderen ließ sich Schmoller von der Akademie nicht in Karten, d.h. die Korrespondenz, schauen und konnte auch informelle Korrespondenz z.B. mit Althoff darin einordnen. Laut den Angaben des Findbuchs fanden sich in dem Schrank auch Abschriften, die nach Schmollers Tod, also im Zeitraum zwischen 1917 und 1919 angefügt wurden. Das deutet darauf hin, dass einer der Mitarbeiter, wahrscheinlich Otto Hintze, Zugang zum Schrank hatte oder dass Schmollers Frau Lucie in beides, die Korrespondenz und die Nutzung des Schrankes, einbezogen war. Es ist des Weiteren anzunehmen, dass die Übergabe des Schrankes zur Verbesserung der Arbeitssituation beitragen sollte, die Übergabe der Akten mitsamt Schrank aber zumindest für diesen Zeitpunkt für eine Unauflöslichkeit von Akten und Schrank sprechen. Wann beides voneinander getrennt wurde, ist nicht bekannt.

Zwischenfazit

Neugebauers These, Schmoller habe die Acta Borussica zu einem heimlichen Zentrum der preußischen Forschungen »nicht nur wissenschaftlich, sondern auch finanziell und machtstrategisch«[176] gemacht, ist zuzustimmen. Mit Blick auf sein hier erörtertes

---

175 Gleichzeitig offenbaren sie Ähnlichkeiten mit anderen Disziplinen, bei denen ebenfalls Schränke als Arbeitsmittel zum Einsatz kamen. Man denke nur an die Botanik und bspw. den Herbarienschrank Carl Linnés. Im Gegensatz zu Linnés Schrank ging es Schmoller jedoch nicht um Taxonomie, deshalb ist die von Staffan Müller-Wille angesprochene ständige Unruhe im Schrank, das Ein- und Austreten von Dingen im Zusammenhang mit den wachsenden Tauschbeziehungen der Botaniker nicht unbedingt zu erwarten. Vgl. Staffan Müller-Wille, Carl von Linnés Herbarschrank. Zur epistemischen Funktion eines Sammlungsmöbels, in: Sammeln als Wissen. Das Sammeln und seine wissenschaftsgeschichtliche Bedeutung, hrsg. von Anke te Heesen / Emma C. Spary, Göttingen, 2001.

176 Neugebauer, Die »Schmoller Connection«, wie Anm. 15, S. 285.

Forschungsprogramm, das weit über historische Forschungen zu Preußen hinausging, muss sie allerdings etwas anders kontextualisiert werden. Die Acta Borussica waren nicht Kern, sondern Teil eines primär nationalökonomischen Programms mit historischer Ausrichtung. Schmoller nutzte die Akademie und ihr Modell von »Unternehmungen großen Stils« taktisch für seine Zwecke. Anders als Mommsen arbeitete er jedoch nicht am Anfang seiner Karriere strategisch darauf hin, sondern nutzte auf dem Höhepunkt seiner Reputation die ihm gebotenen Möglichkeiten geschickt aus.

Sicher, die Acta Borussica waren eine Ressourcenmaschine, ein Label, mit dem sich nach einiger Zeit alles Mögliche fördern und finanzieren ließ. Auch Rücklagen ließen sich bilden, so dass Schmoller über ein nicht unerhebliches Vermögen verfügen konnte, um sein Forschungsprogramm voranzutreiben. Dennoch nützten die Rücklagen, die er und Hintze im Laufe der Jahre angehäuft hatten, am Ende wenig, weil sie während der Inflation Anfang der 1920er-Jahre innerhalb kurzer Zeit wertlos geworden waren.

Mitarbeiter kamen, wenn nicht aus seinen eigenen Seminaren, so über Empfehlungen zu Schmoller. Das verwundert nicht, entspricht es doch ganz der üblichen Kultur der Zeit. Auch heute noch findet sich in großen Teilen der Wissenschaftskultur diese Art der Vernetztheit über Generationen und Hierarchien wieder. Im Laufe der Zeit sind zwar eine Reihe von mehr oder weniger objektiven Kriterien wie Prüfungen und Noten hinzugekommen, um die Vergabe von Stellen transparenter zu gestalten, aber das System der persönlichen, informellen Empfehlungen funktioniert nach wie vor. Eine genauere Analyse dieses Prozesses bis in die heutige Zeit wäre Gegenstand einer eigenen Untersuchung.

Schmoller hinterließ Schüler, aber keine Schule. Sein Programm hatte schon kurz nach der Jahrhundertwende an Glanz verloren und war nach seinem Tod weitestgehend in der Versenkung verschwunden. Historische Ansätze mit viel Detailforschung galten in der ökonomischen Forschung während der Weimarer Republik und lange danach alles andere als innovativ. Die Schmoller-Renaissance ging mit der Wiederaufnahme der Acta Borussica als Akademieprojekt einher, mit einem wiedererweckten Interesse an kulturhistorischen Fragestellungen, mit dem Zugang zu Akten, der während des Kalten Krieges vielen Forschern verwehrt blieb, und schließlich auch mit dem Interesse an preußischer Geschichte, wofür die Preußenausstellung von 1981 beispielhaft steht.

Zusammenfassung der Analyseergebnisse

Das Grundproblem besteht darin,
dass man nicht genau weiss, was man nicht weiss.
Damit ist das Wesen der Forschung
kurz, aber bündig ausgesprochen.[1]

Zu den Ausgangspunkten dieser Arbeit gehörten zwei Beobachtungen. Das war einmal die für heutige Verhältnisse kaum fassbare öffentliche Reputation, die Geisteswissenschaftler wie Theodor Mommsen genossen, dem ein fast königliches Begräbnis zuteil wurde. Auf der anderen Seite stand die heutzutage oft vernehmbare Klage über das Korsett der projektförmigen Organisation von Wissenschaft, außerhalb derer Forschung ins Blaue hinein kaum noch möglich sei. Die »großen Männer« gibt es so nicht mehr – ihre öffentliche Reputation hat sich stark gewandelt –, die Projektförmigkeit der Forschung dafür umso mehr. Die (groß)betriebliche Organisation von Forschung in einzelne abgrenzbare Einheiten scheint also der Tendenz der Hervorhebung einzelner Individuen eher entgegenzulaufen. Das mag für die in dieser Arbeit untersuchten »Unternehmungen großen Stils« noch weniger zutreffen als es für die spätere breitenmäßige Durchsetzung der projektförmigen Forschung der Fall wurde, was man durchaus als Demokratisierung eines zuvor eher elitären Systems deuten kann. Im Untersuchungszeitraum der langen zweiten Hälfte des Jahrhunderts von etwa 1840 bis 1910 sind diese Tendenzen allerdings noch nicht sichtbar.

In die im Titel verwendeten Formulierung »Unternehmungen großen Stils« floss die damalige Antragsrhetorik ebenso ein wie Ansprüche nach Vollständigkeit und Massendaten, die fabrikmäßige Arbeitsteilung wie auch Planungen und die großangelegten Forschungsprogramme. »Unternehmung« als Begriff schuf die notwendige Quellennähe bei Wahrung historisch-analytischer Distanz.

Die untersuchten Unternehmungen wurden aus drei Perspektiven betrachtet, 1) aus institutioneller Perspektive, 2) mit Blick auf die epistemologischen Herausforderungen der Verarbeitung großer Datenmengen und 3) als soziale Gebilde mit Hierarchien und Karrierechancen für Mitarbeiter.

---

1 Hans-Jörg Rheinberger, Man weiss nicht genau, was man nicht weiss. Über die Kunst, das Unbekannte zu erforschen, unter: NZZ Online, <http://www.nzz.ch/2007/05/05/li/articleELG88.html> (Stand: 30.06.2017).

Projektforschung

Die drei Unternehmungen sind als Sample zu klein, um repräsentativ für das gesamte Wissenschaftssystem gelten zu können. Dennoch lässt sich gerade mit Blick auf die aus unterschiedlichen Disziplinen stammenden Großprojekte ein zeitgenössischer Trend ableiten, der zu einem bestimmten Organisationstyp von Forschung führte, in dem das Verhältnis von wissenschaftlichen Einrichtungen und staatlicher Forschungsförderung stärker verzahnt wurde. Treibende Kraft von wissenschaftlicher Seite aus war dabei das Streben nach Vollständigkeit. Ohne den Bezug auf Vollständigkeit eines bestimmten Bereichs war weder Finanzierung zu erlangen noch wissenschaftliches Kapital zu schlagen.

Die untersuchten Unternehmungen waren Teil der organisatorischen Professionalisierung und Spezialisierung eines sich während des 19. Jahrhunderts immer stärker ausdifferenzierenden Wissenschaftssystems. Die Unternehmungen bildeten zunehmend eigene Gebilde innerhalb von größeren Organisationen und wurden gruppenmäßig betrieben. Sie formten damit eine mittlere Ebene zwischen Akteuren und Institutionen. Nicht zuletzt deshalb standen Konzepte von arbeitsteiliger Organisation und gemeinschaftlicher Arbeit im Mittelpunkt der organisatorischen Erneuerung und fanden in den »Unternehmungen großen Stils« einen besonders augenfälligen Ausdruck.

Die untersuchten Unternehmungen waren zu einem großen Teil Sammlungsprojekte, verbanden aber diese Sammlungsarbeit mehr oder weniger eng mit Forschung. Nicht die Sammlung, sondern Forschungsprogramme und Erkenntnisgewinn waren Ziel der Unternehmungen. Insofern kann man diese Verbindung von Sammlung und Forschung in Unternehmungen mit dem Begriff »Projektforschung« beschreiben.

In Bezug auf die Sammlungsarbeit standen die Unternehmungen in der Tradition älterer Epistemologien, sei es in ihrer jeweils eigenen Disziplin oder auch der anderer Bereiche wie der Botanik oder der Astronomie. Gleichzeitig setzten sie sich von älteren Traditionen ab, sei es durch Einführung neuer Forschungsstrategien, Nutzung neuer Technologien und in der Regel auch durch höhere Ansprüche bezüglich der Reichweite. Bedingung ihrer Möglichkeit waren neuartige Kommunikationstechniken, Transportoptionen oder Innovationen in der Herstellung von Druck- und Kartenwerken.

Als Projekte sind sie mit dem Potenzial versehen, zu einem vereinbarten Zeitpunkt beendet werden zu können. Die Notwendigkeit, für Finanzierung im Voraus zu sorgen, rückte diese Form der Forschungsfinanzierung in die Nähe von kreditfinanzierten wirtschaftlichen Unternehmungen. Legitimierungen über Ziel, Sinn und Output wurden dadurch wichtiger, auch Planungen und Forschungsmanagement. Während die Forschungsgegenstände der untersuchten Projekte je nach Unternehmung verschieden waren, tauchten zwei Argumente in den Anträgen obligatorisch auf. Die eine Argumentationsfigur konzentrierte sich auf Konkurrenz, sei es dass auf andere Disziplinen verwiesen wurde, die schon große Projekte veranstalteten oder in Form des Ziehens der »nationalen Karte«, d.h. des Verweises auf ausländische Projekte. Die andere Argumentationsfigur zielte auf Fortschritt. Sie diente der wissenschaftlichen Legitimierung und der Abgrenzung gegenüber älteren Vorhaben. Während die Argumente für eine Finanzierung in Planungsschriften oder Anträgen ausgebreitet wurden, dienten Kommissionen der Begutachtung und nach Annahme und Finanzierung der Unternehmungen der Verwaltung der Projekte. Die Analyse der untersuchten Projekte hat für den Zeitraum einen interessanten Befund ergeben: Das praktische Management entsprach eher dem Direktoren- als dem Kommissionsprinzip. So leitete, wie es für die späteren Kaiser-Wilhelm-Institute maßgebend wurde, eher eine herausragende Persönlichkeit, als dass sich mehrere Verantwortliche die Leitung teilten. Typisch und von Vorteil für die Durchsetzung von »Unternehmungen großen Stils« waren informelle Netzwerke und Kanäle zu den entscheidenden Stellen in den Ministerien und deren Verwaltung.

Entstehungsgeschichten

Auch wenn alle drei Unternehmungen in Berlin ihr Zentrum hatten, konnte für sie ein sowohl transnationaler, vor allem europäischer und zugleich nationaler Rezeptions- und Diskussionszusammenhang ausgemacht werden. Die Entstehungsgeschichten offenbarten unterschiedliche Möglichkeiten der Planung und Umsetzung. Zwei der Projekte entstanden an der Preußischen Akademie der Wissenschaften, allerdings im Abstand von ca. 35 Jahren. Die in den 1880er-Jahren initiierte Acta Borussica konnte dabei auf das durch das CIL etablierte Modell der Unternehmung großen Stils innerhalb der Akademie aufsatteln. Verdeutlicht wurde dies unter anderem durch die unterschiedliche Dauer der Verhandlungen. Während um das CIL fast ein Jahrzehnt gerungen wurde, benötigte die Acta Borussica nicht einmal ein halbes Jahr. Dass neue Akademiemitglieder gleich bei ihrer Aufnahme ihre großen Vorhaben angaben, wurde zu einem typischen Merkmal der Antrittsreden ab den 1870er-Jahren.

Die Schulkinderuntersuchung war kein Akademievorhaben. Die Projektplanungen entstanden innerhalb der neu gegründeten Deutschen Gesellschaft für Anthropologie, Ethnologie und Urgeschichte ab 1870. Wie bei den Akademieprojekten dienten Kommissionen als organisatorische Struktur. Allerdings konnte die Schulkinderuntersuchung nicht auf ein bestehendes Modell aufsetzen, sondern musste in einem Lernprozess beides – Fragestellung und Organisation – mitentwickeln. Für die DGAEU und ihre Mitglieder stärkten die Vorhaben das Zusammengehörigkeitsgefühl der epistemic community und prägten die Identität der Organisation.

Allen drei Unternehmungen waren enge informelle Beziehungen zum Kultusministerium mehr als förderlich, da das Kultusministerium die entscheidende Brücke zur Finanzierung bildete. Die akademischen Projekte erwirkten eine finanzielle Ausstattung außerhalb des jährlichen Etats über den königlichen bzw. ab 1871 kaiserlichen Dispositionsfond. Die Schulkinderuntersuchung verwendete für die Umsetzung ihrer Vorhaben einen Großteil ihrer Einnahmen aus den Vereinsmitgliedschaften. In den 1870er- bis Mitte der 1880er-Jahre wurde der größte Teil der Vereinsbeiträge zur Herstellung von Karten für die Schulkinderuntersuchung ausgegeben. Die Kosten für Druck und Versand der Erhebungsbögen wurden von staatlicher Seite übernommen. Die eigentliche Erhebung durch die Lehrer erfolgte auf Anweisung des Kultusministeriums und ersparte damit kostenintensive Mitarbeiter, die hätten durchs Land ziehen müssen. Die Schulkinderuntersuchung ist ein Beispiel, wie im deutschen Kaiserreich Wissenschaft und Staat ihr Gewaltmonopol nutzten, um Daten zu produzieren. Im Vergleich zu Protesten gegen die Volkszählung von 1987 in der Bundesrepublik war der Widerstand gegen die Schulkinderuntersuchung überschaubar.

Die eingangs erwähnten Definitionen benannten die zeitliche Begrenzung als eines der Hauptmerkmale von Projekten. Mit Blick auf die untersuchten Unternehmungen scheint gerade dieses Kriterium entweder sehr unzureichend erfüllt oder eine geringere Rolle gespielt zu haben, als wir es heutzutage erwarten würden. Sicher lagen die damaligen Vorgaben bezüglich der Fertigstellung oft weit entfernt von den eigentlichen Bearbeitungszeiten. Meist fehlten Erfahrungen, dies im Voraus realistisch einschätzen zu können. Zudem war das Kriterium der Vollständigkeit wichtiger als das Einhalten der zeitlichen Begrenzung. Umgekehrt gab es kaum Sanktionsmöglichkeiten, sollten sich Bearbeitungszeiten ausdehnen. Für die Schulkinderuntersuchung, die als einmalige Erhebung die kürzeste Projektdauer besaß, benötigte man dennoch etwa 16 Jahre vom Beginn bis zum Abschlussbericht. Anders beim CIL und bei den Acta Borussica, die immer wieder verlängert und so zu einer Art Dauerprojekt wurden. Die erste Phase dauerte in der Regel fünf bis sechs Jahre. Währenddessen und danach musste Bericht erstattet und eine Verlängerung beantragt werden. Die Genehmigung weiterer Verlängerungen oblag keiner formalen Beschränkung und die Praxis zeigt, dass einmal begonnene Unternehmungen innerhalb der Akademie eine in der Regel äußerst lange Halbwertszeit erreichen konnten.

Die Langwierigkeit der Vorhaben führte zu vielen Klagen, da andere Arbeiten liegen bleiben mussten. Schon bei August Böckh blieb eine Synthese seiner Forschungen über das griechische Volk »in einer möglichst vollkommenen Form« nur Idee. Sie sollte seine Studien krönen, doch es kam nicht dazu.[2] Ungeschriebene Werke sind sicher kei-

---

2 Vgl. Camilla Warnke, Warum hat August Boeckh die »Staatshaushaltung der Athener« geschrieben? Wissenschaftshistorische Fakten und Überlegungen, in: Wissenschaftliche Zeitschrift der Humboldt-Universität zu Berlin, Gesellschaftswissenschaftliche Reihe, 36 (1987) 1, S. 34. Böckh hatte von seinem Traum, ein Werk über die Griechen zu schreiben, seinem Freund und Gönner, dem badischen Minister von Reitzenstein, geschrieben. Der Brief von

ne Seltenheit. Das wohl berühmteste in dieser Reihe der hier untersuchten Akteure ist der vierte Band von Mommsens nobelpreisgekrönter Römischer Geschichte, über dessen Ausbleiben sich Zeitgenossen wie Nachwelt in vielfältiger Weise Gedanken machten.[3] Schmollers versprochene nationalökonomische Theorie mündete »nur« in einen Grundriss. Virchow schien solche Ideen nicht zu hegen. Zu ihm passt eher das Bild des Sammlers und Ingenieurs, zum Beispiel wenn man sich das pathologische Museum anschaut, das eine der seinerzeit größten Sammlungen seiner Art beherbergte und im Volksmund auch als Kaiser-Virchow-Gedächtniskirche bezeichnet wurde.[4]

Programme

Während Mommsens CIL als Teil eines Daten aufbereitenden archivischen Paradigmas angesehen werden kann und explizit auf eine Trennung von Corpuserstellung und Forschung ausgerichtet war, zielte Schmollers Acta Borussica auf den Versuch einer Integration von Quellenaufbereitung und forschungsmäßiger Darstellung. Sie bildete den Baustein eines Programms, dessen Ziel in einer historisch argumentierenden Beschreibung und Erklärung volkswirtschaftlicher Phänomene und Strukturen lag und letztlich in eine ökonomische Theorie münden sollte. Flankiert wurde das wissenschaftliche Programm durch eine Vorstellung von Wissenschaft als politischer Beratungstätigkeit, die bspw. im Verein für Sozialpolitik oder in der Staatswissenschaftlichen Gesellschaft ihren Ausdruck fand. Schmoller wollte wie Mommsen Häuser bauen, es blieb aber beim Grundriss und bei unfertigen Teilen. Dass diese Teile auch heute noch wertvoll sind, ist unbestritten und auch durch die Forschung in den letzten Jahren oft genug betont worden. Mommsen formulierte es auf einer sehr praktischen Ebene und in Form einer Aufgabe: Es ginge darum, dass die Archive der Vergangenheit geordnet würden. In seinem Universalanspruch folgte er August Böckh und anderen. Bei der Umsetzung ging er neue Wege und setzte Standards. Während Böckh stärker die Akademie als Institution und ihre Stellung in der Berliner Wissenschaftslandschaft im Auge hatte, stand bei Mommsen mehr das Projekt im Vordergrund. Böckh argumentierte in einer anderen Reihenfolge. Für ihn benötigte die Akademie Aufgaben, die ihrer würdig seien. Daraus folgt sein Vorschlag, der Gemeinschaft stiften sollte. Mommsen argumen-

---

1813, also noch vor Initiierung des CIG, ist abgedruckt in: Max Hoffmann, August Böckh. Lebensbeschreibungen und Auswahl aus seinem wissenschaftlichen Briefwechsel, Leipzig, 1901, S. 35.

3 Vgl. stellvertretend für andere: Wolfgang Ernst (Hrsg.), Die Unschreibbarkeit von Imperien. Theodor Mommsens römische Kaisergeschichte und Heiner Müllers Echo, Weimar, 1995 sowie Heiner Müllers Gedicht: Ders., Mommsens Block, in: Drucksache 1, Berlin, 1993.

4 Vgl. Angela Matyssek, Rudolf Virchow. Das Pathologische Museum: Geschichte einer Wissenschaftlichen Sammlung um 1900, 2013, S. 46.

tierte umgekehrt. Er ging von einer programmatischen Aufgabe aus (»die Archive der Vergangenheit ordnen«) und sprach der Akademie die Lösung dieser Aufgabe zu. Das mag ein kleiner, feiner Unterschied sein und möglicherweise jeweils nur rhetorisches Mittel zum Zweck. Es deutet aber eine Verschiebung an, die sich am Beispiel der Acta Borussica noch deutlicher zeigte. Schmoller nutzte die Reputation der Akademie und ihr Profil, Großprojekte durchzuführen, benötigte die Akademie aber nur noch bedingt für die Durchsetzung und Durchführung. Vielleicht ist das auch ein Grund dafür, dass die Akademie im Zweifelsfall die Acta Borussica in Folge des Zweiten Weltkriegs einstellte, nicht jedoch das CIL.[5]

Vollständigkeit und Objektivität

Epistemische Tugenden wie Objektivität stehen in einem engen Wechselverhältnis zur wissenschaftlichen Persona und ihren Tugenden. Wenn sich das Eine wandelt, verändert sich das Andere mit, muss sich anpassen, neu orientieren.[6] Lorraine Daston und Peter Galison haben diesen Prozess für die Atlasmacher und die beobachtenden Wissenschaften ab den 1860er-Jahren beschrieben. Um diese Zeit wandelten sich Ideale und Praktiken der Beobachtung und mit ihr nicht nur die Darstellung dieser Beobachtungen in Standardwerken der Disziplinen, sondern auch die wissenschaftliche Persona und ihre Tugenden. Nicht mehr die geniale Interpretation, sondern das Nichteingreifen in das Ergebnis war höchstes Ideal. Wissenschaftliche Objektivität bedeutete also eine Form des »Blindsehens ohne Vorurteile und ohne interpretierendes Denken« und führte zum Umschreiben und Neuentwerfen der Richtlinien der Wissenschaftler.[7] »Mechanische Objektivität brauchte auch einen Wissenschaftler bestimmter Art: Er mußte möglichst viel Fleiß und Selbstbeherrschung und möglichst wenig geniales Interpretationsvermögen besitzen.«[8]

Die Epigraphik reiht sich in diese Beschreibung nahtlos ein. Durch das Autopsieprinzip wurde sie zu einer beobachtenden Feldforschung. Fleiß, Geduld, Ausdauer und Beharrlichkeit wurden als Tugenden zur Bewältigung der Aufgaben betont. Was Mommsen von sich forderte, verlangte er auch von seinen Schülern und Mitarbeitern. In seinen zahlreichen Reden spiegeln sich diese Vorstellungen als Reflektionen auf das zeitgemäße Dasein des Wissenschaftlers als Arbeiter wieder. Für derartige Veränderungen seiner Umwelt besaß er ein feines Gespür und zugleich die Fähigkeit, es in

5 Nach der Wiedervereinigung der beiden deutschen Staaten wurde die Acta Borussica wieder aufgenommen, jedoch ohne Schmollers nationalökonomisches Programm.

6 Vgl. Lorraine Daston und Peter Galison, Objektivität, Frankfurt a. M., 2007, S. 128.

7 Vgl. Ebd., S. 14f.

8 Ebd., S. 128.

sprachlich ausdrucksvolle Bilder zu verwandeln. Den wissenschaftlichen Riesenbau baue man nicht mit Geistesblitzen eines Genies, sondern mit mühevoller Kärrnerarbeit, Aufopferung und Entsagung. Der Widerstand gegen Wissenschaftsprogramme wie die von Mommsen, die auf immer neue Massendaten-Großprojekte setzten, ist demnach auch einer der wissenschaftlichen Persona gegen die epistemischen Tugenden der Objektivität und der Vollständigkeit. Fortschrittsgläubigkeit geriet für die nachfolgende Generation ins Wanken und mit Folgen für die wissenschaftliche Persona und deren Tugenden.

Fotografie mit der ihr zugeschriebenen Unbestechlichkeit galt als Königstechnologie der epistemischen Tugend der Objektivität in den Naturwissenschaften im 19. Jahrhundert.[9] Wie beschrieben, gab es in der Epigraphik schon vor der Fotografie mit dem Abklatsch ein Verfahren, das für die Zwecke des epigraphischen Kopierens genauer war als ein Foto. Durch seine Dreidimensionalität war es von mehreren Seiten und bei unterschiedlichen Lichtverhältnissen betrachtbar und gab jeweils neue Ansichten und Inhalte preis. Nicht zuletzt deshalb und auch weil es billig, leicht zu transportieren und problemlos zu archivieren war, hatte der Abklatsch im 19. Jahrhundert den höchsten Wert als Kopierverfahren. Er gab das Original gleichsam noch objektiver als die Fotografie wieder.

Während für die altertumswissenschaftlichen Inschriftenarbeiter eine vergleichbare Bewegung hin zur Objektivität als epistemischer Tugend festgestellt werden konnte, scheint dies für die beiden anderen untersuchten Unternehmungen nicht so einfach nachweisbar zu sein.

Virchow hoffte, anhand der Visualisierung herauszufinden, von wo und in welche Richtung bestimmte Typenkonstruktionen »eingewandert« seien. Sein Bemühen und das seiner Kollegen um Genauigkeit und Aussagekraft ihrer Daten sah den Schlüssel in der Vorstellung von der Heilkraft der Massen(daten). Große Datenmengen, so die statistische Erfahrung, vermindere die Bedeutung individueller Erhebungsfehler und lasse diese ab einer bestimmten Größenordnung so gut wie verschwinden. Bei der Visualisierung der Ergebnisse in Kartogrammen hingegen ließ sich dieses Argument nicht anbringen. Für Virchow musste sich die Darstellung in eine bestimmte Vorstellung einfügen, die über die Farbverläufe nicht nur Aussagen über räumliche Verteilung von Typen ermöglichte, sondern auch deren Bewegungen über lange Zeiträume andeutete.

Die Verbindung von Vollständigkeitsideal und historisch-kritischer Methode, wie sie Mommsen und Schmoller betrieben, muss als Hauptgrund für die langen Bearbeitungszeiten gelten und damit letztlich auch als Grund für die liegengebliebenen Arbeiten. Vollständigkeit hat etwas Maßloses, ist sich selber Maß. Es lässt sich nicht im

---

9 Neben anderen weniger bekannten Verfahren wie Interferenzstatistik, klinische Doppelblindversuche, selbstregistrierende Geräte o.ä. Vgl. Ebd., S. 17.

Spaziergang erreichen, sondern nur mit Leiden, Verzicht und Entsagung, so zumindest die häufig geäußerten Beschreibungen in Reden und Autobiografien über die Großprojekte. Zu Teilen ist die Vollständigkeitsrhetorik eine säkular gewendet religiöse Vollkommenheitssehnsucht: irdischer Verzicht, entsagungsvolle Arbeit für transzendentale Vollkommenheit (über das eigene Leben hinausgehend sollen die Ergebnisse der Projekte standhalten), eine Vollkommenheit, die wenn schon nicht mehr im Jenseits, dann doch in der Zukunft liegt. Die Akademie, die die Einheit der Wissenschaft als höchstes Ideal hochhielt, ist deshalb die passende Organisation für derartige Bestrebungen gewesen. Zudem erinnert dies sehr stark an den Kern protestantischer Ethik. Und es ist sicher kein Zufall, dass einige der wichtigsten Akteure großbetrieblicher Organisation in einem Pfarrhaus (z.B. Mommsen und Harnack), dem idealen Ort bildungsbürgerlicher Erziehung, aufwachsen sind. Vollständigkeit mag zu einem wissenschaftlichen Ziel erklärt werden, es ist aber in erster Linie eine Tugend.

Arbeitsteilung und Gemeinschaftsarbeit

Im 19. Jahrhundert war Arbeitsteilung ein Argument für die Initiierung von Unternehmungen. Während es in der ersten Hälfte des 19. Jahrhunderts zugleich gemeinschaftsbildend wirken sollte, wurde es im weiteren Verlauf mehr und mehr Mittel zum Zweck, um Vollständigkeit und Fortschritt zu erreichen. Diese Entwicklung ist am Unterschied zwischen Böckhs CIG und Mommsen CIL dargelegt worden. Mit dem CIL differenzierte sich Arbeitsteilung in hierarchische Ebenen aus. In dieser Form entwickelte sich ein Modell für akademische Unternehmungen, das zunehmend auch Karrieremöglichkeiten für angehende Wissenschaftler bot. Mommsens Unternehmung war patriarchalisch geleitet und entsprach sicher nicht dem, was heutzutage unter Teamwork verstanden wird. Es war eher das Verhältnis eines Herrschers zu seinem Gefolge oder auch das eines Clan-Chefs zu seinem Clan. Alles lief über ihn als Netzwerkknoten. Die Mitarbeiter, die als Herausgeber fungierten, waren zwar verantwortlich gegenüber einzelnen Bänden, oblagen aber dennoch der steten Kontrolle. Für die Altertumswissenschaften war das Modell des CIL erfolgreich. Es wird bis heute weitergeführt, auch wenn sich die konkreten Arbeitshierarchien im Vergleich zur Zeit, als Mommsen das CIL leitete, gewandelt haben. Dennoch: Auf Mommsens Schultern schien niemand von seinen Schülern zu stehen, dafür befanden sich die meisten von ihnen in seinem Schatten.

Schmollers Projekt ist am ehesten mit dem Institutsmodell vergleichbar. Er fungierte für die Unternehmung im Sinne eines projektleitenden Wissenschaftsmanagers, der – zumindest mit Beginn der Unternehmung – selbst nicht mehr Datenaufbereitung betrieb, sondern diese delegierte. Die Herausgeber waren auch hier verantwortlich für die Quellenauswahl und die monographische Einleitung. Schmoller behielt sich aber dennoch die Kontrolle aller Arbeiten und die Synthese der Ergebnisse vor. Er nutzte die Infrastruktur von Akademie und Universität für seine Zwecke. Auch er leitete patriarchalisch. Das eigens für ihn eingerichtete Seminar an der Universität nutzte er zur Rekrutierung von Mitarbeitern, wenn sie nicht von anderswo herkamen. Erste Arbeiten veröffentlichten die Nachwuchskräfte in Zeitschriften und Publikationsreihen, die wiederum durch das Projekt querfinanziert wurden.

Virchows Unternehmung ähnelt am meisten einem heutigen Forschungsprojekt. In der Form, in der es zustande kam, konnte es allerdings nur funktionieren aufgrund einer mobilisierbaren staatlichen Infrastruktur. Sowohl staatliche Stellen als auch die beteiligten statistischen Ämter mussten jedoch intensiv überzeugt werden. In puncto Arbeitsteilung unterscheidet sich die Schulkinderuntersuchung von den beiden anderen Projekten. Ähnlich sind sich alle drei darin, dass sie eine hierarchisierte Verteilung von Arbeitsaufgaben bevorzugen. Während jedoch Mommsen und Schmoller spezifisch ausgebildete Mitarbeiter suchten bzw. diese eigens zusätzlich zu Spezialisten weiterbilden ließen, setzte Virchow auf massenhafte Aufteilung der Arbeit auf unzählige Köpfe. Bei den Lehrern handelte es sich zwar nicht um Laien, jedoch was die Messmethode anbetraf, um unerfahrene Amateure. Die Alternative, ausgebildete Kräfte die Messungen durchführen zu lassen, wäre prinzipiell möglich gewesen, hätte aber wahrscheinlich zu geringeren Datenmengen und längeren Bearbeitungszeiten geführt.

Während es innerhalb der Projektarbeit eine abgestufte Hierarchie gab, war die Projektinitiierung, gewissermaßen der Projektantrag, am ehesten erkennbar als gemeinschaftliche Arbeit mit flacher Hierarchie. Die Rangordnungen waren während dieser Zeit noch im Fluss und fügten sich erst nach Projektbeginn zu einer festeren Struktur zusammen. Wirklich gemeinschaftliches Arbeiten hat offenbar nur selten funktioniert, außer bei Anträgen. *Hidden worker*, das waren vor allem die Ehefrauen und auch die Töchter spielten auf allen Ebenen eine wichtige Rolle, auch wenn ihre Sichtbarkeit bzw. ihre Sichtbarmachung begrenzt bleibt. Der Privatbereich bildete bei allen Dreien keineswegs einen vom Arbeitsleben abgegrenzten Bereich, sondern war engstens mit ihm verwoben.

Schlussbemerkungen

Die Frage nach dem Beginn der Großforschung konnte mit Blick auf die Unternehmungen des 19. Jahrhunderts in seiner Perspektive differenziert und ausgeweitet werden. Wenn die Ergebnisse der verschiedenen Forschungen zur Big Science und Großforschung bisher auseinanderliefen, so wurde hier ein Ansatz vorgestellt, der diese Linien der Erforschung geistes- und naturwissenschaftlicher Projektforschung im großen Stil miteinander verbindet. Der Streit darum, wer sie erfunden hat, die Atombombenbauer, die Altertumswissenschaftler oder schon Robert Boyle mit seiner Luftpumpe im 17.

Jahrhundert, verdeckt zuweilen den Blick auf die jeweils andere Seite und auf Gemeinsamkeiten beider Seiten. Die Suche nach dem Ursprung, die zu Beginn der Forschung an dem Thema stärker im Mittelpunkt stand, wurde nach und nach zurückgedrängt, bildete aber durchaus einen hilfreichen Wegweiser.

In der Arbeit konnte gezeigt werden, dass sich bei Betrachtung von »Unternehmungen großen Stils« weitgehend ohne Unterscheidung in Natur- und Geisteswissenschaften operieren ließ. Nachteil dieser Vorgehensweise war, dass die Frage nach dem Auseinanderentwickeln der »Zwei Kulturen« nicht gleichzeitig im Blick gehalten werden konnte. Damit konnte auch die Frage, was zum Niedergang und Bedeutungsverlust der Geisteswissenschaften in dieser Hinsicht geführt hat, nicht in dem Maße verfolgt werden, wie dies anfänglich geplant war.

Beim Vergleich der drei Unternehmungen wurden zwei Punkte deutlich: 1) hat sich die eingangs aufgestellte These bestätigt, dass die untersuchten Unternehmungen ein zeitspezifisches Phänomen darstellen und 2) konnten die Unternehmungen in größere zeitliche, räumliche und epistemologische Zusammenhänge eingeordnet werden.

Nicht immer ist der Vergleich jedoch so aufgegangen wie zu Beginn erwartet. Manches mag deshalb nach wie vor merkwürdig nebeneinander stehen, schief angelegt wirken oder diffus und zu beweglich bleiben. Manches mag auch unterbelichtet sein, wie bspw. eine stärkere Betrachtung der politischen Akteure, ihres Aktionsradius', ihrer Interessen und Handlungsoptionen.

Das Vollständigkeitsparadigma bildete zusammen mit der Anforderung nach empirischen Datengrundlagen als Evidenzbasis für Forschungsergebnisse den Kontext für große Unternehmungen im 19. Jahrhundert. Die strenge und relativ kurze zeitliche Begrenzung, wie sie heutzutage für kleinere Forschungsprojekte bekannt ist, war verständlicherweise nur in Ansätzen beobachtbar. Deutlich geworden sein sollte der entstandene Rechtfertigungsdruck, dem Projektemacher ausgesetzt waren, wenn sie um staatliche Gelder warben. Zudem war eine Projektdynamik zu erkennen, den selbstgeschaffenen Erwartungen auch zu genügen, die sich mit den zeitgenössischen Tugenden nach Entsagung und Aufopferung für die Wissenschaft treffen. Während es bei der Schulkinderuntersuchung nicht schwer ist, ein Ende des Projekts auszumachen, liefen die akademischen Unternehmungen weiter. Episodenbildung gab es zumindest in der regelmäßigen Fertigstellung von Bänden.

Die Arbeit begann mit der von Mommsen verwendeten Bergmannsmetaphorik, der die lapidare Bemerkung folgte, dies sei gleichsam »data mining in the 19th century«. Damit wurde eine Spannung angedeutet, die auf die heutige Zeit verweist. Das Muster und die Metaphorik – so die darin enthaltene These – gelte auch für digitale Geisteswissenschaften bzw. ist heute wieder relevant, wenn auch unter anderen medientechnischen und infrastrukturellen Bedingungen. Zu letzterem gehören auch die gewandelten Bedingungen projektförmiger Forschung, die vor allem die Verfahren der Vergabe von Mitteln für Forschung betreffen. Sie wurden im Laufe des 20. Jahrhunderts formalisiert, sei es hinsichtlich der Hinzuziehung von peer-review Verfahren oder schematisierter Strukturen für die Antragsstellung. Die große Bedeutung informeller Netzwerke für die untersuchten Unternehmungen wurde klar herausgestellt. Inwiefern sich dies im Laufe des 20. Jahrhunderts bis heute gewandelt hat, dazu gibt es meines Wissens noch keine Studie. Zu vermuten ist aber, dass sich die Bedeutung der informellen Netzwerke gehalten, wenn nicht sogar verstärkt hat.

Große Datenmengen verursachen viele Mitarbeiter, zumeist in schlecht bezahlten und risikoreichen Arbeitsverhältnissen, da das Zusammenstellen von Datenmengen viel Arbeit macht, aber wenig Reputation einbringt. Reputation ist die Währung innerhalb der Wissenschaft. Die Produkte der Grundlagenwissenschaft können jedoch nicht direkt wieder zurück in finanzielle Mittel umgewandelt (sprich verkauft) werden, wie es wirtschaftliche Betriebe tun. Deshalb tendieren solche Datenpublikationen als Verursacher von sozialen Problemen. Virchow und seine Kollegen konnten mit diesem Problem noch am ehesten umgehen, da sie die Erhebung der Daten nicht Hilfsarbeitern übertrugen, sondern mit den Lehrern eine staatliche Infrastruktur nutzten. Beim CIL sah die Lage anders aus. In der Konsequenz muss man feststellen: Das hohe Gut der Autopsie hatte einen nicht geringen Preis. Die Mitarbeiter zahlten mit Entsagung, Verzicht, mit Fleiß, Genauigkeit mit Ausdauer und all den anderen Tugenden. Die in den Abschnitten zur Wissenschaftsorganisation der Unternehmungen herausgestellte Familienzugehörigkeit diente dazu, die Risiken der Arbeitsverhältnisse zu minimieren. Sie bedeutete letztlich die Untergebenheit gegenüber einem der »großen Männer« mit Einfluss auf die Berufungspolitik. Die wissenschaftliche Familie bildete einen Schutzraum gegenüber dem Herausfallen aus den Karriereoptionen.

Die heutigen sozialen Probleme von Nachwuchswissenschaftlern und Projektmitarbeitern stehen also in einer langen Tradition. Von dieser erwecken die Jahrzehnte nach dem Zweiten Weltkrieg den Eindruck, eine Ausnahme zu bilden. Änderungen am derzeitigen Trend sind – soweit ich sehe – nicht in Sicht, eher eine Verschärfung der Lage, auch für das soziale Problem der Wissenschaft. Auch die gern so hoch gelobten Digital Humanities werden daran nichts ändern. Sie scheinen vielmehr, ohne es zu bemerken, in ihren Versprechungen über die Kraft massenhaft zusammengestellter Daten an die Frühzeit von Großforschung anzuknüpfen.

Medientechnisch gesehen war Mommsen, um die Analogie in Bezug auf die *digital humanities* fortzuführen, ein *mechanical humanist*, auch mit der heute wiederholten Vision, die Zusammenstellung von vollständigen Datensätzen berge die Möglichkeit der Produktion neuer Forschungsergebnisse. Wäre Theodor Mommsen heutzutage ein *digital historian* geworden? Massendaten sollten damals das Problem lösen, welche Forschungsfragen relevant, welche zu stellen und wie sie zu beantworten seien. Schaut man sich die programmatischen Äußerungen vieler Digitaler Humanisten heutzutage an, so tauchen ganz ähnliche Versprechungen wieder (oder immer noch?) auf. Es sind Grundprobleme der Wissenschaften – gleichzeitig auch Aufgaben, die von Gelehrten oder Forschern gelöst werden müssen, nicht von Massendaten.

Anhang

Abkürzungen

ABBAW	Archiv der Berlin-Brandenburgischen Akademie der Wissenschaften, Berlin
BBAW	Berlin-Brandenburgische Akademie der Wissenschaften, Berlin
BGAEU	Berliner Gesellschaft für Anthropologie, Ethnologie und Urgeschichte
CIG / C.I.G.	Corpus Inscriptionum Graecarum
CIL / C.I.L.	Corpus Inscriptionum Latinarum
DGAEU	Deutsche Gesellschaft für Anthropologie, Ethnologie und Urgeschichte
GStA-PK	Geheimes Staatsarchiv Preußischer Kulturbesitz
HA	Hauptabteilung
IG	Inscriptiones Graecae
IRN	Inscriptiones regni neapolitani latinae
MGH	Monumenta Germaniae Historica
Nl	Nachlass
PAW	Preußische Akademie der Wissenschaften
SBB	Staatsbibliothek zu Berlin

Abbildungen

Verzeichnis der verwendeten Archive

Archiv der Berlin-Brandenburgischen Akademie der Wissenschaften, Berlin (ABBAW)
Akten der Preußischen Akademie der Wissenschaften 1812-1945
CIL Stelle
CIG Stelle
Acta Borussica
Nachlass Theodor Mommsen
Nachlass Rudolf Virchow

Handschriftenabteilung der Staatsbibliothek zu Berlin (SBB)
Nachlass Theodor Mommsen
Nachlass Lothar Wickert

Hessisches Hauptstaatsarchiv Wiesbaden (HHStAW)
Nachlass Gustav Schmoller

Geheimes Staatsarchiv Preußischer Kulturbesitz (GStA-PK)
VI. Hauptabteilung: Nachlass Gustav Schmoller (VI. HA Nl Schmoller)
VI. Hauptabteilung: Nachlass Johannes Schulze (VI. HA Nl Schulze)
I. Hauptabteilung: Kultusministerium (I. HA Rep. 76)

Deutsches Literaturarchiv Marbach a. N. (DLA)
Teilnachlass Theodor Mommsen

Archiv der Berliner Gesellschaft für Anthropologie, Ethnologie und Urgeschichte
Bestände zur Schulkinderuntersuchung und Karten

Goethe- und Schiller-Archiv Weimar
Nachlass Karl Benedikt Hase, Bestand: 108/1735 Korrespondenz mit Theodor Mommsen

Pommersches Landesmuseum Greifswald
Sammlung Rabl-Virchow

Literaturverzeichnis

Ackerknecht, Erwin Heinz, Rudolf Virchow: Arzt, Politiker, Anthropologe, Stuttgart, 1957.

Aldenhoff, Rita, Nationalökonomie und Kulturwerte um 1900, in: Kultur und Kulturwissenschaften um 1900, hrsg. von Rüdiger vom Bruch / hrsg. von Friedrich Wilhelm Graf / hrsg. von Gangolf Hübinger, Stuttgart, 1989, S. 45–62.

Ammon, Otto (Hrsg.), Zur Anthropologie der Badener. Bericht über die von der Anthropologischen Kommission des Karlsruher Altertumsvereins an Wehrpflichtigen und Mittelschülern vorgenommenen Untersuchungen, Jena, 1899.

Anderson, Benedict, Imagined Communities: Reflections on the Origin and Spread of Nationalism, London, 2006.

Andree, Christian (Hrsg.), Über Griechenland und Troja, alte und junge Gelehrte, Ehefrauen und Kinder. Briefe von Rudolf Virchow und Heinrich Schliemann aus den Jahren 1877–1885, Köln, Wien, 1991.

Andree, Christian, Rudolf Virchow als Prähistoriker, Köln, Wien, 1976.

Andree, Christian, Rudolf Virchow als Prähistoriker. Band 2. Briefe Virchows und seiner Zeitgenossen, Köln, Wien, 1976.

Andree, Christian, Geschichte der Berliner Gesellschaft für Anthropologie, Ethnologie und Urgeschichte 1869-1969, Berlin, 1969.

Ascherson, Paul, Anleitung zu wissenschaftlichen Beobachtungen auf Reisen: mit besonderer Rücksicht auf die Bedürfnisse der kaiserlichen Marine, Berlin, 1875.

Assmann, Aleida / Gomille, Monika / Rippl, Gabriele (Hgg.), Sammler, Bibliophile, Exzentriker, Tübingen, 1998.

Bachmann-Medick, Doris, Cultural turns: Neuorientierungen in den Kulturwissenschaften, 4. Aufl., Reinbek bei Hamburg, 2010.

Backhaus, Jürgen G. (Hrsg.), Gustav von Schmoller und die Probleme von heute, Berlin, 1993.

Badash, Lawrence, The Origins of Big Science: Rutherford at McGill, in: Rutherford and physics at the turn of the century, hrsg. von Mario; Shea William R. Bunge, New York, 1979, S. 29–41.

Baer, Karl Ernst von & Wagner, Rudolph, Bericht über die Zusammenkunft einiger Anthropologen im September 1861 in Göttingen zum Zwecke gemeinsamer Besprechungen, Leipzig, 1861.

Baillot, Anne, Netzwerke des Wissens das intellektuelle Berlin um 1800, Berlin, 2011.

Balabkins, Nicholas, Not by theory alone ... The Economics of Gustav von Schmoller and Its Legacy to America, Berlin, 1988.

Balsiger, Philipp W, Transdisziplinarität: systematisch-vergleichende Untersuchung disziplinenübergreifender Wissenschaftspraxis, München, 2005.

Bardt, Carl, Gustav Wilmanns, in: Allgemeine Deutsche Biographie, (1898), S. 304–306.

Bastian, Adolf, Rassebildung und Erblichkeit, in: Festschrift für Adolf Bastian zum 70. Geburtstage. 26. Juni 1896, hrsg. von Adolf Bastian, Berlin, 1896.

Bastian, Adolf, Der Völkergedanke im Aufbau einer Wissenschaft vom Menschen: und seine Begründung auf ethnologische Sammlungen, Berlin, 1881.

Bastian, Adolf, Miszellen und Bücherschau: Quatrefages: La Race Prussienne. Paris 1871, in: Zeitschrift für Ethnologie, (1872), S. 45–64.

Bastian, Adolf, Das natürliche System der Ethnologie, in: Zeitschrift für Ethnologie, (1869), S. 1–23.

Bastian, Adolf / Hartmann, Robert (Hgg.), Zeitschrift für Ethnologie, Berlin, 1869.

Baumhauer, Marie Matthieu, Congrès International de Statistique à la Haye. Compte-Rendu des travaux de la septième session, La Haye, 1870.

Becker, Peter / Clarke, William (Hgg.), Little Tools of Knowledge. Historical Essays on Academic and Bureaucratic Practices, Ann Arbor/Mich., 2001.

Beck, G, Ueber die anthropologische Untersuchung der Schulkinder, in: Mitteilungen der Naturforschenden Gesellschaft in Bern, (1879), S. 29–44.

Beddoe, John, The races of Britain: a contribution to the anthropology of Western Europe, Bristol, 1885.

Beddoe, John, A Contribution to Scottish Ethnology, London, 1853.

Behringer, Wolfgang, Thurn und Taxis: die Geschichte ihrer Post und ihrer Unternehmen, München, 1990.

Below, Georg von, Zur Entstehungsgeschichte der Acta Borussica, in: Vierteljahrschrift für Social- und Wirtschaftsgeschichte, (1905), S. 142–146.

Ben-David, Joseph, Fundamental research and the universities. Some comments on international differences, Paris, 1968.

Beneš, C Elizabeth, Cola di Rienzo and the Lex Regia, in: Viator, (1999), S. 231–252.

Benjamin, Walter, Gesammelte Schriften Bd. 5. Das Passagen-Werk, Frankfurt a. M., 1991.

Benne, Christian, Nietzsche und die historisch-kritische Philologie, 2005.

Bennholt-Thomsen, Anke & Guzzini, Alfredo, Gelehrte Arbeit, in: Querelles. Jahrbuch für Frauenforschung, (1996), S. 48–77.

Berbig, Roland (Hrsg.), Berlins 19. Jahrhundert. Ein Metropolen-Kompendium, Berlin, 2011.

Berlin-Brandenburgische Akademie der Wissenschaften, Archivalien – Zentrum Grundlagenforschung Alte Welt, unter: Zentrum Grundlagenforschung Alte Welt. Archivalien, <http://altewelt.bbaw.de/archivalien>.

Berlin-Brandenburgischen Akademie der Wissenschaften, Editionsbände im Internet — Protokolle des Preußischen Staatsministeriums Acta Borussica, <http://preussenprotokolle.bbaw.de/editionsbaende-im-Internet>.

Besio, Cristina, Forschungsprojekte. Zum Organisationswandel in der Wissenschaft, Bielefeld, 2009.

Betz, Horst K., From Schmoller to Sombart, in: History of Economic Ideas, 1/2 (1993) 3/1, S. 331–356.

Bickenbach, Matthias, Von den Möglichkeiten einer »inneren« Geschichte des Lesens, Tübingen, 1999.

Biewer, Ludwig, Reinhold Koser, in: Berlinische Lebensbilder Bd. 4: Geisteswissenschaftler, hrsg. von Michael Erbe, Berlin, 1989, S. 253–268.

Billanovich, Maria Pia, Falsi Epigrafici, 1967.

Blech, Michael, Emil Hübner. Sein Werdegang bis zu seiner Berufung auf das Berliner Ordinariat (1870), in: Emil Hübner und die Altertumswissenschaften in Hispanien / Emil Hübner y las ciencias de la antigüedad en Hispania. Akten des Kolloquiums in Madrid vom 19. bis 20. November 2008 zu Ehren des 175. Geburtstages von Emil Hübner; Actas del coloquio celebrado en Madrid del 19 al 20 de noviembre del 2008 por el 175 aniversario del nacimiento de Emil Hübner, hrsg. von Thomas G. Schattner / hrsg. von Jorge Maier / hrsg. von Michael Blech, Madrid, 2014, S. 57–111.

Blom, Philipp, Sammelwunder, Sammelwahn. Szenen aus der Geschichte einer Leidenschaft, Frankfurt a. M., 2004.

Böckh, August, Gesammelte kleine Schriften. Bd. 2: Reden: gehalten auf der Universität und in der Akademie der Wissenschaften zu Berlin, hrsg. von Ferdinand Ascherson, Hildesheim, Nachdr. der Ausgabe von 1859, 2005.

Böckh, August, Encyklopädie und Methodologie der philologischen Wissenschaften, Leipzig, 1877.

Böckh, August, Ueber die Logisten und Euthynen der Athener, mit einem Vorwort und einem Anhang, in: Rheinisches Museum für Philologie, Geschichte und griechische Philosophie, (1827), S. 39–107.

Bodel, John (Hrsg.), Epigraphic evidence. Ancient history from inscriptions, London u.a., 2001.

Boehm, Laetitia, Langzeitvorhaben als Akademieaufgabe. Geschichtswissenschaft in Berlin und München, in: Die Preußische Akademie der Wissenschaften zu Berlin 1914–1945, hrsg. von Wolfram Fischer / hrsg. von Rainer Hohlfeld / hrsg. von Peter Nötzold, Berlin, 2000, S. 391–434.

Böhme, Hartmut, Universalistische Entgrenzung und versatile Analogien in der Menschheitsgeschichte von Kurt Breysig, in: Die Vergangenheit der Weltgeschichte: universalhistorisches Denken in Berlin 1800-1933, hrsg. von Wolfgang Hardtwig / hrsg. von Philipp Müller, Göttingen, 2010, S. 172–193.

Böhme-Kaßler, Katrin, Gemeinschaftsunternehmen Naturforschung. Modifikation und Tradition in der Gesellschaft Naturforschender Freunde zu Berlin 1773–1906, Stuttgart, 2005.

Borghesi, Bartolomeo, Œuvres complètes de Bartolomeo Borghesi, Paris, 1862.

Borghesi, Bartolomeo, Vigilum romanorum latercula duo coelimontana, magnam partem militiae romanae explicantia edidit atque illustravit, appendicem inscriptionum quae ad vigiles pertinent, laterculorum militarium hucusque cognitorum omnium, et inscriptionum variarum militarium adjecit Olaus Kellermann, Danus, in: Bullettino dell'Instituto di Corrispondenza Archeologica, 10/11 (1835) 10/11, S. 170–176.

Botzenhart, Manfred / Botzenhart, Erich / Hubatsch, Walther (Hgg.), Karl Frhr vom und zum Stein. Der Wiener Kongress. Rücktritt ins Privatleben. Stein und die ständischen Bestrebungen des westfälischen Adels: (Juni 1814–Dezember 1818). Bearb. u. hrsg. im Auftr. d. Freiherr-Vom-Stein-Gesellschaft, [Neuausg.]., Stuttgart, (Briefe und amtliche Schriften, Bd. 5), 1964.

Braben, DW, Pioneering research: a risk worth taking, Hoboken, NJ, 2004.

Bredekamp, Horst, Die Fenster der Monade, Berlin, 2004.

Bredekamp, Horst, Brüning, Jochen & Weber, Cornelia, Theater der Natur und Kunst / Theatrum naturae et artis, 2 Bde., Katalog, Berlin, 2000.

Bresslau, Harry, Geschichte der Monumenta Germaniae historica, Hannover, 1921.

Breysig, Kurt, Skalweit, August: Die ostpreussische Domänenverwaltung unter Friedrich Wilhelm I. und das Retablissement Litauens. Leipzig, in: Jahrbuch für Gesetzgebung, Verwaltung und Volkswirtschaft im Deutschen Reich, 31 (1907) 31, S. 1387–1394.

Breysig, Kurt / Landmann, Michael (Hgg.), Aus meinen Tagen und Träumen. Memoiren, Aufzeichnungen, Briefe, Gespräche. Aus dem Nachlaß, Berlin, 1962.

Broca, Paul, Société anthropologique de Paris. Instructions générales pour les recherches anthropologiques à faire sur le vivant, 2. Aufl., Paris, 1879.

Brocke, Bernhard vom (Hrsg.), Der Historiker Conrad Grau und die Akademiegeschichtsschreibung, Berlin, 2009.

Brocke, Bernhard vom (Hrsg.), Wissenschaftsgeschichte und Wissenschaftspolitik im Industriezeitalter. Das »System Althoff« in historischer Perspektive, Hildesheim, 1991.

Brocke, Bernhard vom, K. Breysig. Geschichtswissenschaft zwischen Historismus und Soziologie, Lübeck, Hamburg, 1971.

Brocke, Bernhard vom / Laitko, Hubert (Hgg.), Das Harnack-Prinzip. Die Kaiser-Wilhelm-/Max-Planck-Gesellschaft und ihre Institute. Studien zu ihrer Geschichte, Berlin u.a., 1996.

Bröckling, Ulrich, Das unternehmerische Selbst. Soziologie einer Subjektivierungsform, Frankfurt am Main, 2007.

Bröckling, Ulrich, Projektwelten. Anatomie einer Vergesellschaftungsform, in: Leviathan, 33 (2005) 3, S. 364–383.

Bruch, Rüdiger vom, Mommsen und Harnack: Die Geburt von Big Science aus den Geisteswissenschaften, in: Theodor Mommsen. Wissenschaft und Politik im 19. Jahrhundert, hrsg. von Alexander Demandt / hrsg. von Andreas Goltz / hrsg. von Heinrich Schlange-Schöningen, Berlin, Boston, 2005, S. 121–141.

Bruch, Rüdiger vom, Wissenschaft im Gehäuse: Vom Nutzen und Nachteil institutionengeschichtlicher Perspektiven, in: Berichte zur Wissenschaftsgeschichte, (2000), S. 37–49.

Bruch, Rüdiger vom, Gelehrtes und geselliges Berlin. Urban-elitäre Zirkel als kommunikative Schnittpunkte für Akademiemitglieder und Universitätsprofessoren, in: Die Königlich Preußische Akademie der Wissenschaften zu Berlin im Kaiserreich, hrsg. von Jürgen Kocka / hrsg. von Rainer Hohlfeld / hrsg. von Peter Th. Walther, Berlin, 1999, S. 85–100.

Bruch, Rüdiger vom, Big Science – Small Questions? Zur Historiographie der Großforschung, in: Antworten auf die amerikanische Herausforderung. Forschung in der Bundesrepublik und der DDR in den »langen« siebziger Jahren, hrsg. von Gerhard A. Ritter / hrsg. von Margit Szöllösi-Janze / hrsg. von Helmuth Trischler, Frankfurt a. M., New York, (Studien zur Geschichte der deutschen Großforschungseinrichtungen, Bd. 12), 1999.

Bruch, Rüdiger vom, Nationalökonomie zwischen Wissenschaft und öffentlicher Meinung im Spiegel Gustav Schmollers, in: Gustav Schmoller in seiner Zeit: die Entstehung der Sozialwissenschaften in Deutschland und Italien, hrsg. von Pierangelo Schiera / hrsg. von Friedrich Tenbruck, Berlin, 1989, S. 153–180.

Bruch, Rüdiger vom, Gustav Schmoller, in: Deutsche Geschichtswissenschaft um 1900, hrsg. von Notker Hammerstein, Stuttgart, 1988, S. 219–238.

Bruch, Rüdiger vom, Gustav Schmoller, in: Berlinische Lebensbilder. Bd 3: Wissenschaftspolitik in Berlin. Minister, Beamte, Ratgeber, hrsg. von Wolfgang Treue / hrsg. von Karlfried Gründer, Berlin, 1987, S. 175–193.

Bruch, Rüdiger vom, Gelehrtenpolitik und politische Kultur im späten Kaiserreich, in: Gelehrtenpolitik und politische Kultur in Deutschland 1830–1930. Referate und Diskussionsbeiträge, hrsg. von Gustav Schmidt / hrsg. von Jörn Rüsen, Bochum, 1986, S. 77–106.

Bruch, Rüdiger vom, Von der Kameralistik zur Wirtschaftswissenschaft. Studien zur Geschichte der deutschen Nationalökonomie als Staatswissenschaft (1727–1923), unveröffentlichtes Typoskript, München, 1986.

Bruch, Rüdiger vom (Hrsg.), Weder Kommunismus noch Kapitalismus. Bürgerliche Sozialreform in Deutschland vom Vormärz bis zur Ära Adenauer, München, 1985.

Bruch, Rüdiger vom, Die Staatswissenschaftliche Gesellschaft. Bestimmungsfaktoren, Voraussetzungen und Grundzüge ihrer Entwicklung 1883–1919, in: Hundert Jahre Staatswissenschaftliche Gesellschaft zu Berlin 1883–1983, hrsg. von Vorstand der Staatswissenschaftlichen Gesellschaft, Berlin, 1983, S. 9–69.

Bruch, Rüdiger vom, Wissenschaft, Politik und öffentliche Meinung. Gelehrtenpolitik im Wilhelminischen Deutschland (1890–1914), Husum, (Historische Studien, Bd. 435), 1980.
Bruch, Rüdiger vom / Kaderas, Brigitte (Hgg.), Wissenschaften und Wissenschaftspolitik. Bestandsaufnahmen zu Formationen, Brüchen und Kontinuitäten im Deutschland des 20. Jahrhunderts, Stuttgart, 2002.
Bruch, Rüdiger vom / Müller, Rainer A. (Hgg.), Formen außerstaatlicher Wissenschaftsförderung im 19. und 20. Jahrhundert. Deutschland im europäischen Vergleich, Stuttgart, (Vierteljahrschrift für Sozial- und Wirtschaftsgeschichte. Beihefte, Bd. 88), 1990.
Bruch, Rüdiger vom / Tenorth, Heinz-Elmar (Hgg.), Geschichte der Universität unter den Linden, 1810–2010. Band 4: Praxis ihrer Disziplinen – Genese der Disziplinen. Die Konstitution der Universität, Berlin, 2010.
Bruch, Rüdiger vom / Tenorth, Heinz-Elmar (Hgg.), Geschichte der Universität Unter den Linden 1810–2010, Berlin, 2010ff.
Brückweh, Kerstin / Schumann, Dirk / Wetzell, Richard F. / Ziemann, Benjamin (Hgg.), Engineering Society: The Role of the Human and Social Sciences in Modern Societies, 1880–1980, Basingstoke u.a., 2012.
Bruhns, Hinnerk (Hrsg.), Histoire et économie politique en Allemagne de Gustav Schmoller à Max Weber : Nouvelles perspectives de l'école historique de l'économie, Paris, 2004.
Brunt, Peter A, Lex de Imperio Vespasiani, in: Journal of Roman Studies, (1977), S. 95–116.
Buchhofer, Bernd, Projekt und Interview. Eine empirische Untersuchung über den sozialwissenschaftlichen Forschungsprozeß und seine sozio-ökonomischen Bedingungen, Weinheim & Basel, 1979.
Buddensieg, Tilmann (Hrsg.), Wissenschaften in Berlin. Begleitband zur Ausstellung »Der Kongreß denkt« vom 14. Juni bis 1. November 1987 in der wiedereröffneten Kongreßhalle Berlin, Berlin, 1987.
Buonocore, Marco, Per una Edizione delle Lettere di Theodor Mommsen agli Italiani, in: Mediterraneo Antico, 16 (2013) 1, S. 11–38.
Buonocore, Marco (Hrsg.), Theodor Mommsen e gli studi sul mondo antico. Dalle sue lettere conservate nella Biblioteca Apostolica Vaticana, Napoli, 2003.
Buonopane, Alfredo, Manuale di epigrafia latina, Roma, 2009.
Buonopane, Alfredo, Il Prospectus universalis collectionis di Scipione Maffei e la nascita della scienza epigrafica, in: Scipione Maffei nell'Europa del Settecento, hrsg. von Gian Paolo Romagnani, Verona, 1998, S. 659–677.
Buonopane, Alfredo / Marcone, Arnaldo / Buora, Maurizio (Hgg.), La ricerca epigrafica e antiquaria nelle Venezie dall'età napoleonica all'Unità, Firenze, (Studi udinesi sul mondo antico, Bd. 5), 2007.

Burke, Peter, Was ist Kulturgeschichte?, Frankfurt a. M., 2005.
Cagnat, René Louis Victor, Cours élémentaire d'épigraphie Latine, Paris, 1886.
Cahan, David, An institute for an empire. The Physikalisch-Technische Reichsanstalt, 1871–1918, Cambridge u.a., 1989.
Cahn, Michael, Hamster: Wissenschafts- und mediengeschichtliche Grundlagen der sammelnden Lektüre, in: Lesen und Schreiben im 17. und 18. Jahrhundert. Studien zu ihrer Bewertung in Deutschland, England und Frankreich, hrsg. von Paul Goetsch, Tübingen, 1994, S. 63–77.
Calabi Limentani, Ida, Epigrafia latina, 3. Aufl., Milano, 1983.
Calder, William M. / Kirstein, Robert (Hgg.), Briefwechsel: 1872–1903. Aus dem Freund ein Sohn. Theodor Mommsen und Ulrich von Wilamowitz-Moellendorff. Bd. 1, Hildesheim, 2003.
Calder, William M. / Kirstein, Robert (Hgg.), Briefwechsel: 1872–1903. Aus dem Freund ein Sohn. Theodor Mommsen und Ulrich von Wilamowitz-Moellendorff. Bd. 2, Hildesheim, 2003.
Calvelli, Lorenzo, Il viaggio in Italia di Theodor Mommsen del 1867, in: MDCCC, (2012), S. 103–120.
Camerini, Jane R, Chapter 11: Heinrich Berghaus's map of human diseases, in: Medical History, (2000), S. 186–208.
Cardozo, Mario (Hrsg.), Correspondéncia epistolar entre Emilio Hübner e Martins Sarmento. Arqueologia e Epigrafia. 1879-1899, Guimares, 1947.
Charmes, Xavier, Le Comité des travaux historiques et scientifiques, Paris, 1886.
Choi, Ho-keun, Max Weber und der Historismus: Max Webers Verhältnis zur Historischen Schule der Nationalökonomie und zu den zeitgenössischen deutschen Historikern, Waltrop, 2000.
Christ, Karl, Klios Wandlungen. Die deutsche Althistorie vom Neuhumanismus bis zur Gegenwart, München, 2006.
Christ, Karl, Von Gibbon zu Rostovtzeff. Leben und Werk führender Althistoriker der Neuzeit, Darmstadt, 1972.
Christ, Karl / Momigliano, Arnaldo (Hgg.), L'antichità nell'Ottocento in Italia e Germania. [Atti della settimana di studio, 1–5 settembre 1986] = Die Antike im 19. Jahrhundert in Italien und Deutschland, Bologna u.a., 1988.
Clark, Christopher, Preußen. Aufstieg und Niedergang. 1600–1947, München, 2007.
Clark, William, Academic charisma and the origins of the research university, Chicago, Ill. u.a., 2006.
Clauss, Manfred, Alexandria: Schicksale einer antiken Weltstadt, Stuttgart, 2003.
Collignon, René, Répartition de la Couleur des yeux et des cheveux chez les Tunisiens Sédentaires. D'après les observation de M. le capitaine Rebillet et de M. de lieutenant Hannezô, in: Revue d'anthropologique, Ser. III, 3 (1888) 1, S. 1–8.

Collins, Amanda, Greater Than Emperor. Cola Di Rienzo (CA. 1313–54) and the World of Fourteenth-Century Rome, Ann Arbor, Mich., 2003.

Collins, Amanda L, Cola di Rienzo, the Lateran Basilica, and the Lex de imperio of Vespasian, in: Mediaeval Studies, (1998), S. 159–184.

Collins, FS, The Human Genome Project: Lessons from Large-Scale Biology, in: Science, 300 (2003) 5617, S. 286–290.

Cooley, Alison E, The Cambridge manual of Latin epigraphy, Cambridge, 2012.

Costa, Emilio, Teodoro Mommsen. Discorso Inaugurale per l'anno di studi 1904–05 nell' Università di Bologna, Bologna, 1904.

Crane, Susan A, Collecting and historical consciousness in early nineteenth-century Germany, Ithaca u.a., 2000.

Crawford, Michael H, From Borghesi to Mommsen. The Creation of an Exact Science, in: Medals and coins from Budé to Mommsen, hrsg. von Michael H. Crawford / hrsg. von C.R. Ligota / hrsg. von L.B. Trapp, London, 1990, S. 125–132.

Cymorek, Hans, Georg von Below und die Deutsche Geschichtswissenschaft um 1900, Stuttgart, 1998.

Daele, Wolfgang van (Hrsg.), Geplante Forschung. Vergleichende Studien über den Einfluss politischer Programme auf die Wissenschaftsentwicklung, Frankfurt a. M., 1979.

Dainat, Holger, Die paradigmatische Rolle der Germanistik im Bereich der Philologien. Die Deutsche Kommission m interdisziplinären Kontext, in: Die Preußische Akademie der Wissenschaften zu Berlin 1914–1945, hrsg. von Wolfram Fischer, Berlin, 2000, S. 169–196.

Daniel, Ute, Kompendium Kulturgeschichte: Theorien, Praxis, Schlüsselwörter, Frankfurt a. M., 2001.

Danneberg, Lutz / Höppner, Wolfgang / Klausnitzer, Ralf (Hgg.), Stil, Schule, Disziplin. Analyse und Erprobung von Konzepten wissenschaftsgeschichtlicher Rekonstruktion (I), Frankfurt a. M. u.a., 2005.

Daston, Lorraine, The Empire of Observation, 1600–1800, in: Histories of scientific observation, hrsg. von Lorraine Daston / hrsg. von Elizabeth Lunbeck, Chicago ; London, 2011, S. 81–113.

Daston, Lorraine, On Scientific Observation, in: Isis, 99 (2008) 1, S. 97–110.

Daston, Lorraine, Die wissenschaftliche Persona. Arbeit und Berufung, in: Zwischen Vorderbühne und Hinterbühne. Beiträge zum Wandel der Geschlechterbeziehungen in der Wissenschaft vom 17. Jahrhundert bis zur Gegenwart, hrsg. von Theresa Wobbe, Bielefeld, 2003, S. 109–136.

Daston, Lorraine, Die unerschütterliche Praxis, in: Auf der Suche nach der verlorenen Wahrheit. Zum Grundlagenstreit in der Geschichtswissenschaft, hrsg. von Rainer Maria Kiesow / hrsg. von Dieter Simon, Frankfurt a. M. u.a., 2000, S. 13–25.

Daston, Lorraine, Die Akademien und die Einheit der Wissenschaften. Die Disziplinierung der Disziplinen, in: Die Königlich Preußische Akademie der Wissenschaften zu Berlin im Kaiserreich, hrsg. von Jürgen Kocka / hrsg. von Rainer Hohlfeld / hrsg. von Peter Th. Walther, Berlin, 1999, S. 61–84.

Daston, Lorraine, Classical probability in the enlightenment, Princeton, NJ u.a., 1995.

Daston, Lorraine & Galison, Peter, Objektivität, Frankfurt a. M., 2007.

Daston, Lorraine / Lunbeck, Elizabeth (Hgg.), Histories of Scientific Observation, Chicago, 2011.

Daum, Andreas, Wissenschaftspopularisierung im 19. Jahrhundert. Bürgerliche Kultur, naturwissenschaftliche Bildung und die deutsche Öffentlichkeit 1848-1914, München, 2002.

Davidson, Donald, Inquiries into Truth and Interpretation, 2. Aufl., Oxford, 2001.

Davidson, Donald, What metaphors mean, in: Critical Inquiry, (1978), S. 31–47.

Davis, Joseph Barnard, Thesaurus craniorum: Catalogue of the skulls of the various races of man, London, 1867.

Davis, Joseph Barnard & Thurnam, John, Crania Britannica. Delineations and Descriptions of the Skulls of the Aboriginal and Early Inhabitants of the British Islands: with Notices of Their Other Remains, London, 1865.

Defoe, Daniel, Essay upon Projects, London, 1697.

Deininger, Jürgen, Zweierlei Geschichte des Altertums: Max Weber und Theodor Mommsen, in: Theodor Mommsen. Wissenschaft und Politik im 19. Jahrhundert, hrsg. von Alexander Demandt / hrsg. von Andreas Goltz / hrsg. von Heinrich Schlange-Schöningen, Berlin u.a., 2005, S. 259–281.

Demandt, Alexander, Natur- und Geschichtswissenschaft im 19. Jahrhundert, in: Historische Zeitschrift, (1983), S. 37–66.

Dessau, Hermann, Römische Reliefs beschrieben von Pirro Ligorio, in: Sitzungsberichte der Königlich Preußischen Akademie der Wissenschaften, (1883), S. 1077–1105.

Desvergers, Adolphe-Noël, Lettre sur l'usage et l'utilité des incriptions latines, in: Nouvelle revue encyclopédique, (1847), S. 462–476.

Desvergers, Adolphe-Noël, Lettre adressée à M. Letronnee, membre de l'Institut, etc., etc., sur les divers projets d'un recueil général des inscriptions latines de l'antiquité, in: Nouvelle revue encyclopédique, (1847), S. 99–136.

Didot, Firmin, Projets et Rapports relatifs à la publication d'un Recueil général d'epigraphie latine, s.l., 1843.

Dietzel, Heinrich, Staatswissenschaften. 1. Volkswirtschaftslehre und Finanzwissenschaft, in: Die deutschen Universitäten: für die Universitätsausstellung in Chicago 1893, hrsg. von Wilhelm Lexis, Berlin, 1893.

Digeon, Claude, La crise allemande de la pensée française: (1870–1914), Paris, 1959.

Dobai, Katharina, Antikenrezeption im Manierismus. Eine neue Studie über Pirro Ligorio, in: Neue Zürcher Zeitung. Nr. 246, S. 84 S.

Döring, Daniela, Zeugende Zahlen: Mittelmaß und Durchschnittstypen in Proportion, Statistik und Konfektion, Berlin, 2011.

Droysen, Johann Gustav, Grundriss der Historik, Leipzig, 1868.

Ecker, Alexander, Crania Germaniae Meridionalis Occidentalis. Beschreibung und Abbildung von Schädeln früherer und heutiger Bewohner des südwestlichen Deutschlands und insbesondere des Grossherzogthums Baden, Freiburg i. Br., 1865.

Eckert, Max, Die Kartenwissenschaft. Forschungen und Grundlagen zu einer Kartographie als Wissenschaft. 2 Bände, Berlin, 1921.

Eck, Werner / Funke, Peter / Dohnicht, Marcus / Hallof, Klaus / Heil, Matthäus / Schmidt, Manfred G. (Hgg.), Öffentlichkeit – Monument – Text: XIV Congressus Internationalis Epigraphiae Graecae et Latinae 27.–31. Augusti MMXII ; Akten, Berlin u.a., 2014.

Eck, Werner, Mommsen e il metodo epigrafico, in: Concordia e la X Regio (Giornate di Studio in onore di Dario Bertolini, Atti del Convegno Portogruaro 22-23 ottobre 1994), Padua 1995, S. 107-112.

Eck, Werner, Mommsens epigraphische Arbeit und sein Staatsrecht, in: Theodor Mommsen und die Bedeutung des römischen Rechts, hrsg. von Iole Fargnoli und Stefan Rebenich (Freiburger rechtsgeschichtliche Abhandlungen Abt. A, Abhandlungen zum römischen Recht und zur antiken Rechtsgeschichte, N.F., 69), Berlin 2013, S. 49–63.

Efron, John M, Defenders of the race: Jewish doctors and race science in fin-de-siècle Europe, New Haven u.a., 1994.

Eisenstein, Elizabeth L, Die Druckerpresse: Kulturrevolutionen im frühen modernen Europa, Wien, 1997.

Eisenstein, Elizabeth L, The Printing Revolution in early modern Europe, Cambridge u.a., 1983.

Engel, Ernst, Die Beschlüsse der VII. im Monat September 1869 im Haag abgehaltenen Sitzungsperiode des internationalen statistischen Congesses, in: Zeitschrift des Königl. Preußischen Statistischen Bureaus, 10 (1870) 1–2, S. 59–74.

Engel, Ernst, Die Vertheilung der Bevölkerung des preussischen Staates auf Alters- und Berufsklassen in graphischer Darstellung, in: Zeitschrift des Königl. Preußischen Statistischen Bureaus, 10 (1870) 4, S. 395–398.

Engelmann, Gerhard, Heinrich Berghaus: der Kartograph von Potsdam, Halle/Saale, 1977.

Erman, Adolf, Mein Werden und mein Wirken. Erinnerungen eines alten Berliner Gelehrten, Leipzig, 1929.

Erman, Adolf & Grapow, Hermann, Das Wörterbuch der Ägyptischen Sprache. Zur Geschichte eines großen wissenschaftlichen Unternehmens der Akademie, Berlin, 1953.

Ernst, Wolfgang, Im Namen von Geschichte. Sammeln – Speichern – Er/zählen. Infrastrukturelle Konfigurationen des deutschen Gedächtnisses, München, 2003.

Ernst, Wolfgang (Hrsg.), Die Unschreibbarkeit von Imperien. Theodor Mommsens römische Kaisergeschichte und Heiner Müllers Echo, Weimar, 1995.

Eskildsen, Kasper Risbjerg, Leopold von Ranke, la passion de la critique et le s'eminaire d'historie, in: Lieux de savoir. Espaces et communautés, hrsg. von Christian Jacob, Paris, 2007, S. 462–482.

Falconieri, Tommaso Di Carpegna, Cola di Rienzo, Rom, 2002.

Fassbender, Andreas, Index numerorum. Ein Findbuch zum Corpus Inscriptionum Latinarum, Berlin, New York, (Corpus inscriptionum Latinarum. ser. nova, Bd. 1), 2003.

Figuier, Louis, Les races humaines. Ouvrage illustré de 288 gravures dessineès sur bois et de 8 chromolithographies, 2. éd., Paris, 1873.

Finley, Moses I, The ancient economy, Berkeley, (Sather classical lectures, Bd. 43), 1973.

Finley, Moses I, Was Greek Civilization Based on Slave Labour, in: Historia, 8 (1959) 8, S. 52–72.

Fischer, Manuela / Bolz, Peter / Kamel, Susan (Hgg.), Adolf Bastian and his universal archive of humanity. The origins of German anthropology, Hildesheim u.a., 2007.

Fischer, Wolfram (Hrsg.), Die Preußische Akademie der Wissenschaften zu Berlin 1914–1945, Berlin, Interdisziplinäre Arbeitsgruppen. Forschungsberichte, hrsg. von der Berlin-Brandenburgischen Akademie der Wissenschaften, 2000.

Fleck, Ludwik, Entstehung und Entwicklung einer wissenschaftlichen Tatsache. Einführung in die Lehre vom Denkstil und Denkkollektiv, Frankfurt a. M., 1980.

Fraenkel, Michael (Hrsg.), Jacob Bernays. Ein Lebensbild in Briefen, Breslau, 1932.

Frankfurter, Salomon, Hermann Dessau, in: Jahresbericht über die Fortschritte der klassischen Altertumswissenschaft, 59 (1933) 241, S. 80–107.

Franzmann, Bodo / Jäger, Georg (Hgg.), Handbuch Lesen, München, 1999.

Frie, Ewald, Das Deutsche Kaiserreich, Darmstadt, 2004.

Fuhrmann, Horst, »Sind eben alles Menschen gewesen«. Gelehrtenleben im 19. und 20. Jahrhundert. Dargestellt am Beispiel der Monumenta Germaniae Historica und ihrer Mitarbeiter, München, 1996.

Funkhouser, H Gray, Historical Development of the Graphical Representation of Statistical Data, in: Osiris, (1937), S. 269–404.

Galison, Peter / Hevly, Bruce (Hgg.), Big science. The growth of large-scale research, Stanford, California, 1992.

Galton, Francis, On the Correlation Between Age and the Colour of Hair and Eyes in Man Source, in: Biometrika, 3 (1904) 4, S. 462–466.
Galton, Francis, Final Report of the Anthropometric Committee, in: Report of the British Association for the Advancement of Science, (1883).
Galton, Francis, Report of the Anthropological Committee, in: Report of the British Association for the Advancement of Science, (1880), S. 120–159.
Galton, Francis, Notes on the Marlborough School statistics, in: Journal of the Anthropological Institute, (1875), S. 130–135.
Galton, Francis, Proposal to apply for anthropological statistics from schools, in: Journal of the Anthropological Institute, (1874), S. 308–311.
Gamper, Michael, Masse lesen, Masse schreiben: eine Diskurs- und Imaginationsgeschichte der Menschenmenge 1765–1930, München u.a., 2007.
Gaston, Robert W, Pirro Ligorio, artist and antiquarian, Mailand, 1988.
Gehrcke, Carl, Theodor Mommsen als Schleswig-Holsteinischer Publizist, Breslau, 1927.
Gertzen, Thomas L, École de Berlin und »Goldenes Zeitalter« (1882–1914) der Ägyptologie als Wissenschaft: das Lehrer-Schüler-Verhältnis von Ebers, Erman und Sethe, Berlin u.a., 2013.
Geulen, Christian, Geschichte des Rassismus, München, 2007.
Geulen, Christian, Wahlverwandte: Rassendiskurs und Nationalismus im späten 19. Jahrhundert, Hamburg, 2004.
Geulen, Christian, Blonde bevorzugt. Virchow und Boas: Fallstudie zur Verschränkung von »Rasse« und »Kultur« im ideologischen Feld der Ethnizität um 1900, in: Archiv für Sozialgeschichte, (2000), S. 147–170.
Gierl, Martin, Geschichte und Organisation. Institutionalisierung als Kommunikationsprozess am Beispiel der Wissenschaftsakademien um 1900. Mit Tabellen, Göttingen, 2004.
Gilman, Sander L, Kann die jüdische Diasporaerfahrung als Modell für die heutige muslimische Diaspora in Europa dienen?, in: Horizonte verschmelzen. Zur Hermeneutik der Vermittlung. Hartmut Eggert zum 70. Geburtstag, hrsg. von Hans Richard Brittnacher, Würzburg, 2007, S. 171–189.
Glaser, Hermann & Werner, Thomas, Die Post in ihrer Zeit: eine Kulturgeschichte menschlicher Kommunikation, Heidelberg, 1990.
Gläser, Jochen, Wissenschaftliche Produktionsgemeinschaften. Die soziale Ordnung der Forschung, Frk. a. M. u.a., 2006.
Goddio, Franck / Clauss, Manfred (Hgg.), Ägyptens versunkene Schätze, München, 2006.
Goehlert, Vinc, Untersuchungen über die Augen- und Haarfarben der Schulkinder in der Steiermark, in: Statistische Monatsschrift, (1880), S. 407–416.

Goetsch, Paul (Hrsg.), Lesen und Schreiben im 17. und 18. Jahrhundert. Studien zu ihrer Bewertung in Deutschland, England und Frankreich, Tübingen, (Script Oralia, Bd. 65), 1994.

Goldschmidt, Nils, Symposium »Schmoller's Legacy for the 21st Century«: Schmollers Jahrbuch, 126 (2006), 2 (S. 139–336), Berlin, 2006.

Gordon, Arthur E, Illustrated introduction to Latin epigraphy, Berkeley u.a., 1984.

Gorges, Irmela, Sozialforschung in Deutschland 1872–1914. Gesellschaftliche Einflüsse auf Themen- und Methodenwahl des Vereins für Socialpolitik, Königstein/Ts, 1980.

Goschler, Constantin, Rudolf Virchow. Mediziner – Anthropologe – Politiker, Köln, 2002.

Goschler, Constantin (Hrsg.), Wissenschaft und Öffentlichkeit in Berlin, 1870–1930, Stuttgart, 2000.

Gould, Benjamin Apthorp, Investigations in the military and anthropological statistics of American soldiers (Cenetary of the war of the rebellion), New York, 1869.

Gould, Stephen Jay, Der falsch vermessene Mensch, Basel u.a., 1983.

Gradenwitz, Otto, Theodor Mommsen, in: Zeitschrift der Savigny-Stiftung für Rechtsgeschichte, (1904), S. 1–31.

Grafton, Anthony, Charisma und Askese. Universitätsgeschichte zwischen Traditionspflege und Modernisierung, in: Lettre International, (2006), S. 72–76.

Grafton, Anthony, The Footnote. A Curious History, Cambridge, Mass., 1995.

Grafton, Anthony, Joseph Scaliger. A Study in the History of Classical Scholarship. Teil 2: Historical Chronology, Oxford, 1993.

Grafton, Anthony, Joseph Scaliger. A Study in the History of Classical Scholarship. Teil 1: Textual Criticism and Exegesis, Oxford, 1983.

Gran-Aymerich, Evelyne, Theodor Mommsen (1817–1903) et ses correspondants français : la »fabrique« internationale de la science, in: Journal des Savants, (2008), S. 177–229.

Gran-Aymerich, Evelyne / Ungern-Sternberg, Jürgen von (Hgg.), L'antiquité partagée: correspondances franco-allemandes 1823–1861. Karl Benedikt Hase, Désiré Raoul-Rochette, Karl Otfried Müller, Otto Jahn, Theodor Mommsen, Paris, 2012.

Grau, Conrad, Die Preußische Akademie der Wissenschaften zu Berlin. Eine deutsche Gelehrtengesellschaft in drei Jahrhunderten, Heidelberg u.a., 1993.

Grau, Conrad, Berühmte Wissenschaftsakademien. Von ihrem Entstehen und ihrem weltweiten Erfolg, Thun; Frankfurt a. M., 1988.

Grau, Conrad, Die Berliner Akademie der Wissenschaften in der Zeit des Imperialismus I: Von den neunziger Jahren des 19. Jahrhunderts bis zur Großen Sozialistischen Oktoberrevolution, Berlin, (Studien der Akademie der Wissenschaften der DDR, Bd. 2), 1975.

Greenblatt, Stephen, The Swerve – How the World Became Modern, New York, 2011.

Griep, Hans-Joachim, Geschichte des Lesens: von den Anfängen bis Gutenberg, Darmstadt, 2005.

Grimmer-Solem, Erik, The Rise of Historical Economics and Social Reform in Germany 1864–1894, Oxford, 2003.

Grimm, Jacob & Grimm, Wilhelm, Deutsches Wörterbuch von Jacob Grimm und Wilhelm Grimm, <http://www.woerterbuchnetz.de/DWB?lemma=project>.

Grimm, Jacob / Grimm, Wilhelm (Hgg.), Project, in: Deutsches Wörterbuch, hrsg. von Jacob Grimm / hrsg. von Wilhelm Grimm, Leipzig, 1889, Bd. 16/13.

Groeben, Christiane / Wenig, Klaus (Hgg.), Anton Dohrn und Rudolf Virchow. Briefwechsel 1864–1902, Berlin, 1992.

Groebner, Valentin, Haben Hautfarben eine Geschichte? Personenbeschreibungen und ihre Kategorien zwischen dem 13. und dem 16. Jahrhundert, in: Zeitschrift für historische Forschung, 30 (2003) 1, S. 1–17.

Gründel, R, Das Corpus Inscriptionum Latinarum und der Nutzen seiner Indizes, in: Das Altertum, (1963), S. 175–181.

Gugerli, David & Speich, Daniel, Topografien der Nation: Politik, kartografische Ordnung und Landschaft im 19. Jahrhundert, Zürich, 2002.

Güttler, Nils, Das Kosmoskop: Karten und ihre Benutzer in der Pflanzengeographie des 19. Jahrhunderts, Göttingen, 2014.

Haber, Peter, Digital Past: Geschichtswissenschaft im digitalen Zeitalter, München, 2011.

Hacking, Ian, The emergence of probability: a philosophical study of early ideas about probability, induction and statistical inference, Cambridge; New York, 2006.

Hallof, Klaus, Inscriptiones Graecae, Berlin, 2009.

Hamel, Jürgen, Bessels Projekt der Berliner Akademischen Sternkarten, in: Die Sterne. Zeitschrift für alle Gebiete der Himmelskunde, (1989), S. 11–19.

Hanke, Christine, Zwischen Auflösung und Fixierung. Zur Konstitution von »Rasse« und »Geschlecht« in der physischen Anthropologie um 1900, Bielefeld, 2007.

Hansen, Reginald, Gustav Schmoller as a Scientist of Political Economy, in: Handbook of the History of Economic Thought, hrsg. von Jürgen G. Backhaus, New York, 2012, S. 389–413.

Hansen, Reginald, Der Methodenstreit in den Sozialwissenschaften zwischen Gustav Schmoller und Karl Menger, seine wissenschaftshistorische und wissenschaftstheoretische Bedeutung, in: Beiträge zur Entwicklung der Wissenschaft im 19. Jahrhundert, hrsg. von Alwin Diemer, Meisenheim am Glan, (Studien zur Wissenschaftstheorie, Bd. 1), 1968, S. 137–173.

Hansen, Soeren & Topinard, Paul, La couleur des yeux et des cheveux en Danemarck, in: Revue d'anthropologie, Ser. III, (1888), S. 39–41.

Hardtwig, Wolfgang, Geschichtsreligion – Wissenschaft als Arbeit – Objektivität. Der Historismus in neuer Sicht, in: Historische Zeitschrift, (1991), S. 1–32.

Hardtwig, Wolfgang, Geschichtskultur und Wissenschaft, München, 1990.

Hardtwig, Wolfgang & Wehler, Hans Ulrich, Kulturgeschichte Heute, Göttingen, 1996.

Harnack, Adolf, Vom Großbetrieb der Wissenschaft, in: Preußische Jahrbücher, 119 (1905) 2, S. 193–201.

Harnack, Adolf, Urkunden und Actenstücke zur Geschichte der Königlich Preußischen Akademie der Wissenschaften, Berlin, (Geschichte der Königlich Preußischen Akademie der Wissenschaften, Bd. 2), 1900.

Harnack, Adolf, Geschichte der Königlich Preußischen Akademie der Wissenschaften, Bd. I.2., Berlin, 1900.

Hartkopf, Werner, Die Berliner Akademie der Wissenschaften. Ihre Mitglieder und Preisträger 1700–1990, Berlin, 1992.

Hartkopf, Werner / Wangermann, Gert (Hgg.), Dokumente zur Geschichte der Berliner Akademie der Wissenschaften von 1700 bis 1990, Heidelberg u.a., 1991.

Hartmann, Ludo Moritz, Theodor Mommsen. Eine biographische Skizze, Gotha, 1908.

Hartmann, Robert, Untersuchungen über die Völkerschaften Nord-Ost-Afrikas, in: Zeitschrift für Ethnologie, (1869), S. 23–45.

Harwood, Jonathan, Das Selbstverständnis des Naturwissenschaftlers im Wandel. Die Lage innerhalb und außerhalb der Akademie zu Beginn des 20. Jahrhunderts, in: Die Preußische Akademie der Wissenschaften zu Berlin 1914–1945, hrsg. von Wolfram Fischer / hrsg. von Rainer Hohlfeld / hrsg. von Peter Nötzold, Berlin, 2000, S. 143–167.

Hase, Benedikt, Inscriptiones regni Neapolitani Latinae. edidit Theodorus Mommsen, in: Journal des Savants, (1854), S. 547–557 und 677–687.

Heesen, Anke te, Theorien des Museums zur Einführung, Hamburg, 2012.

Heesen, Anke te, The notebook. A paper-technology, in: Making things public. Atmospheres of democracy, hrsg. von Bruno Latour / hrsg. von Peter Weibel, Cambridge, Mass., 2005, S. 582–589.

Heesen, Anke te / Michels, Anette (Hgg.), Auf / Zu. Der Schrank in den Wissenschaften, Berlin, 2007.

Heesen, Anke te / Spary, Emma C. (Hgg.), Sammeln als Wissen. Das Sammeln und seine wissenschaftsgeschichtliche Bedeutung, Göttingen, 2001.

Heilmann, Till A, Textverarbeitung: eine Mediengeschichte des Computers als Schreibmaschine, Bielefeld, 2012.

Heimpel, Hermann, Über Organisationsformen historischer Forschung in Deutschland, in: Historische Zeitschrift, 189 (1959) 189, S. 139–222.

Helmholtz, Hermann von, Rede zum Geburtstagsfeste des höchtseligen Grossherzogs Karl Friedrich von Baden und zur akademischen Preisvertheilung am 22. November 1862, Heidelberg, 1862.

Henckmann, Gisela / Richter, Karl (Hgg.), Sämtliche Werke nach Epochen seines Schaffens: Münchner Ausgabe, München, 1997.

Henzen, Wilhelm, Zu den Fälschungen des Pirro Ligorio, in: Commentationes philologae in honorem Theodori Mommseni, scripserunt amici, Berolini, 1877.

Henzen, Wilhelm, Die Lateinische Epigraphik und ihre gegenwärtigen Zustände, in: Allgemeine Monatsschrift für Wissenschaft und Literatur, (1853), S. 157–184.

Henzen, Wilhelm, Ueber die große Inschriftensammlung des Herrn Ph. Le Bas, in: Rheinisches Museum für Philologie, (1853), S. 464–470.

Hertz, Martin, Schulze, Johannes, in: Allgemeine Deutsche Biographie, Bd. 33, Historische Commission bei der königl. Akademie der Wissenschaften, München, Leipzig, 1891, S. 5.

Hesse, Mary B, Revolutions and Reconstructions in the Philosophy of Science, Brighton, 1980.

Hess, Volker & Mendelsohn, J Andrew, Case and series: medical knowledge and paper technology, 1600–1900, in: Seriality and scientific objects in the nineteenth century, 48 (2010) 3/4=Nr. 161, S. 287–314.

Heuß, Alfred, Theodor Mommsen als Geschichtsschreiber, in: Deutsche Geschichtswissenschaft um 1900, hrsg. von Notker Hammerstein, Stuttgart, 1988, S. 37–95.

Heuß, Alfred, Theodor Mommsen und das 19. Jahrhundert, Kiel, 1956.

Hirschfeld, Otto, Gedächtnisrede auf Theodor Mommsen, in: Abhandlungen der Königlich Preußischen Akademie der Wissenschaften, (1904), S. 1025–1060.

His, Wilhelm, Crania helvetica. Sammlung schweizerischer Schädelformen, Basel, 1864.

Hoffmann, Christoph, Festhalten, Bereitstellen. Verfahren der Aufzeichnung, in: Daten sichern. Schreiben und Zeichnen als Verfahren der Aufzeichnung, Ders., Zürich u.a., (Wissen im Entwurf, Bd. 1), 2008, S. 7–20.

Hoffmann, Christoph (Hrsg.), Daten sichern. Schreiben und Zeichnen als Verfahren der Aufzeichnung, Zürich u.a., (Wissen im Entwurf, Bd. 1), 2008.

Hoffmann, Max, August Böckh. Lebensbeschreibungen und Auswahl aus seinem wissenschaftlichen Briefwechsel, Leipzig, 1901.

Hoffmann, Petra, Weibliche Arbeitswelten in der Wissenschaft. Frauen an der Preußischen Akademie der Wissenschaften zu Berlin 1890–1945, Bielefeld, 2011.

Holmes, Frederic L. / Renn, Jürgen / Rheinberger, Hans-Jörg (Hgg.), Reworking the Bench. Research Notebooks in the History of Science, Dordrecht u.a., 2003.

Holtz, Bärbel, 150 Jahre Corpus Inscriptionum Latinarum. »Für die gesammten Alterthums-Wissenschaften ein Ehrendenkmal« in Preußen, in: Jahrbuch des Deutschen Archäologischen Instituts, (2004), S. 307–315.

Holtz, Bärbel / Neugebauer, Wolfgang / Kocka, Jürgen (Hgg.), Das preußische Kultusministerium als Staatsbehörde und gesellschaftliche Agentur (1817–1934), Berlin, 2009.

Homann, Harald, Gesetz und Wirklichkeit in den Sozialwissenschaften. Vom Methodenstreit zum Positivismusstreit, Tübingen, 1989.

Honegger, Claudia, Die Ordnung der Geschlechter: die Wissenschaften vom Menschen und das Weib, 1750–1850, Frankfurt a. M. u.a., 1991.

Horstmann, Axel, Antike Theoria und moderne Wissenschaft. August Boeckhs Konzeption der Philologie, Frankfurt a. M., 1992.

Hose, Martin, »... und Pflicht geht vor Neigung«. Ulrich von Wilamowitz-Moellendorff und das Leiden am Großbetrieb der Wissenschaft, in: Die modernen Väter der Antike. Die Entwicklung der Altertumswissenschaften an Akademie und Universität im Berlin des 19. Jahrhunderts, hrsg. von Annette M. Baertschi / hrsg. von Colin G. King, Berlin, 2009, S. 445–480.

Hoßfeld, Uwe, Geschichte der biologischen Anthropologie in Deutschland. Von den Anfängen bis in die Nachkriegszeit, Stuttgart, 2005.

Hübner, Emil, Über mechanische Copieen von Inschriften, Berlin, 1881.

Hübner, Emil, Reisebericht des Hrn. Emil Hübner. VII. Estremadura. Aus Madrid 1. März 1861, in: Bericht über die zur Bekanntmachung geeigneten Verhandlungen der Königl. Preuß. Akademie der Wissenschaften zu Berlin im Monat April 1861. 8. April. Sitzung der philosophisch-historischen Klasse, (1861), S. 377–381.

Hübner, Emil, Reisebericht des Hrn. Emil Hübner. I. Aus Barcelona 22. März 1860, in: Bericht über die zur Bekanntmachung geeigneten Verhandlungen der Königl. Preuß. Akademie der Wissenschaften zu Berlin im Monat April 1860. 15. Mai. Sitzung der philosophisch-historischen Klasse, (1860), S. 231–241.

Hübner, Emilio, La Arqueología de Espana, Barcelona, 1888.

Hülsen, Christian, Die Hermeninschriften berühmter Griechen und die ikonographischen Sammlungen des XVI. Jahrhunderts, in: Mitteilungen des Deutschen Archäologischen Instituts. Römische Abteilung, 16 (1901) 16, S. 123–154.

Humboldt, Alexander von, Briefe an Karl August Varnhagen von Ense (1827–1858). Nebst Auszügen aus Varnhagens Tagebüchern und Briefen von Varnhagen und anderen an Humboldt (Nachdr. der Originalausgabe Leipzig 1860), Bremen, 2011.

Hunt, Lynn (Hrsg.), The new cultural history, Berkeley, 1989.

Hüser, Rembert, Stoff geben, in: Verstärker, 1 (1996) 1.

Ihering, Hermann von, Zur Reform der Craniometrie, in: Zeitschrift für Ethnologie, (1873), S. 121–169.

Irmscher, Johannes, Die Begründung der Limesforschungen in Deutschland, in: Corolla memoriae Erich Swoboda dedicata, hrsg. von Roksanda Maria Swoboda-Milenovic, Graz, 1966, S. 137–145.

Irmscher, Johannes, Die Idee des umfassenden Inschriftencorpus. Wissenschaftsgeschichtliche Betrachtungen, in: Akten des IV. Internationalen Kongresses für griechische und lateinische Epigraphik. Wien, 17. bis 22. September 1962, , Wien, 1964, S. 157–173.

Jacob, Wolfgang, Medizinische Anthropologie im 19. Jahrhundert. Mensch – Natur – Gesellschaft. Beitrag zu einer theoretischen Pathologie, zur Geistesgeschichte der sozialen Medizin und allgemeinen Krankheitslehre Virchows, Stuttgart, 1967.

Jahn, Otto, Eduard Gerhard. Ein Lebensabriß, Berlin, 1868.

Jahn, Otto (Hrsg.), Specimen epigraphicum in memoriam Olai Kellermanni, Kiliae, 1841.

Janssen, Hauke, Nationalökonomie und Nationalsozialismus: Die deutsche Volkswirtschaftslehre in den dreißiger Jahren des 20. Jahrhunderts, 4. Aufl., Marburg, 2011.

Jeanblanc, Helga, Rudolf Virchow et la »Race Prussienne«: Anthropologie et idéologie, in: Quand Berlin pensait les peuples: anthropologie, ethnologie et psychologie (1850–1890), hrsg. von Céline Trautmann-Waller, Paris, 2004, S. 77–92.

Jean Paul, Bemerkungen über uns närrische Menschen: Aphorismen, Hanau/Main, 1984.

Jefferies, Matthew, Contesting the German Empire, 1871–1918, Malden, Mass., Oxford, 2008.

Johnson, Jeffrey Allan, The Chemical Reichsanstalt Association. Big science in imperial Germany, Princeton University, 1980.

Jones, David, In Conversation with Bruno Latour: Historiography of »Science in Action«.

Jordan, Thomas E, Studies in the Quality of Life in Victorian Britain and Ireland, Dordrecht, 2013.

Jørgensen, C, Olaus Kellermann, in: Dansk biografisk leksikon, hrsg. von Carl Frederik Bricka, Kopenhagen, 1887, Bd.7, S. 125–126.

Justi, Johann Heinrich Gottlob von, Gedanken von Projecten und Projectmachern, in: Johann Heinrich Gottlobs von Justi gesammelte politische und Finanzschriften über wichtige Gegenstände der Staatskunst, der Kriegswissenschaften und des Cameral- und Finanzwesens, Ders., Kopenhagen und Leipzig, 1761, S. 256–281.

Kahlert, Torsten, Theodor Mommsen, Informelle Netzwerke und die Entstehung des Corpus Inscriptionum Latinarum um 1850, in: Geschichtsforschung in Deutschland und Österreich im 19. Jahrhundert: Ideen, Akteure, Institutionen, hrsg. von Christine Ottner-Diesenberger / hrsg. von Klaus Ries, Stuttgart, 2014, S. 180–197.

Kahlert, Torsten, ›Große Projekte‹: Mommsens Traum und der Diskurs um Big Science und Großforschung, in: Wissenskulturen. Bedingungen wissenschaftlicher Innovation, hrsg. von Harald Müller / hrsg. von Florian Eßer, Kassel, (Studien des Aachener Kompetenzzentrums für Wissenschaftsgeschichte, Bd. 12), 2012, S. 67–86.

Kaiserliche Deutsche Admiralität, Rathschläge für anthropologische Untersuchungen auf Expedition der Marine. Auf Veranlassung des Chefs der Kaiserlich Deutschen Admiralität ausgearbeitet von der Berliner Gesellschaft für Anthropologie, Ethnologie und Urgeschichte, in: Zeitschrift für Ethnologie, (1872), S. 325–356.

Kanitz, Gregor & Tschirner, Ulfert, Archiv/Brüche. Ein Review Essay, in: Österreichische Zeitschrift für Geschichtswissenschaften, 18 (2007) 2, S. 145–158.

Kant, Horst, Ein »mächtig anregender Kreis« – Die Anfänge der Physikalischen Gesellschaft zu Berlin, Berlin, (Max-Planck-Institut für Wissenschaftsgeschichte. Preprints, Bd. 202), 2002.

Kaufhold, Karl Heinrich, Gustav von Schmoller (1838–1917) als Historiker, Wirtschafts- und Sozialpolitiker und Nationalökonom, in: Vierteljahrschrift für Sozial- und Wirtschaftsgeschichte, 75 (1988) 2, S. 217–252.

Kaufmann, Kerstin & Wannack, Katja, Bibliographischer Index zum Römischen Staatsrecht von Theodor Mommsen, Hildesheim, 2010.

Kellermann, Olaus Christian, Vigilum Romanorum latercula duo Coelimontana, magnam partem militiae Romanae explicantia: Appendicem inscriptionum ... laterculorum militarium ... adjecit, Romae, 1835.

Keppie, Lawrence JF, Understanding Roman inscriptions, London, 1991.

Kiepert, Heinrich, Sitzung vom 14. October 1871. Herr Kiepert macht Mittheilungen, in: Verhandlungen der Berliner Gesellschaft für Anthropologie, Ethnologie und Urgeschichte. Beilage der Zeitschrift für Ethnologie, Oktober 1870 – November 1871 (1871) Oktober 1870 – November 1871, S. 134.

Kiesow, Rainer Maria / Simon, Dieter (Hgg.), Auf der Suche nach der verlorenen Wahrheit. Zum Grundlagenstreit in der Geschichtswissenschaft, Frankfurt a. M. u.a., 2000.

Kintzinger, Martin / Steckel, Sita (Hgg.), Akademische Wissenskulturen: Praktiken des Lehrens und Forschens vom Mittelalter bis zur Moderne, Basel, 2015.

Kirkness, Alan (Hrsg.), Geschichte des deutschen Wörterbuchs. 1838–1863. Dokumente zu den Lexikographen Grimm, Stuttgart, 1980.

Kittler, Friedrich, Die Nacht der Substanz, Bern, 1989.

Kittler, Friedrich, Grammophon Film Typewriter, Berlin, 1986.

Kittler, Friedrich, Aufschreibesysteme 1800/1900, München, 1985.

Kjörup, Sören, Humanities – Geisteswissenschaften – Sciences humaines. Ein Einführung, Stuttgart, Weimar, 2001.

Klaffenbach, Günther, Griechische Epigraphik, Göttingen, (Studienhefte zur Altertumswissenschaft, Bd. 6), 1966.

Klamm, Stefanie, Olympia entsteht im Bild – die Klassische Archäologie des 19. Jahrhunderts und ihre Abhängigkeit von medialen Praktiken, in: Wissenskulturen. Bedingungen wissenschaftlicher Innovation, hrsg. von Harald Müller / hrsg. von

Florian Eßer, Kassel, (Studien des Aachener Kompetenzzentrums für Wissenschaftsgeschichte, Bd. 12), 2012, S. 87–116.

Kluge, Bernd, Das Münzkabinett. Museum und Wissenschaftsinstitut, Berlin, 2004.

Knapp, Georg Friedrich, Einführung in einige Hauptgebiete der Nationalökonomie. Siebenundzwanzig Beiträge zur Sozialwissenschaft, München u.a., 1925.

Knies, Karl, Die Statistik als selbstständige Wissenschaft. Zur Lösung des Wirrsals in der Theorie und Praxis dieser Wissenschaft. Zugleich ein Beitrag zu einer kritischen Geschichte der Statistik seit Achenwall, Kassel, 1850.

Knorr-Cetina, Karin, Die Fabrikation von Erkenntnis. Zur Anthropologie der Wissenschaft, Frankfurt a. M., 1984.

Knowles, David, Great historical enterprises. Problems in monastic history, London, 1963.

Kocka, Jürgen, Die Angestellten in der deutschen Geschichte 1850–1980. Vom Privatbeamten zum angestellten Arbeitnehmer, Göttingen, 1981.

Kocka, Jürgen / Hohlfeld, Rainer / Walther, Peter Th. (Hgg.), Die Königlich Preußische Akademie der Wissenschaften zu Berlin im Kaiserreich, Berlin, 1999.

Kocka, Jürgen, Hohlfeld, Rainer & Walther, Peter Th., Resümee, in: Die Königlich Preußische Akademie der Wissenschaften zu Berlin im Kaiserreich, Dies., Berlin, 1999, S. 399–459.

Kocka, Jürgen / Nötzoldt, Peter (Hgg.), Die Berliner Akademien der Wissenschaften im geteilten Deutschland 1945–1990, Berlin, 2002.

Kohler, Robert E., Finders, Keepers: Collecting Sciences and Collecting Practice, in: History of Science, 45 (2007) 4, S. 428–454.

Kolbe, Hans-Georg (Hrsg.), Wilhelm Henzen und das Institut auf dem Kapitol. Aus Henzens Briefen an Eduard Gerhard, Mainz, 1984.

Kolbe, Hans-Georg, Emil Braun und die lateinische Epigraphik, in: Mitteilungen des Deutschen Archäologischen Instituts. Römische Abteilung, (1979), S. 529–543.

Kollmann, Julius, Die statistischen Erhebungen über die Farbe der Augen, der Haare und der Haut in den Schulen der Schweiz, Basel, 1881.

König, Christoph / Lämmert, Eberhard (Hgg.), Konkurrenten in der Fakultät: Kultur, Wissen und Universität um 1900, Frankfurt a. M., 1999.

Königlich Bayerisches Statistisches Bureau, Kartogramme & Diagramme zur Statistik Bayerns, München, 1880.

Königliche Akademie der Wissenschaften (Hrsg.), Äußere Grundsätze für die Edition der Acta Borussica: aufgestellt in der Konferenz d. akad. Kommission u. d. Mitarbeiter der Acta Borussica vom 6. Februar 1910, Berlin, 1910.

Königliche Akademie der Wissenschaften (Hrsg.), Akademische Sternkarten für den Gürtel des Himmels von 15 [Grad] südlicher bis 15 [Grad] nördlicher Abweichung. (24 Stunden, 25 Blätter), Berlin, 1859.

Koselleck, Reinhart, Preußen zwischen Reform und Revolution. Allgemeines Landrecht, Verwaltung und soziale Bewegung von 1791 bis 1848, Stuttgart, 1967.

Köster, Roman, Die Wissenschaft der Außenseiter: Die Krise der Nationalökonomie in der Weimarer Republik, Göttingen, 2011.

Krajewski, Markus, Werkzeuge und Strategien der Technikgeschichtsschreibung. Oder: Wie kann man einfach »alles« aufzeichnen?, in: zeitenblicke, 10 (2011) 1.

Krajewski, Markus, Restlosigkeit. Weltprojekte um 1900, Frankfurt a. M., 2006.

Krajewski, Markus (Hrsg.), Projektemacher. Zur Produktion von Wissen in der Vorform des Scheiterns, Berlin, 2004.

Krajewski, Markus, Zettelwirtschaft. Die Geburt der Kartei aus dem Geiste der Bibliothek, Berlin, 2002.

Krämer, Sybille / Bredekamp, Horst (Hgg.), Bild, Schrift, Zahl, München, 2003.

Krauch, Helmut, Die organisierte Forschung, Neuwied u.a., 1970.

Krauthausen, Karin / Nasim, Omar W. (Hgg.), Notieren, Skizzieren Schreiben und Zeichnen als Verfahren des Entwurfs, Zürich, (Wissen im Entwurf, Bd. 3), 2010.

Krauth, Wolf-Hagen, Disziplingeschichte als Form wissenschaftlicher Selbstreflexion – am Beispiel der deutschen Nationalökonomie, in: Geschichte und Gesellschaft, 4 (1978) 4, S. 498–519.

Krömer, Dietfried (Hrsg.), Wie die Blätter am Baum, so wechseln die Wörter. 100 Jahre Thesaurus linguae Latinae. Vorträge der Veranstaltungen am 29. und 30. Juni 1994 in München, Stuttgart u.a., 1995.

Krünitz, Johann Georg, Oekonomische Encyklopädie oder Allgemeines System der Staats-, Stadt-, Haus- und Landwirthschaft: in alphabetischer Ordnung, Trier, 2005.

Küssner, Martin, Gustav Schmollers Institutionenlehre im Lichte der Northschen Theorie des institutionellen Wandels: Ansätze zu einer allgemeineren Theorie des Institutionenwandels, Köln, 1995.

Kyllingstad, Jon Røyne, From racial typology to DNA sequencing. »Race« and »ethnicity« and the science of human genetic variation 1945–2012. Research project funded by the Norwegian Research Council's SAMKUL-program.

Laak, Dirk van, Planung. Planbarkeit und Planungseuphorie, Version: 1.0, in: docupedia, (2010).

Labinger, Jay A. / Collins, Harry M. (Hgg.), The one culture? A conversation about science, Chicago u.a., 2001.

Lahusen, Benjamin, Alles Recht geht vom Volksgeist aus: Friedrich Carl von Savigny und die moderne Rechtswissenschaft, Berlin, 2012.

Laitko, Hubert, Die Preußische Akademie der Wissenschaften und die neuen Arbeitsteilungen. Ihr Verhältnis zum »Kartell« der deutschsprachigen Akademien und zur Kaiser-Wilhelm-Gesellschaft, in: Die Königlich Preußische Akademie der Wissenschaften zu Berlin im Kaiserreich, hrsg. von Jürgen Kocka / hrsg. von Rainer Hohlfeld / hrsg. von Peter Th. Walther, Berlin, 1999, S. 149–173.

Landwehr, Achim, Kulturgeschichte. Version 1.0, unter: Docupedia-Zeitgeschichte, <http://docupedia.de/zg/Kulturgeschichte?oldid=86239>.

Landwehr, Achim, Kulturgeschichte, Stuttgart, 2009.

Langewiesche, Dieter, Die »Humboldtsche Universität« als nationaler Mythos. Zum Selbstbild der deutschen Universitäten in ihren Rektoratsreden im Kaiserreich und in der Weimarer Republik, in: Historische Zeitschrift, 290 (2010) 1, S. 53–91.

Larfeld, Wilhelm, Handbuch der griechischen Epigraphik. Erster Band. Einleitungs- und Hilfsdisziplinen. Die nicht-attischen Inschriften, Leipzig, 1907.

Las Casas, Bartolomé de, Historia de las Indias, Mexiko, 1951.

Latour, Bruno, Drawing things together, in: Representation in scientific practice, hrsg. von Michael Lynch / hrsg. von Steve Woolgar, Cambridge, Mass., 1990, S. 19–68.

Latour, Bruno, The Pasteurization of France, Cambridge u.a., 1988.

Latour, Bruno, Science in action: how to follow scientists and engineers through society, Cambridge, Mass., 1987.

Latour, Bruno & Woolgar, Steve, Laboratory life. The social construction of scientific facts, Beverley Hills, 1979.

Lavranu, Aliki, Deskription, Kausalität und Teleologie. Zu Gustav Schmollers methodologischen und wissenschaftstheoretischen Positionen im Anschluß an den »Methodenstreit«, in: Krise des Historismus – Krise der Wirklichkeit. Wissenschaft, Kunst und Literatur 1880–1932, hrsg. von Otto Gerhard Oexle, Göttingen, 2007, S. 181–206.

Lazardzig, Jan, Theatermaschine und Festungsbau. Paradoxien der Wissensproduktion im 17. Jahrhundert, Berlin, 2007.

Lazardzig, Jan, Masque der Possibilität«. Experiment und Spektakel barocker Projektemacherei, in: Spektakuläre Experimente. Praktiken der Evidenzproduktion im 17. Jahrhundert, hrsg. von Helmar Schramm / hrsg. von Ludger Schwarte / hrsg. von Jan Lazardzig, Berlin u.a., (Theatrum Scientiarum, Bd. 3), 2006.

Le Bas, Philippe, Dissertation sur l'utilité qu'on peut retirer de l'épigraphie pour l'intelligence des auteurs anciens, Paris, 1829.

Le Glay, Marcel, L'épigraphie latine, in: Comptes-rendus des séances de l'Académie des Inscriptions et Belles-Lettres, 132 (1988) 3, S. 623–628.

Lehmann, Maren, Karriere als Projekt, in: Projektemacher. Zur Produktion von Wissen in der Vorform des Scheiterns, hrsg. von Markus Krajewski, Berlin, 2004, S. 49–66.

Lehmann, Paul, Geisteswissenschaftliche Gemeinschafts- und Kollektivunternehmungen in der geschichtlichen Entwicklung, München, (Sitzungsberichte der Bayerischen Akademie der Wissenschaften, Philosophisch-Historische Klasse, Bd. 5), 1956.

Lelke, Ina, Die Brüder Grimm in Berlin. Zum Verhältnis von Geselligkeit, Arbeitsweise und Disziplingenese im 19. Jahrhundert, Frankfurt a. M. u.a., 2005.

Lepenies, Wolf, Wissenschaftsgeschichte und Disziplingeschichte, in: Geschichte und Gesellschaft, 4 (1978) 4, S. 437–451.

Lewerentz, Annette, Forschungsprojekte und staatliche Förderung: Die Berliner Gesellschaft für Anthropologie, Ethnologie und Urgeschichte und die preußischen Ministerien bis zum Ersten Weltkrieg, in: Mitteilungen der Berliner Gesellschaft für Anthropologie, Ethnologie und Urgeschichte, (1999), S. 45–64.

Lewis, Jason E, DeGusta, David, Meyer, Marc R, Monge, Janet M, Mann, Alan E & Holloway, Ralph L, The Mismeasure of Science: Stephen Jay Gould versus Samuel George Morton on Skulls and Bias, in: PLoS Biol, 9 (2011) 6, S. e1001071.

Lick, Thomas, Friedrich Zarncke und das »Literarische Centralblatt für Deutschland«. Eine buchgeschichtliche Untersuchung, Wiesbaden, 1993.

Lindenfeld, David F, Grand historical narrative or intellectual strategy. The institutional establishment of the historical school of political economy in the 19th century, Berlin, 2002.

Lindenfeld, David F, The practical imagination. The German sciences of state in the nineteenth century, Chicago u.a., 1997.

Lindsay, Debra, Intimate Inmates: Wives, Households, and Science in Nineteenth-Century America, in: Isis, 89 (1998) 4, S. 631–652.

Lindsay, Wallace Martin, Handbook of Latin inscriptions illustrating the history of the language, Boston, 1897.

Lipphardt, Veronika, Isolates and Crosses in Human Population Genetics; or, A Contextualization of German Race Science, in: Current Anthropology, 53 (2012) 5, S. S69–S82.

Lipphardt, Veronika, Biologie der Juden: Jüdische Wissenschaftler über »Rasse« und Vererbung 1900–1935, Göttingen, 2008.

Litteraturarchiv-Gesellschaft (Hrsg.), Briefwechsel Friedrich Schleiermachers mit August Boeckh und Immanuel Bekker. 1806–1820, Berlin, 1916.

Livi, Ridolfo (Hrsg.), Antropometria militare: risultati ottenuti dallo spoglio dei fogli sanitarii dei militari delle classi 1859–63 eseguito dall'Ispettorato di sanità militare per ordine del Ministero della guerra. Parte I: Dati Antropologici ed Etnologici. Testo e tavole statistiche, Roma, 1896.

Livi, Ridolfo (Hrsg.), Antropometria militare: risultati ottenuti dallo spoglio dei fogli sanitarii dei militari delle classi 1859–63 eseguito dall'Ispettorato di sanità militare per ordine del Ministero della guerra. Parte I: Dati Antropologici ed Etnologici. Atlante della Geografia Antropologica d'Italia, Roma, 1896.

Lueger, Otto, Otto Luegers Lexikon der gesamten Technik und ihrer Hilfswissenschaften, Stuttgart u.a., 1894.

Luhmann, Niklas, Gesellschaft der Gesellschaft, Frankfurt am Main, 1997.

Luhmann, Niklas, Die Wissenschaft der Gesellschaft, Frankfurt a. M., 1992.

Luhmann, Niklas, Kommunikation mit Zettelkästen. Ein Erfahrungsbericht, in: Universität als Milieu. Kleine Schriften, hrsg. von André Kieserling, Bielefeld, 1992, S. 53–61.

Lundin, Rolf A. / Midler, Christophe (Hgg.), Projects as arenas for renewal and learning processes, Boston u.a., 1998.

Lundin, Rolf A & Söderholm, Anders, A theory of the temporary organization, in: Scandinavian Journal of Management, 11 (1995) 4, S. 437–455.

Luppi, Costantino, Vite di illustri Numismatici Italiani – Bartolomeo Borghesi, in: Rivista italiana di numismatica, (1891), S. 269–275.

Lytton, Edward Bulwer Lytton, Rienzi. The Last of the Roman Tribunes, London u.a., 1840.

Majer, Józef, Charakterystyka fizyczna ludności galicyjskiej, na podstawie spostrzeżeń dokonanych za staraniem Komisyi Antropologicznej Akademii Umiejętności w Krakowie, Krakowie, 1876.

Malavie, Jean, Abel-François Villemain (1790–1870), acteur et témoin privilégié de la vie intellectuelle de son temps, in: Lettres romanes, 60 (2006) 3–4, S. 193–263.

Malavié, Jean, Dans l'intimité d'un personnage officiel: Villemain d'après des correspondances inédites, in: Revue des Sciences Humaines, (1971), S. 111–126.

Maltzahn, Christoph Frhr von, Außeruniversitäre Organisationsformen in der deutschen Geschichtswissenschaft im 19. und 20. Jahrhundert, in: Formen außerstaatlicher Wissenschaftsförderung im 19. und 20. Jahrhundert. Deutschland im europäischen Vergleich, hrsg. von Rüdiger vom Bruch / hrsg. von Rainer A. Müller, Stuttgart, 1990, S. 185–210.

Mandowsky, Erna, Some observations on Pirro Ligorio's Drawings of Roman Monuments, in: Rendiconti, (1952), S. 335–358.

Mandowsky, Erna / Mitchell, Charles (Hgg.), Pirro Ligorio's Roman antiquities. The drawings in MS XIII. B 7 in the National Library of Naples, London, (Studies of the Warburg Institute, Bd. 28), 1963.

Manguel, Alberto, Eine Geschichte des Lesens, Reinbek, 1999.

Manias, Chris, Race, Science, and the Nation: Reconstructing the Ancient Past in Britain, France and Germany, London, 2013.

Manias, Chris, The Race prussienne Controversy: Scientific Internationalism and the Nation, in: Isis, 100 (2009) 4, S. 733–757.

Manovich, Lev, Trending: the promises and the challenges of big social data, in: Debates in the Digital Humanities, hrsg. von Matthew K. Gold, Minneapolis, 2012, S. 460–475.

Marcone, Arnaldo, Die deutsch-italienischen Beziehungen im Spiegel der Biographie Mommsens, in: Theodor Mommsen. Wissenschaft und Politik im 19. Jahrhundert, hrsg. von Alexander; Andreas Goltz; Heinrich Schlange-Schöningen Demandt, Berlin u.a., 2005, S. 142–162.

Marsch, Ulrich, Industrielle Gemeinschaftsforschung in Deutschland und Großbritannien – Kaiser-Wilhelm-Institute und Research Associations 1916–1936, in: Das Harnack-Prinzip. Die Kaiser-Wilhelm-/Max-Planck-Gesellschaft und ihre Institute. Studien zu ihrer Geschichte, hrsg. von Bernhard vom Brocke / hrsg. von Hubert Laitko, Berlin u.a., 1996, S. 561–573.

Matthes, Joachim, Projekte – nein, danke?, in: Zeitschrift für Soziologie, 17 (1988) 6, S. 465–473.

Matyssek, Angela, Rudolf Virchow. Das Pathologische Museum: Geschichte einer Wissenschaftlichen Sammlung um 1900, 2013.

Maus, Christian, Der ordentliche Professor und sein Gehalt, Göttingen, 2012.

Mayr, Georg, Zur Methodik und Technik statistischer Karten, in: Allgemeines Statistisches Archiv, (1907), S. 131–157.

Mayr, Georg, Die bayerische Jugend nach der Farbe der Augen, der Haare und der Haut, in: Zeitschrift des Königlich Bayerischen Statistischen Bureau, Nr. 4, Oktober-Dezember (1875) Nr. 4, Oktober-Dezember, S. 273–311.

Mayr, Georg, Berichterstattung über die Erhebungen die Farbe der Augen, Haare und Haut der Schulkinder in Bayern, in: Die sechste allgemeine Versammlung der deutschen Gesellschaft für Anthropologie, Ethnologie und Urgeschichte zu München am 9. bis 11. August 1875. Nach den stenographischen Aufzeichnungen redigirt von Prof. Dr. Kollmann in München, München, 1875, S. 50–55.

McClelland, Charles E, The German experience of professionalization. Modern learned professions and their organizations from the early nineteenth century to the Hitler era, Cambridge u.a., 1991.

McLean, Bradley H, An Introduction to Greek Epigraphy of the Hellenistic and Roman Periods from Alexander the Great down to the reign of Constantine. (323 B.C.–A.D. 337), Ann Arbor, Mich., 2002.

McLuhan, Marshall, The Gutenberg Galaxy. The Making of Typographic Man, London, 1962.

Meinecke, Friedrich, Drei Generationen deutscher Gelehrtenpolitik. Friedrich Theodor Vischer – Gustav Schmoller – Max Weber, in: Brandenburg Preußen Deutschland. Kleine Schriften zur Geschichte und Politik, hrsg. von Eberhard Kessel, Stuttgart, Friedrich Meinecke. Werke, hrsg. im Auftrage des Friedrich-Meinecke-Instituts der Freien Universität Berlin, 1979, S. 476–505.

Meinecke, Friedrich, Autobiographische Schriften hrsg. und eingeleitet von Eberhard Kessel, Stuttgart, Friedrich Meinecke. Werke, hrsg. im Auftrage des Friedrich-Meinecke-Institutes der Freien Universität Berlin, 1969.

Meinel, Christoph, Enzyklopädie der Welt und Verzettelung des Wissens: Aporien der Empirie bei Joachim Jungius, in: Enzyklopädien der frühen Neuzeit. Beiträge zu ihrer Erforschung, hrsg. von Franz M. Eybl / hrsg. von Wolfgang Harms / hrsg. von Hans-Henrik Krummbacher / hrsg. von Werner Welzig, Tübingen, 1995, S. 162–187.

Mellor, C Michael, Louis Braille. Fühlbare Genialität, Paderborn, 2009.

Menger, Carl, Die Irrthümer des Historismus in der deutschen Nationalökonomie, Wien, 1884.

Menger, Carl, Untersuchungen über die Methode der Sozialwissenschaften, und der politischen Oekonomie insbesondere, Leipzig, 1883.

Merton, Robert King, Auf den Schultern von Riesen. Ein Leitfaden durch das Labyrinth der Gelehrsamkeit, Frankfurt a. M., 1980.

Merz, John Theodore, A history of European thought in the nineteenth century, Edinburgh, 1907.

Meves, Uwe, Karl Lachmann (1793–1851), in: Wissenschaftsgeschichte der Germanistik in Porträts, hrsg. von Christoph König / hrsg. von Hans-Harald Müller / hrsg. von Werner Röcke, Berlin u.a., 2000, S. 20–32.

Meyer, Ernst, Einführung in die lateinische Epigraphik, Darmstadt, 1973.

Meyer, Ernst, Theodor Mommsen in Zürich, in: Schweizer Beiträge zur Allgemeinen Geschichte, (1954), S. 99–138.

Meyer, Richard M, Vollständigkeit. Ein methodologische Skizze, in: Euphorion. Zeitschrift für Literaturgeschichte, (1907), S. 1–17.

Meyer, Thomas, Virtuelle Forschungsumgebungen in der Geschichtswissenschaft – Lösungsansätze und Perspektiven, in: LIBREAS.Library Ideas, 18 (2011) 18, S. 38–54.

Milkau, Fritz, Die Internationale Bibliographie der Naturwissenschaften. Nach dem Plane der Royal Society, Berlin, 1899.

Minner, Ina E, Ewig ein Fremder im fremden Lande. Ludwig Ross (1806–1859) und Griechenland. Biographie, Mannheim, 2006.

Momigliano, Arnaldo, Alte Geschichte und antiquarische Forschung, in: Ausgewählte Schriften zur Geschichte und Geschichtsschreibung. Band 2: Spätantike bis Spätaufklärung, hrsg. von Anthony Grafton, Stuttgart, 1999, S. 1–36.

Mommertz, Monika, Geschlecht als »tracer«: Das Konzept der Funktionenteilung als Perspektive für die Arbeit mit Geschlecht als analytischer Kategorie in der frühneuzeitlichen Wissenschaftsgeschichte, in: Nonne, Königin und Kurtisane. Wissen, Bildung und Gelehrsamkeit von Frauen in der Frühen Neuzeit, hrsg. von Michaela Hohkamp / hrsg. von Gabriele Jancke, Berlin, 2004, S. 17–38.

Mommertz, Monika, Schattenökonomie der Wissenschaft. Geschlechterordnung und Arbeitssysteme in der Astronomie der Berliner Akademie der Wissenschaften im 18. Jahrhundert, in: Frauen in Akademie und Wissenschaft. Arbeitsorte und Forschungspraktiken 1700–2000, hrsg. von Theresa Wobbe, Berlin, 2002, S. 31–64.

Mommsen, Adelheid, Mein Vater. Erinnerungen an Theodor Mommsen, München, 1992.

Mommsen, Adelheid, Theodor Mommsen im Kreise der Seinen. Erinnerungen seiner Tochter Adelheid Mommsen, 2. Aufl., Berlin, 1937.

Mommsens, Briefe aus dem Elternhause Theodor Mommsens. Mit dem Verzeichnis der von ihm in Kiel gehörten Vorlesungen, Altenburg, 1917.

Mommsen, Theodor, Epigraphische und numismatische Schriften, Unveränd. Nachdr. der 1. Aufl. [Berlin] 1913., Zürich u.a., Gesammelte Schriften, 1994.

Mommsen, Theodor, Tagebuch der französisch-italienischen Reise 1844/45, Bern, Frankfurt a. M., 1976.

Mommsen, Theodor, Gesammelte Schriften, Berlin, 1907.

Mommsen, Theodor, Rede beim Antritt des Rektorates 15. Oktober 1874. Über das Geschichtsstudium, in: Reden und Aufsätze, hrsg. von Otto Hirschfeld, 2. unveränd., Berlin, 1905, S. 3–16.

Mommsen, Theodor, Reden und Aufsätze, 2. unveränd., Berlin, 1905.

Mommsen, Theodor, Öffentliche Sitzung zur Rede zur Vorfeier des Geburtsfestes Sr. Majestät des Kaisers und Königs am 18. März 1880, in: Reden und Aufsätze, hrsg. von Otto Hirschfeld, 2. unveränd. Abdr. Auflage., Berlin, 1905, S. 89–103.

Mommsen, Theodor, Ansprache am Leibniz'schen Gedächtnistage am 4. Juli 1895, in: Sitzungsberichte der Königlich Preußischen Akademie der Wissenschaften, (1895), S. 733–735.

Mommsen, Theodor, Antwort an Harnack, 3. Juli 1890, in: Sitzungsberichte der Königlich Preußischen Akademie der Wissenschaften, (1890), S. 790–793.

Mommsen, Theodor, Öffentliche Sitzung zur Rede zur Vorfeier des Geburtsfestes Sr. Majestät des Kaisers und Königs am 18. März 1880, in: Monatsberichte der Königlichen Preußischen Akademie der Wissenschaften zu Berlin, (1880), S. 311–323.

Mommsen, Theodor, Rede am Leibniztage 1874, in: Monatsberichte der Königlichen Preußischen Akademie der Wissenschaften zu Berlin, (1874).

Mommsen, Theodor, Antrittsrede als Mitglied der Akademie, in: Monatsberichte der Königlichen Preußischen Akademie der Wissenschaften zu Berlin, (1858), S. 393–395.

Mommsen, Theodor, Inschriften von Lyon, in: Allgemeine Monatsschrift für Wissenschaft und Literatur, (1853).

Mommsen, Theodor, Über das römische Münzwesen, Leipzig, 1850.

Mommsen, Theodor, Ueber den Plan und die Ausführung eines Corpus Inscriptionum Latinarum, Berlin, 1847.

Mommsen, Theodor, Römische Geschichte, Leipzig u.a., 1854ff.

Mommsen, Theodor, Storm, Theodor & Mommsen, Tycho, Liederbuch dreier Freunde, Kiel, 1843.

Morenz, Ludwig D., Ulrich Jesper Seetzens Konstruktionen Altägyptens: Eine Fallstudie möglicher Ägyptenrezeptionen im frühen 19. Jahrhundert, in: Inszenierte Wissenschaft. Zur Popularisierung von Wissen im 19. Jahrhundert, hrsg. von Stefanie Samida, Bielefeld, 2011, S. 177–189.

Morrell, JB, The Chemist Breeders. The Research Schools of Liebig and Thomas Thomson, in: Ambix, (1972), S. 1–46.

Mosse, George L., Die Geschichte des Rassismus in Europa, Vom Autor durchges. und erw. Ausg., Frankfurt a. M., 1990.

Mosse, George L., Toward the final solution: a history of European racism, New York, 1978.

Mosse, George L., Rassismus: ein Krankheitssymptom in der europäischen Geschichte des 19. und 20. Jahrhunderts, Königstein/Ts., 1978.

Muhlack, Ulrich, Geschichtswissenschaft im Humanismus und in der Aufklärung: die Vorgeschichte des Historismus, München, 1991.

Müller, Carl Werner, Das Rheinische Museum für Philologie 1842–2007. Zum Erscheinen des 150. Bandes der Neuen Folge, in: Rheinisches Museum für Philologie, (2007), S. 1–7.

Müller, D. Diamillo, Biografie autografe ed inedite di illustri Italiani di questo secolo, Torino, 1853.

Müller, Hans-Harald, Keine Forschung zur geisteswissenschaftlichen Großforschung? Anmerkungen zum Beitrag von Carlos Spoerhase, in: Geschichte der Germanistik. Mitteilungen, (2010), S. 27–31.

Müller, Hans-Harald, Groß- und/oder Forschung? Symphilologie, geselliges Arbeiten und Großforschung in den Geisteswissenschaften des 19. Jahrhunderts, in: Symphilologie. Formen der Kooperation in den Geisteswissenschaften, hrsg. von Stefanie Stockhorst / hrsg. von Marcel Lepper, Göttingen, [im Druck].

Müller, Heiner, Mommsens Block, in: Drucksache 1, Berlin, 1993.

Müller, Iwan (Hrsg.), Handbuch der Altertumswissenschaft. begr. von Iwan von Müller. Erw. von Walter Otto. Hrsg. von Hermann Bengtson, München, 1885.

Müller, Philipp, Die neue Geschichte aus dem alten Archiv. Geschichtsforschung und Arkanpolitik in Mitteleuropa, ca. 1800 – ca. 1850, in: Historische Zeitschrift, 299 (2014) 1.

Müller, Philipp, Archives and history: Towards a history of ›the use of state archives‹ in the 19th century, in: History of the Human Sciences, 26 (2013) 4, S. 27–49.

Müller, Philipp, Ranke in the lobby of the archive : metaphors and conditions of historical research, in: Unsettling history: archiving and narrating in historiography, hrsg. von Sebastian Jobs / hrsg. von Alf Lüdtke, Frankfurt a. M., 2010, S. 109–125.

Müller, Sven / Torp, Cornelius (Hgg.), Das deutsche Kaiserreich in der Kontroverse, Göttingen, 2009.

Müller-Wille, Staffan, Collection and collation: theory and practice of Linnaean botany, in: Studies in History and Philosophy of Science Part C: Studies in History and Philosophy of Biological and Biomedical Sciences, 38 (2007) 3, S. 541–562.

Müller-Wille, Staffan (Hrsg.), Sammeln – Ordnen – Wissen. Beiträge zu einem Festkolloquium aus Anlaß des 80. Geburtstages von Ilse Jahn, Berlin, (Preprint des Max-Planck-Instituts für Wissenschaftsgeschichte, Bd. 215), 2002.

Müller-Wille, Staffan, Carl von Linnés Herbarschrank. Zur epistemischen Funktion eines Sammlungsmöbels, in: Sammeln als Wissen. Das Sammeln und seine wissenschaftsgeschichtliche Bedeutung, hrsg. von Anke te Heesen / hrsg. von Emma C. Spary, Göttingen, 2001, S. 22–38.

Musto, Ronald G, Apocalypse in Rome: Cola di Rienzo and the Politics of the New Age, Berkeley u.a., 2003.

Naudé, Wilhelm, Deutsche städtische Getreidehandelspolitik vom 15.–17. Jahrhundert, mit besonderer Berücksichtigung Stettins und Hamburgs, Leipzig, (Staats- und socialwissenschaftliche Forschungen, Bd. 36), 1889.

Nau, Heino Heinrich / Schefold, Bertram (Hgg.), The historicity of economics. Continuities and discontinuities of historical thought in 19th and 20th century economics, Berlin, 2002.

Neugebauer, Wolfgang, »Großforschung« und Teleologie: Johann Gustav Droysen und die editorischen Projekte seit den 1860er Jahren, in: Johann Gustav Droysen. Philosophie und Politik – Historie und Philologie, hrsg. von Stefan Rebenich / hrsg. von Hans-Ulrich Wiemer, Frankfurt a. M., 2012, S. 261–292.

Neugebauer, Wolfgang (Hrsg.), Handbuch der Preußischen Geschichte. Band 1: Das 17. und 18. Jahrhundert und Große Themen der Geschichte Preußens, Berlin u.a., 2009.

Neugebauer, Wolfgang, Die »Schmoller Connection«. Acta Borussica, wissenschaftlicher Großbetrieb im Kaiserreich und das Beziehungsgeflecht Gustav Schmollers, in: Archivarbeit in Preußen. Symposium der Preußischen Historischen Kommission und des Geheimen Staatsarchivs Preußischer Kulturbesitz aus Anlass der 400. Wiederkehr der Begründung seiner archivischen Tradition, hrsg. von Jürgen Kloosterhuis, Berlin, 2000, S. 261–301.

Neugebauer, Wolfgang, Zum schwierigen Verhältnis von Geschichts-, Staats- und Wirtschaftswissenschaften am Beispiel der Acta Borussica, in: Die Königlich Preußische Akademie der Wissenschaften zu Berlin im Kaiserreich, hrsg. von Jürgen Kocka / hrsg. von Rainer Hohlfeld / hrsg. von Peter Th. Walther, Berlin, 1999, S. 235–275.

Neugebauer, Wolfgang, Das Ende der alten Acta Borussica, in: Wissenschaftsfördernde Institutionen im Deutschland des 20. Jahrhunderts: Beiträge der gemeinsamen Tagung des Lehrstuhls für Wissenschaftsgeschichte an der Humboldt-Universität zu Berlin und des Archivs zur Geschichte der Max-Planck-Gesellschaft, 18.–20. Februar 1999, hrsg. von Rüdiger vom Bruch, Berlin, 1999, S. 40–56.

Neugebauer, Wolfgang, Die wissenschaftlichen Anfänge Otto Hintzes, in: Zeitschrift der Savigny-Stiftung für Rechtsgeschichte, Germanistische Abteilung, (1998), S. 540–551.

Neugebauer, Wolfgang, Martin Hass (1883–1911). Beiträge zur Biographie eines preußischen Historikers und Wegbereiters der Aktenkunde als Historische Hilfswissenschaft, in: Herold-Jahrbuch, (1998), S. 53–71.

Neugebauer, Wolfgang, Gustav Schmoller, Otto Hintze und die Arbeit an den Acta Borussica, in: Jahrbuch für brandenburgische Landesgeschichte, (1997), S. 152–202.

Neugebauer, Wolfgang, Otto Hintze und seine Konzeption der »Allgemeinen Verfassungsgeschichte der neueren Staaten«, in: Zeitschrift für historische Forschung, 20 (1993) 1, S. 65–96.

Neugebauer, Wolfgang / Holtz, Bärbel (Hgg.), Kulturstaat und Bürgergesellschaft: Preußen, Deutschland und Europa im 19. und frühen 20. Jahrhundert, Berlin, 2010.

Newton, Charles Thomas, Die griechischen Inschriften. 2 Aufsätze, Hannover, 1881.

Nickelsen, Kärin, Alle Gestalten sind ähnlich, und keine gleichet der andern. Bilder von Pflanzenarten im 18. Jahrhundert, in: Sammeln – Ordnen – Wissen. Beiträge zu einem Festkolloquium aus Anlaß des 80. Geburtstages von Ilse Jahn, hrsg. von Staffan Müller-Wille, Berlin, (Preprint des Max-Planck-Instituts für Wissenschaftsgeschichte, Bd. 215), 2002, S. 13–30.

Niebuhr, Barthold Georg, Punkte zum Entwurf eines Planes zur Ausarbeitung eines Corpus Inscriptionum, von der philologisch Klasse zu berathschlagen, nebst »Vorschlägen ad Protocollum« (die letzteren vom 6. Juni, jene nicht datirt), in: Urkunden und Actenstücke zur Geschichte der Königlich-preußischen Akademie der Wissenschaften, hrsg. von Adolf von Harnack, Berlin, 1900, S. 379–382.

Niebuhr, Barthold Georg, Vorträge über römische Alterthümer an der Universität zu Bonn gehalten, Berlin, 1858.

Nietzsche, Friedrich, Schreibmaschinentexte: vollständige Edition; Faksimiles und kritischer Kommentar. Aus dem Nachlass hrsg. von Stephan Günzel und Rüdiger Schmidt-Grépály, Weimar, 2002.

Nietzsche, Friedrich, Die fröhliche Wissenschaft, Chemnitz, 1882.

Nietzsche, Friedrich Wilhelm, Vom Nutzen und Nachteil der Historie für das Leben, in: Werke: Kritische Gesamtausgabe. Bd. 3.1., hrsg. von Mazzino Montinari / hrsg. von Giorgio Colli, Berlin, 1972, S. 239–330.

Nikolow, Sybilla, Die Nation als statistisches Kollektiv. Bevölkerungskonstruktionen im Kaiserreich und in der Weimarer Republik, in: Wissenschaft und Nation in der europäischen Geschichte, hrsg. von Ralph Jessen und Jakob; Vogel, Frankfurt a. M., New York, 2002.

Nikolow, Sybilla, A.F.W. Crome's Measurement of the »Strength of the State«. Statistical Representations in Central Europe around 1800, in: The Age of Economic Measurement, hrsg. von Judy L. Klein / hrsg. von Mary Morgan, Durham, 2001, S. 23–56.

Nippel, Wilfried, Boeckhs Beitrag zur Alten Geschichte, in: August Boeckh: Philologie, Hermeneutik und Wissenschaftspolitik, hrsg. von Christiane Hackel / hrsg. von Sabine Seifert, Berlin, 2013, S. 45–58.

Nippel, Wilfried, Barthold Georg Niebuhr und die Begründung der modernen Althistorie, in: Die modernen Väter der Antike. Die Entwicklung der Altertumswissenschaften an Akademie und Universität im Berlin des 19. Jahrhunderts, hrsg. von Annette M. Baertschi / hrsg. von Colin G. King, Berlin, 2009, S. 87–113.

Nippel, Wilfried, Johann Gustav Droysen. Ein Leben zwischen Wissenschaft und Politik, München, 2008.

Nippel, Wilfried, New Paths of Antiquarianism in the Nineteenth and Early Twentieth Centuries: Theodor Mommsen and Max Weber, in: Momigliano and Antiquarianism. Foundations of the modern cultural sciences, hrsg. von Peter N. Miller, Toronto, 2007, S. 207–228.

Nipperdey, Thomas, Arbeitswelt und Bürgergeist, München, (Deutsche Geschichte 1866–1918, Bd. 1), 1994.

N.N., Codex Einsidlensis 326, unter: Codex 326(1076), <http://www.e-codices.unifr.ch/de/list/one/sbe/0326>.

Nobelpreiskomitee, Les Prix Nobel en 1902, Stockholm, 1905.

Nye, Mary Jo, Before big science. The pursuit of modern chemistry and physics, 1800–1940, New York, 1999.

Oexle, Otto Gerhard (Hrsg.), Krise des Historismus – Krise der Wirklichkeit. Wissenschaft, Kunst und Literatur 1880–1932, Göttingen, 2007.

Oexle, Otto Gerhard (Hrsg.), Naturwissenschaft, Geisteswissenschaft, Kulturwissenschaft: Einheit – Gegensatz – Komplementarität?, Göttingen, 1998.

Oexle, Otto Gerhard, Naturwissenschaft und Geschichtswissenschaft. Momente einer Problemgeschichte, in: Naturwissenschaft, Geisteswissenschaft, Kulturwissenschaft. Einheit – Gegensatz – Komplementarität?, hrsg. von Otto Gerhard Oexle, Göttingen, 1998, S. 101–151.

Orth, Karin, Autonomie und Planung der Forschung: förderpolitische Strategien der Deutschen Forschungsgemeinschaft 1949–1968, Stuttgart, 2011.

Osterhammel, Jürgen, Die Verwandlung der Welt. Eine Geschichte des 19. Jahrhunderts, München, 2009.

Osterhammel, Jürgen & Petersson, Niels P, Geschichte der Globalisierung: Dimensionen, Prozesse, Epochen, München, 2003.

Padalletti, Guido, August Wilhelm Zumpt. Zur Erinnerung an sein Leben und seine Schriften, Leipzig, 1878.

Palsky, Gilles, The debate on the standardization of statistical maps and diagrams (1857–1901). Elements for the history of graphical language, in: Cybergeo. European Journal of Geography, (1999).

Parent-Duchâtelet, Alexandre-Jean-Baptiste, Die Sittenverderbniß (la Prostitution) des weiblichen Geschlechts in Paris. Aus dem Gesichtspunkte der Polizei, öffentlichen Gesundheitspflege und Sittlichkeit, Leipzig, 1837.

Parent-Duchâtelet, Alexandre-Jean-Baptiste, De la prostitution dans la ville de Paris, considérée sous la rapport de l'hygiène publique, de la morale et de l'administration. Ouvrage appuyé de documens statistiques puisés dans les archives de la Préfecture de police, Paris, 1836.

Partsch, Karl Josef, Die Zoologische Station in Neapel: Modell internationaler Wissenschaftszusammenarbeit, Göttingen, 1980.

Pascal, Roy, »Bildung« and the division of labour, in: German Studies Presented to W.H. Bruford on his retirement by his Pupils, Colleagues and Friends, London, 1962.

Paul, Harry W, The sorcerer's Apprentice: The French scientist's image of German science 1840–1919, Gainesville, 1972.

Pertz, Georg Heinrich, Das Leben des Ministers Freiherrn vom Stein. 1829 bis 1831 (Band 6,2), Berlin, 1855.

Petersen, Eugen (Hrsg.), Otto Jahn in seinen Briefen. Mit einem Bilde seines Lebens von Adolf Michaelis nach dessen Tode herausgegeben von Eugen Petersen, Leipzig u.a., 1913.

Petraccia, Maria Federica / Tramunto, M. (Hgg.), Il carteggio Ramelli-Borghesi e Ramelli-Des Vergers. Il progetto francese di un Corpus inscriptionum latinarum, in: Camillo Ramelli e la cultura antiquaria dell'Ottocento, hrsg. von Maria Federica Petraccia / hrsg. von M. Tramunto, Rom, 2006, S. 39–57.

Peukert, Helge, The Schmoller Renaissance, in: History of Political Economy, 33 (2001) 1, S. 71–116.

Pfeilschifter, Georg, Die S[ank]t Blasianische Germania sacra. Ein Beitrag zur Historiographie des 18. Jahrhunderts, Kempten, 1921.

Pfetsch, Frank R, Zur Entwicklung der Wissenschaftspolitik in Deutschland, 1750–1914, Berlin, 1974.

Playfair, William, The commercial and political atlas: representing, by means of stained copper-plate charts, the exports, imports, and general trade of England, at a single view, London, 1785.

Plessen, Marie-Louise, Die Wirksamkeit des Vereins für Socialpolitik 1872–1890, Berlin, 1975.

Plumpe, Werner, Gustav von Schmoller und der Institutionalismus, in: Geschichte und Gesellschaft, (1999), S. 252–275.

Pohle, Hermann / Mahr, Gustav (Hgg.), Festschrift zum hundertjährigen Bestehen der Berliner Gesellschaft für Anthropologie, Ethnologie und Urgeschichte 1869–1969, Berlin, 1969.

Polanyi, Michael, Personal knowledge. Towards a post-critical philosophy, Chicago, 1958.

Poliakov, Léon, Le mythe aryen: essai sur les sources du racisme et des nationalismes, Paris, 1971.

Poliakov, Léon, Der arische Mythos: zu den Quellen von Rassismus und Nationalismus, Wien u.a., 1971.

Pomian, Krzysztof, Des saintes reliques à l'art moderne: Venise-Chicago, XIIIe–XXe siècle, Paris, Bibliothèque des histoires, 2003.

Porter, Theodore M, Trust in numbers: the pursuit of objectivity in science and public life, 2. Aufl., Princeton, NJ, 1996.

Porter, Theodore M, The rise of statistical thinking 1820–1900, Princeton, NJ, 1986.

Posner, Carl, Rudolf Virchow, 2. Aufl., Wien u.a., 1921.

Powell, Justin JW, Staatliche Forschungsförderung der Sozialwissenschaften: Die Deutsche Forschungsgemeinschaft (DFG) und die amerikanische National Science Foundation (NSF) im Vergleich, Berlin, 2000.

Prévost, Jean-Guy, Statistics, public debate and the state, 1800–1945. A social, political and intellectual history of numbers, London u.a., 2012.

Priddat, Birger P., Produktive Kraft, sittliche Ordnung und geistige Macht: Denkstile der deutschen Nationalökonomie im 18. und 19. Jahrhundert, Marburg, 1998.

Priddat, Birger P., Exkurs: Zur Einschätzung des methodischen Programms der deutschen Nationalökonomie im 19. Jahrhundert. Schmoller I, in: Produktive Kraft, sittliche Ordnung und geistige Macht: Denkstile der deutschen Nationalökonomie im 18. und 19. Jahrhundert, hrsg. von Birger P. Priddat, Marburg, 1998, S. 321–327.

Priddat, Birger P., Die andere Ökonomie. Eine neue Einschätzung von Gustav Schmollers Versuch einer »ethisch-historischen« Nationalökonomie im 19. Jahrhundert, Marburg, 1995.

Pycior, Helena M., Slack, Nancy G & Abir-Am, Pnina G, Creative couples in the sciences, New Brunswick, NJ, 1996.

Quatrefages, Armand de, La race prussienne. Réponse de M. de Quatrefages, in: La Revue scientifique de la France et de l'étranger, Ser. 2, A2, (1873), S. 989–1000.

Quatrefages, Armand de, The Prussian Race Ethnologically Considered: To Which Is Appended Some Account of the Bombardment of the Museum of Natural History, etc., by the Prussians in January, 1871, 1872.

Quatrefages, Armand de, La race Prussienne, in: Révue des deux mondes, (1871), S. 647–669.

Quatrefages, Armand de, La race Prussienne, Paris, 1871.

Quatrefages, Armand de, La race prussienne, in: Bulletins de la Société d'anthropologie de Paris, 6 (1871) 1, S. 182–185.

Quatrefages, Armand de, Hamy, Théodore Jules Ernest & Formant, Henri Celestin, Crania ethnica. Les cranes des races humaines décrits et figurés d'après les collections du Muséum d'Histoire Naturelle de Paris, de la Société d'Anthropologie de Paris, et les principales collections de la France et de l'étranger, Paris, 1882.

Rachel, Hugo, Papritz, Johannes & Wallich, Paul, Berliner Großkaufleute und Kapitalisten. Band 1: Bis zum Ende des dreißigjährigen Krieges, Berlin, 1934.

Radkau, Joachim, Max Weber: Die Leidenschaft des Denkens, München, 2014.

Radnóti, Sándor, The Origins of a New Reception of Antiquity, in: The nineteenth-century process of »Musealization« in Hungary and Europe, hrsg. von Ernő Marosi / hrsg. von Gábor Klaniczay, Budapest, 2006.

Ranke, Johannes, Bericht über die XIV. allgemeine Versammlung der deutschen anthropologischen Gesellschaft zu Trier, in: Korrespondenz-Blatt der Deutschen Gesellschaft für Anthropologie, Ethnologie und Urgeschichte, 9 (1883) 9, S. 109–111.

Ranke, Johannes, Beiträge zur physischen Anthropologie der Bayern, München, 1883.

Raphael, Lutz, Die Verwissenschaftlichung des Sozialen als methodische und konzeptionelle Herausforderung für eine Sozialgeschichte des 20. Jahrhunderts, in: Geschichte und Gesellschaft, 22 (1996) 2, S. 165–193.

Rebenich, Stefan (Hrsg.), Theodor Mommsen und Friedrich Althoff: Briefwechsel 1882–1903, München, 2012.

Rebenich, Stefan, Die Erfindung der »Großforschung«. Theodor Mommsen als Wissenschaftsorganisator, in: Geldgeschichte versus Numismatik. Theodor Mommsen und die antike Münze, hrsg. von Hans-Markus von Kaenel / hrsg. von Maria R.-Alföldi / hrsg. von Ulrike Peter / hrsg. von Holger Komnick, Berlin, 2004, S. 5–20.

Rebenich, Stefan, Theodor Mommsen. Eine Biographie, München, 2002.

Rebenich, Stefan, Die Altertumswissenschaften und die Kirchenväterkommission an der Akademie. Theodor Mommsen und Adolf Harnack, in: Die Königlich Preußische Akademie der Wissenschaften zu Berlin im Kaiserreich, hrsg. von Jürgen Kocka / hrsg. von Rainer Hohlfeld / hrsg. von Peter Th. Walther, Berlin, 1999, S. 199–233.

Rebenich, Stefan, Theodor Mommsen und Adolf Harnack. Wissenschaft und Politik im Berlin des ausgehenden 19. Jahrhunderts. Mit einem Anhang und Kommentierung des Briefwechsels, Berlin, New York, 1997.

Rebenich, Stefan, Giovanni Battista de Rossi und Theodor Mommsen, in: Lebendige Antike. Rezeptionen der Antike in Politik, Kunst und Wissenschaft der Neuzeit, hrsg. von Reinhard Stupperich, Mannheim, 1995, S. 173–186.

Reinecke, Christiane / Mergel, Thomas (Hgg.), Das Soziale ordnen: Sozialwissenschaften und gesellschaftliche Ungleichheit im 20. Jahrhundert, Frankfurt a. M., 2012.

Rheinberger, Hans-Jörg, Man weiss nicht genau, was man nicht weiss. Über die Kunst, das Unbekannte zu erforschen., unter: NZZ Online, <http://www.nzz.ch/2007/05/05/li/articleELG88.html>.

Rheinberger, Hans-Jörg, Historische Epistemologie zur Einführung, Hamburg, 2007.

Rheinberger, Hans-Jörg, Strukturen des Experimentierens: Zum Umgang mit dem Nichtwissen, in: Wissenschaft als kulturelle Praxis. 1750–1900, hrsg. von Hans Erich; Peter Hanns Reill Bödeker / hrsg. von Jürgen Schlumbohm, Göttingen, 1999, S. 415–423.

Rheinberger, Hans-Jörg (Hrsg.), Die Experimentalisierung des Lebens. Experimentalsysteme in den biologischen Wissenschaften 1850/1950, Berlin, 1993.

Riese, Reinhard, Die Hochschule auf dem Weg zum wissenschaftlichen Großbetrieb. Die Universität Heidelberg und das badische Hochschulwesen 1860–1914, Stuttgart, 1977.

Ring, Peter, Bevölkerung, in: Berlin-Handbuch. Das Lexikon der Bundeshauptstadt, hrsg. von Horst Ulrich, 2., durchges., Berlin, 1993, S. 236–248.

Ritschl, Friedrich, Recension von »Inscriptiones regni Neapolitani latinae. edidit Theodorus Mommsen«, in: Friedrich Ritschl's Kleine philologische Schriften. Bd. 5: Vermischtes, hrsg. von Curt Wachsmuth, Leipzig, 1879, S. 584–592.

Ritschl, Friedrich, Recension von »Inscriptiones regni Neapolitani latinae, edidit Theodorus Mommsen.«, in: Litterarisches Centralblatt, 49 (1852) 49, S. 792–795.

Ritschl, Friedrich Wilhelm, Priscae Latinitatis monumenta epigraphica, Berolini, 1862.

Ritter, Carl, Bemerkungen über Veranschaulichungsmittel räumlicher Verhältnisse bei graphischen Darstellungen durch Form und Zahl, in: Abhandlungen der Königlichen Preußischen Akademie der Wissenschaften zu Berlin aus dem Jahre 1828, (1831), S. 213–232.

Ritter, Gerhard A, Großforschung und Staat in Deutschland. Ein historischer Überblick, München, 1992.

Roberts, Ernest Stewart & Gardner, Ernest Arthur, An introduction to Greek epigraphy, Cambridge, 1887.

Robinson, Arthur Howard, Early thematic mapping in the history of cartography, Chicago u.a., 1982.

Romagnani, Gian Paolo (Hrsg.), Scipione Maffei nell'Europa del Settecento, Verona, 1998.

Rosenbaum, Heidi, Formen der Familie. Untersuchungen zum Zusammenhang von Familienverhältnissen, Sozialstruktur und sozialem Wandel in der deutschen Gesellschaft des 19. Jahrhunderts, Frankfurt a. M., 1982.

Rössler, Johannes, Das Notizbuch als Werkzeug des Kunsthistorikers. Schrift und Zeichnung in den Forschungen von Wilhelm Bode und Carl Justi, in: Daten sichern. Schreiben und Zeichnen als Verfahren der Aufzeichnung, hrsg. von Christoph Hoffmann, Zürich u.a., (Wissen im Entwurf, Bd. 1), 2008, S. 73–102.

Rothenburg, Friedrich Rudolf von, Die Schlacht bei Schleswig am 23sten April 1848, 4. Aufl., Berlin, 1850.

Rouch, Jean, Petit A Petit, 1972.

Rubbiani, Alfonso, Etnologia Bolognese, Bologna, 1882.

Rupnow, Dirk / Lipphardt, Veronika / Thiel, Jens / Wesely, Christina (Hgg.), Pseudowissenschaft: Konzeptionen von Nichtwissenschaftlichkeit in der Wissenschaftsgeschichte, Frankfurt a. M., 2008.

Sandermann, Wilhelm & Hoffmann, Klaus, Papier. Eine Kulturgeschichte, 3. ergänzte, überarbeitete., Berlin, New York, 1997.

Sangarné, Sylvie, Les tentatives françaises d'édition d'un recueil des inscriptions latines (C.I.L.). La guerre des comités (1835-1839), in: Cahiers d'histoire, 44 (1999) 1, S. 105–126.

Sarasin, Philipp, Touch-screen 1850. Die Haut im 19. Jahrhundert als Medium. Eine Skizze, in: Haut, hrsg. von Christine Hanke / hrsg. von Regina Nössler, Tübingen, (Konkursbuch, Bd. 41), 2003, S. 218–228.

Sawilla, Jan Marco, Antiquarianismus, Hagiographie und Historie im 17. Jahrhundert. Zum Werk der Bollandisten. Ein wissenschaftshistorischer Versuch, Tübingen, 2009.

Scaliger, Joseph Juste / Gruterus, Janus / Welser, Marcus (Hgg.), Inscriptionvm Romanarvm corpvs absolvtissimvm, [Heidelberg], 1616.

Schaller, Annekatrin, Michael Tangl (1861–1921) und seine Schule. Forschung und Lehre in den Historischen Hilfswissenschaften, Stuttgart, 2002.

Schattner, Thomas G. / Maier, Jorge / Blech, Michael (Hgg.), Emil Hübner und die Altertumswissenschaften in Hispanien / Emil Hübner y las ciencias de la antigüedad en Hispania. Akten des Kolloquiums in Madrid vom 19. bis 20. November 2008 zu Ehren des 175. Geburtstages von Emil Hübner; Actas del coloquio celebrado en Madrid del 19 al 20 de noviembre del 2008 por el 175 aniversario del nacimiento de Emil Hübner, Madrid, 2014.

Scheer, Christian / Chipman, John Somerset (Hgg.), Die ältere historische Schule: wirtschaftstheoretische Beiträge und wirtschaftspolitische Vorstellungen, Berlin, (Studien zur Entwicklung der ökonomischen Theorie – Schriften des Vereins für Socialpolitik, Bd. 20), 2005.

Schefold, Bertram, Beiträge zur ökonomischen Dogmengeschichte, Düsseldorf, 2004.

Scheid, John, Le projet francais dùn recueil général des inscriptions latines, in: Bartolomeo Borghesi, scienza e libertà, hrsg. von Giancarlo Susini, Bologna, 1982, S. 337–353.

Schieder, Theodor, Organisation und Organisationen der Geschichtswissenschaft: 125 Jahre Historische Kommission bei der Bayerischen Akademie der Wissenschaften, in: Historische Kommission bei der Bayerischen Akademie der Wissenschaften 1858–1983, hrsg. von Bayerische Akademie der Wissenschaften, München, 1984.

Schierenberg, GAB, Namentliches Verzeichnis der Kinder in der Karolinen-Anstalt zu Horn (Lippe) nach der Haut-, Augen- und Haarfarbe, in: Verhandlungen der Berliner Gesellschaft für Anthropologie, Ethnologie und Urgeschichte, (1890), S. 474.

Schimmer, Gustav Adolf, Erhebungen über die Farbe der Augen, der Haare und der Haut bei den Schulkindern Oesterreichs, Wien, (Mittheilungen der anthropologischen Gesellschaft in Wien. Supplement, Bd. 1), 1884.

Schivelbusch, Wolfgang, Geschichte der Eisenbahnreise. Zur Industrialisierung von Raum und Zeit im 19. Jahrhundert, München u.a., 1977.

Schlegel, Richard, Completeness in science, New York, 1967.

Schliz, Alfred, Eine Schulkinderuntersuchung zum Zweck der Rassenbestimmung nach Farbencomplexion und primären Körpermerkmalen, in: Archiv für Anthropologie, (1902), S. 191.

Schmidt, Emil, Anthropologische Methoden. Anleitung zum Beobachten und Sammeln für Laboratorium und Reise, Leipzig, 1888.

Schmidt, Manfred G. (Hrsg.), Hermann Dessau (1856–1931): zum 150. Geburtstag des Berliner Althistorikers und Epigraphikers. Beiträge eines Kolloquiums und wissenschaftliche Korrespondenz des Jubilars, Berlin, 2009.

Schmidt, Manfred G, Corpus Inscriptionum Latinarum, 2. durchgesehene und aktualisierte Auflage., Berlin, 2007.

Schmidt, Manfred G, Einführung in die lateinische Epigraphik, Darmstadt, 2004.

Schmoller, Gustav, Meine Heilbronner Jugendjahre, Heilbronn, Kalender »Von Schwäbischer Scholle«, 1918.

Schmoller, Gustav, Zwei Reden über Ministerialdirektor Friedrich Althoff, in: Charakterbilder, hrsg. von Gustav Schmoller, München, Leipzig, 1913, S. 112–120.

Schmoller, Gustav, Grundriß der allgemeinen Volkswirtschaftslehre, Leipzig, 1900.

Schmoller, Gustav, Umrisse und Untersuchungen zur Verfassungs-, Verwaltungs- und Wirtschaftsgeschichte besonders des Preussischen Staates im 17. und 18 Jahrhundert, Leipzig, 1898.

Schmoller, Gustav, Bericht des Herrn Schmoller über die Acta Borussica, in: Forschungen zur Brandenburgischen und Preußischen Geschichte, (1889), S. 270–271.

Schmoller, Gustav, Antrittsrede, in: Sitzungsberichte der Königlich Preußischen Akademie der Wissenschaften, (1887), S. 637–639.

Schmoller, Gustav, Rez. zu C. Menger, Die Irrthümer des Historismus in der deutschen Nationalökonomie, in: Jahrbuch für Gesetzgebung, Verwaltung und Volkswirthschaft im deutschen Reich, 8 (1884) 2, S. 333.

Schmoller, Gustav, Zur Methodologie der Staats- und Sozialwissenschaften, in: Jahrbuch für Gesetzgebung, Verwaltung und Volkswirtschaft im Deutschen Reich, (1883), S. 975–994.

Schmoller, Gustav, Johann Gottlieb Fichte: Eine Studie aus dem Gebiete der Ethik und der Nationalökonomie, in: Jahrbücher für Nationalökonomie und Statistik, (1865), S. 1–61.
Schmoller, Gustav / Hintze, Otto (Hgg.), Die preußische Seidenindustrie im 18. Jahrhundert und ihre Begründung durch Friedrich den Großen. Bd. 1: Akten bis 1768, bearb. von G. Schmoller und O. Hintze, Berlin, 1892.
Schmoller, Gustav & Sybel, Heinrich von, Vorrede, in: Urkunden und Aktenstücke zur Geschichte der inneren Politik des Kurfürsten Friedrich Wilhelm von Brandenburg. T. 1, Bd. 1, Dies., Leipzig u.a., 1892.
Schmoller, Gustav von, Zwanzig Jahre deutscher Politik (1897–1917). Aufsätze und Vorträge, München u.a., 1920.
Schmoller, Gustav von, Zur Geschichte der deutschen Kleingewerbe im 19. Jahrhundert. Statistische und nationalökonomische Untersuchungen, Halle, 1870.
Schmutz, Hans-Konrad, Vermessene Nation: Eine Skizze der imagologischen Anthropologie nach 1860, in: Anthropologie nach Haeckel, hrsg. von Dirk Preuß, Stuttgart, 2006, S. 184–194.
Schöllgen, Gregor, Max Weber, München, 1998.
Schön, Manfred, Gustav Schmoller und Max Weber, in: Max Weber und seine Zeitgenossen, hrsg. von Wolfgang J. Mommsen; Wolfgang Schwentker, Göttingen, Zürich, 1988, S. 84–97.
Schreurs, Anna, Antikenbild und Kunstanschauungen des neapolitanischen Malers, Architekten und Antiquars Pirro Ligorio (1513–1583), Köln, 2000.
Schröder, Iris, Das Wissen von der ganzen Welt: Globale Geographien und räumliche Ordnungen Afrikas und Europas 1790–1870, Paderborn, 2011.
Schumacher, Bruno, Otto Krauske, in: Altpreußische Forschungen, (1930), S. 177–180.
Schumpeter, Josef, Gustav Schmoller und die Probleme von heute, in: Schmollers Jahrbuch, (1926), S. 337–388.
Schumpeter, Joseph A, History of economic analysis, London, 1954.
Schumpeter, Joseph Alois, Epochen der Dogmen- und Methodengeschichte, Tübingen, 1914.
Schüttpelz, Erhard, »Sie zu messen, war leider trotz aller Mühe, die ich mir gab, und trotz aller Geschenke unmöglich«. Die anthropometrische Interpellation, in: Anthropometrie. Zur Vorgeschichte des Menschen nach Maß, hrsg. von Gert Theile, München, 2005, S. 139–153.
Schwartz, Wilhelm, Die neuste, durch die deutsche anthropologische Gesellschaft veranlasste Sagenbildung, in: Zeitschrift für Ethnologie, (1875), S. 392–399.
Schwarz, Angela, Der Schlüssel zur modernen Welt. Wissenschaftspopularisierung in Großbritannien und Deutschland im Übergang zur Moderne (ca. 1870–1914), Stuttgart, 1999.

Schwemann, August, Freiherr von Heinitz als Chef des Salzdepartements (1786–96), in: Forschungen zur Brandenburgischen und Preußischen Geschichte, (1894), S. 409–457.

Séménow, P. (Hrsg.), Huitiéme session du congrès international de statistique à St.-Pétersbourg. Rapports et résolutions, St. Pétersbourg, 1872.

Séménow, P. (Hrsg.), Compte-rendu général des travaux du Congrès International de Statistique: aus sessions de Bruxelles 1853, Paris 1855, Vienne 1857, Londres 1860, Berlin 1863, Florence 1867 et La Haye 1869, St.-Pétersbourg, 1872.

Semper, C, Die deutsche Gesellschaft für Anthropologie, Ethnologie und Urgeschichte, in: Korrespondenz-Blatt der Deutschen Gesellschaft für Anthropologie, Ethnologie und Urgeschichte, Mai (1870) Mai, S. 1.

Semper, C, Mitgliederverzeichnis. 1. Berliner Localverein, in: Korrespondenz-Blatt der Deutschen Gesellschaft für Anthropologie, Ethnologie und Urgeschichte, Mai (1870) Mai, S. 1.

Servos, John W, Research Schools and Their Histories, in: Osiris, (1993), S. 3–15.

Shapin, Steven, The Ivory Tower: The History of a Figure of Speech and Its Cultural Uses, in: The British Journal for the History of Science, 45 (2012) 1, S. 1–27.

Shapin, Steven, The Invisible Technician, in: American Scientist, 77 (1989) 6, S. 554–563.

Shionoya, Yuichi, The soul of the German Historical School. Methodological essays on Schmoller, Weber, and Schumpeter, New York u.a., 2004.

Shionoya, Yuichi, Schumpeter and the Idea of Social Science: A Metatheoretical Study, Cambridge, 1997.

Siegel, Steffen / Weigel, Petra (Hgg.), Die Werkstatt des Kartographen: Materialien und Praktiken visueller Welterzeugung, Paderborn, 2011.

Simsch, Adelheid, Die Wirtschaftspolitik des preußischen Staates in der Provinz Südpreußen, 1793–1806/07, Berlin, 1983.

Skálová, Olga, An analysis of geographical mobility of scientists and their communications as a component of their working conditions with regard to the Naples Zoological Station, Napoli, 1975.

Smetius, Martin, Inscriptionum Antiquarum Quæ passim per Europam, Liber, Lugduni Batavorum, 1588.

Smith, Bonnie G, Gender and the Practices of Scientific History: The Seminar and Archival Research in the Nineteenth Century, in: The American Historical Review, 100 (1995) 4, S. 1150–1176.

Smith, Woodruff Donald, Politics and the sciences of culture in Germany, 1840–1920, New York u.a., 1991.

Snow, Charles Percy, The Two Cultures, London, New York, 1993.

Solin, Heikki, Ligoriana und Verwandtes. Zur Problematik epigraphischer Fälschungen, in: E fontibus haurire: Beiträge zur römischen Geschichte und zu ihren Hilfswissenschaften. Heinrich Chantraine zum 65. Geburtstag, hrsg. von Stefan Rebenich / hrsg. von Rosmarie Günther, Paderborn, 1994, S. 335–351.

Solla Price, Derek J. de, Little science, big science. Von der Studierstube zur Großforschung, Frankfurt am Main, 1974.

Sombart, Werner, Der Bourgeois: Zur Geistesgeschichte des modernen Wirtschaftsmenschen, München u.a., 1913.

Sommer, Manfred, Sammeln. Ein philosophischer Versuch, Frankfurt a. M., 2002.

Spiethoff, Arthur (Hrsg.), Gustav von Schmoller und die deutsche geschichtliche Volkswirtschaftslehre. Festgabe zur hundertsten Wiederkehr seines Geburtstages, Berlin, 1938.

Spoerhase, Carlos, Big humanities: »Größe« und »Großforschung« als Kategorien geisteswissenschaftlicher Selbstbeobachtung, in: Geschichte der Germanistik. Mitteilungen, (2010), S. 9–27.

Stahlmann, Ines, Friedrich Carl von Savigny und Theodor Mommsen. Ihr Briefwechsel zwischen 1844 und 1856, in: Alte Geschichte und Wissenschaftsgeschichte. Festschrift für Karl Christ zum 65. Geburtstag, hrsg. von Peter Kneissl / hrsg. von Volker Losemann, Darmstadt, 1988, S. 465–501.

Stanitzek, Georg, Der Projektmacher. Projektionen auf eine »unmögliche« moderne Kategorie, in: Ästhetik und Kommunikation, 17 (1987) 65/66, S. 135–146.

Stein, Arthur, Hermann Dessau, in: Klio, (1932), S. 226–244.

Stein, Peter, Schriftkultur. Eine Geschichte des Schreibens und Lesens, 2. durchgesehene Aufl., Darmstadt, 2010.

Stichweh, Rudolf, Wissenschaft, Universität, Profession, Frankfurt a. M., 1994.

Stichweh, Rudolf, Differenzierung des Wissenschaftssystems, in: Differenzierung und Verselbständigung. Zur Entwicklung gesellschaftlicher Teilsysteme, hrsg. von Rudolf Stichweh / hrsg. von Renate Mayntz / hrsg. von Bernd Rosewitz / hrsg. von Uwe Schimank, Frankfurt a. M., New York, 1988, S. 45–115.

Stichweh, Rudolf, Zur Entstehung des modernen Systems wissenschaftlicher Disziplinen. Physik in Deutschland 1740–1890, Frankfurt a. M., 1984.

Stieda, Wilhelm, Zur Erinnerung an Gustav Schmoller und seine Straßburger Zeit, in: Schmollers Jahrbuch, 45 (1921) 4, S. 219–257.

Stigler, Stephen M, The history of statistics: the measurement of uncertainty before 1900, Cambridge, Mass., 1986.

Studer, Theophil, Ueber die statistische Aufnahme der Farbe der Haut und der Augen im Kt. Bern, in: Mitteilungen der Naturforschenden Gesellschaft in Bern, (1880), S. 54–71.

Stylow, Armin U., Von Emil Hübner zur Neuauflage von CIL II, in: Madrider Mitteilungen, 36 (1995) 36, S. 17–29.

Susini, Giancarlo (Hrsg.), Bartolomeo Borghesi, scienza e libertà, Bologna, 1982.

Szöllösi-Janze, Margit, Geschichte der Arbeitsgemeinschaft der Großforschungseinrichtungen. 1958–1980, Frankfurt am Main u.a, 1990.

Szöllösi-Janze, Margit / Trischler, Helmuth (Hgg.), Großforschung in Deutschland, Frankfurt am Main, New York, 1990.

Thagard, Paul, Collaborative Knowledge, in: Noûs, 31 (2002) 2, S. 242–261.

Timpanaro, Sebastiano, Die Entstehung der Lachmannschen Methode, 2. Aufl., Hamburg, 1971.

Töllner, Erwin, Carl Friedrich Eichhorns Anteil an der Gründung der Monumenta Germaniae Historica, in: Deutsches Archiv für Erforschung des Mittelalters, namens der Monumenta Germaniae Historica, 50 (1994) 1, S. 33–72.

Tooze, J Adam, Statistics and the German State, 1900–1945. The making of modern economic knowledge, Cambridge u.a., 2001.

Töpfer, Ingo, Die Verhandlungen des Vereins für Sozialpolitik und die Rechtspolitik der späten Bismarck- und Wilhelminischen Zeit, Frankfurt a. M., 1970.

Topinard, Paul, Carte de la couleur des yeux et des cheveux en France, in: Revue d'anthropologie, Ser. III, (1889), S. 513–530.

Topinard, Paul, Documents sur la couleur des yeux et des cheveux, in: Revue d'anthropologie, Ser. III, (1888), S. 513–520.

Topinard, Paul, La carte de la répartition de la couleur des yeux et des cheveux, en France, in: Bulletins de la Société d'anthropologie de Paris, 9 (1886) 1, S. 590–602.

Torka, Marc, Die Projektförmigkeit der Forschung, Baden-Baden, 2009.

Treue, Wolfgang / Gründer, Karlfried (Hgg.), Berlinische Lebensbilder. Bd 3: Wissenschaftspolitik in Berlin. Minister, Beamte, Ratgeber, Berlin, 1987.

Troeltsch, Ernst, Der Historismus und seine Probleme, Tübingen, 1922.

Ungern-Sternberg, Jürgen von, Gustav Wilmanns, ein Schüler Mommsens, an der kaiserlichen Universität Dorpat (1869–1872), in: Hyperboreus, (2013), S. 147–161.

Ungern Sternberg, Jürgen von, Theodor Mommsen und Frankreich, in: Francia, 31 (2004) 3, S. 1–28.

Vanderkindere, Léon, Nouvelles recherches sur l'ethnologie de la Belgique, Bruxelles, 1879.

Vanek, Klara, »Ars corrigendi« in der Frühen Neuzeit: Studien zur Geschichte der Textkritik, Berlin u.a., 2007.

Vanek, Klara, Überlieferung und Textverderbnis. Konrad Rittershausens Monitio de varietate lectionum von 1597, in: Übertragungen: Formen und Konzepte von Reproduktion in Mittelalter und Früher Neuzeit, hrsg. von Britta Bußmman / hrsg. von Albrecht Hausmann / hrsg. von Annelie Kreft / hrsg. von Cornelia Logemann, Berlin u.a., 2005.

Varrentrapp, Conrad, Johannes Schulze und das höhere preußische Unterrichtswesen in seiner Zeit, Leipzig, 1889.

Vauthier, Gabriel, Villemain 1790–1870. Essai sur sa vie, son rôle et ses ouvrages, Paris, 1913.

Vermeulen, Han F, Von der Empirie zur Theorie: deutschsprachige Ethnographie und Ethnologie von Gerhard Friedrich Müller bis Adolf Bastian (1740–1881), in: Zeitschrift für Ethnologie, 134 (2009) 2, S. 253–266.

Vierhaus, Rudolf / Brocke, Bernhard vom (Hgg.), Forschung im Spannungsfeld von Politik und Gesellschaft. Geschichte und Struktur der Kaiser-Wilhelm/Max-Planck-Gesellschaft, Stuttgart, 1990.

Virchow, Rudolf, Gesammtbericht über die Erhebungen, in: Archiv für Anthropologie, (1886), S. 275–475.

Virchow, Rudolf, Die Verbreitung des blonden und des brünetten Types in Mitteleuropa, in: Sitzungsberichte der Königlich Preußischen Akademie der Wissenschaften zu Berlin, (1885), S. 39–47.

Virchow, Rudolf, Gesammtbericht über die Statistik der Farbe der Augen, der Haare und der Haut der Schulkinder in Deutschland, in: Korrespondenz-Blatt der Deutschen Gesellschaft für Anthropologie, Ethnologie und Urgeschichte, (1885), S. 89–100.

Virchow, Rudolf, Bericht über die Arbeiten der Kommission für die Statistik der Racenverhältnisse in Deutschland, in: Beilage zum Correspondenz-Blatt der deutschen Gesellschaft für Anthropologie, Ethnologie und Urgeschichte. Redigirt von Professor Ranke in München. Seperatdruck der Verhandlungen der 11. allgemeinen Versammlung der Deutschen Gesellschaft für Anthropologie, Ethnologie und Urgeschichte zu Berlin im August 1880 in stenographischer Aufzeichnung, (1880), S. 66–68.

Virchow, Rudolf, Statistik der Schädelformen in Deutschland, in: Correspondenz-Blatt der deutschen Gesellschaft für Anthropologie, Ethnologie und Urgeschichte. Redigirt von Professor Kollmann in Basel (Nummer 1–8) und Professor Ranke in München (Nummer 9–12), (1878), S. 100–111.

Virchow, Rudolf, Beiträge zur physischen Anthropologie der Deutschen, mit besonderer Berücksichtigung der Friesen, in: Abhandlungen der Königlichen Preußischen Akademie der Wissenschaften zu Berlin, (1877).

Virchow, Rudolf, Über den Abschluss der Schulerhebungen in Betreff der Farbe der Augen, der Haare und der Haut in Preussen, in: Verhandlungen der Berliner Gesellschaft für Anthropologie, Ethnologie und Urgeschichte, (1876), S. 16–18.

Virchow, Rudolf, Berichterstattung über die statistischen Erhebungen bezüglich der Farbe der Augen, der Haare und der Haut, in: Correspondenz-Blatt der deutschen Gesellschaft für Anthropologie, Ethnologie und Urgeschichte, (1876), S. 91–102.

Virchow, Rudolf, Ueber die kartographischen Aufnahmen und über die statistischen Ermittlungen hinsichtlich der Verbreitung der braunen und blonden Bevölkerung in Deutschland, in: Correspondenz-Blatt der Deutschen Gesellschaft für Anthropologie, Ethnologie und Urgeschichte, (1875), S. 30–38.

Virchow, Rudolf, Berichterstattung über die Statistik der Schädelformen in Deutschland, in: Beilage zum Correspondenzblatt für die Mitglieder der deutschen anthropologischen Gesellschaft, (1875), S. 47–50.

Virchow, Rudolf, Über die Verhandlungen auf der vom 9.–11. August abgehaltenen General-Versammlung der deutschen anthropologischen Gesellschaft zu München, in: Verhandlungen der Berliner Gesellschaft für Anthropologie, Ethnologie und Urgeschichte, (1875), S. 201–204.

Virchow, Rudolf, Bericht über die Statistik der Schädelformen der Bevölkerung Deutschlands, in: Correspondenz-Blatt der Deutschen Gesellschaft für Anthropologie, Ethnologie und Urgeschichte, (1874), S. 28–30.

Virchow, Rudolf, Ueber die Methode der wissenschaftlichen Anthropologie. Eine Antwort an Herrn de Quatrefages, in: Zeitschrift für Ethnologie, (1872), S. 300–320.

Virchow, Rudolf, Vergleichung finnischer und esthnischer Schädel mit alten Gräberschädeln des nordöstlichen Deutschland, in: Verhandlungen der Berliner Gesellschaft für Anthropologie, Ethnologie und Urgeschichte, in: Zeitschrift für Ethnologie, (1872), S. 74–84.

Virchow, Rudolf, Virchow über die Race prussienne, in: Beigabe zum Correspondenzblatt für die Mitglieder der deutschen anthropologischen Gesellschaft, (1872), S. 49–57.

Virchow, Rudolf, Bericht über die Commission für Beschaffung einer Statistik der Schädelformen in Deutschland, in: Correspondenz-Blatt der Deutschen Gesellschaft für Anthropologie, Ethnologie und Urgeschichte, (1872), S. 28–32.

Virchow, Rudolf, Die pathologischen Pigmente, in: Virchows Archiv für pathologische Anatomie und Physiologie und für klinische Medizin, (1847), S. 379–405.

Vismann, Cornelia, Akten: Medientechnik und Recht, 2. Aufl., Frankfurt a. M., 2001.

Vollert, Ernst, Die Weidmansche Buchhandlung in Berlin: 1680 bis 1930, Berlin, 1930.

Voorhoeve, Jutta (Hrsg.), Welten schaffen: Zeichnen und Schreiben als Verfahren der Konstruktion, Zürich, (Wissen im Entwurf, Bd. 4), 2011.

Vorsteher der Realschule, Mittel zur Feststellung der gegenwärtigen Vertheilung der Rassen der Bevölkerung Deutschlands, in: An das Elternhaus. Mitteilungen aus der Realschule zu Bremen, 14 (1875) 11, S. 81–83.

Walser, Gerold, Die Einsiedler Inschriftensammlung und der Pilgerführer durch Rom »Codex Einsidlensis 326«. Facsimile, Umschrift, Übersetzung und Kommentar, Stuttgart, 1987.

Walther, Peter Th., Honoratiorenklub oder Forschungsstätte. Die Statutendebatte der Preußischen Akademie der Wissenschaften 1874 bis 1881, in: Die Königlich Preußische Akademie der Wissenschaften zu Berlin im Kaiserreich, hrsg. von Jürgen

Kocka / hrsg. von Rainer Hohlfeld / hrsg. von Peter Th. Walther, Berlin, 1999, S. 103–118.

Waltzing, Jean Pierre, Le recueil général des inscriptions latines et l'épigraphie latine depuis 50 ans, Louvain, 1892.

Wannack, Katja, Hermann Dessau. Der fast vergessene Schüler Mommsens und die Großunternehmen der Berliner Akademie der Wissenschaften, Hamburg, 2007.

Warburg, Aby, Der Bilderatlas Mnemosyne, Berlin, Gesammelte Schriften, Abt. 2, Bd. 1, 2003.

Warnke, Camilla, Warum hat August Boeckh die »Staatshaushaltung der Athener« geschrieben? Wissenschaftshistorische Fakten und Überlegungen, in: Wissenschaftliche Zeitschrift der Humboldt-Universität zu Berlin, Gesellschaftswissenschaftliche Reihe, 36 (1987) 1, S. 34–40.

Weber, Max, Wirtschaft und Gesellschaft. Grundriss der verstehenden Soziologie, 5., rev. Aufl., Studienausg., [Nachdr.] Auflage., Tübingen, 2002.

Weber, Max, Der Sinn der »Wertfreiheit« der soziologischen und ökonomischen Wissenschaften, in: Gesammelte Aufsätze zur Wissenschaftslehre, hrsg. von Johannes Winckelmann, 7. Aufl., Tübingen, 1988.

Weber, Max, Die »Objektivität« sozialwissenschaftlicher und sozialpolitischer Erkenntnis, in: Archiv für Sozialwissenschaft und Sozialpolitik, 19 (1904) 1, S. 22–87.

Weiler, Bernd, Die Ordnung des Fortschritts: zum Aufstieg und Fall der Fortschrittsidee in der »jungen« Anthropologie, Bielefeld, 2006.

Weinberg, Alvin M, Reflections on big science, Cambridge, Mass. u.a., 1967.

Weinberg, Alvin M, Impact of Large-Scale Science on the United States, in: Science, 134 (1961) 3473, S. 161–164.

Weindling, Paul, Health, race and German politics between National Unification and Nazism, 1870–1945, Cambridge u.a., 1989.

Weiss, Burghard, »Großforschung«. Genese und Funktion eines neuen Forschungstyps, in: Die geschichtliche Perspektive in den Disziplinen der Wissenschaftsforschung. Kolloquium an der TU Berlin, Oktober 1988, hrsg. von Hans Poser / hrsg. von Clemens Burrichter, Berlin, 1988, S. 149–175.

Weisser, Bernhard, Julius Friedlaender, Theodor Mommsen und das Königliche Münzkabinett zu Berlin, in: Geldgeschichte vs. Numismatik. Theodor Mommsen und die antike Münze. Kolloquium aus Anlaß des 100. Todesjahres von Theodor Mommsen (1817–1903) an der Johann Wolfgang Goethe-Universität Frankfurt a. M., 1.–4. Mai 2003, hrsg. von Hans-Markus von Kaenel, Berlin, 2004, S. 91–108.

Weiss, Roberto, The Renaissance Discovery of Classical Antiquity, Oxford, 1969.

Wells, HG, The Idea of a World Encyclopedia, in: Harper's Monthly Magazine, 174 (1937) 174, S. 472–482.

Wickert, Lothar, Theodor Mommsen. Eine Biographie. Band 3. Wanderjahre. Leipzig, Zürich, Breslau, Berlin, Frankfurt a. M., 1969.

Wickert, Lothar, Theodor Mommsen. Eine Biographie. Band 2. Wanderjahre. Frankreich und Italien, Frankfurt a. M., 1964.

Wickert, Lothar (Hrsg.), Theodor Mommsen – Otto Jahn. Briefwechsel 1842–1868, Frankfurt a. M., 1962.

Wickert, Lothar, Theodor Mommsen. Eine Biographie. Band 1. Lehrjahre. 1817–1844, Frankfurt a. M., 1959.

Wickert, Lothar, Mommsen und Borghesi, in: Concordia Decennalis. Deutsche Italienforschungen. Festschrift der Universität Köln zum 10jährigen Bestehen des Deutsch-Italienischen Kulturinstituts Petrarcahaus, hrsg. von Wolf Bauermeister, Köln, 1941, S. 261–282.

Wissowa, Georg / u.a. (Hgg.), Paulys Realencyclopädie der classischen Altertumswissenschaft: neue Bearbeitung, Band 1–83 und Register. Unter Mitwirkung zahlreicher Fachgenossen, Stuttgart, später München, 1893ff.

Wittkau, Annette, Historismus. Zur Geschichte des Begriffs und des Problems, Göttingen, 1992.

Wittmann, Barbara (Hrsg.), Spuren erzeugen: Zeichnen und Schreiben als Verfahren der Selbstaufzeichnung, Zürich, (Wissen im Entwurf, Bd. 2), 2009.

Wiwjorra, Ingo, Der Germanenmythos. Konstruktion einer Weltanschauung in der Altertumsforschung des 19. Jahrhunderts, Darmstadt, 2006.

Wolgast, Eike, Deutsche Reichstagsakten, in: ...für die deutsche Geschichts- und Quellenforschung. 150 Jahre Historische Kommission bei der Bayerischen Akademie der Wissenschaften, hrsg. von Lothar Gall, München, 2008, S. 79–120.

Wrede, Henning, Dem Archäologen Eduard Gerhard 1795–1867 zu seinem 200. Geburtstag, Berlin, 1997.

Wyss, Ulrich, Die wilde Philologie. Jacob Grimm und der Historismus, München, 1979.

Zängl-Kumpf, Ursula, Hermann Schaaffhausen: (1816–1893). Die Entwicklung einer neuen physischen Anthropologie im 19. Jahrhundert, Frankfurt a. M., 1990.

Zedelmaier, Helmut, Zwischen Fortschrittsgeschichte und Erfindungskunst. Gottfried Wilhelm Leibniz und Christian Wolff über Historia literaria, in: Historia literaria. Neuordnungen des Wissens im 17. und 18. Jahrhundert, hrsg. von Frank Grunert / hrsg. von Friedrich Vollhardt, Berlin, 2007, S. 89–99.

Zedelmaier, Helmut, Buch, Exzerpt, Zettelschrank, Zettelkasten, in: Archivprozesse. Die Kommunikation der Aufbewahrung, hrsg. von Hedwig Pompe / hrsg. von Leander Scholz, Köln, 2002, S. 38–53.

Zedler, Johann Heinrich & Ludewig, Johann Peter von, Grosses vollständiges Universal Lexicon aller Wissenschafften und Künste: Welche bißhero durch menschlichen Verstand und Witz erfunden und verbessert worden; Darinnen so wohl die Geographisch-Politische Beschreibung des Erd-Creyses, nach allen Monarchien, Käyserthümern, ... samt der natürlichen Abhandlung von dem Reich der Natur, ... Als auch eine ausführliche Historisch-Genealogische Nachricht von den ... berühmtesten Geschlechtern in der Welt, ... Ingleichen von allen Staats- Kriegs- Rechts- Policey und Haußhaltungs-Geschäfften des Adelichen und bürgerlichen Standes, ... Wie nicht weniger die völlige Vorstellung aller in den Kirchen-Geschichten berühmten Alt-Väter, Propheten, Apostel, Päbste, Cardinäle, ... Endlich auch ein vollkommener Inbegriff der allergelehrtesten Männer, berühmter Universitäten ... enthalten ist, [Online-Version der Ausg.] Leipzig u.a., Zedler, 1732–1754., München, 2003.

Zell, Karl, Handbuch der römischen Epigraphik: Anleitung zur Kenntniss der römischen Inschriften, Heidelberg, 1852.

Zimmerman, Andrew, Anthropology and antihumanism in Imperial Germany, Chicago. Ill. u.a., 2001.

Zimmerman, Andrew, Anti-Semitism as Skill: Rudolf Virchow's Schulstatistik and the Racial Composition of Germany, in: Central European History, 32 (1999) 4, S. 409–429.

Žižek, Slavoj (Hrsg.), Mapping ideology, London, 1994.

Zott, Regine (Hrsg.), Berlingeschichte im Spiegel wissenschaftshistorischer Forschung. 300 Jahre Wissenschaft in Berlin. Materialien der wissenschaftlichen Konferenz vom 9.–11. April 1987 anläßlich der 750-Jahr-Feier der Stadt Berlin, Als Ms. gedr Auflage., Berlin, (Kolloquien / Institut für Theorie, Geschichte und Organisation der Wissenschaft. Akademie der Wissen, Bd. 64), 1987.

Zumpt, Karl Gottlob, Lateinische Grammatik, Berlin, 1818.

Zitierte Webressourcen

http://altewelt.bbaw.de/archivalien

http://cil.bbaw.de/

http://www.mommsenlettere.org/

http://www.universitaetssammlungen.de/

http://preussenprotokolle.bbaw.de/editionsbaende-im-Internet

http://woerterbuchnetz.de

http://www.e-codices.unifr.ch

http://150-grimm.bbaw.de

http://arachne.uni-koeln.de/books/CILv1grf1862

http://digi.ub.uni-heidelberg.de/diglit/gruter1616

Danksagung

Ein akademisches Buch ist wohl immer eine Gemeinschaftsarbeit, auch wenn am Ende nur ein Autor auf dem Titel steht. Neben all den Schultern, auf denen wir sowieso stehen, sind es vor allem meine Betreuer, meine Freunde und Kollegen, denen ich an dieser Stelle für ihren klugen Rat, ihre kritischen Fragen und ihre Freundschaft danken möchte. Sie haben alle ihren kleinen und großen Anteil an der Arbeit, für deren Unzulänglichkeiten sie aber nichts können.

Rüdiger vom Bruch hat die Arbeit mit weitsichtigen Ideen von Beginn an betreut. Er hat deren Ergebnis, aber leider nicht mehr deren Publikation miterleben können. Gabriele Metzler hat sich souverän der Zweitbegutachtung angenommen.

Viele haben die Arbeit begleitet, sie verändert, mit mir diskutiert oder Teile gelesen. Stefan Rebenich hat von Beginn an wichtige Hinweise gegeben. Hans-Christoph Liess war immer zur Stelle, wenn es ums große Ganze ging. Mit Christian Salm habe ich viele produktive Stunden und unzählige Gespräche in der Staatsbibliothek in Berlin verbracht. Ulf Jensen, Robert Jahrisch, Johannes Suhm, Daniela Mader und Matthias Lunow hatten auch außerhalb meiner Schreibwerkstatt immer ein offenes Ohr. Die Freundschaft zu ihnen bedeutet mir sehr viel.

Ich denke gern zurück an die Colloquien des Geschichtsinstituts der Humboldt-Universität und des Max-Planck-Instituts für Wissenschaftsgeschichte Berlin und dabei neben Rüdiger vom Bruch insbesondere an Gespräche mit Lorraine Daston und Anke te Heesen sowie Jens Thiel, Nils Güttler, Sven Haase, Matthias Berg, Thomas Gertzen, Sebastian Weinert und Levke Harders.

Rüdiger Hohls, Daniel Burckhardt, Claudia Prinz und Thomas Meyer haben mir bei H-Soz-Kult nach meinem Stipendium der Elsa-Neumann-Stiftung des Landes Berlin nicht nur ein Auskommen, sondern auch eine akademische Heimat geboten, von der ich noch heute profitiere.

Ohne die vielen Archivare kann eine historische Arbeit nicht leben. Insbesondere die Mitarbeiter des Archivs der Berlin-Brandenburgischen Akademie der Wissenschaften, der Handschriftenabteilung der Staatsbibliothek Berlin, des Archivs der Gesellschaft für Anthropologie, Ethnologie und Urgeschichte und des Geheimen Staatsarchivs Berlin haben hier ihren Anteil. Marcel Lepper und das Literaturarchiv Marbach haben mir die Möglichkeit gegeben mit einem Stipendium im Archiv arbeiten und Peter und Heide Mommsen die Genehmigung, die Privatkorrespondenz seines Ururgroßvaters nutzen zu dürfen. Manfred G. Schmidt und Marcus Dohnicht von der C.I.L. Stelle und Klaus Hallof von den Inscriptiones Graecae der Berlin-Brandenburgischen Akademie der Wissenschaften haben Zugang zu ihren Materialien gewährt und die Publikation von Abbildungen uneigennützig genehmigt. Harald Müller, Christine Ottner und Karl R. Krierer haben es mir ermöglicht Zwischenergebnisse vorzustellen. Wilfried Nippel, Marc Torka, Carlos Spoerhase, Hans-Harald

Müller, Wolfgang Neugebauer, Bärbel Holtz und Christian Andree haben wichtige Hinweise gegeben.

Laura Nippel, Lena Sonemann und Björn Mielbrandt haben die erste Korrekturfassung und Astrid Volpert die finale Version der Arbeit kritisch lektoriert. Ireen Zielonka hat in wunderbarer Weise die Covergestaltung übernommen und Robert Zagolla, Marijke Topp und ihre Kollegen mit Mut und Geduld das Buch gestaltet und in seine finale Form gebracht. Die Geschwister Boehringer Ingelheim Stiftung für Geisteswissenschaften haben einen großzügigen Druckkostenzuschuss gewährt.

Schließlich gilt mein Dank meiner Schwester Henriette und insbesondere meiner Mutter Gisela für ihre bedingungslose Unterstützung zu jeder Zeit. Unschätzbar ist schließlich der Anteil von Rebekka, der Mutter meiner beiden Söhne, Leonce und Lou. Ihnen ist die Arbeit gewidmet.

Über den Autor

Torsten Kahlert, Dr. phil., geboren 1977, studierte Geschichte, Politikwissenschaften und Soziologie an der Humboldt-Universität zu Berlin und der Universidad de Sevilla. Von 2011 bis 2016 war er wissenschaftlicher Mitarbeiter bei H-Soz-Kult, seit 2015 ist er dort Rezensionsredakteur für Wissenschaftsgeschichte. Derzeit arbeitet er als Post-doctoral Researcher an der Universität in Aarhus an einem Projekt über das Sekretariat des Völkerbundes.